LA GUERRA NAVAL EN EL ATLÁNTICO
(1939 - 1945)

LUIS DE LA SIERRA
CAPITÁN DE FRAGATA

LA GUERRA NAVAL EN EL ATLÁNTICO
(1939 - 1945)

EDITORIAL JUVENTUD, S. A.
PROVENZA, 101 - 08029 BARCELONA

Provença, 101 - 08029 Barcelona
info@editorialjuventud.es
www.editorialjuventud.es
Quinta edición, 2008
ISBN 978-84-261-5715-7
Depósito legal: B. 14.999-2008
Núm. de edición de E. J.: 11.097
Impreso en España - Printed in Spain
Ediprint, c/. Llobregat, 36
Ripollet (Barcelona)

PRÓLOGO

Al estallar la segunda guerra mundial, el 3 de septiembre de 1939, hacía sólo cuatro años que la Armada alemana había iniciado su reconstrucción, tras romper gracias al consentimiento de Gran Bretaña (Tratado de Londres de 1935) las prietas ligaduras del Tratado de Versalles. Disponía por tanto de muy pocos buques de guerra de superficie o de submarinos para intentar arrebatar a sus poderosos enemigos, léase Francia e Inglaterra, potencias ambas con magníficas flotas militares, el dominio del mar.

En la citada fecha Alemania no disponía de nada parecido a la escuadra de superficie que tuvo el 4 de agosto de 1914, al estallar la primera guerra mundial; escuadra entonces considerada como la segunda más potente del mundo.

Sin embargo, y a pesar de tan abrumadora diferencia inicial de fuerzas navales en presencia, la flota germana no se resignó a jugar un papel pasivo o meramente defensivo. El jefe de la Armada alemana, gran almirante Erich Raeder, combatiente en la primera guerra mundial y que se había aprendido a la perfección las lecciones políticas y estratégicas de dicha contienda, supo inculcar a sus hombres un espíritu decididamente ofensivo, no dirigido contra las inmensamente superiores escuadras enemigas, lo que muy pronto habría llevado a la embrionaria flota alemana a una derrota tan absoluta como inútil, sino precisamente contra la marina mercante inglesa; entonces la mayor del mundo, con gran diferencia, es cierto, pero también el vulnerable tendón de Aquiles de dicha potencia y su formidable imperio colonial.

Aquella estrategia germana no conduciría, por supuesto, a grandes batallas navales, como la de Jutlandia (1916), pero sí a una espectacular serie de encuentros y combates, inicialmente librados por los buques de superficie, ya que la flota submarina alemana era prácticamente insignificante en 1939, y, a partir de 1940, por dichas unidades de superficie y también las aguerridas flotillas de sumergibles de la misma bandera.

En este libro se recogen prácticamente todas las batallas y combates más importantes librados, en el océano Atlántico y en el Ártico, por las unidades de superficie germanas y aliadas entre los años 1939 y 1945. Sin embargo, como el verdadero telón de fondo de toda la lucha en dichos océanos, a partir del año 1940 y hasta el final de la contienda, fue precisamente la campaña submarina alemana; como a ella dedicaron germanos y aliados la mayor parte de sus recursos y energías, y puesto que dicha lucha fue muy probablemente la que decidió el resultado de la guerra en Europa, en esta nueva edición no sólo trataremos en detalle algunos de los éxitos más espectaculares conseguidos por los peces de acero alemanes, sino que se ha incluido un nuevo capítulo, el XVI, enteramente dedicado a la «Batalla del Atlántico», como la denominara en su día Winston Churchill, en su conjunto, donde se estudian y analizan las causas que, en definitiva, llevaron a la derrota a la que había llegado a ser formidable flota submarina del almirante Karl Doenitz.

Por lo demás, el autor quiere disculparse por tener que ponderar, desde la seguridad y el confort de su gabinete de trabajo, disponiendo de tiempo ilimitado, en posesión de suficientes elementos de juicio y, sobre todo, conociendo de antemano el desenlace de cada combate o batalla, así como de sus consecuencias y repercusiones, la actuación de unos hombres que, escuchando el siniestro zumbido y el estallar de los proyectiles enemigos, ensordecidos por el estrépito del combate, abofeteados por el rebufo de las piezas de artillería, cegados por el humo acre y caliente de los incendios, heridos a veces, sorteando cadáveres, sabiéndose flotar en precario sobre el insondable y amenazante abismo del océano, y atenazados por el peso de la responsabilidad de las vidas y buques puestos en sus manos, se vieron obligados a decidir con insoslayables apremios de urgencia, en circunstancias tan dramáticas como desfavorables y teniendo que basarse casi siempre en indicios tan vagos e imprecisos como frecuentemente contradictorios.

Pero la Historia no es simple crónica, no constituye una mera exposición de los hechos ni, por supuesto, admite componendas, sino que, por el contrario, analiza y ahonda implacablemente en causas y efectos. A pesar de lo cual, y a fuer de sincero, el autor confiesa que se ha sentido a veces incómodo al tener que profundizar y enjuiciar, con la incisiva frialdad del escalpelo del anatomista y la objetividad de una mala máquina de calcular, el comportamiento y las actitudes de unos hombres que acertaron en ocasiones, se equivocaron en otras, pero por encima de todo, sin excepción alguna, lucharon con gran coraje y antepusieron a cualquier consideración de orden personal el feroz *ego* que late y se agita en nuestro interior, también a ese primario y ancestral instinto de conservación, y sin regatear en el precio, un auténtico sentido del deber, un entrañable amor a la patria.

Por todo ello, además de disculparse, el autor quiere dejar aquí constancia de la profunda admiración y respeto que le merecen los protagonistas de esta fascinante historia, que es tan sólo un canto al deber y que tantas veces ellos dejaron escrita con su propia sangre y generosamente sellaron con sus vidas.

Capítulo Primero

LA FLOTA ALEMANA

¡Olas! Olas grises, poderosas, movedizas, amenazadoras, en sucesión interminable hasta la incierta y mal definida línea del sucio horizonte. Olas que llegaban altas, espumantes, fosforescentes, produciendo un suave rugido monocorde, como de fiera. Olas fascinantes que el joven oficial de Marina alemán seguía algo atónito con la mirada, pensando que desde hacía centenares de años, millares de años, ¡millones de años!, habían sido las mismas, con idéntica fuerza bajo el mismo cielo, galopando desmelenadas y sin rumbo por un mar vacío de embarcaciones, vacío de hombres, desprovisto de ideas. Un mar eterno, inmutable, jamás contemplado por humanas pupilas, únicamente surcado por los peces y las aves, lamido por los vientos y embestido por los huracanes. Un desierto líquido, poderoso e inquieto, donde el Sol y la Luna, planetas y estrellas, cometas, meteoritos y auroras boreales surgían y desaparecían cotidiana y regularmente desde hacía miles de millones de años. Pero un mar únicamente arado por el hombre, ¡ese advenedizo!, desde hacía menos de cinco insignificantes siglos.

En la mañana de uno de los primeros días de septiembre del año 1939, en el Atlántico Norte, al este de Groenlandia, un buque de guerra, el acorazado de bolsillo alemán *Deutschland*, confundía su pesada mole grisácea de 12.300 toneladas con los lomos de las aceradas olas que surcaban la mar en dirección a Levante. Desde uno de los alerones del puente de mando, aguantando los bruscos movimientos del buque, el oficial de guardia contemplaba pensativo aquellas grandes olas del Atlántico que se le aproximaban como bestias furiosas, pensando que, pese a hallarse en pleno verano del hemisferio norte, nadie lo diría, pues en aquel ceñudo, salvaje y desolado mar, a la altura de Groenlandia, al parecer sólo existían ventiscas de nieve y granizo y un frío que, como despiadado cuchillo, mordía sin piedad la aterida piel.

El acorazado avanteaba despacio, impulsado por uno de sus dos motores diesel principales, pues no sólo había que ahorrar combustible, sino matar el tiempo en espera de que se declarase la guerra. Un brusco pantocazo, seguido por la violenta ascensión del largo castillo de proa del acorazado, como si una poderosa e invisible mano lo quisiera sacar del agua, hizo que el oficial de guardia abandonara su meditación y penetrase en la caseta de gobierno para vigilar más de cerca al timonel. Pero el cabo de maniobra prusiano que manejaba los dos botones eléctricos que movían el timón mantenía bien el rumbo, y el buque, balanceándose y cabeceando pesadamente, arrastrando una blanca e irregular estela que pronto se tragaba el mar, siguió abriéndose lentamente paso por entre las olas arrumbando hacia el Sur. Y para las gaviotas que lo seguían a cierta distancia, tal vez parecería un extraño y desmañado cetáceo bien mimetizado respecto al ambiente. Pero las aves marinas eran escasas, porque ni un solo desperdicio de comida era arrojado al agua desde aquella mole de acero; parecía como si no quisiera dejar el menor rastro de su paso.

Aquel buque de guerra había zarpado de Wilhelmshaven el 24 de agosto, en unión de un barco de aprovisionamiento, el carguero *Westerwalt,* bien relleno de víveres y pertrechos para una campaña que se preveía de varios meses. Ambos buques habían remontado el mar del Norte, contorneado Islandia por el septentrión y cruzado el estrecho de Dinamarca sin ser advertidos por alma viviente. Después, tras acordar un lugar de reunión para avituallar al acorazado, pues no había ni que pensar en utilizar la radiotelegrafía, los dos barcos se habían separado para no llamar la atención, dirigiéndose el de guerra a su zona de acecho en las proximidades de Groenlandia. Allí dejaremos a este acorazado de bolsillo alemán, cuyo precio de construcción por tonelada había sido el más caro del mundo.

A más de tres mil millas de distancia, en el soleado, azul y confortable Atlántico Sur, otro buque de guerra alemán exactamente igual, el *Graf Spee*, acababa de cruzar el ecuador. Iba también arrumbado hacia el austro y se dirigía a su zona de acecho, fijada por el alto mando de la *Kriegsmarine* entre la isla de Santa Elena y el Brasil, aproximadamente sobre el paralelo de los 20° de latitud Sur. Este acorazado de bolsillo había aparejado de Wilhelmshaven tres días antes que el *Deutschland*, cruzando el mar del Norte y pasando al Atlántico por el norte de Escocia, entre las islas Faeroe e Islandia, prosiguiendo luego su navegación hacia el Sur sobre el meridiano de los 30° de longitud Oeste y enmendando su rumbo poco antes de cortar el ecuador con el fin de dirigirse a su zona de acecho.

Todavía antes había salido de Alemania su barco de aprovisionamiento, el carguero *Altmark*, que, como el *Westerwalt*, iba artillado con tres cañones de 150 mm, bien enmascarados, y llevaba ametralladoras antiaéreas de 20 mm. Estos grandes barcos andaban más de 20 nudos, llevaban 12.000 toneladas de nafta, cámaras frigoríficas para conservar alimentos y municiones, torpedos y piezas de respeto para el *Deutschland* y el *Graf Spee*.

Aquellos dos pequeños pero modernos acorazados, perdidos en las inmensidades del océano Atlántico, Norte y Sur, no eran los únicos buques de guerra alemanes que se hallaban entonces en la mar, a la expectativa, antes de que comenzaran las hostilidades en Europa. En el mes de agosto habían salido también veintiún submarinos, tres de los cuales tomaron posiciones en el mar Báltico, con objeto de atacar a los buques de guerra polacos que tratasen de interferir el avance de las tropas alemanas que seguirían la costa, mientras que los dieciocho restantes se situaron, en diferentes cuadrículas, sobre las derrotas occidentales de acceso a Gran Bretaña, en el océano Atlántico, a fin de dar comienzo a las operaciones en el mismo momento en que estallara la guerra. No obstante, y como veremos después, si este plan alemán se cumplió al pie de la letra, en lo que a los submarinos se refiere, a partir del 3 de septiembre de 1939, es decir, el mismo día que Francia y Gran Bretaña declararon la guerra a Alemania, Hitler no permitió que los dos acorazados de bolsillo de que nos hemos ocupado actuasen hasta el 26 del mismo mes. Más adelante veremos las razones.

Allí dejaremos de momento a los dos buques de guerra germanos, confundidos entre las olas, únicamente objeto de la curiosidad de las gráciles aves marinas y de los voraces tiburones; dos acorazados idénticos, pero cuyos destinos habría de querer la suerte que resultaran tan diferentes como diametralmente distintos eran también los caracteres de los hombres que los mandaban: los capitanes de navío Wennecker, comandante del *Deutschland*, y Langsdorff, del *Graf Spee*, para examinar, aunque sólo sea brevemente, cuál era la situación de la Marina de Guerra alemana al estallar la segunda guerra mundial.

* * *

En el mes de noviembre del año 1918, al finalizar la gran guerra, la «maldita porquería» del *Sin novedad en el frente* de Erich María Remarque, «la época más sublime e inolvidable de mi vida» para Adolfo Hitler, en realidad una espantosa pesadilla que costó a Alemania 1.773.700 muertos y a todos los beligerantes más de ocho millones y medio de ellos, Alemania, que había conseguido poseer la segunda flota militar del mundo en 1914, una flota construida por el káiser Guillermo II con el fin de asegurar a su pueblo «un lugar bajo el sol», es decir, un imperio colonial, no sólo se quedó sin escuadra, setenta de cuyos buques se autohundieron dramática y simultáneamente en Scapa Flow el 21 de junio de 1919, en un *Gotterdämerung* que irritó sobremanera a los ingleses, sino que, por el Tratado de Versalles, se la condenaba a no disponer de otra cosa que una flota tan reducida como inútil. Efectivamente, sólo se le autorizaron unos efectivos máximos de 15.000 hombres, distribuidos de la siguiente manera: 1.500 oficiales, 3.500 suboficiales y 10.000 marineros. El material flotante únicamente podría estar compuesto por seis antiguos y pequeños acorazados, otros tantos cruceros, doce destructores y algunos buques auxiliares. ¡Ni un solo submarino! Todos eran verdaderos desechos, pues tras el hundimiento de la escuadra en Scapa Flow, dos días antes de firmarse el armisticio, se decidió despojar a Alemania de la totalidad de los buques modernos que todavía le quedaban.

Los acorazados, a los veinte años, podrían ser sustituidos por otros buques que no sobrepasaran las 10.000 toneladas, lo mismo que los cruceros con cuatro lustros en las cuadernas podrían ser reemplazados por otros de igual clase y tonelaje.

En 1921 fueron oficialmente entregados a la *Reichsmarine* los primeros buques: el acorazado *Hannover* y los cruceros *Hamburg*, *Medusa* y *Arkona*, barcos de guerra viejos e inútiles para el combate, pero todavía convenientes para el adiestramiento del personal. Sucesivamente se efectuaron otras entregas, y, para 1925, la Armada alemana había llegado al límite impuesto por el Tratado de Versalles.

La nueva Armada alemana fue dividida en dos flotas independientes: la del mar del Norte, basada en Wilhelmshaven, y la del Báltico, con base en Kiel. Pero si el material era viejo y malo, los hombres de la *Reichsmarine* no sólo añoraban los idos tiempos de la *Kaiserliche Kriegsmarine,* sino que confiaban en poder romper algún día aquellas fuertes ligaduras que inmovilizaban a su patria. Por ello, la organización administrativa de la Marina fue proyectada con vistas a una gran flota, y se contrató a numeroso personal civil, que fue encargado de la mayoría de los puestos burocráticos, de forma que gran parte de los oficiales, ¡para suerte suya!, pudieran permanecer constantemente embarcados.

Pero los mandos de la Armada alemana tampoco se hacían grandes ilusiones en aquellos días. La depresión económica que atravesaba el país era endémicamente grave, como nos refleja Hans Fallada en sus novelas de entonces, y el mismo Gunther Prien, ¡el héroe de Scapa Flow!, en su biografía. De modo que las disponibilidades administrativas de la Armada eran exiguas, y su obligada meta, tan poco ambiciosa como construir una flota costera con la que defenderse de Polonia, el enemigo natural por el Tratado de Versalles, y, a lo sumo, de Francia, el enemigo histórico.

Estos temores alemanes respecto a Polonia y Francia tenían cierto fundamento, ya que los polacos, mejor armados entonces que los alemanes, podían intentar ocupar por la fuerza la ciudad libre de Danzig, situada en el mar Báltico, al final del llamado «corredor polaco», pues ya habían intentado anexionársela al discutirse el Tratado de Versalles. Por otra parte, existían dos tristes precedentes para Alemania: la ocupación de Memel por lituanos y polacos en 1920, ciudad que no volvería a manos alemanas hasta marzo de 1939, y la de la cuenca del Ruhr por tropas francesas en 1923. Además, los polacos habían firmado un pacto militar con Francia en 1926, en el que se preveía que los franceses defenderían las costas y los puertos de Polonia con su Escuadra y fuerzas de desembarco. De manera que en la década de los años veinte la misión principal de la flota alemana no era otra, como hemos dicho, que defenderse de Polonia y de la escuadra francesa.

Pero a ninguno de los sucesivos jefes de la Armada alemana, almirantes Behcke, Zenker y Raeder, se les pasó jamás por la imaginación una guerra con Inglaterra, que seguía poseyendo la escuadra más poderosa del mundo, podía bloquear perfectamente a Alemania dada su excelente posición geográfica respecto a ésta y, en caso de lucha, seguiría teniendo acceso a todas las materias primas del globo, que, en cambio, le serían negadas otra vez a su enemiga. Sin excepción alguna, los marinos alemanes consideraban entonces, y seguirían considerando después, que otra contienda con el Reino Unido constituiría un verdadero suicidio para su patria. Y podemos establecer, sin lugar a dudas, que la guerra con Gran Bretaña en 1939 fue, sencillamente, la consecuencia de un error de cálculo de Adolfo Hitler, quien jamás pensó que los ingleses se batirían por Polonia. Error a medias, pues los ingleses no lucharon verdaderamente por Polonia, sino por Inglaterra, y ello después de que su política respecto a Alemania diese en el último momento un brusco y desesperado viraje de 180º.

Pero Hitler no tuvo en cuenta que, habiendo llegado la opinión pública de Gran Bretaña a la conclusión de que había que detener a Alemania y de que la guerra era ya inevitable, los ingleses decidieron que lo mejor sería hacerla cuanto antes, a fin de no conceder más tiempo al Tercer Reich para seguir rearmándose. De manera que, por parte británica, Polonia no fue sino un mal pretexto para declarar la guerra a los alemanes. Y decimos mal pretexto, puesto que las apetencias polacas sobre la región de Teschen, en Checoslovaquia, habían sido precisamente una de las actitudes que hicieron posible, o por lo menos contribuyeron, a que los alemanes se decidieran a ocupar este infortunado país.

El objetivo de Hitler, que ya esbozara en 1926 en su libro *Mein Kampf* y que concretaría más tarde, era puramente continental y en absoluto tenía relación con el imperio británico. Su meta era la expansión de Alemania por la Europa central y sudoriental, es decir, no sólo a costa de Checoslovaquia y Austria, países que se anexionó antes de la rotura de las hostilidades, sino también mediante la incorporación de Ucrania, la cuenca del Donetz y la zona petrolífera de Baku. Éstas le proporcionarían, respectivamente, trigo, mineral de hierro y combustible líquido, es decir, la autarquía. ¿Y después? Este interrogante y el quebrantamiento por parte de Hitler del Acuerdo de Munich de 1938 fueron quizá lo que condujo a los ingleses a la guerra, pues está demostrado que, hasta la primavera de 1939, el Gobierno británico de Neville Chamberlain había estado conforme con la pretendida expansión alemana hacia el Este, conformidad que luego llevaría a Europa al desastre.

En 1921 se comenzó en Alemania la construcción del primer crucero de la posguerra, pero con planos de la anteguerra, que fue entregado a la Armada cuatro años más tarde y bautizado con el nombre y en honor del más famoso de los corsarios alemanes de la contienda de 1914-1918, el *Emden,* que mandara el legendario capitán de navío Von Muller.

Técnicamente, este buque no aportó nada nuevo. Sin embargo, los cinco cruceros de 6.000 toneladas que le siguieron, y que fueron entregados en 1929 y 1930, podían compararse muy favorablemente con sus similares extranjeros y, de ellos, los tres últimos llevaban ya, además de turbinas de vapor, motores diesel, que aumentaban enormemente su radio de acción a velocidad de crucero. ¡La marina costera se convertía así en oceánica!

Pero lo más interesante de las nuevas construcciones alemanas autorizadas por el Tratado de Versalles fueron los buques que, en el extranjero, recibieron la denominación de «acorazados de bolsillo». En 1929, dos viejos acorazados cumplirían los veinte años, y, como sabemos, podían ser sustituidos por buques no superiores a las 10.000 toneladas. Consecuentemente, en 1928 se sometió al almirante Zenker un proyecto para construir dos monitores, es decir, buques acorazados lentos y de muy reducido radio de acción, pero magníficamente artillados, tal y como existían en diversas marinas extranjeras para batir las baterías de costa, pues era lo único que parecía factible realizar sin rebasar el tonelaje autorizado.

Mas el almirante Zenker no estaba al frente de la Armada alemana por casualidad, es decir, sin otros méritos que haber pasado los reconocimientos físicos, nacido oportunamente y poseer una inteligencia vulgar.

Era un hombre bien preparado, muy inteligente, imaginativo, de fuerte personalidad y que no aceptaba fácilmente la rutina. Concibió un nuevo tipo de buque de guerra, un crucero acorazado más rápido que todos los buques de línea franceses existentes y mejor artillado que los cruceros pesados que pudieran darle caza. Movido por motores diesel, que le proporcionarían una velocidad máxima de 27 nudos, dispondría de una autonomía de más de 20.000 millas marinas, es decir, casi el triple que la de los buques propulsados entonces por turbinas de vapor.

Cuando en Francia se conocieron los detalles del proyecto alemán, en círculos de la Armada francesa se produjo la alarma; en los gubernamentales, verdadero temor. Los pequeños acorazados germanos no podían ser cazados por ninguno de los acorazados franceses, el más rápido de los cuales andaba sólo 21 nudos, pero si un crucero pesado galo, más veloz, se le acercaba, el alemán, bien blindado y con artillería de 280 mm y 40 kilómetros de alcance, podría hacerle fácilmente trizas, ya que el crucero pesado andaba como un galgo, sí, pero no tenía blindaje ni cañones comparables a los del germano. ¡Parecía como si aquellos acorazados *de poche* estuvieran específicamente proyectados para burlarse del Almirantazgo francés!

Pero los gobernantes franceses, con sentido de la responsabilidad, decidieron que sólo les quedaba una línea de acción: gastarse el dinero. Gastarse el dinero y construir inmediatamente dos cruceros de batalla mejor blindados, mejor artillados y más rápidos que los impertinentes navíos alemanes. Así nacieron los *Dunkerque* y *Strasbourg*, de 26.500 toneladas, ocho cañones de 330 mm, buen blindaje, de hasta 356 mm, y una velocidad máxima de 31,5 nudos.

Pero volvamos a los ingeniosos buques alemanes del almirante Zenker. Para ahorrar peso, se sustituyeron todos los roblones, o remaches, por la soldadura eléctrica. Se utilizaron las caras aleaciones ligeras en las superestructuras, y en el equipo propulsor se emplearon únicamente motores diesel, principales y auxiliares, muy ligeros, a pesar de todo lo cual no se pudo evitar que el *Deutschland* llegase a desplazar más de 12.000 toneladas, pero de lo que, por supuesto, no se enteró nadie. Se logró, en cambio, no sólo poder proporcionar a un buque relativamente pequeño un excelente blindaje de hasta 178 mm en las torres, sino también una artillería desproporcionada a su desplazamiento. Nuestros cruceros *Canarias* y *Baleares*, cuya construcción se comenzó por entonces y tenían casi el mismo peso que los acorazados alemanes de bolsillo, irían armados con ocho cañones de 203 mm y ocho de 120 mm, mientras que los buques germanos que consideramos montaban dos torres triples con cañones de 280 mm, ocho cañones de 150 mm y seis piezas de 105 mm; es decir, tenían un peso de andanada muy superior al de nuestros cruceros y una velocidad de tiro casi igual. La potencia de semejantes barcos alemanes quedaría plenamente demostrada, como veremos más adelante, en el combate del estuario del Plata, en el que uno de ellos, el *Graf Spee*, desmantelaría a dos cruceros ingleses a costa de muy pocas averías propias.

En enero de 1933 subió Hitler al poder, e inmediatamente se pusieron en Finlandia las quillas de los primeros catorce submarinos alemanes de 250 toneladas, que en la primavera de 1935 constituirían ya la escuadrilla «Weddingen», así bautizada en honor del submarinista alemán que, en 1914, hundiera en el mar del Norte, uno detrás de otro, a tres cruceros acorazados ingleses de 12.000 toneladas cada uno.

Era muy natural que Alemania deseara tener sumergibles, pues el arma submarina alemana, actuando sin restricciones, había estado a punto de ganar la gran guerra en el año 1917. Por ello, los planos de los futuros nuevos submarinos alemanes habían permanecido en los estantes secretos del Almirantazgo alemán, polvorientos, desde hacía muchos años. Pero hasta que llegaron los nazis, nadie se atrevió a darles vida.[1]

Inglaterra, reconociendo pragmáticamente que los alemanes no seguirían aceptando indefinidamente las prietas ligaduras del Tratado de Versalles, y queriendo, por otra parte, limitar el rearme alemán, firmó con Alemania, sin contar con Francia, el Tratado Naval anglo-alemán de Londres en 1935, «honorable» según los alemanes, y que permitiría ahora a la Marina de Guerra alemana disponer de una fuerza de buques de superficie equivalente al 35 por ciento de la Armada de Su Majestad, y de otra de submarinos equivalente al 45 por ciento de la misma. Llevaba, además, una cláusula por la que se autorizaba a los alemanes a llegar a la paridad con Inglaterra en submarinos, si Alemania consideraba que una fuerza semejante era necesaria para su defensa nacional.[2] Ello significaba una flota compuesta por 184.000 toneladas de acorazados (equivalente aproximado a cinco *Tirpitz*), 51.000 toneladas de cruceros pesados, 67.000 toneladas de cruceros ligeros, 47.000 toneladas de portaaviones,

1. Dichos planos habían sido hechos en la Oficina de Construcciones que los alemanes tenían abierta en La Haya (Holanda), puesto que tales trabajos hubieran violado, en Alemania, el Tratado de Versalles. Los fondos para su sostenimiento no figuraban en el Presupuesto, y sólo el ministro de Hacienda sabía de ellos. Con aquellos planos se construyeron en Finlandia veinticuatro submarinos para Alemania.

2. Los ingleses, que ya habían desarrollado el *asdic*, creían que el submarino era un arma totalmente superada.

52.000 toneladas de destructores y 24.000 toneladas de submarinos (el 45 por ciento).

A partir de dicho momento, los astilleros de la Marina en Wilhelmshaven, Kiel y Emden trabajarían a pleno rendimiento hasta 1945, al terminar la guerra. Los astilleros de Blohm y Voss, en Hamburgo; Vulcan, en Vegasack; Deschimag, en Bremen; y los Krupp de Germania y Deutsche Werke en Kiel recibieron inmediatamente pedidos de la Armada alemana. En 1936 se entregaba el tercer acorazado de bolsillo y se empezaba la construcción de una nueva serie de cruceros pesados, el *Admiral Hipper* y el *Blucher*, de 14.259 toneladas, y el *Prinz Eugen*, de 14.670 toneladas. Pero ya antes se había acelerado la construcción de los acorazados *Scharnhorst* y *Gneisenau*, que habían sido puestos en grada en 1934, y se colocaron las quillas de otros dos cruceros, dieciséis destructores y veintiocho submarinos, amén de numerosos buques auxiliares. Entre los cruceros figuraban el *Seydlitz* y el *Lützow*, de 14.670 toneladas, gemelos del *Prinz Eugen*, que no llegarían a terminarse.

Hay motivos para pensar que si no se pusieron más quillas en Alemania tras la firma del Tratado anglo-alemán de Londres no fue por falta de intenciones, sino de materias primas, que entonces escaseaban mucho en el país, debido, entre otras cosas, a los impresionantes pedidos de material que absorbían los ejércitos de Tierra y del Aire, en pleno frenesí reconstructivo, faltando sobre todo cobre y bronce para los conductores eléctricos.

La prisa que entró en Alemania por rehacer su flota de guerra fue tal, que, como haber equipado a los nuevos acorazados «Gneisenau» con motores diesel, que les habrían podido proporcionar un gran radio de acción, hubiera supuesto un retardo de un año, pues dichos motores no estaban todavía perfeccionados, se sacrificó su autonomía y se les montaron calderas y turbinas de vapor. Estos dos buques eran la réplica alemana a los «Dunkerque» franceses, desplazaban 31.800 toneladas, andaban 32 nudos e iban mejor protegidos que los galos, pero montarían una artillería principal más débil: nueve piezas de 280 mm, contra ocho de 330 mm. En esto también influyó aquella prisa febril, pues todavía no se disponía en Alemania de artillería naval de mayor calibre y no se quiso esperar; se utilizó, en cambio, la ya acopiada para el cuarto y el quinto acorazados de bolsillo, buques que, en cambio, no llegaron a pasar del proyecto.

Tampoco esta vez los franceses se quedaron cruzados de brazos, comenzando instantáneamente la construcción de dos acorazados de 41.000 toneladas estándar, el *Richelieu* y el *Jean Bart*, muy capaces de batir a los «Scharnhorst» alemanes, ya que su blindaje era de hasta 40 cm, la velocidad de 31,5 nudos y su artillería estaba constituida por ocho cañones de 381 mm, quince de 152 mm y doce de 100 mm.

Los alemanes recogieron a su vez el guante y, también con el deseo de no perder tiempo, pusieron en 1936 la quillas de dos acorazados de 45.950 toneladas estándar, el *Bismarck* y el *Tirpitz*, asimismo de propulsión enteramente a vapor, con lo que su autonomía no rebasaba las 8.000 millas. Estos buques irían ya armados con ocho piezas de 380 mm y 36.200 m de alcance, sólo inferiores a las de 406 mm que montaban entonces los acorazados ingleses *Nelson* y *Rodney*, pero, en cambio, estaban mejor protegidos y eran mucho mas resistentes que estos buques.

Técnicamente, los navíos alemanes de nueva construcción presentaban bastantes innovaciones. Las calderas «Ascania» de alta presión eran completamente automáticas. Los telémetros estereoscópicos «Zeiss» eran los mejores que montaba entonces ningún buque de guerra. La artillería era excelente, los submarinos iban equipados con muy buenos hidrófonos y con magníficos periscopios directamente acoplados a un calculador de puntería, lo que hacía posible que, en tan sólo unos cuantos segundos, se pudiesen disparar cinco torpedos contra otros tantos blancos diferentes de un convoy sin necesidad de variar los datos de tiro, lo que convertía al buque en un arma verdaderamente mortífera.

Esta febril actividad de nuevas construcciones fue pareja a una proporcionada expansión del personal y de las instalaciones en tierra. En 1936, la Marina alemana tenía ya en sus filas a 40.000 hombres bien escogidos, y la Escuela Naval Militar de Flensburg, las escuelas especiales, centros de adiestramiento, cuarteles, polígonos de tiro, arsenales, etc., fueron enormemente ampliados y mejorados.

Hasta 1938, todo parecía ir sobre ruedas para la renacida Marina de Guerra alemana o *Kriegsmarine*. Se había logrado un torpedo de propulsión eléctrica que no dejaba la delatora estela de burbujas de aire en la superficie, como invariablemente hacían los de vapor,[1] hasta entonces empleados por todas las marinas de guerra del mundo. Había sido asimismo conseguida una nueva mina magnética, capaz de ser arrojada desde el aire y desde los tubos lanzatorpedos de los submarinos. Se había logrado un buen radiotelémetro táctico, y las construcciones proseguían a buen ritmo.

El jefe de la Armada alemana desde el 15 de septiembre de 1928, el almirante Erich Raeder, antiguo jefe del Estado Mayor de Von Hipper,

1. En los torpedos de aire comprimido, éste se mezclaba con agua, calentándose la mezcla a elevada temperatura, con lo que se mejoraba notablemente su rendimiento; es decir, su velocidad y autonomía.

era sumamente competente, refinado, gran organizador y, probablemente, el mejor estratega de que dispuso Alemania en la segunda guerra mundial. Sólo poseía un defecto, si se tiene en cuenta su cargo: era introvertido y le molestaba discutir. En cuanto a política, aunque admirador de Adolfo Hitler y no teniendo más remedio que amoldarse a él, consiguió que el personal de la Armada se abstuviera de tomar parte en aquélla, con lo que evitó, entre otras cosas, las injerencias de las autoridades del partido nazi dentro de la Armada.

Se nombró jefe de los submarinos al capitán de navío Karl Doenitz, submarinista durante la gran guerra, hombre tenaz, de ideas claras y con don de gentes. Tenía quizás una visión estratégica más limitada que Raeder, pero resultó sumamente efectivo en el planteamiento y ejecución de la guerra submarina, siendo capaz de poner enérgicamente en práctica las nuevas ideas tácticas para el ataque de los convoyes aliados. Perdió a dos hijos en la guerra, oficiales de la Marina que prestaron sus servicios a bordo de los «peces de acero» alemanes, lo que habla de su integridad, pues poco le hubiera costado, dada su posición, haberlos hecho trasladar a cualquier otro servicio menos expuesto. Este hombre terminaría por suceder a Raeder y al mismo Adolfo Hitler.

* * *

Habíamos dicho que, hasta 1938, todo parecía ir perfectamente para la *Kriegsmarine*, y que en Alemania no se preveía guerra alguna contra Gran Bretaña; a lo sumo, con Francia y la Unión Soviética. Pero el panorama iba a cambiar pronto para la Armada alemana. Efectivamente, una serie de acontecimientos internacionales hicieron ver a los ingleses que las cosas iban tomando un giro peligroso y que convenía rearmarse, ¡y hacerlo de prisa! En octubre del año 1935, Italia había declarado la guerra a Abisinia, y la posibilidad de un conflicto con aquella nación mediterránea puso de manifiesto la impreparación militar en que se hallaba realmente el Reino Unido. El Tratado Naval de Washington de 1922, por el que las grandes potencias navales habían acordado abandonar las construcciones de nuevos buques de línea y otras limitaciones, caducaba el 31 de diciembre de 1936. Un año antes se reunieron en Londres los representantes de Gran Bretaña, Estados Unidos, Francia, Italia y Japón, pero los delegados de este último país abandonaron la conferencia antes de que se hubiera llegado a ningún acuerdo, y después, el Gobierno italiano no quiso ratificar el nuevo tratado. Ello significaba, sencillamente, que había naciones que no estaban dispuestas a aceptar con resignación el existente y desigual reparto de las riquezas mundiales. De manera que, preventivamente, Gran Bretaña decidió rearmarse.

Entre 1936 y 1937 se pusieron en el Reino Unido las quillas de cinco portaaviones rápidos de 23.000 toneladas de la serie «Illustrious», cinco acorazados de 38.000 toneladas y 30 nudos de andar del tipo «King George V», diez cruceros antiaéreos de la serie «Dido», treinta y dos destructores, etc. Grandes controversias precedieron a la decisión referente a los acorazados, pues los enormes progresos conseguidos por la aviación desde los días de la gran guerra hacían suponer a algunos que estos buques no podrían resistir a los bombardeos aéreos y que sería mucho mejor fabricar aviones. Pero el primer lord del Mar razonó así: «Si la guerra demuestra que los acorazados son inútiles, habremos dilapidado el dinero en su construcción; pero si no los construimos y la guerra demuestra su necesidad, es posible que perdamos el Reino Unido». La guerra sancionó después su razonamiento, pero, visto retrospectivamente, resulta evidente que la construcción de otros ocho o diez portaaviones más, en vez de aquellos cinco blindados leviatanes, hubiera dado mucho mejores dividendos a Gran Bretaña durante la segunda guerra mundial.

Mas volvamos a la Armada alemana. Los jefes navales germanos, fiados en las reiteradas promesas de Hitler de que jamás emprendería una guerra contra Inglaterra, no habían hecho plan alguno pensando en tener que combatir con la Armada Real. Si construyeron buques pesados capaces de lanzarse a hacer la guerra al comercio fue con la finalidad de poder atacar las vías marítimas de comunicación francesas en caso de guerra con Francia, lo que obligaría a este país a utilizar sus acorazados en la protección directa de sus convoyes. En tales condiciones y con semejante servidumbre, la Armada francesa no podría destacar una escuadra al Báltico para ayudar a Polonia, ni hostilizar al comercio marítimo alemán en dicho mar ni en el de Noruega. Éste era un plan estratégico razonable y bien concebido, y preveía también que Alemania pudiera efectuar ciertas importaciones a través del océano Atlántico, por el norte de Escocia. Y era natural que, habiendo estado prácticamente privados de escuadra durante tantos años, a los alemanes les entrara ahora la prisa por crear una que pudiera adecuadamente enfrentarse a la francesa, pues no debemos olvidar que, de los 56,6 millones de toneladas que importaba anualmente del extranjero, 29 millones llegaban por mar, es decir, más de la mitad, y que, de ellas, 11 millones estaban constituidas por mineral de hierro procedente de Suecia, que, de no poder traerse, habrían casi paralizado la industria de guerra alemana.

A fines de mayo de 1938, Hitler expuso al almirante Raeder la creciente y manifiesta hostilidad mostrada por Francia e Inglaterra hacia Alemania y la posibilidad de llegar a una guerra con ambas potencias. Al mismo tiempo le apremiaba para que terminase de construir los dos acorazados del tipo «Tirpitz» y le encargaba la inmediata construcción de seis gradas para acorazados todavía mayores. El almirante, naturalmente, quedó consternado. Más tarde, cuando expuso a Hitler con toda claridad cuál sería la situación de toda la flota germana, en los primeros pasos de su reconstrucción, frente a la poderosa *Royal Navy*, recibió seguridades del jefe del Gobierno alemán de que la guerra con Inglaterra no estallaría, lo más pronto, antes de los años 1944 o 1945. Le manifestó, al mismo tiempo, que, dadas las circunstancias, daría absoluta prioridad a la construcción de una gran flota militar.

En consecuencia, el Estado Mayor de la Armada alemana hizo un detenido y cuidadoso estudio, y Raeder sometió a la consideración de Hitler dos planes de construcciones de buques de guerra, basados en la máxima capacidad de la industria y de los astilleros alemanes. Uno, a corto plazo, preveía la construcción de submarinos, y de acorazados de 20.000 toneladas, destinados a atacar el tráfico marítimo inglés. Otro, que llevaría más tiempo, comprendería la construcción de una escuadra mejor equilibrada y mucho más potente, capaz de lo anterior y de medirse con la flota británica, e incluso, en ciertas condiciones, poder derrotarla. También expuso sin ambages al Führer que, si éste se decidía por el segundo plan y la guerra estallaba antes de lo previsto, Alemania se encontraría prácticamente sin nada que oponer al potente adversario.

Hitler no dudó en aceptar el segundo plan, asegurando al jefe de la Marina que hasta el año 1942 no necesitaría tener que apoyarse política ni militarmente en la flota. Este proyecto alemán, denominado «Plan Z», comprendía los siguientes buques:

Seis acorazados de 54.000 toneladas, armados con ocho cañones de 406 mm, doce de 150 mm, etc., y cuatro aviones. Irían movidos por doce motores diesel cada uno, que les proporcionarían una velocidad máxima de 30 nudos y una autonomía de 32.000 millas marinas.

Se preveían también doce acorazados de 20.000 toneladas, armados con piezas de 305 mm. Pero el proyecto de estos buques se sustituyó después por el de tres cruceros de batalla de 30.000 toneladas y ocho piezas de 380 mm, provistas de un sistema mixto de propulsión, diesel-turbinas de vapor, capaz de darles una velocidad máxima de 34 nudos y una autonomía de 28.000 millas a 14 nudos.

Cuatro portaaviones de 20.000 toneladas, que llevarían cincuenta y cinco aviones, andarían 34,5 nudos e irían armados con dieciséis cañones antiaéreos de 152 mm. Dos de ellos, el *Graf Zeppelin* y el *Peter Strasser*, procederían de la transformación de dos barcos de pasaje puestos en grada en 1936.

Dieciséis cruceros de 8.000 toneladas, armados con ocho cañones de 152 mm, de 35,5 nudos de andar y de 16.000 millas de autonomía.

Veintidós cruceros exploradores de 5.000 toneladas, seis cañones de 152 mm, 36 nudos y 16.000 millas de autonomía; sesenta y ocho destructores, noventa torpederos, doscientos cuarenta y nueve submarinos y trescientos buques más, entre minadores, dragaminas, lanchas rápidas, cazasubmarinos, etc. Todo ello además de los siete nuevos acorazados, ya construidos a punto de entregarse, y de los restantes buques con que contaba la Armada alemana.

En enero de 1939, Hitler dio su conformidad al «Plan Z», a condición de que estuviera terminado en seis años. Con el fin de que no degenerase en otra carrera de armamentos, como había sucedido en Francia respecto a los acorazados de bolsillo, se procuraría llevarlo todo en el mayor secreto respecto a las características y también a la máxima velocidad posible.

Este plan era realmente importante, y, a grandes rasgos, la finalidad de aquella flota, en caso de guerra con Inglaterra, era la siguiente:

Partiendo de la base de que Gran Bretaña necesitaba descargar diariamente nada menos que 50.000 toneladas de víveres de importación en sus muelles, lo que, unido a otras tantas de materias primas necesarias a la industria, suponía tener unos dos mil barcos mercantes constantemente en la mar, en tránsito, se pensó atacar simultáneamente sus vitales líneas marítimas de comunicaciones, por una parte, con enjambres de submarinos, y, por otra, con cruceros ligeros apoyados por los de batalla y protegidos portaaviones.[1] Esto último obligaría a los ingleses a dispersar su escuadra, a fin de poder dar protección a los múltiples e imprescindibles convoyes procedentes de todo el mundo. Cuando interviniesen estos grandes buques de guerra, los cruceros de batalla alemanes escaparían gracias a su superior velocidad, pues serían reservados exclusivamente para batir a los cruceros pesados o ligeros del adversario. Pero, a su vez, los buques de líneas británicos no podrían librarse de los rápidos y muy superiores acorazados alemanes, actuando en número suficiente y proporcionado al del enemigo, lo que permitiría a los germanos ir aniquilando uno por uno a los diferentes grupos británicos hasta llegar a una superioridad numérica total.

Un ingenioso plan basado en dos premisas. Cierta una de ellas: la de que, para subsistir, Inglaterra no podía prescindir de los convoyes, ni siquiera rebajar considerablemente su número, y de que éstos tendrían forzosamente que ir escoltados por buques de guerra para evitar que los merodeadores alemanes, más potentes que los cruceros ingleses de la

1. Incluso en 1941, tal vez el año más difícil para Gran Bretaña, se previó en este país un mínimo de treinta y un millones de toneladas de mercancías de importación.

escolta, acabaran con todos. La otra, la supuesta superioridad del acorazado, se demostró después que era falsa.

Para los alemanes, la prematura declaración de guerra de Francia y Gran Bretaña en septiembre de 1939 echó por tierra unos proyectos que, en el papel, hubieran resultado todo lo efectivos que se quiera, pero que, habida cuenta de la superioridad que luego demostraría el portaaviones sobre el acorazado (los superacorazados japoneses de 68.000 toneladas no resistirían los ataques de la aviación naval embarcada norteamericana) y al hecho de que, ya en 1939, Gran Bretaña disponía de seis portaaviones en servicio, más cinco «Illustrious» a punto de ser entregados y un «Unicorn» en grada, es decir, de doce portaaviones, sin contar los que pudiera haber construido entre 1940 y 1945, frente tan sólo a cuatro buques de esta clase previstos por los alemanes, dichos planes nos parecen, sin eufemismos, ciertamente optimistas, aunque no cabe la menor duda de que dicho programa naval germano habría proporcionado a su escuadra unas posibilidades de victoria que, tal y como se desarrollaron en realidad las construcciones navales, jamás llegó a tener.

Una vez declarada la guerra en 1939, y como para los alemanes resultaba imposible construir una flota de superficie capaz de medirse con la británica y francesa unidas, puesto que habría que partir de una diferencia de fuerzas abrumadora, se abandonaron por completo aquellos grandiosos planes y se pensó que la única línea de acción disponible sería la de tratar de estrangular las vitales arterias marítimas de Gran Bretaña a base de una guerra submarina a ultranza. Se decidió, por tanto, dedicar casi todo el esfuerzo de los astilleros navales a la fabricación de submarinos; terminar de construir sólo los grandes buques de superficie cuyas obras estuvieran muy adelantadas; desguazar los más retrasados, y no volver a poner nuevas quillas de buques de superficie superiores al tamaño del destructor.

Dadas las circunstancias, creemos que esta drástica decisión era acertada, pero la realidad es que no se cumplió más que en lo referente a no poner nuevas quillas de buques mayores. La construcción de submarinos languideció hasta el mes de julio de 1940, y, en vez de construirse los veintinueve buques de esta clase previstos mensualmente, no se pasó de cuatro unidades. Sólo se desmantelaron las quillas de los dos grandes acorazados del «Plan Z», que ya habían sido rápidamente puestas en las gradas de Bremen y Hamburgo, y se abandonó la construcción del segundo portaaviones. Pero en los demás grandes buques, tanto muy avanzados como poco, se siguió trabajando, si bien esporádicamente en algunos y a ritmo lento, como el *Graf Zeppelin*, cuyas obras se paralizaron y reanudaron varias veces, llegándose a terminar en el 80 por ciento; el *Lützow*, que sería cedido a la Unión Soviética a medio construir y saldría de Bremen, a remolque, el 15 de abril de 1940,[1] y el *Seydlitz*, que en junio de 1942 ya estaría acabado en su 90 por ciento (cuando se pensó transformarlo en portaaviones) y a cuya construcción, finalmente, nunca se daría remate.

Al comenzar la guerra, Hitler dio por hecho, como si se tratara de una profecía incuestionable, que la lucha no duraría más de dos años. Por esta razón, no se permitió a la industria construir las nuevas fábricas necesarias a los requerimientos de una guerra larga, sino solamente ampliar las ya existentes. Igual error se cometió con la investigación científica a largo plazo, base de nuevas armas y equipos, sin los cuales las fuerzas armadas de cualquier país muy pronto acusan la desventaja en el campo de batalla, no importa con cuánto espíritu combativo y valor quieran suplir la deficiencia tecnológica. Todos estos errores y vacilaciones, como es lógico, se harían sentir muy desfavorablemente para Alemania en el decurso de la contienda.

Resumiendo lo expuesto, nos encontramos con que, al estallar la lucha en septiembre de 1939, la Armada alemana se hallaba bien preparada en cuanto al personal y material se refiere, pero disponía todavía de muy pocos buques de combate, en comparación con los que se alineaban en las flotas de Gran Bretaña y de Francia. He aquí los efectivos navales de estas tres potencias:

	G. Bretaña	*Francia*	*Total*	*Alemania*
Acorazados y cruceros de batalla	15	7	22	2
Portaaviones	6	1	7	0
Cruceros acorazados	0	0	0	3
Cruceros pesados	15	7	22	2
Cruceros ligeros	49	12	61	6
Destructores y torpederos	183	72	255	34
Submarinos	57	78	135	57

1. A raíz de la firma del Tratado de no agresión germano-soviético del 23 de agosto de 1939, la Armada rusa solicitó de los alemanes la entrega de blindajes, máquinas y equipos para cuatro cruceros ligeros; los planos del *Admiral Hipper*, del *Bismarck* y del *Graf Zeppelin;* artillería naval, direcciones de tiro, catapultas para aviones, sondadores, minas, torpedos, agujas giroscópicas, telémetros, periscopios, así como buques minadores y gradaminas y la venta de los cascos de tres cruceros pesados tipo *Hipper*. Todo ello es un claro indicio del gran atraso de la técnica naval soviética en 1940; atraso del que sólo pudo salir la URSS gracias a la captura, cinco años después, de un enjambre de técnicos alemanes de todas clases.

Como puede apreciarse, la balanza se inclinaba aplastantemente del lado aliado, y mucho más si se tiene en cuenta el estado y número de buques de guerra en construcción entonces en dichos países. Gran Bretaña tenía en grada 7 acorazados, 6 portaaviones, 19 cruceros, 52 destructores y 24 submarinos, y Francia 3 acorazados, 1 portaaviones, 3 cruceros, 24 destructores y 13 submarinos, es decir, se construían 650.000 toneladas de buques de guerra aliados, frente a 216.000 toneladas, o sea menos de la tercera parte, de alemanes.

Y puesto que estamos tratando de efectuar una somera exposición de los flotas que inmediatamente vamos a ver combatir sobre los mares, no podemos dejar de señalar los defectos y taras peculiares de cada una, circunscribiéndonos principalmente a las de Gran Bretaña y Alemania, ya que, al quedar pronto Francia eliminada de la lucha, su flota, que tendría que atravesar pruebas verdaderamente amargas y dolorosas, no haría sentir su peso ni resultaría decisiva en la marcha ulterior de la guerra.

* * *

El arma que posiblemente contribuyó más a que los aliados consiguieran la victoria fue sin duda el radar. Este aparato electrónico de tamaño relativamente reducido, el ojo verdoso que atravesaba las oscuridades más impenetrables, las nieblas más densas, las opacas cortinas de humo tendidas por los veloces destructores, las majestuosas y ampulosas nubes suspendidas en la atmósfera y a cuyo amparo los buques de guerra habían creído poder sustraerse a la observación aérea enemiga, decidiría a favor de Gran Bretaña la batalla aérea librada sobre los cielos de Inglaterra en 1940; reduciría prácticamente a la nada la formidable flota submarina del almirante Doenitz en los años 1943, 1944 y 1945; hundiría en un abrir y cerrar de ojos y en diferentes combates nocturnos a formaciones navales de superficie alemanas, italianas y japonesas, cuyos sorprendidos hombres sentirían cómo sus buques se desintegraban y desaparecían entre las olas sin que ellos hubieran podido entrever siquiera fugazmente el mortífero enemigo, igual que si un rayo sobrenatural e inexorable les acertara cual maldición divina.

Esbozar siquiera una breve historia del radar cae absolutamente fuera del propósito de este libro, pero sí debemos advertir al lector que, en la historia de la guerra naval, la introducción de este aparato a bordo de los buques tuvo tanta importancia como anteriormente la del cañón, la máquina de vapor, el torpedo automóvil y la aparición del submarino o el aeroplano.

Algunos años antes de la rotura de las hostilidades, científicos alemanes, británicos, franceses y norteamericanos habían experimentado con ondas electromagnéticas dirigidas que, al reflejarse en un cuerpo metálico situado en su trayectoria a cierta distancia, podían ser nuevamente captadas donde se habían generado y, por mediación del tiempo transcurrido en el viaje de ida y vuelta, proporcionar exactamente la distancia al blanco con un error máximo de algunas decenas de metros. Terminaría así el espinoso y difícil problema de obtener la media de las distancias al enemigo, que hasta entonces apreciaban los diversos telémetros ópticos, con el fin de dar comienzo al tiro disponiendo de un alcance sólo aproximado y frecuentemente muy erróneo, e ir luego centrando aquél por tanteos deducidos de la caída de las salvas, cosa que, por otra parte, si el rumbo y la velocidad del barco habían sido calculados con apreciable y explicable error, podía suceder que no se lograra en todo el combate.

Los científicos ingleses, experimentando con ondas métricas, lograron unos equipos de radar bastante pesados, que fueron instalados, ya antes de la guerra, a lo largo de toda la costa oriental británica,[1] con el fin de poder detectar, con tiempo suficiente para alertar a la defensa antiaérea y poner en el aire a la aviación de caza, la llegada de los aviones procedentes del continente. Estos aparatos utilizaban longitudes de onda de doce a trece metros, que requerían grandes antenas y mástiles completamente inadecuados en un buque de guerra y señalaban la llegada de los aviones a cuarenta millas de distancia. Tales estaciones fueron detectadas antes de la guerra por el Servicio de Inteligencia alemán, y en la primavera de 1939 se envió al dirigible *Graf Zeppelin* para que efectuase un vuelo de reconocimiento por el mar del Norte, llevando a bordo un sensible receptor de radio, a fin de tratar de averiguar si los ingleses empleaban efectivamente algún tipo de detector electromagnético de aviones. Pero, por uno de esos imprevisibles maleficios, insignificantes en sí mismos pero capaces de consecuencias tan absolutamente desproporcionadas como trascendentales para la historia, el largo vuelo del *Graf Zeppelin* frente a las costas británicas resultó completamente contraproducente para los alemanes. El sensible receptor de transmisiones de alta frecuencia instalado en el dirigible se estropeó al principio de la operación, y, por increíble que parezca, el técnico de la *Luftwaffe* responsable de su funcionamiento y de la escucha no se atrevió a declarar el fallo del aparato, pero

1. Entre Portmouth y Scapa Flow había veinte estaciones de radar ya en julio de 1939.

informó, ¡desde luego con toda veracidad!, que no se había captado la más mínima señal. En realidad las estaciones inglesas detectaron y siguieron perfectamente el vuelo del *Graf Zeppelin*, sin sospechar el riesgo que con ello corría la cadena británica de detección.

Los alemanes creyeron que las estaciones inglesas, si efectivamente existían, sólo servían como radiogoniómetros, y se dieron por satisfechos. Fue un grave e irreparable error no haber insistido, pues ello probablemente les habría permitido diseñar equipos de contramedidas electrónicas capaces de haber anulado los referidos radares ingleses en 1940, durante la batalla aérea de Inglaterra. Porque un radar es muy fácil de interferir, e incluso de engañar.

Para que las antenas de los radares ingleses pudieran adaptarse a los mástiles o superestructuras de los buques de guerra tenían que reducirse de tamaño, lo cual exigía el empleo de ondas muy cortas, métricas, pero cuanto más cortas, más difícil resultaba lograr suficiente potencia de transmisión; era, pues, un problema de válvulas

En agosto de 1938, los británicos instalaron ya un radar de exploración de ondas de siete metros y unos quince vatios de salida, el «Tipo 79 Y», en el crucero *Sheffield*, y después en el acorazado *Rodney*, consiguiendo detectar aviones a más de cincuenta millas. Un equipo similar aunque perfeccionado, el «79 Z», se hallaba instalado en cuatro buques ingleses al estallar la guerra, pero sólo servía prácticamente para detectar aviones, pues para señalar navíos sobre la superficie de la mar se necesitaban ondas más cortas, es decir, válvulas más potentes.

Al estallar la guerra, los científicos ingleses empezaron a trabajar contrarreloj, y en septiembre de 1940 se instaló en el nuevo crucero antiaéreo *Dido*, y después en el acorazado *Prince of Wales*, un radar de exploración de ondas de tres metros, el «Tipo 281». Este aparato podía detectar aviones hasta cien millas de distancia y señalar buques a once millas (veintiún kilómetros).

Mientras tanto, los científicos franceses habían logrado un magnetrón, es decir, una válvula especial capaz de generar ondas de dieciséis centímetros, con más de medio kilovatio de impulso de salida, y el ejemplar que les pasaron a los ingleses antes de la caída de Francia en 1940 sirvió a éstos para poder fabricar su importante y decisivo magnetrón de ondas de diez centímetros. En cambio, los franceses destruyeron todos sus esquemas, aparatos y archivos, y nada referente al radar transcendió a los alemanes.

En busca de un radar de tiro, los ingleses desarrollaron el «Tipo 284», de ondas de cincuenta centímetros y cincuenta kilovatios, y este tipo de radar permitió al acorazado *Duke of York* abrir el fuego en plena noche ártica sobre el invisible crucero de batalla alemán *Scharnhorst*, el 25 de diciembre de 1943, y conseguir ya un impacto, ¡con la primera salva!, a más de diez mil metros de distancia.

A principios de 1941 se empezaron a instalar radares de antena fija en serie de destructores británicos, uno de los cuales, el *Vanoc*, detectó durante la noche al submarino alemán *U-100*, en marzo de 1940, navegando en superficie a una milla de distancia, y le permitió pasarlo por ojo. En él perdió la vida uno de los mejores ases submarinistas germanos: el capitán de corbeta Joachim Schepke.

El «Tipo 291» ya contaba con antena giratoria y utilizaba una longitud de onda de metro y medio, pero para poder detectar a cierta distancia blancos tan pequeños como submarinos navegando en superficie se necesitaban radares de menor longitud de onda todavía. A principios de 1941, los ingleses comenzaron a construir magnetrones de ondas de diez centímetros y antena estabilizada, capaces de detectar submarinos a cinco mil metros, en plena noche. Este magnetrón y el desarrollo del PPI («Plan Position Indicator») harían sencillamente perder la guerra a los submarinos alemanes.

El PPI era un gran tubo de rayos catódicos con la extremidad fluorescente, sobre la que se veían de forma clara y con permanencia de imagen todos los blancos situados en un radio equivalente al alcance eficaz del aparato. Las demoras y distancia a cada blanco podían ser rápidamente obtenidas y pasadas a los radares de tiro, y también se apreciaban en dicha pantalla con toda nitidez las formaciones adoptadas por los buques o aviones enemigos, sus movimientos e incluso las estelas de aquéllos, pudiendo observarse también la caída de las salvas de la artillería propia y corregir el tiro. Todo ello lo mismo de día que de noche, con niebla o sin ella.

Las ondas centimétricas permitirían la fabricación de equipos de radar extremadamente ligeros, con los que, a partir de los primeros meses del año 1941, irían siendo equipados todos los buques de guerra británicos y los aparatos de su aviación naval y de la aviación costera de la RAF, lo que sobre la mar supondría una ventaja táctica decisiva.

Los norteamericanos, por su parte, emplearon el magnetrón de diez centímetros, que los ingleses les entregaron, en numerosos equipos que fueron instalados en aviones, submarinos y buques de superficie, con el resultado que puede suponerse frente a un enemigo que no disponía de ellos, y después desarrollaron el radar de tres centímetros, capaz de detectar aviones a ciento cincuenta millas de distancia (doscientos ochenta y cinco kilómetros).

¿Y los alemanes? Así como en Inglaterra, Francia y Estados Unidos el radar se desarrolló con la intención primaria de poder detectar aviones, en Alemania sucedió lo contrario, es decir, lo que inicialmente se pretendió fue un detector de buques.

En marzo de 1934, la casa Gema, trabajando por cuenta de la Armada, logró un equipo de ondas de cincuenta centímetros que pudo detectar al veterano acorazado *Hessen* a una distancia de... cien metros. No fue un resultado precisamente espectacular, pero ya en octubre se conseguirían alcances de detección de seis millas y media. Inicialmente se emplearon ondas continuas, pero luego al igual que en Francia y demás países mencionados, se utilizó el método de transmisiones pulsadas, lográndose en 1935 alcances de ocho millas con una exactitud en la demora (dirección del blanco) de dos grados.

La casa Gema comenzó a trabajar después, sin mucho éxito, con ondas de trece centímetros, pero la *Kriegsmarine* insistió en que se dedicara a la banda de los ochenta centímetros, que aparentemente resultaba más prometedora. En el verano de 1936 se montaron radares de esta clase en el acorazado *Graf Spee*, crucero *Konigsberg* y torpedero *G-10*, y en las maniobras de 1937, el *Hessen* fue detectado a diecisiete millas de distancia. En 1938 también se obtuvieron buenos resultados en radares de exploración aérea, que fueron capaces de señalar aviones a sesenta millas. Pero entonces intervino el mariscal del aire Herman Goering, que al enterarse de tales resultados encargó a la casa Gema la fabricación de un millar de aparatos para la defensa aérea. Con ello terminaron las investigaciones en ondas más cortas, pues la casa hubo de ampliar las instalaciones y dedicar todos sus esfuerzos a dicho programa de fabricación.

Al estallar la guerra, sólo el *Graf Spee* y el *Konigsberg* montaban radiotelémetro, pero muy pronto se instalaron tales aparatos, con su alcance mejorado, en el acorazado *Scharnhorst* y en el *Gneisenau*, y después en todos los buques de guerra alemanes de destructor para arriba. Pero este aparato, de unas veinte toneladas de peso entre todos sus componentes, aunque podía detectar buques de superficie a unas 18,5 millas, es decir, a unos 34.300 metros, y aviones a distancia mucho mayor, tenía un poder de definición pobre y, por tanto, sus demoras no eran muy exactas. Tampoco proporcionaba panorámica alguna de los blancos navales o aéreos situados alrededor del buque que lo montaba. Era como un radar inglés de tiro, sin PPI. Cuando no había buena visibilidad, tenía que hacerse girar la antena del radiotelémetro con lentitud y observar cuidadosamente, en la central de tiro, la pequeña selva de señales verdosas e inquietas (la «hierba», como la llaman los especialistas de tiro) que aparecía sobre la pequeña pantalla lineal de un tubo de rayos catódicos. De modo que resultaba difícil detectar un blanco, si no se le veía ópticamente antes, y tampoco era sencillo seguirle, pero si el aparato se apuntaba de noche sobre un buque, resultaba imposible darse siquiera cuenta de la aparición o presencia de otros blancos, aunque estuvieran dentro del alcance eficaz del detector. Desde luego, el radiotelémetro representaba una gran ventaja respecto a no disponer de él, pero sus limitaciones eran muy grandes si se le compara con el radar, y también carecía de un sistema automático de seguimiento del blanco.

Los historiadores de aquellos países combatientes que poseyeron el radar durante la segunda guerra mundial, y por razones que no es necesario señalar, apenas si conceden importancia a este aparato en sus relatos, llegando algunos a ni siquiera mencionarlo, con lo que el lector no profesional queda frecuentemente perplejo ante unas actitudes y resultados que parecen, sencillamente, tan asombrosos como inexplicables. En este libro no pretendemos, por supuesto, tomar partido, pero sí debemos advertir al lector que sobre el mar, durante la segunda guerra mundial, disponer o no del radar equivalió, ni más ni menos, a vencer o a ser derrotado, a ceñir los laureles de la victoria o a quedar encadenado a las ruedas del carro del vencedor. Y que por lo menos la mitad de las batallas navales libradas en dicha guerra fueron ganadas principalmente gracias al radar.

De manera que si, en 1939 y 1940, los buques alemanes aventajaban a los británicos y franceses en cuanto al radiotelémetro se refiere, muy pronto habrían de perder tal ventaja, y cuando, en el mes de agosto de 1943 y gracias a que la suerte permitió a los alemanes poder recomponer las partes intactas de los medios destrozados equipos de radar de dos aviones enemigos abatidos sobre suelo alemán, se pudo descubrir el secreto aliado y comenzar después la fabricación en serie e instalación de aparatos similares en los aviones y buques germanos, a la *Kriegsmarine* ya no le quedaba ni un solo buque de porte superior a crucero; Italia había sido derrotada y firmado el armisticio, y Japón se tambaleaba peligrosamente ante los golpes cada vez más potentes que le descargaban los Estados Unidos de América. Pocas veces, en alguna guerra moderna, un factor aparentemente tan insignificante ha tenido efectos tan decisivos, trascendentales y dramáticos.

En cuanto a equipos detectores de submarinos, los científicos ingleses eran los únicos que habían logrado un aparato, denominado *asdic*, capaz de señalar bajo el agua y medir la distancia a un submarino en inmersión.

Aunque el principio en que se basaba era prácticamente igual al del radar, aquí no valían las ondas electromagnéticas, que o no penetraban en el agua de mar, o lo hacían muy mal, sino las acústicas de alta frecuencia. En 1939, los buques antisubmarinos de la *Royal Navy* ya disponían de estos eficaces detectores, que luego la Armada inglesa entregaría a la francesa. Los franceses, tras la firma del armisticio franco-alemán de 1940, se los pasarían a los alemanes, quienes, a su vez, se los cederían después a italianos y japoneses.

Dicho aparato pondría en mortal peligro a un submarino enemigo que navegara en inmersión a cualquier profundidad y a una distancia de unos miles de metros del buque al acecho y equipado con bombas antisubmarinas, y obligaría a los sumergibles alemanes a variar absolutamente de táctica, atacando a los convoyes de noche y navegando exclusivamente en superficie, sustrayéndose al fatídico batido de aquel aparato, que, en cambio, resultaba inútil si el submarino se mantenía en la superficie de la mar. Pero tal táctica sólo pudo aplicarse hasta que hizo su aparición el radar.

Otra importante diferencia existente entre las marinas del Eje y las aliadas fue la aviación naval. Las flotas de Estados Unidos, Francia y Gran Bretaña disponían de sus propias aviaciones navales, y, como ya hemos visto, también de buques portaaviones, mientras que ni Alemania ni Italia dispusieron en toda la guerra de aviación naval, embarcada ni basada en tierra, ni siquiera tuvieron un triste portaaviones de escolta. Ello supondría una gravísima desventaja para las últimas, pero como este capítulo se va haciendo largo y tanto el lector como nosotros lo que deseamos es «hacernos a la mar» cuanto antes, dejaremos que al correr de las páginas de esta historia se vaya poniendo por sí solo de relieve lo que tal diferencia supuso para unas y otras flotas adversarias.

* * *

Ahora debemos considerar, aunque sólo sea muy brevemente, cuál era la situación geográfica de Alemania con respecto a Gran Bretaña, así como su repercusión en la estrategia naval de los germanos.

Mirando el mapa, inmediatamente se observa que la bahía alemana constituye un exiguo rincón del mar del Norte totalmente dominado por el Reino Unido, no sólo desde su gran isla principal, sino también desde los archipiélagos de las Orcadas y las Shetland, que se adentran en el mar de Noruega. El mar del Norte sólo tiene dos salidas al Atlántico: el canal de la Mancha, muy angosto, factible de minar por su escaso fondo y muy fácil de controlar por Inglaterra mediante buques y aviones que utilicen puertos o aeródromos situados, como quien dice, a pie de obra, y el estrecho, más profundo y de 150 millas de anchura, comprendido entre las islas Shetland y Noruega, precisamente contiguo a donde la Armada británica había situado su base naval principal: Scapa Flow.

Para evitar los ataques de los buques de guerra alemanes al tráfico marítimo británico en el mar del Norte, Gran Bretaña se podía permitir el lujo de cerrar los puertos metropolitanos de ese mar y utilizar exclusivamente los del canal de la Mancha y el mar de Irlanda. De manera tan sencilla, a la Armada alemana se le plantearía un problema de difícil solución, ya que cruzarse de brazos ante tal estado de cosas y no hacer nada significaba, sencillamente, perder la guerra, aunque de este hecho no se percataría el Alto Mando germano, de mentalidad enteramente continental, hasta que hubo transcurrido casi un año de guerra. No quedaba, pues, otra alternativa que atacar al tráfico enemigo con aviones, buques de superficie y submarinos, llevando la guerra al océano Atlántico y tratando de yugular allí un tráfico sin el cual Gran Bretaña se vería muy pronto reducida a la impotencia, no sólo por falta de combustible líquido para mover sus buques mercantes y de guerra y sus aviones, pues ni un litro de gasolina se extraía en las Islas Británicas, sino por hambre, pues Inglaterra no producía entonces ni el 20 por ciento de lo que su población necesitaba consumir.

Mas para que los buques alemanes de superficie pudieran llegar a la zona por donde los convoyes enemigos necesariamente tenían que aproximarse a las Islas Británicas, es decir, aquella situada a unas 300 millas al sudoeste de Islandia, se verían obligados a recorrer unas 2.500 millas marinas de ida y otras tantas de vuelta hasta Alemania. Es decir, no sólo habrían de cruzar por estrechos muy vigilados por buques y aviones del enemigo, y donde podrían ser fácilmente destruidos por fuerzas adversarias superiores, sino gastar en el viaje una exorbitante cantidad de petróleo. Lo que, por otra parte, reducía notablemente el tiempo total de permanencia en la zona de operaciones, es decir, el efectivo. Además, careciendo Alemania de una sola base naval o de apostadero alguno, fuera de sus limitadísimas zonas en el fondo del saco del mar del Norte, el problema logístico que se le planteaba a la Armada germana era poco menos que insoluble.

Claro está que si la flota alemana hubiera podido destruir antes a la Armada británica en una o varias batallas navales decisivas, el problema se hubiera simplificado absolutamente, pues una vez conseguido el dominio del mar, habría bastado despachar para determinadas zonas tantos barcos petroleros como hiciera falta para abastecer a los submarinos o buques de superficie germanos empeñados en cortar los suministros británicos. Pero ya sabemos cuál era la aplastante diferencia de fuerzas navales de uno y otro bando, y pese a todas las bravatas del jefe de la aviación alemana, Herman Goering, la *Royal Navy*, para desgracia de Alemania, seguiría flotando y navegando poco menos que como si el mariscal del Aire alemán y sus aviones no hubiesen existido.

El reverso precisamente de la situación se daba en el Reino Unido. Éste no sólo disponía de la flota más poderosa del mundo y de una situación geográfica absolutamente dominante frente a Alemania, sino de una interminable cadena de bases navales y aéreas estratégicamente situadas y repartidas por toda la superficie de la Tierra, que jalonaban perfectamente las vías marítimas comerciales del imperio.

Esta situación geográfica tan desfavorable para Alemania pesaría y absolutamente condicionaría la estrategia naval germana durante la guerra, como iremos viendo, aunque la conquista de Noruega primero y la ocupación de Francia después mejorarían algo, pero no mucho, tan importante desventaja, especialmente en cuanto a submarinos se refiere. De modo que la estrategia que se vio obligada a adoptar la Marina alemana por un imperativo geográfico fue: por una parte, tratar de dominar el mar Báltico, con el fin principal de asegurarse los vitales suministros de mineral de hierro de los países escandinavos y, por otra parte, intentar imponer un bloqueo marítimo atlántico lo más efectivo posible a Gran Bretaña, mediante el empleo de minas submarinas, aviones, sumergibles y grandes buques de superficie, renunciando desde luego, ante un contrabloqueo británico imposible de evitar dada la debilidad de la *Kriegsmarine*, al tráfico comercial propio por aquel océano.

Ahora bien, teniendo en cuenta el exiguo número de buques de superficie y suficiente autonomía de que disponían los alemanes, y la imposibilidad de reemplazarlos si eran hundidos, pues toda la industria naval germana se dedicaría, a partir de julio de 1940, casi exclusivamente a la construcción de submarinos, los germanos habrían de evitar a todo trance cualquier combate o batalla naval, incluso tratándose de fuerzas enemigas manifiestamente inferiores. Pues un buque averiado, que para la Armada británica sólo significaría tener que remolcarlo hasta llegar a puerto, se convertiría en una pérdida segura e irreemplazable para la flota alemana, que no podría impedir que una concentración superior de fuerzas enemigas acabara con él o con sus acompañantes.

Al enjuiciar la estrategia naval alemana durante la segunda guerra mundial y todas las acciones a que daría lugar, el lector no debe perder de vista este planteamiento estratégico y de economía de fuerzas alemán que sucintamente le acabamos de exponer.

Respecto a la flota británica, y a grandes rasgos, su estrategia consistió, sencillamente, en imponer un bloqueo marítimo, lejano pero absoluto, a Alemania y defender a toda costa sus propias y vitales vías de abastecimiento a través del mar. Los ingleses pensaron que ello les había permitido ganar la gran guerra y que era de esperar que esta vez sucediera lo mismo. No se equivocaron.

CAPÍTULO II
«GUERRA CREPUSCULAR»

Por fin cayeron las sombras de la noche del 3 de septiembre de 1939 en el Atlántico nororiental, y por primera vez desde hacía casi nueve horas, es decir, desde que la estación radiotelegráfica de su barco le informara de que había estallado la guerra con Alemania, James Cook, capitán del transatlántico inglés de 13.000 toneladas de registro bruto *Athenia*, perteneciente a la compañía Donaldson Atlantic Line, se sintió ligeramente aliviado. Si conseguían envolverse completamente en las sombras de la noche, y pese a aquella indiscreta luna que ya se había encaramado por encima del horizonte como una pálida amenaza, era casi seguro que podrían librarse de los submarinos alemanes.

El transatlántico cortaba raudo la inquieta mar, pues montaba seis turbinas de vapor y su capitán le hacía marchar a elevada velocidad desde ocho horas atrás, arrumbado al Oeste pero navegando en zigzag, como le habían recomendado las autoridades del Almirantazgo en Belfast, último puerto en que hizo escala antes de lanzarse a cruzar el Atlántico. El *Athenia* iba consignado a Montreal, con carga general tomada en Glasgow y Liverpool y 1.103 pasajeros, 311 de los cuales eran norteamericanos que regresaban a Estados Unidos en vista de que la guerra amenazaba nuevamente a Europa.

Era la hora de la cena, pero Cook se había excusado de presidirla, pues no quería abandonar el puente. Antes de salir de Belfast, los oficiales del Almirantazgo le habían manifestado reservadamente que dos acorazados germanos habían aparejado de Alemania hacía varios días, pero que, pese a los esfuerzos de la Armada Real por localizarlos en alguna de las salidas del mar del Norte, se habían esfumado en el azul y nadie sabía por dónde andaban.

Pocas horas más tarde, al enterarse de la declaración de guerra, aquella noticia había cobrado una importancia realmente inquietante para Cook, quien pensaba que tal vez los submarinos germanos podían estar ya acechando entre dos aguas, si es que también habían salido de Alemania antes de aquella declaración. Por eso decidió redoblar la guardia de serviolas y alertar al pasaje para que, al llegar la noche, nadie encendiese luces en el exterior o abriese algún portillo.

Había caído por completo el crepúsculo vespertino, cuando el primer oficial se le acercó para decirle que, gracias a las estrellas observadas durante el mismo, tenían una buena situación astronómica. El capitán echó un vistazo a la carta, tomó un compás y midió la distancia desde el centro donde se cortaban aquellas rectas de altura, a la isla Inishtrahull, próxima a la costa y exactamente al norte de Irlanda: había 250 millas. A esa distancia, siendo ya completamente de noche y pese a la elevada claridad que arrojaba la menguante luna, el capitán del *Athenia* sintió que sus recelos comenzaban a desvanecerse. Al amanecer estarían ya a más de 400 millas y habría pasado el peligro.

—¡Bueno, esto no va mal! —manifestó Cook con alivio, dirigiéndose al primer oficial—. Pero quiero que pase ahora mismo y personalmente una ronda por todo el barco, para comprobar que ni una sola luz sale al exterior.

—Muy bien, señor —respondió el oficial, que salió al alerón y descendió con paso rápido a la cubierta de botes.

El capitán salió también al exterior y, durante un rato, avizoró atentamente la mar con sus prismáticos. Luego descansó éstos, respiró profundamente aquel aire cargado de humedad, pero tan límpido, y se sintió satisfecho. Ignoraba que, en aquel mismo momento, su transatlántico estaba siendo atentamente observado desde la torreta de un submarino alemán que se deslizaba velozmente a ras de las olas, a poco más de quinientos metros de distancia.

* * *

Algunas horas antes, en aquel mismo y aciago día en que los carros de combate de las *Panzerstruppen* alemanas avanzaban raudos por las calurosas llanuras de Polonia, el teniente de navío Lemp, comandante del submarino alemán *U-30*, daba la orden de salir a superficie. Durante varias horas, el joven oficial había estado escudriñando la vacía mar a través del periscopio de ataque, hasta que llegó un momento en que, pese a retirar todos los filtros y dar más aumentos al aparato óptico, la visión del exterior fue desvaneciéndose. Al llegar la noche, sus ojos veían ya un poco más que los iluminados filamentos de los retículos del aparato, las cifras de diversos colores, rojas, verdes, amarillas, blancas y negras, según sus distintos significados, así como el repetidor del rumbo verdadero a que navegaba el submarino. Todo sobre un fondo ya completamente oscuro.

El teniente de navío dejó el periscopio y ordenó apagar las luces blancas de la torreta y del puesto de mando situado bajo ella, y todo quedó sumido en un resplandor rojizo que tenía por finalidad ir adaptando a la visión nocturna los ojos de los que luego saldrían al exterior. Después ordenó:

—¡Cota ocho metros! ¡Cambio a periscopio de observación! ¡Novedad de hidrófonos!

El buque ascendió suavemente, obediente a los timones de profundidad, o de buceo, y el oficial de guardia pulsó el botón de izar el periscopio de observación. Una vez que el aparato hubo llegado a la altura de sus ojos, pegó éstos a los oculares e hizo girar lentamente el periscopio en los 360° del horizonte. Después dijo:

—¡Todo claro, comandante!

Por su parte, el hidrofonista informó que no se oía ruido alguno.

—Bien —exclamó Lemp, y después añadió—: ¡Prepararse para salir a superficie! ¡Abre ventilación de lastre número cinco!

Éste era el tanque inundable de proa, y todos comprendieron que el comandante no deseaba gastar aire comprimido en aquella emersión e iba a utilizar un sistema que exigía gran precisión en su ejecución, pero que resultaba económico respecto al importante elemento.

—¡Toda a subir y avante toda! —ordenó ahora Lemp.

Los timones de profundidad fueron llevados a la máxima inclinación, y los motores eléctricos zumbaron en un tono más agudo. El buque, a base de timones y de velocidad, se encabritó ligeramente, adoptando una inclinación de unos 10°, hasta que la grisácea proa rompió la superficie de las olas, se remontó un segundo en el aire y, falta de sustentación, empezó a caer.

—¡Cierra ventilación! ¡Timones de popa a bajar! —dijo en aquel preciso instante el comandante del *U-30*.

Hasta comenzar la maniobra, el submarino había estado navegando con sus lastres (uno a proa, otro a popa, cuatro laterales, todos ellos exteriores al casco resistente, y dos centrales, dentro de dicho casco) lo suficientemente llenos de agua de mar para que el buque pudiera deslizarse a cota periscópica con una flotabilidad neutra, obediente a los timones de profundidad. Luego, al abrir la válvula de ventilación situada en la parte superior del tanque de inundación de proa y remontarse ésta por encima del mar, se había permitido que parte del agua contenida en dicho lastre escapara, por gravedad, a través de los grifos situados en la parte inferior y siempre abiertos, mientras el aire entraba por la superior. Pero tras aquel momento en que, por inercia, la parte de proa del buque emergió del agua permitiendo el vaciado parcial del mencionado lastre, se había cerrado inmediatamente la válvula de ventilación para impedir que el aire entrado volviera a escapar, con lo que una gran burbuja estaba ahora allí presa y proporcionaba cierta flotabilidad positiva al buque, aunque no la suficiente para que la toma de aire de los motores diesel, situada en la torreta, a popa de la escotilla, quedara sobre la superficie de las olas. Esto se iba a lograr aprovechando aquella burbuja, la acción de los timones y el máximo impulso que pudieran proporcionar los motores eléctricos.

—¡Preparados para soplar con exhaustaciones! —ordenó ahora Lemp.

Casi inmediatamente, el submarino se puso horizontal por efecto de la nueva posición a bajar de los timones de profundidad de popa, y Lemp observó que la aguja del manómetro de profundidad de precisión, que señalaba sólo hasta los 30 metros de cota, ya estaba sobre la parte más llena del dial, que representaba la línea de flotación comprendida entre la escotilla de la torreta y la cubierta exterior del buque.

—¡Para estribor y embraga diesel! —mandó el teniente de navío, y la orden fue inmediatamente cumplimentada en la cámara de motores.

—¡Abre entrada de aire a diesel! —continuó el comandante—. ¡Arranca diesel y sopla!

Rugió uno de los dos motores principales, e inmediatamente el jefe de máquinas y uno de los mecánicos comenzaron a actuar, como dos posesos, sobre el piano de válvulas de soplado, pero haciéndolo con la mayor exactitud y en el momento preciso, pues un retardo en abrir aquellas válvulas podía hacer reventar las tuberías, ya que la exhaustación del poderoso motor no iba dirigida al exterior, sino a los lastres, con el fin de expulsar el agua de los mismos sin necesidad de gastar aire comprimido. Por otra parte, un adelanto habría resultado igualmente nefasto, pues hubiera supuesto la entrada de agua en los lastres de las atomizadoras del motor, dejándolo inmediatamente fuera de servicio. Además, las válvulas tenían que ser cuidadosamente abiertas o estranguladas, a fin de lograr que los diversos lastres se vaciaran sin variar apreciablemente el asiento del buque al ir emergiendo.

Éste trepidaba según los gases de exhaustación desalojaban el agua, y el vaivén de las olas también se hacía sentir con mayor fuerza. Poco después, el comandante dio la orden de parar el otro motor eléctrico y, a una señal suya, se abrió el cierre estanco del tubo acústico que comunicaba con la torreta exterior, a fin de igualar la presión interior del buque con la de la atmósfera. El aire silbó por allí un momento. Después, uno de los serviolas hizo girar con presteza el volante de la tapa de la escotilla, levantó ésta y trepó por la escala, saliendo a la todavía chorreante y fría torreta. Recorrió rápidamente con la vista todo el horizonte nocturno y gritó a los de abajo:

—¡Libre!

La maniobra había terminado. Lemp quiso emerger así porque uno de los compresores se había averiado y prefirió economizar aire. Ahora, el comandante del *U-30*, el oficial de guardia y cuatro serviolas salieron a la tibia y suave noche de verano, a la noche siempre bruja y llena de misterio, colmada de centelleantes estrellas y de caprichosas nubes, pero también de indefinidas amenazas en aquella primera singladura de guerra. A la noche que siempre nos impone un poco, nos trae al alma secretos anhelos y vagas esperanzas, y al mismo tiempo, al levantar ese telón azul que durante el día nos envuelve velándonos el cosmos, nos deja cara a cara con un trozo del insondable y amedrentador infinito que por todas partes nos rodea.

El submarino alemán, sobresaliendo apenas entre los movedizos lomos de las olas, como un cetáceo, continuó cruzando sobre la derrota marítima que normalmente enlaza el canal del Norte, entre Irlanda y Escocia, con Norteamérica. Al cabo de algún tiempo, una sombra oscura se proyectó un instante sobre el leve resplandor producido en la mar por una luna mortecina; entonces se arrancó y embragó el otro motor diesel principal, y el submarino cambió de rumbo.

Lemp sintió cómo el corazón le latía más deprisa dentro del pecho, y se preguntó si se trataría de un buque de guerra enemigo, de una formación naval inglesa o quizá de algún atrevido y solitario mercante.

Pronto lo sabría, o al menos creería saberlo... Se aproximó con precaución, desconfiado, tratando de descubrir a otros posibles enemigos que, si le avistaban a él antes, lo enviarían sin contemplaciones al frío abismo. Pero el desconocido navegaba solo, y se trataba de un gran barco mercante con dos chimeneas avanzando con rapidez. Iba completamente oscurecido y efectuaba un zigzag antisubmarino, lo que hizo entrar en sospechas a los alemanes, pues bien podría tratarse de un crucero auxiliar británico en servicio de vigilancia. También podría no serlo, pero si lo era y Lemp lo detenía en la noche para averiguar su identidad empleando el semáforo luminoso, era casi seguro que el otro tendría tiempo sobrado para cubrir con toda tranquilidad su artillería y, en el momento preciso, hacer fuego y echarlos a pique. ¿Y si sólo se trataba de un transatlántico?

Lemp tenía órdenes concretas de seguir los Convenios de Ginebra, a los que Alemania se había voluntariamente adherido en 1935, al firmar el acuerdo en Londres con los ingleses, y, según los cuales, antes de hundir un barco mercante enemigo había que registrarlo, esperar a que toda su dotación lo hubiera abandonado en los botes salvavidas y comprobar que éstos se hallaban en buenas condiciones y que el estado de la mar no los pondría en peligro de hundimiento.

Enfrentado con aquel dilema, ignoramos cuáles fueron en definitiva las consideraciones que influyeron o pesaron en el ánimo del teniente de navío Lemp al tomar aquella decisión nefasta, pues este oficial desaparecería más tarde al mando de otro submarino, el *U-110*, echado a pique en mayo de 1941. Pero si se examina objetiva e imparcialmente su conducta subsiguiente al torpedeamiento del *Athenia*, es evidente que, en efecto, el oficial alemán había creído habérselas con un crucero auxiliar enemigo.

El *U-30* lanzó un torpedo que alcanzó al transatlántico en la cámara de máquinas. Se produjo una gran llamarada rojiza y una blancuzca palmera de agua, y el enorme agujero abierto en la obra viva permitió la entrada a bordo de una verdadera tromba líquida. Varios pasajeros que se hallaban en cubierta fueron arrojados al mar por la violencia de la explosión. Casi inmediatamente, un proyectil de cañón disparado desde el submarino surcó el aire como una centella luminosa y, pese a ir dirigido contra la caseta de la radio del *Athenia*, alcanzó el mástil de proa del transatlántico, derribándolo con estrépito sobre la obra muerta.

Pero tras aquellas dos acciones consecutivas, el submarino alemán pareció quedar paralizado. No se repitió el cañonazo ni se lanzó otro torpedo, y tampoco el comandante envió a bordo una dotación de presa para acelerar o asegurar el hundimiento abriendo los grifos de fondo del *Athenia*, o haciéndole estallar una carga de dinamita bajo la línea de flotación en cualquier punto vulnerable. Ni siquiera sus llamadas radiotelefónicas de auxilio fueron interferidas. Y es que los alemanes, desde muy corta distancia del barco torpedeado, fueron crispados testigos del espantado griterío producido por más de un millar de aterrados pasajeros, que se abalanzaban a los botes salvavidas o se arrojaban al agua. Pero los que gritaban eran ¡mujeres y niños!, es decir, inocentes víctimas que no podían marinar ningún crucero auxiliar. El capitán del *Athenia*, creyendo que el barco se hundía rápidamente y que si no lo hacía sería cañoneado o vuelto a torpedear, ordenó el abandono del transatlántico. Éste, ya totalmente parado, se bamboleaba pesadamente sobre las olas, algo hundido de popa, pero en realidad no se iría a pique hasta la mañana siguiente, casi catorce horas después del ataque.

Cuando un barco de pasajeros se hunde en alta mar, la confusión suele ser dramática, máxime si es de noche y el pasaje sabe que un submarino enemigo está al acecho y trata quizá de darle el golpe de gracia. En las atestadas escalas, pasillos, lugares de reunión para abandono de buque y cubiertas reinó un terrible desorden provocado por el pánico y la histeria. A duras penas podían los oficiales imponerse para tratar de repartir y dirigir a las mujeres y los niños, algunos recién levantados de sus literas, hacia los botes salvavidas. La tira de uno de éstos, cargado ya con cincuenta personas, se partió de pronto al iniciarse el arriado. La embarcación cayó violentamente, quedando colgada del otro aparejo, balanceándose y arrojando al agua a todos sus ocupantes. Los gritos y el desconcierto aumentaron. El comandante del *U-30*, apesadumbrado ante aquella catástrofe que era ya irreversible, no quiso ver más y decidió alejarse.

Las señales de socorro del *Athenia* fueron recogidas por el petrolero noruego *Knute Nelson*, que llegó hacia la medianoche al lugar del naufragio e inició el salvamento de los pasajeros y tripulantes del transatlántico. Pero había marejada y en la noche es difícil calcular bien las distancias y los movimientos, y uno de los botes salvavidas se metió accidentalmente en la popa del petrolero, siendo alcanzado y hundido por una de las palas de la hélice, todavía en movimiento. ¡Nuevos horrores! Pero el noruego pudo por fin izar a bordo a 430 personas. Por su parte, el vapor *Southern Cross*, que llegó poco después, rescató a más de 300. También acudió el carguero norteamericano *City of Flint*, con el que volveremos a encontrarnos, que recogió a 223 pasajeros del *Athenia*, y de madrugada llegaron dos destructores británicos, que se ocuparon de los que quedaban. Pero del total de 1.418 personas, entre pasaje y tripulación, resultaron muertas por la explosión o se ahogaron 112, de las que 28 eran norteamericanos. Así de trágicamente dio comienzo la guerra submarina alemana, ya que éste sería el primer hundimiento que habría de producirse en la segunda guerra mundial, el primero de los 2.603 barcos que echarían a pique los submarinos alemanes, el primero de los 4.786 mercantes británicos, o al servicio de éstos, que serían hundidos en el transcurso de la lucha, arrastrando consigo al abismo a 35.000 hombres.

Ni que decir tiene que la infortunada acción del *U-30* desencadenó una mutua y virulenta campaña de acusaciones, insultos y recriminaciones entre los países contendientes, que, en realidad, no cesaría hasta después de haber terminado la contienda, casi seis años más tarde. Todos los servicios de difusión ingleses hicieron inmediatamente conocer al mundo aquel acto de pretendido salvajismo cometido por un submarino alemán, y los primeros sorprendidos fueron Hitler, Raeder y el mismo comodoro Doenitz, que no podían creer que alguno de sus submarinistas hubiera desobedecido las órdenes de respetar estrictamente los Convenios de Ginebra. Como el *U-30* no podía explicar lo sucedido para no delatar su posición al hacer uso de la radio y no regresaría a Alemania hasta finales de septiembre, los dirigentes germanos, no creyendo la veracidad de las acusaciones enemigas y recordando que el hundimiento del *Lusitania*, en 1915, por un submarino alemán había sido una de las causas de la declaración de guerra de Estados Unidos en 1917, replicaron acusando a Winston Churchill de haber colocado un bomba de relojería en el *Athenia*, que llevaba más de trescientos pasajeros norteamericanos, con el fin de poner en contra de Alemania a la opinión pública de Estados Unidos.

Como hemos visto, en realidad este hundimiento fue un lamentable error. Cuando Lemp regresó a Alemania y se declaró autor y culpable del torpedeamiento del *Athenia*, era demasiado tarde para rectificar y se prefirió dejar las cosas como estaban; ¡al fin y al cabo, ya no tenían remedio! El oficial fue arrestado y se hizo jurar a la dotación del submarino que guardarían absoluto silencio sobre el desgraciado hundimiento. Por nuestra parte, lamentando la suerte del *Athenia* y de sus tripulantes y pasajeros, sólo queremos señalar que esta clase de incidentes tienen lugar en todas las guerras y a nadie específicamente se puede juzgar por ellos.

* * *

El hundimiento del *Athenia* tuvo también otras consecuencias. Los ingleses establecieron inmediatamente el sistema de convoyes en el Atlántico Norte. Esta medida presentaba serios inconvenientes, pero no pareció quedar otra alternativa. Los barcos mercantes navegarían a partir de ahora agrupados, es decir, en conserva, e irían debidamente escoltados por buques de guerra. Pero el sistema suponía que, para que las necesarias y vitales mercancías continuaran llegando a Gran Bretaña en la cantidad y con la frecuencia necesarias, había que emplear muchos más barcos de transporte, con la inevitable secuela de que la *Merchant Navy* absorbería más gente y consumiría mayor cantidad de combustible, aparte de que los buques de guerra de la escolta no podrían ser utilizados en otras misiones.

Otra importante medida que tomaron los ingleses a raíz del hundimiento del *Athenia* fue artillar a todos sus barcos mercantes, con el fin de que pudieran defenderse de los submarinos cuando éstos intentaran detenerlos al cañón. Ello no tenía por finalidad evitar el hundimiento, sino obligar a aquéllos a emplear sus torpedos, elementos caros y escasos en número a bordo de un sumergible, que, una vez sin ellos, se vería obligado a regresar a su base. Sólo en los tres primeros meses de guerra quedaron artillados más de un millar de barcos ingleses, operación que continuó después hasta que no hubo uno solo que no montara varios cañones y ametralladoras. Pero esta medida era también un arma de dos filos, pues, según los Convenios de Ginebra, daba pie a que los submarinos alemanes atacasen sin previo aviso si sus comandantes apreciaban que el armamento de los barcos mercantes se utilizaba con fines agresivos...

En realidad, tales y tan manoseados convenios resultaban completamente anacrónicos, pues si un avión podía atacar a los barcos mercantes sin previo aviso, no existía razón alguna para que no pudiera hacerlo un submarino. En ellos se ve el peso e influencia de Gran Bretaña, interesada en cortar las posibilidades de un arma que había estado a punto de hacerles perder una guerra y que, como veremos más adelante, volvería a estarlo. Durante las dos contiendas mundiales, al tardar tanto tiempo en declarar la guerra submarina sin restricciones, los alemanes mostraron unas vacilaciones y titubeos tan inexplicables como perjudiciales para ellos mismo. Tras el ataque japonés a Pearl Harbour, el almirante norteamericano Nimitz ordenó a sus submarinos echar a pique a los barcos mercantes japoneses sin previo aviso de ninguna clase. Y los mismos ingleses, a partir del 8 de mayo de 1940, ordenaron a sus buques hundir sin advertencia previa a todos los barcos entrados de noche en el Skagerrak.

Por su parte, tras el hundimiento del *Athenia*, el Gobierno alemán prohibió a los comandantes de sus submarinos que atacasen a ningún transatlántico enemigo, ni siquiera en el caso de que formara parte de un convoy escoltado, orden que se mantuvo hasta el mes de agosto de 1940, es decir, durante casi un año. También se prohibió atacar a los barcos mercantes franceses, pues Hitler creía todavía que, tras la conquista de Polonia, podría hacerse una paz con Francia y Gran Bretaña que salvase para éstas las apariencias.

Como en tiempos de Catalina II, la joven princesa alemana que hábilmente se convertiría en autócrata de todas las Rusias, y de Federico el Grande, Polonia fue una vez más dividida y repartida entre Alemania y Rusia, dejando de existir como Estado soberano. Pero la pasividad de Francia y de Gran Bretaña durante la campaña relámpago alemana y la agonía de su aliada fue absoluta y engañó a Hitler, quien, con el mismo orden de cosas apuntado, prohibió también actuar contra el tráfico marítimo enemigo a los acorazados de bolsillo *Deutschland* y *Graf Spee*.

Después, liquidada Polonia y viendo que todos sus movimientos de paz resultaban inútiles, levantó dicha prohibición el 26 de septiembre.

Pese a tantas restricciones, los submarinos alemanes continuaban atacando a barcos mercantes británicos y, al finalizar el primer mes de guerra, ya habían hundido a cuarenta cargueros.

Pero Gran Bretaña, gracias a su poderosa flota, impuso inmediatamente un rigurosísimo bloqueo a Alemania, que afectó incluso a países neutrales, quienes tuvieron que aceptar una lamentable serie de humillaciones sin poder hacer otra cosa que elevar inútiles protestas. Por otra parte, la Armada británica barrió literalmente los mares de barcos mercantes enemigos, perdiendo la flota comercial alemana, en los primeros meses de guerra, ochenta y ocho magníficas y modernas unidades que trataron a todo riesgo de alcanzar la patria. Treinta y uno de estos barcos fueron capturados por los ingleses. El resto resultaron hundidos en las más diversas circunstancias: algunos por las propias dotaciones, para evitar su apresamiento; otros fueron echados a pique al intentar escapar; varios saltaron en los campos de minas; uno se estrelló contra un iceberg... Muchos se refugiaron en puertos de países neutrales, siendo más tarde utilizados como avitualladores de submarinos y de buques corsarios. Pero algunos tuvieron más suerte y pudieron llegar a la bloqueada Alemania.

El transatlántico de 52.000 toneladas *Bremen* salió de Nueva York en la noche del 30 de agosto de 1939 y, tan pronto estuvo en franquía, su dotación procedió a cubrir con pintura de color gris oscuro todo aquello que en el exterior pudiera reflejar alguna luz. Al mismo tiempo se sacaron de las bodegas los barriles de petróleo que iban a bordo, repartiéndose por el transatlántico, con objeto de incendiarlo si era detenido por buques aliados. Haciendo una derrota muy alta y aprovechando nieblas y borrascas, logró burlar el bloqueo inglés, perfectamente advertido de su salida, y refugiarse en Murmansk, pudiendo desde el norte de Rusia navegar después hasta Alemania.

Otros no tuvieron esa fortuna. El transatlántico germano de 32.600 toneladas *Columbus* zarpó de Veracruz el 14 de diciembre de 1939, a 22 nudos, con la para los alemanes indeseable escolta del crucero norteamericano *Tuscaloosa*. Nada tiene de extraño que, cinco días más tarde, surgiera en el horizonte el destructor británico *Hyperion*, que se aproximó a toda máquina al transatlántico alemán y le disparó un cañonazo por la proa. Esto lo habían previsto los del *Columbus*. Pararon las máquinas y la tripulación embarcó en todos los botes menos en dos. Veinte hombres habían quedado a bordo. Diez de ellos abrieron con rapidez los grifos de las sentinas, mientras los demás vaciaban numerosas latas de gasolina sobre la cubierta de botes. Previamente habían preparado un pequeño reguero que terminaba en los abiertos tanques de combustible del transatlántico. El último en embarcar en los dos salvavidas que quedaban fue el capitán, Daehne, quien un momento antes prendió fuego al inflamable líquido. El resultado fue fulminante. En dos minutos, el gran transatlántico era una crepitante y rugiente antorcha que estallaba y a cien metros del cual no se podía permanecer.

Los botes salvavidas se dirigieron al crucero norteamericano, que no tuvo más remedio que recogerlos y dejarlos en tierra. ¡Era lo menos que podía hacer!

Pero no sólo quedó paralizado el tráfico marítimo alemán en todos los mares del globo, sino que las capturas germanas de pescado disminuyeron, de 700.000 toneladas anuales a 150.000.

* * *

El primer buque de guerra alemán que resultó hundido fue un submarino, el *U-39*, echado a pique el 14 de septiembre. Sería el primero de los 636 submarinos alemanes que se irían al abismo en toda la contienda, sin contar los de bolsillo y los hundidos en puerto.

Patrullando en inmersión a unas 150 millas de las islas Hébridas, el teniente de navío Glattes avistó un portaaviones a través del periscopio y, en cuanto pudo, le lanzó una salva de cuatro torpedos. Los peces metálicos iban bien dirigidos, y desde el sumergible se oía el ruido de sus encontradas hélices al alejarse velozmente. El oficial alemán continuó observando el exterior por el periscopio, pensando, a medida que transcurrían los segundos sin variaciones, que aquel barco de guerra estaba ya sentenciado. Pero la suerte había de jugarle una mala pasada.

A bordo del portaaviones *Ark Royal*, el cabo guardabanderas J. E. Hall miraba distraídamente sobre el mar desde el elevado puente de señales, cuando inesperadamente y con gran sobresalto se dio cuenta de que aquellos que le habían parecido juegos de luces sobre las aguas eran en realidad tenues estelas de burbujas de aire que escapaban de varios mortíferos torpedos dirigidos directamente hacia su buque. Avisó inmediatamente al oficial de guardia, y éste, sin pararse a comprobar el avistamiento, ordenó meter toda la caña hacia los torpedos y aumentar velocidad, a fin de presentar un mínimo blanco y tratar de zafarse de aquel haz mortal. Los artefactos alemanes pasaron rozando el buque, y uno de ellos estalló en su estela, apenas chamuscando la pintura del codaste del poderoso y flamante portaaviones de 22.000 toneladas.

Sin embargo, pese a la maniobra del *Ark Royal* y en buena ley, todos los torpedos tenían que haber hecho explosión, ya que pasaron a muy pocos metros de aquella formidable masa de acero y llevaban espoletas magnéticas. ¡Mala suerte la de Glattes! Los destructores *Faulkner, Foxhound* y *Firedrake* observaron y recorrieron velozmente a la inversa las estelas de los torpedos alemanes.

La curiosidad tal vez perdió al teniente de navío germano. Todavía a poca profundidad, con todos los lastres inundados, los motores eléctricos avante toda y una inclinación al abismo de más de 25 grados, la explosión muy próxima de varias salvas de cargas de profundidad le hicieron salir a toda prisa a superficie, con tales averías, que el *U-39* se fue casi inmediatamente a pique, siendo hecha prisionera toda su dotación, de cuarenta y tres hombres.

Este submarino había sido víctima de un defecto de los torpedos alemanes, que durante mucho tiempo habría de causar numerosos fracasos a los submarinistas germanos y grandes quebraderos de cabeza a los mandos de la *Kriegsmarine*. El aparato regulador de profundidad (compuesto en esencia por una placa hidrostática y un péndulo) no funcionaba debidamente, y los torpedos navegaban a mayor profundidad que la que se les daba momentos antes de ser lanzados, lo cual originaba fallos y explosiones prematuras en las espoletas electromagnéticas con que iban provistas las cabezas de combate de estos artefactos.

Pero no siempre la suerte, ¡esa voluble señora!, acompañaría a los portaaviones británicos. Tres días más tarde, un submarino alemán, el *U-29*, se encontraba patrullando doscientas millas al oeste de Irlanda, con la mar casi en calma y sobre la derrota que va desde el canal de la Mancha hasta Norteamérica. La presencia de un avión había obligado al *U-29* a permanecer sumergido a cuarenta metros de profundidad durante un tiempo que su comandante, el teniente de navío Otto Schuart, consideró prudencial. Cuando volvió a cota periscópica, y por razones de seguridad, este oficial echó una mirada al cielo antes que al horizonte. Su periscopio de ataque disponía para ello de un espejo situado en el interior, que él podía controlar con la mano derecha y que le permitía dirigir la vista desde 15° por debajo del horizonte hasta 70° sobre el mismo. Tras comprobar que el avión había desaparecido, Schuart comenzó a examinar la mar, descubriendo a poco lo que inicialmente le pareció una mancha oscura, pero que luego se materializó en un portaaviones británico que navegaba confiado en dirección al submarino.

El teniente de navío tragó saliva. La distancia era grande, pero pronto pudo avizorar la parte superior del puente y el mástil de uno de los destructores de la escolta antisubmarina. Informó a la dotación de lo que veía, mandó moderar a velocidad silenciosa y alistar cuatro torpedos. Después siguió observando. Otros destructores se hicieron pronto visibles, y luego surgieron dos aviones. Unos y otros se movían, en sus respectivos medios, haciendo un largo zigzag, y el mismo portaaviones navegaba a veces hacia el *U-29* y otras hacia fuera, es decir, se alejaba y aproximaba arrítmicamente. Esta situación se prolongó durante bastante tiempo, tiempo que a Schuart le pareció demasiado largo. El teniente de navío se dio cuenta de que el sudor ya humedecía su frente. Aquello era como un juego, juego muy peligroso para Schuart, y parecía como si el enorme buque de guerra no llegaría jamás a aproximarse lo suficiente para poder lanzar sobre él con ciertas posibilidades de éxito. En el submarino nadie hablaba. Los minutos se desgranaban tensos, la atmósfera era pesada, y sólo se oía el suave ronroneo de los motores eléctricos. Todos sabían que, en presencia de destructores y de aviones especializados sin duda en cazar y destruir submarinos, la situación era cada vez más arriesgada para el *U-29*. ¡Así transcurrió más de una hora!

Schuart empezaba ya a maldecir interiormente su mala suerte, cuando inesperadamente el portaaviones cambió de rumbo, cayendo unos setenta grados hacia el submarino. El alemán pensó que sin duda había aproado al viento para lanzar o recoger sus aviones y que, pese a la gran distancia, aquello lo iba a poner pronto a su merced. La luz del sol de la tarde se colaba ahora directamente por el periscopio y le cegaba, por lo que tuvo que interponer varios filtros en el aparato, pese a lo cual solo podía ver el blanco con dificultades. Pero supuso que no había alterado su andar, pues los bigotes de espuma que levantaba con la roda permanecían invariables. Según el telemetrino de su telescopio,[1] la distancia al buque inglés era todavía muy grande, pero resultaba muy peligroso dejar que se aproximara más, pues uno de los destructores de la escolta estaba ya a menos de mil metros del *U-29*; así que Schuart apuntó cuidadosamente y mandó hacer fuego. Inmediatamente se dejó caer a sesenta metros de profundidad.

1. El telemetrino mide el ángulo que subtiende la eslora de un blanco, o bien la distancia de la flotación a la galleta del palo, datos que pueden obtenerse en cualquier manual de buques de guerra o mercantes, de donde se deduce inmediatamente una distancia aproximada.

* * *

A bordo del portaaviones *Courageous*, el personal que se hallaba en el puente y en la cubierta de vuelo observaba la llegada de uno de los aviones del buque, que se disponía a anavear. El portaaviones de 240 metros de eslora, artillado con dieciséis cañones de 120 mm y con capacidad para cincuenta aviones, era un gigantesco buque de impresionante franco bordo, gran chimenea y porte majestuoso, cuya cubierta de vuelo no cubría por completo el castillo de proa. Procedía de la transformación de un crucero de batalla, y como tal había sido entregado a la Armada británica en 1917. Entre 1924 y 1930 fue transformado y convertido en portaaviones, desmotándosele, por supuesto, la coraza, así como la cubierta blindada. Tenía una velocidad de 30 nudos y su dotación la componían 1.126 hombres.

El avión se acercaba hasta el buque volando relativamente despacio y más bien alto, aproximándose por la popa hacia la cubierta de vuelo. Un momento después pareció como si se desplomase con cierta brusquedad, pero en realidad sus ruedas rebotaron sólo ligeramente, el aparato rodó algunos metros sobre la cubierta y luego, una vez que su gancho de cola trabó uno de los cables de frenado que atravesaban aquélla, fue bruscamente detenido. Había efectuado un anaveaje perfecto. Dos hombres corrían por la cubierta a fin de librar al aparato del cable y permitirle dirigirse con su motor hacia uno de los ascensores, cuando el portaaviones fue alcanzado, simultáneamente, por dos torpedos disparados por el *U-29*. Se sintieron sendos estampidos y fuertes sacudidas que desplazaron al gran buque lateralmente. Bajo la flotación, a la banda de babor y en mitad de la eslora del portaaviones, la formidable explosión había desfondado el casco del *Courageous*, que comenzó inmediatamente a escorar a la banda herida a causa de la rápida entrada del agua. Los destrozos producidos en las cámaras de máquinas y de calderas hicieron que se apagaran todas las luces del interior, y como el hundimiento parecía rápido e inminente, se ordenó a la dotación trasladarse a la cubierta de vuelo. Poco más tarde, después de recibir el informe del jefe de seguridad sobre los irreparables daños y el incontenible avance del agua, el comandante del portaaviones, capitán de navío Makeig-Jones, aceptando lo inevitable, dio personalmente, desde el puente y a través de un megáfono, la patética orden:

—*Abandon ship! Every man for himself!* (¡Abandono del buque! ¡Sálvese quien pueda!)

Tan sólo en algunos minutos la situación había cambiado dramáticamente a bordo del poderoso portaaviones.

Se arriaron todas las balsas y botes, y muchos marineros comenzaron a lanzarse al agua con los salvavidas puestos. La escora del *Courageous* aumentaba por momentos. Los hombres salían por los espacios de ventilación del hangar y se deslizaban por el costado de estribor, descolgándose hasta el bulge y luego hasta la quilla de balance. Finalmente saltaban al agua. Pero la altura era grande, todo estaba resbaladizo y se corría el riesgo de golpearse contra las aceradas planchas del abultado vientre del gigante, que seguía inclinándose cada vez más. Los que se hallaban en el puente y no quisieron abandonar el buque hasta que el último de los marineros hubiera saltado por la borda vieron cómo, inexorablemente, la descomunal cubierta de vuelo, de más de treinta metros de manga, se iba hundiendo bajo sus pies hasta quedar completamente vertical. En el hangar, los aviones rompían las trincas y se estrellaban y deshacían contra el costado. Los hombres que todavía quedaban a bordo tenían ya que desplazarse gateando. Todo lo que no estaba fuertemente trincado rodaba peligrosamente, y en el interior del buque se escuchaban golpes fuertes y sordos.

Sobre la mar, dos de los destructores de la escolta antisubmarina atacaban ya con cargas de profundidad al *U-29*, mientras los otros se habían acercado velozmente al portaaviones y puesto todos sus botes en el agua para recoger a los náufragos.

El gran buque quedó un momento recostado sobre la mar, como si en el último instante se resistiera a hundirse. Después prosiguió su rolido fatal, cada vez a mayor velocidad, desapareciendo poco más tarde entre remolinos de agua y manchas de petróleo, llevándose consigo a 515 hombres de su dotación, entre ellos a su comandante, y arrastrando también al abismo a 24 aviones. En menos de media hora desde su torpedeamiento, el *Courageous* yacía para siempre, silencioso e inmóvil, en el fondo del océano Atlántico. ¡Los submarinistas alemanes habían conseguido una de sus más importantes victorias de toda la guerra!

La *BBC* de Londres anunció este grave desastre de la Armada británica; entre la población de Alemania se produjo una ola de entusiasmo, y en todo el mundo se volvió a hablar de los legendarios ases submarinistas alemanes de la gran guerra. Hitler acudió personalmente a Wilhelmshaven para recibir y condecorar a la dotación del *U-29*. ¡Pronto tendría que repetir la ceremonia!

* * *

El hundimiento del *Courageous* causó gran sensación, pues los portaaviones, que todavía no habían sufrido la pragmática prueba de la guerra, tenían grandes detractores dentro y fuera de todas las marinas y, en general, debido a su falta de blindaje y a la gran cantidad de gasolina que llevaban a bordo, eran tenidos por buques muy vulnerables.

El golpe de suerte del *U-29* pareció dar la razón a sus adversarios, obteniéndose en ciertos casos precipitadas conclusiones, que luego, en el transcurso de la guerra, se mostrarían totalmente falsas. Así, en Francia, el almirante Darlá ordenó paralizar la construcción del portaaviones *Joffre*, de 18.000 toneladas, y en Alemania, el Estado Mayor de la Armada impartió la siguiente directiva respecto al *Graf Zeppelin:* «Por el momento no es particularmente necesario que el portaaviones *G.Z.* opere en esta guerra. En todo caso, su construcción debe ocupar un segundo puesto respecto a las obras más urgentes del plan de movilización». Más adelante sería definitivamente abandonada, pese a que podía haber quedado listo en 1940. Igual que al comenzar la guerra se había abandonado la del *Germania*, rebautizado *Peter Strasser,* que todavía estaba en grada. Pero ya se sabe que *errare humanum est.*

Respecto a los ingleses, la escuela antisubmarina partidaria de «la ofensiva», que preconizaba la caza y destrucción de los sumergibles enemigos por el ancho océano, en vez de aguardar que fueran ellos los que se delatasen al intentar atacar, sufrió un rudo golpe con el hundimiento del *Courageous*, cazador que había resultado cazado, e inmediatamente se retiraron todos los grupos antisubmarinos cuyo núcleo estaba constituido por un portaaviones. Dicha escuela antisubmarina no volvería a revivir hasta mediados de 1943, en que obtendría buenos resultados, durante un breve período de tiempo, en el golfo de Vizcaya. Pero en el balance final de toda la contienda se mostró muy inferior, en sus resultados y rendimiento, a la «defensiva», que abogaba por la protección de los convoyes con portaaviones de escolta y buques antisubmarinos, para dar allí la batalla a los escualos de acero.

* * *

A mediados de 1940, aprovechando un breve período de reparaciones a que fue sometido su submarino en un astillero alemán, Gunther Prien, ya ascendido a capitán de corbeta, escribió un libro en que, con unas cuantas pinceladas no exentas de colorido y de buena literatura, sucintamente nos narra su vida. La vida de un muchacho pobre que abandona su hogar materno para ingresar en la marina mercante y, desde abajo, ir ascendiendo trabajosamente, hasta llegar, a los veinticinco años de edad, a obtener el título de capitán.

Sus aventuras en el viejo velero alemán *Oldemburg*, de tres palos y aparejo de fragata, con el que visitó Estados Unidos e Inglaterra y a bordo del cual naufragó en los bajos del canal de San Jorge, nos traen la nostalgia de los viejos y duros tiempos de los veleros y también el recuerdo de otro héroe de guerra alemán, el conde Félix von Luckner, que también se escapó de su casa para ver mundo, se hizo luego marino mercante, pasó después a la Armada y, ya en plena gran guerra, forzó el bloqueo británico y se lanzó a una guerra de corso por todos los mares al mando de ¡un velero!, el *Seeadler*, con el que corrió una serie de peripecias y aventuras realmente novelescas.

Perdido el *Oldemburg*, Prien consigue embarcar como oficial en varios cargueros y transatlánticos de vapor, hasta que obtiene el título de capitán. Y entonces, cuando, tras ocho años de trabajos, penalidades y riesgos, cree haber llegado a la cima de su carrera y parece que por fin la suerte le sonríe, ésta le vuelve inesperadamente la espalda y queda en absoluto paro forzoso. Alemania atraviesa todavía una grave depresión económica como consecuencia de la perdida guerra, y la mayoría de los barcos de su flota mercante permanecen obstinadamente amarrados en cualquier rada o muelle olvidado, soñando quizás con unas singladuras imposibles.

Tras infructuosos intentos, gastados todos sus ahorros, pero sin desmoralizarse, primero se alista como bracero en un campamento de trabajo y luego ingresa en la Marina de Guerra. Pero otra vez da comienzo a una nueva carrera ¡desde abajo! Ello revela el temple de este hombre tenaz y valeroso que, ya submarinista, iba a pasar bruscamente del absoluto anonimato al pináculo de la fama, habiendo sido probablemente uno de los héroes más famosos de la segunda guerra mundial en todos los países del globo.

Buen libro el que nos dejó Prien sobre algunos aspectos de su vida. Infortunadamente, habiendo sido escrito en plena guerra y no pudiendo el marino alemán desvelar algún secreto que pudiera aprovechar el enemigo en contra del arma submarina germana, falsea la entrada y salida en Scapa Flow, así como el ataque mismo. Ello resultaba completamente obligado en 1940. Otra cosa tampoco le habría sido permitida. Pero prescindiendo de dichos pasajes, la realidad de los cuales conocemos bastante bien a través del cuaderno de bitácora del *U-47* y de los dos únicos testigos oculares supervivientes del glorioso buque, el libro de Prien nos resulta tan interesante ahora, leído casi treinta años después de su muerte, como lo fue cuando lo hicimos la primera vez en la Escuela Naval Militar de San Fernando, hace otros tantos años.

* * *

El submarino yacía silencioso e inmóvil sobre el oscuro fondo del océano, fantasmagórico, como un gigantesco cohombro de mar, suavemente mecido por la marejada que restallaba furiosa noventa metros más arriba. A bordo del buque, ni un solo aparato se hallaba en función, ningún hombre se movía, apenas alguna luz mortecina rompía la oscuridad, y el único ruido que de vez en cuando se percibía era el chirrido de la quilla contra la arena y la gravilla del fondo y el leve goteo de la condensación al caer sobre las metálicas planchas de los tecles. La atmósfera era pesada y, aunque nadie hablaba, los hombres de la dotación del *U-47* se hallaban vivos y trataban de dormir y no hacer movimiento alguno a fin de economizar el oxígeno.

El comandante permanecía en su litera con los ojos abiertos. Tenía la mano derecha apoyada sobre el forro que cubría el duro casco de acero que les separaba del aquel mundo hostil y tenebroso de las profundidades del mar del Norte, y pensaba que tal vez, algún día, aquel medio extraño constituiría su propia tumba. Hizo un esfuerzo por apartar de la mente una idea que insistentemente le atormentaba y luego, casi sin darse cuenta, echó una mirada retrospectiva a los acontecimientos de los últimos días. Se veía a sí mismo en Kiel, dos semanas atrás, en la cámara de oficiales del buque nodriza de submarinos *Hamburg,* charlando, ante unas buenas jarras de cerveza negra alemana, con los comandantes de otros buques germanos. Entonces le había llegado el aviso de que el comodoro deseaba verle. Recordaba la penetrante mirada de Doenitz, que parecía querer examinarlo por dentro, y después la breve y sencilla exposición de su proyecto: un proyecto que al principio le dejó sin aliento, pero luego comenzó a fascinarle como un vértigo, deslumbrándole como sólo sabe hacerlo la Gloria, esa diosa irresistible a los hombres de verdadero temple. Porque el plan era, ni más ni menos, que tratar de forzar con un submarino la más importante base naval del enemigo, ¡la hasta entonces inexpugnable Scapa Flow!

—No me conteste ahora —había terminado el comodoro—. Llévese estas fotografías, las cartas náuticas y estos informes, piense en ello y venga a verme mañana.

Después Doenitz le tendió la mano y, a guisa de saludo, añadió:
—No necesito decirle que el más absoluto secreto es indispensable.

* * *

¡Las Orcadas! ¡Un puñado de islas, desarboladas y relativamente bajas, pues ninguna rebasa los 450 metros de elevación, colocadas como una cimera al norte de Escocia! Tres de las islas principales de este archipiélago, otras tres menores y varios islotes forman en su parte meridional una amplia y bien abrigada ensenada, la de Scapa Flow, en unas latitudes tan frecuentemente barridas por las borrascas. Desde tiempo inmemorial, esta ensenada había sido utilizada por los vikingos cuando sus puertos escandinavos quedaban helados al llegar el invierno o cuando hacían la guerra con los escoceses. Es casi seguro que algunos buques de nuestra malhadada «Gran Armada» se refugiaron cierto tiempo allí durante su retirada hacia Irlanda. ¡Retirada en la que se perdieron treinta naves hundidas por los desatados elementos naturales! Después sólo quedaron en las Orcadas unas cuantas familias de pescadores que, cuando no podían hacerse a la mar a causa de las tormentas, se dedicaban a la cría de ganado lanar.

Poco antes de estallar la guerra europea, el primer lord del Mar, sir John Fisher, deseando encontrar en la costa oriental británica una base lo suficientemente amplia y segura para la gran flota, se fijó en Scapa Flow. Pero en el Almirantazgo nadie supo decirle qué sondas tenía aquella rada, y a toda prisa hubo que enviar un buque hidrógrafo a las Orcadas. Existía un bajo en Scapa Flow, pero el fondo promedio era superior a los trece metros. También se descubrió que en el Pentland Firth, paso situado entre Escocia y aquellas islas, la corriente tiraba hasta 14 nudos, pero, según Fisher, por comparación, Scapa Flow «era como un estanque».

En 1914, la gran flota británica se trasladó a Scapa Flow cuarenta y ocho horas después de declararse la guerra, teniéndola como base hasta dos años antes de terminar la contienda, en que, considerándose ya a la escuadra inglesa con suficiente superioridad sobre la flota alemana, se la llevó a Rosyth con el fin de poder utilizar los arsenales de ésta. Con la flota hubo que trasladar también a la desolada rada del norte a barcos que sirvieran de acomodo a los estados mayores, y buques nodriza, cantina, etc., así como improvisar campos de golf y de tenis y galerías de tiro al blanco. Para obstruir algunas de las siete entradas se echaron a pique viejo barcos cargados de cemento, y en las restantes se instalaron redes antisubmarinas y campos de minas, asentándose también varias baterías de costa.

En la noche del 9 de julio de 1917, una tremenda explosión sacudió a toda la base y altísimas llamaradas se elevaron siniestras por encima de las islas próximas. ¡El acorazado *Vanguard* había volado, y una torre completa de su artillería cayó sobre la isla Flotta! ¿Sabotaje, explosión espontánea, quizá un submarino alemán que se perdió después en el viaje de regreso? Nunca se ha sabido.

Octubre de 1918. Un submarino alemán, tripulado únicamente por oficiales voluntarios, pretende entrar en Scapa Flow para hundir el buque insignia del almirante Jellicoe. El *UB-116* es detectado visualmente cuando atraviesa el campo de minas eléctricamente controladas de Hoxa Sound y, en el momento preciso, alguien pulsa un botón, haciendo saltar los artefactos y destruyendo al sumergible, en el que perece toda la dotación.

Terminada la guerra, la flota alemana, al mando del almirante Reuter, efectuó su rendición en Scapa. El 21 de junio de 1919 se autohundían allí once acorazados, cinco cruceros de batalla, ocho cruceros y cuarenta y seis destructores alemanes. Los ingleses, enfurecidos, dispararon contra los indefensos náufragos, matando al comandante del acorazado *Margraf*, a un oficial, cuatro suboficiales y tres marineros.

Luego Scapa Flow queda prácticamente desierta. Sólo algunos equipos de salvamento trabajan con lentitud durante bastante tiempo para rescatar los buques alemanes que yacen medio hundidos. Por las noches, las luces de las farolas saltaban silenciosas y rítmicas de isla en isla, de risco en risco, de caleta en caleta, como si los luminosos haces fuesen trasgos que se persiguieran entre las peñas. Así permanecieron durante veinte años.

Al estallar la segunda guerra mundial en 1939, la *Home Fleet* se trasladó a Scapa Flow. Allí quedaron fondeados, a la gira, los acorazados *Nelson, Rodney, Royal Oak* y *Royal Sovereign,* los cruceros de batalla *Hood, Renown* y *Repulse,* cinco cruceros y dos flotillas de destructores. Teniendo en cuenta su situación respecto al mar del Norte y la existencia de una nueva y peligrosa arma: la aviación, Scapa Flow, por su alejamiento de Alemania y su posición estratégica, era la base ideal para la flota británica. Sin embargo, en Londres, el primer lord del Almirantazgo, Winston Churchill, no dormía tranquilo. En la noche del 14 de septiembre se trasladó a Scapa, y se pasó los dos días siguientes, acompañado del almirante de la flota, inspeccionando las entradas, las redes antisubmarinas y las demás defensas de la base naval. No quedó completamente satis-

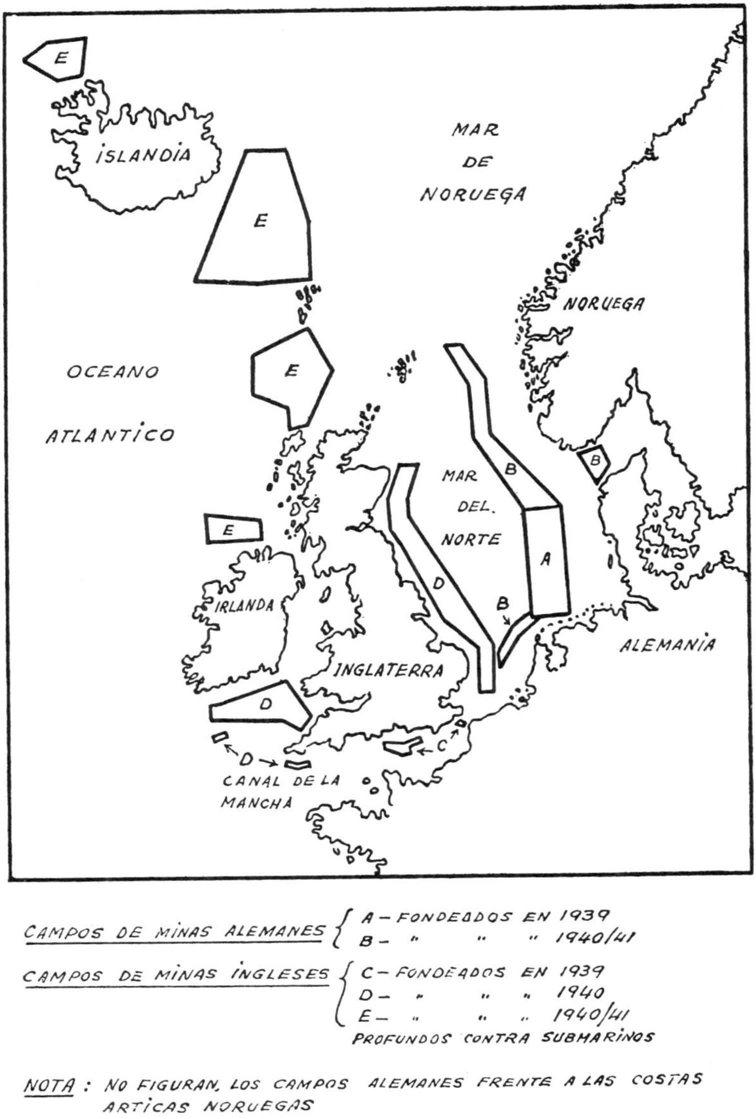

Campos de minas fondeados por alemanes e ingleses en los primeros años de la guerra. Se trata de campos permanentes y defensivos, ya que los ofensivos suelen ser rápidamente dragados, aunque generalmente no sin que hayan surtido sus graves efectos.

fecho y ordenó traer y hundir más barcos en los accesos orientales. Después, a bordo del acorazado *Nelson*, abandonó las Orcadas rumbo a Escocia. ¡Pero aquellos barcos no llegarían a tiempo!

Con otros fines, pero casi exactamente por las mismas fechas, el comodoro Karl Doenitz estudiaba cuidadosamente en Berlín las fotografías de Scapa Flow, tomadas a su requerimiento por un avión alemán; leía detenidamente el informe elevado por el comandante del *U-16,* que había patrullado con su buque por aquellos parajes, acerca de los faros, corrientes y barcos de vigilancia en las Orcadas, y examinaba también el «Derrotero del mar del Norte» del Almirantazgo británico, que en su parte primera describía minuciosamente las islas Faeroe, las Shetland y las Orcadas.

Algunos días después, el perspicaz marino germano llegaba a la conclusión de que tres de las principales entradas de Scapa Flow (Hoxa Sound, Switha Sound y Clestrom Sound) eran absolutamente infranqueables debido a los barrajes colocados por los ingleses, pero que, pese a las fuertes corrientes de marea existentes, un submarino bien mandado podría forzar la base navegando en superficie a través de una de las entradas orientales, la de Holm Sound, ya que entre los islotes que parcialmente cerraban este paso y los buques hundidos allí desde la primera guerra mundial existía espacio suficiente para un submarino, el acceso no se hallaba vigilado y la contigua costa de Main Island estaba prácticamente deshabitada. Según declara él mismo, escogió a Gunther Prien porque «poseía todas la cualidades militares y toda la habilidad marinera que eran necesarias». Los hechos demostrarían que no se equivocó en la elección.

* * *

Después de la cena, y para evitar que en ningún caso el buque pudiera caer intacto en manos del enemigo, se colocaron las cargas explosivas de autodestrucción a bordo del *U-47.* Dos contramaestres y un torpedista, escogidos por su reconocida sangre fría, situaron los explosivos en la cámara de mando, la de motores eléctricos y la de torpedos de proa. Aquellos hombres serían los últimos en abandonar el submarino, después de haber dejado los detonadores encendidos.

Se colocaron torpedos de reserva en posición de carga frente a los tubos 1 y 2, y, después de que el radiotelegrafista se cercioró de que los hidrófonos no recogían ruido alguno de hélices, el submarino alemán, como si fuera un raro monstruo de los abismos, despegó del fondo y se remontó verticalmente hacia la atmósfera. Una vez a cota periscópica, y como Prien no conseguía ver bien a través de la lente, decidió salir a superficie. Fuera soplaba una brisa glacial, y una extraña y difusa claridad se cernía sobre la mar, mucho más encalmada ahora que quince horas antes, cuando los alemanes se sumergieron la última vez.

Se había escogido para el ataque la noche del 13 al 14 de octubre, precisamente porque no había luna y la marea cambiaba de sentido a una hora conveniente, pero aquella claridad, que provenía de una intensa aurora boreal, dejó a Gunther Prien desconcertado. La mar estaba desierta, y los dos diesel fueron puestos a media velocidad.

El cielo se iluminaba vivamente hacia el Norte, adquiriendo con brusquedad y sucesivamente todos los colores del arco iris. Después sobrevenía una oscuridad total, pero instantes más tarde se repetía el fenómeno. Era como si los velos luminosos avanzaran y retrocediesen en el firmamento, surgiendo desde debajo del horizonte y aproximándose luego en grandes ondas, para retirarse después. En tales momentos, toda la mar quedaba tan intensamente alumbrada como si hubiese luna llena, y Prien pensó que, en tales condiciones, el *U-47* sería fácil de detectar en Scapa Flow navegando en superficie. ¿Qué hacer?

No lo pensó mucho. Veinticuatro horas de retraso podrían afectar desfavorablemente a su dotación física y moralmente, y quién sabía si la noche siguiente no sucedería lo mismo.

El oficial de derrota tenía una buena situación, pues la madrugada anterior se habían encendido inesperadamente los faros de las Orcadas y les había podido tomar marcaciones. Ahora el submarino cortaba la mar a 17 nudos, arrumbado a Holm Sound. Las islas se divisaban por babor, oscuras pero provistas de un halo extraño. En el cielo proseguía el despliegue pirotécnico de los espíritus del Norte, y a cada instante las nubes adoptaban el aspecto de diferentes y monstruosas figuras, vívidamente iluminadas por luces que a los alemanes se les antojaban de mal agüero.

Un barco se avistó pronto por la proa, y el *U-47* se sumergió rápidamente. En la cámara de mando se encendieron todas las luces blancas de las ventilaciones de los lastres. Luego el submarino subió a cota periscópica, y a poco se escuchó claramente el batido de una hélice. A través del periscopio sólo se distinguía una especie de puré blancuzco, pero el sonido se fue desvaneciendo lentamente en la distancia.

Otra vez en superficie y avante media. En la torreta exterior del *U-47* se apiñaban Prien, Endras (el segundo), el alférez de navío Von Varendorff y tres serviolas. Dos de éstos, Ernest Dziallas y Gherard Hänsel, serían los únicos del grupo que habrían de sobrevivir a la contienda; pero todos ellos iban a ser testigos oculares de una de las más audaces y extraordinarias aventuras de la segunda guerra mundial. Las nubes se retiraban ahora hacia el Sudoeste, y la isla Ronaldsay se distinguía perfectamente. Después surgió la de Burray, casi confundiéndose con la anterior, y también se vieron la apagada farola de Rose Nes y la baliza de piedra que señalaba la entrada de Holm Sound.

El islote de Lamb Holm apenas destacaba contra la costa más elevada de Main Island, pero Prien lo vio a través de sus prismáticos y arrumbó para librarlo por babor. ¡Allí estaba precisamente la entrada, el único resquicio libre de piedras, bajos, redes y barcos hundidos! Aunque el comandante del *U-47* se había aprendido muy bien la carta de navegación, pronto iba a cometer un error que pudo haber resultado fatal.

Una mano invisible pareció haber apagado de pronto las nubes del firmamento. La corriente de marea ya entraba con fuerza en Scapa Flow y hacía abatir al submarino. El fondo disminuía con rapidez. Siete metros de agua bajo la quilla acusaba el sondador, y, por si luego varaban, Prien decidió sumergir el buque hasta que la cubierta quedara a ras del agua. Ahora sólo la torreta sobresalía por encima de las olas. Por estribor desfiló, rápido y próximo, igual que un mudo centinela, el faro de Rose Nes. La oscura costa aparecía desierta. En el cielo volvieron a encenderse los fuegos boreales y, de pronto, entre los dos islotes, surgió, tersa y ligeramente plateada, la gran rada de Scapa Flow. Entre las islas se divisaba un barco medio hundido. Prien creyó entonces que aquél era el paso de Kirk Sound y ordenó caer a babor y arrumbar al 270°. La distancia disminuía a ojos vistas y el fondo también, pero el otro barco hundido que señalaban las fotografías no aparecía por parte alguna. ¡Santo Dios! ¿Por qué no estaba allí?

La voz del sonarista llegaba, ligeramente alarmada, por el tubo acústico:

—¡Cuatro metros bajo la quilla... tres metros..., dos y medio!

Y, de pronto, el oficial de derrota, que iba punteando la situación del buque sobre la carta de navegación, de acuerdo con las marcaciones que le daban desde la torreta y las indicaciones del sondador, gritó desde abajo:

—¡Toda a estribor, comandante! ¡No es Kirk Sound, sino Skerry Sound!

A los tripulantes del *U-47* que pudieron escuchar a Spahr se les encogió el corazón. Prien rectificó en el acto y mandó aproar al Norte, pero

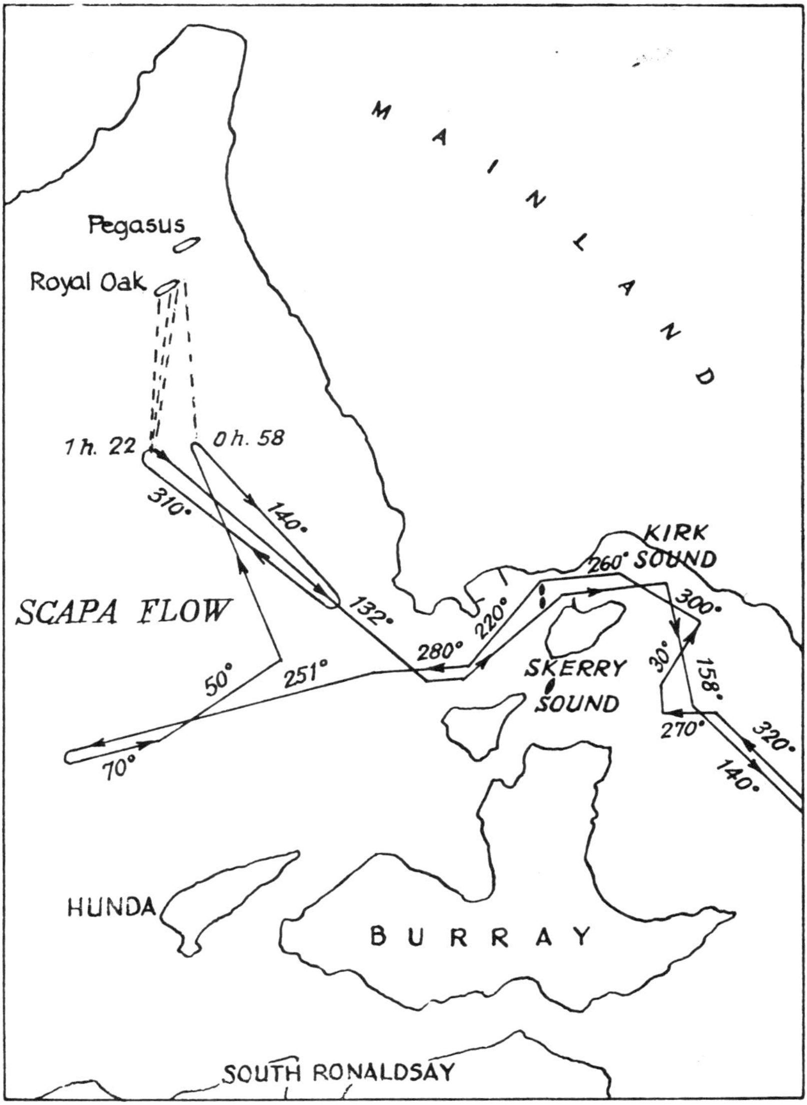

Derrota seguida por el submarino alemán *U-47* durante el forzamiento de la base naval británica de Scapa Flow, donde hundió al acorazado *Royal Oak* el 14 de octubre de 1939.

instantes después se escuchó un siniestro crujido bajo la quilla. El submarino había tocado fondo.

—¡Avante toda! —aulló Prien.

El buque aumentó inmediatamente su velocidad y también subió la sonda. Con la marea bajando, los del *U-47* se dieron cuenta de que se habían librado por los pelos. Luego se cayó unos grados a estribor y, a un cuarto de milla de la costa de Main Island, el *U-47* cambió nuevamente de rumbo y redujo velocidad para entrar en Kirk Sound.

En el cuaderno de bitácora del *U-47*, Prien reconoce su error, pero si habéis navegado alguna vez de noche, pegados a tierra, entre islas y en una costa desconocida, una equivocación semejante no puede sorprenderos.

Las 23 horas y 13 minutos. Entre Main Land y Lamb Holm, la corriente del mar del Norte, vaciante desde hacía tres cuartos de hora, se encajonaba y tiraba con fuerza por la popa del *U-47*, y a Prien le resultaba difícil gobernar el buque. El ruido de los motores diesel repercutía ahora fuertemente contra las dos oscuras y próximas orillas, y como medida de precaución se mandó pararlos y navegar con los eléctricos a régimen de media máquina. En el estrecho eran ya claramente perceptibles los dos barcos hundidos: un vapor y un velero llenos de nostalgias. Las orillas proyectaban sombras oscuras sobre el agua, y el *U-47* se aproximaba rápidamente a la costa norte para tratar de cruzar bien pegado a ella, dejando los dos pontones por babor.

Una vez más, la aurora boreal apagó de pronto sus fuegos y todo quedó sumido en las tinieblas. Cuando el medio hundido y espectral velero ya estaba a sólo unos metros de la torreta del submarino se encendieron las luces boreales, descubriendo que de aquel despojo partía una gruesa cadena de amarre tendida 45 grados sobre el agua y ¡bloqueando el paso del *U-47*! ¡Maldita sea! Prien paró una máquina y metió toda la caña a babor para tratar de librar las hélices, pero el casco del buque tocó con la herrumbrosa cadena, que chirrió con fuerza, y el submarino escoró fuertemente a estribor. Luego, sin necesidad de achicar el agua que iba en los lastres, se reviró por sí solo, resbaló sobre aquélla con estrépito y quedó libre.

El principal obstáculo había sido franqueado con suerte, y el *U-47* gobernó para librar la punta Skaildaquoy. ¿Habría minas? Pese a que las fotografías aéreas no las habían descubierto, los alemanes no las tenían todas consigo. Mas ¿qué podían hacer? El pueblecito pesquero de Saint Mary y su espigón desfilaron, silenciosos y oscuros, a unos seiscientos metros del submarino alemán, y cuando su silueta se fue perdiendo en la distancia se arrancaron otra vez los diesel, se soplaron los lastres y, a media máquina, el *U-47* aproó al fondeadero de la base de Lyness, al sudoeste de la gran rada.

A través del tubo acústico, Prien advierte por fin a su gente que ya están dentro, y la noticia corre como un reguero de pólvora por el submarino y electriza a unos hombres que lo fían todo a los de arriba. En el cuaderno de bitácora Prien dejó escrito:

«Toda la bahía está iluminada. Al sur de Cava no se ve nada. Seguimos avanzando. A babor reconozco la batería de Hoxa Sound, a la cual podemos servir de blanco dentro de unos minutos. En tierra, todo está oscuro. Es un espectáculo imponente. En el cielo brilla el resplandor de la aurora boreal, resultando toda la bahía, rodeada de altas montañas, directamente iluminada desde lo alto.»

El *U-47* iba ahora arrumbado al 251°, llevando en la torreta un grupo de hombres espectantes y al acecho, perfectamente conscientes no sólo de los peligros que les aguardaban dentro de la formidable guarida enemiga, sino de que aquella navegación en superficie por Scapa Flow carecía de precedentes en la historia y era absolutamente improbable que pudiera repetirse algún día. Ni una luz titilaba en tierra, y, por la proa, las islas Flotta, Fara, Rysa y Cava se disimulaban al proyectarse sobre la de Hoy, una de las mayores del archipiélago.

Los alemanes advirtieron, consternados, la silueta de un patrullero enemigo de vigilancia en Hoxa Sound, pero éste no les prestó la menor atención. Mas el tiempo pasaba, la distancia al fondeadero enemigo disminuía y, para desesperación de Prien y de los suyos, sólo se veían algunos destructores ingleses fondeados. ¿Dónde estaban los formidables acorazados? En la ensenada de Longhope, que se adentra en la isla de Hoy, no había un solo buque de guerra que mereciera la pena.

Creemos que Prien hubo de sufrir entonces el peor momento de desánimo de la histórica noche, y debió de acordarse del teniente de navío Hennig, que el 21 de noviembre de 1914, al mando del *U-18,* consiguió entrar en Scapa Flow jugándose el todo por el todo, ¡cuando la completa flota británica había salido para efectuar unos ejercicios de tiro! Pero no logró escabullirse, pues, habiendo sido descubierto cuando trataba de ganar la mar libre, fue sucesivamente abordado por un destructor y un patrullero británicos, que le dejaron todos los periscopios doblados e inservibles. Entonces se utilizaban tan expeditivos métodos, pues no existían las cargas de profundidad. El *U-18*, chocando a ciegas contra las rocas y escollos del fondo y con graves averías, tuvo que salir a superficie, y su dotación arrojarse al agua después de haber abierto los grifos de fondo. Veinticinco años más tarde, ¿iba a ser aquélla la triste suerte del *U-47*?

Prien ordenó meter caña a babor y después arrumbar al 70º, con el fin de aproximarse a la orilla de Main Land. Si algún buque enemigo se hallaba en el fondeadero norte, tendría que estar en su parte oriental, por mor del bajo existente al otro lado, cuya boya permanecía ahora apagada, y lo que allí hubiera destacaría mejor cuanto más pegados a la costa se acercaran los alemanes. La aurora boreal seguía encendiendo y apagando caprichosa e incansablemente sus fuegos en el firmamento. A una media milla de tierra, Prien ordenó caer a babor y arrumbar al 340º, pensando que, si allí tampoco había nada, el fracaso sería total.

Al cabo de un rato de expectante silencio, uno de los serviolas comunicó que veía un gran buque abierto a unos 10º por la amura de estribor. El alférez de navío Endras lo confirmó en seguida con emoción, y Prien volvió los prismáticos hacia donde le decían y luego dijo:

—¡Sí, lo veo! Es un gran buque. A unos cuatro mil metros.

Tras aquellos cuchicheos se hizo de nuevo un tenso silencio en la torreta del *U-47*, mientras todos trataban de reconocer la silueta de aquel buque que les presentaba la banda de estribor. Al disminuir la distancia salieron de dudas: aquella masa oscura, donde no brillaba luz alguna, era un acorazado tipo *Royal Sovereign* o *Queen Elisabeth*. Parcialmente oculto por el primero descubrieron otro buque de guerra: el transporte de aviones *Pegasus*.

En los buques y en tierra todo parecía dormir, y Prien ordenó abrir las portas de los cuatro tubos de lanzar proeles y prepararse para hacer fuego en superficie. Antes había que inundar las «cuñas» (espacios de aire existentes entre los finos de la cabeza y cola del torpedo y el tubo de lanzar) e igualar presiones con el exterior. En voz baja, Prien dio unas cuantas órdenes más:

—Profundidad, siete metros. Distancia tres mil metros. Velocidad treinta nudos. Dos torpedos apuntados bajo las torres de proa y los otros dos al mástil de popa.

En medio de la torreta había un alza de puntería provista de grandes prismáticos, que ahora quedó conectada a la aguja giroscópica y al calculador de tiro. El segundo comandante colocó la cruz filar sobre el blanco y, a una orden de Prien, pulsó el disparador. Salieron los dos primeros torpedos. Endras apuntó un poco más a popa del blanco y volvió a pulsar, pero esta vez sólo salió uno de los artefactos. El número 4 se quedó en su tubo debido a un fallo del mecanismo de fuego. Se invirtió el rumbo del *U-47* y se empezó a cronometrar la carrera de los torpedos, que no dejaban estela alguna de burbujas ya que eran eléctricos, pero llevaban espoletas sólo de percusión. Aquella ausencia de estelas desorientaría luego a los ingleses.

Von Varendorff señaló que habían transcurrido los tres minutos y medio. ¡Todavía nada! De pronto, una blancuzca columna de agua se elevó lentamente, igual que un obelisco, tapando el castillo de proa de uno de los buques, e instantes después llegó una fuerte y grave detonación, cuyos ecos rodaron sobre las islas y se perdieron en la noche. Los alemanes siguieron aguardando. ¡Nada! ¿Y los otros dos torpedos? Era increíble: no sólo habían fallado el blanco, sino que ni siquiera habían hecho explosión contra las piedras. Pero el asombro y la rabia no impidieron que Prien ordenase hacer fuego con el tubo de popa, e inmediatamente salió el cuarto torpedo de la noche. Torpedo que se esfumó también sin dejar rastro.

¿Qué era aquello? Los dos buques de guerra enemigos permanecían impasibles. En realidad no sólo permanecían incólumes, sino que ni una luz o movimiento se observaban a bordo. Tampoco un cañonazo o sirena de alarma se habían escuchado. Ningún proyector o señal luminosa rasgaron la noche. ¿Se hallaban abandonados aquellos buques? ¿Se trataba acaso de barcos fantasmas? ¿Es que en Scapa Flow eran todos sordos? Tres torpedos alemanes de tonelada y media cada uno habían sencillamente desaparecido, y el buque alcanzado no acusaba ni el más mínimo daño. Perdido el último eco de la explosión del torpedo la calma más absoluta e inexplicable volvía a cernerse de nuevo sobre Scapa Flow y, por un momento, los alemanes creyeron estar soñando.

Tras algunos segundos de perplejidad, el comandante del *U-47* ordenó recargar los tubos 1, 2 y 5 para volver a atacar. Una decisión muy valerosa, habida cuenta de la situación y de que la faena llevaría por lo menos quince minutos, pero también ineludible.

* * *

El acorazado *Royal Oak* había regresado de la mar y fondeado en Scapa Flow el 12 de octubre. Era un buque de 29.5000 toneladas, construido entre 1914 y 1916, pero modernizado en 1936. Montaba ocho cañones de 381 mm, doce de 152 mm, ocho de 102 mm, dieciséis de 40 mm, numerosas ametralladoras, una catapulta y dos aviones. Su dotación dormía tras el relevo de guardia de la medianoche, medianoche que daba paso a la fatídica madrugada del sábado 14 de octubre de 1939, completamente ajena a que la muerte rondaba cercana y habría de llevarse pronto consigo a la mayoría de aquellos 1.198 hombres confiados.

El buque estaba fondeado a 800 metros de la orilla oriental de Main Land, con el fin de protegerse de los ataques aéreos que pudieran proceder de aquel sector. A las 0104 de la madrugada, el acorazado experimentó una violenta sacudida, cuyo origen nadie fue capaz de explicar a bordo. Tras varias pesquisas pareció que se había producido una explosión en el pañol de líquidos inflamables de proa. Se descubrió que el estopor de la cadena del ancla estaba roto y que aquélla se había filado por sí sola hasta la malla, pero exteriormente el buque no presentaba el menor desperfecto.

Desde el puente, un señalero creyó percibir algo sospechoso en el agua, por la amura de babor, y el oficial de guardia ordenó encender un proyector, cuyo luminoso haz permitió distinguir una inofensiva caja de whisky a la deriva. Luego se decidió que un hombre provisto de un equipo respiratorio reconociera el pañol de pinturas. Pero este individuo jamás llegaría a cumplimentar aquella orden.

* * *

A bordo del *U-47*, los hombres sudaban y trabajaban como demonios en las cámaras de torpedos de proa y de popa, con el fin de recargar con toda rapidez los tubos. En la torreta hacía frío y los minutos se desgranaban con lentitud, pero la serenidad de Prien pareció haberse contagiado a todos, y aunque vieron encenderse un proyector en el acorazado, alumbró sólo un momento y por la banda contraria. Por lo demás la base naval continuaba increíblemente sumida en el más profundo de los sueños, mientras el submarino alemán proseguía su letal navegación en superficie sobre las tranquilas aguas, lo mismo que podía haberlo hecho en cualquier puerto de Alemania. Únicamente el descubrimiento de un pequeño petrolero fondeado cerca de la costa causó cierta inquietud a bordo del *U-47*, aunque sólo durante un instante, pues era evidente que su tripulación dormía sin sospechar las próximas actividades de un submarino enemigo.

Por fin, los tubos 1, 2, 4 y 5 quedaron listos para hacer fuego. Esta vez, Prien quiso aproximarse un poco más antes de disparar los tres torpedos de proa, y a las 0113 horas salieron las nuevas «anguilas», al mismo tiempo que el submarino caía a babor y sus hombres se disponían a ver qué pasaba esta vez.

Tras las sacudidas y resoplidos producidos por la salida de los tres artefactos, de nuevo el imperturbable silencio de Scapa era sólo quebrado por un suave bordoneo de los motores diesel y el murmullo del agua al ser hendida por la roda del *U-47*. Así transcurrieron dos minutos y medio de incertidumbre, que resultaron casi insoportables para los alemanes. ¿Volverían a fallar los torpedos? Por fin, una fantasmagórica columna de agua surge junto al puente del acorazado inglés seguida casi inmediatamente por otra a la altura de la gran chimenea y una tercera, que ocultó unos momentos las torres de popa del *Royal Oak*. Después llegaron tres violentos estampidos, que reverberaron contra los montes y orillas de las Orcadas. Una espesa humareda negra comenzó a elevarse sobre el combés del acorazado y, de pronto, hacia popa surgió una cegadora lengua de fuego que se remontó un instante hasta el tope del elevado mástil, con tal intensidad que iluminó claramente la torreta del *U-47*, para morir casi tan bruscamente como había nacido. Los pañoles de pólvora del *Royal Oak* habían estallado, y se veían enormes trozos de acero volar por los aires. Poco después, en el submarino alemán se escuchó un terrible bramido de tono grave.

El buque inglés comenzó a escorar con toda rapidez a estribor, alcanzando en pocos segundos los 25° de inclinación a dicha banda impidiendo abrir las pesadas puertas estancas de diversos compartimientos en los que muchos desgraciados quedaron atrapados. Una enorme humareda negra y maloliente se cernía sobre el acorazado, igual que un gran hongo venenoso. En el interior se habían apagado las luces, no funcionaban las comunicaciones y por todas partes se oían desgarradores gritos de hombres mortalmente heridos, mientras el acorazado continuaba inexorablemente dando de banda. «¡Sálvese quien pueda!» era la única orden que tenía ya sentido a bordo del gran buque de guerra agonizante. A los cinco minutos del ataque, la escora del coloso era superior a 45°. El agua entraba también por los abiertos portillos, sólo protegidos por las tejas de ventilación a fin de impedir que la luz saliera al exterior.

Finalmente, a los ocho minutos de ser alcanzado por los torpedos alemanes, el *Royal Oak* zozobró violentamente y quedó descansando contra el fondo con un ángulo de 125°. Sólo un trozo de su casco oscuro, donde destacaba una quilla de balance, sobresalía del agua y reflejaba las inquietas y como burlonas luces de la aurora boreal. Veinticuatro oficiales y ochocientos nueve hombres de su dotación habían quedado dentro o encontrado la muerte en el desastre, ¡el segundo que se apuntaba el arma submarina germana a costa de la flota británica!

Mientras tanto, el *U-47* trataba de escapar hacia la salida de la base naval como alma que lleva el diablo. Los proyectores luminosos de Scapa Flow cruzaban ahora sus haces dirigidos al cielo, sin duda tratando de localizar algún inexistente avión agresor. Los automóviles corrían velozmente por las carreteras. Un destructor enemigo parece aproximarse hacia el submarino, pero no lo descubre y luego cambia de rumbo. Prien ordena embragar también los dos motores eléctricos, y el *U-47* corta las aguas de la rada con la máxima potencia posible.

La corriente entrante es ahora de diez nudos en Kirk Sound, y el submarino alemán se evade de Scapa Flow pasando entre los dos pontones hundidos de dicho paso y el islote de Lamb Holm, pero los remolinos y contracorrientes son tales, que el *U-47* toca en el muelle de piedra de la isla, aunque sin consecuencias. En aquellos críticos momentos se escucharon, lejanas, unas explosiones dentro de Scapa. Los destructores ingleses atacaban por fin con cargas de profundidad a algún submarino enemigo que se suponía sumergido. Pero las emociones de esta memorable noche han sido tantas, que los alemanes se hallan demasiado agotados para esbozar siquiera una leve sonrisa. Y aquel escenario, propio de tragedia wagneriana, se cierra para siempre por la popa del *U-47*, que regresa a Wilhelmshaven el día 17 y es delirantemente recibido. Luego llegan las condecoraciones, los ascensos, los mandos, las aclamaciones de una muchedumbre agradecida y enfervorizada..., ¡la gloria, en fin!

* * *

Hace ya más de treinta y dos años que ochocientos treinta y tres marinos británicos, entre ellos un almirante, reposan dentro del *Royal Oak* bajo las frías aguas de Scapa Flow. Una solitaria boya señala el lugar donde yace el acorazado, del que únicamente emerge todavía del agua el roto mástil. En el año 1957 se trató de ponerlo a flote, pero las protestas de los familiares de las víctimas, que no deseaban se turbara el eterno sueño de sus deudos, decidieron al Almirantazgo a abandonar el proyecto. ¿Qué mejor mausoleo para un marino que el acerado sarcófago de su hundido buque?

Pero si aquellos hombres que entregaron sus vidas por la patria parecen haber encontrado definitivamente la tranquilidad en el fondo del mar, las discusiones y polémicas acerca del hundimiento que acabamos de relatar no han terminado todavía.

Hace algunos años, un escritor británico pretendió demostrar que el hundimiento del *Royal Oak* se debió a un acto de sabotaje, que el *U-47* jamás entró en Scapa Flow y que el cuaderno de bitácora de Prien había sido falsificado.[1] El hallazgo de ciertos trozos de torpedos alemanes en el

1. Alexander McKee, *Black Saturday,* Souvenir Press, 1959.

fondo de Scapa próximos al acorazado hundido echó por tierra su teoría, a la que, sin embargo, todavía se aferran aún muchos de los supervivientes del *Royal Oak*.

También se habló de un espía alemán, un tal Oertel, que en realidad jamás existió.

Prien dice en su libro, y lo dejó también escrito en el cuaderno de bitácora del *U-47*, que el crucero de batalla *Repulse* estaba en Scapa la noche de autos y resultó alcanzado por el primero de sus torpedos que hizo explosión. Los ingleses, por su parte, categórica y unánimemente niegan que el *Repulse* u otro crucero de batalla británico se encontraran en dicha base naval la noche del hundimiento del *Royal Oak*. Ambas declaraciones son absolutamente irreconciliables. ¿Qué podemos nosotros pensar?

El día 12 de octubre, a las 15 horas, un avión alemán tomó nuevas fotografías de Scapa Flow, que, entre otros buques, revelaron la presencia en la rada de un portaaviones y cinco acorazados. En ella aparecía ya el *Royal Oak*, y había un crucero de batalla fondeado en sus proximidades. El día 13, hacía las 16 horas, se hicieron a la mar todos los buques pesados de la flota excepto el *Royal Oak*, y aunque los radios de salida fueron descriptados[1] por los alemanes, Doenitz se abstuvo de comunicar esta noticia al *U-47*, por no tener la seguridad de que hubieran zarpado todos los grandes navíos. El *Repulse* había salido, dicen los ingleses, y en su sitio fondeó el transporte *Pegasus*. Prien no pudo verosímilmente confundir ambos buques, pues el *Repulse* era un enorme crucero de batalla de 32.000 toneladas, mientras que el transporte sólo desplazaba 6.900 y en nada se parecía ni remotamente al anterior. ¿Quiénes dicen, pues, la verdad? A nuestro entender, los ingleses.

La *BBC* de Londres reconoció la pérdida del *Royal Oak* antes de que hubieran transcurrido diez horas desde su hundimiento. Posiblemente en Alemania se prefirió agrandar aún más el espectacular e importante triunfo, haciendo creer que un crucero de batalla había sido también torpedeado. Ello no sólo contribuiría a elevar todavía más la moral de los alemanes, sino también a convencer a Hitler de la conveniencia de dedicar mayor atención y recursos al arma submarina alemana, que entonces era todavía realmente insignificante. Es verosímil que Prien, en bien de la Armada, es decir, de Alemania, y pidiéndoselo sus superiores, accediera a

1. Se descifra un mensaje cuando se tiene su clave o cifra. Cuando no se posee, hay que romperla, es decir, descriptarlo.

modificar su cuaderno de bitácora en dicho sentido. ¿Qué mal había en ello, al fin y al cabo?

Se preguntará el lector qué razones o indicios nos llevan a semejantes conclusiones. Desde luego, ninguna de las contradictorias declaraciones de unos u otros ex contendientes, sino, sencillamente, el hecho de que Gunther Prien, un hombre con el valor de un león y a quien quedaban a bordo tres torpedos, probablemente suficientes para haber hundido al *Repulse* o a cualquier otro crucero de batalla británico (eso sin contar otros dos torpedos más que llevaba en depósitos exteriores al casco resistente, ya que la faena de introducirlos a bordo tenía necesariamente que hacerse con el buque en superficie), se retira de Scapa Flow sin tratar siquiera de utilizarlos. Si se marchó cuando lo hizo no creemos que fuera debido a las débiles y poco convincentes razones que aduce en su cuaderno de bitácora: «1.º) con el periscopio no puedo hacer ataques submarinos en inmersión; 2.º) con noche clara no puedo maniobrar sin ser descubierto; 3.º) debo suponer que fui descubierto por los faros de un automóvil que pasó próximo y volvió a Scapa a toda velocidad, y 4.º) tampoco puedo seguir hacia el Noroeste, donde están fondeados los destructores».

Creemos que el *U-47* pudo haberse sumergido tranquilamente junto a la orilla durante quince o veinte minutos, recargar los tubos, asomar la torreta y mandar al infierno al *Repulse*. Si se marchó, tras haber comprobado que el *Royal Oak* estaba perdido, fue, sencillamente, porque en Scapa no quedaba absolutamente nada que mereciese la pena torpedear.

Y aunque, en efecto, Prien hubiera estado tan repentinamente asustado como quiere hacernos creer, ¿por qué no lanzó contra el *Repulse* por lo menos con el tubo de popa, listo y cargado, según se alejaba a toda máquina?

Estos hechos, aunque de naturaleza negativa, y no las respectivas declaraciones de unos y otros, parecen no admitir más verosímil respuesta que la apuntada. Prien no vio al *Repulse* en Scapa por la sencilla razón de que el *Repulse* no estaba en Scapa, o, por lo menos, no estaba donde los alemanes dicen que estuvo. Si hubiese estado, no tenemos la más mínima duda de que el valeroso Gunther Prien habría tratado de hundirlo con los tres torpedos que le quedaban a bordo. Y probablemente lo hubiera logrado.

* * *

El del *Royal Oak* fue sin duda el hundimiento más audaz logrado por submarino alguno en la segunda guerra mundial. Los submarinistas ingleses, por su parte, también se apuntaron bastantes éxitos, y si se tiene en cuenta la enorme diferencia entre el número de submarinos empleados por Alemania y por Gran Bretaña durante la guerra, y las diferentes estrategias adoptadas en este campo de la lucha naval por ambos contendientes,[1] creemos que, en general, aquéllos no desmerecieron de sus contrapartes germanos, si bien es cierto que casi siempre operaron en mejores condiciones tácticas que éstos.

El día 4 de diciembre de 1939, el submarino británico *Salmon* patrullaba en inmersión por el mar del Norte, al mando del capitán de corbeta Bickford, cuando otro sumergible que navegaba a toda velocidad en superficie quedó prendido en el retículo de su periscopio: era el alemán *U-36*. Bickford le disparó varios torpedos, uno de los cuales alcanzó su objetivo. La terrible explosión que se produjo lanzó pedazos del desprevenido buque alemán hasta ochenta metros de altura y lo hundió fulminantemente con toda su dotación. Fue el primer submarino que resultaría hundido por otro buque similar en esta guerra y el primero de los cuarenta y un escualos de acero del Eje que echarían a pique los sumergibles británicos.[2] Pero este submarinista inglés se apuntaría pocos días después otro tanto todavía mayor.

En la madrugada del 13 de diciembre, cuando acechaba en las proximidades de Skagerrak, el *Salmon* descubrió a tres grandes buques alemanes que navegaban en formación y sin escolta alguna de destructores. Eran los cruceros *Leipzig, Nürnberg* y *Köln*, que aguardaban el retorno de una flotilla de destructores alemanes que durante la noche habían minado la boca del Tyne, en la costa oriental británica. Inesperadamente y con gran contento de Bickford, los tres cruceros cambiaron de rumbo y se aproximaron al *Salmon*, quedando en tan buena posición para éste que, de la salva de seis torpedos lanzados en abanico por el capitán de corbeta británico, un artefacto alcanzó al *Leipzig* ¡y otro al *Nürnberg*! Estos dos cruceros sufrieron muy graves averías y a duras penas pudieron llegar a puerto al amparo de varios buques de escolta precipitadamente requeridos.

El *Leipzig* tuvo que permanecer reparando en el astillero hasta mayo de 1940, y el *Nürnberg* hasta fines del mismo año, no pudiendo ninguno

1. Los submarinos ingleses apenas se dedicarían al tráfico marítimo enemigo; tendrían que escoltar a sus propios convoyes durante gran parte de la contienda, sin resultado práctico alguno, y el Almirantazgo les impondría drásticas limitaciones en su utilización contra buques que no fuesen de guerra y tamaño de crucero o superior, a pesar de lo cual echaron a pique un total de 158 buques de guerra.

2. Los *Unterseebotte* alemanes echarían a pique a 9 submarinos, 2 acorazados, 6 portaaviones, 6 cruceros, 52 destructores y otros 73 buques de guerra enemigos.

de ellos tomar parte en los desembarcos de Noruega. Al afortunado y valeroso Bickford se le concedió por aquel triple triunfo logrado en un solo crucero la «D S O» (Orden de Servicios Distinguidos), siendo ascendido a capitán de fragata.

Pero antes de llegar a puerto, todavía volverían a ser atacados los averiados cruceros germanos. El día 14, habiendo ya rebasado la isla de Heligoland, el submarino británico *Ursula* (capitán de corbeta Philips) avistó al renqueante *Leipzig* y le lanzó una salva de torpedos que no le alcanzaron, pero que echaron a pique el buque de escolta *F-9* (600 toneladas, dos piezas de 105 mm, cuatro de 37 mm, dos ametralladoras de 20 mm, y 28 nudos), en el que perecieron el jefe de la flotilla alemana, capitán de fragata Pindter, y gran parte de la dotación de ciento veinticuatro hombres.

El doble torpedeamiento del *Salmon* fue un desafortunado golpe para la marina alemana, que tampoco dispondría del acorazado de bolsillo *Admiral Scheer* hasta julio del año siguiente y que tan graves pérdidas iba a sufrir en Noruega. El *Nürnberg* y el *Leipzig*, de 6.000 toneladas, eran los cruceros ligeros más modernos de la flota germana. Además de dos hélices movidas por turbinas de vapor, contaban con una tercera hélice central de paso variable, accionada por cuatro motores diesel, lo que proporcionaba a estos buques una gran autonomía a velocidad económica y los hacía aptos para la guerra de corso.

Pese al grave y temprano contratiempo, el *Nürnberg* sería uno de los pocos buques de guerra alemanes de superficie que sobrevivirían a la contienda, siendo entregado a la Armada soviética como reparación de guerra y rebautizado *Almirante Makarov*. Hoy ya no figura en las listas de la flota roja.

Los submarinos alemanes también acechaban, y uno de ellos, el *U-30*, lograría un éxito algunos días después que el *Salmon*.

El 28 de diciembre, el citado sumergible germano patrullaba en inmersión al norte de la isla Lewis, la mayor del grupo de las Hébridas. A través del periscopio de exploración se veían los acantilados de la solitaria costa, tan sólo a unas ocho millas de distancia, e intermitentemente las olas lavaban la lente del aparato de observación. A bordo, todos se preparaban resignadamente para pasar el fin de año lejos de la patria, en el fondo del océano. De pronto, el oficial de guardia pegó un respingo y luego quedó tan inmóvil como una estatua. Por encima de las olas había divisado a varios buques de guerra enemigos que se aproximaban velozmente hacia el *U-30*, así que mandó aviso al comandante y ordenó a la gente ocupar los puestos en zafarrancho de combate.

Cinco destructores ingleses se movían alrededor de dos enormes buques de guerra: el acorazado *Barbam*, de 31.00 toneladas, y el crucero de batalla *Repulse*, de 32.000. Pero el comandante del submarino no dudó en lanzarse al ataque, y, con la satisfacción que puede suponerse, logró ver cómo uno de sus artefactos alcanzaba al primero de los citados leviatanes. Inmediatamente ordenó sumergirse a cien metros de profundidad, ya que el fondo no daba para más, temiendo lo peor. Pero, con gran sorpresa de todos, el *U-30* no fue detectado, y sólo se oyó el lejano retumbar de algunas cargas de profundidad que apenas si afectaron al sumergible.

Un error en la transmisión de las señales del acorazado indicando la posición del periscopio del submarino alemán permitió al *U-30* escapar indemne. El *Barbam* renqueó hasta alcanzar Liverpool el día 29, donde tuvo que permanecer en dique durante más de tres meses, hasta quedar reparado. Aquel torpedeamiento fue como un regalo de Navidad para los hombres del *U-30*...

Nos damos cuenta de que, a lo largo de las páginas de este capítulo, prácticamente sólo hemos visto actuar a los submarinos de uno y otro bando, y es que, prescindiendo del hundimiento del acorazado de bolsillo alemán *Graf Spee* y del crucero auxiliar *Rawalpindi*, de lo que nos ocuparemos en el capítulo dedicado a los corsarios, y hasta que se desencadenase la invasión de Noruega en abril de 1940, en este primer medio año largo de guerra no hubo otros combates importantes entre los buques de superficie. Fue la fase que míster Chamberlain, acertadamente, denominaría «guerra crepuscular», en que ambos contendientes se dedicaron activamente a fondear sus campos defensivos de minas, declarar sus zonas de guerra, imponer el bloqueo, minar las aguas enemigas, atacar el tráfico mercante del adversario y, de vez en cuando, bombardearse con aviones. Pero si el lector se siente decepcionado, le rogamos que tenga paciencia hasta el capítulo siguiente.

Capítulo III

LA GUERRA DE CORSO

La guerra de corso, es decir, la llevada a cabo por una potencia débil en la mar mediante buques que actúan aisladamente contra el tráfico marítimo de una potencia enemiga fuerte, en zonas geográficas muy extensas y alejadas de la metrópoli, constituye, verdaderamente, una clase de lucha naval muy particular y que tal vez resulte ideal para el marino que reúne relevantes cualidades de iniciativa, audacia, imaginación, independencia de espíritu y amor a la responsabilidad, o sea, para el marino de guerra por antonomasia.

Esta clase de lucha encierra toda la poesía, aventura, peligros y variedad propios del medio ambiente: la mar y al mismo tiempo las comodidades y ventajas inherentes al mando casi absolutamente independiente. El corsario ha de disponer de una clara inteligencia para poder escoger, entre una amplia gama de posibilidades, siempre la más adecuada y oportuna, ya que actúa completamente solo, bajo unas directrices tan amplias como generales, corre elevado riesgo y dispone de enorme libertad de acción. Por otra parte, sabe que no tendrá que dar cuenta de sus actos hasta muchos meses más tarde, de modo que su fuerte personalidad puede manifestarse y desenvolverse durante un extenso período de tiempo, en general intensamente vivido.

Pero el corsario, que actúa en muy especiales circunstancias, no sólo debe poseer las condiciones ya enumeradas y pensar a escala estratégica, sino también un estable equilibrio psíquico para poder soportar sin detrimento ni merma de sus facultades físicas y mentales el peso de la responsabilidad no compartida y de la gran tensión a que invariablemente se ve sometido a lo largo de su dilatada campaña. Porque constantemente lleva grabado en el cerebro que el enemigo le busca incansablemente y hace toda clase de esfuerzos para aniquilarle. Ese peligro y zozobra continuos, ese vivir tan alejado de la patria, y sobre todo ese aislamiento espiritual, sin otras comunicaciones con sus superiores que los breves y lacónicos mensajes del Alto Mando facilitándole quizás alguna información, pendiente de un correo problemático e invariablemente atrasado, sabiéndose como perdido en algún remoto y hostil rincón del globo terráqueo, pues ningún auxilio o socorro son viables para él, pueden ir minando poco a poco un sistema nervioso que aparentemente era firme y bien equilibrado. Eso por no hablar de la prueba de resistencia física y moral que suponía no pisar tierra firme durante muchos meses, constantemente prisionero de los mamparos de su buque y del lejano e inaprensible horizonte marino. ¡Sí, los comandantes y dotaciones de los buques corsarios tenían que ser cuidadosamente seleccionados!

Sin embargo, conviene no perder de vista que el verdadero propósito de la guerra de corso no era tanto el hundimiento o captura de buques como el obligar al enemigo, es decir, a la potencia marítima fuerte y en posesión del dominio del mar, a empeñar considerables fuerzas y unidades en la protección de sus convoyes, distrayéndolas de otros puntos y obligándolas a una onerosa y pesada servidumbre absolutamente desproporcionada a la amenaza, así como lograr el trastorno de las comunicaciones marítimas del adversario, forzándole a adoptar derroteros mucho más largos, con el inherente aumento del tiempo a emplear y el consumo de combustible, y a alterar la regularidad de los vitales transportes, con su desfavorable repercusión en la industria y en la economía.

Muchas veces, el solo conocimiento de la existencia de algún corsario en una determinada zona, como una velada amenaza, obligaba a sus adversarios a adoptar unas disposiciones y medidas de protección que en otro caso hubieran resultado innecesarias, o a cancelar y suspender determinados movimientos de barcos y de convoyes. Veremos, por ejemplo, cómo la presencia en el Atlántico de los pequeños acorazados alemanes *Deutschland* y *Graf Spee* al comienzo de la contienda, obligaría a los aliados a destacar y movilizar nada menos que a nueve grupos de buques de guerra, con un total de veinticuatro unidades pesadas, entre acorazados, portaaviones y cruceros. La importancia de semejante táctica la podemos comprobar durante la campaña de Noruega, donde los aliados nunca dispusieron del número de buques que hubieran necesitado para poder atrapar y destruir a las agrupaciones alemanas que, aprovechando la sorpresa y dicha penuria de unidades enemigas, lograron éxitos tan espectaculares como verdaderamente inesperados. No en vano los cruceros auxiliares alemanes *Atlantis, Orion* y *Widder,* bien disfrazados de pacíficos barcos mercantes pertenecientes a cualquier país neutral, se habían manifestado ya en el Atlántico Norte y Sur a partir de abril de 1940, hundiendo a diversos cargueros ingleses.[1] Ese debilitamiento de otros teatros de operaciones era precisamente uno de los principales objetivos de la guerra de corso.

* * *

Como el lector sabe muy bien, el Atlántico no es el mayor océano del globo, pero constituye una inmensidad de nada menos que cincuenta y dos millones de millas cuadradas. No obstante, y aunque los referidos acorazados alemanes no comenzaron a actuar hasta el 26 de septiembre, la guerra era ya un hecho y había que evitar ser casualmente descubiertos por el enemigo, de manera que ambos buques permanecían totalmente oscurecidos durante la noche y, tan pronto amanecía, ponían sus aviones de exploración en el aire.

Tal gasto de gasolina dio sus dividendos el 11 de septiembre, cuando el avión del *Graf Spee*, que navegaba ya por el Atlántico Sur acompañado del *Altmark*, hacia su zona de espera, avistó un crucero pesado británico a menos de treinta millas y arrumbado hacia los buques alemanes. Era el *Cumberland*, de 10.000 toneladas, que de Freetown se dirigía a Río de Janeiro. Afortunadamente para los alemanes, su avión no fue descubierto, y el acorazado forzó inmediatamente las máquinas hacia el Este y se quitó de en medio sin ser avistado.

La suerte y actuación de estos dos primeros corsarios alemanes fue bien diferente. El *Graf Spee* tuvo una fulgurante aunque breve carrera de éxitos, pero terminó por sucumbir. El *Deutschland*, al mando del capitán de navío Paul Wenecker, «obtuvo resultados más bien pobres», según declara el almirante Erich Raeder, pero consiguió volver a Alemania sin el menor percance. Tal vez su comandante carecía de espíritu verdaderamente audaz, ya que durante el mes y medio que duró su campaña actuó siempre con gran cautela y jamás se aproximó a los convoyes ingleses que procedían de Canadá, lo que, al menos inicialmente, podría haberle proporcionado magníficos resultados. Sin embargo, en su descargo podemos decir que el *Deutschland* no montaba radiotelémetro y que tuvo frecuentes averías en las máquinas auxiliares y el avión. Pero, en realidad, fue el corsario alemán que menos éxitos logró en toda la guerra.

Mientras no se le permitió actuar contra el tráfico enemigo, Wenecker se mantuvo algo al norte de las derrotas que enlazan Estados Unidos y Canadá con el Reino Unido, pero al recibir la orden de comenzar a actuar,

1. La interesante historia de los *Hilfskreuzern* constituye el tema de la obra *Corsarios alemanes en la segunda guerra mundial*, del mismo autor y editorial.

tiró hacia el sur y no paró hasta cerca de las islas Bermudas. El día 5 de octubre detenía y echaba a pique al vapor británico *Stonegate*, de 5.044 toneladas de registro bruto, a unas seiscientas millas a levante de dichas paradisíacas y coralíferas islas. Había marejada gruesa, con tendencia a aumentar, por lo que Wenecker, dudando de que los pequeños y abarrotados botes del hundido carguero inglés aguantasen y pudieran llegar a tierra en tales condiciones, decidió tomar a bordo del acorazado a todos los náufragos.

El *Deutschland* arrumbó seguidamente al NNE, y el día 9 del mismo mes detenía y apresaba el carguero norteamericano *City of Flint*, al que transbordó la tripulación del *Stonegate*. Luego siguió hacia el Norte, y cinco días más tarde detenía y hundía al carguero noruego *Lorentz W. Hansen* (1.900 toneladas), que llevaba un cargamento de madera para Liverpool. Dejó a su tripulación en los botes, la cual sería recogida unos días después por otro barco mercante y desembarcada en las islas Orcadas.

A partir del citado hundimiento, el *Deutschland* no daría nuevas señales de vida en el Atlántico, si bien es cierto que su sola presencia en el mar, que ya era conocida por los ingleses, constituía para éstos una grave amenaza que les obligaba a una serie de desagradables e incómodas medidas. El pequeño acorazado alemán navegó seguidamente hasta el cabo Farewell, la extremidad meridional de Groenlandia, y después arrumbó al sureste, hacia las derrotas de los convoyes aliados procedentes de Norteamérica. Pero antes de que pudiera volver a actuar fue llamado a Alemania. Hitler no quería seguir arriesgando un buque que llevaba aquel nombre. Atravesó el estrecho de Dinamarca muy pegado a los hielos de la gran isla continente y, amparándose en las largas noches invernales árticas, consiguió cruzar hasta Gotenhafen, en el mar Bá'tico, a donde llegó el 15 de noviembre, tan solapadamente, que los ingleses no supieron de su regreso hasta cuatro semanas después de haber entrado en puerto.

A este fallo británico contribuyó la equivocación cometida por el comandante del crucero auxiliar *Rawalpindi*, que el 23 de noviembre, poco antes de ser echado a pique por el acorazado alemán *Scharnhorst*, tomó a este buque por el *Deutschland*. Debido a ello, los ingleses siguieron creyendo durante varios años que, efectivamente, había sido dicho acorazado de bolsillo el que había hundido al *Rawalpindi*, lo que posteriormente daría lugar a la confusión de algunos autores. Y puesto que de todas maneras hemos de mencionarlo, nos permitirá el lector que intercalemos esta acción precisamente aquí.

Con el *Deutschland* regresado y el *Graf Spee* operando satisfactoriamente en el Atlántico Sur, el almirante Raeder quiso sacar al Atlántico Norte a los dos flamantes acorazados, o cruceros de batalla, pues, por sus características, de ambas maneras pueden calificarse, *Scharnhorst* y *Gneisenau*, con el fin de que hicieran acto de presencia en dicho océano y produjesen el consiguiente trastorno en las comunicaciones marítimas del Reino Unido. A finales de noviembre, el sol se ponía sobre las cuatro y media de la tarde en las proximidades de Islandia, la visibilidad solía ser mala en dicha época del año en el mar de Noruega y el Atlántico Norte y las posibilidades de que aquellos buques pasaran inadvertidos en sus travesías de ida y vuelta eran considerables por tanto.

Al mando del vicealmirante Marschall, ambos acorazados aparejaron de Wilhelmshaven a primeras horas de la tarde del 21 de noviembre. El 22 por la noche remontaban por el norte de las islas Shetland, y en la mañana del 23 las Faeroe. Su propósito era aproximarse a Islandia y cruzar el Atlántico a través del paso existente entre esta isla, entonces danesa, y las Faeroe, asimismo danesas, hacer una finta y luego retirarse. No era un proyecto ciertamente ambicioso, pero aquellos buques no habían sido probados en combate, ni siquiera navegando en malas condiciones de mar, por lo que su efectividad era una incógnita que había que despejar cuanto antes.

Ahora bien, los ingleses tenían establecidas unas líneas de vigilancia en todas las salidas al Atlántico desde el mar del Norte y el de Noruega, con cruceros y cruceros auxiliares, precisamente con el fin de impedir el tránsito de los corsarios alemanes. Poco antes del crepúsculo vespertino del 23 de noviembre, desde el *Scharnhorst* se avistó a bastante distancia un barco grande de dos chimeneas y nacionalidad desconocida: era el *Rawalpindi*. El capitán de navío Hoffman, comandante del *Scharnhorst*, subió hasta la cofa y observó que el barco en cuestión zigzagueaba y no llevaba bandera, por lo que ordenó arrumbar hacia él y comunicar sus observaciones al almirante.

En el *Rawalpindi*, las órdenes alemanas de detenerse y el cañonazo cruzado por la proa fueron ignorados, y se reconoció al buque de guerra que se aproximaba como un crucero de batalla alemán, comunicándoselo así por radio al Almirantazgo. Pero después el capitán de navío británico

Edward Kennedy creyó que se trataba del acorazado de bolsillo *Deutschland* y rectificó su mensaje.

El *Rawalpindi* era una antiguo transatlántico de 16.697 toneladas de registro bruto, perteneciente a la compañía P. and O. (Peninsular y Oriental), que al ser convertido en crucero auxiliar de la Armada británica fue artillado con ocho cañones del 152 mm y marinado por una dotación de reservistas. Tan pronto cayó en sus proximidades la primera salva alemana, disparada desde unos diez mil metros, el inglés lanzó al agua varios flotadores de humo para tratar de ocultarse y abrió el fuego contra su poderoso enemigo, comenzando un combate que duraría exactamente catorce minutos y que terminaría, naturalmente, con el hundimiento del *Rawalpindi.*

Para el capitán de navío Kennedy, a quien la guerra acababa de sacar de la tranquilidad y el confort de su bien ganado retiro, había, sencillamente, llegado la hora de irse a la tumba con honor, ya que el crucero auxiliar que mandaba sólo podía dar 17 nudos, es decir, era incapaz de escapar de su veloz contrincante, y, habida cuenta de su armamento, tampoco era enemigo para él. Pero se dispuso a luchar valerosamente hasta el final, y hay que hacer constar que los ingleses lograron un impacto directo con su artillería de 152 mm sobre el *Scharnhorst.* Mas la desproporción de fuerzas de este primer combate sostenido entre buques de superficie en la segunda guerra mundial fue tan enorme, que el *Rawalpindi* quedó inmediatamente destrozado.

Hacia las 16 horas, la tercera salva alemana cayó enteramente a bordo del ex transatlántico, haciendo pedazos las dinamos y los ascensores de municiones. La siguiente deshizo el puente y la dirección de tiro y redujo la estación radiotelegráfica a un montón de escombros. Ahora también abrió el fuego sobre el infortunado crucero inglés el *Gneisenau*, que, cortando la estela del *Rawalpindi*, se había situado por su aleta de babor. En breves minutos, el buque británico quedó convertido en una inmensa y furiosa hoguera, cuyas llamas lo abrasaban todo a bordo, desde el castillo de proa hasta la toldilla. Pero el crucero auxiliar siguió disparando espasmódicamente hasta que el último de sus cañones fue desmontado por el huracán de proyectiles enemigos. Reducido al silencio y convertido en un brulote a la deriva, cargado de muertos y heridos, que se hundía, los alemanes hicieron alto el fuego y se dispusieron a prestar auxilio a los tripulantes del *Rawalpindi*, en el que sólo tres embarcaciones pudieron arriarse al agua, de las que únicamente flotaron dos.

Poco más tarde se aproximó al lugar de la acción un crucero inglés, el *Newcastle* (9.300 toneladas, doce piezas de 152 mm, etcétera, y 32,5 nudos), perteneciente a la misma línea de vigilancia inglesa, que al recibir los desesperados mensajes del *Rawalpindi* había arrumbado al Este a toda máquina. Dicho buque observó el haz de un proyector luminoso y el relampagueo de unos cañonazos en el oscuro horizonte, dirigiéndose hacia ellos. Era casi completamente de noche, y, desde unas seis millas y media, los del *Newcastle* pudieron observar a un gran buque de guerra oscurecido y parado, y poco después a otro, algo más alejado, que se comunicaba con el anterior por semáforo.

El *Scharnhorst* llevaba media hora tratando de recoger a los náufragos del *Rawalpindi*, y al ser advertido por el *Gneisenau* de la proximidad de un crucero enemigo, suspendió la operación de salvamento y siguió las aguas del buque insignia, alejándose ambos rápidamente hacia el Este. La poca luz y los chubascos impidieron al *Newcastle* poder seguir a los buques alemanes, que desaparecieron en la semioscuridad sin dejar rastro. Las críticas inglesas sobre la supuesta «huida» de los dos acorazados alemanes ante la llegada del crucero pesado británico carecen de validez. El almirante Marschall había hecho acto de presencia con sus buques en las puertas del Atlántico y ahora sólo le interesaba regresar a Alemania, como había sido previsto por el mando. Perder tiempo en aquellas aguas enteramente controladas por el enemigo, hundiendo a otro crucero, sólo podía dar lugar a la aproximación de las posibles unidades pesadas enemigas cercanas y tal vez a un encuentro que a los germanos en absoluto interesaba.

El *Rawalpindi* se fue a pique hacia las ocho de la noche. Con la mitad de su casco incandescente, arrojando grandes llamaradas y borbotones de humo, y muy hundido ya, terminó por zozobrar y desaparecer en las oscuras y glaciales aguas, llevándose al abismo a su comandante y a otros doscientos setenta hombres que supieron sucumbir heroicamente. Veintisiete supervivientes habían sido recogidos por los alemanes, y otros once fueron salvados por el crucero auxiliar británico *Chitral.* Estos últimos habían permanecido durante treinta y seis terribles horas de frío e incertidumbre agarrados a un bote medio sumergido.

El Almirantazgo británico hizo un gran esfuerzo por atrapar al supuesto *Deutschland* y a su acompañante, que había sido identificado como un crucero pesado alemán, y vengar al *Rawalpindi.* El crucero de batalla *Hood* y el de igual clase francés *Dunkerque* salieron de Plymouth a gran velocidad y se situaron al sur de Islandia, en latitud 60° Norte. El crucero de batalla *Repulse* y el portaaviones *Furious* aparejaron de Halifax y, con igual presteza, se dirigieron hacia el Este para tomar posiciones en el estrecho de Dinamarca. El acorazado *Warspite* abandonó la escolta de un convoy y procedió hacia el mismo paso. De Escocia salieron los cruceros *Sheffield, Dunedin* y *Diomede*. Los también cruceros *Norfolk* y *Suffolk*, que patrullaban en el estrecho de Dinamarca, fueron enviados al banco Bill Bailey, al sudoeste de las Faeroe. Otros dos cruceros, el *Southampton* y el *Edimburgo*, aparejaron de Rosyth y se situaron en el canal Fair Isle, entre las Shetland y las Orcadas. También se establecieron todas las posibles exploraciones aéreas, se retiraron los cruceros auxiliares y hasta se colocó un destructor de vigilancia en el Pentland Firth (entre Scapa Flow y Escocia).

Todos los submarinos de las bases del Firth of Forth y del Tyne se hicieron a la mar, para establecer una barrera al sudoeste de la farola noruega del Lister. Los acorazados *Nelson* y *Rodney*, el crucero *Devonshire* y la octava flotilla de destructores se situaron al NNE de las islas Shetland, a unas sesenta millas de la costa noruega. Algo más al sur se colocaron el crucero pesado *Glasgow* y dos destructores. Todavía en latitud más baja, el crucero *Aurora* y otros destructores. Y entre Noruega y las Shetland se establecieron dos barreras de exploración paralelas y orientadas de Este a Oeste, constituidas por varios cruceros y destructores más. Todas las entradas al mar del Norte y las salidas al Atlántico quedaban, pues, bien guardadas, y parecía imposible que algún buque alemán de superficie pudiera escabullirse por allí sin ser detectado y perseguido.

Hay que tener en cuenta que los cruceros *Calendon, Colombo, Cardiff, Newcastle, Delhi* y *Ceres* estaban aproximadamente en sus puestos de guardia y que su misión, caso de descubrir al enemigo, era señalar su posición y seguirle a distancia hasta que la *Home Fleet* o la RAF pudieran intervenir. Sólo en el mar del Norte se movían ya catorce cruceros y varias docenas de destructores y submarinos. Y es que el Almirantazgo británico se disponía por todos los medios a vengar al *Rawalpindi*. ¿Lo lograría?

El vicealmirante Marschall mantuvo un silencio radiotelegráfico absoluto y, aunque su situación era realmente peligrosa, no perdió la serenidad. Tras hundir al *Rawalpindi* arrumbó hacia al ENE, y se mantuvo luego durante todo el día 24 en el mar de Noruega, a caballo del paralelo de los 65° y aproximadamente sobre el meridiano de los 5° Este. Después tiró hacia el Sur, pero en la tarde del 25, habiendo mejorado considerablemente la visibilidad, invirtió el rumbo y se dirigió otra vez al Norte. Hidroaviones alemanes de reconocimiento le habían señalado las dos líneas de vigilancia establecidas por los británicos frente a la costa noruega, y no quiso cruzarlas de noche. Pese al radiotelémetro, sabía muy bien que un destructor enemigo podía acercársele al amparo de las tinieblas sin ser descubierto y lanzarle a quemarropa una mortífera salva de torpedos. En el mejor de los casos, cualquier reducción en la velocidad sería el desastre, pues Noruega no estaba todavía en manos de los alemanes. Prefirió aguardar el empeoramiento del tiempo que le anunciaban sus meteorólogos, sin prisas, para cruzar entre los buques enemigos de día, confiando en sus 32 nudos de velocidad, la efectividad de sus radiotelémetros a plena luz y los dieciocho cañones de tiro rápido y 280 mm de calibre que montaban sus acorazados.

La suerte, pero no la suerte ciega, sino la inteligentemente conducida, le favoreció. A 27 nudos, los buques alemanes recalaron en el cabo Stadtland, en Noruega, con un temporal en aumento. Después, a la altura de Bergen, vieron bastante lejos a uno de los buques enemigos de vigilancia, dando grandes bandazos entre la rugiente tempestad y arrumbado a poniente. Pero debido a los frecuentes chubascos y al mal tiempo, los acorazados alemanes no fueron descubiertos y pudieron atravesar las dos líneas de vigilancia inglesas en la mañana del día 26, a gran velocidad y navegando contra la mar, con los castillos más tiempo debajo de las grandes olas que encima de ellas, recibiendo un fuerte castigo. Tampoco fueron avistados por los submarinos ni aviones ingleses, y entraron en Wilhelmshaven en las primeras horas de la tarde del día 27. Pero sus averías estructurales debido a los golpes de mar fueron tales, que no pudieron volver a navegar hasta mediados de febrero de 1940.

El hundimiento del *Rawalpindi* y la desaparición de los buques alemanes causó tremenda contrariedad y decepción en Gran Bretaña, pues esta vez no se trataba, como en el caso del *Courageous* o del *Royal Oak*, de que algún insignificante submarino alemán, deslizándose arteramente bajo la superficie del mar, hubiera descargado sus traidores torpedos sobre los majestuosos dueños de los océanos. En unas aguas plenamente dominadas y vigiladas por la flota británica, dos buques alemanes de superficie, operando a más de mil millas de sus propias bases, allí donde jamás se atrevieron a llegar los acorazados y cruceros germanos durante la gran guerra, habían tenido la desfachatez de echar a pique un buque de Su Graciosa Majestad y regresar luego impunemente a Alemania como si tal cosa. La humillación era grave, y el prestigio de la *Royal Navy*, que todavía no se había apuntado ningún tanto espectacular en lo que iba de guerra, quedaba momentáneamente en entredicho pese a todos sus esfuerzos.

Por si fuera poco, al regresar al fondeadero en el Clyde (Scapa Flow, que se fortificaba activamente tras el hundimiento del *Royal Oak*, todavía no se consideraba segura), una mina magnética alemana de fondo hizo explosión bajo la enorme obra viva del acorazado *Nelson,* que resultó gravemente averiado y quedó inutilizado durante varios meses.

Pero si aquella operación de caza fracasó por completo, el hundimiento del *Rawalpindi* sería vengado por los ingleses, algún tiempo después, en el Atlántico Sur, no muy lejos de la cosmopolita playa Brava, de Punta del Este, tras un indeciso combate entre tres cruceros británicos y el acorazado de bolsillo alemán *Graf Spee.*

* * *

La noche había desplegado por completo su oscuro manto sobre el océano infinito, y las estrellas refulgían inquietas en la aterciopelada bóveda del firmamento. La superficie del mar parecía respirar suave y cadenciosamente, y el solitario buque de guerra alemán, que a 15 nudos de velocidad se deslizaba sobre su piel, iba dejando una fosforescente y brillante estela, formada por millones de noctilucas.

Era una de esas noches en que los delfines suelen acudir a jugar junto al tajamar de los barcos, produciendo infinitas estelas luminosas, como revoltosos fantasmas que, bajo la superficie, portaran chisporreantes antorchas, o rientes sirenitas que quisieran provocar a uno con el cimbreo de sus largas cabelleras de plata. Y cuando hay marejada en una de esas noches, las crestas de las olas brillan de cuando en cuando con un extraño y breve fulgor, y se experimenta la rara sensación de que ciertas almas en pena tratan quizá de comunicar algún incomprensible mensaje de ultratumba.

En el amplio alerón de babor del puente, a bordo del acorazado *Graf Spee*, el capitán de navío Hans Langsdorff se hallaba solo, ensimismado, contemplando la fascinante constelación austral de la Cruz del Sur y la luminosa onda de cabeza que, con un leve murmullo, iba arando la roda de su buque. El marino alemán recordaba probablemente otras noches como aquélla vividas años atrás, y su mente volaría nostálgica hacia alguna de esas escenas y etapas de la vida que indeleblemente quedan para siempre prendidas en ese maravilloso y casi desconocido mecanismo del cerebro; vivencias que hubiéramos querido detener o volver a sentir, pero que se nos fueron, demasiado de prisa tal vez.

El capitán de navío sentía cierto desasosiego interior, provocado por el instinto, que quizá quería advertirle que aquélla era la última noche de su vida que pasaría en la mar. Y Langsdorff pensó, no sin cierta tristeza, que la mar era para él, en cierto modo, como un inmenso tablero de ajedrez sobre el que cada uno de sus movimientos tenía que ser cuidadosamente meditado y sopesado antes de llevarse a la práctica, pues el jaque mate enemigo parecía acecharle a la vuelta de cada meridiano. Su navegar era como el deslizarse a pecho descubierto por alguna selva tropical poblada de enemigos que acecharan bien escondidos en la espesura, listos para dispararle alguna enherbolada y mortífera flecha. Ahora, la proa de su buque se dirigía desde hacía varios días, obstinadamente, hacia el estuario del Río de la Plata, donde un intensísimo tráfico marítimo les depararía buenas oportunidades de hacer presas. Confiaba en que el enemigo le creería arrumbado ya hacia el Norte, hacia Alemania, pues tenía que darse cuenta de que un buque como el suyo no podía permanecer indefinidamente en la mar. Y el *Graf Spee* navegaba sin interrupción desde hacía cerca de cuatro meses. Demasiado tiempo, se dijo Langsdorff: ¡había sonado la hora de regresar! Un par de hundimientos de barcos frigoríficos abarrotados de carne y víveres con destino a Inglaterra, una finta hacia el sur para hacer creer a los ingleses que sus intenciones eran doblar el cabo de Hornos, y daría orden de arrumbar a la patria.

Habiendo hundido nueve barcos británicos, con más de cincuenta mil toneladas, sin causar la pérdida de una sola vida humana, y producido un gran trastorno a las comunicaciones y dispositivos del enemigo, él consideraba que ya había cumplido. Regresaría a Alemania cargado de laureles, y era lo más probable que, a sus cuarenta y dos años, fuera ascendido a *Konteradmiral.* Era algo por lo que había luchado, trabajado y sufrido durante todos los años de su carrera, algo que verdaderamente constituía la ilusión de su vida, la ilusión de todo oficial de Marina..., ¡cuando se tienen cuarenta y dos años, claro! Y ahora lo tenía por fin al alcance de la mano. Pero ¿lo tenía?

En aquel momento llegaron a sus oídos, lejanas, las cuatro campanadas de la medianoche picadas en el alcázar, y se dio cuenta de que acababan de entrar en el 13 de diciembre. No era supersticioso, pero experimentó un vago e impreciso temor y sintió que su confianza anterior se hundía un poco en el abismo del espíritu. Poco después abandonó el alerón, penetró silenciosamente en el puente y se dirigió a su camarote de mar, pues al día siguiente entrarían en una de las arterias marítimas más importantes del mundo y quería estar descansado.

Y mientras el comandante del crucero acorazado *Graf Spee* trata de conciliar el sueño, nosotros echaremos un breve vistazo a su historial de corsario.

* * *

El 26 de septiembre de 1939, el *Graf Spee* recibió un radio del S. K. L. (*Seekriegsleitung*: Alto Mando Naval), ordenando a Langsdorff «comenzar activamente la guerra al comercio».

El acorazado había permanecido durante la última quincena en compañía del *Altmark*, que le había proporcionado víveres y combustible y servido de blanco para los ejercicios de sus telemetristas y radiotelemetristas. El día 27, Langsdorff se despidió del buque aprovisionador, al que dio cita para el 14 de octubre, y arrumbó hacia Pernambuco, en Brasil. Para tratar de sembrar la confusión entre los ingleses, cambió el nombre pintado en el casco del acorazado y sus botes, así como en las cintas de los gorros de la marinería, por el de *Admiral Scheer*. Ello haría creer a los aliados que eran tres los acorazados germanos que actuaban contra el tráfico marítimo.

El 30 de septiembre detenía y hundía al carguero inglés *Clement*, de 5.050 toneladas de registro bruto, despachado de Nueva York para Bahía con 20.000 latas de queroseno, no sin que antes hubiera podido lanzar por radio la señal de alarma: «RRR», cuyo significado en el código aliado era que estaba siendo atacado por un corsario de superficie (Raider), y señalar su posición. Este hundimiento tuvo lugar a unas setenta y cinco millas al sudeste de Pernambuco y galvanizó al Almirantazgo británico, ya que era la primera víctima de algún corsario alemán en el océano Atlántico. Pero no se adoptó medida extraordinaria alguna hasta el día 5, pues sólo entonces se supo en Inglaterra que el corsario alemán no era un mercante armado salido de cualquier puerto sudamericano, sino que se trataba, efectivamente, de un poderoso buque de guerra de la *Kriegsmarine*.

Mas para dicha fecha los relatos del capitán y tripulación del *Clement* no dejaban la menor duda acerca de con quién tendrían que habérselas los ingleses en el Atlántico, y, tras ponerse de acuerdo con el Almirantazgo francés, inmediatamente se formaron y enviaron a diversas zonas de caza los siguientes grupos: «Fuerza F»: cruceros pesados *Berwick* (10.000 toneladas, ocho piezas de 203 mm) y *York* (8.250 toneladas, seis piezas de 203 mm), al Atlántico Norte y zona del Caribe; «Fuerza G»: cruceros *Exeter* (8.390 toneladas, seis piezas de 203 mm), *Cumberland* (10.000 toneladas, ocho piezas de 203 mm), *Ajax y Achilles* (gemelos, de 7.000 toneladas, y ocho piezas de 152 mm), a la costa oriental americana; «Fuerza H»: cruceros pesados *Sussex y Shropshire* (gemelos, 10.000 toneladas, ocho piezas de 203 mm), a las proximidades del cabo de Buena Esperanza; «Fuerza I»: cruceros pesados *Cornwall y Dorsetshire* (10.000 toneladas, ocho piezas de 203 mm) y portaaviones *Eagle* (22.600 toneladas, veintiún aviones), al océano Índico; «Fuerza K»: cruceros de batalla

Renown (32.000 toneladas, seis cañones de 381 mm, 29 nudos) y portaaviones *Ark Royal* (22.000 toneladas, sesenta aviones, 31 nudos), al Atlántico central; «Fuerza L»: francesa: crucero de batalla *Dunkerque* (26.500 toneladas, ocho cañones de 330 mm, 31 nudos), portaaviones *Bearn* (22.000 toneladas, cuarenta aviones) y tres cruceros pesados en el Atlántico Norte; «Fuerza M», francesa: cruceros pesados *Foch* y *Dupleix* (10.000 toneladas, ocho cañones de 203 mm), en la zona de Dakar, y, finalmente, «Fuerza N»: crucero de batalla francés *Strasbourg* (gemelo del *Dunkerque*) y portaaviones británico *Hermes* (11.000 toneladas, veinte aviones), en la zona de las Antillas.

Era un buen puñado de poderosos y veloces buques de guerra, agrupados de modo que, según el Almirantazgo británico, «la potencia de cada grupo de caza es suficiente para destruir a cualquier corsario del tipo *Deutschland* o crucero protegido del tipo *Hipper*». Afirmación hoy ciertamente impugnable, pero entonces tenida por buena, pues se desconocía el verdadero blindaje y desplazamiento de aquellos buques de guerra alemanes.

Además de dichos grupos de caza, el Almirantazgo británico envió al océano Índico, vía canal de Suez, al acorazado *Malaya* y al portaaviones *Glorious*, que constituirían la «Fuerza J», y a Halifax, con el fin de dar escolta a los convoyes despachados desde este puerto canadiense para el Reino Unido, a los acorazados *Resolution* y *Revenge* y a los cruceros *Enterprise* y *Emerald*, a los que después siguieron el acorazado *Warspite*, el crucero de batalla *Repulse* y el portaaviones *Furious*. De manera que los océanos Atlántico e Índico se convirtieron en lugares ciertamente peligrosos para los corsarios alemanes, sobre los que éstos tenían que moverse con tanta audacia como astucia, so pena de dar un paso necesariamente mortal.

Pero sigamos a Hans Langsdorff, un hombre al que casi todos los historiadores alemanes y extranjeros coinciden, con rara unanimidad, en calificar de brillante y fuera de lo normal, por su inteligencia, imaginación, caballerosidad y audacia, pero a quien es probable que afectaran desfavorablemente los meses de soledad y tensión de la guerra de corso, ya que terminaría cometiendo una serie de graves errores que conducirían a la pérdida de su buque y le llevarían al suicidio.

Tras hundir al *Clement*, y como el estado de la mar era bueno, Langsdorff sólo tomó a bordo de su buque al capitán y al jefe de máquinas del carguero inglés, lo que fue una atención por su parte, ya que unas horas después, al avistarse algo más al Sur el barco griego *Papalemos*, lo detuvo, enviando a su bordo a los dos ingleses, que, naturalmente, creyeron que el buque de guerra alemán en que tan cortésmente habían sido tratados era el *Admiral Scheer*. Langsdorff envió seguidamente un mensaje a la costera de Pernambuco, empleando el indicativo internacional del *Scheer*, rogando prestaran auxilio a los botes del *Clement*, cuya situación les daba. Después de lo cual arrumbó hacia el Este para atravesar el Atlántico y cambiar de escenario.

El día 4 de octubre cruzaba entre las islas Ascensión y Santa Elena, arrumbando después al Nordeste. El 5 avistó un humo en el horizonte. Lo producía el carguero inglés *Newton Beech* (4.650 toneladas), con té y maíz para Gran Bretaña. El *Spee* se le acercó navegando siempre de proa para no mostrar su característica silueta, tan distinta a la de los buques de guerra ingleses, es decir, haciendo la llamada «curva del perro» y llevando izada la bandera francesa, con objeto de no ser reconocido hasta el último instante. Al estar a unos mil ochocientos metros cambió el pabellón e izó dos señales de banderas: «Póngase al pairo, envío bote» y «No utilice la radio o disparo». El carguero paró las máquinas, pero lanzó valientemente al éter la señal de alarma, a pesar de lo cual Langsdorff no quiso disparar sobre él.

Esta señal fue muy débil, y los alemanes creyeron que no había sido oída, pero en realidad fue recogida y retransmitida por otro barco mercante, y llegó hasta el crucero pesado británico *Cumberland*, que, a fin de mantener el radiosilencio y suponiendo que habría sido también recibida por la estación de la base naval de Freetown, no la repitió. Ello fue una suerte para los alemanes, pues, de haberlo hecho, es probable que los buques de guerra ingleses hubieran podido atrapar al *Graf Spee* unos días más tarde.

El corsario navegó de conserva con el *Newton Beech* hacia el ENE, ya que Langsdorff quería conservarlo como barco prisión, pero, como andaba muy poco, unos días más tarde decidió echarlo a pique. El día 6 puso el avión de exploración en el aire, que no encontró nada, y el comandante del *Graf Spee* decidió buscar presas hacia el SE, aproximándose a las derrotas El Cabo-Freetown y Freetown-Lobito.

Al día siguiente capturaba el vapor inglés *Ashlea* (4.220 toneladas), de Durban a Inglaterra con 7.200 toneladas de azúcar. Su capitán creyó que se trataba de un buque de guerra francés y no transmitió señal alguna. Se recogió a su tripulación, se le tomaron dos toneladas de azúcar y se le echó a pique con explosivos. El día 10 detenía también al inglés *Huntsman*, de 8.200 toneladas, que llevaba una tripulación de ochenta y cuatro hombres a bordo. El oficial alemán de presas se encontró con que el capitán de este barco era un antiguo amigo suyo que en cierta ocasión, al zozobrar el remolcador que mandaba, le había salvado la vida. Pero nada libró al barco británico, a su debido tiempo, de bajar al oscuro abismo. Pese a que había lanzado la señal de alarma, Langsdorff tampoco había querido cañonearlo.

No deseando tomar a bordo del acorazado a tanta gente, navegó con él hacia el Sur en demanda del *Altmark*, pero antes hizo lanzar al éter una señal radiotelegráfica con el indicativo del *Newton*, simulando que éste había sido torpedeado por un submarino alemán en una posición algo más al Norte.

Dejando atrás el *Huntsman* con una dotación de presa, el 17 de octubre se reunía con el *Altmark* en 21° 59' Sur, 15° 20' Oeste. El capitán del aprovisionador alemán comunicó a Langsdorff que durante aquellas semanas no se había avistado alma viviente por aquellos solitarios y encalmados parajes. Pero el comandante del acorazado de bolsillo acababa de recibir un radio desde Alemania en que se le informaba con bastante exactitud del despliegue de buques de guerra ingleses en el Atlántico y de la salida a este océano, procedentes del Mediterráneo, de un acorazado y otras unidades pesadas de la flota inglesa. Todo ello, unido al inusitado aumento de señales radiotelegráficas en la costa africana, le decidió a cambiar su zona de operaciones, así como la de la reunión con el *Altmark*.

Pero, antes, los dos buques arrumbaron al Norte, en busca del *Huntsman*, al que hallaron en la mañana del 16. Al día siguiente se terminó el aprovisionamiento del *Spee*, se transbordó la tripulación inglesa al *Altmark* y se hundió el *Huntsman*. Tras acordar un punto de reunión para diez días después algo más al Oeste, el acorazado arrumbó al Sudeste, pues Langsdorff quería situarse a caballo sobre las derrotas secretas impuestas por el Almirantazgo británico a los vapores procedentes de El Cabo, descubiertas por los alemanes en uno de los barcos apresados.

El 22 llegó a la nueva zona de caza, pero no avistó barco alguno, por lo que el 23 se catapultó el avión, que a los pocos minutos de vuelo descubrió el carguero inglés *Trevanion* (5.300 toneladas), que iba a Inglaterra con 8.000 toneladas de mineral. Cuando el *Graf Spee* lo detuvo poco más tarde, lanzó la señal de alarma, por lo que los alemanes dispararon sobre él con sus ametralladoras de 20 mm. Pero el capitán del vapor inglés se situó junto al radiotelegrafista y, pese a la granizada de balas trazadoras, le obligó a transmitir el interrumpido mensaje. Después se tomó a bordo del *Spee* a los treinta y tres indemnes hombres de la tripulación del *Trevanion* y se le echó a pique con cargas explosivas.

El día 24 por la mañana se volvió a catapultar al *Arado*, que regresó una hora después y señaló el rumbo y la posición de otro barco que navegaba en las proximidades. Se izó el aparato a bordo, y el *Graf Spee* hizo rumbo de interceptación con el recién descubierto. Pero nada se vio al llegar al lugar donde debería estar. Se continuó al mismo rumbo durante otra media hora, pero con igual resultado negativo. Langsdorff entró entonces en sospechas de que tal vez el inglés había descubierto su avión y cambiado, consecuentemente, de rumbo, y, temiendo que pudiera haber transmitido su descubrimiento al comandante en jefe del Atlántico Sur, en Freetown, decidió quitarse inmediatamente de en medio a toda máquina. Navegó hacia el Oeste a 27 nudos durante el resto del día y toda la noche siguiente, y luego arrumbó al Sursudoeste en demanda del punto de cita con el *Altmark*, que apareció el día 28.

El alemán había hecho bien, pues la «Fuerza K» no andaba en realidad muy lejos. Había salido de Freetown el 15 de octubre y permanecido casi un mes cruzando entre los meridianos de 0° y 20° Este y los paralelos de Santa Elena y la costa de Liberia, barriendo diariamente la mar con sus aviones, mañana y tarde, pero sin descubrir nada, pues el corsario germano actuaba en una zona muy amplia y situada algo más al Sur.

La tripulación del *Trevanion* fue transbordada al petrolero alemán, y el *Graf Spee* tomó combustible. Langsdorff pensó que seguir por aquellas aguas donde ya había hundido a cuatro barcos podía resultar muy peligroso para él, y, aceptando una sugerencia que le había hecho el almirante Raeder unos días antes a través del éter, decidió hacer acto de presencia en el océano Índico, para tratar de arrastrar hacia allí a los buques de guerra británicos y volver inmediatamente al Atlántico.

Dando un resguardo de cuatrocientas millas al cabo de Buena Esperanza, es decir, cruzando a través de los «rugientes cuarentas», el buque alemán pasó al Índico y se dirigió lentamente hacia el sur de Madagascar, navegando en zigzag durante varios días sobre las derrotas de Australia y Nueva Zelanda a Ciudad del Cabo, pero sin suerte para él. Los vuelos del *Arado* tampoco proporcionaron otro resultado, por lo que Langsdorff decidió dirigirse hacia el canal de Mozambique.

El 14 de noviembre, hallándose al nordeste de Lorenzo Marques y cerca de la costa, se avistó por fin un barco durante el crepúsculo vespertino. El corsario lo reconoció, ya de noche, a la luz de uno de sus potentes proyectores de arco. Era un neutral, y como había demasiada marejada para arriar un bote y registrarlo, lo dejó ir sin hacerle preguntas. El *Graf Spee* arrumbó después hacia el Norte, y al día siguiente descubrió al pequeño petrolero inglés de 706 toneladas de registro *Africa Shell*, que tan pronto apercibió el buque de guerra alemán le puso la popa y salió disparado. Un proyectil de 150 mm peligrosamente caído por su proa hizo detenerse al evasivo capitán Dove, que fue tomado a bordo del *Graf Spee*, mientras se permitía al resto de la tripulación dirigirse en los botes hasta la cercana playa. Los alemanes colocaron varias cargas de dinamita junto al casco del petrolero, que al estallar le hicieron zozobrar e irse a pique.

Langsdorff supuso que los tripulantes del *Africa Shell* acudirían a la farola de Zavora, visible a muy pocas millas de distancia, y señalarían su presencia, por lo que arrumbó al Nordeste hasta perder de vista la costa, como si tratara de cruzar el canal de Mozambique. Seguidamente cambió de rumbo hacia el Sursudeste y después repasó los «rugientes cuarentas» dando un resguardo de quinientas millas al cabo de las Agujas.

Tres días más tarde, es decir el 18 de noviembre, se recibió en Freetown la noticia de que el *Africa Shell* había sido hundido. Así supieron los ingleses que el buscado corsario germano había cambiado de escenario, y, suponiendo que actuaría durante cierto tiempo en el océano Índico y luego regresaría al Atlántico, decidieron apostar a las fuerzas «K» y «H» en el meridiano del antiguo cabo de Las Tormentas, para atraparlo a su vuelta. Pero el capitán de navío Langsdorff se movió bien sobre aquel peligroso tablero azul. El 27 de noviembre, cuando el *Renown*, el *Ark Royal* y los cruceros pesados *Sussex* y *Shropshire* comenzaron a acechar al sur del continente negro, el *Graf Spee* ya estaba a la altura de Tristán de Acuña, otra vez en el Atlántico Sur, unas seiscientas millas a poniente de Ciudad del Cabo.

Las dos fuerzas británicas siguieron vigilando hasta el 2 de diciembre, con tal mal tiempo que sólo en una ocasión pudieron poner en el aire los aviones de exploración. La «Fuerza K» entró en Ciudad del Cabo el día 3, para petrolear, con las dotaciones bastante cansadas y decepcionadas, y esta llegada causó sensación en dicha ciudad, donde se creía que el *Ark Royal* había sido hundido por la aviación alemana. La «Fuerza H» tomó combustible el mismo día en Simonstown. Pero la visita a Sudáfrica de ambas agrupaciones fue breve, pues el almirante Wells, que las mandaba, recibió un radio a las pocas horas de entrar en el puerto, en el que se le comunicaba que el acorazado alemán había hundido al vapor inglés *Doric Star*, el día anterior, a unas trescientas millas de la costa de Angola. La «Fuerza H» se hizo a la mar al día siguiente, arrumbando al Noroeste una vez en franquía, y la «Fuerza K» salió el día 5, para situarse en una posición equidistante de Ciudad del Cabo, Puerto Stanley (en las islas Malvinas) y Río de Janeiro. Por si el corsario alemán regresaba al Índico, el Almirantazgo ordenó a los cruceros *Cornwall* y *Glowcester* y al portaaviones *Eagle* que se situaran sobre el meridiano del cabo de las Agujas, al sur de África. Y por si arrumbaba hacia el Norte, se estableció una barrera con los cruceros franceses *Dupleix* y *Foch*, los destructores de igual nacionalidad *Milan* y *Cassard* (2.441 toneladas, cinco cañones de 138 mm, etc., 42 nudos), el portaaviones *Hermes*, el crucero *Neptune*, y tres destructores británicos (*Hardy, Hostile y Hero*), entre Pernambuco y Freetown.

Mientras tanto el *Graf Spee* había tomado víveres, piezas de respeto y combustible del *Altmark* el 26 de noviembre, llenando pañoles y tanques de petróleo de tal forma que, si preciso fuese, no necesitara volver a aprovisionarse hasta finales de febrero de 1940. Langsdorff sabía que los ingleses habían hundido varios barcos mercantes alemanes en el Atlántico Sur hacía poco tiempo, y temía que el *Altmark* pudiera seguir igual suerte cualquier día. Y para enero, él pensaba estar de regreso en Alemania. Tanto es así, que este oficial de Marina comunicativo y que vertía todos sus planes e impresiones en el parte de campaña de su buque, hizo durante aquella reunión con el *Altmark* una anotación que, por arrojar cierta luz sobre su extraña conducta posterior, queremos consignar aquí:

«Los motores del *Spee* precisan de un recorrido general, en dique, en un futuro próximo —escribe Langsdorff—. El período de guerra al tráfico se acerca, por tanto, a su fin, y, en consecuencia, la necesidad de evitar daños en un combate ya no es tan acuciante. Si el *Spee* se encontrara dentro del alcance artillero de un buque de guerra enemigo, puede anticiparse que su poderoso armamento, por lo menos, dañaría tanto a su oponente, con excepción del *Repulse*, que le impediría poder seguirlo. Por otra parte, durante las brillantes noches de luna del Atlántico Sur resultaría difícil librarse de cualquier seguidor veloz.»

Este doble pensamiento expuesto por Langsdorff, es decir, la idea de que los daños que pudiera recibir en un combate no tendrían demasiada importancia para el blindado *Graf Spee*, puesto que al acorazado le quedaba ya poco tiempo de operaciones y los inconvenientes que de ello se derivan serían, por tanto, breves, y que de noche no podría librarse de la persecución a distancia de cualquier crucero enemigo, que iría transmitiendo incesantemente su posición y movimientos para atraer sobre él a las fuerzas enemigas más potentes, le llevaría muy pronto a cometer el mayor error de su vida: aceptar el combate, inmediatamente y sin pensarlo dos veces, con el que creyó ser un solo crucero británico y dos destructores. Cuando luego descubrió que, en vez de un solo crucero, se trataba de tres, no supo o no pudo reaccionar como el caso y las circunstancias hubieran exigido. Le falló, en aquel momento crucial, quizá por cansancio, la agilidad mental necesaria para adaptarse inmediatamente a la nueva situación.

Pero todavía estamos en el 26 de noviembre de 1939. La mole de acero del *Graf Spee*, detenida, apenas si se balanceaba imperceptiblemente sobre el soleado e inmenso océano azul. En su interior, los mecánicos recorrían apresuradamente las máquinas, mientras fuera los carpinteros y contramaestres instalaban una segunda chimenea postiza a popa del puente, y una torre de artillería igualmente postiza, detrás y en un plano superior a la verdadera torre triple de proa. Terminado el trabajo, el mismo Langsdorff quiso embarcar en un bote a motor y se alejó de su buque sobre la mar varias millas, para poder apreciar desde diversos sectores el nuevo aspecto que presentaba el *Graf Spee*. Quedó satisfecho. Careciendo un observador cualquiera de puntos de referencia o comparación, el acorazado podía muy bien ser tomado, a cierta distancia, por el crucero de batalla inglés *Repulse*, lo que le facilitaría el regreso a Alemania. De todas maneras, y por si se encontraban con barcos neutrales, los alemanes le cambiaron una vez más el nombre, ahora el *Graf Spee* ostentaba el de *Deutschland*. Y el 29 de noviembre, tras señalar varios puntos de reunión al *Altmark* para diversas fechas, se arrancaron los motores diesel principales, el acorazado comenzó a moverse, cayó lentamente a una banda y luego aproó al Estenordeste, hacia la derrota marítima, El Cabo-Freetown.

El serviola situado sobre lo alto de la torre directora del tiro descubría, el 2 de diciembre, una tenue humareda en el horizonte. Era el vapor inglés *Doric Star*, de 10.086 toneladas de registro, la mayor presa que haría el *Graf Spee*. Pese a las señales y cañonazos de aviso del buque de guerra alemán, el *Doric Star* transmitió la señal de alarma. Pero Langsdorff quería apresar a este gran barco intacto y se limitó a tratar de interferir sus señales radiotelegráficas. Iba de Auckland al Reino Unido, abarrotado de víveres, pero antes de que se subiera a bordo el grupo de presa alemán, los ingleses destrozaron las máquinas; así que, tras tomar a bordo del acorazado a la tripulación y algunos víveres, los alemanes lo hundieron con cargas de demolición, disparos de artillería y un torpedo.

El de bolsillo arrumbó seguidamente al Sudoeste a gran velocidad, y poco después sus operadores de radio captaron varios mensajes enemigos en los que la estación de la base naval sudafricana de Simonstown advertía a todos los buques de guerra británicos que el *Doric Star* había sido

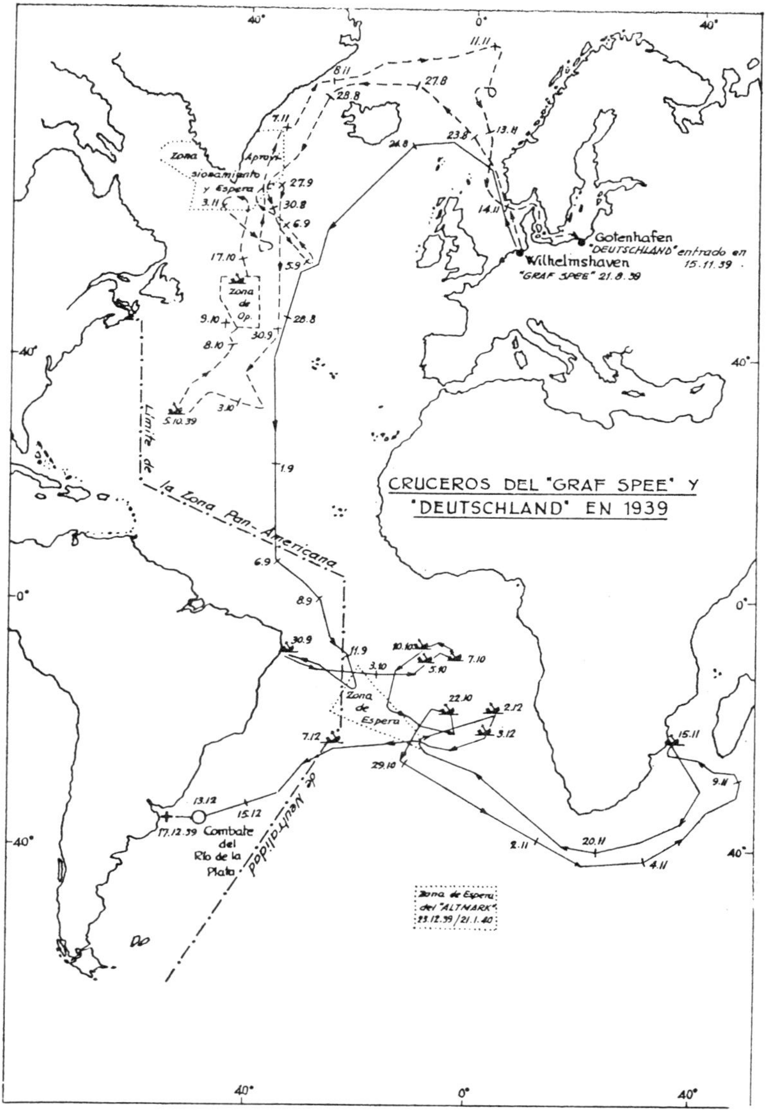

Antes de que estallase la segunda guerra mundial, el 3 de septiembre de 1939, los cruceros acorazados alemanes *Deutschland* y *Graf Spee* ya se hallaban en el Atlántico, listos para iniciar la guerra de corso. He aquí las derrotas seguidas por ambos buques durante sus cruceros de guerra.

cañoneado por un acorazado germano, al mismo tiempo que señalaba la hora y situación del ataque.

La amanecida del 3 de diciembre desveló para los serviolas del *Graf Spee* al vapor inglés *Tairoa* (7.983 toneladas), que iba de Melbourne a Inglaterra con un cargamento de carne, lana y plomo. Pese al fuego de los cañones antiaéreos alemanes de 37 mm, que hirieron a tres de sus hombres, este barco transmitió también la señal de alarma, y como los ingleses inutilizaron el aparato de gobierno, hubo que echarlo a pique, después de recoger a sus tripulantes.

Tras este hundimiento, el comandante del *Graf Spee* decidió alejarse definitivamente de aquella zona y cruzar el Atlántico para situarse entre Río de Janeiro y el estuario del Plata, con la intención de actuar allí durante breve tiempo, hacer luego una finta hacia el Sur, como ya se ha dicho y arrumbar a Alemania.

El 6 de diciembre se reunía con el *Altmark* prácticamente en mitad del Atlántico Sur. Tras recibir combustible y transbordarle todos los prisioneros, el *Graf Spee* continuó su navegación hacia Poniente. Al día siguiente se topó con el carguero británico *Streonshalh* (3.900 toneladas), despachado de Montevideo para el Reino Unido con 5.654 toneladas de trigo, pero vía Freetown, donde debería unirse a un convoy. En vez de ello fue a reunirse en el fondo del mar con sus ocho predecesores de igual bandera, echados a pique por el *Graf Spee*.

El encuentro con este barco, bastante alejado hacia levante de la derrota normal entre Montevideo y Freetown, hizo pensar a Langsdorff que tal vez el tráfico procedente del estuario del Plata había sido desviado de las derrotas ortodrómicas habituales en tiempos de paz y que, por tanto, podría resultar inútil situarse entre Río de Janeiro y dicho estuario. El capitán del *Streonshalh* no quiso darle la menor pista sobre las nuevas derrotas del Almirantazgo, así que el alemán cambió de idea y enmendó su rumbo hacia la boca del Río de la Plata. Decisión funesta, pues precisamente allí le estaban aguardando tres cruceros británicos...

* * *

La mar, como si se tratara de un ser vivo, pareció querer desperezarse con la llegada de la aurora. El cielo, azul oscuro, comenzó a palidecer imperceptiblemente por el Este, al mismo tiempo que sobre el horizonte surgía un intenso resplandor rojizo que fue extendiéndose como un incendio. Luego, la faja roja se convirtió paulatinamente en cárdena, y, por fin, nuestra estrella asomó una ceja sangrienta, como si antes de decidirse a emerger quisiera otear el océano. Pero muy pronto salió toda entera, radiante, como una gran bola de acero recién fundido, mientras las aguas parecieron teñirse de púrpura para festejar el retorno de la barca de Ra, y la fauna submarina despertó bruscamente y entró en voraz actividad.

Desde lo alto de los puentes de los cruceros británicos *Exeter, Ajax* y *Achilles*, los serviolas se distrajeron un momento contemplando la salida del agua y el deslizarse de los peces voladores a ras de la superficie, tal vez huyendo de algún invisible dorado o, simplemente, expresando su alegría de vivir. Luego los marinos volvieron a enfocar sus prismáticos al despejado y vacío horizonte, sobre el que el sol ascendía ya como un disco de oro, imperturbable y veloz.

Mientras tanto, el comodoro de la Armada Real Henry Harwood, de cincuenta y un años, descansaba intranquilo en su camarote de mar a bordo del crucero ligero *Ajax*. Nuestro hombre acababa de bajar del puente, donde había permanecido durante el zafarrancho de combate dirigiendo los ejercicios tácticos de los tres cruceros de la División Sudamericana, su división, pues suponía que les quedaba muy poco tiempo de preparación para el que consideraba inminente combate.

Por otra parte, el zafarrancho antes de la amanecida era una práctica preventiva a bordo de todos los buques de guerra británicos en aquellos tiempos todavía sin radar, pues nunca se saben las sorpresas que la luz del nuevo día puede deparar en la mar en tiempos de guerra. Pero el comodoro se sentía, en el fondo, decepcionado y, contra su costumbre, no lograba aquella mañana volver a conciliar el sueño. Porque el despejado día, con una visibilidad de más de veinte millas, sólo había mostrado un horizonte vacío de humos o mástiles de ninguna clase. ¿Qué había esperado el comodoro Harwood?

Advirtiendo al lector que, precisamente en este momento, los tres cruceros ingleses acababan de ser observados en el *Graf Spee* gracias a la mayor elevación de su torre directora del tiro, y que Langsdorff había ordenado arrumbar hacia ellos, pero que a bordo de los buques ingleses no se avistarían los mástiles del acorazado alemán hasta quince minutos más tarde, aprovecharemos este breve período anterior al mutuo avistamiento, que rápidamente conduciría al combate llamado «del estuario del Plata», para retroceder un poco en el tiempo con el comodoro Harwood, que se preguntaba si él habría cometido algún inadvertido error en sus cálculos y suposiciones.

Habiéndole correspondido el mando de la División Sudamericana, formada por los cruceros pesados *Cumberland* (10.000 toneladas, ocho piezas de 203 mm), y *Exeter* (8.400 toneladas, seis piezas de 203 mm) y los ligeros *Ajax* y *Achilles* (gemelos, de 7.000 toneladas y ocho cañones de 152 mm), tenía que vigilar el intenso tráfico marítimo británico desde Pernambuco hasta el Río de la Plata: ¡más de dos mil millas! Ello presentaba el grave inconveniente de tener que dispersar sus fuerzas precisamente para vigilar, con la desventaja de que si alguno de sus solitarios cruceros se topaba con uno de los acorazados de bolsillo alemanes que actuaban como corsarios, lo único que podría hacer sería seguirle a prudencial distancia para no resultar alcanzado por su poderosa artillería y señalar su presencia a la fuerza naval británica más próxima. Mientras tanto, el acorazado germano podría atacar a cuantos barcos mercantes ingleses se le antojara, y, evidentemente, con la llegada de la noche trataría de desvanecerse, cosa bastante factible. Pero, ¿qué otra cosa podía hacer él con tan sólo cuatro cruceros?

A principios de diciembre el *Ajax* y el *Exeter* se encontraban en Puerto Stanley con el fin de dar cierto descanso a las dotaciones y someter los buques a un recorrido general. El *Cumberland* patrullaba frente al estuario del Plata, y el *Achilles* hacía lo mismo a la vista del Corcovado. El 2 de diciembre se hizo a la mar el *Ajax* llevando izada la insignia del comodoro, y en la tarde de ese mismo día se recibió un mensaje del comandante en jefe del Atlántico Sur señalando la posición en que había sido hundido el *Doric Star*, víctima, como sabemos, del *Graf Spee* aquella misma mañana.

El comodoro ordenó sacar una carta náutica del Atlántico meridional y situar sobre ella la posición del *Doric Star*. Ello mostró que aquella mañana el corsario alemán había estado a unas tres mil millas de distancia del *Ajax*. Harwood quedó pensativo. ¿Cuál sería el próximo movimiento del buque de guerra enemigo? Supuso que su aparición en el océano Índico había sido sólo una añagaza para tratar de arrastrar hacia allí a los buques británicos, que probablemente el alemán había sentido ya demasiado próximos a sus talones, pues semejante gasto de combustible era de otra manera injustificable. Ahora, al saberse otra vez descubierto en la misma zona, el corsario cambiaría de escenario, de esto estaba Harwood completamente seguro. Pero ¿hacia dónde arrumbaría? Si se dirigía a Alemania, las preocupaciones del comodoro habrían terminado, por lo menos durante algún tiempo, pero si se decidía a cruzar el océano Atlántico para atacar al tráfico del Reino Unido con Sudamérica, la cosa variaba por completo, ya que él mismo era el único que podría intervenir.

Resolvió ponerse en el peor de los casos y dar por cierto que el corsario se decidiría a cruzar. Entonces, todas las posibilidades eran de que navegaría a velocidad económica, a fin de gastar el menor combustible posible. ¿Cuál sería dicha velocidad para aquel tipo de buque alemán? La ecuación que Harwood tenía que resolver presentaba, pues, dos incógnitas, y el comodoro pensó que había que suprimir una. Lo más probable era que dicho andar era de unos quince nudos y que, si no lo era, se le aproximaría mucho. Bien: ¿hacia dónde navegaría el alemán? A juicio del marino británico, al germano se le presentaban tres posibilidades: arrumbar a la zona de Río de Janeiro, al estuario del Plata o a las islas Malvinas. Las dos primeras eran muy frecuentadas, puntos verdaderamente focales del tráfico con Sudamérica. En las islas Malvinas radicaba la base naval británica de Port Stanley, y el 8 de diciembre sería precisamente el aniversario de la batalla de las Falkland, o Malvinas, en la que toda la escuadra alemana del almirante Von Spee había sido hundida por los cruceros de batalla británicos, con la única excepción del crucero ligero *Dresden*, al que no se pudo dar caza debido a su elevada velocidad.[1]

El comodoro Harwood ordenó a su Estado Mayor que, tomando como base la velocidad de quince nudos, calculase las fechas en que el corsario alemán, que se suponía era el acorazado *Admiral Scheer*, podría recalar en Río de Janeiro, en el estuario del Plata y en las islas Malvinas.

Se dedujo que podría estar en Río en la mañana del 12 de diciembre; en el estuario del Plata, en la mañana del 13, y en las islas Malvinas, en la del 14. El comodoro consideró con satisfacción que el alemán no podría atacar en Port Stanley para la fecha del vigésimo-quinto aniversario de la batalla de las Falkland. De todas maneras, y si, como él suponía, aquel buque alemán decidía trasladar su zona de operaciones a las costas sudamericanas, lo primero que Harwood tenía que hacer era concentrar sus dispersas fuerzas. Pero ¿en dónde? He aquí el dilema. Porque de las Malvinas a Río de la Plata había más de mil millas marinas, y otras tantas desde éste hasta Río de Janeiro. De manera que si él se decidía por uno de estos tres puntos y el corsario se presentaba en otro, se le habría escapado irremediablemente. Harwood también se dio cuenta de que de su decisión podía depender la impune destrucción de varios mercantes ingleses o nada menos que el hundimiento del acorazado de bolsillo alemán.

Como había tiempo para decidir, no quiso precipitarse. Y suponemos que el comodoro no dormiría muy bien aquella noche, pues hasta la tarde del día siguiente, es decir, el 3 de diciembre, no dio sus órdenes a la División Sudamericana. Se había decidido, lógicamente, por el estuario del Río de la Plata, porque «por su mayor número de barcos y valioso

1. A bordo de este buque había escapado de la catástrofe un joven oficial de Marina que luego llegaría a almirante y desempeñaría un ambiguo pero importante papel durante la segunda guerra mundial: Wilhelm Canaris.

comercio de grano y de carne, constituía el área vital a defender». Y dispuso la concentración de sus buques con tiempo suficiente para que se encontrasen allí antes de que llegara el corsario alemán. El *Exeter* y el *Achilles* deberían reunirse con el *Ajax*, frente al estuario, el 9 de diciembre.

Sin embargo, Harwood enviaba el crucero pesado *Cumberland* a Puerto Stanley para que efectuase un recorrido general de máquinas y servicios con su propia gente, aunque le advertía que estuviera preparado para hacerse a la mar en poco tiempo al primer aviso. Ello nos hace pensar que el comodoro, o no tenía realmente mucha fe en que el corsario germano acudiera a la cita que él le preparaba, o confiaba excesivamente en la potencia de sus propios buques, confianza ciertamente peligrosa. Pues no tiene otra explicación satisfactoria que, previendo realmente el combate, prescindiera del más potente de sus buques en beneficio de algo que perfectamente podía haber sido aplazado. Pero este primer error no resta mérito a sus otras disposiciones y a la lógica de su decisión, que, por el contrario, Langsdorff no supo prever.

El 10 de diciembre el *Achilles* se reunía con el *Ajax* en un punto situado a doscientas treinta millas al este de Montevideo, y el día 12 se les unía el *Exeter*. Entonces Harwood pasó un breve y claro mensaje a los comandantes de todos los buques manifestándoles sus intenciones y la táctica que emplearía durante el combate. El *Exeter*, solo, formaría una sección, ya que era el mejor protegido y montaba seis piezas de 203 mm, mientras el *Ajax* y el *Achilles* constituirían otra, con sus dieciséis cañones de 152 mm. Ambas se situarían de modo que formasen un ángulo de 90º, en cuyo vértice estaría situado el buque alemán, lo que permitiría en cada sección observar la caída de los proyectiles de la otra y corregir su tiro. Aquella misma tarde ensayó su táctica y, como ya sabemos, volvería a hacerlo en la amanecida del fatídico día 13 de diciembre. Seguramente el comodoro inglés pensó que sus tres veloces cruceros, con veintidós cañones de grueso calibre, mayor movilidad y atacando desde puntos diferentes, eran más que suficientes para dar buena cuenta de las catorce piezas pesadas alemanas concentradas sobre un solo buque más lento. Probablemente supuso también que, dividiendo sus fuerzas para obligar al acorazado a concentrar su artillería principal sobre su rival más potente y, por tanto, más peligroso, el crucero *Exeter*, él mismo podría, mientras tanto, acercársele lo suficiente para acribillarlo de cerca con los cañones de sus otros dos cruceros e incluso torpedearlo. Sabía que las torres de artillería llevan su máxima coraza en el escudo frontal y en el carapacho,[1] pero que suelen ir débilmente protegidas en la parte posterior, que él seguramente podría perforar con sus proyectiles, ya que por aquella banda el buque alemán sólo dispondría de cuatro cañones de 150 mm para tratar de impedírselo. Todo ello revela el temple audaz e imaginativo de este marino británico, que ni remotamente podía sospechar entonces, cuando hábil y cuidadosamente tejía sus planes de batalla, que sus tres cruceros se verían obligados a poner literalmente pies en polvorosa ante la formidable artillería del *Graf Spee* y una coraza impenetrable a sus granadas.

* * *

Poco antes de las seis de la mañana del 13 de diciembre, el *Graf Spee* comenzó a navegar en zigzag para barrer la zona señalada por Langsdorff frente al estuario del Plata, que comenzaba a unas 280 millas de la isla de los Lobos, próxima a Punta del Este, isla que, si se es un buen nadador, se puede alcanzar desde la playa situada en tierra firme. Iba arrumbado al 155°, su velocidad era de 15 nudos y la próxima caída de rumbo sería al 335° verdadero.

Un serviola con buena vista descubrió de pronto dos mástiles que comenzaban a emerger limpiamente sobre el horizonte por la amura de estribor del acorazado. El oficial de guardia comprobó el avistamiento y envió aviso al capitán de navío Langsdorff, y cuando éste llegó al puente, otros cuatro mástiles más se percibían próximos al anterior y el radiotelémetro señalaba ya una distancia de diecisiete millas. ¿Se trataría quizás de algún convoy enemigo? El alemán lo creyó así.

—Mantenga rumbo y velocidad —ordenó el comandante del acorazado—. Zafarrancho de combate.

Los timbres de alarma movilizaron inmediatamente a 1.134 marinos germanos, y unos minutos después, para los serviolas situados en la plataforma exterior a la torre directora principal, en la parte más elevada del buque, y el telemetrista del gran aparato óptico de la misma, fueron surgiendo sobre el horizonte el puente, las chimeneas y demás superestructuras de un buque de guerra, que fue identificado como crucero británico tipo *Exeter*.[2] Poco después, sus dos acompañantes, que evidentemente

1. Parte superior acorazada que recubre la torre. En unión de la frontal, suele recibir la casi totalidad de los impactos que alcanzan a una torre en cualquier combate naval artillero.
2. La Armada británica sólo poseía dos cruceros de esta serie, el citado y el *York*.

tenían menor porte, eran erróneamente identificados por los alemanes como destructores.

Langsdorff supuso entonces que se trataba de la escolta de algún convoy que navegaría próximo. Debido a que el avión de a bordo se encontraba averiado no pudo comprobarlo, pero, a pesar de todo, decidió lanzarse inmediatamente al ataque a toda velocidad, para liquidar al crucero antes de que éste pudiera activar sus calderas retiradas y escapar. Sin duda pensaba que, una vez eliminado aquel buque de guerra, todo el convoy quedaría a su merced. Así que el *Graf Spee* aumentó su andar a 27 nudos y varió ligeramente de rumbo hacia el enemigo, que todavía no había descubierto al buque alemán.

En lo más alto del acorazado, una docena de prismáticos convergían finalmente sobre los buques ingleses, y uno de los oficiales informó a su comandante que los dos supuestos destructores eran en realidad y sin lugar a dudas cruceros ligeros británicos.

Langsdorff debió comprender que aquel informe variaba enteramente la situación, porque el combate con tres cruceros con toda evidencia más veloces que el *Graf Spee* sin duda originaría averías en el acorazado, quizás en el casco, y ¿dónde repararlas? La orden de operaciones señalaba claramente que debería eludir cualquier combate, aunque fuese con fuerzas inferiores, a menos que resultase inevitable. Pero el alemán debió de pensar que su buque estaría ya descubierto y que lo mejor sería aceptar, por tanto, la lucha, puesto que, en cualquier caso, el enemigo indudablemente le atacaría o, al menos, trataría de seguirle. ¡Primero de los múltiples errores que Langsdorff cometería a partir de este momento!

El leve penacho de humo que inevitablemente había producido el cambio de régimen de los motores del *Graf Spee* fue advertido en los cruceros del comodoro Harwood, y éste, al ser informado, ordenó destacar al *Exeter* para reconocer el que lo producía. Y mientras apresuradamente se vestía, Harwood se preguntó si, después de todo, él habría acertado y, en efecto, se trataría del corsario alemán. Siendo la mar tan inmensa, le pareció cosa de milagro, pero sabía muy bien que tal encuentro era realmente la consecuencia de «un proceso de la decisión» correcto y... de su buena suerte. A las 0616, el comandante del *Exeter* transmitió al comodoro:

—Creo que es un acorazado de bolsillo.

¡Harwood había acertado! En los tres cruceros británicos se tocó zafarrancho de combate, se arrojaron al agua todas las cargas de profundidad con los seguros puestos, por si luego estallaban al recibir algún proyectil alemán, y se izaron en cada buque cuatro banderas de combate en los topes de los palos y en las vergas, por si los impactos enemigos se llevaban alguna. Al mismo tiempo se advertía por radio del avistamiento al crucero *Cumberland*, en Port Stanley, y a los almirantes de la fuerzas «K» y «X».

Unos minutos después de recibirse en el *Ajax* la señal enviada por el *Exeter* al comodoro, es decir, a las 0617, el *Graf Spee*, que había caído a babor para que pudiera disparar su torre triple de popa, abrió el fuego sobre el crucero pesado a 19.700 metros de distancia. Desde los buques ingleses se divisó el relampagueo de las cuatro andanadas iniciales lanzadas por su enemigo con los seis cañones de 180 mm, y unos minutos más tarde los hombres del *Exeter* pudieron escuchar el escalofriante aullido de los proyectiles alemanes que vertiginosamente se aproximaban y que estallaron al tocar la superficie de la mar en las cercanías del crucero, levantando grandes columnas blancuzcas de agua y espuma. El tiro inicial de los alemanes había sido excelente, y el *Exeter* metió a babor para descentrarse y respondió, a las 0620, con sus seis piezas de 204 mm, cuando el buque alemán se hallaba a 17.000 metros de distancia.

El *Graf Spee* dividió ahora el tiro de su artillería principal, dedicando la torre de popa al *Exeter*, que navegaba ya prácticamente de vuelta encontrada, y la de proa al *Ajax* y al *Achilles*, que lo hacían de la misma vuelta que el acorazado, a rumbos casi paralelos. Mas como el acorazado quedaba fuera de alcance de las piezas de 152 mm de los cruceros ligeros, Harwood ordenó arrumbar al 340º para cerrar distancias, poner al régimen de 25 nudos y abrir fuego.

El *Achilles* lanzó su primera salva a las 0622, y un minuto después lo hizo el *Ajax*. En este preciso momento era alcanzado el *Exeter* por un proyectil alemán de 280 mm. Pero ya momentos antes otra granada de dicho calibre había estallado en el agua, tan próxima, que el crucero pesado resultó literalmente ametrallado. Murieron todos los sirvientes del montaje de tubos lanzatorpedos de estribor; el casco y las chimeneas quedaron perforados, y acribillados los proyectores y el avión de estribor. Los circuitos eléctricos de las lámparas de la dirección de tiro, indicadoras de que cada pieza estaba cargada y apuntada, así como de los timbres señaladores de la inmediata caída de las salvas propias, quedaron seccionados. Para el director de tiro comenzaron así las dificultades, pero aquello no fue nada comparado con el castigo que habría de recibir después su buque.

El impacto directo al que nos hemos referido entró por el costado de estribor, atravesó con terrible estrépito la enfermería, perforó varios mamparos y salió por la otra banda al mar, sin hacer explosión. Otro proyectil germano perforaba momentos después el blindado escudo de la torre «B», de 203 mm, precisamente entre los dos cañones, y hacía explosión en el interior de la misma, matando a ocho artilleros, hiriendo a otros varios y dejando la torre fuera de combate. Pero la explosión de este proyectil envió también un latigazo de metralla contra el puente de mando, que quedó destrozado y donde casi todo el personal perdió la vida o resultó herido. Los dos hombres situados a cada lado del comandante, que sufrió varias heridas, murieron en el acto, así como el oficial de derrota. El aparato de gobierno, los telégrafos de máquinas y todos los teléfonos quedaron inutilizados, y como el comandante no podía dar orden alguna y el buque navegaba ya sin gobierno, tuvo que trasladarse al puesto de control de popa.

Las torres «A» y «C» del *Exeter* seguían haciendo fuego, pero el crucero recibió momentos después un nuevo impacto directo que destrozó la camareta de suboficiales. Y cuando el capitán de navío Bell llegó al puente de popa, se encontró con que los teléfonos, el aparato de gobierno y los telégrafos estaban también destrozados por la metralla de los proyectiles enemigos que caían en los alrededores del buque, por lo que tuvo que dar todas sus órdenes, hasta el final del combate, a través de una larga cadena de mensajeros.

Pero el *Graf Spee* había sido también alcanzado. Un proyectil de 203 mm atravesó el costado de estribor por encima de la coraza, alcanzó la cubierta blindada e hizo explosión. Esta cubierta quedó dentada y mellada, pero resistió. Otro proyectil del *Exeter* atravesó el puente del almirante y el mástil de proa, sin estallar. Por su parte, los cruceros ligeros no consiguieron todavía impacto alguno. Entre otras cosas porque, al haber resultado ahorquillado el *Ajax* por los proyectiles de 280 mm del *Graf Spee*, Harwood, ¡su segundo error!, había ordenado inmediatamente una caída de rumbo hacia fuera de 30º, y porque tanto estos buques como el acorazado alemán zigzagueaban constantemente para descentrarse.

El *Exeter* navegaba ahora a elevada velocidad arrumbando al Noroeste, pero las granadas alemanas le perseguían implacablemente, y los estayes y las burdas del mástil de popa fueron seccionados por la metralla, con lo que el palo empezó a vibrar fuertemente y la antena principal de la radio se partió y cayó a cubierta. Las catapultas de los dos aviones y estos mismos resultaron acribillados. La distancia entre el buque británico y el alemán disminuía rápidamente y, al estar a unos 11.000 metros, el crucero pesado británico volvió a ser directamente alcanzado por otros dos proyectiles. Uno de ellos perforó el castillo de proa y estalló en el interior, abriendo un agujero en el costado de dos por dos metros y medio sobre la flotación y provocando un incendio en el pañol de pinturas. Las explosiones próximas de otros varios proyectiles produjeron diversas vías de agua, y una granada alcanzó directamente la cubierta del castillo, abriendo un agujero de cuatro metros cuadrados y provocando nuevos incendios y destrozos en el interior, teniendo que inundarse el pañol de gasolina para evitar que estallara.

Pero el *Exeter* seguía combatiendo valerosamente. A las 0631 lanzó sus torpedos de estribor contra el *Graf Spee* mientras dos de sus torres principales seguían haciendo fuego con regularidad.

Poco después, temiendo el acorazado alemán ser torpedeado por cualquiera de los tres buques enemigos, que se hallaban ya en buena posición de táctica para ello y montaban un total de veintidós tubos lanzatorpedos, metió a babor cayendo unos 150° de rumbo, al mismo tiempo que emitía una columna de humo con su equipo de ácido clorosulfónico instalado en la toldilla, a fin de ocultar sus movimientos.

El *Exeter* metió a estribor para poder lanzar también con sus tubos de babor, pero casi inmediatamente un proyectil alemán alcanzaba el camarote del oficial de derrota, atravesaba la estación radiotelegráfica, matando a cinco operadores, y terminaba su letal carrera estallando contra el montaje número 1 de 102 mm de estribor, matando a varios hombres más y dejando inutilizados los dos cañones de dicho montaje. La caja de urgencia situada en sus proximidades se incendió y los proyectiles que contenía comenzaron a estallar.

Los tres torpedos de babor del crucero pesado fueron lanzados contra el *Graf Spee* pero el malhadado buque inglés volvió a ser alcanzado momentos después. Un proyectil de 280 mm perforó el escudo de la torre «A» estallando dentro y dejándola fuera de combate. Otro del mismo calibre perforaba el costado y tres mamparos estancos a la altura del combés, haciendo explosión sobre la cubierta baja, encima de un pañol de municiones de 102 mm, y abriendo un gran agujero de cinco por cuatro metros. Este impacto, en el plexo solar del buque, le hizo retemblar de quilla a perilla y fue sentido por toda su dotación. La metralla seccionó varias tuberías de vapor, los cables eléctricos de la estación transmisora de la dirección de tiro y los colectores de los servicios de inundación y achique: originó un fuerte incendio, inutilizó el compartimiento de alternadores y generadores y causó numerosas bajas. Para evitar su voladura se tuvo que inundar el pañol de municiones de 102 mm.

Pero aunque el *Exeter* sólo había recibido siete impactos directos, lo que suponía más de dos toneladas de explosivos y acero, la caída y el estallido próximo de numerosos proyectiles alemanes le habían producido grandes daños y más de cincuenta muertos. A la media hora escasa de comenzar el combate sólo le quedaban disponibles una torre doble de 203 mm y un cañón de 102 mm: había embarcado 650 toneladas de agua, presentaba varios voraces incendios y tenía destruidas todas las antenas radiotelegráficas. Sus dos aviones habían tenido que ser arrojados por la borda, y el crucero pesado presentaba una escora de más de 10° y hocicaba de proa un metro. Pero sus máquinas se hallaban intactas y seguía navegando a buena velocidad, mientras disparaba con su torre de popa, aunque todas las agujas magnéticas y giroscópicas estaban inutilizadas y el comandante tenía que valerse de una de bote para dirigir su crucero. Mientras tanto, el *Ajax* y el *Achilles* seguían haciendo un fuego ineficaz. El *Ajax* catapultó uno de sus aviones de observación sin dejar de disparar, y, por su parte, el *Achilles* resultó ametrallado por la explosión próxima de varios proyectiles alemanes que le causaron algunas averías y varios muertos y heridos en la torre directora del tiro, que quedó momentáneamente inutilizada.

El acorazado de bolsillo alemán, al invertir prácticamente el rumbo, había hecho aumentar considerablemente su distancia a los cruceros ligeros ingleses, por lo que el comodoro Harwood ordenó caer a babor y forzar máquinas hasta 31 nudos, a fin de acortar el alcance y tratar de salvar el *Exeter*, que se divisaba a lo lejos envuelto en llamas y una negra humareda, constantemente rodeado por los piques y explosiones de los proyectiles enemigos.

El castigado crucero fue cayendo lentamente a babor para seguir hostilizando al *Graf Spee*; el capitán de navío Bell era consciente de que tenía que seguir combatiendo a pesar de todo, so pena de que la completa artillería del acorazado alemán cayera sobre los dos cruceros ligeros y los desmantelara. Por su parte, Harwood, que había visto desbaratados sus planes de observación del tiro, pues el *Exeter* carecía ya de medios de comunicación y el avión de exploración del *Ajax* había estado confundiendo las salvas de los cruceros, por haber resultado inutilizada por la metralla la conexión radio para el fuego sincronizado de ambos buques, decidió aproar hacia el *Graf Spee* a fin de cerrar distancias, aunque ello le privara momentáneamente del empleo de la mitad de su artillería.

Ahora la actitud de Langsdorff resulta nuevamente inexplicable. Con su buque prácticamente intacto, cualquiera en su caso, habiéndose percatado de que el adversario principal estaba prácticamente fuera de combate y con su andar muy reducido, habría arrumbado al Norte y concentrado toda su artillería sobre los cruceros ligeros enemigos para, si éstos aceptaban el desafío, hundirlos o dejarlos fuera de combate, y, si optaban por retirarse, rematar al *Exeter*. En vez de ello puso la popa al *Ajax* y al

Achilles y siguió disparando sobre el renqueante y ya muy dañado *Exeter*, lo que permitió al comodoro Harwood aproximarse impunemente hasta muy corta distancia y, después, colocar una serie de impactos en el *Graf Spee*. Impactos que provocarían una serie de averías y destrozos relativamente poco importantes en el acorazado de bolsillo, pero que resultarían suficientes para decidir a Langsdorff a abandonar el combate y dirigirse a Montevideo.

Mas nos hemos anticipado a los acontecimientos. A las 0656, el *Ajax* y el *Achilles*, navegando a toda velocidad, cayeron al Noroeste para que entraran en fuego la totalidad de sus piezas, y las salvas de estos buques comenzaron a ahorquillar al acorazado alemán, que, para librarse de ellas, zigzagueaba y se ocultaba con cortinas de humo. Pero el tiro no le parecía a Harwood suficientemente bueno, y quince minutos después volvía a aproar valientemente hacia el *Graf Spee* con su sección. Los alemanes, por su parte, decidieron aproximarse ahora al *Exeter* para rematarlo, cambiando de rumbo hacia el Sursudoeste. Entonces, Harwood arrumbó a su vez al Oeste para que volvieran a entrar en fuego sus dieciséis cañones de 152 mm, y como la distancia era ya de tan sólo unos diez mil metros, el *Graf Spee* pronto empezó a recibir un verdadero diluvio de proyectiles. Y aunque todos los que incidían sobre las torres triples de 280 mm o la cintura acorazada rebotaban y caían al mar, los restantes le causaron bastantes destrozos y bajas.

Una granada inglesa atravesó el mantelete del montaje doble de cañones de 105 mm de estribor, cruzó la panadería y estalló en el pañol de proyectores. El montaje y su ascensor de municiones quedaron fuera de servicio. Otro destrozó la cocina de marinería e inutilizó un ascensor de municiones de 150 mm. Uno más atravesó el castillo de proa de banda a banda y estalló contra el costado de babor, abriendo un agujero en el mismo de uno por dos metros, aunque bastante alto respecto a la línea de flotación. Otros varios proyectiles de 152 mm alcanzaron, respectivamente, el puesto de control de averías del castillo, un montaje de cañones antiaéreos de 37 mm, en el que murieron todos los sirvientes, y el ascensor de los cañones antiaéreos de 105 mm de babor. Tres proyectiles perforantes se estrellaron contra el escudo de la torre triple de popa del acorazado alemán, rebotaron y cayeron al agua, donde hicieron explosión. Uno que atravesó el puente levantó numerosas esquirlas de acero, algunas de las cuales hirieron a Langsdorff. Éste ordenó al segundo comandante que subiera al puente, pero no le entregó el mando.

El *Graf Spee* abandonó al *Exeter* a su suerte y arrumbó al Oestenoroeste para hacer frente a los dos cruceros ligeros británicos, que tan agresivos y eficaces se mostraban en esta fase del combate. Estos buques fueron pronto centrados, y un proyectil de 280 mm alcanzó al *Ajax*, dejándole fuera de combate las dos torres poperas de 152 mm, es decir, la mitad de su artillería principal. Por si fuera poco, a este crucero se le averió entonces uno de sus cañones proeles del mismo calibre, con lo que únicamente le restaban tres piezas de 152 mm en servicio.

El comodoro Harwood arrumbó al Noroeste para abrir distancias y, al mismo tiempo, ordenó lanzar torpedos para obligar al acorazado a gobernar, dificultando su tiro, cosa que efectivamente logró, pues el *Graf Spee*, por haber observado la caída de los cuatro artefactos submarinos, tendió una columna de humo y puso momentáneamente la popa a los cruceros. Pero hacia las 0730, una vez pasado el peligro, volvió a rumbo y continuó su duelo artillero con los dos buques ingleses.

En este momento cesó por fin de hacer fuego el *Exeter* con la única torre que le quedaba disponible, pues las crecientes inundaciones le dejaron sin energía eléctrica alguna. Entonces el capitán de navío Bell decidió retirarse del combate y tratar de mantener su buque a flote y llegar a puerto. ¡No le quedaba ya un solo cañón utilizable!

El *Graf Spee* lanzó ahora sus torpedos contra los buques de Harwood, pero sus estelas fueron advertidas desde el avión del *Ajax*, cuyo observador indicó por radio que pasarían por la proa de la sección. Pero el comodoro no quiso arriesgarse y cayó 80° a babor, con lo que la distancia al acorazado alemán volvió a disminuir rápidamente.

Los buques ingleses seguían tirando muy bien y acertaron varias veces más al *Graf Spee* con impactos directos. Pero, debido al humo que producía la artillería pesada y media del acorazado, a los ingleses les resultaba muy difícil apreciar los blancos, y cuando el avión quiso aproximarse para tratar de esclarecer los daños, fue rechazado por la artillería antiaérea del acorazado, que inmediatamente le agujereó una de las alas. Con lo que el teniente de navío Lewin decidió contener su curiosidad.

Por otra parte, a Harwood le daba la impresión de que toda su artillería resultaba inútil ante aquel buque alemán que parecía «encajar» imperturbablemente todos sus impactos, ya que sus máquinas, sistemas de gobierno, direcciones de tiro, artillería y servicios seguían funcionando tan perfectamente como al iniciarse el combate, mientras que, entre sus buques, el *Exeter* se había tenido que retirar destrozado y medio hundido, el *Ajax* sólo disparaba ya con tres cañones y los piques levantados por los proyectiles germanos surgían peligrosa e insistentemente centrados y próximos y, pese a todos los constantes cambios de rumbo para evitarlos y a la buena suerte que hasta ahora parecía haber velado por los cruceros ligeros ingleses, el comodoro comprendía perfectamente que, dada la situación, en cualquier momento podía sobrevenir el desastre. Así que, cuando a las 0738, estando tan sólo a cuatro millas del acorazado, un proyectil alemán alcanzó el mástil de popa del *Ajax* y lo partió por la mitad, cayendo el mastelero a cubierta y con él todas sus antenas, Harwood no dudó más: arrumbó hacia el Este a toda máquina y señaló por semáforo al *Achilles* que le siguiera y tendiese una columna de humo. ¿Su tercer error?

Así de bruscamente terminó el combate del estuario del Río de la Plata: con la retirada de los tres cruceros británicos que se habían enfrentado con un solo buque alemán, al que creyeron poder batir con facilidad.

* * *

En aquel momento, las bajas del combate eran las siguientes: el *Graf Spee* tenía treinta y siete muertos, siete el *Ajax*, cuatro el *Achilles* y cincuenta y tres el *Exeter*. Y si entonces hubiese mandado el *Graf Spee* cualquier otro oficial de Marina alemán que no hubiese sido Hans Langsdorff, habría invertido inmediatamente el rumbo de su buque sin un titubeo para, a 27 nudos, perseguir a los cruceros ingleses que se retiraban. Siendo éstos capaces de andar a 32 nudos, habría transcurrido bastante más de una hora antes de que el *Ajax* y el *Achilles* hubieran podido salir fuera del alcance de la artillería pesada del acorazado de bolsillo,[1] suponiendo que hubieran conseguido hacerlo, lo que no parece nada probable. Por el contrario, lo verosímil es que ambos buques hubieran sucumbido. Por otra parte, el *Exeter* se hallaba inerme, y un solo torpedo o algún proyectil en la línea de flotación hubieran bastado para hundirlo. ¡Jamás oficial naval alguno tuvo una resonante y completa victoria tan al alcance de la mano y tan torpemente renunció a ella!

El *Graf Spee* siguió arrumbando al Oeste, moderando a 23 nudos. Langsdorff revistó su buque y decidió que, puesto que éste no se hallaba en condiciones de desafiar las tormentas de invierno del Atlántico Norte, había que entrar en puerto para reparar. Según el almirante e historiador alemán Friedrich Ruge, «ésta fue una decisión errónea, imputable sin duda alguna al hecho de que su largo crucero y el difícil combate habían

1. La artillería de este buque alemán tenía un alcance de 41.000 metros.

afectado profundamente a este oficial, por otra parte de muy gran valor». Sin la menor duda, así tuvo que ser.

Veamos lo que dice el capitán de navío Parry, comandante del *Achilles*: «Cuando se interrumpió el combate, mi impresión era que el enemigo podía haber hecho lo que hubiera querido. No mostraba síntomas de estar averiado; su armamento principal disparaba con precisión; el *Exeter* estaba evidentemente fuera de combate; por tanto, sólo tenía a dos cruceros ligeros que le impidieran atacar el valioso comercio del Río de la Plata... Resultó, por tanto, bastante sorprendente, cuando viramos algunos minutos después, observar que el enemigo se dirigía a buena velocidad hacia el Oeste».

Efectivamente, cuando Harwood vio que ni se le perseguía ni se le cañoneaba, primero se frotó los ojos con estupor, luego lanzó un hondo suspiro de alivio, después una carcajada y finalmente ordenó volver a invertir el rumbo y seguir al acorazado... desde prudencial distancia. Porque, como escribiría luego uno de los oficiales del *Achilles*, «era para nosotros increíble que el acorazado alemán huyera de un crucero y medio bastante escacharrados y muy escasos de munición. ¿Y por qué, cielos, por qué no arrumbó hacia el *Exeter* para rematarlo?».

Sí, el capitán de navío Langsdorff regaló a los ingleses un combate que él ya había ganado, pero, además, y aunque resulte inaudito, les iba a hacer gratuitamente donación también de su valioso buque de guerra.

* * *

El acorazado *Graf Spee* siguió navegando durante todo el día arrumbado al Oeste, hacia la «trampa de Montevideo», como la denominaría luego el mismo Hans Langsdorff. De vez en cuando, si los cruceros ingleses se permitían ponerse un momento al alcance de su potente artillería, les disparaba algunas salvas de 280 mm, que solían caer peligrosamente próximas. Un carguero británico de 5.000 toneladas, el *Shakespeare*, se cruzó casualmente en su derrota. Sus tripulantes no obedecieron la orden alemana de abandonarlo en los botes, y Langsdorff, que pensaba haberlo torpedeado una vez evacuado, lo dejó ir. Extraño proceder. Porque no se puede hacer la guerra y, al mismo tiempo, respetar a ultranza las vidas del adversario.

Veamos ahora las causas que, al parecer, decidieron al capitán de navío Langsdorff a entrar en puerto. El *Graf Spee* tenía varias pequeñas vías de agua, originadas por cascotes de metralla, en la parte no acorazada del casco. Las situadas bajo la flotación habían sido rápida y eficazmente

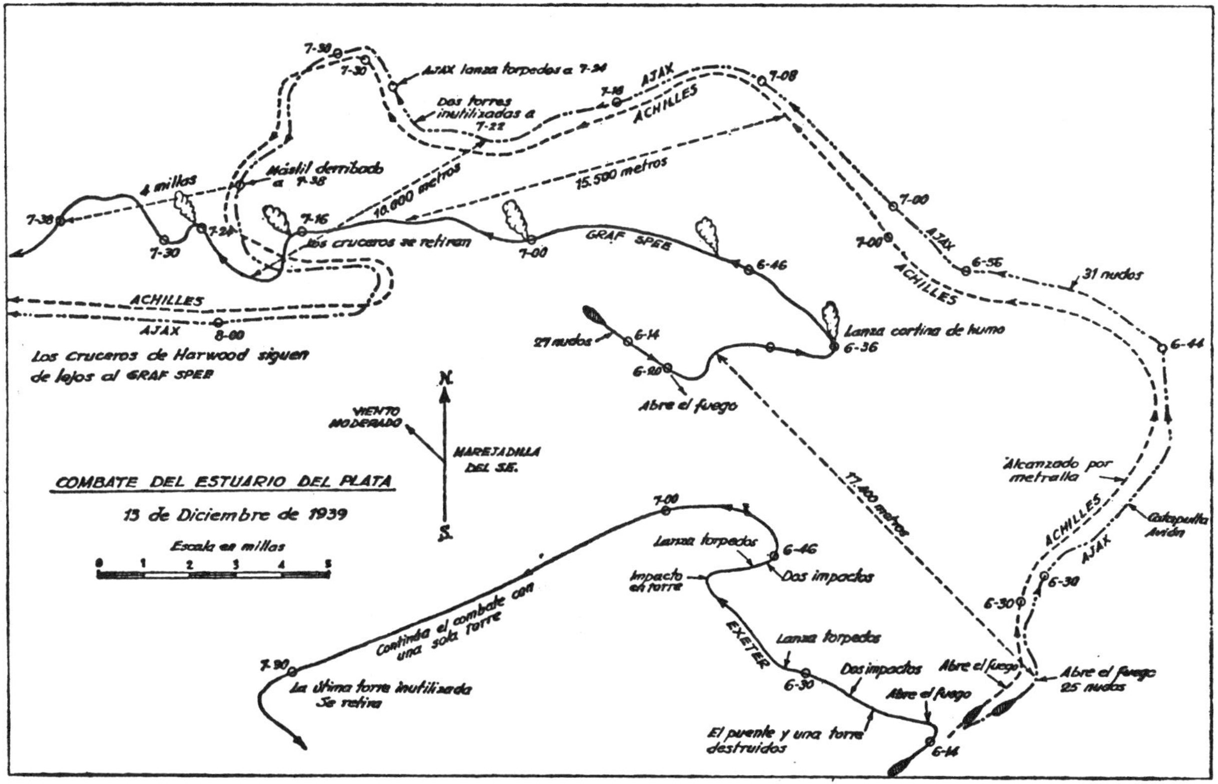

DERROTAS APROXIMADAS DE LOS BUQUES QUE INTERVINIERON EN EL COMBATE

obturadas con cuñas de madera, de las cuales todo buque de guerra va siempre bien provisto. Las producidas sobre aquélla podían haberse tapado por el mismo sistema o mediante la soldadura eléctrica. No es probable que el *Graf Spee* llevara a bordo un equipo eléctrico de soldar, pero es seguro que el *Altmark* sí lo llevaría.

Las cocinas estaban destrozadas, cierto, pero si es necesario se puede alimentar aceptablemente a una dotación con raciones frías durante un tiempo prudencial; en este caso, hasta lograr el auxilio del citado buque nodriza alemán. Y lo mismo respecto a los hornos eléctricos de la panadería.

El único destrozo que podía seriamente afectar a la capacidad marinera del acorazado era el agujero abierto en el costado de babor, bajo el castillo de proa, de uno por dos metros, pero tampoco era imposible de reparar con el auxilio del *Altmark*, y sólo hubiera constituido un relativo peligro en caso de mal tiempo.

Muertos aparte, que con todos los honores y respetos se tiran por la borda cuando no queda otro remedio, el *Graf Spee* tenía treinta heridos graves, y éstos, dado el temperamento de Langsdorff, que siempre pareció mostrar una quizás excesiva consideración por la vida humana, si se tiene en cuenta que ello iba frecuentemente en detrimento de la seguridad y actividades de su buque, según ciertos autores, tal vez influyeron más que otros «considerandos» en la determinación de Langsdorff de quedarse en Montevideo.

Creemos que, en realidad, tampoco fue así, pues el *Graf Spee*, que fondeó en el puerto uruguayo al caer la noche de aquel mismo 13 de diciembre, pudo perfectamente desembarcar sus muertos y heridos y todos los prisioneros ingleses, e incluso haber metido a bordo pan para varios días, y haberse hecho a la mar después de la medianoche. ¿Quién se lo hubiera podido impedir? Desde luego, ninguno de los dos cruceros ligeros del comodoro Harwood, que acechaban en precario, fuera de aguas jurisdiccionales, en las tres salidas del estuario, distanciadas entre sí del orden de ochenta millas.

¿Cuáles hubieran sido entonces las posibilidades de este buque de guerra alemán? Careciendo los cruceros ligeros ingleses de equipos de radar, creemos que bastantes de desvanecerse en la noche. En otro caso, podía haberse aproximado después a las zonas de inestabilidad atmosférica de más al Sur, donde la visibilidad suele ser tan reducida, aun a riesgo de haber embarcado agua en los sollados altos, ya que un agujero como el que tenía en el casco es fácil de tapar y apuntalar provisionalmente con medios de fortuna, y la mar que consiguiera entrar a bordo se podía haber achicado con las bombas.

Por otra parte, el consumo de combustible de los cruceros británicos, movidos por turbinas de vapor, era mucho más elevado, a igual velocidad, que el del *Graf Spee*, propulsado por motores diesel. De modo que el seguimiento que suponemos habría sido por fuerza bastante breve, y de los restantes buques de guerra ingleses presentes en el Atlántico Sur, exceptuando el *Cumberland*, los más próximos eran el crucero de batalla *Renown* y el portaaviones *Ark Royal*, a tres mil millas de distancia, que, de haber forzado máquinas, pronto se hubiera quedado sin combustible, aparte de que en aquel momento se encontraban casualmente muy escasos de petróleo y que en ningún caso habrían llegado antes de cinco días. Respecto al crucero pesado *Cumberland*, que había salido de Puerto Stanley a 30 nudos de andar al empezar el combate, cuando llegó frente a Montevideo a las diez de la noche del día 14 le quedaba muy poco combustible para intentar ninguna persecución larga, en el caso de que el *Graf Spee* hubiera tirado mar adentro.

Las posibilidades alemanas expuestas son las que hubiera intentado aprovechar cualquier oficial de Marina en su sano juicio, aun en el improbable caso de que ya hubiera cometido los tres graves errores en que Langsdorff había incurrido: 1.º) Aproximarse a toda velocidad a los tres cruceros ingleses después del avistamiento, para lanzarse inmediatamente a la lucha, en vez de entablar combate en retirada, es decir, huyendo de ellos, lo que, debido a la pequeña diferencia de velocidades máximas que ya conocemos y al mayor alcance de sus piezas, habría proporcionado al *Graf Spee* un margen de tiempo suficiente para inutilizar a uno o varios de sus contrincantes con absoluta impunidad. 2.º) Como ya hemos señalado, una vez el *Exeter* prácticamente fuera de combate, no haber impedido al comodoro Harwood que se le acercara con el *Ajax* y el *Achilles*, y 3.º) Dirigirse a Montevideo bajo pretextos inconsistentes, en vez de haber aniquilado a los cruceros británicos puestos en fuga, y haberse perdido luego en el azul para darse cita con el *Altmark*.

Pero esta trágica cadena de graves errores posee todavía otros eslabones. Langsdorff no sólo no quiso hacerse a la mar desde la capital uruguaya en la medianoche del 13 al 14, una vez comprobado que sus reparaciones no eran cuestión de un par de días, sino de dos semanas. Se empeñó en que el Gobierno uruguayo le ampliase el período de setenta y dos horas que le concedía el Derecho Internacional para permanecer en puerto, hasta los catorce días que los astilleros locales necesitaban para reparar los daños del *Graf Spee*

Que este oficial de Marina, herido y evidentemente con sus facultades mentales seriamente disminuidas, se empeñase en ello como si fuera cuestión de vida o muerte, pase. Pero que le secundasen enérgicamente en el empeño el embajador alemán y el mismo Gobierno germano, parece cosa de colectiva demencia. Porque si el Gobierno uruguayo hubiese accedido, ¿qué habría pasado? Que catorce días después y con las averías ya reparadas, habrían estado aguardando al *Graf Spee* fuera del estuario del Plata dos o tres cruceros de batalla británicos, otros tantos portaaviones y una docena de cruceros que, de haber salido el buque alemán, le habrían echado a pique en un abrir y cerrar de ojos. Suponer otra cosa es no conocer a los ingleses.

De modo que toda aquella desquiciada y febril actividad diplomática en Montevideo para lograr el permiso de catorce días carecía realmente del menor sentido. Las verdaderas posibilidades del *Graf Spee* radicaban en haber salido de Montevideo antes de que llegara el *Cumberland*, e incluso después, ya que le quedaban petróleo, proyectiles y torpedos suficientes para haber desmantelado a este crucero pesado en un nuevo combate, sobre todo nocturno, donde el buque alemán podía haber medido su distancia con el radiotelémetro, mientras que al británico le hubiera sido muy difícil hacer lo mismo ópticamente, entre las sombras. Pero veremos cómo la astucia y la intriga, artes en que los ingleses siempre han resultado maestros, harían creer a los alemanes que ya se encontraban también frente a Montevideo el *Renown* y el *Ark Royal*.

Los británicos no querían de ninguna manera que el *Graf Spee* saliera de Montevideo hasta que pudieran llegar los citados buques cinco o seis días más tarde, por lo que exigieron al Gobierno uruguayo que obligase al acorazado a salir cuanto antes, al mismo tiempo que hábilmente propalaban rumores de que el *Renown* y varios poderosos buques más ya estaban aguardando al acorazado alemán a la salida del estuario del Plata.

Así, los alemanes pensarían que si sus enemigos tenían interés en que el *Graf Spee* saliera pronto sería, sin duda, por alguna buena y, por tanto, para ellos peligrosa razón. El natural cansancio de los marinos alemanes y la incapacidad de su embajador para captar el problema les hicieron morder el cebo que les tendían sus enemigos. Porque, bien mirado, ¿qué prisa podían tener los ingleses? El tiempo trabajaba enteramente a su favor. Dueños del mar, podían ir llevando a Montevideo cuantos buques de guerra quisieran, mientras que ningún auxilio podía esperar el *Graf Spee*, ni siquiera de los submarinos alemanes, que en aquellas fechas eran todavía incapaces de operar tan lejos de Alemania.

La psicosis intencionadamente provocada por los ingleses en Montevideo fue tal, que hasta uno de los oficiales de artillería del *Graf Spee* creyó ver, el día 15, a través del gran telémetro de la dirección de tiro, fuera del puerto, a un gran buque de guerra del tipo *Renown*.

Tal información acabó de deshacer al ya desquiciado Langsdorff. El día 16, cuando le quedaban pocas horas de estancia legal en la capital uruguaya, puso un radio al Alto Mando de la Armada en Berlín, diciendo que el *Renown*, el *Ark Royal* y varios cruceros y destructores aguardaban fuera de Montevideo; que el bloqueo era cerrado durante la noche, y que no existían posibilidades de poder romperlo y regresar a Alemania. Al mismo tiempo solicitaba instrucciones para tratar de alcanzar Buenos Aires, aunque fuera combatiendo con las municiones que les restaban, hundir su buque en el estuario o internarlo en el Uruguay.

Por su parte, el embajador germano recomendaba rechazar la idea del internamiento como la peor de todas, dada la actitud poco amistosa del Gobierno uruguayo, y, teniendo en cuenta la escasez de municiones, aconsejaba volar el buque e internar a su dotación.[1]

En Berlín estaban perplejos. Según el servicio de información del almirante Canaris, el *Renown* no podía hallarse en el estuario del Río de la Plata. Pero toda la prensa británica lo situaba ya allí, y, por otra parte, en Alemania se creía hundido el *Ark Royal*. Se ordenó al embajador alemán que alquilase un avión y tomara fotografías de dichos buques, pero el diplomático no consiguió avión alguno y las fotografías no pudieron obtenerse.

El tiempo transcurría inexorablemente. Langsdorff era un oficial de gran prestigio en la *Kriegsmarine*, y en Berlín nadie puso en duda sus afirmaciones ni su estimación sobre la situación en el estuario y el verdadero estado de su buque. Tras conferenciar con Hitler, el almirante Erich Raeder decidió dejar prácticamente en libertad de acción al comandante del acorazado, pero rechazando el internamiento y recomendándole que, si decidía destruir el buque, lo hiciera de forma que ninguno de sus secretos técnicos pudiera caer en manos del enemigo.

Langsdorff desembarcó a unos novecientos hombres del *Graf Spee* y los transbordó al barco alemán *Tacoma*, que se encontraba en Mon-

1. No hubo tal escasez. Según el diario de guerra del *Graf Spee*, después del combate le quedaban a bordo «unas 50 salvas de munición de 28 centímetro», lo que significa un remanente de «alrededor de 300 granadas». La dotación completa de munición de 28 centímetros era de 630 granadas.

tevideo. Y a las cinco de la tarde del día 17, el acorazado levó anclas y salió del puerto, seguido por aquél, en medio de una enorme expectación. Una inmensa y silenciosa multitud, estimada en más de medio millón de personas, se apiñaba en los muelles, la orilla y todos los puntos elevados de la ciudad.

Poco después, el buque alemán arrumbaba al Oeste y, a unas nueve millas de Montevideo, paraba las máquinas y dejaba caer el ancla. Los remolcadores argentinos previamente contratados, tomaron a bordo a la gente del *Graf Spee* que llevaba el *Tacoma* y quedaron aguardando en las proximidades del acorazado. A bordo de éste se había preparado un concienzudo trabajo de demolición. Las cabezas de combate de varios torpedos fueron arriadas hasta el interior de los pañoles de municiones, y se situaron cargas explosivas por todo el buque. El equipo electrónico había sido machacado hasta resultar irreconocible.

Langsdorff, solo en el puente de su silencioso buque mientras su gente activaba cebos y detonadores bajo cubierta, ¡qué triste debió de sentirse entonces, qué amargura la de su alma!

Finalmente, los que quedaban a bordo, incluyendo el comandante, desembarcaron del acorazado y pasaron a los remolcadores que habrían de llevarles río arriba hasta Buenos Aires.

El sol estaba a punto de ocultarse en el inmenso y tranquilo estuario, cuando se oyó como un terrible bramido procedente de las entrañas de aquel buque de guerra alemán que, sin duda, se había merecido otro final. El ruido fue inmediatamente seguido de una altísima llamarada y nuevas explosiones y lenguas de fuego que se elevaron por encima de los mástiles. El acorazado pareció querer saltar fuera del agua y luego partirse al caer, mientras el palo mesana se rendía y todo parecía desintegrarse en medio de enormes estallidos, conmociones y columnas de humo negro. En aquel momento, el *Renown* y el *Ark Royal* estaban todavía a mil millas de distancia...

El avión de observación del *Ajax* señaló inmediatamente la voladura del acorazado, y dice el comodoro Harwood que cuando, poco después, entró en Montevideo con sus buques, «había caído la noche y el *Graf Spee* era una brasa de punta a punta, llegando las llamas casi hasta el extremo de la torre directora. Una vista magnífica que alegraba el ánimo».

Por orden del rey, el comodoro ya había recibido la Orden del Baño y sido ascendido a contraalmirante. La primera se la mereció sin duda por su valor. Con igual certeza podemos afirmar que los entorchados se los había regalado el capitán de navío alemán Hans Langsdorff, comandante del *Graf Spee*.

Éste, en Buenos Aires, tres días más tarde, se disparó un tiro en la cabeza. Dejaba una carta al embajador alemán, en la que entre otras cosas decía: «A mí solo corresponde la responsabilidad del hundimiento del *Admiral Graf Spee*. Soy feliz al pagar con mi vida cualquier reproche que pudiera formularse contra el honor de nuestra armada. Sólo con mi muerte puedo probar que los marinos del Tercer Reich están dispuestos a sacrificar sus vidas por el honor de la bandera».

Al funeral de Langsdorff, celebrado en Buenos Aires al día siguiente de su muerte, quiso asistir, en representación de los capitanes de los barcos mercantes ingleses que habían permanecido prisioneros a bordo del *Graf Spee*, el capitán Pottinger, del carguero *Ashlea*. Ello refleja el trato caballeroso que los ingleses recibieron de aquel marino alemán, cuyo cerebro no fue capaz de soportar la terrible y despiadada prueba de guerra.

CAPÍTULO IV

CARRERA POR NORUEGA

Poco después de comenzar la segunda guerra mundial, tres hombres con mentalidad naval, es decir, de horizontes despejados, y en puestos de gran responsabilidad, un alemán, un francés y un inglés, se fijaron en la enorme importancia estratégica de la península escandinava. Estos hombres fueron: el almirante Erich Raeder, jefe de la *Kriegsmarine*; el almirante François Darlan, que desde hacía diez años mandaba la Armada francesa, y Winston Churchill, primer lord del Almirantazgo británico.

Efectivamente, de los quince millones de toneladas de mineral de hierro que precisaba anualmente la industria pesada alemana, ya sabemos que once de ellos procedían de las minas suecas de Gallivare y Kiruna. Dicho mineral se embarcaba durante el verano en el puerto sueco de Lulea, situado en el golfo de Botnia. Al llegar el invierno se helaban las aguas septentrionales del mar Báltico, Lulea quedaba cerrado a la navegación y tenía que utilizarse el puerto noruego de Narvik, más próximo a las citadas minas y que, debido a la cálida corriente del golfo, permanece abierto durante todo el año. Por allí salían entonces, con destino a Alemania, unos cuatro millones de toneladas de mineral de hierro, que los barcos alemanes, o neutrales al servicio de Alemania, transportaban a este país navegando con toda tranquilidad hasta el Skagerrak sin salirse del corredor formado por las aguas jurisdiccionales noruegas, pasando después al Báltico al resguardo de los estrechos daneses. La flota británica pese a dominar completamente la situación en el mar del Norte y el de Noruega, y para desesperación de los ingleses, resultaba importante para yugular semejante tráfico.

Por otra parte, aquellos tres hombres se percataron de que la ocupación aliada de la península escandinava no sólo privaría a Alemania del imprescindible mineral de hierro, sino que haría llegar la guerra naval al Báltico, hasta entonces un verdadero lago alemán, y serviría de excelente plataforma para atacar desde el aire puertos e industrias germanas. Por si fuera poco, se podría embotellar completamente el mar del Norte e impedir la salida al Atlántico de los submarinos y buques de superficie alemanes, estableciendo una barrera de minas entre las islas Orcadas y la costa de Noruega. Allí, incluyendo las aguas jurisdiccionales noruegas, se habían fondeado durante los años 1917 y 1918 nada menos que setenta mil minas submarinas.

Los ingleses y los franceses se dieron cuenta de que la ocupación de los países escandinavos, con o sin el consentimiento de los gobiernos de Suecia y Noruega, crearía probablemente un segundo frente, pues era de esperar que Alemania reaccionara ocupando el sur de la península. Pero esto sólo favorecía a los aliados, ya que entonces podrían plenamente explotar su absoluto dominio del mar, al mismo tiempo que descongestionarían el frente francés y trasladarían la lucha a suelo extranjero, lo que siempre presenta grandes ventajas para cualquier combatiente. Mas el peligro de que la URSS se creyera amenazada y pudiese intervenir a favor de Alemania les hizo abandonar el proyecto. Sin embargo, era relativamente fácil y poco peligroso impedir el tránsito de buques entre Alemania y Narvik minando las aguas de Noruega, sin consideraciones hacia su neutralidad ni al Derecho Internacional, y esta medida fue sometida por Churchill a la aprobación del Gabinete de Guerra el 29 de septiembre de 1939.

Tres propuestas hizo el grande e imaginativo estadista británico a dicho Gabinete tan pronto fue nombrado ministro de Marina. Transformar los acorazados de la serie *Royal Sovereign* en una especie de tortugas blindadas capaces de desafiar las bombas aéreas y los torpedos submarinos, con el fin de meterlos en el Báltico y cortar el tráfico marítimo alemán con Rusia, Suecia y Noruega, proyecto verdaderamente impracticable y que no fue aceptado. Lanzar minas en los ríos navegables germanos, a lo que terminantemente se opusieron los franceses, pues los alemanes podían hacer lo mismo en los suyos. Finalmente, minar las aguas noruegas. Este último plan hubiera sido perfectamente factible, e indirectamente habría, por lo menos, retrasado la ofensiva germana del Oeste, pero no fue aceptado hasta siete meses después, cuando ya era demasiado tarde.

No obstante, de aquel proyecto de Churchill se enteraron inmediatamente los sabuesos del tan discutido almirante Canaris, jefe del Servicio de Información militar alemán, mal llamado *Abwehr*, es decir, «contraespionaje», pues era mucho más que eso. Pero el Tratado de Versalles no permitió a Alemania disponer de servicio alguno de información y se quedó con el nombre. Canaris advirtió del peligro al almirante Raeder, quien ya no se lo quitaría de la cabeza hasta que se produjese la invasión alemana de Noruega. Por otra parte el vicealmirante Wegener[1] había

1. Su obra *Die Seestrategie des Weltkrieges* se publicó en Berlín en 1929.

hecho un estudio estratégico después de la primera guerra mundial que hacía resaltar la importancia que hubiera tenido para Alemania disponer de bases navales en las costas noruegas. Sin embargo, en 1939, el Estado Mayor de la *Kriegsmarine* llegó a la conclusión de que la Armada germana no contaba con los efectivos necesarios para invadir Noruega y que, por tanto, lo mejor para Alemania sería que dicho país continuara manteniéndose estrictamente neutral.

Es decir, los alemanes, que no habrían dudado en invadir Noruega, carecían de medios para ello, y los ingleses y franceses, a quienes les sobraban, no se decidían todavía a hacerlo. Sin embargo, ambos contendientes terminarían por intentar dicha operación casi exactamente al mismo tiempo. Y es que no basta con que un país quiera ser neutral. Ha de poseer unas Fuerzas Armadas de suficiente entidad y potencia para hacer respetar esa neutralidad. Pretender otra cosa es exclusivamente maquinación de traidores o sueños ilusos. No sabemos qué es peor.

* * *

El día 9 de octubre de 1939, el carguero norteamericano *City of Flint* fue detenido en el Atlántico Norte por el acorazado de bolsillo alemán *Deutschland*, y como transportaba, entre otras cosas, harina y aceite lubricante con destino a Liverpool y tales mercancías figuraban en las listas alemanas de contrabando de guerra, el referido barco fue declarado buena presa y despachado para Alemania.

El capitán del *Flint*, que había tenido que pasarse cinco días a bordo de una balsa en medio del océano en 1918, cuando su barco, el *President Lincoln*, fue torpedeado por un submarino alemán, y que era hombre curtido por todas las tormentas de la mar y de la vida, inventó un historia sobre escasez de agua potable, y el capitán de corbeta de la reserva naval alemana Pussbach se la tragó sin tratar siquiera de comprobar su veracidad, y como llevaba mucha gente a bordo, pues el *Deutschland* había recogido a la tripulación del vapor británico *Stonegate*, hundido por él anteriormente, que luego fue entregada al *Flint* para ser llevada a Alemania, decidió entrar en el puerto noruego de Tromsö para hacer aguada.

Allí hizo efectivamente el relleno de agua, pero como los norteamericanos habían destrozado a mandarriazos la radio de a bordo, el alemán no pudo comunicar con Berlín para recibir instrucciones. En cambio, el capitán del *Flint* sí logró mandar un aviso al embajador de Estados Unidos. Con los tanques llenos el *City of Flint* se hizo de nuevo a la mar rumbo al

Sur, pero una fuerte tormenta y los consejos del viejo capitán lo llevaron a... ¡Murmansk! En este puerto quedó detenido por los soviets, pero tras laboriosas gestiones de Washington y de Berlín fué puesto en libertad y, después de algunas peripecias más, el carguero que nos ocupa terminó por fondear en el puerto noruego de Haugesund. Durante la noche, un trozo armado perteneciente al minador noruego *Olav Tryggvason* abordó silenciosamente al *Flint*, detuvo a los durmientes germanos, que después fueron llevados a tierra e internados, y dio definitiva libertad a aquel carguero norteamericano que ya había salvado a los náufragos del *Athenia*.

A raíz de este suceso, las autoridades alemanas empezaron a desconfiar de la neutralidad noruega. El siguiente incidente sería todavía más grave, pero antes de llegar a él iba a tener lugar un importante acontecimiento: la guerra ruso-finlandesa.

La Unión Soviética, que con esa absoluta falta de ética y de moral propia de los comunistas, ya se había repartido Polonia con Alemania, quiso, aprovechando las hostilidades europeas, seguir pescando en río revuelto. Stalin mandó llamar a Moscú al ministro estoniano de Asuntos Exteriores y, valiéndose de amenazas, obligó a Estonia a firmar un tratado que autorizaba a las tropas soviéticas a ocupar ciertos puntos estratégicos del país. Lo mismo hizo después con Letonia y con Lituania. Finlandia fue la única que se resistió a presiones similares, en vista de lo cual el Ejército Rojo atacó la frontera finlandesa por ocho puntos el 30 de noviembre, al mismo tiempo que la aviación rusa bombardeaba las ciudades del país de los diez mil lagos. El resultado fue la sorprendente pero completa derrota del coloso comunista, que tras un mes de sangrientos fracasos se vio obligado a retirar las maltrechas huestes a las posiciones de partida. El mundo asistió con estupor y entusiasmo a la increíble pugna, pero todos comprendieron que los rusos no cejarían y que si los finlandeses no recibían pronta y eficaz ayuda terminarían por ser aplastados.

Ahora se les presentaba a los aliados su dorada oportunidad: desembarcar en Narvik para enviar tropas en socorro de Finlandia utilizando el ferrocarril que directamente enlaza dicho puerto con Helsinki y, al mismo tiempo, ocupar las minas de hierro suecas. Mas el tiempo transcurrió inútilmente en estudios, proyectos, discusiones y propuestas. Los franceses, hartos, decidieron finalmente enviar 50.000 voluntarios y cien aviones de bombardeo a Finlandia, pero este país tuvo que firmar la paz el 12 de marzo de 1940, sin haber recibido otra cosa que siete cañones de 305 mm procedentes del antiguo acorazado ruso *Alexeiev*, refugiado en Bizerta; 60 aviones de reconocimiento, 430 cañones, 5.000 fusiles ametralladores, todos ellos franceses, y las municiones correspondientes. Mas la cuestión noruega no terminaría ahí.

En febrero de 1940, el *Altmark*, que había sido buque aprovisionador del *Graf Spee* y llevaba a bordo a 13 capitanes y 286 oficiales y marineros de los barcos mercantes hundidos por aquel acorazado alemán, cruzaba indetectado entre Islandia y las Faeroe y navegaba después hacia Alemania a través del corredor de aguas jurisdiccionales noruegas. El día 15, a la altura de Bergen, fue detectado por aviones británicos, y las autoridades del Almirantazgo ordenaron a la cuarta flotilla de destructores que se hallaba en la mar patrullando por el Skagerrak que lo detuviera. Como no se conocía exactamente la silueta del *Altmark* y los informes aéreos eran contradictorios, hubo cierta confusión inicial entre los buques británicos, pero por fin fue descubierto e identificado por el *Cossack*, en el que izaba su insignia el jefe de la flotilla, capitán de navío Vian.

El buque germano iba escoltado por dos torpederos noruegos, y, al comprender que el *Cossack* trataba de abordarlo, metió a babor y se refugió en el fiordo de Jössing. Los dos pequeños torpederos noruegos, el *Kjell* y el *Skarv*, de 92 toneladas, se atravesaron en la estrecha entrada del fiordo, aguantándose sobre las máquinas, para bloquearla al inglés. Vian invitó a uno de los comandantes de los torpederos noruegos a pasar a su buque, y le manifestó que el barco alemán llevaba a bordo trescientos prisioneros ingleses. El noruego le respondió que dicho barco ya había sido examinado tres veces desde que entrara en las aguas noruegas y que no se habían encontrado prisioneros. Ello era cierto, pero el *Altmark* no había sido en realidad registrado.

En vista de lo cual el jefe de la cuarta flotilla pidió instrucciones al Almirantazgo. Éste le ordenó advertir a los noruegos que se quitaran de en medio, y emplear la fuerza estrictamente necesaria si fuera preciso. El *Cossack* era un destructor grande y moderno y apuntó sus ocho cañones de 120 mm y sus ametralladoras antiaéreas cuádruples de 40 mm sobre los diminutos torpederos noruegos, al mismo tiempo que les advertía que se habían terminado las conversaciones y que, de cualquier modo, el *Cossack* iba a entrar en el fiordo. Ante tales argumentos, no sabemos si por iniciativa propia o siguiendo órdenes de su Gobierno, los noruegos se retiraron.

Era ya completamente de noche, pero pronto se descubrió al *Altmark* pegado a la nevada orilla proa a tierra. Al ver venir al destructor inglés, los alemanes encendieron un potente proyector para deslumbrar a los que iban en el puente del *Cossack*, al mismo tiempo que daban atrás a toda fuerza con las máquinas para tratar de abordarlo y producirle daños. Pero no lo lograron y, desde el castillo de proa del destructor, el teniente de navío Turner saltó al buque alemán, realizando una proeza atlética que hizo luego tan legendaria en la Armada británica como en España la de nuestro Alvarado durante la «Noche Triste». Una vez hecha firme una amarra del *Cossack*, el trozo inglés de abordaje pudo pasar a bordo del barco germano.

El comandante del *Altmark,* capitán de navío Dau, de la Reserva Naval, decidió entonces poner las máquinas en avante toda con el fin de embarrancar el barco y evitar que no pudiera ser apresado, pero no ofreció resistencia. Comenzó seguidamente la búsqueda de los prisioneros ingleses, y un hombre perteneciente a la guardia hizo fuego, hiriendo a un marinero inglés, lo que dio origen a una despiadada cacería de alemanes por todo el barco. Muchos saltaron a tierra, pues el *Altmark* estaba ya varado y la orilla quedaba a la altura del castillo de proa, pero allí destacaban claramente sobre el inmaculado fondo de nieve, resultando seis de ellos muertos a manos de los enfurecidos ingleses y otros tantos gravemente heridos. Después se abrieron las bodegas y se rescató a los prisioneros, que fueron inmediatamente llevados por el *Cossack* a Leith.

Este hecho, muy discutible desde el punto de vista del Derecho Internacional ya que ambos contendientes habían violado la neutralidad noruega, produjo gran entusiasmo en Gran Bretaña, pero aumentó la desconfianza de los alemanes respecto a la imparcialidad de Noruega, cuyo Gobierno protestó inútilmente, así como sus temores de que los aliados desembarcaran allí, pues se daban perfecta cuenta de que luego no podrían echarlos.

Después de este incidente, y pese a las fuertes presiones de sus consejeros, Hitler no dio su aprobación al «Plan Wesserübung» («Operación Wesser») hasta el 1.° de marzo, sin señalar fecha, que dependería de la evolución de los acontecimientos, pues el Führer se resistía a lo que sólo consideraba una inútil dispersión de fuerzas respecto al objetivo principal que cuidadosamente venía preparando: la invasión de Francia a través de Bélgica y Holanda.

* * *

En Francia, la derrota finlandesa hizo caer al gobierno Daladier, que fue reemplazado por el de Reynaud, quien se suponía había de imprimir una dirección más vigorosa a la guerra. El Consejo Supremo Interaliado se reunió en Londres el 28 de marzo y decidió, ¡al fin!, minar las aguas jurisdiccionales noruegas el 5 de abril, tras pasar una notificación a los gobiernos de Noruega y Suecia, manifestándoles que «su neutralidad favorecía a los alemanes; que ello resultaba intolerable, puesto que Alemania, en principio, era enemiga de la independencia y derechos de las pequeñas potencias, de los que ellos, en cambio, eran campeones, y que, en consecuencia, los aliados se reservaban el derecho a emprender la acción adecuada». Pero no se advirtió al Gobierno noruego sobre el próximo minado de sus aguas jurisdiccionales.

¡Tras siete meses de lucha tenaz, Winston Churchill, el hombre de «diabólica voluntad», como le calificara don Salvador de Madariaga, se saldría por fin con la suya! Como medida preventiva ante la posible reacción alemana, se acordó desembarcar, tan sólo unas horas después de haberse fondeado los campos de minas, dieciocho mil soldados franceses e ingleses en Narvik, quienes luego avanzarían hasta la frontera sueca. Y con el fin de impedir que los alemanes pudieran establecerse en Stavanger, Bergen y Trondheim, se decidió que otras fuerzas aliadas serían también puestas en dichos importantes puertos.

No está demostrado que tales acuerdos secretos aliados trascendieran a los alemanes, pero es evidente que éstos, por lo menos, certeramente los intuyeron, decidiendo sin más demora, y pese a tener que comprometer en ello a fuerzas terrestres y aéreas destinadas a la inminente ofensiva sobre el frente del Oeste, la ocupación total de Noruega. Dada la debilidad de la flota alemana frente a la anglo-francesa, esta operación era «contraria a todos los principios teóricos del arte militar», como señala el almirante Raeder en el informe que presentó a Hitler el 9 de marzo de 1940. Pero no quedaba otra alternativa, pues si los aliados desembarcaban antes que ellos, la situación estratégica se convertiría en verdaderamente grave para Alemania; se confió en el factor sorpresa, aceptando desde luego la pérdida de importantes efectivos navales, y también en la pequeña «quinta columna» de un traidor noruego llamado Quisling.

Fundamentalmente, el plan consistía en ocupar por la fuerza todos los puertos noruegos más importantes, con un mínimo de tropas capaces de resistir los ataques que pudieran lanzarse luego contra ellos desde la mar o desde tierra, con el fin de que sirvieran de cabezas de costa (aquí no cabe emplear el término cabeza de playa o de puente), para ir ocupando las vías de comunicación, aeródromos y el resto del país con las fuerzas que llegarían después desde el Sur, por la mar o por aire, a través de Oslo.

Debido a las grandes distancias que habría que navegar hasta los puertos noruegos del Norte (hay 1.200 millas marinas desde Wilhelmshaven hasta Narvik), la proximidad de la flota británica, los reducidísimos efectivos de tropas que eran capaces de transportar los buques de guerra alemanes, por no hablar de la resistencia que podrían ofrecer los noruegos y la difícil topografía del país, el problema que se les presentaba a los germanos era sencillamente formidable, y el proyecto, de una audacia increíble.

He aquí el esquema del desembarco alemán:

1. *Grupo Narvik-Trondheim (comodoro Bonte).*
Diez destructores llevarían a Narvik 2.000 cazadores de montaña austríacos mandados por el general Dietl. El crucero pesado *Hipper* y cuatro destructores trasladarían a Trondheim 700 soldados. La fuerza de cobertura estaría compuesta por los acorazados *Scharnhorst* y *Gneisenau*, a las órdenes del almirante Gunther Lütjens.

2. *Grupo Bergen (contraalmirante Schmundt).*
Cruceros ligeros *Köln* y *Königsberg,* buque de escuela de artillería *Bremse* (1.460 toneladas, cuatro piezas de 127 mm), dos torpederos, siete lanchas rápidas y buque de aprovisionamiento *Karl Peters.* Soldados: 1.900.

3. *Grupo Christiansund-Arendal (contraalmirante Schenk).*
Crucero ligero *Karlsruhe*, tres torpederos, siete lanchas rápidas, avituallador *Tsingtau.* Soldados: 1.100.
(Entre este grupo y el anterior se efectuaría un desembarco aéreo de dos batallones en Sola, aeródromo situado a ocho millas al sursudoeste de Stavanger.)

4. *Grupo Oslo (contraalmirante Kummetz).*
Crucero pesado *Blucher*, crucero acorazado *Lützow* (ex *Deutschland)*, crucero ligero *Emden*, tres torpederos, ocho dragaminas, dos balleneros y 2.000 soldados. A estos buques seguirían, en el primer escalón de transporte, dos petroleros y cinco cargueros. Tres días después, en el segundo escalón, once cargueros con 8.500 soldados, 1.000 caballos, 1.500 vehículos y 2.200 toneladas de material. Seis días más tarde, en el tercer escalón, doce cargueros con 6.000 soldados, 900 caballos, 1.300 vehículos y 6.000 toneladas de material.

5. *Grupo Egersund.*
Cuatro dragaminas, con un escuadrón de motocicletas.

Como puede verse, en el primer escalón del desembarco únicamente serían puestos en tierra un total de 8.850 hombres, quienes sólo tres días más tarde serían reforzados a través de Oslo. Como los buques de guerra no podían llevar el equipo pesado de estos soldados, se despachó por delante un grupo de quince transportes, siete de los cuales fingirían constituir un convoy destinado a Murmansk, mientras que los restantes navegarían aisladamente. Todos ellos deberían encontrarse en las proximidades de los puertos de destino el día del desembarco, para entrar inmediatamente después de los buques de guerra. También se observa que sólo el «Grupo Narvik-Trondheim» era realmente rápido.

Por su parte, la *Luftwaffe* puso de relieve que para sus operaciones en Noruega era absolutamente necesario contar con los aeródromos daneses, por lo que se decidió ocupar también, simultáneamente, este país parcialmente insular. Ello supuso una servidumbre más para la Armada, que tendría que desembarcar a 3.000 soldados en los puertos de Copenhague, Esbjerg y Tyboror y, al mismo tiempo, fondear, como estaba previsto, un campo de minas a poniente del Skagerrak.

Todos los submarinos disponibles, unos treinta y cinco, quedarían repartidos en nueve grupos, que se situarían, de antemano, frente a la costa noruega, en estrecho de Orcadas-Shetland, y en la salida oriental del canal de la Mancha.

Respecto a las fuerzas aéreas, las operaciones serían apoyadas por el Décimo Cuerpo Aéreo de la *Luftwaffe,* con un total de 1.212 aviones, la mayoría de los cuales serían de transporte y sólo menos de la mitad aparatos de combate: un centenar de cazas y 400 bombarderos.

La hora y la fecha del desembarco simultáneo de todos los grupos en los puertos noruegos se fijó para las cinco de la madrugada del 9 de abril.

* * *

Ahora vamos a revivir cronológicamente la reñida carrera contra el tiempo emprendida por las fuerzas aliadas y alemanas que trataron de ocupar Noruega con tan sólo veinticuatro horas de diferencia.

El día 2 salieron de Stetin supuestamente para Murmansk los pretendidos barcos carboneros alemanes, que en realidad eran transportes de combustible y material de guerra destinados a Narvik, la mayoría de los cuales serían luego víctimas de los submarinos y destructores aliados.

El día 4 zarparon del reino Unido dieciséis submarinos británicos, dos franceses y uno polaco, con el fin de tomar posiciones en la zona Skagerrak-Kategat y parte meridional del mar del Norte. Ese mismo día, y el 5, salieron de Alemania los nueve grupos de submarinos de la *Kriegsmarine*.

El día 5 al anochecer aparejaron de Scapa Flow el crucero de batalla *Renown* y cuatro destructores, a las órdenes del vicealmirante Whitworth. A este grupo se uniría después en la mar el crucero *Birmingham*, que se hallaba patrullando junto a las islas Lofoden a la caza de los pesqueros alemanes, y la fuerza encargada del minado de los dos campos septentrionales, compuesta por cuatro destructores minadores y cuatro destructores de apoyo. El objetivo del grupo del *Renown* era impedir que los noruegos, que habían destacado en Narvik dos guardacostas-acorazados de 4.000 toneladas cada uno, trataran de impedir el minado.

Ese mismo día 5 aparejaron de Scapa Flow el minador *Teviot Bank* y cuatro destructores, cuya finalidad era fondear un tercer campo de minas a la altura de Stadland.

El día 6 embarcaron en los destructores surtos en Wilhelmshaven las tropas alemanas destinadas a Narvik y a Trondheim.[1] Los dos acorazados ya estaban encendidos y fondeados a la gira en la bahía de Jade, hecho del que se percataron los aviones británicos que habían volado hasta Alemania para arrojar... octavillas.

En la medianoche del 6 al 7 se hacían a la mar los catorce destructores alemanes, el crucero pesado *Hipper* y los dos acorazados tipo «Scharnhorst», y poco después arrumbaban al Norte a elevada velocidad.

En la mañana del día 7 embarcaron en Escocia, a bordo de un gran transporte, las primeras tropas anglo-francesas destinadas a Narvik, que serían escoltadas por dos cruceros y cuatro destructores. A bordo de uno de los primeros, el *Aurora*, había izado su insignia el día 4 el almirante Evans. También fueron embarcados este día, en otros transportes, nueve toneladas del equipo militar y un batallón destinado a Trondheim. Otros cuatro batallones, que serían desembarcados en Stavanger, subieron a bordo de otros tantos cruceros surtos en Rosyth. Dos fuerzas de cruceros darían protección a los citados buques de transporte, y la *Home Fleet* quedaría en Scapa Flow, lista para intervenir si fuera necesario.

También el día 7, a las 0845 horas de la mañana, aviones de la RAF descubrían en el mar, 150 millas al sur de Naze y arrumbados al Norte, un crucero y seis destructores alemanes, escoltados por ocho aparatos de caza. Esta importante información se pasó al comandante en jefe de la

1. Cinco destructores del tipo «Z»: 1.625 toneladas, cinco cañones de 127 mm, ocho tubos lanzatorpedos, treinta y seis nudos. Otros cinco del mismo tipo, pero ligeramente mayores: 1.811 toneladas; igual armamento.

Home Fleet, almirante Forbes, a las 1120, dándole también cuenta al Almirantazgo de lo siguiente:

«Recientes informes sugieren que se está preparando una expedición alemana. Desde Copenhague se informa que Hitler ha ordenado embarcar por la noche una división en diez destructores y desembarcarla en Narvik, ocupando simultáneamente la península de Jutlandia. Suecia será dejada a un lado. Todos estos informes son de dudoso valor y pueden muy bien constituir sólo un movimiento más de la guerra de nervios.»

Como ya sabe el lector, este informe era casi exacto, y se adivina en él, tal vez, la maquiavélica mano del almirante Canaris, el hombre que después sería ahorcado dos veces por las SS. Mas su interpretación por el Servicio de Información británico fue totalmente errónea y permitió a los alemanes ocupar casi sin menor tropiezo o interferencia por parte de la poderosa flota británica el maravilloso país que cantara Knut Hamsun.

Forbes ordenó alistar sus buques para una hora y aguardó la información que le habría de proporcionar un ataque aéreo montado por la RAF contra los buques alemanes. En efecto, a las 1330 horas, doce bombarderos británicos atacaron sin el menor éxito a la fuerza del almirante Lütjens, pero informaron que se componía de un crucero de batalla o acorazado de bolsillo, dos cruceros y diez destructores. Mas esta preciosa, aunque no del todo exacta, información, debido al inexplicable radiosilencio impuesto a los aviadores, no la recibió el comandante Forbes hasta cuatro horas más tarde. Ello permitió a los buques alemanes cortar tranquilamente el temido paralelo de Scapa Flow muy poco antes de que la *Home Fleet* saliera de esta base naval a las 2015 horas de la noche del 7.

Media hora antes se abrían las obstrucciones de Hoxa Sound y salían de Scapa Flow diez destructores ingleses, seguidos por dos cruceros, los acorazados *Rodney* (34.000 toneladas) y *Valiant* (30.000 toneladas) y el crucero de batalla *Repulse* (32.000 toneladas). Esta fuerza naval adoptó la formación nocturna de marcha y arrumbó al Nornordeste a 20 nudos, con el fin de interceptar a los buques alemanes.

Una hora más tarde aparejaban en Rosyth dos cruceros y once destructores más (vicealmirante Collins), que habrían de reunirse a toda máquina con la *Home Fleet.* Otros dos cruceros (vicealmirante Layton) que daban escolta a un convoy despachado para Noruega recibieron órdenes de incorporarse también, debiendo aquél regresar a Escocia.

Pero Forbes parte de un supuesto falso y, naturalmente, se equivoca. Da por buenas las situaciones de los buques alemanes apreciadas por la RAF a las 0845 y 1330, y deduce que los alemanes se mueven a 17 nudos. Como la *Home Fleet* navega a 20, está seguro de interceptarlos, y así se lo comunica, una vez en la mar, a las dotaciones de los buques de su escuadra.

Cualquier marino sabe muy bien que las situaciones de barcos dadas por aviones entrañan invariablemente grandes errores. Por otra parte, suponer que los alemanes navegaban por aquellas aguas tan peligrosas para ellos a 17 nudos, como si se tratara de alguna excursión a la playa, era sencillamente pecar de ingenuidad. En realidad Lütjens se movía a casi 30 nudos, por lo que el contacto esperado por los ingleses no se produjo jamás.

* * *

La noche del 7 al 8 de abril en el mar de Noruega fue bastante desagradable. Soplaba un violento sudoeste que había levantado ya una respetable marejada, el barómetro bajaba desde hacía varias horas, el frío era intenso y el cielo se presentaba cubierto y amenazador. Los buques de las formaciones navales alemana y británica, que se deslizaban a elevada velocidad entre las sombras, daban frecuentemente grandes bandazos; el gobierno, con la mar de popa o de aleta, resultaba difícil, y las olas se desplomaban de vez en cuando y con gran fuerza sobre las toldillas, haciendo peligroso transitar por cubierta.

Allí dejaremos por el momento a estos buques, trepidantes, envueltos en espumas y cada vez más distanciados entre sí debido a la gran diferencia de velocidades, y, con las cuatro campanadas picadas en los alcázares a la medianoche, entramos en el 8 de abril, día plagado de acontecimientos.

Mucho más al Norte, por encima del círculo polar ártico, a las 0430 de la madrugada del día 8, los destructores ingleses dejaban caer sus minas en los accesos a Narvik, es decir, a la entrada del fiordo de Vest, al Norte de Bodö, y se quedaban luego en las proximidades del campo minado para impedir que los noruegos pudieran dragarlo. A las 1045, por temor a un encuentro con los buques de guerra alemanes, se les ordenó abandonar el campo y replegarse sobre el *Renown*, que se mantenía mar adentro, lejos de la costa. Antes de haber podido cumplimentar su misión, se ordenó al minador *Teviot Bank* y a su escolta regresar a Scapa Flow.

Dos destructores británicos se destacaron a la altura de Bud, como había sido previsto, para advertir al tráfico marítimo de la presencia de otro campo minado en aguas noruegas, que en realidad no existía, pero cuya amenaza se esperaba obligase a suspender, o al menos restringir, la navegación de los cargueros alemanes para el corredor noruego.

El primer lord del Mar (no del Almirantazgo), sin consultar al comandante en jefe de la *Home Fleet* ni al primer ministro, ordenó aquella mañana desembarcar todas las tropas que ya estaban a punto de hacerse a la mar a bordo de los transportes y cruceros, con lo que deshacía, con gran desenvoltura, el plan aliado tan laboriosamente preparado. Los cuatro cruceros británicos, en unión de un crucero y de dos destructores franceses, se hicieron seguidamente a la mar, a las órdenes del vicealmirante J.H.D. Cunningham, para incorporarse a la *Home Fleet.* De manera que, en la mañana del 8 de abril, se encontraban en la mar de Noruega los siguientes buques de guerra de superficie británicos y franceses: dos acorazados, dos cruceros de batalla, doce cruceros pesados y ligeros y treinta y siete destructores.[1]

* * *

El primer choque entre buques alemanes y británicos tendría su origen en un accidente de poca importancia. El destructor *Glowworm*, que formaba parte de la escolta del *Renown*, perdió un hombre debido al mal estado de la mar y abandonó su puesto en la cortina para tratar de recogerlo. La faena, debido a la oscuridad y la marejada, le llevó bastante tiempo, y cuando terminó, la noche se había tragado al crucero de batalla y a su escolta. Así que el *Glowworm* prosiguió hacia el Norte en solitario dando tumbos entre las olas. Al transcurrir las singladuras, el viento fue arreciando y la visibilidad, debido a las rastreras y oscuras nubes que barrían la mar, y a los chubascos de agua, nieve y granizo que frecuentemente desfogaban por doquier, se fue reduciendo. El comandante del buque, capitán de corbeta G. Broadmead Roope, intentó forzar la velocidad para alcanzar al «Grupo *Renown*», pero, tras unos formidables bandazos que le hicieron temer por la seguridad del destructor y sacar varias veces las hélices fuera del agua, decidió volver a moderar y armarse de paciencia. La noche del 7 al 8 de abril fue mala para el *Glowworm*, que navegaba sin prisas a unos 20 nudos. Pero de verdadero aquelarre para los catorce destructores alemanes que cortaban las grandes olas a toda máquina sin consideraciones al estado de la mar, pues había que entrar en

1. Entre los últimos no contamos al *Kelvin* ni al *Kashmir*, el primero de los cuales había abordado al segundo, causándose mutuamente importantes averías y resultando muerto el médico del *Kashmir*, que se hallaba en su camarote. Ambos destructores tuvieron que retirarse a Lerwick el día 8, para reparar.

Narvik a la hora señalada. En otro caso, los noruegos estarían aguardándoles con la mano en el gatillo de los cañones de las baterías costeras, y, en zafarrancho de combate, los dos guardacostas acorazados listos para darles la bienvenida con sus proyectiles de 210 mm.

Pero aquel despiadado galope no podía quedar impune. Los soldados austríacos y alemanes iban peor que muertos debido al mareo, hacinados como fardos en los sollados. Allí, el estruendo producido por los golpes de mar era horrible, y el movimiento, de una violencia y brusquedad espantosas. Varios marineros que habían caído por la borda tuvieron que ser abandonados a su triste suerte sobre las heladas y agitadas aguas. Los rompeolas de los castillos de proa se hallaban doblados y medio arrancados. Varios botes salvavidas fueron arrastrados por las olas o pendían de sus pescantes, convertidos en astillas. Muchos candeleros estaban doblados o ya no existían. Varias cargas de profundidad se fueron al mar, aunque afortunadamente con los seguros puestos. Igual suerte siguieron diversas motocicletas y morteros de los cazadores de montaña. Los inclinómetros acusaban bandazos superiores a los 50°, y los fogoneros se veían constantemente duchados por los rociones de agua salada que penetraban a través de las tomas de aire de los turboventiladores y les caían de las alturas. Pese al incesante funcionar de las bombas de achique, el agua subía frecuentemente de nivel en las sentinas y apagaba los mecheros de las calderas, que tenían que ser inmediatamente vueltos a encender por los agotados hombres, so pena de quedarse sin presión para mover las turbinas, lo que con mal tiempo puede constituir un grave contratiempo para cualquier buque que navega. En el puente, los hombres tenían los ojos enrojecidos por el salitre y los fustazos del viento, y se hallaban empapados, fatigados hasta el alma por aquellos despiadados bandazos, pantocazos y cuchareos que no terminaban nunca, y temerosos de que saltaran los remaches del casco, que el buque se atravesara a la mar en una de aquellas peligrosas y veloces champas, y diese la voltereta, o que tras algún oscuro chubasco surgieran las amenazantes moles de los acorazados enemigos escupiendo fuego. Lenta, penosamente, transcurrieron las horas de aquella noche.

Debido a las averías surgidas, dos de los destructores alemanes se fueron quedando atrás, y poco después de las siete de la mañana, hallándose al oestenoroeste de Trondheim, se toparon inesperadamente con el *Glowworm*, que se encontraba a 140 millas retrasado respecto al «Grupo *Renown*». Tras inquirir la identidad de los desconocidos, el destructor inglés disparó dos salvas contra uno de los buques alemanes, que desapareció en seguida y a gran velocidad entre la bruma. El otro destructor germano se hallaba más al Sur, y entabló combate con el inglés al mismo tiempo que solicitaba auxilio del almirante Lütjens. También pidió ayuda el *Glowworm*, y el almirante Forbes destacó inmediatamente al *Repulse*, al crucero *Penélope* y a cuatro grandes destructores, a 28 nudos, en ayuda del *Glowworm*. Era tan sólo un gesto inútil, pues estos buques se hallaban a 300 millas de distancia y resultaba imposible que llegaran a tiempo. El *Renown* salió también disparado hacia el Sur, pero luego recibió un mensaje del Almirantazgo en que se comunicaba a Withworth que el desembarco alemán en Narvik podía ser cierto al fin y al cabo y que los ocho destructores del grupo de minado se le reunirían en un punto situado a 70 millas al oeste de Bodö, por lo que, al cesar las llamadas del *Glowworm*, el crucero de batalla arrumbó hacia allí. Por su parte, el «Grupo *Repulse*» continuó hacia el Norte con independencia.

El grueso de las fuerzas alemanas ya había rebasado la latitud de Trondheim, pero los buques destinados a estos puertos habían seguido navegando con el resto de la flota, a fin de permanecer el mayor tiempo posible bajo la protección de los acorazados, ya que, de todas formas, no podrían entrar en el puerto hasta la hora fijada. Al recibir el radio de auxilio, Lütjens destacó al *Admiral Hipper*.

Este gran crucero invirtió el rumbo y, pese a tener la mar casi de proa, forzó máquinas. El efecto fue inmediato. Las grandes olas levantaban el castillo de proa a enorme altura, para sumergirlo inmediatamente bajo cientos de toneladas de agua que luego se estrellaban contra las dos torres proeles y el puente con un trallazo brutal, deshaciéndose en borbotante espuma que inundaba hasta los alerones y se remontaba por encima del mástil de proa. Todo el buque retemblaba continuamente entre cada dos terribles machetazos, y en el puente los hombres tenían que agarrarse con todas sus fuerzas para no ser violentamente despedidos.

Pero la carrera no fue larga. Antes de una hora, los alemanes descubrirían al *Glowworm*, que sin mucha efectividad debido al pésimo estado de la mar seguía esporádicamente combatiendo contra su enemigo. El *Hipper* moderó su andar y abrió fuego con sus piezas de 203 mm, a distancia relativamente corta debido a la mala visibilidad. El destructor inglés lanzó contra él una salva de torpedos, pero casi al mismo tiempo recibió un impacto directo entre el puente y la chimenea de proa. La distancia era reducida, y el *Glowworm* cambió bruscamente de rumbo y se ocultó tras la negra y espesa cortina de humo que venía tendiendo.

Para un gran crucero de doscientos metros de eslora, atravesar una cortina de humo tras la que se oculta un destructor enemigo al que posiblemente quedan torpedos podía ser sumamente peligroso. Pero el tiempo apremiaba, y el comandante del *Admiral Hipper* decidió arriesgarse. La maloliente y traicionera humareda cegó unos instantes a los marinos alemanes. Después el destructor inglés surgió tan próximo, que el capitán de navío Heye decidió pasarlo por ojo.

Por su parte, el capitán de corbeta Gerard Broadmead Roope quiso aprovechar también aquella oportunidad. Careciendo ya de torpedos y comprendiendo que, con la violencia de los movimientos, a él le sería muy difícil hacer blanco con su artillería sobre el enemigo y escapar, si es que alguna vez pensó en escapar, puso las máquinas de su buque a las máximas revoluciones y lo lanzó valerosamente al abordaje envuelto en un sudario de humo y espumas.

Instantes dramáticos, en que dos buques de guerra enemigos cortan las olas a gran velocidad disparándose mutuamente, hacia una embestida mortal de necesidad para uno de ellos. Las afiladas rodas devoran aquella distancia en algunos segundos, y la gigantesca mole del crucero pesado de 14.260 toneladas pronto se levanta amenazadoramente sobre el pequeño e intrépido destructor de 1.345. Pero el buque británico es más maniobrero y consigue evitar el tajamar de su adversario y estrellarse, casi de vuelta encontrada, contra la elevada y formidable amura de estribor del *Hipper*, un poco a popa del ancla de esa banda. Hay un siniestro y terrorífico crujido de planchas destrozadas, que se prolonga luego cual alarido de muerte. El crucero pesado viene también lanzado y deshace al buque de guerra inglés que es violentamente acostado sobre la banda de babor hasta quedar casi horizontal y resulta pronto desfondado y partido. Pero al resbalar contra el crucero alemán, la extremidad inferior de su roda se clava en las planchas del forro de su enemigo, por debajo del cinturón blindado, y actuando como un verdadero abrelatas produce al *Hipper* una brecha de cuarenta metros de longitud que llega hasta la altura del montaje de tubos lanzatorpedos de estribor.

El *Glowworm* se fue rápidamente a pique después de la formidable colisión llevándose consigo al abismo a la mayoría de su gente y a su comandante, ya que los alemanes sólo pudieron rescatar a cuarenta supervivientes de los ciento cuarenta y cinco hombres que componían la dotación. Por su parte, el crucero pesado alemán embarcó 528 toneladas de agua, le fueron destruidos siete tanques de petróleo y cuatro de trimado, con pérdida de 253 m^3 de petróleo, quedando con una escora de 4° 16’ a estribor, algo hocicado de proa y con varios compartimientos inundados, aparte de la brecha de cuarenta metros en el casco, por debajo de la flotación, de que ya hemos hablado.

Al terminar la guerra, cuando, a través de los supervivientes, se supo en Inglaterra la bizarra acción del comandante del *Glowworm*, a este valeroso marino británico le fue concedida a título póstumo la Cruz Victoria.

* * *

En aguas mucho más meridionales, en la boca del Skagerrak, el submarino polaco *Orzel*, que había corrido una verdadera odisea al evadirse de Polonia durante la invasión alemana, torpedeaba y hundía aquella misma mañana del día 8 al transporte alemán *Río de Janeiro*. Un centenar de soldados alemanes que pudieron ser recogidos por varios pesqueros noruegos y llevados a Oslo declararon que su destino era «proteger» a Bergen.

A las 1400 de la tarde del mismo día, un hidroavión británico que navegaba por la proa de la *Home Fleet* avistó entre las nubes al oestenoroeste de Trondheim y navegando rumbo a poniente, «un crucero de batalla, dos cruceros y dos destructores alemanes». Era el *Hipper* y demás buques del «Grupo Trondheim», que ya habían abandonado el grueso germano y hacían tiempo en espera de la hora fijada.

Dada la información recogida por los ingleses hasta este momento, estaba bien claro que los alemanes se disponían a ocupar, por lo menos, los puertos de Narvik, Trondheim y Bergen, y resulta inexplicable que el «Grupo *Repulse*» no intentara interceptar su entrada en Trondheim, cosa que pudo perfectamente haber hecho, así como que el «Grupo *Renown*» no aguardara dentro del fiordo de Vest a los que se dirigían a Narvik. Pero así fue. La *Home Fleet* arrumbó al Nornoroeste a las 1600, dando por hecho que los buques alemanes se habían escapado y consolándose con la esperanza de atraparlos a su vuelta.

Forbes arrumbó al Sur con el grueso a las 2000 horas y estableció una línea de exploración con cruceros que barrerían hacia el Norte. Más tarde piensa que podrán ser atrapados entre las dos fuerzas alemanas, se arrepiente y ordena a los vicealmirantes Cunningham y Collins que se replieguen sobre la flota. Lo mismo hacían, desde más al Norte, los dos cruceros del vicealmirante Layton.

Sigamos al «Grupo *Renown*». A las 0515 de la tarde del día 8, los destructores procedentes del campo minado de Vest se unen al *Renown*, y el almirante, debido al estado de la mar y la mala visibilidad, titubea, dudando si entrar en el fiordo para esperar allí a los buques alemanes o aguardarlos fuera, decidiéndose finalmente por lo último. Después recibe órdenes del Almirantazgo de «concentrarse e impedir que cualquier fuerza alemana se dirija a Narvik», pero no las cumplimenta.

El vicealmirante Withworth no sabía con exactitud la composición de la fuerza germana con que podía encontrarse, pero contaba con un crucero de batalla y nueve destructores,[1] buques que, de haber aguardado aguas adentro del fiordo de Vest, habrían podido descubrir y aniquilar a los diez destructores alemanes, abarrotados de soldados, que iban a penetrar en el mismo tan sólo algunas horas después. Cierto que la noche había caído, la mar era ya imponente, mala la visibilidad, elevados los riesgos de navegar por el fiordo en tales condiciones y con los faros noruegos de la entrada apagados. Por si fuera poco, existía el peligro de meterse en su propio campo de minas. Nos hacemos cargo de la desagradable situación de Withworth, pero también pensamos que Horacio Nelson habría entrado en el fiordo noruego hasta donde el mejor estado de la mar y su creciente estrechez habrían hecho fácil y factible establecer una efectiva línea de vigilancia con algunos destructores, permaneciendo él con el *Renown* y los restantes todavía más adentro, en espera de rematar a los que se colasen. ¿Qué hubiera sucedido? Con toda probabilidad, que los alemanes jamás habrían podido desembarcar en Narvik. Pero Withworth no era el duque de Bronte. Decidió entrar en el fiordo... «cuando amainase el tiempo». ¡Demasiado tarde! Los destructores del comodoro Bonte no aguardaron tal cosa. Entraron a todo evento y ocuparon Narvik.

* * *

Por la tarde, el viento roló bruscamente al Noroeste, como estaba previsto, soplando con tremenda violencia: fuerza 10 en la escala Beaufort,[2] y bramando con estridente silbido en la jarcia de los buques alemanes que navegaban veloces hacia Narvik. Pronto comenzó a levantarse una violenta mar cruzada del viento, y los pantocazos fueron tales que hubo que moderar a 21 nudos. Al llegar la noche, la visibilidad se redujo tanto debido a las frecuentes tormentas, de nieve y granizo, que hubo que largar los boyarines de niebla. Ahora los timoneles y oficiales de guardia se afanaban, entre las montañas de agua y de espuma que continuamente asalta-

1. El crucero *Birmingham* había regresado de Escocia para petrolear.
2. En la escala Beaufort, supone una velocidad del viento de hasta 55 nudos.

ban los castillos y puentes de sus buques, en seguir la bailadora lucecita que remolcaba sobre las olas el invisible matalote de proa.

A las 2200 horas del 8 de abril, el almirante Lütjens destacó a los diez destructores destinados a Narvik, que muy pronto se perdieron entre las espesas sombras envueltos en un fantástico sudario de espuma, muy escorados a estribor debido al fortísimo viento y a los ya semivacíos tanques de combustible. El almirante nunca volvería a verlos.

La entrada del fiordo de Vest, que conduce al de Ofot, en cuyas tranquilas, profundas y transparentes aguas se mira la pequeña ciudad de Narvik, tiene unas cincuenta millas de anchura, de modo que, con semejante viento, no comenzó a sentirse el redoso de las islas Lofoden hasta algunas horas más tarde. La formación naval alemana, que no tenía situación astronómica desde hacía casi veinticuatro horas, navegaba por estima, y sus hombres trataban de taladrar las tinieblas para evitar estrellarse contra la costa o alguno de los innumerables islotes e islas que salpicaban este gran fiordo. A pesar de la intensa nevada que caía y de no conocer exactamente su posición, tan pronto empezó a disminuir la mar se aumentó el andar a 30 nudos.

A veces surgía un negro acantilado por la misma proa, como amenazante Jotuno, y había que meter con destreza toda la caña a una banda para evitar el desastre. Las marcaciones a los radiofaros noruegos no eran de mucha confianza con aquel endiablado movimiento, y sólo hasta que se descubrió un rayo de luz que trataba de perforar las tinieblas y la nevasca, procedente del solitario faro de Tranö, unas setenta millas fiordo adentro, pudieron respirar el comodoro Bonte y sus hombres. Aparte de los peligrosos peñascos de Vest, fugazmente entrevistos, era la primera señal de tierra que percibían los alemanes desde que, cuarenta y ocho horas atrás se perdieron por la popa los familiares destellos de la farola de Heligoland.

Pero ahora surgía otra grave inquietud. ¿Estarían los buques de guerra ingleses aguardándoles dentro? Pese al cansancio y al sueño, media dotación, empapada y transida de frío, cubría permanentemente todos los puestos en zafarrancho de combate, y las piezas se hallaban cargadas y listas para abrir fuego.

A las 0410, la formación alemana pasó junto a la isla de Baröy, que señala el comienzo del fiordo de Ofot, y poco después se cruzaba con un vapor de cabotaje, al que no quiso detener, y unas lanchas noruegas de vigilancia, que los alemanes no vieron, pero que inmediatamente transmitieron por radio que ocho barcos de guerra entraban en el fiordo de Ofot. Ahora que las dos orillas se distanciaban tan sólo unas tres millas, era

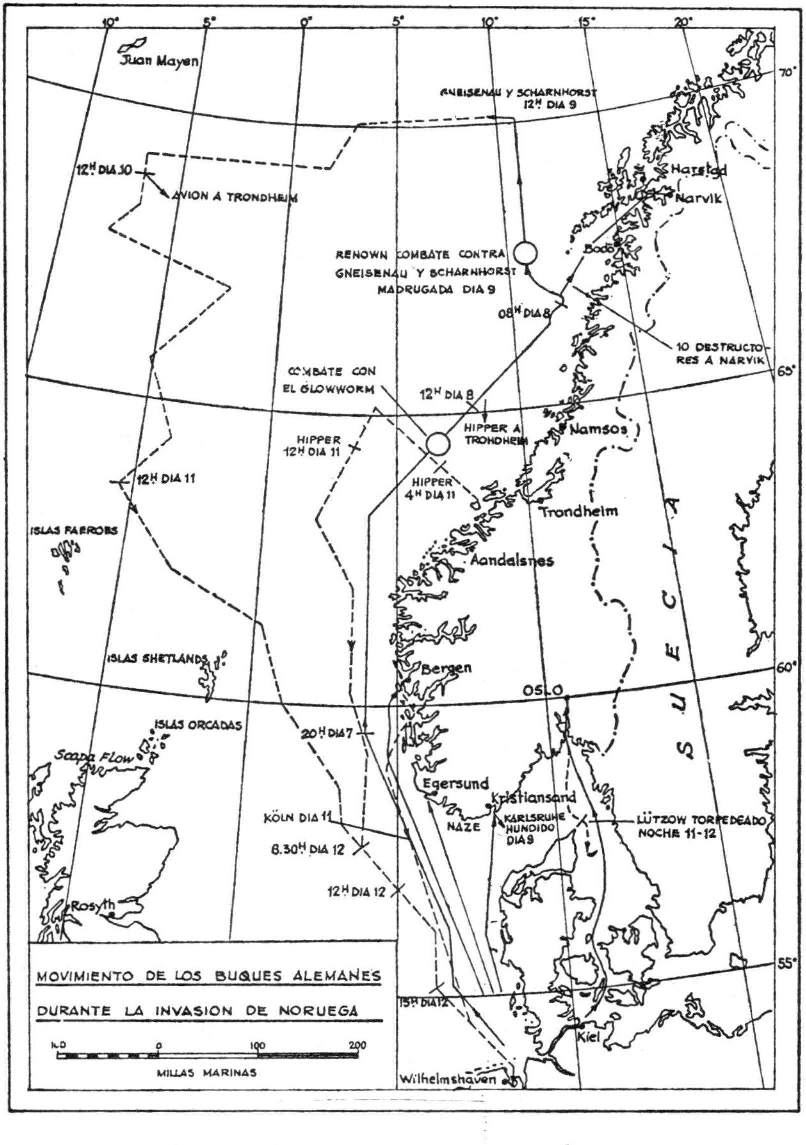

Derrotas seguidas en el mar del Norte y en el de Noruega por los buques de guerra alemanes entre los días 6 y 12 de abril de 1940, durante la invasión de Noruega.

como navegar por un lago, y los molidos soldados empezaron a surgir en cubierta para estirar las piernas, respirar aire puro y echar algo a sus doloridos y revueltos estómagos. Pero eran gente joven, fuerte y animosa, que muy pronto estaría totalmente recuperada. Por su parte, el general Dietl pertenecía a esa privilegiada clase de individuos que, sin haber navegado nunca, jamás se marean.

La amanecida no fue muy buena, pues la visibilidad continuaba mediocre, pero las escarpadas orillas cubiertas de nieve y abetos, los altísimos picachos de más de mil metros que de vez en cuando surgían entre las nubes como queriendo mirarse en las espejantes y profundas aguas, y la quietud y el extraño silencio, llenaron de respetuosa admiración a los que llegaban. En este abrupto, nevado y rocoso país que es Noruega, donde solamente el tres por ciento del suelo puede ser cultivado por el hombre, los glaciares, a lo largo de una tenaz labor de millones de años, han ido arando entre las rocas esos profundos y tremendos surcos que luego, al llegar el deshielo de los períodos interglaciares, como el que ahora atravesamos, fueron invadidos por las aguas del mar y se convirtieron en una de las mayores maravillas que la naturaleza haya troquelado jamás sobre nuestro planeta.

Pero el comodoro Bonte no disponía de mucho tiempo para tales meditaciones. Tan sólo a quince millas de Narvik, destacó a tres de sus destructores para ocupar las supuestas baterías de costa situadas, frente por frente, en las orillas de Ramnes y de Hamnes, que ya quedaban por la popa, y poco más tarde enviaba a otros dos buques hacia el fiordo de Herjangs, donde existía un puesto fortificado que también debía ser ocupado. Y con los restantes destructores, a las 0515 se situaba frente a Narvik, pequeña ciudad cuyas blancas casas se desparraman a resguardo de un elevado y redondo promontorio y que casi todo se lo debe al ferrocarril procedente de las minas de Suecia.

Ha vuelto a nevar y la visibilidad se reduce otra vez. Entre la bruma gris surge un extraño monstruo de acero, con dos chimeneas rectas y largas, que parece mimetizado: el guardacostas noruego *Aidsvold*.[1] Este buque de guerra y su gemelo *Norge* habían sido alertados dos horas antes, como ya sabemos, de la entrada de buques desconocidos, y recibido órdenes de su Gobierno de resistir a los alemanes, pero no a los buques britá-

1. De 3.656 toneladas, su armamento se componía de dos piezas de 210 mm, seis de 152 mm, ocho de 76 mm y dos de 47 mm.

nicos que pudieran presentarse Los comandantes de ambos sabían también que ya se combatía desde hacía varias horas en el fiordo de Oslo.

El comodoro Bonte comunica por señales que envía un bote con un oficial, y el noruego replica: «Deje quieto su bote», y subraya la respuesta con un cañonazo. El proyectil silba lúgubre sobre los buques alemanes y nada bueno presagia. Tal actitud parece mostrar que ha reconocido a sus enemigos, pero luego, en inexplicable contradicción, permite que el bote se aproxime. El oficial alemán trata de convencer al comandante del buque noruego de la inutilidad de cualquier resistencia, y el noruego le pide diez minutos para consultar con su compañero del *Norge*. Error fatal, pues permite que otros dos destructores alemanes se aproximen también a este buque. El tiempo transcurre tenso y con lentitud, y por fin el noruego manifiesta que ofrecerán resistencia. Abre el bote germano del costado del pequeño acorazado, e inmediatamente el oficial alemán dispara al aire, con su negra pistola de señales de dos cañones, la contraseña convenida: una bengala roja.

Desde el destructor *Heidkamp*, buque cabeza de flotilla, se lanza un torpedo, y, segundos después, el pez metálico alemán corta las semiheladas aguas y alcanza al guardacostas noruego en plena obra viva, por debajo de la coraza, y... lo desfonda. El viejo barco, con cuarenta años en las cuadernas, da la voltereta y se hunde con tan vertiginosa rapidez que, de sus doscientos setenta hombres de dotación, tan sólo pueden salvarse diez. ¡La tragedia de Narvik había comenzado!

En aquel mismo momento abría fuego el *Norge* sobre los destructores alemanes. Incomprensiblemente, dada la corta distancia, falla el tiro, que ya no tendrá oportunidad de corregir. Recibe un torpedo alemán, hace una rara pirueta y, casi con igual celeridad que su gemelo, se va al fondo del puerto como una piedra, arrastrando consigo a doscientos diez hombres.

Inmediatamente atracan al muelle de Narvik los destructores alemanes y ponen sus tropas en tierra. La guarnición noruega, de unos cuatrocientos cincuenta hombres, mandada por un traidor afecto a Quisling, se rinde sin luchar. Parte de sus soldados, disconformes con el cobarde proceder de su coronel, consiguen escapar hacia la frontera sueca dispuestos a defender su patria contra el invasor, sea éste quien fuere. En el puerto, a uno y otro lado del istmo que une el promontorio coronado por el faro con la tierra firme, se encontraban fondeados veinticinco cargueros de diversas nacionalidades. El capitán de uno de ellos, alemán, creyendo que los recién llegados eran ingleses, ya había varado e incendiado su barco...

Las pretendidas baterías de Ramnes y Hamnes no existían en realidad, y el puesto fortificado de Hergangs fue ocupado sin lucha. Hasta el momento, todos los objetivos de aquella atrevida expedición alemana se habían logrado sin otras dificultades que las presentadas por el mal tiempo, que en realidad plenamente había favorecido a los germanos, y los guardacostas noruegos, Bonte y Dietl se podían felicitar. Aunque no por mucho tiempo, pues pronto se descubrió que los barcos encargados del transporte de la artillería de costa y de campaña, así como de las minas submarinas que habrían de proteger el fiordo, no habían llegado, ¡ni llegarían jamás! Y que de los dos petroleros cuya misión era abastecer a los diez destructores de Bonte, con el fin de que esos buques pudieran hacerse a la mar sin demora, aquella misma tarde, para regresar a Alemania al amparo de los acorazados, como estaba previsto, sólo uno de ellos había podido entrar en Narvik. Semejante fallo acarrearía indirectamente, entre otras cosas no menos graves, la destrucción total de la escuadrilla de destructores y la muerte de su comodoro y de muchos marinos alemanes.

Pero antes de llegar a este reverso de la medalla del éxito germano regresaremos a la mar con los acorazados del almirante Lütjens, que se alejaban de las islas Lofoden entre las nocturnas sombras, mientras sus hombres deseaban fervientemente lo mejor a los compañeros de los buques menores que navegaban hacia Narvik.

* * *

Para librar las Lofoden, el *Scharnhorst* y el *Gneisenau* arrumbaron al Noroeste, moderando su andar a 12 nudos, pues ya no había prisa, el viento soplaba con gran fuerza y las cubiertas eran barridas por enormes olas.

Por su parte, aprovechando un recalmón que se produjo poco después de la medianoche, el «Grupo *Renown*» aproó al Sudeste. Con ello, los buques alemanes y británicos navegaban, aquella madrugada, prácticamente de vuelta encontrada, y habrían de avistarse poco después de la amanecida del 9.

Con la llegada del nuevo día clareó un tanto el horizonte hacia el Norte y Levante, por donde surgió una faja de cielo despejado. Precisamente sobre ella destacarían poco después para los ingleses los dos acorazados alemanes, que fueron identificados como un crucero de batalla y un crucero pesado, error debido al cambio de línea de la proa del *Scharnhorst*. Por el contrario, los buques británicos, bien enmascarados entre los nubarrones y los chubascos de nieve existentes a poniente y situados en la parte oscura del horizonte, no fueron vistos por los alemanes prácticamente hasta que las primeras granadas enemigas comenzaron a levantar imponentes géiseres de agua a tan sólo unos trescientos metros de distancia de sus blindados costados.

Dice el capitán de navío Netzband, comandante del *Gneisenau*, que «los fogonazos del enemigo se destacaban en la oscuridad como los faros de una locomotora, y uno llegaba a creer que podría ver hasta la recámara de los cañones». Sí, la sorpresa alemana fue absoluta, y es que la posición táctica de los buques ingleses era, casualmente, por completo favorable a ellos. El grupo del vicealmirante Withworth avistó a los alemanes cincuenta millas al oeste de la farola Skonvaer, situada a la entrada del fiordo de Vest, cambió de rumbo al Estenordeste, aumentó a 20 nudos y abrió fuego, con toda tranquilidad, unos minutos después de las cuatro de la mañana, a más de 18.000 metros, dirigiendo el tiro de sus seis piezas de 381 mm sobre el *Gneisenau* y el de su artillería secundaria (veinte cañones de 114 mm) contra el *Scharnhorst.* Dada la gran distancia inicial, este último buque no se enteró de ello, pues los proyectiles ingleses caían tan lejos que ni siquiera se veían los piques.

Pero hasta que se pudo contestar al fuego inglés, en el *Gneisenau* se vivieron unos minutos verdaderamente angustiosos. Todavía no se había tocado diana, y el estridente sonido de los timbres de alarma se confundía ya con el grave estampido producido por la cercana caída de las granadas enemigas. Para alcanzar desde un camarote, camareta o sollado a bordo de un gran acorazado el interior de una torre de artillería, las alturas de vértigo de la dirección de tiro o las profundidades de un pañol de municiones contiguo a la quilla hay que cruzar infinidad de pasillos, puertas estancas, escotillas y bocas de lobo, siguiendo un recorrido preestablecido, subir o bajar numerosas escalas, llegar sin aliento al puesto en zafarrancho de combate y hacerse cargo de su cometido. Los marinos alemanes se apretujaban a medio vestir en las escotillas, corrían por las distintas cubiertas a todo lo que daban sus piernas, resbalando y cayendo algunos, y todos ellos temiendo que su buque resultara alcanzado en cualquier momento por los proyectiles enemigos, que sembrarían despiadadamente ruina y muerte por doquier.

El almirante Lütjens y el comandante del *Gneisenau*, que descansaban en sus respectivos camarotes de mar, en el puente de estado mayor y el de navegación, ya estaban ansiosamente tratando de identificar, a través de los periscopios del puesto acorazado, a los buques enemigos. Habían ordenado abrir fuego y aumentar la velocidad. Mas, pese a estar cargados, los cañones seguían mudos y sin movimiento, y el enemigo acortaba rápidamente distancias. Y es que antes había que arrancar los generadores de alimentación de las bombas hidráulicas que movían las pesadas torres, avistar el blanco, medir la distancia y calcular los vectores de su movimiento, pues apuntar y disparar sobre un buque que navega resulta inútil; cuando los proyectiles lleguen, el barco ya no estará allí. Y no se puede averiguar hacia cuál de los infinitos puntos de la rosa de los vientos se mueve el enemigo, ni a qué velocidad, con igual rapidez con que un telémetro, radar o radiotelémetro miden su distancia. Las más complejas direcciones de tiro necesitan su tiempo.

Mientras tanto, a bordo del acorazado alemán sólo cabía dominar los nervios, zigzaguear y serpentear con el objeto de dificultar el tiro enemigo, y tratar de esquivar la pesada lluvia de proyectiles, proyectiles enormes, de 780 kilos de acero y explosivos cada uno, que, cortando el aire a más de 3.000 kilómetros por hora, ahorquillaban ya al *Gneisenau* cuando por fin, con tres minutos de retardo respecto a los ingleses, éste pudo disparar también. La andanada de nueve cañones de 280 mm alegró y devolvió la confianza a los 1.850 hombres de su dotación y envolvió todo el buque en una espesa y maloliente nube de humo que inmediatamente se llevó el fuerte viento en sus veloces alas. También disparaba ya el *Scharnhorst*, y mientras los pesados proyectiles de ambos combatientes se cruzaban en el aire con un siniestro zumbido, en las cámaras de calderas de los buques alemanes se encendían a toda prisa los mecheros que iban retirados y se ponían los turboventiladores y las bombas de petróleo a su máxima potencia, con objeto de levantar rápidamente presión. En las salas de máquinas se abrían cada vez más las válvulas de cuello de las turbinas, se forzaban las bombas de vacío y de circulación de los condensadores y las de aceite de lubricación de cojinetes, cajas de engranaje, chumaceras de empuje de los ejes de las hélices, se daba más vapor a los empaquetados de las turbinas, etcétera. En las entrañas de los buques, todo vibraba, rugía, trepidaba y se caldeaba, y cada aparato exigía la máxima atención y vigilancia de sus sirvientes, porque, en tales circunstancias, cualquier fallo podría resultar fatal.

Los dos buques alemanes se hallaban mejor blindados y proyectados que el *Renown*, andaban algunos nudos más que éste y disparaban con mayor rapidez. Pero sus proyectiles eran manifiestamente inferiores en calibre, pues apenas si rebasaban los 314 kilos por unidad. Ello hacía que los dos acorazados sólo dispusieran de un peso por andanada de unos 5.650 kilos, frente a los 5.232 del *Renown*, aunque su mayor velocidad de tiro prácticamente doblaba la andanada de los buques germanos.[1] En cir-

1. Los cañones ingleses de 381 mm podían hacer fuego dos veces por minuto, mientras que los alemanes de 280 mm eran capaces de disparar cuatro proyectiles en el mismo tiempo.

cunstancias normales, habida cuenta de sus radiotelémetros y habiendo abierto fuego al mismo tiempo, mal lo hubiera pasado el crucero de batalla británico. Pero, aparte de la sorpresa y las desiguales condiciones tácticas, al almirante Lütjens aquel encuentro no le interesaba en lo más mínimo, y lo único que procuró fue romper el contacto balístico lo antes posible. Así que los buques alemanes fueron forzando las máquinas hasta los 31 nudos. Con la mar casi de proa, el movimiento dificultaba el tiro, pero la distancia iba aumentando.

Pese a todo, los alemanes centraron a sus enemigos y, a los cinco minutos de abrir fuego, hallándose a unos 15.000 metros de distancia, conseguían un impacto directo sobre el *Renown*. El proyectil penetró en el estudio de guardias marinas, destrozándolo pero sin causar mayores daños. Sólo una esquirla de metralla cercenó el pulgar del oficial de derrota del buque inglés. Poco después resultó alcanzado el *Gneisenau*, pero con mucha peor suerte para él. A las 0425, un proyectil de 381 mm deshizo la central principal de la dirección de tiro, matando al director de tiro, capitán de fragata Von Buchka, a un oficial, dos suboficiales y un marinero, hiriendo a varios hombres y dejando temporalmente fuera de servicio toda la artillería principal del buque. Para los ingleses fue un tiro de suerte, Lütjens ordenó al *Scharnhorst* tender una columna de humo por la aleta de babor de su compañero, cosa que inmediatamente efectuó dicho acorazado, al mismo tiempo que disparaba con todas sus piezas pesadas.

El *Renown* recibió otro impacto, que sólo le causó averías estructurales, pero, después de haberse aproximado bastante, se fue quedando atrás, pues para poder tirar con la torre «A», sobre la que frecuentemente se desplomaban centenares de toneladas de agua del mar, había tenido que moderar su andar. A pesar de lo cual, y para evitar deshacerse inútilmente contra las olas o pasarse por ojo, todos los destructores que le acompañaban se fueron retrasando.

Ahora los buques alemanes cayeron a estribor y arrumbaron al Nornordeste, es decir, pusieron la popa a su enemigo para abrir rápidamente distancias. Navegaban en línea de marcación y disparaban con sus torres poperas, aunque frecuentemente el *Scharnhorst* caía a babor para que pudieran entrar en fuego también sus dos torres proeles. El *Gneisenau* «encajó» ahora otros dos impactos británicos de 114 mm. Uno en la torre «A», que originó la entrada del agua del mar y, como consecuencia, dejó fuera de servicio los circuitos eléctricos durante un día y medio. Y otro, del mismo calibre, en la cubierta superior de babor, junto a un montaje antiaéreo de 105 mm, sin importantes consecuencias.

Withworth, al comprender que su principal enemigo había resultado gravemente averiado, forzó el andar hasta los 29 nudos, pero no consiguió volver a acortar distancias, y pronto los dos acorazados germanos se perdieron en la lejanía, entre nuevas tormentas de nieve.

Así terminó el primer combate entre buques de línea habido en la segunda guerra mundial, que duró menos de una hora y no tuvo trascendencia alguna. Ambos bandos tiraron y maniobraron aceptablemente si se tiene en cuenta el pésimo estado de la mar, actuando cada cual según sus intereses. La resuelta actitud del vicealmirante Withworth le redime de sus vacilaciones y anteriores errores, si bien es cierto que desconocía el verdadero blindaje de los buques alemanes, bastante superior al que los ingleses suponían, y que creyó habérselas con un solo acorazado en vez de los dos con que en realidad estuvo combatiendo. Es decir, que tuvo bastante suerte.

* * *

Pero, explicablemente, el Almirantazgo británico no había quedado satisfecho del conjunto de su actuación ni de la del comandante en jefe de la *Home Fleet*.

En la mañana del día 9 ya se sabía en Londres que los alemanes habían desembarcado en Noruega en todos los puntos en que pensaban haberlo hecho los aliados, no obstante lo cual la flota británica perdió también ese día inútilmente, en órdenes y contraórdenes, y lo único que sacaron los buques ingleses en limpio fue una bomba que arrojó un avión en picado alemán sobre la cubierta del acorazado *Rodney*, buque insignia de la *Home Fleet*, produciéndole averías menores. Cinco cruceros ingleses resultaron también ligeramente averiados por impactos cercanos de los bombarderos alemanes, y el destructor *Gurkha* resultó hundido en un ataque aéreo.

El día 10 se incorporaron a la *Home Fleet* el acorazado *Warspite* y el portaaviones *Furious*, este último sin aparatos de caza a bordo, lo que constituyó un grave error, pues cualquier escuadra o fuerza naval que navegase entonces dentro del radio de acción de los bombarderos en picado o aviones torpederos enemigos basados en tierra, sin su propia sombrilla de aviones de caza embarcados, podía fácilmente quedar tan maltrecha como el Caballero de la Triste Figura y su escudero bajo la tempestad de piedras que lanzaron los desagradecidos galeotes.

Tras los ataques aéreos alemanes a que nos hemos referido, se decidió que la *Home Fleet* abandonase las aguas meridionales noruegas, que fueron dejadas a los submarinos aliados, los que, a costa de perder cuatro unidades, cosecharían los éxitos que más tarde reseñaremos.

El Almirantazgo británico se daba perfectamente cuenta de que, tras varios infructuosos días de operaciones, los alemanes habían alcanzado todos sus objetivos noruegos y daneses, realmente como si la *Home Fleet* no hubiese existido. Y por si fuera poco, ésta había perdido a dos destructores y sufrido averías en varias unidades pesadas. Por tanto, había que hacer algo, y hacerlo inmediatamente, pues no sólo tenían que acallarse las acerbas críticas que ya empezaban a levantarse en el país, sino sostener el prestigio de la flota británica ante los ojos de Estados Unidos y el resto del mundo. De ello se iba a encargar un oscuro pero valeroso capitán de navío a quien el Almirantazgo daría directamente órdenes, saltándose olímpicamente al vicealmirante Withworth y al propio almirante Forbes, de quienes a todos efectos dependía el jefe a quien nos hemos referido, cuyo nombre, B. Warburton-Lee, quedaría incorporado al día siguiente a la historia naval.

CAPÍTULO V

TRAGEDIA EN NARVIK

El vicealmirante Withworth había ordenado al capitán de navío B. Warburton-Lee de la Segunda Escuadrilla de Destructores que se dirigiera de madrugada al fiordo de Vest y permaneciera patrullando en su entrada. Poco después, a las 0136 horas del día 10, el Almirantazgo le ordenó, directamente, dirigirse a Narvik para atacar a los alemanes, advirtiéndole que posiblemente los dos guardacostas noruegos, además de las baterías de costa, podían estar ya en manos de los germanos.

«Sólo usted puede juzgar si en estas circunstancias debe atacar. Respaldaremos cualquier decisión que tome», terminaba la orden.

Todo esto puede parecer extraño. El Almirantazgo se dirigía directamente a este subordinado de dos almirantes porque Withworth se había negado a ordenar el ataque que aquél deseaba sin el apoyo directo del crucero *Penélope*, que se aproximaba con el «Grupo *Repulse*», pero que no se incorporaría hasta las dos de la madrugada. Y, desde luego, ni él ni el Almirantazgo estaban dispuestos a arriesgar el buque en el que Withworth arbolaba su insignia: el veloz crucero de batalla *Renown*.

Warburton-Lee detuvo sus buques a las cuatro de la mañana al llegar a Tranoy, y envió a tierra un bote con un oficial para hablar con los prácticos noruegos que en dicha pequeña localidad tenían su estación. Éstos le manifestaron que en la madrugada anterior habían visto dirigirse hacia Narvik a seis grandes destructores alemanes y a un submarino y que tenían noticias de que los germanos se habían apoderado firmemente de la ciudad y minado sus accesos marítimos.

El jefe de la flotilla británica comunicó inmediatamente esta noticia al Almirantazgo, al vicealmirante Withworth y al almirante Forbes, comandante en jefe de la *Home Fleet*, añadiendo que se disponía a atacar al amanecer con la pleamar. Buscaba al mismo tiempo sorprender al enemigo y pasar impunemente sobre los campos de minas supuestamente fondeados por él. Nos encontramos aquí con un hombre resuelto, que no naufraga en un mar de dudas y temores a la responsabilidad. Mas la noticia facilitada a Warburton-Lee por los prácticos noruegos era inexacta, y tal inexactitud habría de costar la vida al valeroso jefe de la Segunda Escuadrilla británica de Destructores.

La madrugada del 10 de abril de 1940, en que nos hallamos, se presentó con igual cariz que en días anteriores, es decir, la visibilidad era reducida y desfogaban frecuentes tormentas de nieve. El comodoro Bonte había despachado a dos de sus destructores al fiordo de Ballangen, situado a unas quince millas a poniente de Narvik, y a otros tres al de Herjangs, precisamente al norte de dicha ciudad. Otro buque de guerra más estuvo patrullando hasta la amanecida por el fiordo de Ofot, y un submarino, el *U-64*, fue también destacado para vigilar la posible llegada de buques ingleses. Todos los citados estaban encendidos y listos para combatir, y se supuso que, de decidirse el enemigo a entrar, podría ser inmediatamente atacado desde varios puntos por fuerzas que convergirían sobre él.

Tales disposiciones eran correctas, pero el comodoro alemán no había contado con la audacia de Warburton-Lee, la pésima visibilidad que traería el nuevo día y el factor azar, uno de los más importantes y decisivos condicionantes de la historia...

Los cinco destructores británicos[1] avanzaban cautelosamente por el fiordo de Ofot a 10 nudos, en línea de fila, con su gente en los puestos de zafarrancho de combate, todos en expectante silencio y con los nervios de punta. A aquella velocidad, ni siquiera el ruido de los ventiladores de máquinas y de calderas llegaba hasta los puentes de los buques británicos. Sólo se escuchaba el suave murmullo que producían las quietas aguas al ser rasgadas por las afiladas rodas. Los cañones y ametralladoras estaban cargados; los torpedos tenían ya abiertas sus válvulas de retención. Unos y otros, en sus respectivos montajes, iban orientados por las dos bandas, listos para lo que pudiera surgir en cualquier instante y por cualquier sitio. La visibilidad era tan escasa que a duras penas se divisaba el matalote de proa, y sólo muy de tarde en tarde se dejaba ver alguna nevada y borrosa punta de tierra, que inmediatamente desaparecía en aquella sinfonía gris que todo lo envolvía.

* * *

Cumpliendo las instrucciones del comodoro Bonte, el destructor *Roeder* cesó su vigilancia al hacerse de día, pese a la espesa niebla, y a las 0525 fondeaba en el puerto de Narvik. Si en el momento en que deja-

1. De la serie «Hero»: 1.345 toneladas, cuatro cañones de 120 mm, ocho de 40 mm, cinco tubos lanzatorpedos, 36 nudos.

ba caer el ancla se hubiesen levantado las plomizas nubes, los germanos habrían podido ver ya, a tan sólo algunas millas de distancia, a los destructores de Warburton-Lee, que se acercaban de puntillas hacia su objetivo.

Si el comandante del *Roeder*, con un poco más de previsión y sentido de la responsabilidad, hubiera continuado su vigilancia sólo treinta minutos más, en atención a la deficiente visibilidad y considerando que en tales condiciones la luz del día no permitiría descubrir al enemigo y que el manto de la noche sólo había sido sustituido por el de las nubes, el combate que vamos a relatar hubiera sido bien distinto. Pero era de aquellos individuos que se limita a cumplir con su deber, y como Bonte había ordenado cesar la vigilancia al llegar el día...

El camarote del comodoro estaba situado a popa del *Heidkamp*. Una finísima plancha de acero lo separaba del gran tanque de petróleo que existía debajo, y contiguo al anterior iba el pañol de municiones de popa, donde se almacenaban proyectiles y casquillos con pólvora para los tres cañones de 127 mm que el buque montaba sobre la toldilla y el alcázar. Si el cansancio no hubiera impedido a Bonte asomarse por un portillo al romper el día y contemplar el espeso telón de nieve que caía del oscuro cielo y todo lo velaba a poco más de un cuarto de milla, no sólo hubiera salvado su propia vida y la de muchos alemanes, sino que habría podido aniquilar a los destructores de Warburton-Lee. Pero las primeras mortecinas luces que se filtraron por los portillos de su camarote no le despertaron.

A las 0520 horas abandonaron la formación inglesa dos de los destructores de Warburton-Lee, cuya misión sería silenciar las supuestas baterías de la costa si daban señales de vida e impedir que los restantes buques británicos pudieran ser atrapados entre dos fuegos por los destructores alemanes, cuya exacta localización ignoraba el capitán de navío inglés, pero que podrían aproximarse desde los fiordos adyacentes al puerto de Narvik. Él siguió adelante con el *Hardy*, el *Hunter* y el *Havock*. Nevaba ahora intensamente, y, en los puentes de los buques, todos hacían desesperados esfuerzos tratando de penetrar con la vista aquella espesa cerrazón que ocultaba al enemigo. A las 0530 se avistó la punta de Ankenes, que casi rozaron los costados de los tres destructores ingleses, y entre los espesos copos de nieve descubrieron los grises cascos de varios destructores alemanes que se hallaban fondeados junto a un enjambre de barcos mercantes. Warburton-Lee ordenó caer a babor con poca caña, ya que la boca del puerto tenía algo más de media milla de anchura, y abrir fuego.

Bruscamente, la quietud de aquella triste y silenciosa amanecida fue brutalmente rota por el estampido de los cañones ingleses de 120 mm y el grave ladrido de sus ametralladoras de 40 mm. Las sordas detonaciones de las cargas de pólvora impulsoras de los torpedos quedaron ahogadas en la infernal algarabía, pero, uno tras otro, quince artefactos submarinos se deslizaron a las semiheladas aguas.

Para los alemanes, la sorpresa fue casi absoluta. Uno de los torpedos ingleses alcanzó en la popa al destructor *Heidkamp*. Voló el pañol de municiones, con terrible bramido y despliegue de llamaradas, y los tres montajes situados sobre él fueron lanzados por los aires con sus correspondientes cañones de 127 mm. Uno cayó en el castillo de proa, a más de ochenta metros de donde había estado firmemente empernado; otro, en el puente, y el tercero en el combés. Bonte, doce oficiales y sesenta y ocho hombres más murieron instantáneamente. El comandante del buque salió precipitadamente de su camarote de mar, en el puente, y, pareciéndole escuchar el ruido de motores de aviación, ordenó abrir fuego antiaéreo. Su buque estaba ya hundido de popa hasta la segunda chimenea.

Otro torpedo alcanzó momentos después al destructor *Schemitt* en el combés, y cuando se desplomó la enorme columna de agua que había levantado, se vio que el buque, limpiamente partido en dos mitades, se hundía vertiginosamente, arrastrando a cincuenta hombres consigo. Al mismo tiempo, una mortífera lluvia de proyectiles se desplomaba inmisericorde sobre los inermes buques de guerra alemanes y los mercantes fondeados, provocando infinidad de explosiones, incendios y bajas entre el personal. Los restantes torpedos ingleses estallaban contra los muelles, las piedras y los barcos mercantes, levantando por doquier, entre horrísonos estampidos cuyos ecos devolvían y multiplicaban las altas montañas que rodean el puerto, grandes llamaradas y enormes columnas de agua y fango. Y durante algunos minutos, el hasta entonces silencioso y tranquilo puertecito de Narvik se convirtió en un verdadero lago del averno, donde sólo se observaban ya buques medio hundidos o ardiendo y centenares de hombres que se debatían en las aguas casi totalmente cubiertas por una espesa y negra capa de petróleo, tratando de salvar sus vidas.

Por fin, los desprevenidos germanos pudieron observar las borrosas y grisáceas siluetas de los buques ingleses que, esmaltadas por continuos y rojos fogonazos, navegaban junto a la bocana a poco más de media milla de distancia. Mas cuando lograron cubrir la artillería disponible y orientar las piezas, los destructores ingleses habían desaparecido ya.

Warburton-Lee no era hombre que dejase escapar fácilmente la explotación del éxito. Ordenó al destructor *Hotspur*, que acababa de incorporársele, que atacara en solitario y lanzase sus torpedos. Otros dos barcos mercantes resultaron ahora alcanzados, hundiéndose con trágica pirueta. Seguidamente, el jefe de la flotilla británica volvió al ataque con todos los buques disponibles, ahora sólo al cañón ya que no quedaban torpedos, y otro diluvio de granadas se abatió como un azote sobre los barcos que se encontraban en Narvik. Esta vez, los alemanes replicaron con su artillería y torpedos, pero, hallándose fondeados, en mala posición de tiro y disparando contra un enemigo en movimiento y difícil de ver, apenas lograron algún impacto sin consecuencias.

La flotilla inglesa se retiró hasta la entrada del fiordo Skjomnes, que se abre en dirección sur a unas cuatro millas y media de Narvik, y Warburton-Lee consultó brevemente con los comandantes de sus buques. Había transcurrido una hora desde que empezó el primer ataque, la visibilidad era mejor, pero los destructores alemanes que se suponían fuera de Narvik no habían hecho acto de presencia. Las baterías, si existían, permanecían mudas. En el puerto se habían detectado cuatro destructores enemigos, dos de los cuales se daban por hundidos y los otros dos por gravemente averiados. Para los ingleses, por tanto, y según la información facilitada por los prácticos noruegos, sólo quedaban dos buques de guerra germanos fuera de Narvik. Ellos contaban con cinco, prácticamente intactos, así que nada había que temer por ese lado. Y Warburton-Lee decidió lanzarse al ataque ¡por cuarta vez! Pero Warburton-Lee se equivocaba. Como sabemos, no había dos destructores alemanes fuera de Narvik, sino cinco, con todos sus torpedos y municiones a bordo y mejor artillados que los suyos.

En el puerto noruego volvió a repetirse la terrible escena. Una vez más, los buques ingleses describieron un arco de círculo dentro de la boca del fondeadero, mientras efectuaban un fuego endiablado con todos sus cañones y ametralladoras cuádruples. El destructor *Hostile*, que iba en la cola de la formación y era el único al que le quedaban torpedos, lanzó también todos sus artefactos.

Esta vez resultó gravemente averiado el destructor alemán *Roeder*. Un proyectil de cañón alcanzó uno de sus montajes poperos de 127 mm, matando a casi todos sus sirvientes. Varios más perforaron el casco, provocando un gran incendio, y hubo que inundar a toda prisa el pañol de municiones de popa para impedir que volara. El comandante ordenó filar por ojo la cadena y, dando atrás con las dos máquinas, consiguió llevar su humeante y maltrecho buque hasta el muelle del Correo. También fue alcanzado por varias granadas el destructor alemán *Thiele*, y cuando los ingleses se retiraron definitivamente, el aspecto del puerto de Narvik era realmente dantesco.

Un guardacostas noruego, siete barcos mercantes y un destructor yacían hundidos, asomando parcialmente algún martirizado trozo de su obra muerta. El destructor *Heidekamp*, medio hundido, se iría definitivamente a pique al día siguiente, dieciséis horas después de ser abandonado por su dotación. Otros dos destructores germanos se encontraban fuera de combate, y media docena de barcos mercantes trataban de extinguir sus incendios y se restañaban las heridas. El muelle llamado «Malmkai» y los del Ferrocarril y el Correo habían sufrido grandes daños. Milagrosamente, el buque-factoría alemán *Jan Wellen*, procedente de Murmansk, y que era el único petrolero de que se disponía en Narvik, había quedado intacto.

Warburton-Lee, escaso de municiones y sin torpedos, decidió por fin hacer mutis. Si para proteger ahora su retirada se hubiesen encontrado allí el crucero *Penélope* y sus cuatro destructores de escolta, el resto de la flotilla alemana hubiera sido probablemente aniquilado. Pero en el fiordo de Ofot no había más buques ingleses que los de Warburton-Lee...

* * *

La tarde anterior, los tres destructores alemanes designados por el comodoro Bonte para velar en el fiordo de Herjangs tomaron algunas toneladas de combustible del *Jan Wellen* y, hacia la medianoche, echaron el ancla frente al poblado de Elvegaard y su pequeño muelle de madera. A las 0515 de la mañana, un radiotelegrafista subió a toda prisa al puente del buque de guardia, llevando un mensaje urgentísimo y en claro procedente de Narvik que entregó al oficial de servicio. Éste, tan pronto como le hubo puesto la vista encima, pulsó inmediatamente los timbres de alarma y luego hizo sonar la sirena para alertar a los otros dos destructores.

Los tres buques de guerra entraron inmediatamente en conmoción. Por todo el barco se escucharon carreras, órdenes y golpes de escotillas. Los semáforos parpadearon nerviosamente su lenguaje luminoso, se comunicaron las maquinillas de levar y se izaron las anclas a toda prisa. Después el buque guía transmitió sus órdenes.

«Seguir mis aguas. Velocidad, quince nudos. Distancia, doscientos metros. Zafarrancho de combate.»

Y los tres buques de guerra, en línea de fila, cortaron las tranquilas aguas fiordo abajo. Lo mismo sucedía a bordo de los dos destructores que habían pasado la noche fondeados en el de Ballangen. ¡Las disposiciones tomadas por el ya desaparecido comodoro Bonte iban a dar póstumamente sus frutos!

Hacia las 0600 de la mañana, los cinco destructores británicos que navegaban por el fiordo de Ofot y los tres alemanes procedentes del de Herjangs se avistaron mutuamente. Los buques británicos aumentaron inmediatamente su andar a 30 nudos, y ambas formaciones enemigas abrieron el fuego a unas cuatro millas de distancia. El capitán de navío británico tomó a los barcos alemanes por un crucero y dos destructores, y así se lo comunicó por radio al vicealmirante Withworth, quien ordenó al crucero *Penélope* y a cuatro destructores acudir en socorro de la segunda escuadrilla. Hallándose estos buques a 150 millas de distancia, aquella tardía ayuda no iba a servir para nada a Warburton-Lee.

Mientras tanto, el tiro de las dos formaciones se hizo más preciso y los piques envolvieron a los veloces buques, que tuvieron que cambiar de rumbo para tratar de evadirse de la mortífera lluvia, siendo alcanzadas ambas formaciones. Inesperadamente para los ingleses, casi por su misma proa y a unas cinco millas, surgieron las grises siluetas de otros dos buques de guerra. ¿Serían los cruceros de la *Home Fleet*? Las esperanzas de Warburton-Lee y los suyos pronto se desvanecieron, pues se trataba de los dos destructores alemanes procedentes del fiordo de Ballangen, que inmediatamente abrieron el fuego contra ellos, aproximándose a toda velocidad y cortándoles la retirada.

Entonces se trabó un violentísimo combate, en el que los alemanes habían cortado la «T» a la formación británica y podían hacer fuego sobre ella con sus diez piezas de 127 mm; inmediatamente lograron una serie de impactos directos sobre sus enemigos. Un proyectil germano alcanzó al *Hardy*, matando o dejando mal heridos a todos los marinos ingleses que iban en el puente alto y en el bajo, con la única excepción del secretario del comandante. Éste, sólo ligeramente herido, bajó a la caseta de gobierno y observó que todo el personal yacía ensangrentado en el suelo y que la caña del timón estaba abandonada. ¡El buque navegaba sin gobierno a más de 30 nudos! El capitán de intendencia tuvo que agarrar la caña y meter a estribor para evitar que toda la formación se dirigiese contra las rocas de la orilla.

Otro proyectil alcanzó al *Hardy* en una cámara de calderas, reduciendo su andar, y varios más agujerearon el casco bajo la flotación, seccionaron la tubería de vapor principal y produjeron varios incendios a proa. El buque quedó sin arrancada ni gobierno, describió una circunferencia y varó suavemente en las piedras de la orilla sur. Como ardía con furia y sus municiones empezaban a estallar peligrosamente, los ingleses decidieron abandonarlo.

Los destructores germanos habían lanzado un abanico de torpedos que no alcanzaron a los buques ingleses, pasaron peligrosamente próximos a los tres destructores alemanes procedentes del fiordo de Herjangs y estallaron por fin, estrepitosamente, contra las piedras de la orilla norte del fiordo de Ofot.

Los cuatro buques ingleses que quedaban prosiguieron su retirada a toda velocidad. Pero el *Hunter* y el *Hotspur* fueron también alcanzados y quedaron momentáneamente empotrados entre sí y al garete. El fuego alemán se concentró sobre el doble blanco, y a bordo de ambos buques se vivieron unos dramáticos instantes. Aunque el *Hotspur* logró librarse del fraterno pero mortal abrazo y seguir navegando pese a haber recibido cinco impactos de 127 mm, el *Hunter*, hecho una verdadera criba, se fue rápidamente a pique en medio del fiordo.

El *Hostile* y el *Havock* habían proseguido a toda máquina hacia la salida, pero al ver que el *Hotspur* se ponía de nuevo en movimiento y trataba de escapar entre una infinidad de surtidores, invirtieron el rumbo para prestarle apoyo. Por su parte, los alemanes, que habían gastado muchas municiones, andaban muy escasos de petróleo y también tenían averías, decidieron abandonar la persecución y regresar a Narvik. De haberla continuado es probable que hubieran aniquilado a toda la flotilla enemiga, ya que el *Hotspur* tenía graves daños y el *Hostile* estaba tocado. En cualquier caso, cometieron un grave error, pues, tan sólo una hora después, los tres destructores ingleses se encontraron con el transporte alemán *Rauenfels*, el único que había logrado y lograría llegar al fiordo de Vest de todos los salidos de Alemania con igual destino, y que fue inmediatamente atacado por el *Havock*. El alemán iba abarrotado con artillería y municiones, y, tras recibir algunos proyectiles, pegó un terrible estallido y luego, hecho un despojo, derivó hasta clavarse en un bajo. Con ello la flotilla de Warburton-Lee se apuntaba el tanto tal vez más importante respecto a los soldados del general Dietl.

* * *

Con aquel terrible golpe de timbal se cerraba el segundo acto del drama de Narvik. Pero volvamos por un momento atrás. Una vez más el buque entre las piedras, la dotación del *Hardy* abandonó el destructor y sus diecinueve muertos y, tras vadear unos trescientos metros de frías aguas, puso sus plantas en la nevada orilla. Se logró convencer al capitán de navío Warburton-Lee para que se dejara llevar a tierra en una camilla amarrada a unos salvavidas, pero poco después de llegar a la orilla falleció a consecuencia de las heridas sufridas. A título póstumo se le concedería la «Victoria Cross», la primera cruz de esta clase otorgada en la segunda guerra mundial.

Los destructores alemanes recogieron a cincuenta y ocho ateridos supervivientes del *Hunter*, algunos de los cuales murieron después; cañonearon al abandonado *Hardy* por si los ingleses conseguían volver a ponerlo a flote con la pleamar, y entraron en Narvik. Allí se decidió que tres de ellos, indemnes, hicieran el relleno de petróleo y salieran aquella misma tarde para Alemania. Los restantes no tuvieron tiempo de hacer combustible o no se hallaban todavía en condiciones de combatir. Pero cuando los aparentemente afortunados buques cruzaron el último estrecho del fiordo de Ofot y divisaron al crucero *Penélope* y a varios destructores enemigos, comprendieron que la salida era imposible y que la suerte estaba echada, dieron media vuelta y regresaron a Narvik.

Efectivamente, el Almirantazgo británico no iba a permitir que ningún buque alemán escapase de la ratonera en que, para los germanos, sin minas submarinas, baterías de costa, artillería ni apoyo aéreo, se había convertido el fiordo de Ofot.

* * *

Todavía hoy, los empleados del ferrocarril de la compañía minera sueca de Lulea que, desde la frontera hasta Narvik, vertiginosamente descienden nada menos que casi seiscientos metros en treinta y cinco kilómetros, a través de diecinueve túneles, pueden fugazmente contemplar, desde lo alto y precisamente allí donde muere el profundo fiordo de Rombanken, tumbados sobre las piedras y medio hundidos, los destrozados y herrumbrosos cascos de los que fueron cuatro orgullosos destructores, de 117,5 metros de eslora, pertenecientes a la *Kriegsmarine.*

Lo sorprendente es que aquellos acerados cascos, que por su forma y posición quizá recuerden algún colectivo suicidio de cetáceos, se hallan tan sólo a siete kilómetros de la frontera de Suecia, en lo más hondo de un estrecho y solitario fiordo noruego flanqueado por altas montañas perpetuamente coronadas por la nieve, que por aquel lado no tiene salida y cuya quietud únicamente es quebrada por el susurro del viento y el estrépito del tren.

Sobre uno de los rotos y maltratados cascos puede verse una despintada esvástica, y más de un joven ferroviario se habrá preguntado cómo llegaron hasta aquel remoto, selvático y abandonado paraje semejantes buques. Quizás algún viejo maquinista le habrá tenido que explicar, a grito limpio para dominar el ruido del caballo de hierro, que aquellos despojos no son sino mudas y elocuentes muestras de la fortaleza del largo y poderoso brazo del Almirantazgo británico durante la segunda guerra mundial. ¡Y nada más exacto! Pero permítanos el lector que retrocedamos en el tiempo, algo más de treinta y un años...

El crucero británico *Penélope*, que con un fuerte acompañamiento de destructores había sido designado para dar el golpe de gracia a los buques de guerra alemanes que quedaban en Narvik, chocó con un bajo el día 11, cerca de Bodö, sufriendo tales averías que hubo que remolcarlo hasta Skejel, en las islas Lofoden, donde se le varó por si se iba a pique. En la mayoría de los casos, un accidente de esta naturaleza no presupone negligencia ni incompetencia alguna por parte de quien manda el buque, sino simple y pura mala suerte. Y escribe tal cosa quien ya mandara cuatro buques de guerra y jamás tocó en piedra alguna.

El accidente en cuestión permitió a los alemanes disponer de dos días para preparar la defensa de Narvik. Febrilmente, pues todos estaban seguros de que los ingleses volverían, en los destructores germanos se soldaron agujeros, achicaron compartimientos, repararon averías y desembarcaron armas, municiones, víveres y equipos que pudieran ser de utilidad en tierra pero que de nada servirían ya en los buques que habían quedado inutilizados o medio hundidos. Gracias a un incansable trabajo de día y de noche se pudo salvar el cargamento de los vapores que todavía flotaban en aquel puerto, y que, debido a las blancas crucetas de los mástiles de los barcos hundidos, que asomaban sobre las sucias aguas, más parecía un cementerio que otra cosa. Se estableció enlace con Elvegaard mediante un transbordador, pudiendo distribuir entre las dotaciones de los buques de guerra alemanes hundidos las armas portátiles noruegas allí tomadas. Pero se presentía al enemigo, y también se tomaron otras disposiciones.

El destructor *Koellner*, que tenía las máquinas inutilizadas, fue remolcado hasta la ensenada de Djupvik, en la orilla meridional del fiordo de Ofot, unas 13,5 millas marinas a poniente de Narvik. La entrada de dicha ensenada queda oculta para los barcos procedentes de la mar, así que, aunque fondeado, el *Koellner* podía tirar por sorpresa y lanzar sus torpedos contra cualquier buque enemigo que pretendiera aproximarse a Narvik.

El *Roeder* quedó amarrado al muelle de Correo, ya que, debido a las averías sufridas en el timón, tampoco podía navegar, y se le desembarcó hasta la estación radiotelegráfica. Sólo quedaron a bordo los sirvientes de los dos cañones proeles de 127 mm y el personal de la dirección de tiro, incorporándose los restantes miembros de su dotación al flamante batallón de Marina que ya mandaba el comandante del hundido *Heidkamp*. Un destructor alemán patrullaba constantemente en el estrecho de Hamnesholm, y en tierra se organizaron el oscurecimiento y la defensa antiaérea. Finalmente, el enemigo hizo su presentación.

Primero fueron nueve aviones procedentes del portaaviones *Furious*, que llegaron a Narvik en la tarde del día 12, en muy mal momento para los alemanes, pues casi todos sus destructores estaban agrupados, tomando petróleo o efectuando reparaciones. Pero ninguno de ellos fue alcanzado por las bombas, que sólo hundieron a tres pequeñas lanchas patrulleras noruegas que habían sido requisadas y produjeron ocho muertos y veinte heridos entre los alemanes. Por su parte, los atacantes perdieron dos aparatos, aunque sus tripulantes pudieron salvarse. El segundo escuadrón, que despegó cuarenta minutos después del primero, no pudo alcanzar su objetivo debido a una fuerte tormenta de nieve y tuvo que regresar al *Furious*, consiguiendo anavear al anochecer.

Pero el Almirantazgo británico ya había supuesto que aquel ataque no sería resolutivo, y ordenó al almirante Forbes que empeñara a uno de sus acorazados y a varios destructores para liquidar a los buques alemanes. Como no quiso arriesgar el *Renown*, un buque precioso para los ingleses por su elevada velocidad, el vicealmirante Withworth tuvo que cambiar su insignia al *Warspite*, atravesando en un bote a motor, durante la noche y con marejada, la distancia que separaba a las dos bamboleantes y totalmente oscurecidas moles de acero, erizadas de cañones.

Del inmenso y elevado costado del *Warspite* pendía una escala de gato mal alumbrada por una linterna de mano. El bote del almirante ascendía y descendía arrítmica y violentamente, y con frecuencia las olas lo estrellaban contra la formidable pared de acero. Era una situación peligrosa, pues un fallo al escoger el instante de lanzarse a la escala y trepar podía significar la caída al agua o el aplastamiento. Pero Withworth se lanzó con decisión y trepó veloz y oportunamente, quizá recordando sus ya lejanos tiempos de Dartmouth.

Los marinos supersticiosos temen el día 13 y, de hecho, muchos luctuosos y dramáticos sucesos han tenido lugar en la mar, en todos los tiempos, precisamente en esa fatídica fecha. Aquel 13 de abril de 1940 iba a ser un día aciago para los marinos alemanes.

Al mediodía, el *Warspite* (30.600 toneladas, ocho piezas de 381 mm, ocho de 152 mm, cuatro de 47 mm, treinta y dos de 40 mm, dieciséis de 20 mm y cuatro aviones, con coraza de hasta 356 mm) y nueve destructores[1] surcaban silenciosamente las quietas y grisáceas aguas del fiordo de Ofot, mientras los buques de la *Home Fleet* y el portaaviones *Furious* se mantenían mar afuera, a la altura de las islas Lofoden.

La fuerza de Withworth había pasado la farola de Tranöy a las once de la mañana, y aunque un avión de reconocimiento del portaaviones nada avistó, el *Swordfish* catapultado por el *Warspite* proporcionó al almirante una información de la mayor importancia. No sólo descubrió al destructor alemán de vigilancia, el *Kunne*, al agazapado *Koellner* y al *Roeder*, que cubría la entrada del puerto de Narvik, sino que vio al submarino *U-64* fondeado en el fiordo de Herjangs y lo hundió con bombas: ¡era el primer submarino alemán que sería echado a pique por un avión en toda la guerra!

El *Kunne* y los destructores ingleses se avistaron poco después del mediodía, a unas siete millas, e intercambiaron varios disparos, uno de los cuales alcanzó al buque alemán, inutilizándole la estación radio precisamente cuando acababa de transmitir la alarma, Una vez cumplida su misión, el *Kunne* se retiró hacia Narvik a buen andar.

Los ingleses que hasta ese momento habían llevado a tres de sus destructores por la proa de la formación con los paravanes dados[2] por si había minas, metieron las rastras a bordo y orientaron todas sus piezas y tubos lanzatorpedos por estribor, pues sabían que tras la nevada y en apariencia inocua punta de tierra, que ya quedaba muy próxima, acechaba un destructor germano.

A bordo de éste, nadie se hacía ilusiones, pues se sabían descubiertos por el avión enemigo, pero todos estaban dispuestos a llevarse por delante al adversario. Al surgir los grisáceos y prevenidos destructores ingleses, el *Koellner* abrió inmediatamente el fuego y lanzó sus torpedos, pero casi

1. *Foxhound, Forester, Hero* e *Icaurus*, de varias series y unas 1.375 toneladas; *Cossack, Eskimo, Punjabi* y *Bedouin*, de 1.870 toneladas, y *Kimberley*, de 1.690 toneladas; respectivamente armados con cuatro, ocho y seis cañones de 120 mm cada uno.

2. Flotadores provistos de tijeras, timones y un sistema de profundidad. Se remolcaban por largo y muy abiertos por los costados, desde una pieza firme a la extremidad inferior de la roda del buque. Primero apartaban el cable de amarre del flotador de la mina y luego lo seccionaban, haciendo subir la boya a la superficie, donde teóricamente quedaba desactivada y, al hacerse visible, era fácil de hundir a tiros. Estos mecanismos ya no se utilizan.

con igual rapidez cayó sobre el inmóvil destructor un diluvio de proyectiles que lo arrasaron y dejaron ardiendo en pompa de proa a popa. Aunque convertido en una crepitante antorcha, el *Koellner* siguió haciendo fuego desde la toldilla con el único cañón que no había sido inutilizado, hasta que uno de los proyectiles del *Warspite* lo arrancó literalmente de la cubierta. Por si fuera poco, recibió un torpedo, y el acorazado terminó de aniquilarlo con varias salvas de sus cañones de 381 mm. Gran parte de la valerosa dotación alemana resultó muerta o gravemente herida.

De nuevo se hizo el silencio de muerte en el fiordo de Ofot, y los buques británicos prosiguieron hacia Narvik a 12 nudos. De dicho puerto fueron saliendo los destructores alemanes *Arnim, Zenker* y *Luedemann*, que se hallaban indemnes, a los que se unió el *Kunne*. Para sus dotaciones el espectáculo era de los que sobrecogen el ánimo. Sobre el fiordo se cernía como un muro de gigantescas y sombrías nubes de gran estructura vertical, que daban a las aguas y a las nevadas orillas un tétrico aspecto. Y sobre la tersa superficie se veían avanzar, como ángeles negros y exterminadores, las oscuras y afiladas siluetas de nueve destructores enemigos que precedían a la mole inmensa y amenazadora de... ¡un acorazado! Aquellos hombres claramente comprendieron que iban a librar un combate de antemano irremisiblemente perdido, pero ello no rebajó en un ápice su valor y disposición a luchar hasta el fin.

Los destructores ingleses navegaban ahora aproximándose en dos columnas, y al abrirse el fuego a unas diez millas de Narvik comenzaron a zigzaguear, no sólo para evitar ser centrados por el fuego alemán y esquivar los torpedos que contra ellos pudieran lanzarse, sino con objeto de disparar también con sus piezas poperas.

Por su parte, los alemanes navegaban de una y otra vuelta entre las dos orillas del fiordo, presentando siempre el costado a sus adversarios, en una buena posición táctica para disparar con todos sus cañones.

Siempre que el humo y la visibilidad se lo permitían, el *Warspite* hacía fuego con sus piezas de 381 y 152 mm, y el buque guía inglés, que era el *Hero*, navegaba imperturbable, siempre al mismo rumbo, resultando pronto centrado por el fuego alemán. Sin embargo, aunque constantemente rodeado por los piques que levantaban las granadas enemigas, y con gran sorpresa de su propia gente, no recibió ni un solo impacto. Pero los demás no tuvieron tanta suerte.

Un torpedo germano pasó exactamente bajo la quilla del *Cossack*, a la altura de la chimenea de proa. De haber funcionado su espoleta magnética, habría partido al buque por la mitad. Otros varios artefactos submarinos alemanes no lograron tomar su profundidad de regulación y surcaron las aguas en superficie, inútilmente. Pero varias granadas alemanas cayeron tan próximas al *Cossack* que agujerearon profusamente su casco, produciéndole bajas y entradas de agua. Uno de los sollados de marinería quedó inundado algo menos de medio metro, y el agua comenzó a filtrarse hasta los pañoles de municiones situados debajo, cuyos sirvientes, inicialmente alarmados, ya que trabajaban bajo la línea de flotación, siguieron enviando alegremente proyectiles por los ascensores cuando se les aseguró que no había mucha agua sobre sus cabezas. Este buque resultó centrado dieciséis veces en diez minutos, y aunque el agua levantada por las granadas alemanas se desplomó frecuentemente a bordo, no recibió ningún impacto directo.

El *Punjabi*, en cambio, resultó alcanzado varias veces, recibió uno de los proyectiles en una cámara de calderas y tuvo que retirarse del combate. Pero pudo volver a incorporarse una hora más tarde. Prescindiendo de la formidable artillería del *Warspite*, cuyos proyectiles levantaban unos surtidores de agua y espuma cinco veces más altos que los mástiles de los buques alemanes y cuyos terribles estampidos parecían poner en conmoción a todo el fiordo noruego, los ingleses tenían una aplastante superioridad artillera en esta fase del combate, con cincuenta y cuatro cañones de 120 mm frente a veinte de 127 mm; así que los germanos, verdaderamente abrumados, combatían retirándose constantemente hacia el fondo del fiordo, aunque todavía sin ser alcanzados por los disparos enemigos.

* * *

Desde lo alto del promontorio que protege Narvik de los vientos que se encañonan desde la mar y que domina todo el fiordo de Ofot, un puñado de curiosos aunque amedrentados noruegos, a despecho de alguna bala perdida, contemplan el impresionante espectáculo. La atmósfera del fiordo estaba como salpicada de negras vedijas de humo procedentes de los cañonazos y las explosiones de los proyectiles. El siniestro y fuerte aullido de las granadas que volaban raudas era casi ininterrumpido, destacando de vez en cuando el formidable bramar de los proyectiles que escupía el acorazado inglés, que desde allí y por comparación semejaba un gran castillo flotante. Catorce buques de guerra vomitaban continuamente llamaradas rojizo-amarillentas, mientras iban trenzando serpenteantes y blanquecinas estelas sobre las tranquilas aguas, tenazmente perseguidos por los mortíferos y pálidos piques. Y por si el ruido, el humo y la confusión reinantes en el fiordo no fueran bastantes, en aquellos momentos roncaron diez aviones que enviaba el *Furious*, los cuales inmediatamente comenzaron a descargar sus bombas sobre los buques alemanes, sin otro efecto que levantar grandes surtidores, pero siendo tan animosamente correspondidos, que dos de ellos, dejando una negra estela de humo, se desplomaron sobre el fiordo como oscuros Ícaros de fundidas alas.

Ya penetraban los cuatro destructores alemanes en el fiordo de Herjangs, cuando empezaron a salir de Narvik, a medida que habían podido levantar presión en las calderas, los dos destructores que quedaban. Primero el *Giese*, navegando muy despacio, pues tenía las máquinas muy averiadas, que resultó inmediatamente alcanzado y quedó al garete, convertido en una verdadera hoguera, y luego el *Thiele*, que se unió a los que se dirigían hacia el Nordeste. Pero los proyectiles disminuían a ojos vistas en los pañoles de los destructores alemanes, y cuando se agotaron por completo en cuatro de ellos, todos arrumbaron al fiordo de Rombaken, como había sido previsto, para embarrancar y salvar a las dotaciones.

Entonces resultó alcanzado el *Kunne*, tan gravemente, que se dirigió a la orilla para varar, recibiendo después un torpedo del británico *Eskimo*. Los destructores *Zenker, Luedemann, Arnim* y *Thiele* desaparecieron de la vista de los ingleses y se hizo una pequeña pausa en el combate, mientras el *Giese* seguía ardiendo bajo un impresionante palio de humo negro y su dotación lo abandonaba arrojándose al agua por ambas bordas. Entonces el *Cossack* y el *Foxhound* se dirigieron hacia Narvik para atacar al único buque alemán que quedaba dentro del puerto, en las condiciones que ya conocemos, mientras otros cuatro destructores ingleses se metían en el fiordo de Rombaken tras sus congéneres alemanes.

Una vez más en aquel aciago día se produce un dramático y sospechoso silencio en el fiordo de Ofot. Los del *Cossack*, que va en cabeza, saben dónde se encuentra amarrado al muelle el *Roeder*, y a bordo de éste, los dos cañones de proa apuntan ya hacia la entrada del puerto. Unos y otros adversarios, hieráticos, tienen las manos en los gatillos de disparo. La punta de Ankenes desfila próxima y rápida por el costado de estribor del destructor inglés, y de pronto, bruscamente, a unos dos mil metros de distancia, los enemigos mutuamente se avistan.

—*Fire!* —ordena el comandante del buque británico.

—*Los!* —ruge simultáneamente el primero de a bordo en el destructor alemán.

«¡Braamg...!» Un trueno y una maloliente bofetada de humo y restos de cordita sacuden exactamente al mismo tiempo a ingleses y alemanes. Pero los ocho cañones del *Cossack* fallan el tiro, que resulta corto, aunque los germanos no yerran el suyo. Un proyectil hace explosión en la camareta de suboficiales del *Cossack*, matando o hiriendo a la mayor parte del trozo del municionamiento que tiene allí su puesto, y otro estalla en el sollado situado debajo, inutilizando los ascensores de los dos montajes proeles de 120 mm, cuyos sirvientes tienen que echar mano de los proyectiles de las cajas de urgencia. También resultaron heridos varios artilleros del montaje «B».

Pese a todo, los alemanes sólo pudieron disparar tres o cuatro salvas antes de ser puestos fuera de combate y echados a pique con torpedos, pero el resultado de las mismas tuvo graves consecuencias para el *Cossack*. Una granada estalló en la cámara de calderas de proa, matando a todos los fogoneros que allí estaban y seccionando los guardines del servomotor de gobierno, quedando el buque al garete. Otro proyectil dejó sin corriente los circuitos de la dirección de tiro, y otro más hizo explosión junto a la chimenea, acribillando el puente con cascotes de metralla. Mientras tanto, el buque inglés seguía navegando a buena velocidad dentro del puerto, milagrosamente sin abordar a ninguno de los buques mercantes fondeados. Los telégrafos de máquinas se pusieron en «Atrás toda», pero no reaccionaron, y el buque, a unos doce nudos de andar, se vino a clavar, de proa y con un lastimoso crujido, en la parte sur de la ensenada de Narvik.

Todos los intentos de ponerlo a flote fallaron por el momento, y de pronto se produjo un formidable estampido a pocos metros de donde el *Cossack* se hallaba aprisionado, levantando una catarata de agua y fango. Los ingleses pensaron en alguna bomba y dieron la alarma aérea. Pero fuera del puerto, el *Kimberley* parpadeaba lacónico por semáforo: «*Sorry*». ¡Un torpedo lanzado contra el abandonado *Giese* había estado a punto de alcanzar al *Cossack*!

Pero dejemos allí este buque, que logrará ponerse a flote con la pleamar de la madrugada siguiente y llegar renqueando a Inglaterra, y dirijámonos al fiordo de Rombaken.

Este brazo de mar tiene unas diez millas de largo, y en su parte central sufre un estrechamiento, que hoy cruza un puente, donde existen algunos bajos y la corriente de marea tira con mucha fuerza. De los cuatro destructores alemanes que se habían refugiado en él, tres estaban prácticamente indemnes, pero no les quedaban ya torpedos ni un triste proyectil a bordo. Así que sus tripulantes lo vararon en las piedras del saco del fiordo, dejaron prendidos los cebos de las cargas de demolición, vadearon como buenamente pudieron las frías aguas que les separaban de la tierra firme y treparon por la nevada y pina ladera. Al llegar a una distancia prudencial se volvieron para mirar y, con un triste peso en los corazones, pudieron contemplar cómo sus queridos y fieles buques, que con tanta seguridad les habían anteriormente llevado hasta las costas inglesas para fondear minas delante de los puertos enemigos al amparo de las sombras, y luego traído, en aquella salvaje galopada, tan lejos de su querida patria, se estremecían y destrozaban, víctimas de sus propias cargas de profundidad y de demolición. Y a más de un marino alemán se le haría un fuerte nudo en la garganta, pues todo hombre de mar enamorado de su profesión llega a cobrar un verdadero cariño al acerado compañero con el que tantas aventuras y riesgos ha corrido.

Pero puesto que los alemanes ya no podían defenderlos, había que evitar, aun a costa del doloroso sacrificio, que los destructores pudieran caer intactos en manos del enemigo. Unas violentas explosiones, pedazos de acero que vuelan por los aires, algunos postreros estremecimientos, y los tres buques de guerra, cuerpos sin alma, pues ésta la constituyen sus dotaciones, quedan para siempre abandonados en el desolado y frío rincón ártico. Y los marinos emprenden el camino de Narvik, donde tendrán que seguir combatiendo por mucho tiempo todavía: hasta el 10 de junio.

Pero al *Thiele*, último destructor salido de Narvik, aún le queda un torpedo y algunas municiones, y su comandante piensa que no es cosa de desperdiciarlas. Así que al pasar en el último lugar por el estrecho de Straumen, deja caer al agua varias boyas de humo y continúa navegando fiordo adentro hasta unos cuatro mil metros de distancia. Allí queda inmóvil, atravesado al fiordo, al acecho, en espera de lo que surja a través de la tupida cortina de humo.

Los marinos británicos no pueden ver lo que hay al otro lado de Straumen, pero el *Warspite*, que también ha entrado en el fiordo de Rombaken, catapulta a uno de sus aviones, cuyo observador pronto informa que hay tres destructores enemigos varados sobre las rocas del fondo del fiordo y que uno más se mantiene parado a cierta distancia de los anteriores. Al mismo tiempo se prepara para intervenir con sus bombas, por si fuera necesario. Pero el almirante ordena a los destructores que entren en el último tramo del fiordo, y dichos buques, con el *Eskimo* en cabeza, se aproximan con cautela y atraviesan la humareda.

Tan pronto surge la afilada y grisácea proa del *Eskimo*, rompen el fuego los alemanes con todas sus piezas y lanzan el único torpedo que les queda. A los tres minutos de intensísimo cañoneo por ambas partes, el solitario artefacto submarino alemán alcanza al destructor inglés y le vuela la proa, matando a todos los sirvientes del montaje «A» de 120 mm y a varios hombres del servicio de municionamiento. Delante del puente del destructor inglés sólo queda, en precario y como sorprendido, el montaje «B». El resto es un amasijo de hierros que se ha hundido en el agua,

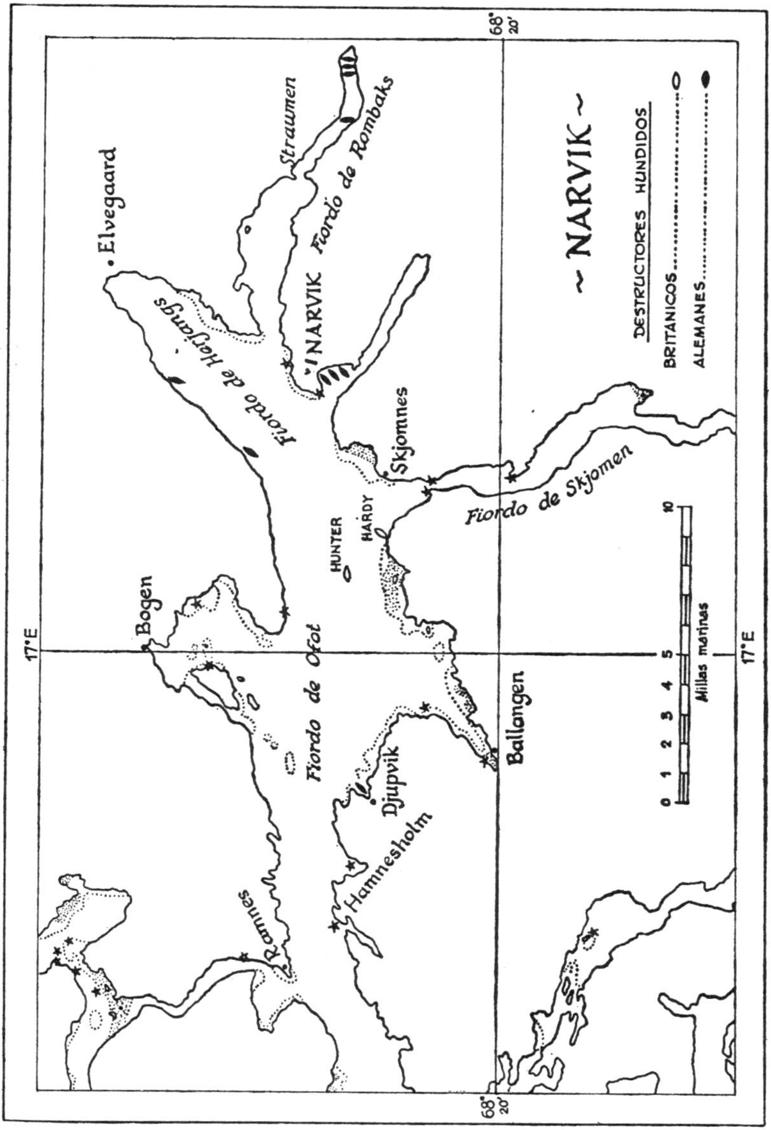

Fiordos próximos al puerto noruego de Narvik y situación de los destructores alemanes y británicos hundidos durante los combates de los días 10 y 13 de abril de 1940.

pero que de alguna manera queda colgando del buque, y cuando éste repasa el estrecho de Straumen ciando[1] con las máquinas, la destrozada proa toca el fondo y lo inmoviliza. Allí quedaría hasta la pleamar de la madrugada.

Los otros tres destructores ingleses han cortado también la nube de humo, uno de ellos navegando de popa, pues tiene los dos montajes proeles inutilizados por los impactos alemanes, y, tras unos minutos más de duelo artillero, el *Thiele* se encuentra sin municiones, ha sido repentinamente alcanzado y tiene a bordo varios incendios. Era el último de los diez destructores que tan sólo cinco días antes entraron en Narvik a las órdenes del comodoro Bonte que todavía quedaba a flote. Su comandante pone las dos máquinas en avante toda y lo estrella contra la rocosa orilla meridional del fiordo, cuando el buque ya había alcanzado, en tan poco espacio de agua, los 20 nudos de velocidad. Sus hombres lo tienen que abandonar entre el estallar de las granadas enemigas.

Aquella misma tarde, en vista del duelo que se entabla entre el inmovilizado *Cossack* y los soldados alemanes, y puesto que los ingleses tiran sin contemplaciones sobre cualquier punto sospechoso, la población de Narvik abandona en masa la ciudad. Y así se cierra el que podemos considerar tercer acto del drama naval de Narvik.

* * *

Descendamos ahora por la accidentada costa de Noruega y retrocedamos en el tiempo, para ir viendo la suerte de los demás desembarcos alemanes, sin perder de vista que todos los hechos que vamos a relatar fueron simultáneos y tuvieron precisamente lugar en la madrugada del día 9 de abril, la misma en que, una vez hundidos los dos guardacostas-acorazados noruegos por los buques del comodoro Bonte, las tropas del general Dietl desembarcan sin oposición en Narvik.

En la tarde del 8 de abril, el crucero pesado *Hipper* catapultó a uno de sus tres aviones, a fin de que reconociera el fiordo de Trondheim. Era una misión sin retorno, pues con la marejada existente no se le podría recoger después. El aparato comprobó que no existían fuerzas navales noruegas ni británicas, transmitió su informe y amerizó en el fiordo, siendo sus tripulantes internados por las autoridades noruegas.

A unas treinta y cinco millas al noreste de Trondheim existían dos fuertes de los que dependía la defensa de la ciudad: el de Brettingen, situado mar afuera, y el de Hysenes, algo más adentro, ambos en la orilla

1. Ciar: dar atrás.

norte del fiordo, que allí tiene algo menos de dos millas de anchura. Sus guarniciones habían sido alertadas a la una de la madrugada del día 9, y dos horas después recibieron aviso de que llegaban buques de guerra alemanes. Por su parte, éstos tuvieron noticias de que se combatía encarnizadamente en el fiordo de Oslo y se dispusieron para lo peor. Dejaron la población de Agdenes por estribor y, al caer luego a la misma banda para embocar la parte del fiordo que con una dirección casi sur conduce a Trondheim, descubrieron que el estrecho se hallaba perfectamente iluminado por potentes proyectores luminosos pertenecientes a las baterías de los fuertes noruegos, que con sus haces lo barrían de una a otra orilla. ¿Qué hacer?

El capitán de navío Heye, comandante del *Hipper*, ordenó aumentar la velocidad a 25 nudos, encender las luces de navegación y transmitir en inglés una cantinela por semáforo con objeto de ganar tiempo. Sólo lo consiguió en parte, pues, al estar a la altura del fuerte de Brettingen, éste abrió fuego. El crucero alemán replicó inmediatamente con sus ocho cañones de 203 mm, con tan buena suerte para los germanos, que su primera andanada seccionó el cable eléctrico que alimentaba los proyectores de los dos fuertes, que bruscamente quedaron sumidos en las tinieblas. Deslumbrados, los artilleros noruegos no lograron acertar a los buques que ya se colaban vomitando fuego y a toda velocidad. Inmediatamente, los destructores dejaron caer boyas de humo por su popa, y... los alemanes escaparon indemnes, si bien es cierto que la batería de Hambaara, situada en la orilla sur, inexplicablemente no había hecho fuego. ¿La mandaba quizás algún partidario de Quisling?

Uno de los destructores alemanes, el *Riedel* (1.625 toneladas), quedó ahora atrás para desembarcar a un grupo de soldados encargados de tomar de revés los fuertes de la orilla norte, pero esta vez fue alcanzado por los disparos del de Hysnes y, para evitar que se fuera a pique, su comandante lo tuvo que embarrancar.

El *Hipper* y los tres destructores pusieron sus tropas en Trodheim a las siete de la mañana, ocupando rápidamente la ciudad, que no ofreció resistencia. Pero la toma de los fuertes llevó más tiempo del previsto; el *Hipper* tuvo que intervenir con su artillería, y no pudo hacerse a la mar hasta la medianoche del día 10, en solitario, pues el único destructor que le acompañó tuvo que regresar debido al pésimo estado de la mar, y los otros no pudieron petrolear, ya que aún no habían llegado los transportes. El crucero arrumbó al noroeste a gran velocidad hasta después de la amanecida, y luego tiró hacia el Sur. El Alto Mando alemán había proyectado que este buque y los dos acorazados se hicieran notar en el Ártico para tratar de arrastrar hacia allí a las fuerzas navales británicas, pero, debido al retraso del *Hipper* y a las avería recibidas en éste y en el *Gneisenau*,[1] canceló la operación. El día 12, a las 0830, el crucero pesado alemán se incorporó a los acorazados, que ya habían cortado el paralelo de los 70° Norte y llegado hasta la isla de Juan Mayen, y los tres buques entraban el mismo día en Wilhelmshaven. Pese a haber sido descubiertos por un avión de reconocimiento británico poco después de la incorporación del *Hipper*, la *Home Fleet* no les pudo dar caza, y aunque la RAF envió contra ellos a una potente formación de noventa y dos bombarderos, las nubes ocultaron esta vez a los buques germanos y todos los explosivos ingleses tuvieron que ser inútilmente arrojados al agua.

* * *

De Norte a Sur, el tercer puerto noruego que los alemanes habían decidido ocupar fue el de Bergen, situado en el mismo paralelo de las islas Shetland y a tan sólo doscientas millas de Scapa Flow. Procediendo del Sur, la derrota más corta, de las varias disponibles, atraviesa el fiordo de Kors, al sur de la isla de Sotrö. La niebla favoreció la travesía del grupo germano, que poco después de la medianoche avistó las luces de varios faros y pudo situarse con exactitud. Si embargo, al aproximarse a la farola de Marstein, asentada en lo más alto de una formidable y solitaria roca contra cuyos acantilados se estrellaba la mar con furia, bruscamente se apagaron todas las luces de la costa. ¿Qué había sucedido? Pues que tras el interrogatorio de los náufragos del *Río de Janeiro* y las advertencias de Londres, los noruegos habían alertado a las baterías de costa y ordenado apagar todas las farolas situadas al sur de Bergen. Sin embargo, no se decidieron a fondear las minas previstas en los planes de defensa, lo que fue un grave error.

Desde Marstein hasta Bergen hay que navegar unas veinticinco difíciles millas, entre traidores bajos, islas, islotes, corrientes y estrechos, lo que de noche, sin prácticos ni otras luces que las automáticas de las boyas y pequeñas farolas, es faena arriesgada. De hecho, la formación naval alemana tuvo que detenerse casi por completo en varias ocasiones para tratar de hallar su derrota entre el dédalo de los fiordos.

Cuando se iniciaba la amanecida, poco antes de llegar a las baterías de Kvarven, el grupo del contraalmirante Schmundt paró sus máquinas y

1. Lütjens no quiso emplear la radio para dar cuenta de las averías sufridas por el Gneisenau, pero el día 10 se catapultó uno de los aviones, que llevó un mensaje hasta Trondheim, en el preciso límite de autonomía del aparato.

Botadura del crucero pesado alemán *Prinz Eugen*, el 20 de agosto de 1938.

Pruebas de mar del *Prinz Eugen*, de 14.670 toneladas estándar.

Maniobras de la Escuadra británica en el Mediterráneo, en la primavera de 1939. En primer término, las torres de cañones de 40 centímetros del acorazado *Nelson*.

Maniobras de la «Home Fleet» en el Atlántico, en 1939. Un acorazado encapillando un buen cáncamo.

Ejercicios de tiro del acorazado británico *Nelson*, de 34.000 toneladas, unos meses antes de comenzar la segunda guerra mundial.

El crucero ligero alemán *Königsberg*, que participó en la invasión de Noruega y fue hundido en Bergen.

El crucero de batalla francés *Strasbourg*, gemelo del *Dunkerque*, de 26.500 toneladas. Buques construidos para batir a los acorazados «de bolsillo» alemanes de la serie *Deutschland*.

El portaaviones británico *Courageous*, hundiéndose en el Atlántico Norte, después de haber sido torpedeado por el submarino alemán *U-29*.

Adolf Hitler recibiendo en Wilhemshaveen a la dotación del U-29, que había hundido al portaaviones británico *Courageous*.

Destructores alemanes navegando por el mar del Norte para fondear un campo de minas, durante la noche, frente a la costa británica.

Un minador británico disponiéndose a fondear un barraje de minas de orinque en el canal de la Mancha.

El *Bismarck* disparando contra el crucero de batalla británico *Hood*, de 42.000 toneladas, en la mañana del 24 de mayo de 1941.

El acorazado *Bismarck* en armamento durante el verano de 1940. Obsérvese que faltan las dos torres principales directoras del tiro, los telémetros y el radiotelémetro de proa.

Lancha torpedera germana navegando a 40 nudos. Obsérvense las portas de los tubos de lanzar.

El crucero de batalla británico *Renown,* de 32.000 toneladas, que combatió contra los acorazados alemanes *Scharnhorst* y *Gneisenau* durante la invasión de Noruega.

El destructor británico *Glowworm,* bajo el fuego del crucero pesado alemán *Admiral Hipper,* momentos antes de estrellarse contra éste, en el mar de Noruega, el 8 de abril de 1940.

Aspecto del puerto de Narvik, el 10 de abril de 1940, después del ataque de la 2.ª Flotilla británica. En primer término, dos destructores alemanes.

El crucero pesado alemán *Admiral Hipper* surca el Atlántico Norte, en febrero de 1941, buscando presas.

Mal tiempo en el Atlántico para el acorazado alemán Gneisenau, que en el invierno de 1941 hizo la guerra al tráfico.

El acorazado alemán *Tirpitz* navega por el océano Glacial Ártico, en abril de 1943, envuelto en un sudario de hielo.

El submarino británico *Shark*, momentos antes de hundirse frente a Stavanger en 1940, después de ser gravemente averiado por unidades germanas. Al fondo, un patrullero alemán.

El crucero alemán *Blucher*, de 14.260 toneladas, que transportó tropas hasta el fiordo de Oslo y fue allí hundido por las baterías de costa noruegas.

quedó al amparo de unos altos acantilados que le ocultaban de Bergen. El crucero *Königsberg* empezó a desembarcar sus tropas, que fueron llevadas a tierra en las lanchas torpederas y cuyo objetivo eran las baterías de costa noruegas. Pero se hacía tarde, y como había que entrar puntualmente en Bergen para coincidir con los aviones, la formación dejó atrás al crucero y prosiguió su navegación. En estos momentos recibió el grupo alemán noticias de que se combatía en Oslo.

Al entrar los buques en el fiordo de Byf, abrieron fuego las baterías noruegas de 210 y 100 mm, alcanzando con varios impactos al crucero *Köln,* al *Bremse* y al *Karl Peters*. Igual suerte sufrió poco después el *Königsberg*, que resultó averiado en las máquinas y no pudo volver a hacerse a la mar, lo que daría origen a su hundimiento por la Armada británica.

No obstante, todos los buques alemanes consiguieron llegar a Bergen, y la población de esta ciudad tuvo un sobresaltado despertar. Las baterías de costa próximas al puerto rompieron también el fuego sobre los buques germanos, y éstos sobre aquéllas, y los aviones de la *Luftwaffe* descargaban estruendosamente sus bombas sobre los cañones noruegos y, a su vez, eran blanco de la artillería antiaérea de la plaza. Los altos acantilados del fiordo multiplicaban la infernal algarabía, y en tono menor ladraban constantemente las ametralladoras de los soldados recién desembarcados.

Luego, poco a poco, renació la calma. Los grupos alemanes de asalto se fueron imponiendo, y las baterías enemigas quedaron reducidas al silencio. Pese a las averías sufridas por los buques alemanes, creemos que les acompañó la suerte, ya que, por falta de tiempo para prepararlos, los noruegos no pudieron lanzar contra ellos los torpedos de que disponían en Kvarven. En un canal de tan sólo unos cuatrocientos metros de anchura, tales artefactos hubieran resultado mortíferos para los alemanes. Pero antes de quedar listo para su lanzamiento, un torpedo de vapor que ha estado almacenado tiene que rellenarse de aire comprimido, agua y petróleo. Luego hay que regularlo, compleja operación que exige muchas horas de cuidadoso trabajo; colocarle el giróscopo y después probar su estanqueidad. Finalmente, hay que empernarle la cabeza de combate y su espoleta. Una vez en el tubo, hay que introducirle los datos de tiro: velocidad, carrera (es decir, alcance), profundidad a que se quiere que navegue y ángulo táctico (o de giróscopo).

El crucero *Köln* y los dos torpederos de 800 toneladas entraron en Wilhelmshaven en la mañana del día 11, habiendo zarpado de Bergen por otros derroteros que a la llegada, pues un minador alemán disfrazado de barco maderero consiguió llegar a Bergen el día 9, detrás de la agrupación germana, y fondear sus minas en los puntos previstos.

Como ya sabemos, el *Königsberg* no pudo aparejar, y aunque los bombarderos de la RAF no lograron ningún impacto sobre él en la tarde del día 9, sí lo hicieron los aviones en picado *Skua* de la aviación naval británica salidos de la base aeronaval de Hatson, en las islas Orcadas, casi en el límite del radio de acción de los aparatos. Quince *Skuas* llegaron sobre Bergen en la mañana del 10, alcanzando con tres bombas al averiado e inmóvil crucero, que tres horas después se hundió en las profundas aguas del puerto. Como ya hemos visto, y seguiremos viendo, Noruega se convertiría en un verdadero cementerio de buques de guerra alemanes.

Este mismo día, el portaaviones *Furious* montó un ataque contra los buques enemigos que habían quedado en Trondheim. Dieciocho aparatos *Sworfish* armados con torpedos lanzaron contra dos destructores alemanes, pero no lograron impactos y regresaron al portaaviones, que, como ya sabemos, se dirigió seguidamente a Narvik. Dos destructores de la *Home Fleet* tantearon poco después las baterías de Trondheim, pero ya estaban en manos alemanas y tuvieron que retirarse.

* * *

El grupo germano destinado a Egersund no sufrió el menor contratiempo. No así el de Kristiansand. Ya sabemos que éste estaba constituido por el crucero ligero *Karlsruhe*, tres torpederos de 800 toneladas, siete lanchas rápidas y el buque de apoyo *Tsingtau*, de 1.970 toneladas (dos piezas de 88 mm y cuatro ametralladoras antiaéreas). El grupo alemán se aproximó a la costa poco después de las cuatro de la madrugada, pero una niebla impenetrable le impidió la entrada. A través del algodón húmedo y gris era imposible percibir cosa alguna. Y hubo que esperar.

Al amanecer se levantó poco a poco la niebla y se reconoció la estrecha bocana del breve fiordo de Kristiansand. Pero la sorpresa ya no era posible, pues la luz del día señalaba perfectamente la formación alemana a los artilleros noruegos del fuerte de Odderö, situado fiordo adentro, sobre un acantilado. Y el fuerte tenía doce cañones de 240, 210 y 150 mm. Apenas rebasados los faros de la entrada se ven confirmados los temores de los alemanes. Por encima del fuerte surge una bengala roja, y un trueno imponente rueda después por el fiordo. Los cañones han hablado, y los proyectiles noruegos comienzan a caer por la proa del *Karlsruhe*, que al aproximarse sólo puede hacer fuego con su torre triple de proa. Y se entabla un duelo entre el fuerte y el crucero, que da comienzo a una distancia de 8.000 metros y termina, a los 6.500..., con la retirada de los buques de guerra alemanes, pues el almirante comprende que aproximarse más resultaría insensato.

Poco después intervienen los aviones de la *Luftwaffe*, y cuando se van se catapulta el avión del *Karlsruhe* para que siga bombardeando y ametrallando al obstinado fuerte, se toma aliento y se vuelve al ataque. Y por segunda vez tienen que alejarse los alemanes de aquel bastión noruego que vomita proyectiles siempre. Las pañoles de la torre «A» del crucero han quedado ya medio vacíos, pero apenas si parece haber disminuido la densidad del fuego enemigo.

Se varía de táctica. Ahora el buque tira desde fuera del fiordo, atravesado al mismo y con sus nueve cañones de 150 mm. Esta tercera vez, el tiro alemán resulta efectivo. Vuelan algunos polvorines en Odderö y sus cañones quedan mudos. ¿Será definitivo aquel silencio? No hay otro medio de averiguarlo que aproximarse a todo evento. ¡Avante! Y entonces, bruscamente, vuelve a echarse una niebla tan espesa que hay que parar las máquinas para no estrellarse contra las piedras del fiordo. Nueva espera, con el horario hecho ya trizas y los nervios de punta. El almirante, los comandantes de los buques y sus oficiales de derrota llevaban treinta horas de pie en los puentes.

Dos horas después comienza a despejar y se destacan de nuevo las orillas. Se aprovecha la oportunidad para transbordar los grupos de asalto a las lanchas torpederas, y éstas se aproximan sigilosamente al fuerte y las ponen en tierra mediante las balsas de goma. Y cuando la niebla levanta definitivamente, igual que se alza el telón en un teatro, la decoración ha cambiado: ¡en lo alto de Odderö ondea la bandera alemana! El fuerte había sido tomado de revés.

El *Karlsruhe* echa el ancla bajo la maciza y sombría mole de Odderö, mientras los torpederos y demás buques entran en el importante puerto pesquero noruego, que, con el concurso de la *Luftwaffe*, cae pronto en poder de los germanos. A las siete de la tarde zarpan el crucero y los tres torpederos (el cuarto había sido destacado a Arendal), y no ha transcurrido una hora de navegación en zigzag cuando el submarino británico *Truant*, mandado por el capitán de corbeta Hutchison, que ha conseguido aproximarse hasta corta distancia del *Karlsruhe* después de navegar durante veinticinco minutos a todo lo que daban los motores eléctricos, pues inicialmente se hallaba en mala posición táctica, le lanza a las 0856 una salva de diez torpedos: ¡todos los que llevaba en los tubos!

Sus estelas son descubiertas por los serviolas alemanes, y el crucero mete toda la caña del timón a estribor y aumenta su andar, tratando de esquivar los peligrosos artefactos. Así se desgranan unos segundos que resultan interminables para los marinos alemanes. Pero resulta muy difícil, casi imposible, librarse de una salva de torpedos bien dirigida y lanzada desde corta distancia. Las burbujas de vapor se aproximan a una velocidad vertiginosa, y muy por delante de ellas navegan los invisibles torpedos, que van trenzando una red mortal. Y llega lo inevitable. Uno sólo de los diez metálicos delfines alcanza el buque alemán. Se escucha un estampido y, del costado del estribor, a la altura de la sala de máquinas surge una llamarada y una gran columna de agua. Pero el solitario impacto es demoledor. Las dos turbinas principales y los dos motores diesel de que disponía el crucero para su propulsión son incapaces de mover ya los desalineados ejes, y el timón ha quedado agarrotado con 35° de caña a una banda. Tras describir una circunferencia sobre las aguas, el buque pierde totalmente la arrancada y se para.

Mientras febrilmente se trata de detener la entrada del agua y reparar las averías, los tres pequeños destructores se disponen a impedir la repetición del ataque. Y, efectivamente, cuando el *Truant* asoma un momento el periscopio, después de recargar los tubos, es descubierto e inmediatamente atacado con cargas de profundidad, y a duras penas consigue el buque inglés escapar navegando a gran profundidad.

Pero dos horas después del torpedeamiento, a bordo del *Karlsruhe* ya no hay nada que hacer. En las condiciones en que se halla es imposible que un torpedero de 800 toneladas lo pueda remolcar. Aquellas aguas están infestadas de submarinos enemigos. No se puede esperar, y sólo queda tomar una dolorosa decisión: echarlo a pique. Los torpederos se atracan a su costado uno tras otro, sin cesar la vigilancia antisubmarina, y toman primero a los heridos y luego los documentos secretos, la bandera de combate y el resto de la dotación. Y el crucero queda abandonado, un tanto escorado a estribor, inmóvil y silencioso. El *Greif* se aleja unos centenares de metros y... lo torpedea. El *Karlsruhe* se estremece, da la voltereta y se hunde en cuatrocientos metros de agua, muy cerca de la costa noruega, en el Skagerrak, llevándose sus once muertos. Durante cierto tiempo, en el lugar del hundimiento se vieron unos remolinos; después nada. Era un hermoso crucero, que en tiempos de paz había paseado orgullosamente la bandera alemana por todo el globo, pero que tuvo que ser rematado precisamente por otro buque de guerra alemán.

* * *

Y llegamos a Oslo, la capital de Noruega, situada al fondo de un gran fiordo de más de cien kilómetros de longitud, orientado de Norte a Sur. La entrada de este fiordo se hallaba defendida por baterías de 305 mm situadas, en sendos fuertes, sobre las islas Rauöy y Bolearne, cuyos fuegos podían cruzarse. Su misión era proteger el campo de minas submarinas previsto en los planes de defensa para caso de guerra, pero que en la noche del 8 al 9 de abril de 1940 no se hallaba fondeado.

Desde Rauöy hasta la península de Hurum, que prácticamente secciona la parte más ancha del fiordo para formar dos estrechos brazos de mar, uno de los cuales conduce a Dramen y el otro a Oslo, existe una distancia promedio entre ambas orillas de unos diez kilómetros. En la orilla de poniente se encontraba el arsenal de Horten, el mejor de que disponía la Armada noruega en 1940.

El brazo del fiordo que conduce a Oslo sólo tiene, hasta llegar a la isla de Haöy, una anchura de unos dos kilómetros. Antes de alcanzarla existían otros dos fuertes: el de Drobak, situado en tierra firme, y el de Oscarsborg, sobre un pequeño islote. Este último, construido durante la guerra de Crimea, fue considerado entonces el más potente de la Europa septentrional.

El grupo alemán, cuyo grueso lo componían el crucero pesado *Blucher* (14.260 toneladas), el acorazado de bolsillo *Lutzöw* (12.300 toneladas) y el crucero ligero *Emden* (5.600 toneladas), se aproximó al fiordo hacia la medianoche, encontrando encendidas las farolas de entrada: Lille Faerder y Torbjörnskjör. Pero la satisfacción de los alemanes duró poco tiempo, pues se apagaron en seguida. En cambio al aproximarse a Rauöy se iluminó a los barcos alemanes con proyectores, al mismo tiempo que se les disparaban varios cañonazos. Los recién llegados no contestaron al fuego, pero dirigieron los haces de sus potentes reflectores de arco sobre el fuerte, y los escandinavos, dudando si se trataría de buques de guerra ingleses, hicieron alto el fuego y apagaron los suyos. Con ello, el grupo germano pudo entrar sin dificultades en el fiordo, y esta actitud de los fuertes creó un clima de optimismo a bordo del *Blucher*, donde se creyó que los noruegos no ofrecerían resistencia. Como veremos, ello traería funestas consecuencias para los invasores.

El puente del buque insignia alemán, el *Blucher*, iba tan abarrotado como una colmena. Además del contraalmirante Oskar Kummetz y su plana mayor, el capitán de navío Woldag, comandante del buque, y los oficiales del crucero, se encontraban un general del Ejército y otro de la *Luftwaffe*, con sus respectivos estados mayores.

Una vez pasado el primer peligro aparecieron varios patrulleros noruegos, uno de los cuales, el *Pol-III*, un ballenero de 214 toneladas, reconoció al *Blucher* con su proyector y señaló inmediatamente por radio que los buques de guerra que entraban eran alemanes. Como no cesaba de transmitir y seguía dirigiendo su indiscreto y delator chorro luminoso sobre el crucero pesado, el almirante ordenó a uno de los torpederos que lo echara a pique. Al verse agredido, el comandante del patrullero respondió al fuego y embistió violentamente a su enemigo, siendo poco después hundido por éste. El agua fría y oscura del fiordo de Oslo se cerró en la noche sobre el pequeño buque de guerra noruego, que se llevó consigo a su intrépido comandante. Pero los alemanes estaban ya descubiertos.

No obstante, después de parar las máquinas y transbordar los grupos de asalto a los dragaminas y torpederos, para que éstos los pusieran en tierra y los infantes tomasen los fuertes exteriores y el arsenal, Kummetz prosiguió la navegación llevando al *Blucher* en cabeza de la formación y al *Endem* en cola. Hay que tener en cuenta que el primero era el buque más moderno con que contaba la Armada alemana y uno de los más valiosos, especialmente para hacer la guerra al tráfico de altura, mientras que el segundo era el más viejo de toda la flota de la posguerra y el crucero de menos valor militar. Teniendo que atravesar todavía un estrecho de menos de una milla de anchura, flanqueado por dos poderosos fuertes, habiendo sido descubierta y señalada la identidad de sus buques, e ignorando cuál sería la reacción noruega, la decisión adoptada por el almirante alemán: llevar al *Blucher* en vanguardia, nos parece, sencillamente, un grave error. Y es indudable que, al aproximarse de esta guisa a los fuertes noruegos, hizo más alarde de valor que de serenidad. Tal vez si aquellos dos generales de otros ejércitos no hubieran estado a su lado habría obrado de otra manera. Pero cuando se supone que el propio valor está en entredicho, es difícil actuar con ecuanimidad.

El *Blucher* iba abarrotado de soldados, cajas de municiones y granadas de mano, y según el informe rendido por su comandante el 7 de abril el Alto Mando de la Armada, todavía «no había realizado ejercicios de tiro real con la artillería pesada, ni de zafarrancho de combate, ni instrucción de combate con las máquinas, ni ejercicios de seguridad interior». Razón de más para haberlo situado a retaguardia de la formación alemana que ahora, al iniciarse la amanecida del día 9 en el fiordo de Oslo, se aproximaba a unos fuertes que disponían de cañones de 280 y de 150 mm y de tubos lanzatorpedos, y cuya actitud, habiendo ellos echado a pique a un buque de guerra noruego, no debía ser una completa incógnita para los que llegaban.

La neblina velaba las orillas, ya tan sólo a unos cientos de metros de distancia de los buques de guerra, e impedía distinguir movimiento ni cañón alguno en los invisibles fuertes. Mientras que, para las guarniciones de éstos, los cruceros alemanes se destacaban, en la incierta luz del amanecer, como tres grandes masas oscuras que navegaban cautelosamente a nueve nudos, llevaban todas las piezas orientadas por las dos bandas e iban separadas unos seiscientos metros. Bruscamente, como el ojo de un cíclope, la luz de un proyector noruego cayó sobre el crucero alemán que iba en cabeza: el *Blucher*. ¿Qué iba a suceder?

En los amplios sollados del crucero pesado alemán, los soldados dormían en las literas y coyes de los marineros, cuando, a las 0518 de la mañana, se sintió de pronto un golpe sordo y extraño que hizo retemblar con fuerza a todo el buque y rompió el silencio. Una violenta presión de aire cruzó después los sollados cual ráfaga de muerte. Inmediatamente se escucharon varias explosiones, el buque volvió a estremecerse violentamente y una humareda de malolientes gases pareció penetrar por doquier.

Momentos antes, los que iban silenciosos y pensativos en el puente, tratando de perforar las tinieblas y la neblina con sus prismáticos, vieron cómo, desde la oscura y borrosa orilla que les quedaba por babor, unos rojos y grandes fogonazos partían de la batería de Oscarsborg. Eran los heraldos de las granadas de 280 mm que inmediatamente cayeron a bordo. Un proyectil llegó rugiendo, pasó sobre el atestado puente y estalló más arriba, junto a las direcciones de tiro antiaéreo, arrasándolo todo. Otro alcanzaba casi al mismo tiempo el hangar de los aviones situado a popa de la gran chimenea. El avión que aquél alojaba y el situado sobre la catapulta salieron inmediatamente ardiendo, y el montaje número 3 de 105 mm quedó fuera de combate. Otros proyectiles perforaron el casco y estallaron en el interior del buque.

El comandante del *Blucher* ordenó abrir el fuego y poner las máquinas a toda velocidad. Pero la batería de Dobrak ya disparaba también, y en tan sólo unos cuantos segundos y desde una distancia de unos cuatrocientos a seiscientos metros arrojó veinticinco proyectiles de 150 mm logrando ¡veinte impactos! La artillería pesada del *Blucher* no pudo abrir fuego, por la sencilla razón de que no veía al enemigo. La antiaérea disparaba localmente, apuntando sobre los rojos fogonazos que se divisaban en ambas orillas, pero muy pronto se dudó si eran disparos enemigos o el estallar de las granadas propias contra las rocas.

Los momentos que siguen son de una confusión indescriptible a bordo del crucero pesado alemán. Los estampidos de la artillería aturden; los impactos enemigos hacen estragos entre el personal, destrozan el buque y provocan la voladura de varias cajas de municiones estibadas en cubierta. El *Blucher* se estremece bajo la lluvia de impactos. En el interior, los soldados se colocan apresuradamente su equipo de combate. Una granada noruega alcanza uno de dichos espacios, hace volar las bombas de mano que aquellos hombres ya llevaban encima y produce un verdadero desastre.

Pese a todo, el *Blucher* surcaba las aguas a gran velocidad con su cabellera en llamas. Pero de pronto se sienten dos terribles estampidos de tono más grave que los anteriores, y del costado del crucero surgen dos cataratas de agua. ¡El *Blucher* acaba de ser alcanzado por dos torpedos! Tocado en las calderas, inmediatamente disminuyó su andar y comenzó a escorarse a babor: primero 8°, luego 12°, más tarde 15°. Con gran fragor hacen, poco después, explosión todas las bombas aéreas almacenadas en el hangar. El fuego parece cobrar nuevas energías, y un formidable incendio se levanta en el combés del buque y comienza a avanzar hacia el puente.

Bajo la cubierta, las escenas son dantescas. Hay centenares de muertos y heridos por todo el buque. El agua penetra a borbotones por los enormes desgarros abiertos por los torpedos y las granadas. Los equipos de seguridad interior y de contraincendios luchan denodadamente entre una espesa humareda, casi a ciegas, tratando de sofocar incendios, taponar vías de agua, apuntalar mamparos, corregir la cada vez más alarmante escora y evacuar a los heridos. ¡Pero es una lucha perdida!

El buque, en un postrer esfuerzo, ha conseguido alejarse de los fuertes noruegos, pero después pierde completamente la arrancada hasta quedar parado. Entonces, creyendo que todavía no estaba sentenciado, se arrojó el ancla. Tal vez hubiera sido mejor dejarlo derivar hasta que varase en la orilla, pues se habría evitado el hundimiento y ahorrado muchas vidas. Pero es muy difícil evaluar la verdadera importancia de los daños y, comprensiblemente, su dotación confiaba todavía en salvarlo.

El almirante transfiere el mando del grupo al comandante del *Lützow*. Este buque resultó también alcanzado por los disparos noruegos y sufrió cuantiosas bajas entre la dotación y los cuatrocientos soldados que llevaba a bordo, pero pudo invertir a tiempo el rumbo, seguido por el *Emden*, y alejarse velozmente de los mortíferos fuertes. Después, ya de día y disipada la niebla, entablaría un duelo artillero con las baterías noruegas, desde ocho mil metros, y, con el auxilio de la aviación, las reduciría al silencio. Las fortalezas serían luego asaltadas por los soldados que el acorazado puso adecuadamente en tierra. Pero volvamos al infortunado *Blucher*.

No habían transcurrido sesenta minutos desde que el magnífico crucero de doscientos metros de eslora recibiera el primer impacto, cuando volaba un pañol de municiones, los tanques de combustible ardían furiosamente en el combés y en el alcázar, las municiones estallaban por cubierta como en una traca y, abajo, el avance del agua era imposible de contener. Las llamas se remontaban a mayor altura que los mástiles, y el buque se hundía, se hundía sin remedio. Entonces se ordenó formar a todos sobre el castillo y la toldilla, y allí fueron llegando, como podían, los soldados del Ejército, imperturbables y disciplinados, la inmensa mayoría de ellos a bordo de un buque por primera vez en sus jóvenes vidas, equipados con botas, casco, mochila, careta antigás, bombas, armas y municiones. Era una escena patética. Hubo que hacerles despojarse de todo, y entonces se descubrió que para ellos, cerca de un millar de hombres, no se había embarcado ni un solo salvavidas a bordo. ¡Alguien había pensado en Alemania que hacerlo hubiera podido dar a los espías una pista sobre lo que se preparaba!

Como el fuego amenazaba alcanzar los tubos lanzatorpedos de popa, el oficial torpedista, para evitar un nuevo desastre, los disparó contra las orillas del fiordo, donde hicieron explosión con gran despliegue de ruidos y llamaradas. Las claves y documentos secretos se quemaban apresuradamente a bordo; pero esta vez no hubo necesidad de ir hasta las cocinas para ello. Como los botes estaban destrozados por la metralla, había que salvar a nado la distancia a la orilla, ¡cuando la temperatura del agua era de 2°! La amura de babor del *Blucher* ya estaba sumergida. Muchos hombres que saltaron desde la borda de estribor, que quedaba a una altura de diez metros sobre la superficie del fiordo, por parecerles que sus posibilidades de alcanzar la orilla eran mejores por aquella banda, se sumergieron y no volvieron a salir más: habían sufrido síncopes cardíacos debido a la terrible frialdad del agua y perecido ahogados.

Cuando los náufragos habían recorrido ya, nadando, a remolque de sus camaradas o asidos a cualquier cosa que flotara, la mitad de la distancia que mediaba entre el *Blucher* y la orilla, el crucero se hundió bajo las tranquilas aguas. ¡Había efectuado su primer y último crucero de guerra!

Con él se fueron aproximadamente un millar de hombres, y decimos aproximadamente porque la cifra exacta no se ha sabido nunca.

El fiordo de Oslo es muy profundo y el crucero alemán desapareció por completo, pero durante varios días, sobre el lugar de su hundimiento siguieron elevándose grandes llamaradas y espesas columnas de humo negro, en un extraño incendio alimentado por el petróleo que incesantemente surgía de los rotos tanques.

Hoy el *Bluncher* sigue todavía hundido en el fiordo de Oslo. Su pérdida fue el mayor golpe sufrido por la Armada alemana durante la ocupación de Noruega. Sin embargo, el almirante y los dos generales, así como el comandante del buque y unos mil hombres más, pudieron salvarse, y, aunque con un día de retraso sobre el horario previsto, la capital de Noruega fue ocupada por los alemanes por la mar y por el aire. Pero, debido a dicho retardo, el rey, el Gobierno noruego y las reservas de oro habían podido abandonar la ciudad.

Ningún buque de guerra alemán lleva en 1973 el nombre ilustre del general prusiano. Tal vez porque en 1915 el crucero acorazado *Blucher* también fue echado a pique... en su segundo crucero de guerra.

Pero el grupo del almirante Kummetz sufriría todavía otro grave percance. El acorazado de bolsillo *Lützow*, que ya sabemos había recibido varios impactos al entrar en el fiordo de Oslo, aparejó en la tarde del día 10 para Kiel, siendo torpedeado hacia la medianoche de esa misma fecha por el submarino británico *Spearfish*, al mando del teniente de navío J. H. Forbes. Este buque había estado sometido durante seis horas a un ataque alemán con cargas de profundidad. Después salió cautelosamente a superficie para ventilar, y cuando, entre las sombras, surgió la negra silueta de un gran buque, que sólo podía ser alemán, Forbes le disparó a ojo seis torpedos. El acorazado perdió las dos hélices, quedando el timón agarrotado con 20° de caña a estribor. Embarcó mil trescientas toneladas de agua, hubo que evacuar parte de su dotación y tomarlo a remolque, consiguiendo a duras penas, pues todavía varó en un banco de arena en Kattegat, entrarlo en Kiel en la anochecida del día 13, fuertemente escoltado, donde permanecería fuera de servicio durante todo un año: exactamente hasta el 31 de marzo de 1941.

CAPÍTULO VI

«OPERACIÓN JUNO»

En los capítulos anteriores vimos cómo los primeros transportes alemanes despachados para los puertos noruegos no consiguieron llegar a su destino. Dichos barcos habían sido cargados en Stetin sin disimulo ni enmascaramiento alguno, pero se hizo correr la voz de que iban destinados a la Prusia Oriental.

También sabemos que de Inglaterra habían salido el 4 de abril diecinueve submarinos, que luego ocuparon posiciones en el Skagerrak y parte meridional del mar del Norte, y que uno de ellos, el polaco *Orzel*,[1] había hundido al transporte de tropas alemán *Río de Janeiro*. Estos sumergibles echaron a pique a seis de los siete cargueros pertenecientes al «escalón de salida» de la operación alemana «Weserübung», a dos de los tres grandes petroleros y a uno de los pequeños. De los treinta y ocho cargueros de los «escalones» siguientes, también fueron hundidos por los submarinos aliados siete barcos, así como varias unidades de escolta, entre ellas el buque-escuela de artillería *Brumer* (2.400 toneladas, cuatro piezas de 105 mm, dos de 88 mm, cuatro de 37 mm y 20 nudos de andar).

Sin embargo los germanos pronto emprendieron una eficaz ofensiva en el Skagerrak con buques de guerra y aviones, logrando hundir a tres submarinos ingleses (el *Thisle*, el *Tarpon* y el *Sterlet*) y apresar a otro, el *Seal*. Éste había chocado en inmersión con una mina que le deshizo la proa, mas el mamparo estanco aguantó. Se soplaron los lastres pero con ello no se pudo lograr que el buque viniera a la superficie, por lo que su dotación tuvo que bombear al mar casi todo el combustible de a bordo. De esta manera se logró emerger, pero los motores diesel no quisieron arrancar y el *Seal* quedó aboyado y a merced de los hidroaviones alemanes, que pronto lo localizaron y ametrallaron profusamente. Después llegó un buque de escolta de la *Kriegsmarine*, varios de cuyos hombres pasaron a bordo del submarino británico y lograron cerrar las válvulas de fondo que habían abierto los ingleses para que se fuera a pique, remolcán-

1. Este submarino desaparecería en la mar el 12 de junio de 1940.

dolo seguidamente a puerto. El *Seal* sería reparado y posteriormente utilizado por los alemanes.[1]

La pérdida de cuatro unidades y la intensa vigilancia y contramedidas de la *Kriegsmarine* obligaron a los submarinos aliados a irse retirando del Skagerrak, y para mediados de junio los alemanes habían logrado desembarcar en Noruega 108.000 hombres, 16.000 caballos, 20.000 vehículos y 110.000 toneladas de material, habiendo perdido en tal empresa veintiún barcos mercantes (unas 120.000 toneladas) y 2.400 hombres.

Pero nos hemos anticipado a los acontecimientos. Retrotraigámonos al 9 de abril de 1940, fecha en que los aliados estaban a punto de desembarcar en Noruega. Aunque sus planes se hallaban listos para ser puestos en práctica, los ingleses y los franceses nada tenían previsto para el caso de que los alemanes se les adelantasen, y, ante la rapidez de los acontecimientos que ya hemos narrado, quedaron desconcertados. Pero no todo estaba perdido. Resultaba evidente que el tendón de Aquiles del desembarco alemán radicaba en la parte septentrional del país escandinavo, donde disponían de muy pocas tropas, el fuerte brazo de la *Luftwaffe* no alcanzaba bien y los aliados podrían explotar ahora su dominio del mar. El espectro de las minas de hierro suecas volvió a atormentar a los aliados. Pensaron que si conseguían aniquilar a los destacamentos enemigos de Narvik y Trondheim, no sólo evitarían la posibilidad de que los alemanes ocupasen el norte de Suecia, sino que ellos podrían establecer todavía el anhelado segundo frente, en el que toda la ventaja estaría de su parte.

Y se decidió tomar a ambos puertos poco menos que al abordaje, destrozando previamente las baterías de costa alemanas mediante el fuego de los acorazados de la flota. En Londres pareció levantarse un viento de audacia que hasta entonces había permanecido sólo latente, como adormecido en la conciencia de un pueblo valeroso y tenaz. El legendario sir Roger Keyes, el almirante que durante la gran guerra había preconizado el desembarco en los Dardanelos y que condujo después el glorioso forzamiento de Zeebrugge, se ofreció voluntariamente para llevar un puñado de viejos barcos a Trondheim y desembarcar por las bravas a las tropas inglesas antes de que los alemanes tuvieran tiempo de fortificarse.

Esta arriesgada operación, denominada «Martillo», indudablemente se habría llevado a cabo si Wiston Churchill hubiera sido jefe de Gobierno. Pero todavía no lo era, y toda su voluntad se estrelló contra la prudencia del Gabinete de Guerra, que bruscamente había cambiado de

1. De esta captura se desquitarían los ingleses en agosto de 1941, cuando el *U-570*, averiado, se rindió, pasando después a formar parte de las listas de la Armada británica con el nombre de *Graph*.

parecer. Dicho Gabinete reconsideró el plan y decidió que sería menos expuesto efectuar desembarcos al Norte y Sur de dicha ciudad noruega, para caer luego sobre ella en un movimiento de tenaza.

Los puertos escogidos fueron: Namsos, situado a unas ochenta millas al norte de Trondheim, y Andalsnes, ciento cincuenta millas hacia el sur. Y allí se pusieron rápidamente en tierra y sin oposición, los días 14 y 17 de abril, un total de trece mil hombres, que con excesiva precipitación iniciaron el avance hacia Trondheim. Pero estas fuerzas, que apenas disponían de artillería ni de aviación, fueron batidas por los alemanes, tuvieron que retirarse y terminaron por reembarcar en los primeros días de mayo.

Tampoco en Narvik prevaleció el plan del Almirantazgo, que no era otro que desembarcar en el mismo puerto, bajo la protección de los poderososo cañones de la Escuadra británica. El almirante Cork y el general Mackesey diametralmente disintieron sobre sus puntos de vista, y a pesar de que, como sabemos, en Narvik ya no quedaba un solo buque de guerra alemán, el desembarco inicial de cuatro mil hombres se efectuó, el día 14, en Harstad, ciudad situada a treinta y cuatro millas de distancia de Narvik a vuelo de pájaro, en el fiordo de Vaags. En Londres Churchill se desesperaba. Consiguió que el día 20 se designase al almirante Cork comandante supremo de todas las fuerzas de la zona de Narvik, pero ello no hizo variar de opinión a Mackesey, y hubo que intentar la toma de la ciudad avanzando sobre la nieve. Los aliados pusieron en tierra en la zona de Narvik a un total de 24.500 hombres, entre franceses, polacos y británicos, con toda clase de equipos y pertrechos, y también combatieron a su lado tropas noruegas.

Los 2.000 soldados del general Dietl, auxiliados por 2.100 marinos procedentes de los hundidos destructores alemanes y algunos paracaidistas arrojados durante el mes de mayo, libraron una verdadera gesta que tuvo al mundo entero pendiente de su desenlace. Los bombardeos a que se vieron sometidas las posiciones alemanas, efectuados a placer y sin oposición alguna por destructores, cruceros, y hasta acorazados fueron incesantes. Hidroaviones, aviones procedentes de los portaaviones de la flota y aparatos de la RAF basados en Bardufoss, a cincuenta millas de Narvik, también atacaron intensamente a las tropas germanas. Aislados en un nevado trozo de Noruega, situado por encima del círculo polar Ártico, los alemanes sólo pudieron recibir alguna ayuda por aire. El día 28 de abril consiguió amerizar un hidroavión, que desembarcó dos piezas de anticarro. El día 3 de mayo aterrizaron con esquís en los helados lagos de Hartwigssee diez trimotores *JU-52*, que transportaban una batería de montaña. Pero tan sólo uno de los aparatos logró despegar después. A partir del 4 de mayo, la *Luftwaffe* dejó caer pertrechos y municiones en paracaídas y atacó a los buques aliados, consiguiendo hundir al destructor polaco *Grom* (1.975 toneladas, ocho piezas de 120 mm, 39 nudos), al inglés *Afridi* (1.870 toneladas, ocho piezas de 120 mm, 36,5 nudos), al francés *Bison* (2.436 toneladas, cinco piezas de 138 mm, 36 nudos) y al pequeño crucero antiaéreo británico *Curlew* (4.300 toneladas, construido en 1917 y modernizado en 1935).

Los hombres de Dietl estaban mal alimentados, fatigados y enfermos, pero siguieron luchando valerosamente contra fuerzas cuatro veces más numerosas y mucho mejor armadas, aunque, naturalmente, perdiendo terreno. Pese a su coraje y sacrificio, hubieran sido derrotados de no haberse producido, el 10 de mayo, la ofensiva alemana contra Bélgica y Holanda. Muy pronto se vio el grave peligro que se cernía sobre Francia, y los aliados decidieron abandonar Noruega y trasladar todos sus efectivos al frente del Oeste. Pero la situación de los alemanes había sido muy difícil en Narvik. Tanto, que Hitler había ordenado al general Dietl que se hiciera internar en Suecia con sus hombres. Un coronel del OKW (*Oberkommando der Wehrmacht*, órgano coordinador de las acciones de los tres ejércitos) con verdadero amor a la responsabilidad, Von Lossberg, impidió el envió de tal mensaje. La suerte estuvo de su parte, pero en Alemania nadie le dio después las gracias.

Independientemente de la ayuda que prestó la *Luftwaffe* al sitiado general, en Alemania se hicieron otros planes para auxiliar a los combatientes germanos de Narvik. A principios de junio, Hitler y el mariscal Goering idearon embarcar un gran contingente de tropas y material de guerra en los transatlánticos *Bremen, Gneisenau, Europa* y *Postdam*, con el fin de desembarcarlos en Trondheim y en Bodö. Al almirante Raeder le costó gran trabajo disuadirlos de aquel temerario proyecto, que muy bien hubiera podido terminar en el fondo del mar...

Por su parte, la Armada alemana, una vez finalizadas las reparaciones de sus buques, decidió enviar a los acorazados *Scharnhorst* y *Gneisenau*, al crucero pesado *Hipper* y a cuatro destructores para que atacasen a los buques de guerra, transportes y bases enemigas, en los fiordos de And, Vaags y Ofot.

* * *

A las siete de la mañana del día 4 de junio zarpó de Kiel la agrupación alemana, a las órdenes del vicealmirante Marschall. Precisamente ese mismo día comenzaba el reembarco de los primeros 15.000 soldados aliados que iban a retirarse de Noruega a bordo de seis transportes y el buque-escuela de aspirantes *Vindictive*, antiguo crucero de 9.100 toneladas prácticamente desarmado. Pero los alemanes no tenían todavía ni la menor idea de ello. Rebasada la latitud de Bergen, los buques de Marschall arrumbaron al Nornoroeste, aproando casi a la isla de Juan Mayen con el fin de evitar ser detectados, cosa que lograron plenamente. En la noche del día 6 se hallaban a la altura de las islas Lofoden pero a unas trescientas millas de su objetivo. Allí tenían fijada para el día siguiente una cita con el petrolero alemán *Ditmarschen*, que daría combustible al *Hipper* mientras los destructores tomaban petróleo de los acorazados.

En la mañana del día 7 se comenzó la faena, y el almirante decidió atacar en Harstad la noche del 8 al 9. Pero a las siete de la mañana de aquel mismo día, los aviones de reconocimiento avistaron en la mar un convoy enemigo arrumbado al Oeste. Era el que llevaba a bordo 15.000 soldados y se dirigía a Escocia dando un rodeo. Pero como navegaba sin escolta de ninguna clase, ya que los destructores del almirante Cork se habían quedado en la zona de Narvik para seguir trasladando a las restantes tropas desde los diferentes puntos de reembarque hasta los transportes del segundo grupo, los alemanes creyeron, naturalmente, que se trataba de algún convoy de regreso que iba vacío y decidieron ignorarlo, a fin de no delatarse. Este desamparado convoy aliado no quedaría bajo la protección directa del acorazado *Valiant* hasta la madrugada del día 8. ¡Primero de los múltiples errores que cometerían los aliados durante su evacuación de Noruega y que tan caro habrían de pagar!

Ese mismo día 7 de junio, poco después de la meridiana, los aviones alemanes avistaron en la zona del fiordo And nada menos que a tres nutridos grupos de buques de guerra enemigos. Esta noticia fue retransmitida con retraso al almirante Marschall, que no la recibió hasta las ocho de la noche, cuando a bordo del *Scharnshorst* celebraba una reunión con los comandantes de sus siete buques para preparar el ataque a Harstad.

El almirante, que sabía que las tropas del Ejército alemán habían llegado ya hasta la costa francesa del Atlántico, concluyó acertadamente que, con toda probabilidad, los aliados estaban evacuando Noruega y que, por lo tanto, sí merecía la pena atacar el convoy avistado aquella mañana. De madrugada envió un radio al Cuartel General del «Grupo Oeste», en Wilhelmshaven, del que dependía operativamente, manifestándoles sus intenciones. Pero el «Grupo Oeste» insistió en que debería dirigirse a la zona de Narvik, pese a lo cual el almirante decidió atacar al convoy. Nos hallamos aquí en presencia de un Nelson alemán; pero... ¿suponía bien el almirante Marschall?

Sí. En la mañana del día 8 había salido de Noruega el segundo convoy de tropas aliadas, llevando en siete transportes los últimos 10.000 hombres. Estos barcos iban escoltados por el crucero pesado *Southampton*, el crucero ligero antiaéreo *Coventry*, el portaaviones *Ark Royal* y ocho destructores. También se dirigía independientemente a Escocia el portaaviones *Glorious*, que andaba escaso de petróleo y había salido por delante a velocidad reducida, con los dos destructores que le daban escolta. Este portaaviones había tomado a bordo, en las primeras horas de la mañana anterior, a veinte aviones *Hurricane* y *Gladiator* de la RAF, que habían estado operando desde el aeródromo de Bardufoss, y cuyos pilotos, en vez de destruir sus aparatos, como se les había ordenado, habían preferido anavear, por primera vez en sus vidas y arrostrando el consiguiente riesgo, en la cubierta del *Glorious*, conscientes de lo muy necesarios que iban a ser aquellos aviones de caza en la defensa de Gran Bretaña.

Referente a ello nos permitirá el lector una pequeña digresión. Hoy día, para que sus aparatos anaveen, los portaaviones cuentan con lo que se denomina «cubierta inclinada», que es parte de la de vuelo pero forma con ella un ángulo de unos 6° a 10° en el plano horizontal, de manera que si algún aparato no engancha los cables de frenado, cosa relativamente frecuente, no se precipite sobre los aviones que se encuentren en la parte de proa de dicha cubierta, estacionados sobre las catapultas o en los ascensores de paso al hangar, sino que pueda volver a meter gases y despegar otra vez sin obstáculo alguno, para intentarlo de nuevo. Tal innovación, que fue introducida precisamente por los ingleses en sus portaaviones y aceptada después en todas las Marinas, data de la posguerra. Hasta entonces, por si un avión no enganchaba alguno de los cables y puesto que en tal caso no podría detenerse en el corto espacio de la cubierta de vuelo, se atravesaba en ésta una barrera elástica de red que lo detenía en última instancia, evitando mayores daños. Tal barrera fue la que tuvieron que emplear en el *Glorious* los aviones de la RAF, ya que no disponían de ganchos de cola para los cables de frenado del portaaviones, aparte de desinflar considerablemente las ruedas del tren de aterrizaje.

Volviendo a nuestro relato, vemos que si, cumplimentando las órdenes del «Grupo Oeste», el almirante Marschall se hubiera dirigido a los fiordos próximos a Narvik, no sólo no hubiera encontrado nada, sino que hubiera perdido un tiempo y una oportunidad verdaderamente preciosos para él.

Sabemos que cerca de 25.000 soldados aliados, por no mencionar los numerosos barcos que transportaban el abundante material de guerra de aquéllos, navegaban hacia Escocia a bordo de varios grupos de transporte muy separados entre sí, en una travesía de más de setecientas millas, escoltados por un acorazado, dos portaaviones, uno de ellos muy distanciado y escaso de combustible, dos cruceros y varios destructores. Otro crucero, el pesado *Devonshire*, que también navegaba con independencia, llevaba a bordo al rey de Noruega, que había embarcado en Tromsö en la noche del 7, y a cuatrocientas personas más.

Seguramente ya se habrá preguntado el lector cómo aquellos transportes, con tantas tropas, personalidades y valioso material a bordo, navegaban con una escolta tan exigua de buques de guerra por una zona fácilmente accesible a los alemanes y, por tanto, tan peligrosa. La pregunta es acertada, pero en realidad es que el Almirantazgo británico disponía de pocas unidades. Un buen número de destructores habían sido enviados a Dunkerque para efectuar y proteger la evacuación del ejército expedicionario británico destacado en Francia. Varios buques pesados se hallaban todavía reparando las averías en ellos producidas por minas magnéticas alemanas o estaban sometidos a las rutinarias pero ineludibles obras, como era el caso del crucero de batalla *Hood*. La situación política en el Mediterráneo exigía la presencia de varios acorazados en este mar (el 10 de junio, Italia entraría en la guerra), y los cruceros alemanes disfrazados, que hacían la guerra del corso al tráfico marítimo británico en el Atlántico Sur y el océano Índico, habían impuesto una pesada servidumbre a la flota británica en tan alejadas aguas. ¿Y la *Home Fleet*? Ésta disponía por aquellos días de cuatro acorazados, pero...

El día 5, el almirante Forbes recibió un mensaje procedente de un buque «Q»,[1] el *Prunella*, que debía haber avistado, casi bajo el horizonte, a dos barcos sospechosos, posiblemente cruceros auxiliares alemanes, al

1. Estos buques «Q», o «buques trampa» habían sido utilizados con buenos resultados por los ingleses, durante la gran guerra, para destruir submarinos alemanes. Eran barcos de vapor, e incluso veleros, como el *Mitchel* o el *Record Reign*, relativamente pequeños, que navegaban siempre en solitario y cuya dotación, aparentemente, los abandonaba, llena de pánico, cuando algún submarino alemán les disparaba un cañonazo. Convencido de la autenticidad de la evacuación, el sumergible se aproximaba al barco para tratar de hundirlo al cañón o con cargas de dinamita, economizando así sus valiosos torpedos. ¡Por otra parte, el vaporcito no parecía merecerse más! Pero precisamente entonces caían unos paneles ocultadores, surgían unos cañones de tiro rápido, y la segunda dotación, cuidadosamente seleccionada y que había quedado bien escondida a bordo, abría un fuego mortífero sobre el incauto

nordeste de las islas Faeroe, al parecer navegando hacia Islandia. El comandante en jefe de la *Home Fleet*, temiendo un desembarco alemán en Islandia, despachó hacia la desarbolada isla al *Repulse* y al *Renown*, con dos cruceros y cinco destructores. Después envió al *Valiant* a Narvik, quedándose él mismo en Scapa Flow con el acorazado *Rodney*.

Cierto que desde que se produjo el desembarco alemán en Noruega, a mediados de abril, la *Kriegsmarine* no había mostrado la menor actividad; que la preparación del reembarco aliado se había llevado a cabo en el más absoluto secreto, y que la RAF vigilaba continuamente el estrecho Shethland-Noruega y nada había señalado. Pero no es menos cierto que, como el mismo almirante Forbes admitiría más adelante, los reconocimientos aéreos ingleses de las principales bases alemanas eran «pocos y espaciados, y —continúa el almirante— resulta verdaderamente amargo que el enemigo sepa siempre dónde están nuestros buques, mientras que nosotros generalmente nos enteramos de dónde se hallan los suyos después de que han hundido a una o varias de nuestras unidades».

Pero si «siempre» había sido así, como el mismo Forbes reconoce, resulta sólo un contrasentido suponer que precisamente ahora, cuando 24.500 soldados aliados se encontraban navegando por el mar de Noruega, iba a dejar de serlo. Por tanto, destacar a la mitad de la *Home Fleet* a Islandia para tratar de impedir un imaginario desembarco, y dejar al mejor acorazado de que disponía (el *Rodney*: 34.500 toneladas, nueve piezas de 406 mm, etcétera) en Scapa, cuando la evacuación aliada de Noruega se estaba ya efectuando, fue indudablemente un grave desacierto británico que no admite paliativos. Mas, en la guerra, los errores se pagan.

* * *

En la madrugada del día 8, la agrupación naval del almirante Marschall arrumbó al Sursudeste, y poco antes de las siete de la mañana avistaron los alemanes al petrolero de 5.000 toneladas de registro bruto *Oil Pionner*, escoltado por el bou armado *Juniper*, que habían salido de

buque. Por este sistema se fueron al abismo trece submarinos alemanes, aunque a veces hubo encarnizados combates que terminaron con el hundimiento del señuelo y de su víctima.

Entre octubre de 1939 y mayo de 1940 entraron en servicio en la Armada británica ocho buques «Q», inofensivos en apariencia, pero en realidad mejor armados que los de la gran guerra, pues llevaban, siembre ocultos, tubos lanzatorpedos, cargas de profundidad y hasta nueve cañones de 105 mm, pues se pensó que quizá pudieran servir también para hundir a los corsarios enemigos de superficie. Pero no dieron el menor resultado esta vez, y los que quedaron, pues varios resultaron hundidos a las primeras de cambio por submarinos alemanes, fueron retirados de servicio a fines de 1940.

Tromsö el día 6. Ambos barcos fueron rápidamente hundidos a las 0800 horas, sin haber podido lanzar señal alguna de alarma. Tras recoger a los supervivientes, los alemanes catapultaron a dos aviones, uno perteneciente al *Hipper* y otro al *Scharnhorst*, que poco después avistaron un transatlántico y un barco-hospital hacia el Norte, y a un crucero y un transporte hacia el Sur. Marschall se decidió, naturalmente, por los primeros y destacó al *Hipper* y a dos destructores. Poco después a las 1100 de la mañana era hundido el transatlántico *Orama*, de 19.840 toneladas, perteneciente a la «Orient Steam Navig», pues de tal se trataba. Este buque llevaba a bordo un centenar de prisioneros alemanes y había salido de Noruega el día anterior con el barco-hospital *Atlantis*, por no tener bastante combustible para navegar rápidamente con el convoy.

Sus llamadas de auxilio fueron eficazmente interferidas por el *Gneisenau*, y, a cambio de ser respetada su inmunidad, el barco-hospital hubo de permanecer silencioso. Así que la Armada británica siguió ignorando la presencia de los peligrosos cazadores alemanes por aquellas aguas tan concurridas.

Tras recoger a 275 náufragos, el almirante despachó al crucero y los cuatro destructores hacia Trondheim, con el fin de dar protección a los previstos convoyes alemanes y puesto que dichos buques ya no podrían volver a petrolear en la mar.

Los dos acorazados arrumbaron hacia el Norte en busca de los portaaviones británicos, pues la interceptación de varios mensajes radiotelegráficos había permitido a los alemanes identificar y situar estos buques al noroeste de las islas Lofoden, y también el «Grupo Oeste» se los había señalado a Marschall en un mensaje recibido por éste la noche anterior.

La visibilidad era excelente, y a las 0345 de la tarde los serviolas del *Scharnhorst* avistaron una tenue columna de humo que asomó un momento sobre el horizonte, por el Este, desapareciendo luego. Inmediatamente se cambió de rumbo y se aumentó el andar a 30 nudos, y en los acorazados germanos todos se hicieron cábalas sobre la identidad de aquel buque al que la humareda había traicionado. ¿Se trataría quizá de algún acorazado enemigo con piezas de 406 mm?

Era el portaaviones de 22.500 toneladas *Glorious*, escoltado por los destructores *Acasta* y *Ardent*, que navegaban despacio, arrumbados al Sudoeste, unas doscientas millas por la proa del segundo convoy de tropas aliadas. Por razones que, como señala el historiador oficial británico S. W. Roskill, «es improbable que se conozcan nunca», este portaaviones no llevaba en el aire exploración aérea de ninguna clase.[1] Sólo se sabe que, además de los veinte cazas de la RAF, tenía a bordo un escuadrón de *Skuas* y medio escuadrón de *Swordfish*, cuyos pilotos se hallaban bastante fatigados tras su participación en los trabajos de evacuación de Bardufoss. Los aviones estaban listos para diez minutos, pero diez minutos resultarían demasiados esta vez; realmente, iban a significar la diferencia entre la vida y la muerte.

Pronto ascendieron hasta el horizonte de los alemanes los tres buques de guerra británicos, siendo bien identificados. Pero desde éstos se creyó inicialmente que los que se aproximaban navegando de proa eran asimismo británicos, ya que no se tenía la más leve sospecha de la presencia en el mar de Noruega de buques de guerra alemanes pesados.

Mas en los puentes de los buques ingleses pronto surgió una inquietante duda, que a poco se trocó en absoluta certeza. ¡Aquellas desconocidas y oscuras siluetas que se recortaban contra el resplandor solar sólo podían pertenecer a acorazados de bolsillo alemanes!

Nos imaginamos la alarma y desesperación de los marinos británicos, y los minutos de terrible dramatismo que hubieron de vivirse a bordo del *Glorious*, habiendo sido sorprendidos con la mayor parte de sus dieciocho calderas apagadas o retiradas a templones, sin presión para poder alcanzar con suficiente presteza los 30 nudos de velocidad máxima necesarios para evitar el desastre; los aviones sin bombas ni torpedos a bordo; viendo cómo las negras y amenazadoras moles enemigas se iban agrandando por momentos. Particularmente suponemos el estado de ánimo del comandante del buque, responsable directo de aquella situación. En la hora escasa que le quedaba de vida, ¡cuántos reproches no debió hacerse el capitán de navío D'Oyly Hughes!

Se cambió de rumbo y, en el *Glorious*, se tocó zafarrancho de combate, cubriéndose los dieciséis cañones de 120 mm, que no iban a tener ocasión alguna de disparar, y febrilmente se intentó forzar la velocidad, armar los aviones, izarlos a cubierta y hacerlos despegar. ¡Demasiado tarde! A las 1630 horas y desde 26.000 metros de distancia, el *Scharnhorst* y el *Gneisenau* abrieron fuego y, gracias a sus radiotelémetros, los proyectiles cayeron ya con las primeras salvas muy próximos al gran buque británico. No habían tenido tiempo los dos destructores que escoltaban al *Glorious* de cubrirle con cortinas de humo, cuando un proyectil alemán de 280 mm penetró en el hangar superior de proa e hizo

1. Parece ser que una de las razones era el viento, que soplaba del Norte, lo que hubiera obligado al buque a aproar en tal dirección cada vez que lanzara o recogiera sus aviones, y habría supuesto un mayor gasto de combustible.

explosión. Los *Hurrican* que allí se encontraban salieron inmediatamente ardiendo y estallando uno tras otro, y resultó imposible preparar los torpedos de los *Swordfish*.

A pesar de haber sido alcanzado y gracias a que las cortinas de humo tendidas por el *Acasta* y el *Ardent* impedían a los alemanes observar la caída de los piques y corregir el tiro, el portaaviones tuvo un breve respiro, que sus hombres trataron inútilmente de aprovechar.

Pero si el gran portaaviones británico iba a sucumbir trágicamente, aunque sin pena ni gloria, como suele decirse, no sería tal el destino de los destructores que le acompañaban. Porque estos dos buques, al mismo tiempo que ocultaban al *Glorious*, se lanzaban alternativamente al ataque de sus gigantescos adversarios, navegando a toda máquina y disparando con su artillería. Con semejante táctica, y pese a la enorme desigualdad de fuerzas, aquellos destructores británicos librarían un valeroso combate de dos horas de duración, dejando escrita una brillante y hermosa página en la historia de la Armada británica.

El *Ardent* lanzó sucesivamente dos salvas de cuatro torpedos, que obligaron al *Scharnhorst* y al *Gneisenau* a cambiar varias veces de rumbo para evitarlos. Los acorazados germanos concentraron seguidamente todas sus piezas sobre este destructor, que terminó por resultar acribillado y destrozado por el huracán de fuego, yéndose al abismo con la bandera arriba.

El *Acasta* continuaba tratando de ocultar al *Glorious*, al mismo tiempo que zigzagueaba para evitar la lluvia de piques que le rodeaban, pese a lo cual el portaaviones recibió un impacto en el puente hacia las 1700 horas, que debió de producir gran cantidad de bajas e inutilizar la estación radiotelegráfica, y poco más tarde fue alcanzado a popa. Después recibió un número indeterminado de proyectiles que estallaron en las cámaras de las calderas y de máquinas y lo dejaron sin propulsión alguna, convertido ya en un verdadero infierno de llamas del que se elevaba una imponente y siniestra columna de humo negro que todo lo envolvía. Las bombas aéreas, los torpedos y las municiones de la artillería estallaban con horrible estampido, causando grandes destrozos y cuantiosas bajas. Algunas cubiertas estaban calentadas al rojo, el interior del portaaviones era un horno y el buque escoraba a estribor y se hundía, por lo que, a las 1720, se ordenó su abandono.

El *Acasta*, tras navegar una vez más a toda velocidad hacia el Sudeste para ampararse en su propia cortina de humo, metió después hacia fuera y, desde unos 13.000 metros, lanzó una salva de torpedos sobre sus enemigos. Uno de sus artefactos alcanzó al acorazado *Scharnhorst* a la altura del alcázar, matando a dos oficiales y a cuarenta y seis hombres más, dejando destruida la torre triple de 280 mm de popa y provocando la entrada de 2.500 toneladas de agua, que inundaron las cámaras de máquinas central y de estribor, dejándolas inutilizadas. Su andar quedó reducido a 20 nudos y tuvieron que inundarse los pañoles de pólvora de popa.

Cuando desde al *Acasta* se pudo observar el fogonazo y la alta columna de agua que produjo uno de sus torpedos en el costado del buque alemán, de todas las gargantas inglesas brotó un grito de júbilo y triunfo. ¡Estaba plenamente justificado! El destructor volvió a esconderse tras la cegadora humareda y se preparó para lanzar los restantes torpedos.

Mientras tanto el *Glorious*, convertido en una verdadera hoguera estallante, dio lentamente la voltereta, quedó un instante con la quilla al aire y se hundió a las 1740, bajo un impresionante palio de humo negro y de blancuzco vapor de agua, arrastrando tras de sí a la mayor parte de su diezmada dotación.

El *Acasta* quedaba, pues, solo, y justificado habría estado que se retirara ahora a sus 35 nudos de andar, ya que no tenía a nadie a quien proteger. Pero a su comandante, el capitán de fragata G. E. Glasfurd, la idea de huir no se le pasó jamás por la cabeza. Tal vez albergaba la esperanza de conseguir algún nuevo impacto con sus torpedos o se consideró moralmente obligado a acompañar a sus camaradas caídos; no lo sabemos. Fiel a sus mejores tradiciones, un pequeño destructor británico de 1.350 toneladas, armado con cuatro piezas de 120 mm y al que apenas quedaban torpedos, iba a hacer frente, solo, en pleno día y con una audacia escalofriante, a dos potentes y modernos acorazados enemigos de 32.000 toneladas, perfectamente prevenidos y magníficamente artillados. Creemos que sobran los comentarios.

A toda velocidad corta el *Acasta* la densa y maloliente humareda que poco antes ha dejado sobre la superficie de la mar, y momentos después rompe dramáticamente el fuego con las piezas que le quedan sobre los dos blindados gigantes, consiguiendo todavía un impacto en la torre «B» del *Scharnhorst*, precisamente en uno de sus tres cañones, que quedó inutilizado. Pero un vendaval de acero alcanza esta vez al *Acasta* casi inmediatamente. Destrozado y con innumerables vías de agua, todavía puede lanzar los últimos torpedos antes de quedar aboyado y con una gran escora a babor, que aumenta por momentos. Una nueva salva alemana cae a bordo, destrozándolo todo. A popa del *Acasta* se produce una gran explosión, el buque bascula, se levanta de proa y pica rápidamente hacia el abismo, desapareciendo bajo las olas con la bandera al viento. Eran las

1808. Dos marineros fueron los únicos supervivientes del heroico buque. Se cerraba, casi, el último acto de la tragedia noruega.

* * *

La pérdida del *Glorious* constituyó un duro golpe para la Armada británica, no solamente porque desaparecía uno de los pocos portaaviones de que entonces disponía, y con él un buen puñado de aviones, sino porque se llevó consigo prácticamente a toda su dotación. En este combate tuvieron los ingleses 1.515 muertos. Ello se debió en parte a que los alemanes, con uno de sus buques gravemente averiado, no estando seguros de haber podido interferir los mensajes lanzados al éter por el *Glorious*, y ante el temor de un mal encuentro en tales condiciones con los acorazados británicos, abandonaron inmediatamente el lugar de acción y se dirigieron a Trondheim.

Pero el único buque que había recibido los primeros mensajes de socorro del *Glorious*, señalando erróneamente a dos acorazados de bolsillo alemanes, fue el crucero *Devonshire*, que se hallaba tan sólo a cien millas al oeste del lugar del combate y que, llevando a bordo al rey y al Gobierno noruegos y a varios cientos de personalidades más, no quiso exponerse, rompiendo el radiosilencio, a ser detectado y posiblemente atacado por la aviación y los acorazados alemanes. De modo que los náufragos del *Glorious* y de sus destructores de acompañamiento quedaron abandonados sobre las frías aguas durante dos días y medio, y sólo pudieron ser rescatados un total de cuarenta y cinco hombres, la mayoría por un pesquero noruego, que los desembarcó en las islas Faeroe; dos por un hidroavión alemán, y cuatro por otro pesquero, que los llevó a Noruega. Todos los pilotos y observadores navales, así como cuarenta aviadores de la RAF, perecieron, y los pescadores dijeron que la mar se hallaba cubierta de cadáveres.

Cierto que el torpedeamiento de uno de los acorazados alemanes posiblemente evitó que éstos cayeran sobre el convoy de tropas que navegaba algo más al Norte y que, como sabemos, no contaba con una escolta demasiado fuerte. Pero a la luz que arrojan una serie de combates y batallas navales librados posteriormente en el Atlántico, el Mediterráneo y el océano Pacífico, que invariablemente se resolvieron con resultado adverso para el acorazado, imaginemos lo que hubiera sucedido si, aquella despejada y luminosa tarde de primavera, en el mar de Noruega, el *Glorious* hubiera navegado con tres o cuatro aviones de exploración permanentemente en el aire. En tales condiciones de visibilidad, es casi absolutamente seguro que el *Scharnhorst* y el *Gneisenau* hubieran sido descubiertos por lo menos a cincuenta o cien millas de distancia. Entonces se habría preparado tranquilamente un doble ataque de aviones torpederos y bombarderos en picado, que muy probablemente habrían logrado suficientes impactos de bombas y torpedos como para obligar a los buques alemanes a retirarse. Pero aunque el ataque no hubiera tenido éxito, por lo menos aquellos acorazados jamás hubiesen sido capaces de cazar al *Glorious*, que podía desarrollar 30 nudos y que había señalado la presencia de los buques alemanes, atrayendo también sobre ellos a los aviones del *Ark Royal*.

Hemos hablado de los errores cometidos por el comandante en jefe de la *Home Fleet*, que indirectamente condujeron al desastre que acabamos de relatar. Y resultó casi un sarcasmo que Forbes se enterara del hundimiento de sus buques al día siguiente y precisamente a través de la radiodifusión alemana.

El *Scharnhorst* y el *Gneisenau* entraron en Trondheim la tarde de ese día, pocas horas después de que lo hicieran el *Hipper* y los cuatro destructores. Hacia el mediodía del 10 se hicieron nuevamente a la mar el *Gneisenau* y el *Hipper* para tratar de atacar a los convoyes de tropas, pues ahora se sabía que Narvik había sido evacuada por los aliados. Pero regresaron a la mañana siguiente, por suponer el almirante Marschall que ya era demasiado tarde para alcanzarlos. En Alemania se le criticó desfavorablemente por esta decisión, pero el almirante había estado, una vez más, acertado. Independientemente de la lejanía de los convoyes, andaban ya muy próximos el *Rodney* y el *Renown* (este último regresado de Islandia el día 8), acompañados por el *Ark Royal* y varios destructores, llegando ambas agrupaciones enemigas a encontrarse, la noche del día 10, a unas ciento cincuenta millas de distancia.

El almirante alemán había olfateado instintivamente el peligro. Quizá porque sabía perfectamente que la *Kriegsmarine* podía intentar audaces ataques por sorpresa contra la flota británica, pero que, una vez desaparecida aquélla, lo único sensato era ponerse a buen recaudo. Son los inconvenientes de no disponer del «dominio del mar», que no significa dominar en toda su inmensidad, sino precisamente allí donde se quiere y en el momento que se desea. Claro está que si quien lo posee incurre en graves errores, el enemigo se aprovechará inmediatamente de ellos en su propio beneficio..., como hemos visto. Pero esto no vulnera, ni cambia en lo más mínimo, los inmutables principios del arte de la guerra naval.

* * *

Hemos llegado, prácticamente, al final de la porfiada lucha por Noruega. El 11 de junio, la RAF atacaba sin éxito alguno a los buques de guerra alemanes surtos en Trondheim. Luego lo harían los aviones navales del *Ark Royal*, con no muy buena fortuna, ya que ocho aparatos fueron derribados y la única bomba de 250 kilos que alcanzó su objetivo rebotó sobre la cubierta del *Scharnhorst* sin hacer explosión y cayó al agua.

A las cinco de la tarde del día 15 entraron en Scapa Flow los últimos buques de guerra ingleses: el *Rodney* y el *Renown* con su escolta de destructores. Después de trincar las cadenas de las anclas se tocó retirada de babor y estribor de guardia y servicio de puerto, y poco más tarde comenzaron a atracarse a los costados de los grandes buques los vaporcillos portadores del correo y los víveres, los aljibes con el agua potable y las barcazas llevando el negro petróleo. Todos ellos proporcionaban esa animación característica de las escuadras al llegar a puerto, que preludian la salida a tierra, el descanso, la diversión y, sobre todo, el encuentro con Eva, ese ser sin el cual la vida carecería de sentido. Pero esta vez aquella agitación no iba acompañada por la acostumbrada alegría, porque en el ánimo de todos estaban presentes los tres buques de la flota que ya no regresarían a sus vacíos fondeaderos y aquellos camaradas con los que nunca volverían a encontrarse casualmente en tierra. Y quizás algunos se hicieran la inevitable pregunta: «¿Por qué se fueron ellos, que eran mejores, y no yo?» Tristes pensamientos que no abandonan fácilmente a quien ha perdido algún amigo o un camarada en la mar, que quedó velando por los vivos desde las profundidades, dentro de su hundido buque, como centinela eterno que no deberíamos jamás olvidar.

Mas no todos los buques de guerra ingleses habían entrado en sus bases. Navegando entre dos aguas en las proximidades del puerto noruego de Trondheim, un submarino británico acechaba desde hacía muchos días y noches, porque las noches de primavera en aquellas latitudes nórdicas son claras y, a través de un buen periscopio, se puede divisar bien cualquier cosa que hienda las inquietas olas.

Este submarino era el *Clyde*, y ya había detectado la salida del *Gneisenau* y del *Hipper* el día 10, hallándose en tan mala posición táctica para intentar el ataque sobre los veloces buques, que su comandante, el capitán de corbeta D. C. Ingram, sólo pudo señalar por radio la salida y lamentarse se su mala estrella. Pero siguió observando pacientemente un día tras otro, esperando su oportunidad, pues sabía que el enemigo había regresado y que tarde o temprano tendría que salir. Y una noche de fuerte marejada, la del 20 de junio, recibió aviso de que los hidrófonos de su buque habían detectado ruidos de hélices de grandes buques de turbinas, aproximándose velozmente. El comandante dejó inmediatamente su pequeña cámara y, con la agilidad de un felino, en un instante llegó hasta el periscopio. Con todos los sentidos alerta avizoró atentamente la mar en la demora indicada y, efectivamente, al cabo de unos instantes pudo ver dos grandes masas oscuras: eran los mismos buques alemanes de la vez anterior, de nuevo sin escolta, acercándose a mucho andar. Había llegado la hora de la verdad para aquel submarinista, la de jugárselo todo desafiando el peligro. Ingram calculó en alta voz sus datos de tiro y, en el momento preciso, sin precipitarse, ordenó hacer fuego en abanico con los seis tubos de proa, únicos que montaba el buque. Y siguió observando, como hipnotizado, con las manos crispadas sobre los mandos del periscopio.

Un enorme fogonazo rojizo le deslumbró bruscamente, e instantes después, cuando todavía no se había decidido a cantar el blanco a sus hombres, la masa líquida llevó con toda celeridad el fragor de un tremendo estampido hasta los oídos de los submarinistas británicos...

Efectivamente, los que acababan de aparejar de Trondheim e iban arrumbados a Islandia con el fin de tratar de arrastrar tras ellos a los buques ingleses y facilitar la travesía del torpedeado *Scharnhorst* hasta Alemania eran el *Gneisenau* y el *Hipper*, que habían quedado presos en la lente del periscopio del *Clyde*, resultando el primero de ellos alcanzado en la proa por uno de los artefactos submarinos del buque inglés, que le abrió dos grandes agujeros a banda y banda por los que penetraron en el buque mil toneladas de agua, quedando reducida su velocidad a 17 nudos.

Los dos acorazados alemanes estaban, pues, torpedeados. Ambos lograron regresar a Alemania sin otras novedades, pese a haber sido reiteradamente atacados por los aviones de la RAF, pero la reparación de sus graves averías llevó casi medio año, y no salieron de los astilleros hasta fines de 1940. Éste fue precisamente el grave precio que tuvo que pagar Alemania por la conquista de Noruega. Hasta el siguiente año, la *Kriegsmarine* quedaría literalmente reducida a un crucero pesado, dos ligeros y cuatro destructores: siete buques de combate en total. ¡Pocos para intentar el desembarco en Inglaterra![1]

Por lo demás, las pérdidas totales alemanas en hombres y aviones fueron moderadas y aproximadamente iguales a las sufridas por los alia-

1. Otros dos destructores alemanes, el *Leberecht* y el *Max Schultz*, habían sido echados a pique por la *Luftwaffe*, por equivocación, el 22 de febrero de 1940, cuando regresaban de minar la costa británica.

dos: 5.296 muertos y 242 aviones perdidos, una tercera parte de los cuales fueron aparatos de transporte. También las pérdidas aliadas en buques de guerra resultaron aproximadamente similares a las alemanas: un portaaviones y dos cruceros (uno de ellos en accidente de mar), nueve destructores y siete submarinos.[1] Los alemanes perdieron a su vez, ocho submarinos, y respecto a estos buques cabe señalar que, pese a las grandes esperanzas puestas en ellos por la *Kriegsmarine*, su actuación en Noruega, debido al fallo de las espoletas magnéticas de los torpedos, constituyó un completo fracaso.

En cambio, los alemanes se habían asegurado el suministro de mineral de hierro sueco y obtenido una formidable posición estratégica. Las bases navales británicas de Scapa Flow y Rosyth quedaban ahora a doscientas millas más cerca de las bases aéreas alemanas de Noruega. El bloqueo de los submarinos alemanes en el mar del Norte resultaba imposible, pues las ciento sesenta millas del estrecho Shetland-Noruega se habían convertido en las seiscientas de los pasos contiguos a Islandia, de fondos mucho mayores. Se contaba también con puertos donde basar submarinos, que acortarían considerablemente su viaje hasta las zonas de operaciones, y más tarde, cuando se intentara ayudar a la Unión Soviética a través del mar, los ataques montados por los alemanes desde Noruega llegarían a paralizar por completo, durante cierto tiempo, el tránsito de los convoyes aliados a Murmansk, lo que no hubiera sido posible antes.

Como contrapartida, los ingleses ocuparon las islas Faeroe, desembarcando el 10 de mayo en Thörshavn, la capital más importante de este archipiélago danés, y, el 16 del mismo mes, en Reykjavik, en Islandia, con lo que mejoraron sus posibilidades se vigilar las salidas de los buques de superficie alemanes al océano Atlántico. Pero la campaña de Noruega puso de manifiesto no sólo la lentitud y vacilaciones de los mandos aliados, sino la falta de suficiente número de portaaviones y la carencia, a bordo de éstos, de aviones de caza capaces de medirse con los aparatos alemanes, así como el enorme abandono en que se encontraban tanto la artillería antiaérea como las direcciones de tiro de los buques, que llevaban un retraso de décadas respecto a las velocidades y posibilidades conseguidas por el avión. Y si la *Luftwaffe* no consiguió destrozar a los buques británicos fue tal vez porque en Alemania no existían todavía los aviones torpederos. El torpedo era un arma puramente naval, y Goering no había querido que la Armada le enseñase nada. Más adelante, cuando la guerra en el mar puso contundentemente de manifiesto que el

1. Cuatro británicos, uno francés (el *Doris*), otro holandés (el *O-13*) y el polaco *Orzel*.

torpedo era mucho más efectivo que la bomba, el mariscal del Aire aceptó la idea, pero la *Kriegsmarine* hubo de cederle todas sus instalaciones correspondientes, polígonos de lanzamiento y trescientos cincuenta especialistas y técnicos. Pero en Noruega se había perdido, por un estúpido pecado de vanidad, una gran ocasión.

Y con lo dicho dejaremos por el momento el maravilloso país de Peer Gynt y el sol de medianoche, que iba a atravesar uno de los peores períodos de su historia, para descender a las latitudes de clima menos riguroso.

CAPÍTULO VII

OPERACIONES INGLESAS «DINAMO» Y «CATAPULT»

El 10 de mayo de 1940 se desencadenó la ofensiva alemana del Oeste. Una ofensiva tremendamente audaz, en la que se pusieron en práctica doctrinas revolucionarias y cuyo verdadero artífice fue el general Heinz Guderian. Las fuerzas y medios de ambos lados estaban relativamente equilibrados, pero, lo mismo que en Polonia el año anterior, los alemanes se encontraron frente a un enemigo anclado en el pasado, cuya vieja escuela tenía un retraso de más de veinte años respecto a la nueva, y que, por si fuera poco, no supo reaccionar como las dramáticas circunstancias hubieran exigido. El resultado fue, por parte germana, una de las victorias más importantes y espectaculares de todos los tiempos.

El ataque alemán contra Bélgica y Holanda arrastró hacia el Norte a las mejores fuerzas mecanizadas francesas y británicas, que no pudieron sospechar que caían así en una trampa mortal. La boscosa región de las Ardenas, situada al sudeste de Bélgica y contigua a Luxemburgo y la frontera alemana, se consideraba absolutamente infranqueable para cualquier ejército motorizado. Pero precisamente por allí irrumpió un cuerpo de ejército germano con unos 1.400 carros de combate que precedían a las divisiones motorizadas de infantería, eludiendo así la «Línea Maginot».

Increíblemente, Guderian llegaba al canal de la Mancha con sus fuerzas acorazadas diez días más tarde, es decir, el 20, y giraba hacia el Norte para tomar los puertos franceses del canal y cerrar, incluso por el mar, la trampa en que ya habían caído las tropas aliadas.

El día 15 capitulaba el Ejército holandés. El Ejército Expedicionario británico iniciaba su retirada hacia Dunkerque el 25. El rey de los belgas pedía el armisticio el 27.

Pero ya el día 22, el puerto de Boulogne había quedado cercado por los *panzer* germanos. El 23 corría igual suerte el de Calais, y en esa misma fecha los carros alemanes llegaban a Gravelines, escasamente a diez millas de Dunkerque. Un pequeño y fácil empujón más, y los soldados de lord Gort no tendrían absolutamente por dónde escapar. Pero entonces surgió algo tan inesperado como incomprensible: Hitler ordenó que las divisiones acorazadas de Guderian detuvieran su avance durante tres días.

Son muchos los historiadores que han tratado de explicarse las razones que movieron al Führer a dar una orden tan absolutamente inoportuna para su causa. Según unos, fueron de índole militar. Política según otros. Para Liddell Hart, «el capitán que enseñó a generales», fueron probablemente de ambas clases. «Es muy posible —dice— que en la mente del hombre tan inclinado a la estrategia política, algunos hilos políticos se entretejieran con los militares».[1]

Tal vez este gran historiador tenga razón, pero nosotros nos inclinamos a creer que los discutidos motivos fueron únicamente militares. Pocos días antes, después del cruce del río Mosa por las fuerzas de Guderian, el dictador germano, temiendo un ataque francés contra el flanco de la punta de lanza de sus divisiones blindadas, ya había ordenado un parón semejante, esta vez de dos días. Por fortuna para Alemania, el general Guderian se las arregló para no tener que cumplimentar dicha orden.

En Dunkerque, el Führer probablemente volvió a temer un contraataque francés procedente del Sur y dio la orden que, prácticamente, equivaldría a la salvación del cuerpo expedicionario británico destacado en Francia. Si sus razones hubiesen sido de índole política, es decir, dirigidas a lograr que los ingleses pudieran volver tranquilamente a Inglaterra, para que la destrucción de su ejército no constituyese una ofensa irreparable y se lograra llegar a un tratado de paz con Gran Bretaña, como se ha querido explicar, ¿por qué permitió que la *Luftwaffe* atacara ferozmente Dunkerque y las playas próximas donde se efectuaban los reembarcos? Visto desde el prisma político, el contrasentido entre la orden de inmovilizar a los carros sólo a diez millas de aquella ciudad y permitir el ataque de los aviones no tendría explicación válida alguna.

Pero dejemos esta polémica y veamos las consecuencias de la tan debatida y para los ingleses providencial orden de Adolfo Hitler.

En Inglaterra, al comprenderse toda la magnitud e implicaciones del fulminante e irreparable desastre militar de los aliados, se tomaron inmediatamente medidas para que la Armada tratase de salvar parte de las fuerzas expedicionarias británicas, montándose una operación de rescate denominada «Dinamo», que fue eficazmente dirigida por el almirante Ramsay y que realmente alcanzó caracteres épicos. Los más optimistas

1. Liddell Hart, *History of the Second World War*, Casell, Londres, 1970.

creían que en los días que se suponía tardarían los alemanes en tomar Dunkerque, se podrían trasladar a Inglaterra unos 45.000 hombres. En realidad, en esos días sólo se pudieron rescatar 25.000 soldados.

Pero aquel alto de tres días ordenado por Hitler permitió a los ingleses y franceses organizar la defensa, y la evacuación, iniciada el 26 de mayo, pudo prolongarse hasta el 4 de junio, en unas condiciones de mar especialmente favorables.

Se utilizaron en total 861 embarcaciones de todas clases, desde un crucero antiaéreo (el *Calcutta*), destructores (más de medio centenar), dragaminas y transportes de la Armada, hasta pesqueros, remolcadores, barcazas, yates y canoas particulares, lanchas de los bomberos del puerto de Londres y todo aquello de que se pudo echar mano en Inglaterra. Los británicos, un pueblo de marinos, que conceden al mar su verdadero valor, reaccionaron espléndidamente a la llamada de la Armada. Y, por su parte, la contribución de la Marina de Guerra francesa resultó también importante.

Así, aquel heterogéneo y absurdo conglomerado de buques de paz y de guerra, regresando una y otra vez hasta el agotamiento de sus dotaciones, sorteando bajos de arena y campos de minas, consiguió rescatar, entre un diluvio de proyectiles de artillería disparados por el Ejército alemán y bombas lanzadas por la *Luftwaffe* durante el día, y los ataques de las lanchas torpederas alemanas durante la noche, nada menos que a 338.000 hombres, de los que 224.000 eran ingleses y la mayoría de los restantes franceses. Si se tienen en cuenta los que ya habían sido evacuados por los destructores británicos desde Boulogne y Calais a partir del 20 de mayo, la cifra exacta de todos los salvados se eleva a 366.162 soldados. Pero, naturalmente, las tropas francesas que permanecieron aguantando a las alemanas hasta el último momento no pudieron ser embarcadas, y hubo más de sesenta mil soldados que fueron hechos prisioneros o que murieron durante la evacuación, dos mil de ellos en los transportes hundidos o averiados.

Inicialmente, las embarcaciones utilizaron el canal que, hasta Calais y para librar los bancos de arena y los campos de minas, discurría muy próximo a la costa. Pero la artillería de *Wehrmacht* hizo pronto imposible seguir aquel derrotero, por lo que se comenzó a utilizar el canal del Nordeste, más largo, pues la derrota directa, debido a los bajos fondos, sólo podía utilizarse con la pleamar.

Pero allí, frente a la costa belga, inmóviles y silenciosas como sombras, les aguardaban sobre las oscuras aguas las lanchas torpederas alemanas,[1] que en la noche del 22 al 23 de mayo hundieron al destructor francés *Jaguar*. En la del 28 al 29, a los británicos *Wakeful* y *Grafton*, y en la siguiente, al francés *Sirocco*, que resultó alcanzado por dos torpedos. También le fue volada la proa con un torpedo al de igual nacionalidad *Cyclone*, a pesar de lo cual este buque pudo llegar a Dover.

Para los tripulantes y dotaciones de los buques aliados, aquéllas fueron noches de confusión y angustia. Cualquier ruido o alteración sobre las tranquilas aguas era causa de inquietud, y las falsas alarmas se sucedían continuamente. En tales condiciones, nada tiene de extraño que los mismos barcos aliados llegasen a abrir trágicamente el fuego unos sobre otros. Aunque los ingleses oficialmente no lo reconocen, el escritor de esta nacionalidad Richard Collier asegura que el destructor *Wakeful* fue hundido por torpedos británicos.

En cambio, el francés *Bourrasque* resultó echado a pique por una mina, frente a Nieuport.

En el viaje hacia Inglaterra, los barcos iban abarrotados. La marca seguramente la batió el cañonero francés de 630 toneladas *Impetueuse*, que, dotación aparte, llevó en una sola travesía a Dover a 649 hombres. Los destructores llegaron a transportar mil hombres, y los vapores del Solent, hasta 2.700. Pero todos aquellos soldados iban con lo puesto, es decir, no portaban ni siquiera sus fusiles.

Las embarcaciones echadas a pique y ametralladas eran tan numerosas que, después de que el destructor *Worcester* sufriera 350 muertos al salir del puerto, el almirante Ramsay decidió suspender las actividades durante las horas de luz.

En esta emocionante y atrevida operación perdieron los aliados 243 embarcaciones de todas clases, entre las que figuraron seis destructores británicos y cuatro destructores y tres dragaminas franceses.[2] Gravemente averiados resultaron diecinueve destructores ingleses, uno francés y otro polaco. También fueron echados a pique ocho transportes de la Armada británica, resultando otros nueve con graves averías. Y en los duros combates aéreos que se libraron, fueron abatidos 177 aviones de la RAF.

Por otra parte, el ejército expedicionario británico se había dejado en Francia 2.000 cañones, 60.000 vehículos, 76.000 toneladas de municiones, 600.000 de víveres y gasolina, etc., y ello cuando en Gran Bretaña

1. Entre 1939 y 1945 se construyeron en Alemania 250 *Schnellboote*, de las que más de 170 fueron hundidas en combate. Actuaron en el Báltico, mar Negro, mar del Norte y canal de la Mancha, y lograron echar a pique a un centenar de buques de guerra enemigos y unas 500.000 toneladas de barcos mercantes.

2. Los británicos *Wakeful, Grafton, Grenade, Keith, Basilisk* y *Havant*, y los franceses *Bourrasque, Jaguar, Siroco* y *Foudroyant*.

quedaban poco más de quinientas piezas de artillería. De todos modos, y tal vez por contraste con el descalabro que se había temido, esta evacuación fue considerada en el Reino Unido como un «estupendo milagro», y la euforia que estalló por todo el país al saberse que se había salvado la mayor parte de la fuerza expedicionaria inglesa fue tal, que Winston Churchill, nombrado primer ministro desde el 10 de mayo, tuvo que advertir al Parlamento de que las guerras no se ganaban con evacuaciones. Pero aquel delirio estaba en realidad justificado. Porque el reembarco quitaba a la victoria germana gran parte de su valor. Por otra parte, la flota holandesa había conseguido también escapar.[1]

Después, en el Reino Unido se vivieron semanas y meses de incertidumbre y grandes temores. ¿Lograrían las tropas alemanas poner pie en Inglaterra?

Antes de examinar los planes y los preparativos germanos para invadir Gran Bretaña, es decir, la «Operación Seelöwe» (León Marino), debemos ocuparnos brevemente de una página negra en la historia naval de la segunda guerra mundial: la operación británica «Catapult».

* * *

Nos hallamos en la madrugada del 8 de julio de 1940 en el Atlántico central, en latitud 14° 30' Norte y longitud 17° 26' Oeste, es decir, frente a la península de Cabo Verde, en cuya extremidad meridional se alza la ciudad de Dakar, donde los franceses tienen una importante base aeronaval. Las luces del puerto se perciben en la lejanía desde tres grandes buques de guerra que acechan entre las sombras. La noche es calurosa y, pese a los millares de estrellas que parpadean rutilantes en la bóveda del firmamento, también oscura. El encalmado y silencioso océano parece dormitar. Aquellas tres moles de acero que se mantienen mar adentro frente al continente negro y que no dejan escapar luz alguna al exterior son el portaaviones británico *Hermes* y los cruceros pesados de la misma nacionalidad *Dorsetshire* y *Australia*. El comandante del portaaviones, capitán de navío Onslow, manda la agrupación y ha recibido del Almirantazgo órdenes verdaderamente insólitas.

En el mayor silencio, una veloz motolancha es arriada al agua desde el portaaviones, y seguidamente embarcan en ella nueve hombres. Su destino es el puerto de Dakar. Impulsada por sus dos potentes motores marinos, la embarcación, totalmente oscurecida, pronto corta rauda las aguas

1. Era una flota relativamente importante, que contaba con siete cruceros modernos, doce destructores, treinta submarinos y numerosos buques auxiliares.

arrumbada hacia el cabo Manuel, punta meridional de la península que albergaba el puerto principal del África Occidental Francesa.

Dakar es una ciudad sin relieve topográfico, ni altos edificios entonces, como Casablanca o Argel, y cuando los británicos pudieron percibir aquella punta baja de tierra, donde existía un fuerte y se alzaban los mástiles de la estación de radio, cayeron a estribor para librar la pequeña isla de Gorée, asimismo fortificada, que hoy está unida a la tierra firme por un rompeolas, pero que en 1940 sólo servía de estribo a una obstrucción antisubmarina flotante que defendía la rada y la ensenada de Hann. Mal vigilada su entrada aquella noche por los franceses, la embarcación británica consigue penetrar en la rada sin ser advertida, y sus tripulantes, tras navegar desorientados durante cierto tiempo por entre los numerosos barcos fondeados fuera del puerto, logran avistar por fin una mole formidable: el flamante acorazado francés de 41.000 toneladas estándar *Richelieu*, que, casi completamente terminado, había podido escapar de Brest tan sólo algunas horas antes de que las tropas alemanas entraran en aquella base naval metropolitana, con todo el personal de la Escuela Naval Militar a bordo, y la Primera División de cruceros auxiliares, que transportaban mil toneladas de oro del Banco de Francia. Construido para cazar y batir a los cruceros de batalla alemanes, este acorazado francés concentraba a proa toda su artillería principal, en dos gigantescas torres cuádruples de cañones de 381 mm, mientras que en las bandas y sobre el alcázar montaba otras cinco torres triples con cañones de 152 mm. Era un buque muy bien blindado y veloz, de 242 metros de eslora, y a su vista los ingleses se sintieron realmente impresionados. Lo que no impidió que la motolancha británica se aproximase cautelosamente a la popa del majestuoso buque de guerra y, acariciando su costado de babor, dejase caer al agua, prácticamente bajo los ejes de las hélices de bronce, cuatro cargas de profundidad.

Pero la alarma ha sido dada por un centinela, y a duras penas logran los británicos escabullirse indemnes fuera de la rada. De los dos patrulleros franceses que trataron de darles caza, uno enganchó su hélice en una de las redes antitorpedo quedando atrapado, y el otro perdió pronto el rastro de la veloz embarcación asaltante.

Pese a todo, la suerte no ha acompañado a los ingleses, pues ninguna de las cuatro cargas de profundidad, cuya explosión en tan poco fondo sin duda habría causado muy graves averías en los ejes propulsores y el timón del *Richelieu*, funcionó.

En vista de ello, tres horas más tarde, con las primeras luces, el *Hermes* pone seis aviones torpederos en el aire y, pese al fuego antiaéreo y la tardía intervención de algunos cazas franceses, el *Richelieu* es atacado y alcanzado a popa por un artefacto submarino, cuya explosión le abre una vía de agua que inunda tres compartimientos estancos de estribor y afecta a uno de los cuatro ejes de las hélices, que resulta inutilizado, y a éstas mismas.

Carentes en Dakar de dique para buques de semejante porte, los franceses tardarían un año en reparar las averías producidas en el *Richelieu* por el ataque británico. Ataque verdaderamente alevoso, porque aquí no ha mediado previa declaración de guerra ni advertencia de ninguna clase.

¿Qué llevó al Gobierno de Gran Bretaña a tomar tan grave decisión contra un buque de guerra perteneciente a quienes hasta hacía tan sólo unas semanas habían sido sus mejores aliados y compañeros de armas en las dos últimas guerras mundiales?

Retrocedamos brevemente en el espacio y en el tiempo. Ante el incontenible avance de las tropas alemanas en Francia, el Gobierno francés abandona París el 11 de junio de 1940, y la capital es declarada ciudad abierta. El Gobierno se instala provisionalmente en Briare, y el Consejo Supremo Interaliado se reúne en el castillo de Muguet. Winston Churchill, que acaba de llegar en avión, todavía confía en que Francia pueda resistir hasta la primavera de 1941, pero cuando el general Weygand pide al primer ministro británico que les preste todo el concurso de la aviación inglesa, Churchill se niega.

—Hoy es la batalla de Francia; mañana será la de Inglaterra —le dice.

Pero se muestra sumamente preocupado por el destino de la flota francesa, comprendiendo sin duda que si ésta cayera en poder de los alemanes, y puesto que Italia acaba de entrar en la guerra y cuenta con una poderosa escuadra, Gran Bretaña se vería en situación poco menos que desesperada. El día 12 prosiguen inútilmente las conversaciones y al terminar, Churchill se dirige al almirante Darlan y le dice:

—Almirante, ¿qué harán ustedes con la flota? ¡Espero que no la entregarán jamás!

—No hay ni que hablar de ello —responde vivamente Darlan—. Sería contrario a las tradiciones navales y al honor. No se hará ninguna cesión a Alemania ni a Italia. En caso de peligro se darán órdenes de hundirla.

Existen caracteres afines y caracteres antagónicos. De esta última naturaleza fueron los de Winston Churchill y el almirante Françoise Darlan. Cuando el jefe de la flota francesa visitó Inglaterra, en diciembre de 1939, se le ofreció un banquete oficial en el Almirantazgo y, al responder al brindis, «empezó recordándonos que su bisabuelo había muerto en la batalla de Trafalgar», escribe Winston Churchill en sus *Memorias*. «Yo, pues, le juzgaba como uno de esos buenos franceses que odian sistemáticamente a Inglaterra», señala seguidamente,[1] y esta conclusión tan inconsistente como precipitada es probable que influyera decisivamente en los desgraciados acontecimientos que sucedieron. Porque aun pasando por alto todos los vituperios que Churchill termina vertiendo sobre el almirante Darlan en su obra citada, sin duda para tratar de justificar de alguna forma el injustificable ataque británico contra la escuadra francesa en Dakar y Mers-el-Kebir, y que el almirante francés en absoluto se mereció, lo cierto es que el jefe de Gobierno británico siempre desconfió del almirante Darlan y realmente llegó a temer que entregara la flota francesa a los alemanes. Pero sigamos con lo que el ministro *premier* británico calificó de «caso de tragedia griega».

El 13 de junio, los alemanes estaban delante de París. La *Wehrmacht* llegaba al río Loira el día 17 y acampaba desde Orleáns a Nevers. El Gobierno francés tuvo que trasladarse a Burdeos. La resistencia de las tropas francesas estaba totalmente rota y la población civil huía despavorida. Winston Churchill intenta, sin éxito, hacer intervenir a Estados Unidos en la guerra a favor de las democracias. El avance alemán prosigue, incontenible, y el general Weygand pide al presidente del Consejo de Ministros, Paul Reynaud, que solicite el armisticio, a fin de que cese la *massacre*.[2] En el seno del Gobierno francés surge inmediatamente el cisma, entre los que se disponen a continuar la lucha desde ultramar y los que deciden quedarse. El general Pétain, vicepresidente del Consejo, anuncia que permanecerá en suelo metropolitano para compartir la suerte de sus compatriotas. El Gobierno británico acepta la idea de un armisticio separado, siempre que la flota francesa se traslade a Inglaterra y la aviación se vaya a África del Norte. Para tratar de quedarse con la flota gala, Churchill sugiere en el último momento la federación de Francia e Inglaterra en una «unión indisoluble», con doble ciudadanía para franceses y británicos. Pero Paul Reynaud, temiendo que si la escuadra se dirigiese a los puertos británicos, Italia lograría quedarse con Túnez, rechaza el proyecto. Después, en vistas de las críticas de su propio Gobierno a dicha negativa, presenta la dimisión. El presidente Lebrun la acepta,

1. Winston Churchill, *Memorias*, Janés, tomo II.

2. La invasión alemana costó a los franceses más de 120.000 muertos. Después de la derrota de Bailén, en 1808, la ley francesa castigaba con la pena de muerte a todo general que se rindiese en campaña.

y propone a Pétain que forme nuevo Gobierno. En éste, el almirante Darlan ocupa la cartera de Marina.

Ahora, el almirante, convertido en político, cambia de parecer y decide quedarse en Francia. «Un gobierno que se marcha no vuelve jamás», dice. Pero su cambio de actitud es bastante comprensible, pues las perspectivas para la causa aliada en aquellos dramáticos días eran ciertamente sombrías.

El nuevo Gobierno francés considera que Inglaterra está también perdida y que el traslado de la flota francesa a Gran Bretaña sólo haría más duras las condiciones alemanas para un armisticio que, a través de su embajador en España, decide pedir sin demora. Winston Churchill envía al primer lord del Mar a Burdeos para que se entreviste con el almirante Darlan, quien asegura al marino británico que si, para el armisticio, los alemanes exigieran la entrega de la escuadra, no habría armisticio. Por su parte, el mariscal Pétain se muestra de acuerdo con esta postura.

Darlan cumpliría su palabra al pie de la letra, pero, desconfianza inglesa hacia este almirante aparte, el armisticio que el Gobierno francés legalmente constituido firmaría el 22 de junio contenía un artículo referente a la flota, el octavo, que decía lo siguiente:

«La flota de guerra francesa, a excepción de la parte que quede a disposición del Gobierno para la salvaguardia de los intereses franceses en su imperio colonial, será concentrada en los puertos a determinar, y sus buques deberán ser desmovilizados y desarmados bajo el control de Alemania o, respectivamente, de Italia. La designación de estos puertos se hará a tenor de los que sirvieron de base a los buques en tiempos de paz. El Gobierno alemán declara solemnemente que no tiene intención de utilizar durante la guerra y para sus propios fines la flota de guerra francesa estacionada en los puertos bajo control alemán, salvo las unidades necesarias a la vigilancia de costas o al rastreo de minas.»

Se desprende de este artículo del armisticio (no tratado de paz) franco-germano que Alemania renunciaba a la escuadra francesa como botín de guerra, tal vez recordando el autohundimiento de la flota germana en Scapa Flow en 1919, precisamente por haber exigido los ingleses su entrega; quizá considerando que la guerra estaba virtualmente ganada, o desestimando, con esa mentalidad continental tan propia de los alemanes, la importancia capital de una flota semejante en cualquier contienda de cierta importancia. ¡Gran error germano no haber exigido la entrega de la flota francesa ni haber insistido enérgicamente en la concesión de bases navales y aéreas en África del Norte!

Pero dejando a un lado este fallo de los alemanes respecto a algo de tanta importancia y trascendencia para el curso posterior de la lucha, y que, naturalmente, pagarían después caro, hay que reconocer que la letra del citado artículo octavo se prestaba a levantar fuertes recelos entre los ingleses, que ni en absoluto se fiaban de la «solemne declaración» alemana ni tampoco de que los franceses no se dejasen arrebatar los buques a cambio de ciertas concesiones, o simplemente que no pudieran evitarlo, cuando, bajo control alemán y en puertos ocupados militarmente por los germanos, fueran desarmados de acuerdo con las cláusulas del armisticio. Por otra parte, ¿cuáles eran las unidades «necesarias para la vigilancia de costas»? Aquí, en la duda y el temor, está la semilla de la tragedia.

Las reiteradas protestas hechas por los franceses antes y después de la firma del armisticio, en el sentido de que en ninguna circunstancia permitirían que los alemanes se apoderasen de su flota, no fueron consideradas por el Gabinete de Guerra británico como garantías suficientes y, en la decisión más «abominable, antinatural y terrible», según palabras del propio Winston Churchill, resolvió inutilizar la flota francesa como «acto necesario, para la supervivencia de Gran Bretaña».

Veamos en qué se tradujo esta cruel decisión del Gobierno británico respecto a la flota de sus ex aliados. En Portsmouth y en Plymouth se encontraban los siguientes buques de guerra franceses: dos acorazados anticuados de 22.000 toneladas, el *París* y el *Courbert*, cuatro destructores, seis torpederos, siete submarinos, entre los que se hallaba el gigantesco *Surcouf*, de casi 3.000 toneladas; veintitrés lanchas rápidas, setenta y un patrulleros y dragaminas y varios remolcadores. En la madrugada del 3 de julio de 1940, todos estos buques fueron asaltados por sorpresa por fuertes contingentes de marinos británicos armados, sin que sus tripulantes, ignorantes de lo que habían tramado contra ellos sus ex aliados, pudieran hacer nada para impedirlo. Sólo hubo alguna sangre en el *Surcouf*, y, seguidamente, las dotaciones de todos ellos fueron desembarcadas.

Ya sabemos adónde se había dirigido el acorazado *Richelieu* y cuál sería su suerte posterior. Su gemelo, el *Jean Bart*, había podido escapar dramáticamente de Saint-Nazaire y, tras eludir un ataque de los bombarderos de la *Luftwaffe*,[1] consiguió llegar a Casablanca. Pero como estaba

1. Una sola bomba cayó a bordo, prácticamente sin efecto alguno. Este buque salió con una torre cuádruple de 381 mm; la otra sería montada más adelante en Casablanca.

sin terminar y a medio artillar, no sería atacado por los ingleses. La mayoría de los restantes buques de guerra franceses, exceptuando algunos basados en las Antillas (un portaaviones y dos cruceros), se hallaban en el Mediterráneo, y aunque nuestro propósito en este libro no es describir la lucha naval en dicho mar, este relato quedaría incompleto si no mencionáramos aquí lo sucedido a las dos escuadras francesas fondeadas respectivamente en Alejandría y Mers-el-Kebir.

En el primero de dichos puertos se hallaban un acorazado anticuado de 22.200 toneladas, el *Lorraine*; cuatro cruceros, tres destructores y un submarino, al mando del vicealmirante Godfroy. Allí fondeaba también una escuadra inglesa mucho más potente y numerosa, compuesta por cuatro acorazados de 30.000 toneladas cada uno, un portaaviones, siete cruceros, cuatro submarinos y dieciocho destructores, a las órdenes del almirante A. B. Cunningham. El 23 de junio, Godfroy recibe órdenes del Almirantazgo francés de dirigirse a Beirut con su escuadra. Pero cuando se despide de Cunningham, a quien está subordinado, éste le manifiesta que tiene órdenes de no dejarle salir de Alejandría en aquel momento.

Así comenzó un verdadero calvario para Godfroy, sometido a fuertes y reiteradas presiones del Almirantazgo francés para que se hiciera a la mar incluso por la fuerza, a sus propios deseos de salir aunque tuviera que batirse y a la amenaza británica de echar a pique todos sus buques si intentaba siquiera moverse. Las negociaciones que siguieron fueron lentas, difíciles y laboriosas, y llegó un momento, al conocerse el ataque de Mers-el-Kebir, en que los buques de cada escuadra tuvieron los cañones cargados y apuntando sobre los de la otra, listos para abrir fuego.

Pero, ¿a qué hubiera conducido el empleo de la fuerza por parte de los franceses? Además de la desventaja que en este caso suponía tener que tomar la iniciativa, los destructores británicos ya habían ocupado posiciones para bloquear la salida del puerto y, al mismo tiempo, poder torpedear a las unidades francesas al primer aviso. Cruceros y destructores aparte, abrumadoramente más numerosos los del lado británico, los franceses sólo disponían de ocho cañones de 340 mm, sobre un buque deficientemente blindado, mientras que los cuatro acorazados ingleses montaban treinta y dos piezas de 381 mm y estaban mucho mejor protegidos. Caso de decidirse los galos a salir, y por si no fuera ya bastante, los aviones británicos les habrían atacado también inmediatamente, mientras que Godfroy no disponía de aviación alguna.

En semejantes condiciones de inferioridad, ante la imposibilidad material de poder cumplimentar las órdenes recibidas, presionado por los mismos comandantes de sus unidades, los cuales se presentaron espontáneamente en su buque insignia, el *Duquesne*, el 4 de julio y para evitar un inútil derramamiento de sangre, el almirante francés terminó por ceder y consintió en desarmar y desmovilizar parcialmente a su escuadra,[1] a cambio de la promesa de que ésta no sería hundida ni abordada por los ingleses. Las razones de su actitud son perfectamente comprensibles, como lo es la agonía espiritual que tuvo que sufrir este honorable marino francés hasta llegar a tan dolorosa decisión. Pero aquí existió una diferencia, respecto a lo acontecido en Inglaterra, digna de mención. El almirante Cunningham cumplió su palabra de que no trataría de apoderarse de los buques franceses si Godfroy accedía a desarmarlos, y la mantuvo incluso cuando las tropas alemanas llegaron a El Alamein. Así, aquella escuadra siguió siempre tripulada por marinos franceses, y quizá por ello algún historiador ha calificado aquel acuerdo entre los dos almirantes como «un convenio entre caballeros».

* * *

Mers-el-Kebir, 3 de julio de 1940. La amanecida presagia un día radiante de verano. Uno de esos días en que pensar siquiera en la posibilidad de morir resulta un contrasentido, un absurdo, algo verdaderamente incompatible con una naturaleza que se muestra en todo su esplendor y magnificencia. Y, sin embargo, dentro de algunas horas van a perder aquí la vida más de un millar de hombres.

En esta rada contigua al puerto de Orán, en Argelia, casi exactamente sobre el meridiano de Cartagena, se hallaba, el día de autos, la escuadra francesa del Atlántico, compuesta por los acorazados de 22.200 toneladas *Provence* y *Bretagne* (diez piezas de 340 mm, 21 nudos), los cruceros de batalla de 26.500 toneladas *Dunquerque* y *Strasbourg* (ocho piezas de 330 mm, 31 nudos), el transporte de aviones de 10.000 toneladas *Comandant Teste* (doce piezas antiaéreas de 100 mm, 21 nudos, cuatro catapultas y veinticinco aviones), los superdestructores de 2.900 toneladas *Mogador* y *Volta* (ocho piezas de 138 mm, 40 nudos) y cuatro destructores. A la vuelta de la esquina como quien dice, al otro lado del Monte Cristo, en el puerto de Orán, atracaban otros diez destructores, seis cañoneros, otros tantos submarinos y diversos patrulleros y dragaminas.

La plaza de Mers-el-Kebir, tomada por los españoles en 1505, poco antes de que ocuparan Orán, y que con dicha ciudad permaneció en

1. Se desembarcó todo el petróleo; los cierres de los cañones y las espoletas de los torpedos fueron trasladados al Consulado General francés en Alejandría y se repatrió el 70 por ciento de las dotaciones.

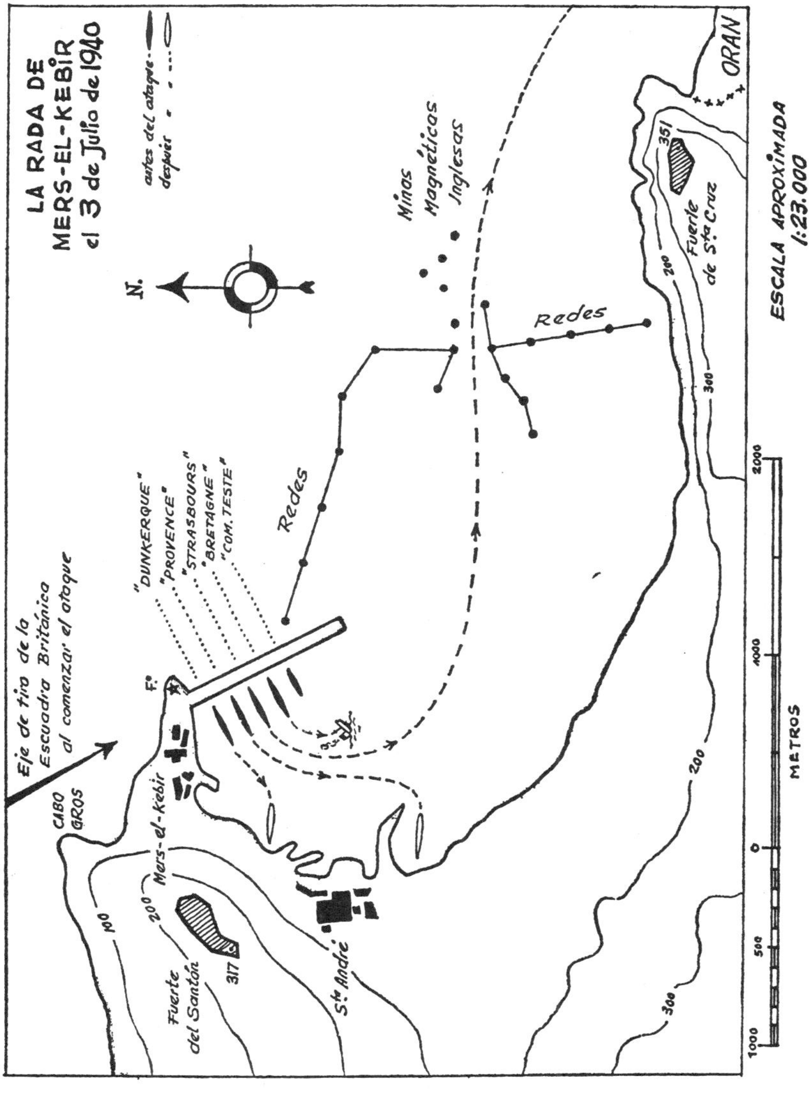

Situación de los principales buques de la Escuadra francesa del Atlántico, en Mers-el-Kebir, el 3 de julio de 1940, antes y después del ataque de la flota británica.

manos de España durante doscientos ochenta años, cuenta con una rada que se extiende algo más de una milla marina en dirección sudeste, presentando su concavidad hacia el mar, al amparo del cabo Gros, prolongado después artificialmente y en dirección paralela a la costa por el «Jetée Nord». A este rompeolas amarraban de punta, el 3 de julio, los cuatro buques de línea franceses citados y el *Comandant Teste*, fondeados con sus proas hacia tierra. Montes altos y más bien descarnados se alzan junto a la ribera, como si quisieran empinarse para otear mejor el mar por encima de los buques surtos al amparo de la rada, y las dos extremidades de ésta se hallan bien señaladas y definidas por los antiguos fuertes españoles todavía llamados del Santón y de Santa Cruz, encaramados a trescientos metros de altura y que distan poco más de esa distancia de la vertical de la orilla. El último de los dos citados domina, por un lado, Mers-el-Kebir y, por el otro, Orán. Enfrente de los buques de línea se acoderaban a los muelles del Santón y de Saint-André los seis destructores mencionados.

La parte sudeste de la rada de Mers-el-Kebir, no cerrada entonces por el actual rompeolas, quedaba protegida de los posibles merodeadores que se aproximasen entre dos aguas por diversas obstrucciones y redes antisubmarinas, pero no existían campos de minas. Disponiéndose a cumplir las cláusulas del armisticio, en los buques se había empezado ya a desmovilizar, y todo el personal procedente del norte de África había sido desembarcado. En las baterías de costa se retiraron y guardaron en cajas los cierres de los cañones, y las municiones volvieron a los polvorines.[1] A bordo de los submarinos se habían desembarcado las cabezas de combate de los torpedos y vaciado sus cámaras de aire comprimido. En la base aérea de Arzeu, a unos cuarenta kilómetros al este de Orán, la Armada francesa tenía entonces algunos bombarderos, pero allí, igual que en los aeródromos más alejados del Ejército del Aire, tras producirse algunas defecciones en Gibraltar después de la firma del armisticio germano-francés, a los aparatos se les había desinflado los neumáticos, retirado sus baterías, cañones y ametralladoras y vaciado los depósitos de esencia.

Aquella mañana de sol, un poco brumosa todavía hacia la parte de mar, en la base naval de Mers-el-Kebir reinaba la actividad de un día cualquiera en tiempos de paz. Se acababan de dar los toldos. Los grandes botes a motor de los acorazados desamarraban de los tangones e iban

1. Baterías de esta base naval francesa: Canastel, tres piezas de 240 mm; Santón, cuatro de 194 mm; Gambetta, cuatro de 120 mm; St. Grégoire, cuatro de 95 mm; Española, dos de 75 mm; Mers-el-Kebir, dos de 75 mm.

atracando a los portalones de babor de sus respectivos buques, a fin de embarcar y llevar a tierra a las compañías de marinería que se disponían a efectuar ejercicios de fusil de orden cerrado, y a las comisiones de compra. Algunos pintorescos pesqueros salían del pequeño puerto de Mers-el-Kebir, situado al fondo de la rada. Y las aguas reflejaban los temblorosos contornos de los altos montes coronados por fuertes y baterías.

Inesperadamente, poco antes de las siete horas, de entre la calina surge un destructor inglés que se aproxima y solicita autorización para entrar en el puerto. Casi al mismo tiempo, los semaforistas de la costa y los timoneles de guardia en los puentes de señales de los buques comunican que se ve una escuadra cruzando mar adentro frente a Orán. Sus componentes son rápidamente identificados a través de prismáticos y catalejos: se trata del crucero de batalla de 42.000 toneladas *Hood*, los acorazados de 31.000 toneladas *Resolution y Valiant*, el portaaviones *Ark Royal*, dos cruceros y once destructores. Aquella escuadra causa la natural sorpresa y curiosidad entre los marinos franceses, pero, por supuesto, ningún temor: ¡tal vez ande buscando a la flota italiana!

El destructor *Foxhound*, que es el que ha pedido permiso para entrar en la rada, comunica que trae a bordo un oficial portador de un mensaje de la mayor importancia para el comandante en jefe de la escuadra francesa. Éste, almirante Gensoul, envía un teniente de navío al destructor británico, para que comunique a su comandante que no debe entrar en el puerto, y que, si el mensajero desea transmitir verbalmente su mensaje, el almirante no tiene inconveniente en enviar a bordo al jefe de su Estado Mayor. Pero el capitán de navío inglés Holland, comandante del *Ark Royal* y que había sido agregado naval en París, manifiesta que tiene órdenes de entregar personalmente al almirante Gensoul los documentos que porta. Éste se niega a recibirle, y el recién llegado tiene que dárselos al oficial francés, que hará de intermediario.

Tras un preámbulo en que se exponían los puntos de vista del Gabinete de Guerra británico acerca de la situación creada por el armisticio y sus temores de que los buques franceses pudieran caer en manos de los alemanes o italianos, el documento en cuestión terminaba textualmente así:

> «En estas condiciones, el Gobierno de Su Majestad me encarga pida a la flota francesa que se encuentra actualmente fondeada en

Mers-el-Kebir y Orán que acepte alguna de las siguientes proposiciones:

»*a*) Unirse a nosotros y continuar combatiendo por la victoria sobre alemanes e italianos.

»*b*) Dirigirse a un puerto británico con dotaciones reducidas bajo nuestro control. Estas dotaciones serán repatriadas lo antes posible. Si aceptan una de estas dos proposiciones, les devolveremos los buques al final de la guerra o pagaremos una compensación total si hubieran resultado averiados en el intervalo.

»*c*) En caso contrario, si consideran que sus buques no deben ser utilizados contra los alemanes o italianos porque ello quebrantaría el armisticio, aparejen con nosotros, con dotaciones reducidas, hacia un puerto francés de las Antillas, la Martinica por ejemplo, donde sus buques podrían ser desmilitarizados a nuestra satisfacción o, posiblemente, confiados a los Estados Unidos de América, permaneciendo en seguridad hasta el final de la guerra y siendo repatriadas sus dotaciones.

»Si rechazan estas razonables ofertas, me veré obligado, con profundo sentimiento, a pedirles que hundan sus buques en el plazo de seis horas.[1] Finalmente, si ninguna de las anteriores proposiciones es aceptada, tengo órdenes del Gobierno de Su Majestad de emplear toda la fuerza necesaria para impedir que sus buques caigan en manos alemanas o italianas.»

Más indignado que estupefacto, el almirante Gensoul responde que los buques franceses no caerán intactos en manos de los alemanes o italianos en ninguna circunstancia, y que, constituyendo el documento remitido a él un verdadero ultimátum, los buques franceses se defenderán por la fuerza. Después ordena a su jefe de Estado Mayor entregar al capitán de navío Holland el siguiente mensaje:

«1.° El almirante no puede sino ratificar la respuesta ya dada a través del teniente de navío Dufay.

»2.° El almirante está decidido a defenderse por todos los medios de que dispone.

»3.° El almirante Gensoul llama la atención del almirante Somerville sobre el hecho de que el primer cañonazo disparado con-

1. Seis horas era precisamente el tiempo que tardaba cualquier buque propulsado por calderas y turbinas de vapor en pasar de la situación de apagado a la de listo para mover sus hélices, lo que revela las intenciones inglesas de no permitir que los buques franceses pudieran hacerse a la mar para combatir.

tra nosotros tendrá como resultado práctico el que toda la flota francesa se apreste inmediatamente contra Gran Bretaña, resultado que será diametralmente opuesto al que busca el Gobierno británico.»

Pero Gensoul ya había dado cuenta al Almirantazgo francés, por el siguiente mensaje del ultimátum británico:

> «Fuerza inglesa compuesta por tres acorazados, un portaaviones, cruceros y destructores delante de Orán. Ultimátum recibido: hundan sus buques en el plazo de seis horas. Respuesta: buques franceses responderán con la fuerza.»

Inexplicablemente, el almirante francés escamoteaba a su Almirantazgo las tres primeras proposiciones que contenía el ultimátum británico. ¿Por qué razones? Más adelante, al responder a la encuesta parlamentaria sobre el ataque británico en Mers-el-Kebir, Gensoul no podrá aducir sino una serie de excusas tan débiles e inconsistentes como inaceptables. Su extraño mensaje sólo pudo estar dictado bajo los efectos de la cólera, pero ésta no constituye precisamente una buena razón.

¿Hubiera aceptado el Almirantazgo galo, o quizás el mismo Gobierno francés, la propuesta de enviar sus buques a las Antillas? No parece muy verosímil, entre otras cosas por temor a quebrantar el armisticio, pero, evidentemente, Gensoul, sin duda ofuscado, zanjó la grave cuestión por su cuenta y sin opción posible.

A la vista del mensaje recibido del almirante del Atlántico (Gensoul), el Almirantazgo francés reacciona inmediatamente, ordenando a todas las fuerzas navales francesas que se concentren en Orán para responder a la fuerza con la fuerza. Mas ya sabemos en qué situación tan difícil se hallaban en aquellos momentos las unidades francesas fondeadas en Alejandría, mientras que los siete cruceros galos que se encontraban en Argel estaban apagados, aparte de que los ingleses se aprestaban a resolver la cuestión por la vía rápida, sin dar a los francos oportunidad alguna de que pudieran hacer intervenir a otras unidades.

Gensoul ya había mandado encender sus buques y alistarlos para el combate, incluyendo los submarinos, y en las baterías de costa y los aeródromos se trabajaba contrarreloj para dejar listos cañones y aeroplanos. Pero los británicos tampoco estaban dispuestos a arriesgar sus propias unidades, y para impedir que la escuadra francesa pudiera hacerse a la mar y combatir en igualdad de condiciones, a las 1230 horas fondean delante de la entrada de la rada, con aviones, cinco minas magnéticas.

Así, el primer buque grande que se hunda allí bloqueará la salida a todos los demás, que quedarán prisioneros de sus propios barrajes. Y, por supuesto, el menor campo magnético que genera cualquier destructor no hará funcionar las minas. ¡Diabólica combinación![1]

Una hora después, el destructor *Foxhound*, que se mantiene fuera del puerto, comunica por semáforo que si el almirante francés acepta las propuestas inglesas deberá izar una gran bandera cuadra en el palo de mesana, o que, de otra manera, los buques británicos abrirán el fuego a las 1400 horas.

Los marinos franceses continúan febrilmente sus preparativos, y, en Orán, el comandante del destructor *Trombe* advierte a sus compañeros: «¡Recordad Copenhague! ¡Empezaron de la misma manera!» Efectivamente, sin Nelson, la historia iba a repetirse. Pero las baterías de costa francesa no están listas, y Gensoul, tratando de ganar tiempo, señala que todavía aguarda la contestación de su Almirantazgo y que, mientras tanto, está dispuesto a recibir a bordo de su buque insignia al capitán de navío Holland.

A bordo del *Dunkerque*, en la espaciosa y señorial cámara del almirante, hay una acalorada discusión y una esgrima de argumentaciones contrapuestas que no conducen al menor acuerdo. Y a las 1600, Somerville, que ha interceptado el mensaje del Almirantazgo francés ordenando a sus buques de guerra dirigirse a Orán, comunica a Gensoul que, si media hora después no ha aceptado alguna de sus propuestas, hundirá a los buques franceses.

El almirante de la escuadra del Atlántico se desespera. Sorprendido sin vigilancia aérea ni naval próxima ni lejana de ninguna clase, con sus buques apagados y parcialmente desmovilizados y las baterías de costa desarmadas, su escuadra constituye un blanco perfecto y prácticamente inerme. Y Gensoul comprende con horror que Mers-el-Kebir va a convertirse, de un momento a otro, en el cementerio de su escuadra. ¡Hay que salir a todo riesgo!

Arrostrando el peligro de las minas submarinas británicas, poco antes de cumplirse el plazo fatal, el almirante ordena a su escuadra que se haga a la mar. Los destructores largan amarras, levan y se dirigen uno tras otro hacia la salida, mientras los dos cruceros de batalla filan por ojo las cadenas de sus anclas y comienzan también a moverse, con desesperante pero inevitable lentitud, pues la rada es estrecha, los fondos disminuyen rápidamente hacia la orilla y se corre el riesgo de varar, y la eslora de estos

1. Una mina magnética puede regularse para que sólo estalle precisamente con el campo mangético generado por cualquier tipo determinado de buque.

grandes buques es de doscientos catorce metros. Mientras tanto, allá fuera, las pesadas torres de artillería de los acorazados ingleses giraban lentamente en orientación.

A las 1656, unos enormes fogonazos surgen de los buques británicos situados a 14.000 metros de Mers-el-Kebir, y dice el almirante e historiador francés Belot que lo que siguió «no fue una batalla, sino una ejecución». ¡Ciertamente! Porque los cuatro buques de línea franceses que amarraban paralelamente unos a otros, separados tan sólo un centenar de metros entre sí y entorpeciéndose mutuamente los sectores de tiro, constituían la diana de un verdadero pero trágico ejercicio de tiro. Por si fuera poco, los artilleros ingleses conocían la distancia exacta a sus víctimas, pues contaban con una situación geográfica de precisión, tomada por marcaciones a los cabos, faros y fuertes que nítidamente se destacaban en la despejada tarde de aquel día aciago, y puesto que los buques franceses no se encontraban sobre cualquiera de los infinitos puntos de la mar, sino precisamente allí donde conspicuamente los señalaba la carta náutica con tinta china.

Nada tiene de extraño, pues, que la primera salva británica disparada con radar, cayese ya centrada en alcance, aunque algo desviada hacia la izquierda en deriva. Los enormes proyectiles ingleses llegaron precedidos de un rugido terrorífico y estallaron por fuera del rompeolas, haciendo surgir imponentes surtidores de agua. La segunda salva se desplomó parcialmente sobre el mismo muelle de piedra, levantando algunos guijarros y llamaradas y matando a algunos espantados paseantes, y la tercera centró plenamente a los acorazados franceses.

Pero entre las dos primeras salvas, el comandante del crucero de batalla *Strasbourg*, capitán de navío Collinet, haciendo un verdadero alarde de habilidad maniobrera, larga amarras, fila por ojo la cadena del ancla y, librando al acorazado *Bretagne* y al transporte de aviones, fondeado todavía más hacia fuera que su propio buque, se pone en movimiento para ganar la salida. ¿Será la primera víctima de las minas francesas?

El *Provence* rompe el fuego francés, disparando por entre los dos mástiles del *Dunkerque*. Éste, situado a barlofuego, empieza a tirar con sus dos torres cuádruples de 330 mm sobre los acorazados ingleses y se dispone asimismo a salir del puerto. Al caer la tercera salva británica, el *Bretagne*, que aguardaba todavía en su amarradero para no entorpecer la maniobra de los dos cruceros de batalla, recibe varios impactos y sufre tal conmoción que desde tierra se le observa saltar perceptiblemente sobre las aguas con su mole de acero de veintidós millones y pico de kilos de peso. Un proyectil había penetrado, por debajo de la coraza, en el pañol de pólvoras de popa, que hizo inmediatamente explosión, desfondando parcialmente al buque. Otro le alcanza en la cámara de máquinas, donde se produce un formidable incendio cuyo penacho de llamas lame pronto la perilla del palo de mesana. Un tercero cae en las proximidades de la torre central de 340 mm, provocando la explosión de las municiones de 138 mm de la cubierta de batería del viejo acorazado. El agua comienza a entrar a bordo a borbotones, los mamparos estancos ceden, y el navío, que ya no podrá oír la potente voz de sus cañones, pues tiene destrozados todos los generadores eléctricos, empieza a escorar peligrosamente a estribor. Su comandante, comprendiendo que la salva siguiente desplomará también a bordo, ordena dar avante toda y poner el timón con 30° de caña a babor. Pero el crepitante y maltrecho despojo ya no podrá ir muy lejos.

El diluvio de gigantescos proyectiles continúa cayendo dentro de la rada, tan implacable y destructivo como ensordecedor, mientras el *Dunkerque* y el *Provence* contestan al fuego inglés con su artillería de grueso calibre. Pero entre el aterrador aullido de los proyectiles que no cesan de llegar, el estallar de las granadas, los estampidos de los cañones de los buques franceses y de las baterías de costa y los ecos que devuelven y multiplican las montañas se levanta un impresionante bramido que por unos instantes parece dominar el infernal concierto. Una granada de 381 mm ha alcanzado en la popa al superdestructor *Mogador*, ya fuera del puerto y que había disparado una veintena de proyectiles contra el *Foxhound*, y, por simpatía, hace estallar las dieciséis cargas de profundidad que el buque llevaba en la toldilla. Pese a que el efecto del horrible estallido de unas cinco toneladas de explosivos se pierde en su mayor parte en el aire, la popa de este buque de 92.000 caballos de fuerza casi desaparece, y entre su dotación se producen treinta y siete muertos. Pero los mamparos estancos aguantan, y podrá ser remolcado por la barcaza *La Puissante* hasta varar en la orilla.

Toda la rada está ya envuelta en una negruzca, maloliente y siniestra neblina de gases, y a través de ella sólo se destacan, como en una pesadilla, el rojizo relampagueo del estallar de las granadas inglesas, las llamaradas del *Bretagne* y del *Mogador*, los incendios que se alzan en tierra y los fogonazos de los cañones franceses que disparan. Pero los destructores van escapando del puerto y el *Strasbourg* se aproxima rápidamente a la salida. A las 1703 es también alcanzado el acorazado *Provence*. Un proyectil atraviesa sucesivamente la primera de sus tres cubiertas blindadas, la cámara de los oficiales, otra cubierta, deshace el colector de vapor principal a la cámara de maquinas de popa y estalla dentro del pañol del contramaestre. El abrasador vapor que comienza a escapar a chorros por la destrozada tubería caldea peligrosamente uno de los mamparos del pañol de municiones contiguo y, para evitar que éste pueda hacer explosión, tiene que ser inundado abriéndole sus grifos de fondo.

Casi al mismo tiempo recibía el *Dunkerque* tres proyectiles de 381 mm, y sus 1.400 hombres sienten vibrar con fuerza aquella enorme mole de acero. Además de muchos muertos y heridos, el crucero de batalla queda sin energía eléctrica, tiene fuera de servicio una de sus cámaras de máquinas e inutilizadas varias torres de artillería.[1] El almirante renuncia a salir a la mar con el buque en tales condiciones y ordena a su comandante que lo lleve hasta la orilla de enfrente, para darle cierta protección bajo las estribaciones del Djebel (monte) Santón, ya que los ingleses tiran de enfilada, prácticamente desde el Norte.

Ya salía de la rada el *Volta*, a 30 nudos, e inmediatamente aumenta a régimen de 40 millas por hora. Le siguen el *Terrible*, el *Tigre*, el *Linx* y el *Kersaint*. Después, entre los grandes géiseres levantados por el chaparrón de granadas británicas que insistentemente le buscan y una de las cuales secciona la driza de su bandera, avanza, a 15 nudos, el *Strasbourg*. Su costado de estribor se desliza peligrosamente próximo a las obstrucciones situadas en la parte sur de la salida. ¡Ay de él si sus hélices se enredaran ahora en las metálicas cortinas! En el puente y la torre de mando, el personal flexiona disimuladamente las piernas esperando que de un momento a otro se produzca alguna explosión submarina que fácilmente podría rompérselas. Pero, contra todo lo que aquellos hombres temían y los británicos esperaban, ninguna de las minas por éstos fondeadas hace explosión. Tal vez los ingleses se excedieron al regularlas con demasiado poca sensibilidad, para que no actuasen bajo los cascos de los destructores. Una vez en franquía, el crucero aumenta inmediatamente a 28 nudos y abre el fuego sobre los acorazados británicos con sus piezas de 330 mm, al mismo tiempo que arrumba al Nordeste para tratar de escapar, pero ya está claro que los demás buques de línea franceses no podrán salir de la trampa en que para ellos se ha convertido Mers-el-Kebir.

Han transcurrido casi quince minutos de infierno cuando intervienen los aviones franceses, pero sin otro efecto práctico que derribar algunos aparatos británicos de observación. El *Provence* sigue tirando con regularidad, aunque, debido a las crecientes inundaciones, ha tenido que varar en la orilla. Había sido alcanzado también por un proyectil de 381 mm que dejó bloqueada su torre IV y por otro que le inutilizó una de las dos

1. Aparte de sus dos torres cuádruples principales, montaba otras tres torres cuádruples con cañones de 130 mm.

piezas de la torre III. Pero sólo ha sufrido dos muertos y algunos heridos. Espasmódicamente hace fuego el *Dunkerque*, mientras a bordo del *Bretagne* se lucha inútilmente contra los formidables incendios, las inundaciones y los destrozos; se pone en algún rincón a los muertos y se traslada a los heridos. Pero a las 1710, el drama alcanza su punto culminante. Nuevamente tocado junto a la base del palo trípode de proa, el agonizante acorazado acelera rápidamente su pronunciada escora de estribor, en una trágica e irreversible pirueta, y se hunde en plena rada, llevándose en sus entrañas a casi un millar de hombres, la mayoría de los cuales quedan atrapados ¡vivos! en el interior del maltrecho, formidable y para ellos hermético ataúd de acero.

El almirante Somerville, a quien comienza a molestar el tiro cada vez más centrado de las baterías de costa francesas y que ya ha tenido que ordenar a los destructores que cubran con cortinas de humo a sus acorazados para dificultar el tiro del *Strasbourg*, ordena hacer alto el fuego e invertir el rumbo por contramarcha para alejarse hacia el Oeste.

Cesa el diluvio de acero y explosivos sobre Mers-el-Kebir, y por fin, al extinguirse el ruidoso desplome de las cataratas de agua levantadas por la última salva inglesa, se hace el silencio. La humeante y castigada rada presenta el aspecto de un verdadero lago del infierno. Los marinos franceses hacen recuento de sus buques. Entre los grandes, el único milagrosamente intacto es el *Comandant Teste*, que continúa amarrado al rompeolas sin haber sufrido siquiera un rasguño. El *Bretagne*, hundido, apenas asoma un trozo de su rojiza quilla, sobre las aceitosas y revueltas aguas, en las que todavía se debaten algunos de sus tripulantes, mientras, el *Dunkerque*, con un centenar de muertos a bordo; el *Provence* y el *Mogador*, varados de proa a la orilla, se restañan las graves heridas. En las instalaciones de tierra, por todas partes se levantan humaredas y grandes incendios.

El almirante Gensoul pide a Somerville que cese el cañoneo al mismo tiempo que ordena izar una gran bandera cuadra en el palo de mesana del *Dunkerque*, indicando así que acepta las condiciones del inglés. ¡Gesto inútil y extemporáneo que podía perfectamente haberse ahorrado!

Porque el almirante británico sabe muy bien, por sus aviones de reconocimiento, lo sucedido dentro de la base naval, y considera su misión cumplida. Únicamente el *Strasbourg*, burlándose de las minas submarinas y ya rodeado por los destructores salidos de Mers-el-Kebir y de Orán, ha conseguido escapar indemne. Pero Somerville no está dispuesto a dejarle marchar impunemente y, como sus acorazados son más lentos que el crucero de batalla francés, ordena que intervengan los aviones del *Ark Royal*.

Mas los tres ataques sucesivamente montados por los ingleses contra el *Strasbourg*, con bombarderos y aviones torpederos hechos despegar del *Ark Royal* y protegidos por cazas, no logran dañar al crucero de batalla, que consigue abatir a tres aparatos y que, a la caída de la tarde del próximo día, fondeará sin más novedad en Tolón, con los destructores que le acompañaban, entre los aplausos y vítores de los marinos de la base.

Con ello no terminaba el ataque británico a la escuadra francesa del Atlántico fondeada en Mers-el-Kebir. Las fotografías tomadas al día siguiente por los aviones de observación salidos de Gibraltar muestran al *Dunkerque* al parecer varado de proa y evidentemente averiado, más nada revelan de la extensión y la importancia de los daños. Y cuando los ingleses titubean sobre la conveniencia de volver a atacarle, el Almirantazgo francés les saca de dudas. El almirante Esteva, cometiendo una imprudencia inexplicable, hace saber al mundo que «las averías del *Dunkerque* son mínimas y pronto serán reparadas».

Cumplimentando órdenes de su Almirantazgo, la «Fuerza H» del almirante Somerville apareja nuevamente de Gibraltar el día 5 con el fin de rematar a cañonazos al crucero de batalla francés. Ya en la mar, y comprendiendo el almirante británico que, dada la posición de aquel buque, será inevitable que parte de los proyectiles caigan sobre los poblados de Mers-el-Kebir y Saint-André, propone al Almirantazgo atacar al *Dunkerque* sólo con torpedos, propuesta que es aceptada.

Poco antes de la amanecida del 6 de julio, cuando apenas si la aurora intenta despuntar y todo duerme todavía en la base naval francesa, una escuadrilla de aviones torpederos despega del *Ark Royal*, a unas noventa millas de la costa africana. A bordo del *Dunkerque* solamente permanecen trescientos hombres de su dotación, y el patrullero *Terre-Neuve* se encuentra atracado al costado de babor del crucero de batalla, para seguir transbordándole las municiones que se van sacando del buque de línea.

Los aviadores ingleses se aproximan a Mers-el-Kebir volando a ras de las olas, con el sol, recién salido, a sus espaldas, y a las 0530 horas lanza seis torpedos en el interior de la rada, dirigidos contra el *Dunkerque*. Uno de ellos alcanza al *Terre-Neuve*; los demás estallan inútilmente contra los muelles de piedra. Diez minutos después se produce otro ataque procedente de la misma dirección, que esta vez es correspondido por las baterías antiaéreas de los buques de guerra. El infortunado *Terre-Neuve* recibe otro torpedo, que lo parte en dos, y se hunde en menos de un minuto. El comandante del patrullero es lanzado por los aires por la fuerza de la explosión, y su cadáver cae sobre la cubierta del *Dunkerque*, en el que también se producen varios muertos y heridos entre el personal de las ametralladoras antiaéreas.

A las 0640 horas se desencadena un tercer ataque, y esta vez los aparatos ingleses efectúan su aproximación por el Oeste. Un torpedo hunde al remolcador *Esterel*, situado a setenta metros del *Dunkerque*. Otro pez metálico, siguiendo una trayectoria verdaderamente increíble, alucinante, se desliza por debajo de la quilla del crucero de batalla y alcanza después en la popa al hundido *Terre-Neuve*, del que sólo el mastelerillo del palo asoma ya por encima de las aguas y que parece poseer algún fatídico poder de atracción sobre los torpedos ingleses. La explosión del artefacto hace estallar por simpatía todas las municiones del *Dunkerque* que el día anterior habían sido transbordadas al patrullero, y la formidable explosión produce una brecha de treinta metros de extensión en el casco del crucero de batalla, que, con cincuenta muertos más, se hunde parcialmente debido al poco fondo y queda ahora descansando sobre el cieno de la rada en toda la longitud de su eslora y con varios miles de toneladas de agua salada a bordo.

Más de un año y medio tardarían los franceses en ponerlo en condiciones de navegar. En la noche del 19 de febrero de 1942 saldrá por sus medios y en el mayor secreto de Mers-el-Kebir, consiguiendo llegar después a Tolón. Le habían precedido tres meses antes el *Provence* y el *Mogador*, otras dos víctimas del ataque británico, que, además de las pérdidas materiales que ya conocemos, costó a los franceses la muerte de 47 oficiales, 196 suboficiales y 1.054 cabos y marineros, aparte de 351 heridos.[1]

* * *

Hemos llegado al final del drama. Los esfuerzos de algunos historiadores británicos por tratar de justificar la «Operación Catapult» resultan más penosos que convincentes. Que el armisticio franco-alemán hiciera temer a los ingleses por el destino de la flota francesa es cosa perfectamente explicable. Pero que ello les diera honradamente pie para atacarla sin previo aviso ni declaración de guerra constituye otra muy diferente. Porque no existe principio ético, moral ni jurídico alguno que admita un

1. El *Bretagne* no sería extraído del fondo de la rada hasta después de terminada la guerra; pero en trozos, cortados bajo las aguas con soplete.

ataque preventivo contra un país neutral, por la simple sospecha de que sus armas le puedan ser arrebatadas por otro con el que se está en guerra.

Cuando Gran Bretaña parecía a punto de ser invadida por las tropas alemanas en septiembre de 1940, Estados Unidos pidió a los ingleses garantías de que su flota no sería entregada en ningún caso a los alemanes. Embargados por tal temor, y aplicando el mismo criterio que en Mers-el-Kebir, justificado habría estado que los norteamericanos hubieran mandado una docena de acorazados y portaaviones a Scapa Flow para tratar de echar a pique por sorpresa a la *Home Fleet.*

El principio de que «el fin justifica los medios» no podrá ser jamás aceptado por ningún hombre de honor.

Hay que hacer constar que los almirantes británicos cumplieron a regañadientes y muy a pesar suyo las órdenes recibidas, y sus críticas sobre lo que de ellas pensaron no dejan de ser significativas. El Almirante A. B. Cunningham dice textualmente en sus *Memorias*[1] refiriéndose a la «Operación Catapult»: «Para mí, la idea fue absolutamente repugnante. Los oficiales y hombres de la escuadra francesa eran nuestros amigos. Atacar y abordar sus buques bruscamente y sin advertencia me parecía un acto de pura traición, tan injustificable como innecesario». Efectivamente, el tiempo demostraría después que esta operación inglesa no sólo resultó absolutamente superflua, sino también contraproducente. «Fue un terrible hachazo a nuestras esperanzas», diría en Londres el general De Gaulle, que pensó seriamente en marcharse del país.

Raymond Cartier[2] señala que el ataque británico a la flota francesa expresó «el deseo de afirmar, por un gesto trágico, la voluntad inglesa de combatir desesperadamente». Nosotros creemos que el Gobierno británico actuó en Mers-el-Kebir de la manera que lo hizo únicamente impulsado por el miedo. Y ya se sabe que el miedo ha sido siempre mal consejero.

Nos parece oportuno poner punto final a esta página triste y sin gloria para nadie, exceptuando, naturalmente, a los que murieron por su patria en el cumplimiento del deber, con las palabras que el almirante Gensoul dirigió a sus hombres momentos antes de dar sepultura a los marinos franceses caídos en Mers-el-Kebir:

«Por el honor del pabellón y la grandeza de las armas de Francia, habéis prometido obedecer a vuestros jefes en todo lo que os ordenaren. Si hoy existe una mancha sobre una bandera, ciertamente no es sobre la nuestra.»

1. Vizconde Cunningham de Hynhope, *A Sailor's Odyssey,* Hutchison, Londres, 1951.
2. *La Seconde Guerre Mondiale,* Larousse, 1965.

Capítulo VIII

«UNTERNEHMEN SEELÖWE»

Abandonemos ahora esa África del Norte de populosas medinas, donde el tiempo y la Historia parecen haberse detenido hace mil años; de zocos multicolores que no tienen edad; de hermosas y veladas mujeres de cuerpo esbelto y bellos ojos oscuros; de hombres altivos, cuyos rostros llevan la marca de fuego del sol africano; de limpias mezquitas de airosos alminares, desde los cuales el almuédano llamará a la oración con gritos entrecortados que emocionan si se escuchan en el silencio de la noche, en ese mágico momento que precede al romper del día; de arabescos que son como música esculpida en yeso por guitarras moras, cítaras y chirimías, y dirijámonos velozmente hacia el Norte, cruzando sobre la «áspera y grandiosa» España y por encima de ese fértil vergel que es la gran llanura de Francia, hasta llegar al mar, es decir, al canal de la Mancha. Y allí, sobre los altos acantilados situados entre Calais y Boulogne, observaremos a un puñado de silenciosos oficiales alemanes de alta graduación, pertenecientes al Ejército y a la Armada, que, ensimismados, cada cual sumido en sus propias cavilaciones, contemplan con fijeza un tanto hipnótica el mar y también los imprecisos contornos de las costas situadas al otro lado de la líquida extensión: los blancos y nostálgicos acantilados de Folkestone y Dover; a tan sólo treinta y cinco kilómetros de distancia. ¿Tan sólo?

En el grupo hay un general de la *Wehrmacht*, y este hombre recuerda ahora que, durante la guerra de los Cien Años, las tropas francesas no pudieron cruzar aquel estrecho, entre otras cosas, porque la flota inglesa de Eduardo III aniquiló a la escuadra de trescientas naves de Felipe VI en la batalla de l'Ecluse, en julio de 1340, es decir, hacía exactamente setecientos años. Que el duque de Bedford volvió a hacer lo propio con la flota mandada por Guillermo de Narbona en agosto de 1416. Que las aguerridas tropas españolas de Alejandro Farnesio tampoco pudieron pasar al otro lado del canal a bordo de la «Gran Armada» en 1588. Y que Napoleón Bonaparte fracasó también en 1805 en el mismo proyecto, cuando tenía a sus soldados ya acampados en Boulogne (donde Robert Fulton le ofreció sus servicios, que fueron rechazados) y sólo pedía a la Marina que le asegurase el dominio del canal de la Mancha por tres días, o siquiera por uno solo, para hacer cruzar a doscientos mil hombres, a los que se proponía revistar muy pronto en Londres. Sueño que Nelson se encargaría rudamente de desvanecer en octubre de aquel mismo año, frente al bajo, arenoso y sucio cabo de Trafalgar.

Únicamente los romanos, dos mil años antes, y los normandos, hacía casi mil, habían podido desembarcar en Inglaterra. Los últimos, con Guillermo el Conquistador, lo hicieron en septiembre del año 1066, logrando cruzar sin oposición hasta la costa de enfrente y derrotar a los sajones del rey Harald gracias a que éste había tenido que correr hacia al Norte para combatir al rey de Noruega, que acababa de llegar a la costa de Northhumberland con trescientas galeras. Pero aquello no volvió a repetirse. Ningún otro ejército había podido cruzar por allí en los últimos ¡ochocientos setenta y cuatro años!

El general alemán miró con respeto aquellas aguas grises, enigmáticas, que rumoreaban allá abajo y que tantas veces a lo largo de la historia habían salvado a Inglaterra y decidido el futuro de Europa y tal vez del mundo. Y el soldado pensó que, en 1940, el canal de la Mancha se interponía una vez más en el camino victorioso de un nuevo y poderoso ejército situado sobre el continente vecino y que, como otrora el español y el francés, tampoco había conocido la derrota. Al mismo tiempo, experimentó la desagradable sensación de que frente a él yacía un verdadero y gigantesco foso anticarro, hostil, profundo, tal vez infranqueable.

Un almirante de la *Kriegsmarine* perteneciente al mismo grupo de personas dirigía sus prismáticos a la lejanía, también pensativo. Sabía que, bajo aquellas olas espumantes e inquietas, el canal era poco profundo, pues la máxima sonda no rebasaba las veintiocho brazas (cincuenta metros), y que, pese a las fuertes corrientes y mareas, podría perfectamente sembrarse con minas acústicas y magnéticas, dejando un estrecho paso libre entre los campos minados que permitiera cruzar impunemente a las embarcaciones de transporte alemanas que llevarían, durante la noche y hasta las playas inglesas situadas entre los cabos Dungeness y North Foreland, a las tropas de invasión. Allí mismo, sobre los altos roquedos comprendidos entre las puntas francesas de Griz Nez y Blanche Nez, podían asentarse baterías de costa de largo alcance que dieran protección a los transportes. Luego habría que arriesgar a los submarinos, pese a la gran desventaja que para ellos supondrían los escasos fondos, y emplear masivamente a la *Luftwaffe*, al objeto de impedir, en cualquier caso, la intervención de la Aviación y de la flota británicas.

Pero a continuación le asaltaron ciertas dudas. ¿De dónde sacar las miles de embarcaciones necesarias para llevar hasta Inglaterra nada menos que a cuarenta divisiones de la *Wehrmacht* con todos sus pertrechos de guerra, y de las que en Alemania no se disponía? ¿Cómo mantener después abiertas las imprescindibles vías de aprovisionamiento frente a la potente flota británica, que sin la menor duda sería empeñada sin contemplaciones, ya que los ingleses comprenderían que allí se jugaba definitivamente la suerte de la guerra? Y frente a semejante flota de combate enemiga ¿qué buques de guerra podrían oponer los alemanes, que en Noruega se habían quedado prácticamente sin escuadra?

¿Bastaría sólo con la *Luftwaffe*, que todavía no disponía de aviones torpederos ni de bombas de suficiente peso en los únicos bombarderos útiles contra los buques de guerra, los *JU-87 (Stukas)*,[1] para averiar seriamente a cualquier crucero o acorazado? Por otra parte ¿no podrían los buques de guerra ingleses, precedidos por sus dragaminas, abrirse paso entre los campos minados alemanes? ¿Y ser neutralizadas las baterías de costa germanas por otras asentadas en la orilla de enfrente?

El almirante echó la última mirada a los lejanos acantilados y, sin darse cuenta, por un acto puramente reflejo, movió casi imperceptiblemente la cabeza en un breve ademán negativo.

Dejemos junto a las aguas grises y entonces vacías del canal de la Mancha a aquel puñado de alemanes sumidos en un piélago de dudas, y brevemente veamos cómo se intentó una vez más la invasión de Inglaterra y por qué no pudo ser.

* * *

El primer hombre que previó en Alemania la posibilidad de que llegaría un día en que alguien pudiera hablarle de la invasión de Inglaterra fue el gran almirante Erich Raeder. En una fecha tan temprana como la del 15 de noviembre de 1939 nombró una comisión de Estado Mayor de la Armada para que se encargase de estudiar, sólo de estudiar, en el mayor secreto, dicha operación, bajo los puntos de vista «militar, naval y de la técnica de transporte».

Después vino la conquista de Noruega, y a continuación lo que ni siquiera habían soñado los mismos Estados Mayores del Ejército alemán

1. Los *Sturzkampffugzeug (Stukas)* sólo disponían entonces de bombas de hasta 100 kilos de peso.

que proyectaron la ofensiva del Oeste: el derrumbamiento de Francia, con el resultado de que toda la costa occidental del continente, desde cabo Norte hasta el río Bidasoa, quedó en poder de los alemanes.

Hitler creyó entonces que Gran Bretaña, que ahora estaba patéticamente sola, capitularía, y cuando, el 20 de junio, el almirante Raeder le planteó a Wolfsslucht la cuestión de la invasión de Inglaterra, «para que cualquier día no se la propusiese la fantasía de algún irresponsable» y hacerle precisamente ver que la *Luftwaffe* sería la que debería obtener previamente el dominio del aire y del mar, y que la *Wehrmacht* tendría que reducir al mínimo los efectivos y pertrechos del desembarco, el Führer no le prestó gran atención.

Pero los ingleses no veían razón alguna para capitular, y, confiando siempre en que el bloqueo submarino alemán terminaría por hacer intervenir a los Estados Unidos de América, como había sucedido en 1917, y que tarde o temprano se deteriorarían gravemente las artificiosas relaciones que sostenían entre sí nazis alemanes y comunistas soviéticos, se dispusieron a resistir a toda costa. Y uno no sabe realmente qué admirar más, si su valor ante la adversidad, o la agudeza con que supieron prever unos acontecimientos que, si no exactamente como ellos supusieron, inexorablemente llegarían a producirse.

Pasados los primeros días de euforia germana tras la firma del armisticio con Francia, y viendo que Gran Bretaña no recogía las informales sugerencias ni las amenazas de Hitler, el O K W cursó una directiva, el 2 de julio, por la que se ordenaba a los tres ejércitos estudiar la posibilidad de invadir Inglaterra, pero «contando con que la invasión es todavía nada más que un proyecto y que aún está sin decidir».

Los respectivos Estados Mayores pusieron manos a la obra, pero, así como en la ocasión anterior había sido precisamente el almirante Raeder quien más insistiera en la invasión de Noruega, esta vez consideraba que se podría obligar a Gran Bretaña a capitular «cortando totalmente sus abastecimientos mediante la guerra submarina, atacando los convoyes marítimos con la *Luftwaffe* y bombardeando sus grandes centros industriales». Y en su informe a Hitler del 11 de julio añadía: «Por mi parte, no puedo aconsejar la invasión de Inglaterra como hice en el caso de Noruega. Los primeros requisitos con que habría que contarse son: completa superioridad en el aire y la creación de una zona libre de minas para nuestros transportes de desembarco». Ciertamente el almirante tenía los pies en el suelo, pero, con gran consternación por parte de la *Kriegsmarine*, Hitler cursaba la directiva para la «Unternehmen Seelöwe» el 16 de julio, previendo un desembarco en un amplio frente continuo que se extendería aproximadamente, desde la bahía de Lyme, al oeste de Portland, hasta Ramsgate, es decir, en unos doscientos noventa kilómetros.

El 21 del mismo mes ya se estimaba que sería preciso trasladar a Inglaterra cuarenta divisiones. Pero como el tiempo apremiaba, pues a partir de mediados de septiembre se presentarían las fuertes borrascas otoñales en la zona del canal y más tarde las densas nieblas, que harían imposible cualquier desembarco, y la Armada ponía fuertes reparos en el proyecto, el Ejército redujo las cuarenta divisiones inicialmente estimadas a tan sólo trece, que deberían ser desembarcadas todavía en un amplio frente de unos ciento cincuenta kilómetros.

Ello dio lugar a muy agrias discusiones, pues la *Kriegsmarine* sólo se comprometía a garantizar el desembarco precisamente en un frente muy estrecho, entre Dover y el cabo Beachy Head, es decir, prácticamente bajo el amparo de las baterías de la costa,[1] lo cual parecía un disparate a la *Wehrmacht*. En una de las conferencias, el general Halder, jefe del Estado Mayor del Ejército, declaró lo siguiente: «Rechazo totalmente el criterio de la Armada; desde el punto de vista militar, me parece completamente suicida. ¡Sería lo mismo que meter las tropas directamente en una máquina de hacer salchichas!» Pero su contraparte en la *Kriegsmarine*, el almirante Schniewind, declaró que, dada la supremacía naval británica, resultaría igualmente suicida intentar el transporte de tropas en una zona más extensa. ¡Ambos tenían razón! Y habiendo llegado el Ejército y la Armada alemanes a un verdadero punto muerto en las discusiones, se decidió continuar con los preparativos, pero echar por el momento toda la carga del problema sobre la *Luftwaffe*, para que ésta tratara de aniquilar a la aviación británica antes de iniciar el proyectado desembarco.

El comienzo de la gran ofensiva aérea, bautizada «Adlertag» (Día del Águila), se fijó para el 13 de agosto, y mientras la batalla aérea ruge sobre los cielos de la verde campiña inglesa y los pilotos germanos y británicos hacen un verdadero derroche de arrojo y espíritu de sacrificio, que haría pronunciar a Winston Churchill aquella su famosa frase que ha entrado en los dominios de la leyenda: «Nunca tantos han debido tanto a tan pocos», sigamos los preparativos de la Armada alemana.

Puesto que el desembarco en Inglaterra no estaba, en la práctica, ni remotamente previsto, y tampoco existían en Alemania las embarcaciones especiales necesarias a una operación semejante, la *Kriegsmarine* tuvo

1. Téngase en cuenta que el desembarco de Normandía, en 1944, se hizo en un frente de tan sólo 90 km, pese a contar los aliados con el dominio absoluto de la mar y del aire.

que rebañar y echar mano del único material disponible, que era el siguiente: 1.277 barcazas fluviales, la mayoría sin medios de propulsión; 471 remolcadores, 1.161 embarcaciones a motor y 155 transportes, con unas 700.000 toneladas. Ello supuso la paralización casi total de la navegación costera y fluvial en Alemania y la dedicación del esfuerzo de los astilleros a las conversiones necesarias, con el desfavorable impacto consiguiente en la economía y en la reparación y construcción de buques de guerra.[1] Aparte de ello, la Marina se tuvo que preparar para la limpieza de minas en las playas de la invasión y sus canales de acceso y travesía y el fondeo de los campos minados propios.

En el papel, la citada flota de desembarco podría parecer ciertamente importante, pero veamos cuáles serían las limitaciones de tan heterogéneas embarcaciones, pasando por alto el hecho de que, una vez en las playas inglesas, la mayoría carecerían de elementos adecuados para echar a tierra los camiones, carros de combate, cañones, armas, medios y vituallas necesarios para sostener un ejército en campaña, sobre un país enemigo dispuesto a defenderse con uñas y dientes. Los cargueros tendrían que fondear playa afuera, en aguas de suficiente sonda para su seguridad, y descargar sus efectos mediante barcazas de poco calado, operación que exigiría treinta y seis horas de ininterrumpido trabajo. Los trenes, compuestos por treinta y tres remolcadores, tirando cada uno de dos barcazas muy poco aptas para la navegación por mar abierta, no podrían desarrollar arriba de los tres nudos, con una corriente en el sentido longitudinal del canal de la Mancha de hasta cinco nudos, y para franquear las cuarenta o cincuenta millas hasta sus puntos de destino precisarían, como mínimo, quince horas.

Para dar protección a tan numerosa, lenta y vulnerable flota de desembarco, los alemanes sólo contaban con algunos torpederos y lanchas rápidas, un puñado de submarinos que habrían de actuar en las peores condiciones debido a las minas, escasos fondos del canal y fuertes corrientes, y los contados buques de combate que ya conocemos.

¿Y las baterías de costa? La primera batería alemana, bautizada «Grosser Kurfürst» y compuesta por cuatro cañones de 280 mm, estuvo dispuesta para abrir el fuego el 1.º de agosto. Pero hasta mediados de septiembre no quedaron listas las demás, es decir, la «Friedrich August», fuerte en tres piezas de 305 mm, y la «Siegfried», en cuatro de 381 mm. Mas a partir de esa fecha sería dudoso poder intentar ya el desembarco,

1. La Armada alemana había diseñado y contaba ya con una barcaza de desembarco, la «M-F-P»; pero en julio de 1940 sólo habían sido entregadas las primeras series, y no se disponía de tiempo para construir las necesarias.

por mor del mal tiempo, y precisamente el 15 de septiembre quedaba también lista en la costa de enfrente la primera batería inglesa de 381 mm, aparte de que, naturalmente, los cañones alemanes sólo podrían dar cierta protección a los barcos de la invasión durante un espacio bastante reducido de su azarosa derrota.

¿Y la *Luftwaffe*? ¡Ah, la *Luftwaffe*! La *Luftwaffe* era una herramienta básica y perfectamente forjada para... apoyar al Ejército de tierra. Carecía, por tanto, de aviones de bombardeo estratégico de ninguna clase, y su superioridad sobre la RAF británica era sólo relativa en cuanto al número de aparatos se refiere, pero sin tener para nada en cuenta la magnífica red de los radares ingleses, sus eficientes centros de control de operaciones, superiores medios de comunicación, baterías antiaéreas y barrajes de globos cautivos.

Pero vayamos a los fríos guarismos. Al comenzar la ofensiva aérea alemana contra Inglaterra, las flotas aéreas germanas 2 y 3, basadas en Bélgica y Francia, disponían de 875 bombarderos, 316 bombarderos en picado y 929 cazas. La *Luftflotte* 5, basada en Noruega y Dinamarca, contaba con 123 bombarderos, pero sólo actuó desde allí el 15 de agosto, y luego transfirió un centenar de sus aparatos a las otras dos para reponer pérdidas.

Por su parte, la RAF, tras perder más de 400 aviones en Francia durante la invasión alemana, y sin tener en cuenta sus bombarderos y otros tipos de aparatos, contaba a mediados de julio con 650 cazas, pero la industria británica entregaría 476 *Hurricanes* y *Spitfires* en agosto, y 500 más en septiembre, lo que hace un total de 1.600 aparatos de caza. Los alemanes también producían, pero en realidad menos que los ingleses en cuanto a aviones de caza se refiere, ya que, en todo el año 1940, las factorías británicas entregaron a la RAF 4.283 cazas, frente a tan sólo 3.000 aparatos de esta clase fabricados en Alemania durante el mismo período de tiempo. Por otra parte, las pérdidas de ambos contendientes durante la Batalla de Inglaterra fueron : 915 cazas de la RAF destruidos, frente a 1.733 cazas y bombarderos perdidos por la *Luftwaffe*, es decir, resultaron derribados casi el doble número de aparatos alemanes. Diferencia que debe achacarse, principalmente, a los excelentes servicios terrestres ingleses anteriormente citados y al hecho de que los combates tuvieran lugar precisamente sobre suelo inglés.

El crucero pesado alemán *Admiral Hipper* aparejó de Trondheim el 25 de julio, exploró entre el cabo Norte y la isla de los Osos y después al oeste de Spitzberg, pero sólo encontró hielo, osos polares y algunos barcos rusos y finlandeses; ni uno solo británico. El Alto Mando no se atrevió a sacarlo al Atlántico, pues las noches eran muy breves en aquellas latitudes y época del año, y escasas, por tanto, sus posibilidades de alcanzar los puertos franceses del Atlántico.

Volviendo a los preparativos de invasión, se concentraron en los puertos franceses del canal 30.000 minas submarinas y otros elementos, y en los primeros días de septiembre empezaron a llegar allí también las embarcaciones de la flota de desembarco. Los aviones ingleses, que mantenían una vigilancia constante, fondeaban sus propias minas, y bombardeaban sin mucha suerte los astilleros alemanes,[1] montaron varios ataques contra los puertos franceses, en los que resultaron hundidos 21 transportes alemanes, 214 barcazas y 5 remolcadores, es decir, el diez por ciento del tonelaje total de la flota de invasión.

Pese a ello, la batalla aérea de Inglaterra se mostraba entonces favorable a los alemanes, y se fijó la fecha del desembarco para el 21 de septiembre. Pero la *Wehrmacht* empezaba a comprender que, una vez puesto pie en la costa inglesa, la invasión no iba a ser precisamente un paseo militar. Ya en julio, Estados Unidos había enviado a Inglaterra 500.000 fusiles, 80.000 ametralladoras y 900 cañones, con los que se pudo equipar a los evacuados de Francia, y la formidable industria británica producía armamentos a todo ritmo.

La *Kriegsmarine* se aprestaba a la limpieza de minas, preparaba varios simulacros de desembarco en la costa nororiental británica, alistaba otra vez al crucero pesado *Admiral Hipper* para que se destacase hasta Islandia a fin de tratar de arrastrar tras él algunos buques pesados de la flota británica y se disponía a hacer aparejar para el Atlántico al acorazado de bolsillo *Admiral Scheer*, cuyas importantes obras acababan de terminarse. Pero la Armada alemana, consciente de su debilidad, seguía poniendo reparos al proyectado desembarco y exigía un cúmulo de imposibles condiciones.

La ofensiva aérea germana proseguía en gran escala, implacable; las pérdidas británicas eran graves, y la valerosa resistencia de la RAF empezaba a ceder. Según reconocen los mismos ingleses, a principios de septiembre se podía haber dado el golpe de gracia a la aviación de caza británica. Pero el Alto Mando alemán, indeciso ante la prioridad de los objetivos, comenzó a vacilar y decidió abandonar los ataques a los destrozados aeródromos del sur de Inglaterra (todos los demás se hallaban intactos debido al reducido radio de acción de los aparatos germanos) y dedicar el

1. Dos bombas alcanzaron al *Prinz Eugen* a principios de julio. Obra bomba inglesa caía en el *Lützow* una semana después, pero ésta no hizo explosión.

total esfuerzo de la *Luftwaffe* al bombardeo de la ciudad de Londres, que fue atacada durante cincuenta y siete noches consecutivas. Ello constituyó un irreparable error que costaría a los alemanes la pérdida de la ofensiva aérea y, según algunos historiadores, también la posibilidad de intentar siquiera la «Operación Seelöwe».

Efectivamente, entre el 24 de agosto y el 6 de septiembre, 103 pilotos ingleses habían resultado muertos en los combates aéreos y 128 gravemente heridos, y 466 *Spitfires* y *Hurricanes* quedaron totalmente destruidos o muy averiados. Los ataques lanzados contra Londres a partir del 7 de septiembre causaron muchos daños en los muelles y centros ferroviarios, pero, como confiesa el mismo Winston Churchill, «de hecho fueron para nosotros como una etapa de reposo de la que teníamos necesidad».

La RAF siguió, pues, dando muestras de actividad en la zona del canal, y, el 14 de septiembre, los alemanes decidieron aplazar el desembarco hasta el 24 de octubre. Pero, tres días más tarde, Hitler reconocía, con el Estado Mayor de la Armada, que la RAF no estaba derrotada ni mucho menos y decidía aplazar la «Operación Seelöwe» hasta la primavera de 1941. Finalmente, llegada esta fecha, el proyecto fue definitivamente archivado.

Si bien es cierto que el desembarco alemán no llegó siquiera a intentarse, aparentemente debido a la encarnizada resistencia presentada por la aviación británica, es igualmente cierto que tampoco se podría haber llevado a la práctica aunque la RAF hubiera quedado literalmente pulverizada. Sólo en los puertos del canal de la Mancha y en sus proximidades habían basado los ingleses ochocientos buques de guerra de superficie de todas clases, entre ellos cuarenta destructores, que hubieran podido aniquilar a cualquiera de los lentos convoyes alemanes de la invasión en cuestión de minutos y a pesar de la *Luftwaffe*. Ello por no mencionar a los buques de la *Home Fleet* apostados en los puertos de la costa oriental y en Scapa Flow, la mayoría de los cuales, de haber sido necesario, hubieran podido llegar al canal en veinticuatro horas, cosa decisiva si se tiene en cuenta que ya el mismo embarco de las tropas germanas hubiera sido imposible de ocultar.

No deseamos insistir sobre lo ya dicho respecto a la práctica inexistencia de aviones torpederos en la *Luftwaffe* y al exiguo peso de las bombas capaces de ser arrojadas entonces por los *Stukas*. Incluso aviadores ingleses contemporáneos de aquellos terribles días reconocen que lo que jugó el papel más importante en el fracaso de la operación alemana «Seelöwe» fue precisamente el peso de la Armada británica.[1]

Y podemos establecer, en resumidas cuentas, que si los alemanes hubieran contado con el dominio del mar, habrían neutralizado sin la menor duda a la RAF, en la zona del canal de la Mancha por medio de la *Luftwaffe*, y, desde luego, llevado a la práctica, probablemente con éxito, su planeado desembarco en Inglaterra. Pero como no contaban con dicha supremacía en la mar, el desembarco ni siquiera se intentó, y, una vez más, la historia volvió a repetirse. Podrá agüirse que eso ya lo sabían los alemanes antes de prepararse para el desembarco. Desde luego, pero todo hace sospechar, aunque el secreto lo llevará Hitler a la tumba, que el Führer mandó preparar la «Operación Seelöwe» exclusivamente como un elemento más de presión para obligar a Gran Bretaña a pedir la paz, pero sin considerar nunca seriamente semejante posibilidad.[2]

El que los alemanes no pudieran desembarcar en Inglaterra resultó decisivo para la marcha posterior y resultado final de la segunda guerra mundial. Tal importancia tuvo entonces el dominio del mar para Gran Bretaña, como lo había tenido antes, durante casi novecientos años, y como lo seguirá teniendo para toda la humanidad en el futuro.

* * *

Detengámonos ahora un instante, antes de «hacernos a la mar» otra vez, para considerar brevemente las consecuencias que tuvo para la *Kriegsmarine* disponer de todo el litoral francés del Atlántico y no haber podido llevar a cabo la invasión de Inglaterra, es decir, poner punto final a la contienda.

En Alemania se volvió a considerar la posibilidad de obligar a Gran Bretaña a rendirse por hambre, estrangulando sus arterias marítimas mediante una guerra submarina de dimensiones similares a la del año

1. H. R. Allen, comandante retirado de un ala de la RAF, en *Operation Sealion*, «Navy», agosto de 1971, p. 205, escribe: «La situación aérea fue, desde luego, importante, pero en absoluto fundamental. Los aproximadamente quinientos comandantes de secciones, escuadrillas y escuadrones del Mando de Caza, sin duda se merecieron sus laureles. Pero los vencedores reales fueron los del "Servicio Silencioso"; la flota en potencia resultó lo más importante, pese a que Mahan despreciara esa escuela estratégica al doblar el siglo. Y la lección de la Batalla de Inglaterra es que fue una victoria silenciosa».

2. No deja de ser significativo que, precisamente en julio de 1940, Hitler levantase, por primera vez, todas las restricciones en la construcción de submarinos, lo que permitiría a la Armada ordenar un plan que, a partir de 1941, le proporcionaría veinticinco unidades mensuales. De haber creído en el desembarco, Hitler nunca habría accedido a lo que sólo hubiera sido un inútil despilfarro.

1917. Consecuentemente, se decidió, esta vez seriamente, conceder prioridad a la construcción de submarinos, pasando de una producción de unas cuatro unidades de esta clase al mes, a otra de veinticinco buques entregados en el mismo período de tiempo, lo que suponía un total de trescientos nuevos *Unterseeboote* al año. Sin embargo, ello no empezaría, naturalmente, a dar sus frutos hasta 1941, y esta pérdida de casi un año en la puesta en práctica del programa de construcción de submarinos, probablemente permitió a Inglaterra poder capear el grave temporal que la amenazaba y seguir a flote.

En la jerga militar, lo anterior se llama «definir el objetivo de manera neta y precisa» (estrangular las arterias marítimas de Gran Bretaña), y, consecuentemente, «escoger el punto de aplicación de recursos y de la fuerza» (construcción masiva de *Unterseeboote* y guerra submarina).

Por otra parte, contar con las bases navales y los puertos franceses del Atlántico en los que basar las flotillas alemanas de submarinos suponía nada menos que duplicar el número de los disponibles en el área de operaciones, ya que se evitaba tener que alcanzar el Atlántico tras un largo viaje efectuado por el norte de Escocia y las islas Shetland. Lo que, como ya dijimos, no sólo llevaba mucho tiempo, sino que consumía el combustible, el agua y los víveres del submarino, o, lo que es lo mismo, agotaba inútilmente parte de su radio de acción y disminuía el tiempo de permanencia en la zona de operaciones.

Al comenzar la guerra, la *Kriegsmarine* había intentado inutilizar el canal de la Mancha para sacar los submarinos más rápidamente al Atlántico, pero los ingleses fondearon varios barrajes durante las primeras semanas de la contienda, con un total de 3.636 minas, entre la costa británica y la franco-belga, y en octubre de 1939 se perdieron allí, uno tras otro, tres submarinos germanos, por lo que hubo que renunciar a tan peligroso derrotero.

Respecto a la estrategia a seguir con los grandes buques de superficie, se decidió continuar hostilizando el tráfico marítimo enemigo por el Atlántico, no tanto por el efecto en sí como para impedir que los buques de guerra ingleses pudieran reforzar las escoltas antisubmarinas de los convoyes, dificultando aún más la actuación de los sumergibles alemanes. Efectivamente, existiendo el peligro de que las unidades pesadas alemanas salieran al Atlántico para atacar a los múltiples convoyes de todas clases, algunos muy débilmente defendidos, como veremos, o no defendidos en absoluto, la flota británica tendría que mantener constantemente dispuestos, en los diferentes puntos estratégicos, varios grupos de buques de línea que les pudieran hacer rápidamente frente. Pero tales buques no pueden navegar solos, exigen la inevitable servidumbre de un gran número de destructores alrededor de ellos, que les protejan de las fuerzas sutiles: submarinos y lanchas, y de los aviones. Destructores que, como hemos dicho, no podrían así reforzar las escoltas de los vitales convoyes británicos.

La salida al Atlántico de los buques de combate alemanes resultaría, naturalmente, arriesgada, pero, de todos modos, ello era preferible a conservarlos inútilmente en los puertos alemanes, como flota en potencia y en mala situación estratégica, igual que había sucedido durante la gran guerra.

Esta revisión del planteamiento estratégico naval alemán, que no era otro que el diseñado al estallar la guerra, pero tomado ahora con más seriedad, pues ya no había enemigo en el continente y la reciente experiencia demostraba que a Gran Bretaña sólo se la podía vencer en la mar, no variaría, salvo en el cambio de teatro de operaciones, del Atlántico por el océano Ártico, cuando dieran comienzo los convoyes aliados despachados para los puertos de Rusia, hasta que terminase la contienda. Y no sólo causó el máximo daño y prejuicio al enemigo, sino que probablemente evitó la desmoralización de las dotaciones de los grandes buques de superficie germanos y quizá la misma revolución, ponzoñosa gangrena que, en cambio, había terminado por invadir a la poderosa pero inactiva flota alemana en el año 1918.

Y rogando al lector disculpe estas breves consideraciones que hemos creído conveniente exponerle antes de seguir adelante, volveremos a pulsar los timbres de «babor y estribor de guardia».

Capítulo IX

BURLANDO EL BLOQUEO

Entre febrero y julio del año 1940 se sometió al acorazado de bolsillo alemán *Admiral Scheer*, en Wilhelmshaven, a una revisión general de motores, y se le cambiaron también el mástil y la chimenea con el objeto de que su silueta pudiese confundirse con la de un crucero pesado alemán o uno de batalla tipo *Gneisenau*. Después pasó al mar Báltico para las inevitables pruebas de mar, ejercicios de tiro y adiestramiento de la dotación. Fue comandante de este buque el capitán de navío Theodor Krancke, un hombre con los nervios templados, inteligente, de gran calidad humana y que, además, tenía buena estrella. Lo cual, según Napoleón Bonaparte, es tan importante como todo lo restante.

Como el *Scheer* sería enviado a hacer la guerra al tráfico marítimo enemigo, se aumentó su gente, con vistas a las necesarias e inevitables dotaciones de presa, de 1.100 hombres a 1.300 entre los que figuraron numerosos reservistas de la marina mercante. Todos los preparativos se llevaron a cabo en el mayor secreto, hasta el punto de que, pese a la gran cantidad de piezas de respeto y víveres que se metieron a bordo, nadie pensó, ni siquiera entre su dotación, que después de lo acaecido con el *Graf Spee* se intentaría enviar otro buque análogo a hacer la guerra de corso por los siete mares: ¡sería tentar demasiado a la suerte! Pero, en realidad, la situación había cambiado bastante, porque Francia estaba fuera de combate y su flota no contaba ya; Italia había entrado en la lucha al lado de Alemania y fijaba en el Mediterráneo a una considerable escuadra británica, y Gran Bretaña combatía sola y en varios frentes. Por otra parte, la *Kriegsmarine* contaba ahora con los puertos noruegos y los franceses de la costa atlántica, lo que mejoraba considerablemente la situación estratégica alemana en el Atlántico Norte y en el mar de Noruega y le permitía un empleo mucho más ventajoso de sus submarinos y aviones.

Al *Admiral Scheer* se le montó una segunda estación radiotelegráfica en la antigua camareta de guardias marinas, cuya única misión era mantener una escucha permanente de las emisiones enemigas en todos los márgenes posibles de onda. Aparejó de Gotenhafen el 23 de octubre de 1940, con la tristeza con que se zarpa cuando se sabe que el regreso es incierto. Cuando el acorazado se hallaba en Kattegat, se recibió un radio del Almirantazgo alemán informando que se habían avistado varios submarinos ingleses fuera del campo de minas del estrecho de Skagerrak, por lo que debería dar media vuelta y salir al mar del Norte a través del canal de Kiel.

El 27 de octubre, al anochecer, el *Admiral Scheer* dejaba ya por la popa el estuario del Elba y arrumbaba seguidamente hacia el Norte a buena velocidad. Al amanecer del día siguiente fondeaba en un solitario fiordo noruego, cerca de Stavanger, y después proseguía su navegación hacia el Noroeste con el fin de salir al Atlántico a través del estrecho de Dinamarca.

El tiempo era despejado, lo que, naturalmente, no resultó del agrado de los alemanes, que temían ser detectados por algún avión o buque enemigo de vigilancia en aquel paso de tan sólo doscientas millas de anchura. Pero el servicio metereológico germano había establecido dos estaciones secretas en Groenlandia y Spitzberg y, según sus indicaciones, el tiempo empeoraría pronto.

No lejos de Islandia se avistó un avión que volaba muy bajo sobre las olas, a gran distancia. A bordo del *Scheer* se produjo gran inquietud. ¿Los habría visto? Momentos después subió al puente el radiotelegrafista que entregó un mensaje oficial de guardia. Éste se lo dio al comandante, y el capitán de navío soltó una maldición entre dientes. El avión era un *Dornier-18* de la *Luftwaffe*, que, tomándolos por un crucero enemigo, había radiado inmediatamente al éter la posición, rumbo y velocidad del *Admiral Scheer. «Ach Himmel!»*

Krancke mandó lanzar las bengalas de reconocimiento, y el avión respondió con un cohete que mostró los colores convenidos. Luego se aproximó al buque de guerra alemán y le dio una alegre pasada por la banda de estribor. ¡Con tal que el enemigo no hubiera recogido y descriptado el mensaje!

El tiempo, efectivamente, cambió de pronto, de manera drástica, y el acorazado de bolsillo cruzó entre Groenlandia e Islandia con una furiosa borrasca que le hizo dar bandazos de más de 37°. Monstruosas olas rompían a gran altura y con tremenda potencia en cubierta, y un viento de fuerza 12[1] aullaba terriblemente en la jarcia. En tales condiciones, la vida se vuelve penosa a bordo de cualquier buque. Aunque el espectáculo de la salvaje mar es impresionante y encierra una gran belleza, resulta muy

1. Huracán, en la escala de Beaufort, con vientos de hasta 71 nudos y «sólo velas de capa».

peligroso desplazarse por cubierta, difícil conseguir cualquier comida que no sea fría y casi imposible conciliar el sueño o descansar siquiera. Una avería en el sistema de gobierno o en las máquinas, o cualquier pequeña vía de agua, cobran inmediatamente una desproporcionada importancia, y se está siempre temiendo que algún hombre sea arrastrado por la borda y no se pueda siquiera intentar su rescate. Si una carga de profundidad o un bote se destrincan debido a los tremendos golpes de mar o a las fuertes e incesantes cabezadas y bandazos, hay que jugarse la rotura de los huesos de varios individuos para reducir el desmandado objeto, que parece resistirse diabólicamente a ser llevado al orden, o dejar que destroce lo que se ponga a su paso, y termine, ¡victorioso!, yéndose por sí solo al mar.

Todo marino sabe perfectamente de esos días y noches de temporal en que se tienen que vigilar tantas cosas. En que cada hora que transcurre sin novedad supone un tremendo triunfo para quien tiene la responsabilidad de la decisión, aunque ciertamente esa tensión no le impida disfrutar de aquel alarde de la naturaleza, de ese espectáculo único y fascinante que constituye invariablemente una gran tempestad en la mar, ni dejar de sentir la íntima y callada satisfacción de saber que aquellas docenas o centenares de hombres bajo su mando confían plenamente en él.

Con aquel temporal deshecho en el estrecho de Dinamarca resultaba imposible que algún avión enemigo de reconocimiento pudiera volar por allí. Debido a la pésima visibilidad, era también improbable toparse con algún buque de vigilancia en el estratégico paso, que bastante tendría con hacer frente al mal tiempo. Pero la mar reclamó dramáticamente su tributo. Un contramaestre y un marinero fueron arrastrados sobre la borda por una ola maligna, y aunque el *Scheer* invirtió el rumbo pese a la endiablada mar y se les buscó con los proyectores luminosos, aquellos hombres jamás volvieron a ser vistos. La misma mole de agua arrastró a otro marinero, que fue recogido, inconsciente, cerca de la toldilla, con las dos piernas rotas.

Cuando ya se había cortado la parte más angosta del estrecho de Dinamarca, el radiotelémetro detectó un buque, seguramente algún crucero auxiliar británico de vigilancia, a más de seis mil metros. Pero como la visibilidad era todavía de unos trescientos metros, no había peligro para los alemanes, pues aunque sus enemigos habían logrado, precisamente en 1940, el magnetrón, válvula especial capaz de obtener pulsos de alta potencia con ondas centimétricas, lo que permitiría reducir el desmedido tamaño de los radares ingleses, éstos todavía no habían podido dotar a todos sus buques con tan eficaces aparatos.

El 2 de noviembre, con el temido paso ya por la popa, el tiempo empezó a mejorar rápidamente, y los alemanes acechaban en una zona comprendida entre los paralelos de los 52 y 54° de latitud Norte y los meridianos 32 y 35° de longitud Oeste, pues esperaban que por ella habrían de pasar dos convoyes ingleses que se sabían salidos de Halifax unos días atrás: el «HX-83» y el «HX-84».

El día 5, el avión de exploración del *Scheer* avistó varios barcos a unas ochenta millas al sur del acorazado. Hasta la una de la tarde no quedó izado a bordo el aparato, y a Krancke se le presentó un dilema. Si se dirigía al Sur a toda velocidad, no avistaría el convoy hasta las cuatro de la tarde, es decir, poco antes de la puesta de sol, y dispondría de escaso tiempo de luz para efectuar el ataque. Pero si retrasaba el contacto hasta la mañana siguiente, los barcos enemigos estarían ya cien millas más al Este, es decir, a unas doscientas del punto donde los alemanes sabían que les aguardaba una escolta de cruceros y buques antisubmarinos. Uno o varios cruceros enemigos, navegando a toda máquina, podrían salvar semejante distancia en seis horas. Era probable que el *Scheer* tardara mucho tiempo en despachar a los mercantes enemigos, ya que éstos se dispersarían tan pronto lo vieran, lo que dejaría un margen de tiempo muy reducido para poder escapar. A mayor abundamiento, la previsión meteorológica anunciaba un empeoramiento del tiempo atmosférico. Por todo lo cual Krancke decidió atacar sin perder momento, y el *Admiral Scheer* arrumbó al Sur a 27 nudos.

Hora y media más tarde se vio una columna de humo en el horizonte, que poco después se resolvió en un solitario barco mercante, y los alemanes se preguntaron si se trataría de algún crucero auxiliar. El desconocido no varió su rumbo ni velocidad y se limitó a izar la bandera británica, pero cuando se le ordenó detenerse y no utilizar la radio, los ingleses corrieron al cañón popero. Tres proyectiles alemanes caídos peligrosamente próximos al frigorífico *Mopan*, de 5.400 toneladas, congelaron una resistencia tan inútil como suicida. Se ordenó a la tripulación evacuar el barco y se hundió al *Mopan* a cañonazos, pues no había minuto que perder; se tomó aquélla a bordo, y se prosiguió hacia el Sur a toda máquina.

Poco más tarde se avistó una columna de humo por la proa, luego dos, después tres. Finalmente surgieron una infinidad de ellas. ¡El convoy enemigo! Del horizonte se elevó al poco un verdadero bosque de mástiles, y las obras muertas de más de una veintena de barcos se hicieron también perceptibles. ¿Qué protección llevaría aquel convoy?

Se trataba del británico «HX-84», compuesto por treinta y siete barcos mercantes y únicamente escoltado por el crucero auxiliar de 14.164 toneladas *Jervis Bay*, armado con ocho cañones de 152 mm y dos de 75 mm, al mando del capitán de navío Fegen. Al avistar al buque alemán, el comodoro del convoy, contraalmirante Maltby, que izaba su insignia en la motonave de 5.000 toneladas *Cornish City*, ordenó a sus barcos caer a estribor, aumentar a toda velocidad y lanzar flotadores de humo a la mar. Al mismo tiempo, el *Jervis Bay*, pese a la abrumadora diferencia de fuerzas, metía a babor para interponerse entre el rebaño de mercantes y el corsario germano. Éste abrió el fuego a más de 18.000 metros de distancia y, pese al radiotelémetro, tardó bastante en alcanzar a su enemigo, que hábilmente variaba de rumbo y velocidad para impedir ser centrado por el tiro del adversario. Al mismo tiempo replicaba con su artillería, aunque inútilmente, pues la distancia era superior al alcance de sus piezas.

Pero llegó lo inevitable. Una salva alemana alcanzó al *Jervis Bay* en el combés, y a ésta siguieron otras muchas. Los destrozos eran terribles, pronto brotaron varios incendios y las llamas se elevaron hasta lamer la perilla de los mástiles. Más el buque inglés seguía disparando, con la esperanza de lograr un impacto afortunado en el acorazado alemán y, sobre todo, retrasar el ataque a los mercantes, que ya escapaban a toda máquina, pues la noche se aproximaba y con las tinieblas aumentarían sus posibilidades de salvación.

El precio era la destrucción del crucero auxiliar; esto lo sabía Fegen perfectamente, pero no dudó sobre cuál era su deber. Los pesados proyectiles alemanes de alto explosivo parecían no tener piedad. Uno por uno fueron siendo desmontados nueve de los diez cañones que llevaba el crucero británico. La explosión de los proyectiles germanos era como los zarpazos de alguna fiera colosal. Las planchas de acero volaban por los aires; los incendios brotaban por doquier; explosiones secundarias se producían en los pañoles y cajas de urgencia, y a través de las vías de agua penetraba la mar en aquel buque, que, como todos los de su clase, carecía de protección pasiva alguna. Más de las dos terceras partes de la dotación resultó muerta. Ya al comenzar el combate, una granada alemana que había desmantelado el puente del *Jervis Bay* arrancó un brazo a su comandante, que se hizo vendar por el cirujano y prosiguió impávido dando órdenes para continuar el fuego de la artillería y animando a sus hombres hasta el final.

Después de treinta minutos de lucha desigual, el crucero auxiliar comenzó a hundirse, a hundirse sin remedio, con su cargamento de muertos y hombres mutilados. Pero el único cañón utilizable seguía disparando sin cesar desde la toldilla. Sus sirvientes, heridos casi todos ellos, cegados por el humo de los disparos e incendios y agotados por el esfuerzo, continuaron disparando contra el *Scheer*, sin la menor esperanza de triunfo, hasta que las olas se cerraron literalmente por encima de su cañón, así se fue a pique el *Jervis Bay*: con la bandera en lo más alto del pico y sin cesar de hacer fuego. A título póstumo se concedió la Cruz Victoria al capitán de navío Fogarty Fegen, y que el sacrificio de él y sus valientes no resultó estéril, aparte de que aptitudes como ésta siempre sirven de inspiración y estímulo a los compatriotas que han de proseguir la lucha, lo veremos después.

Durante la primera parte del combate, el *Scheer* había dirigido por algún tiempo el fuego de sus cañones de 150 mm sobre el petrolero del convoy, que quedó incendiado. Después hubo de concentrar toda la artillería del acorazado sobre el *Jervis Bay*, y, una vez eliminado éste, se inició una verdadera carrera contrarreloj en pos de los barcos ingleses que huían en todas las direcciones, pues la noche empezaba a desplegar su oscuro manto. En los desamparados mercantes, todos los marineros eran voluntarios para palear el carbón en las calderas, y hubo algún viejo barco que aquella anochecida consiguió dar hasta tres nudos por encima de su máxima velocidad en pruebas. ¡Y es que ahora el lobo corría velozmente, y con las peores intenciones, en pos de los desvalidos corderos!

El transatlántico de 17.000 toneladas *Rangitiki* fue el siguiente blanco del acorazado alemán, y, no obstante zigzaguear como un condenado, resultó alcanzado por la primera salva, aunque en seguida desapareció envuelto en humo. En vista de lo cual, los cañones alemanes giraron en orientación y apuntaron a un nuevo blanco: un carguero de unas 3.000 toneladas, que pronto quedó oculto entre la granizada de piques, pero en el que no se observó impacto directo alguno. Otro barco mucho mayor atrajo entonces la atención de Krancke, que se había encaramado hasta lo alto del puesto «A» para apreciar mejor la situación. Dicho barco fue repetidamente alcanzado, incendiándose y yéndose a pique poco después.

La noche había caído ya por completo, y entre la oscuridad destacaba, como una roja antorcha, el petrolero anteriormente incendiado, que ahora fue de nuevo objeto de la atención del *Scheer* y rápidamente enviado al abismo. ¡Otra vez avante toda! El buque alemán trataba de rasgar las tinieblas lanzando granadas iluminantes según las indicaciones del radiotelémetro, y así descubrió a dos nuevos barcos, que fueron atacados simultáneamente: uno con la artillería principal y el otro con la secundaria.

Retemblaba el *Scheer* cada vez que disparaban los cañones, y éstos escupían llamaradas y proyectiles, que huían en la noche como centellas que quisieran dibujar un fugaz rastro luminoso entre las sombras. Un petrolero resultó pronto alcanzado y vomitó un volcán de llamas, al mismo tiempo que de su puente se elevaba un enjambre de chisporreantes cohetes de señales que luego estallaban en las alturas. El barco se hundió en medio de fuertes silbidos producidos por las planchas calentadas al rojo. También el otro buque resultó alcanzado e incendiado por los proyectiles alemanes, pero no parecía querer hundirse, y el crucero acorazado germano, impaciente, prosiguió su cacería a toda máquina.

Al cabo de un rato surgió otra sombra más oscura, y el lívido haz de uno de los proyectores luminosos del *Scheer* cayó sobre ella como una sentencia. A unos tres mil metros de distancia, los proyectiles no podían fallar, e inmediatamente se observaron varios impactos. Pero este barco respondió valientemente al fuego, y un pique de la artillería enemiga se levantó a menos de veinte metros del costado del buque de guerra alemán. Iba probablemente cargado con municiones o con minas, y de pronto pegó un estallido espantoso, yéndose velozmente a pique como un monstruo de fuego.

La máquina de destrucción en que se había convertido el *Scheer* no se detuvo un instante, y localizó con el radiotelémetro a otro barco enemigo. Tan pronto se hizo visible entre las sombras resultó alcanzado por varios disparos, pero como tampoco parecía decidido a hundirse, se le lanzó un torpedo, con lo que el carguero de 10.000 toneladas *Beaverford* se fue por fin al abismo.

Tres horas llevaba el acorazado alemán en zafarrancho de combate y había gastado un tercio de sus municiones. Una infinidad de señales radiotelegráficas cruzaban constantemente el éter. Por todo lo cual, Krancke decidió dar por terminada la cacería y alejarse hacia el Sur a buen andar.

¿Cuál fue el resultado de esta acción? Aparte del *Mopan* y el *Jervis Bay*, los ingleses reconocen el hundimiento de cinco barcos del convoy, lo que significa que otros siete resultaron más o menos gravemente averiados por el *Scheer*. Ello tenía también su importancia, pues obligaba a someterlos a largas y costosas reparaciones en unos astilleros ya sobrecargados con nuevas y urgentes construcciones. Pero no cabe duda de que el valeroso sacrificio del crucero auxiliar impidió que varios barcos más fueran echados a pique por los alemanes.

El regreso de alguno de ellos fue realmente azaroso. El petrolero *San Demetrio*, por ejemplo, había resultado alcanzado a proa al iniciarse el combate con el *Jervis Bay*, incendiándose. Como iba abarrotado de combustible, sus tripulantes, temiendo que estallara, decidieron abandonarlo en uno de los botes salvavidas. En él pasaron toda la fría y negra noche dando tumbos. El viento fue aumentando, y, a la mañana siguiente, los del *San Demetrio* no sólo se hallaban helados, sino temerosos de que su embarcación no aguantase la mar que iba entrando. A cierta distancia, el petrolero de donde procedían continuaba ardiendo, pero como flotaba y era dudoso que ellos fueran recogidos por algún barco, decidieron aventurarse a regresar a bordo. Así lo hicieron, y durante once horas lucharon denodada pero infructuosamente contra aquel obstinado fuego que parecía tan inextinguible como el griego. Mas para entonces la mar se había ido convirtiendo en gruesa, y el capitán decidió lanzar el barco a toda máquina en contra de las olas. Poco después, el *San Demetrio* daba tremendos pantocazos proa al mar y retemblaba de quilla a perilla. De vez en cuando encapillaba enormes masas de agua, que al caer sobre las ardientes planchas y el combustible levantaba grandes nubes de vapor. Y aquellas moles de color verdoso blancuzco que entraban a bordo lograron apagar el incendio y permitieron que, dos semanas más tarde, el abrasado petrolero llegara felizmente a Inglaterra.

Los sesenta y cinco supervivientes del *Jervis Bay* fueron recogidos y llevados a América por el barco sueco *Stureholm*, único del convoy que se atrevió a regresar al lugar de la acción, a favor de las tinieblas de la noche, para tratar de recoger a los náufragos del crucero auxiliar británico, que se había llevado al abismo a 190 de sus hombres.

Pero no fueron los hundimientos y daños causados a los barcos ingleses lo único que había logrado el *Scheer*. El tráfico británico en la derrota de Halifax quedó momentáneamente desorganizado. A los dos convoyes siguientes, que ya habían salido de este puerto canadiense para el Reino Unido, así como un tercero despachado de las islas Bermudas para Halifax, se les ordenó regresar y no volvió a quedar normalizado todo el ciclo hasta doce días más tarde. Los historiadores británicos reconocen que las pérdidas que la brusca aparición del acorazado de bolsillo alemán en la derrota marítima principal de sus convoyes de ultramar originó en el plan de importaciones de Gran Bretaña fueron mucho mayores que las que suponían los cargamentos realmente hundidos por el *Admiral Scheer*. Ése era precisamente uno de los objetivos perseguidos por la guerra alemana de corso. Y es que, según cxpresaba el mismo Winston Churchill, con acertada metáfora, las islas británicas eran como un buzo situado en el fondo del mar y que para su subsistencia dependiera exclusivamente de la manguera que le enviaba aire desde la superficie, manguera, en este caso, constituida por las vitales pero vulnerables arterias de los convoyes marítimos que surcaban continuamente los mares hacia los puertos de Albion y donde ya mordían fieramente los escualos alemanes de todas clases.

Al conocerse la presencia del *Scheer* en el Atlántico se hicieron inmediatamente a la mar dos acorazados ingleses, otros tantos cruceros de batalla y varios cruceros y destructores, con el fin de tratar de interceptar su regreso, pero en el buque de guerra germano la dotación guardaba ya sus ropas de abrigo y las sustituía por el traje tropical, pues el capitán de navío Krancke no pensaba regresar a Alemania por el momento y se dirigía velozmente hacia el Austro con su acorazado.

* * *

Era el 12 de noviembre, en latitud 25° Norte y longitud 45° Oeste, con un tiempo espléndido. Un serviola del *Scheer* avistó dos mástiles sobre el límpido horizonte poco antes del mediodía, pero el descubrimiento no inmutó a Krancke, que continuó sentado en su silla plegable en uno de los alerones del puente, bajo un protector toldo de lona, fumando uno de sus habituales habanos. Sabía que el que se acercaba era el petrolero alemán *Eurofeld*, que desde Santa Cruz de Tenerife acudía fielmente a la cita ordenada por Berlín. Ambos buques alemanes iban a coincidir exactamente en un punto del inmenso océano. El sol y las estrellas les habían llevado certeramente hasta allí. He aquí un pequeño milagro, algo que, pese a conocer su teoría, siempre nos ha parecido cosa de magia. Y comprendemos que a los aficionados al deporte de vela de altura, esos hombres que verdaderamente aman el mar, una de las cosas que más ilusión les hace durante sus regatas y travesías es precisamente poder situarse astronómicamente con el sextante. Sabemos de un pintor catalán, hombre muy aficionado al deporte náutico y a las cosas de la mar, que vive en el último piso de una casa contigua al puerto de Barcelona, desde donde se domina el horizonte marino allende el rompeolas, que, cuando no navega, también se sitúa astronómicamente por el sol y las estrellas... ¡desde la terraza de su casa!

Dos días después acudía también a su cita el *Nordmark*, un petrolero de 23.000 toneladas que iba ahora disfrazado de barco norteamericano, pero que había salido de Alemania sólo unos días antes que el *Scheer*. Ya nos hemos encontrado con él, pues bajo el nombre de *Westerwald* había sido avituallador del acorazado *Deutschland*.

Efectuado el relleno de víveres, municiones y combustible, el *Scheer* se dirigió hacia el Caribe. El 24 de noviembre encontró al frigorífico británico de 7.500 toneladas *Port Hobart*, que inmediatamente mandó al éter la señal de alarma y dio su situación. Pero Krancke no hizo nada por evitarlo, ya que ello cuadraba a sus planes de abandonar inmediatamente la zona y dirigirse hacia África. Después, cuando un géiser de agua y espuma brotó de la mar cien metros por la proa del barco inglés, el escandaloso frigorífico se detuvo. Iba consignado a Nueva Zelanda con diversas mercancías y llevaba a bordo sesenta y ocho personas, siete de las cuales eran mujeres. Se trasbordó a todos al buque alemán y se izo detonar al *Port Hobart* una serie de cargas explosivas, pero como se resistiera a hundirse, hubo que agujerearle el casco a cañonazos.

Lo único que había olvidado señalar el inglés había sido la identidad del que le atacaba, es decir, si se trataba de algún acorazado de bolsillo o de algún crucero auxiliar alemán disfrazado. Ello causó la natural contrariedad en el Almirantazgo británico.

Bordeando el mar de los Sargazos, ese remanso que forma la corriente del golfo tras llevarse las algas de las costas de Centroamérica, el *Scheer* cruzó el Atlántico para situarse sobre la derrota que va de las islas Canarias a las de Cabo Verde. En sus proximidades descubrió, el 1.º de diciembre, los mástiles de un barco al que se siguió a distancia durante el día, para aproximarse a él al llegar las sombras. Era el frigorífico inglés de 6.240 toneladas de registro bruto *Tribesman*, que resistió con su cañón popero y lanzó la señal de alarma, hasta que su capitán comprendió que no había nada que hacer. Llevaba dos dotaciones de indios lascar: la suya y la recogida en los botes de un carguero que había sido echado a pique por un submarino alemán. Unos explosivos hechos detonar en sus tendones de Aquiles lo enviaron al fondo.

El *Scheer* hizo seguidamente diferentes rumbos, con objeto de tratar de desorientar a los buques de guerra ingleses que le buscaban, y cortó el ecuador el 16 de diciembre. Dos días más tarde, su avión descubría a un solitario barco que navegaba hacia el Norte. Cuando el frigorífico *Duquesa* avistó al acorazado alemán que le perseguía, comenzó a transmitir. Después, un par de cañonazos resultaron suficientes para que se detuviera. Iba abarrotado con nueve mil toneladas de carne fresca y fruta y novecientas de huevos. Krancke decidió apresarlo y enviarlo a una zona de reunión en el Atlántico Sur, no sin antes haberle tomado parte de sus ¡quince millones de huevos!

Los alemanes habían permitido que el *Duquesa* transmitiera con toda tranquilidad la señal de alarma, con el fin de atraer la atención de los buques de guerra británicos sobre el *Scheer* y favorecer con ello la salida al Atlántico de otro buque corsario germano, el crucero pesado *Admiral Hipper*, que, efectivamente, lograría burlar el bloqueo enemigo durante la primera semana de 1940.

Como el *Scheer* llevaba navegando dos meses sin interrupción, y puesto que el Alto Mando de Berlín tenía previsto que diera una batida en el Antártico en unión del crucero auxiliar disfrazado *Pinguin*, se sometieron los motores del acorazado a una revisión completa, aunque sin cesar de navegar hacia el Austro a través de la zona de los alisios del Sudeste. Estos vientos constantes impulsaban sobre el acorazado alemán grandes cúmulos blancos que surgían por un extremo del horizonte y se alejaban luego por el opuesto, volando bajo el tenue y elevado velo de cristales de hielo constituido por los cirros de los contraalisios. Al transcurrir los días, ni un barco se divisaba sobre el inmenso círculo azul que constantemente rodeaba al acorazado, pero entre el añil de las límpidas y profundas aguas del Atlántico, el equipo de *asdic* del *Scheer* captaba el eco devuelto por las ballenas y las manadas de voraces tiburones, provocando injustificadas alarmas.

El día de Navidad cortaron los alemanes el Trópico de Capricornio, y al mediodía no hubo sombras a bordo pese al cielo despejado, porque el sol estaba exactamente en el cenit y sus rayos caían verticalmente y como plomo fundido sobre el buque alemán.

A finales de diciembre se reunían los del *Scheer* con el crucero auxiliar *Thor*, que ya había combatido victoriosamente contra dos cruceros auxiliares ingleses: el *Alcantara* y el *Carnavon Castle*. Después hundiría a un tercero: el *Voltaire*. Los dos buques navegaron ahora de conserva hacia la zona denominada por los alemanes «Andalucía», donde les aguardaban el *Duquesa*, el *Eurofeld* y el *Nordmark*. En dicha zona permanecieron varios días, siempre sobrevolados durante las horas de luz por alguno de sus aviones, con el fin de evitar sorpresas desagradables por parte del enemigo. Así llegó el Año Nuevo, que cinco días después también trajo al petrolero *Storstad* una presa del *Pinguin*, ya utilizada por éste para fondear campos de minas en Australia. Los buques intercambiaron provisiones, tomaron petróleo y entregaron los partes de campaña, el correo y seiscientos prisioneros al recién llegado, que tenía órdenes de tratar de alcanzar Europa, cosa que efectivamente lograría a su debido tiempo.

Los comandantes del *Thor* y del *Scheer* sólo se pusieron de acuerdo en la necesidad de apresar algún carbonero en la derrota del Río de la Plata, con objeto de poder aprovisionar al *Duquesa*, movido por calderas de carbón, y enviarlo a Francia, pues carecía de combustible para tan largo viaje. Pero no hubo suerte, y cuando por fin al *Duquesa* se le acabó el combustible, tuvieron que alimentarse sus calderas con el mobiliario y la madera de la cubierta, con objeto de mantener en función la planta frigorífica y conservar los valiosos víveres. Después se le echó a pique.

El *Storstad* arrumbó hacia el Norte el 7 de enero, escoltado por el *Scheer* durante algunos días. El acorazado se dirigió luego hacia el Nordeste, para tratar de conseguir presas en el golfo de Guinea. Durante varios días permaneció aboyado y silencioso sobre la mar, con los motores parados, en espera de la luna nueva, ya que aquella zona de caza quedaba próxima a la base naval británica de Santa Elena, y Krancke quería operar sólo en noches muy oscuras. El comandante del *Scheer* confiaba en que, precisamente debido a la proximidad de dicha isla, donde los alemanes sabían que se encontraba entonces el portaaviones *Hermes* encendido y listo para hacerse inmediatamente a la mar, el *Scheer* sería tomado por algún buque de guerra británico y podría sorprender a sus víctimas sin que éstas lanzaran la señal de alarma. Como vemos, Theodor Krancke era un corsario paciente, astuto y valeroso. Y, además, con suerte...

El 17 de enero se situaba el *Scheer* sobre la derrota que va desde El Cabo a Europa, y al día siguiente descubría al petrolero noruego *Sandefjord*, al que logró detener durante la noche sin que diese la alarma. Llevaba a bordo 13.000 toneladas de petróleo crudo por cuenta del Gobierno noruego en el exilio, por lo que se le embarcaron una dotación de presa y las siete pasajeras del *Port Hobart* y se le envió a «Andalucía».

El 19 se vieron dos barcos casi al mismo tiempo y en puntos diametralmente opuestos del horizonte, navegando de vuelta encontrada. El *Scheer* se quitó de en medio a toda velocidad, para que no se espantaran antes de tiempo. Luego, fingiendo ser un buque de guerra británico, se aproximó al que procedía del Norte. El señalero alemán transmitía en un inglés perfecto, y el cándido mercante creyó el engaño hasta el último momento. Después los grandes cañones del *Scheer* estaban ya demasiado próximos y amenazadores para que el capitán se decidiera a jugarse la vida lanzando la señal de alarma, pues ello hubiera equivalido a la inmediata recepción de una mortal andanada de su enemigo. Se trataba del holandés *Barneveld*, de 5.200 toneladas, cargado con valioso material de guerra destinado a las tropas británicas en Egipto, y consignado a Alejandría vía El Cabo y Aden. Una vez asegurada esta presa, el alemán salió disparado a 26 nudos tras el que se alejaba hacia el Norte sin sospechar nada al parecer. Se trataba del carguero británico *Stanpark*, de 5.600 toneladas de registro, que tampoco dio la alarma y fue hundido con explosivos y torpedos. Si embargo, por uno de esos imprevisibles maleficios, el acorazado estuvo a punto de sufrir un grave percance.

Como el carguero ardía, produciendo una indiscreta columna de humo que quizás atrajera al lugar de la escena a algún buque de guerra enemigo, Krancke decidió hundirlo cuanto antes con torpedos. El primer artefacto erró inexplicablemente el blanco. El segundo fue lanzado eléctricamente desde el puente, en el momento en que un bote, con el trozo de presa, pasaba de la banda de babor a estribor, por la popa. Como los tubos lanzatorpedos estaban precisamente en la toldilla, el artefacto cayó casi encima de la embarcación, averiándose los timones contra la regala. Al verse venir encima aquel proyectil de tonelada y media, los que iban a bordo se tiraron a plan y nada les sucedió, pero el torpedo salió a poco del agua haciendo una rara cabriola, cambió luego de rumbo y se dirigió como una bala hacia... ¡el *Scheer*! Era ya inútil dar cualquier orden, así que los alemanes quedaron mudos y espantados, asistiendo, con la desesperación de la impotencia, a lo que iba a ser su autotorpedeamiento. Pero el *Scheer* era un barco con suerte. A unos veinte metros del costado, y cuando el impacto parecía ya inevitable, el pez metálico se zambulló inesperadamente en el azul y desapareció para siempre.

—¡A la tercera va la vencida, Schulze! —dijo Krancke con manifiesto alivio—. Pruebe otra vez. Pero que sea la última.

—Sí, señor —respondió, un poco pálido el oficial torpedista.

Y no hubo más fallos.

El *Scheer* y el *Barneveld* se dirigieron luego hacia el Este, y a la mañana siguiente, tras tomar a bordo del buque alemán a la tripulación del carguero, se le echó a pique con cargas de demolición.

El crucero auxiliar *Pinguin*, tras fondear con éxito varios campos de minas en Australia, decidió dar la batida de balleneros en solitario, teniendo la suerte de capturar sin disparar un solo tiro a tres grandes barcos-factoría y a once arponeros noruegos. Como los primeros llevaban a bordo nada menos que 22.000 toneladas de aceite de ballena y los últimos podían ser fácilmente convertidos en cazasubmarinos, el Alto Mando de la *Kriegsmarine* decidió enviarlos todos a Alemania. El problema radicaba en que el *Pinguin* sólo podía proporcionar ya una dotación de presa, así que el *Scheer* tendría que facilitar las restantes. A regañadientes,

Krancke no tuvo más remedio que ceder toda aquella gente. Dos oficiales de la Reserva Naval fueron nombrados capitanes de presa de los balleneros, y once alféreces de fragata y guardias marinas mandarían los arponeros.

Este personal y el resto de las dotaciones de presa fueron dejados por el acorazado de bolsillo en «Andalucía», a bordo del *Duquesa*, en espera de que llegaran al Antártico las víctimas del crucero auxiliar. El *Sanderfjord* fue despachado para Francia con los restantes prisioneros, y, por su parte, Krancke, advertido por el Alto Mando de que los cruceros de batalla *Scharnhorst* y *Gneisenau* operarían próximamente en el Atlántico Norte y central contra el tráfico enemigo, decidió pasar al océano Índico, al objeto de aumentar todavía más la confusión en las derrotas marítimas británicas y obligar al enemigo a una dispersión cada vez mayor de sus buques de guerra, ya que, además del *Scheer*, operaban entonces contra la flota comercial inglesa cinco cruceros auxiliares alemanes bien disfrazados.

El *Scheer* cortó el meridiano del cabo de Buena Esperanza el 1.º de febrero de 1941, por debajo de la latitud de los 40º Sur, es decir, navegando por los «Rugientes Cuarentas», los mismos que desafiaría un año más tarde el navegante argentino de cuarenta y dos años Vito Dumas, a bordo del *Lehg II*, una cáscara de nuez de 9,55 metros de eslora, en su azarosa vuelta al mundo por la «ruta de la muerte», como él mismo denominó.

Las enormes olas rompientes que sin obstáculo alguno ruedan desmelenadas por aquellas latitudes australes zarandearon violentamente al *Scheer* pese a sus casi 13.000 toneladas de peso, y dice Krancke que en el interior del acorazado «era como estar dentro de un órgano tocado por Satanás con todas las válvulas abiertas».

Rebasado el meridiano del Cabo de las Agujas se arrumbó al Nordeste, saliendo pronto de los terribles «rugientes» y dejando atrás grandes albatros y vientos de más de ciento cincuenta kilómetros por hora. Unos días después, el tiempo era ya espléndido, y las aguas del océano Índico les parecieron a los alemanes todavía más intensamente azules que las del Atlántico Sur. El acorazado se situó al sudeste de Madagascar, sobre la derrota Australia-El Cabo, pero sin lograr avistar alma viviente allí.

El comandante del corsario alemán *Atlantis* propuso, a través de Berlín, una reunión con el *Scheer*, a la que accedió gustosamente Krancke, pues deseaba que el capitán de navío Rogge, que llevaba varios meses operando en el Índico, le diese información sobre las derrotas que utilizaban ahora los barcos ingleses en dicho océano. Aquello tuvo lugar, el 14 de febrero, en los 65° Este y 10° Sur, y el *Atlantis* llegó acompañado por dos de sus presas y el barco alemán *Tannenfels*, este último procedente de Mogadisco. Se aprovechó la oportunidad para que el *Scheer* hiciera el relleno de combustible de una de aquéllas: el petrolero noruego *Ketty Brovig*.

Rogge manifestó que los barcos ingleses no atravesaban ya el Índico en solitario, sino que navegaban sin separarse de la costa. Ello suponía un enorme alargamiento de las derrotas y, por tanto, un aumento de tiempo de travesía y del combustible a consumir, pero la actuación de los corsarios alemanes había obligado al Almirantazgo británico a tomar tal medida. En vista de ello, el *Scheer* arrumbó al Norte y se situó a la altura de Zanzíbar, donde el 20 de febrero capturaba al petrolero británico *British Advocate*, que llevaba 8.000 toneladas de petróleo para El Cabo y que hasta el último momento tomó al alemán por un buque de guerra británico, por lo que no lanzó la señal de alarma ni hizo resistencia. Krancke decidió conservarlo, y, como en aquel momento su avión de exploración acababa de descubrir otro barco en las proximidades, se citó al *Advocate* en un punto convenido y el de bolsillo salió disparado.

Se vio al carguero *Gregorios*, poco antes de oscurecer, a unas dieciocho millas de distancia. Luego la noche cayó bruscamente, y todas las estrellas del cielo parecieron encenderse al mismo tiempo en la oscura bóveda celeste, como prendidas por manos invisibles. Los alemanes detuvieron aquel barco griego, de 2.550 toneladas, que iba aparentemente con mercancías de la Cruz Roja y los papeles en regla, pero en realidad con material de guerra y víveres, por lo que fue hundido después de transbordar a sus tripulantes.

El avión *Arado* fue nuevamente catapultado a la mañana siguiente. Regresó poco después y alabeó sus alas antes de amerizar, lo que significaba que había descubierto algo. Se trataba de un vapor; y Krancke ordenó hacer rumbo de colisión con él. El *Scheer* se le aproximó al anochecer, por la estela, con dos cañones de la torre triple de proa elevados y deprimido el tercero, y, simulando siempre ser un buque de guerra inglés, le ordenó detenerse. Pero el otro, que a su vez iba disfrazado de barco norteamericano, se negó en redondo. A la luz de los dos potentes proyectores, los alemanes pudieron ver una gran bandera norteamericana y las letras «USA», ostensiblemente pintadas en el costado del supuesto neutral, que decía ser el *Canadian Cruiser*.

Este barco no sólo no se detenía, sino que cada vez navegaba a mayor andar y, además, comenzó a enviar al éter la señal británica de alarma «RRR», seguida de su nombre y posición y del mensaje: «Soy perseguido por un crucero de batalla». Krancke no quiso emplear más que los cañones antiaéreos de 37 mm, cuyos proyectiles inmediatamente empezaron a caer a bordo del que pretendía escapar y no cesaba de transmitir, habiendo levantado una tempestad de llamadas radiotelegráficas. Por fin se detuvo, y el trozo de presa alemán descubrió que se trataba del barco canadiense de aquel nombre, cuyo capitán había querido disfrazarlo; así que, tras recoger a la tripulación inglesa, cinco cargas explosivas se encargaron de enviarlo al oscuro abismo con sus 7.000 toneladas de registro bruto.

Habiendo sido descubierta y señalada su posición al Almirantazgo británico en una zona tan comprometida, el *Admiral Scheer* no tenía más remedio que tratar de salir de allí a la mayor velocidad posible. Por lo que tan pronto las olas se cerraron para siempre sobre el *Canadian Cruiser*, arrumbó al sudeste a 27 nudos. La mar estaba en calma, pero aquí y allá desfogaban numerosos aguaceros tropicales, y tras uno de ello surgió, muy lejos, un pequeño barco, que inmediatamente cambió de rumbo y lanzó la señal de alarma, dando al mismo tiempo su posición. Los alemanes apenas tuvieron tiempo de lanzarle una salva con los cañones de 280 mm, cuando el carguero ya había desaparecido entre los chubascos. Krancke decidió ir tras él. Del cielo caía el agua a torrentes, con la exuberancia propia de los trópicos, y de pronto, al cesar un momento la lluvia, ambos buques enemigos se avistaron a menos de tres mil metros de distancia. El carguero holandés de 2.500 toneladas *Rantau Pantjang* hizo un desesperado intento por evadirse otra vez, pero los proyectiles de 150 mm que inmediatamente recibió a bordo pusieron punto y final al drama. Transportaba carbón a Singapur, y, tras recoger a sus tripulantes, varios de ellos heridos, se le echó a pique.

Poco más tarde, se avistó lejano un avión de observación que sólo podía ser enemigo. Se mantuvo durante media hora fuera del alcance de la artillería antiaérea del acorazado, pero sin dejar de vigilarle y enviar mensajes radiotelegráficos. Tan pronto fue detectado, Krancke arrumbó al Nordeste, confiando haber descubierto al aparato antes de que éste hubiera visto al *Scheer* y con la finalidad de despistar a los ingleses sobre sus intenciones. El avión pertenecía al crucero pesado *Glasgow*, que se hallaba tan sólo a cuarenta millas de allí. Cuando el chivato desapareció, se volvió a caer al Sudeste, mas para entonces la flota británica cerraba una tupida red de buques de guerra sobre el alemán.

El crucero pesado *Glasgow* se encontraba a unas ciento veinte millas al norte del *Canadian Cruiser* cuando éste lanzó la alarma, e inmediatamente se dirigió hacia él a 32,5 nudos de andar, al mismo tiempo que ponía uno de sus aviones en el aire. Los cruceros pesados *Australia* y *Howkins*, que escoltaban un convoy que en aquel momento acababa de cortar el ecuador, fueron destacados hacia el *Scheer* a toda máquina, y también lo fue otro crucero situado más hacia el Austro, el *Emerland* (7.550 toneladas). De Monbasa (Kenya) salieron el portaaviones *Hermes* (11.000 toneladas) y el crucero ligero *Capetown* (4.200 toneladas), a 29 nudos, y los cruceros pesados *Camberra* y *Shropshire*, que se hallaban en la mar algo más al Sur que el acorazado alemán, arrumbaron hacia el Norte a 32 nudos. Aquellos ocho buques de guerra convergían a todo andar hacia el *Scheer* desde diferentes puntos. ¿Iban a atraparlo? ¿Se repetiría la suerte del *Graf Spee*? Por si fuera poco, al corsario se le averió en aquel momento su radiotelémetro.

Krancke, tras meditar cuidadosamente la cuestión, había decidido tratar de escabullirse entre la isla Reunión (francesa) y Madagascar, sólo que... a su encuentro iban precisamente para allí y en dirección opuesta el *Camberra* y el *Shropshire*. Pero un pequeño incidente iba a salvar a los alemanes. En la estación radiotelegráfica del acorazado no se oía el vuelo de una mosca, conscientes todos los operadores del grave peligro que les amenazaba. De pronto se recogió un breve mensaje de una barco mercante que decía ver a dos cruceros navegando hacia el Norte, en situación 22° Sur y 50° Este. Aunque la estación de Mauricio trató de interferir inmediatamente tan inoportunas e indiscretas señales, ya era tarde. Krancke cambió de rumbo, y el *Scheer* navegó durante veinticuatro horas hacia el Este a 27 nudos, librándose así de la trampa mortal que le tendían sus enemigos. ¡La suerte había querido sonreír una vez más al afortunado buque de guerra!

Horas después de estos sucesos se recibió un radio de Berlín ordenando al Krancke regresar a Alemania. Consecuentemente, dejó en libertad al *British Advocate* para que se dirigiera a Burdeos, y él mismo repasó el cabo de Buena Esperanza. El 9 de marzo, casi en el punto de reunión con el *Nordmark*, se pararon los motores del *Scheer* y se echaron los botes al agua. Después se procedió a escorar al buque transvasando agua y combustible de unos tanques a otros y se carenó el casco en las proximidades de la flotación. ¡Si había que correr en el estrecho de Dinamarca, un nudo de más podía ser importante!

Al día siguiente tomaba municiones, víveres y petróleo del *Nordmark* y, tras entregarle los prisioneros, arrumbaba al Norte, ¡hacia la patria por fin! Un poco por encima del ecuador, cerca de las rocas brasileñas de San Pablo, se reunía con el *Kormoran* y el submarino *U-124*, que traía desde Alemania la pieza averiada del radiotelémetro. En el Atlántico Norte volvió a encontrar mal tiempo, y, siempre sin tratar de hacer nuevas presas, avistaba el cabo Farewell el 25 de marzo. Después navegó, bien pegado a los hielos, en demanda del estrecho de Dinamarca. Al principio tuvo suerte, pues encontró niebla, pero luego sufrió varios sobresaltos. El día 27, ya en pleno estrecho, el radiotelémetro detectó un barco a veinte mil metros. Cuando mejoró el tiempo se avistaron a simple vista los palos de un buque enemigo que, sin embargo, no se percató del paso del *Scheer*. En cada caso se cambió oportunamente de rumbo. Luego se averió el radiotelémetro, y la noche siguiente se descubrió, a menos de ocho mil metros, la oscura silueta de un crucero pesado inglés. Krancke rechazó la idea de atacarlo por sorpresa y hundirlo, pues sabía que, si lo hacía, le sería difícil después librarse de la *Home Fleet*, que velaba en Scapa Flow.

En la mañana del día 30, tras ininterrumpidos meses de navegación por mares infestados de buques enemigos, el *Scheer* echaba ancla en Bergen. ¡Qué alegría no experimentaría el capitán de navío Theodor Krancke! Aquella misma tarde se hacía a la mar escoltado por una flotilla de destructores, y al cruzar el Skagerrak se echó toda la carne al asador a bordo del acorazado y se dieron 27,6 nudos: ¡los mismos que se habían obtenido en pruebas!

El 1.º de abril, después de recorrer 46.000 millas marinas, rendía viaje en Kiel. Allí les aguardaba el gran almirante Raeder para darles la bienvenida: se la habían ganado. No sólo enviaron a la Francia ocupada dos abarrotados petroleros enemigos, hundieron dieciséis barcos con un total de 137.000 toneladas de registro bruto y averiaron a otros siete, sino que habían causado un incalculable trastorno a las comunicaciones enemigas y burlado con éxito a los buques de la poderosa flota británica durante casi medio año.

Por lo demás, aquel largo crucero del *Scheer* demostró palpablemente lo bien concebidos que habían sido aquellos pequeños pero poderosos acorazados de bolsillo del almirante Zenker para hacer la guerra al tráfico enemigo en los mares más lejanos. No haber terminado la serie fue sin duda un error de la *Kriegsmarine*, pues, de haber sido exclusivamente dedicados a la guerra de corso, los cinco acorazados de bolsillo proyectados pudieron haber proporcionado magníficos resultados a los alemanes, por lo menos durante los dos primeros años de la contienda.

* * *

En junio de 1941 aparejó de Kiel el *Lützow* (ex *Deutschland*), para tratar de romper el bloqueo y llevar la guerra al comercio enemigo por diversos océanos. Pero no tuvo suerte. Remontó el Báltico escoltado por los cruceros ligeros *Emden* y *Leipzig* y cinco destructores. Los cruceros arrumbaron después hacia Oslo, y el crucero acorazado atravesó el Skagerrak con los destructores y se dirigió hacia Trondheim, primera etapa antes de intentar pasar al Atlántico. Pero el Servicio de Información británico había advertido su salida y se la comunicó al Almirantazgo, que alertó a dos escuadrones torpederos del Mando Costero *(Coastal Comand).* Poco después de las dos de la madrugada del 13 de junio, el *Lützow* fue detectado entre las sombras y atacado por sorpresa por los aviones ingleses al sur del Naze. Uno de los *Beaufort* consiguió alcanzarle, y, con graves averías, el acorazado tuvo que volverse a Kiel, donde no quedaría reparado hasta seis meses más tarde, es decir, enero de 1942. Para entonces, habiendo entrado ya Estados Unidos en guerra, y dada la intensa vigilancia aérea inglesa sobre todas las salidas al Atlántico, para los germanos resultaba más que peligroso tratar de sacar al anchuroso océano a algún buque pesado de superficie, y no se volvió a intentar una operación semejante. Pero antes de llegar a eso, la guerra de corso viviría todavía sus mejores días.

Capítulo X

«SCHLACHTKREUZERN»

Nochebuena en la mar. Nochebuena de guerra. Nochebuena de 1940 a bordo de un convoy de tropas británico.

En los dieciséis barcos ingleses que, abarrotados de tropas y armamento de todas clases con destino al Oriente Medio, constituían el convoy «WS.5A» y cruzaban el Atlántico Norte arrumbados al Sursudeste, próximos ya a las islas Azores, soldados y marinos habían terminado su cena y celebraban la festividad con la despreocupación y alegría propias de la juventud, pese a la lejanía del hogar y los peligros de la travesía. A pesar también de las penurias del racionamiento, aquella cena, celebrada en comedores y salones bien engalanados para la ocasión con vistosas banderas de señales, había sido bastante buena, y se terminó brindando con ron de Jamaica y entonando villancicos y canciones de guerra. ¿Por qué estar tristes? El convoy iba poderosamente defendido, y aquel largo viaje con escalas en Takoradi, Ciudad del Cabo, Durban y Aden, para terminar en el legendario y fascinante país del Nilo, excitaba, naturalmente, la imaginación de más de treinta mil jóvenes soldados ansiosos de vivir y de correr aventuras.

A bordo de uno de los mayores transportes, el soldado de ingenieros Smith sintió la necesidad de un poco de aire fresco, por lo que abandonó el comedor, trepó por unas escalas, cruzó algunos pasillos y salió a cubierta. Allí todo permanecía silencioso, oscuro y frío. El cielo estaba encapotado y soplaba un viento bastante fuerte, pero se respiraba bien, y nuestro hombre se apoyó en la borda y permaneció un rato espiando la noche. Poco después ya podía distinguir las negras siluetas de otros barcos que navegaban en conserva con el suyo desde hacía seis días, e incluso le pareció ver las más borrosas y alejadas de los buques de guerra que les escoltaban. Él había observado con curiosidad e interés las evoluciones y características de estos últimos: tres potentes cruceros, dos grandes portaaviones y un par de pequeñas y ágiles corbetas. Y se había enterado de que en uno de los portaaviones, el *Furious*, iban numerosos aviones despiezados y guardados en cajas, para ser desembarcados en Takoradi y vueltos a montar, a fin de que luego volaran por sí solos hasta Egipto, atravesando todo el continente negro. Después se distrajo mirando hacia las oscuras e inquietas aguas, tal vez pensando con cierta nostalgia en otras Navidades más alegres pasadas años atrás en la vieja Inglaterra. Pero procedía de la universidad, y en el fondo estaba contento, porque se daba cuenta de que aquel largo viaje iba a ensanchar sus perspectivas y le permitiría atesorar nuevas experiencias, aprehender en la retina nuevas imágenes, desentrañar lo que se esconde tras la enigmática y tentadora línea del horizonte. Iba a romper con la rutina, con esa monotonía que corroe y ensombrece el espíritu y nos trae el tedio al alma. Y Smith sentía siempre hambre de horizontes, ilimitada curiosidad por lo desconocido y grandes deseos de saciar bien sus jóvenes pupilas. Sí, estaba satisfecho de aquel cambio en su vida.

De pronto observó algo sorprendente, algo que se deslizaba silenciosamente bajo las aguas a una velocidad terrible, dejando un rastro rectilíneo y levemente luminoso que pronto cortó la estela de su propio buque a algunos metros de distancia y se perdió en la noche, tan inadvertida y fantasmagóricamente como había surgido. Se sobresaltó. ¿Había sido un torpedo, o algún delfín? ¿Qué hacer? Abrió bien los ojos y comenzó a observar la mar con toda atención. Pero el raro fenómeno no volvió a repetirse. Tal vez él había sufrido alguna ilusión óptica. ¡Psicosis de guerra! ¡Demasiadas historias sobre submarinos alemanes! Porque era seguro que los tripulantes de los escualos de acero estarían celebrando la Navidad posados en el fondo del mar. Y nuestro soldado pronto olvidó la extraña visión. Luego regresó al gran comedor, donde sus estruendosos camaradas seguían con sus cantos y risas, sin sospechar ni remotamente que la guadaña de la pálida y huesuda figura les acababa de pasar rozando.

Porque Smith no había sufrido ningún espejismo. Y tampoco fue un solitario torpedo el que cortó las aguas entre las filas del convoy «WS.5A» sin ser advertido ni desfondar barco alguno: habían sido tres. Pero no era un sumergible el que se arropaba en las cercanías confundido entre la bruma y la oscuridad. A menos de cinco mil metros del confiado convoy británico, los tres artefactos habían sido lanzados precisamente desde un gran crucero pesado que, en zafarrancho de combate, acechaba en las sombras. Y en el silencioso puente de aquel buque de guerra, el oficial torpedista, que ansiosamente observaba desde hacía varios minutos los pequeños saltos de la aguja fosforescente de su cronómetro, dio por fin una airada patada sobre la cubierta y lanzó una maldición entre dientes: *«Schweinhund!»*

Después el buque cayó a babor y se alejó como una sombra de los veintitrés afortunados barcos enemigos: era el crucero alemán de 14.259 toneladas *Admiral Hipper.*

* * *

El 27 de noviembre de 1940, el petrolero *Adria* zarpó subrepticiamente de Trondheim y arrumbó hacia las soledades del océano Glacial Ártico, que ya recorriera Pyteas de Massilia en el año 330 antes de Jesucristo. Cinco días atrás había aparejado de Kiel el de igual clase *Dithmarschen*, despachado para las proximidades de la inhóspita isla-continente de Groenlandia. Y el «Grupo Oeste» había señalado por radio a los petroleros alemanes *Friedrich* y *Thorn*, que ya se encontraban en el Atlántico, hacia qué puntos de *rendez vous* tendrían que dirigirse. Porque el Alto Mando de la *Kriegsmarine* preparaba la salida a aquel océano de los acorazados *Scharnhorst* y *Gneisenau* y el crucero *Admiral Hipper.* Era una operación tan ambiciosa y atrevida como desproporcionada a la pequeñez de la Armada alemana, pues ya se encontraban operando en el Atlántico el acorazado de bolsillo *Admiral Scheer* y varios cruceros auxiliares disfrazados, y que pone de manifiesto el espíritu combativo de la *Kriegsmarine* durante la segunda guerra mundial, espíritu que en verdad no decaería en toda la contienda.

Pero hubo un contratiempo. En el *Dithmarschen* se presentó una avería en las máquinas que le obligó a regresar a Alemania el día 30, precisamente la misma fecha en que zarpaba el *Hipper.* Y hubo que alterar las disposiciones tomadas para el suministro de combustible en la mar.

Sigamos al crucero alemán. Al mando del capitán de navío Wilhem Meisel, rebasó Stavanger y, para no ser advertido por los aviones de exploración enemigos, navegó seguidamente entre la costa noruega y esa verdadera infinidad de islas e islotes de todas las formas y tamaños, que se extienden casi ininterrumpidamente, como las cuentas de algún fabuloso rosario, desde la altura de dicha ciudad noruega hasta el cabo Norte, formando un magnífico paso de aguas profundas para la navegación de cabotaje.

Y, efectivamente, el *Hipper* no pudo ser descubierto por los aviadores ingleses. El buque tiró después hacia el Nornoroeste, y se pasó los días 4 y 5 de diciembre cruzando a la altura de Lofoden, para, debido al mal estado de la mar, tomar dificultosamente petróleo del *Adria* y aguardar a que empeorara el tiempo atmosférico. Cuando los aviones enemigos tuvieron que efectivamente suspender todos sus vuelos, Meisel ordenó izar la bandera británica en lo alto del palo de mesana y cruzó el estrecho de Dinamarca el día 7. El tiempo fue infernal y terminó degenerando en una formidable tempestad de vientos huracanados, que soplaron con enorme violencia durante treinta y ocho horas y levantaron un mar horrible.

Con muy pocos días de diferencia seguiría su misma estela el *Kormoran*, un crucero auxiliar disfrazado que haría con gran éxito la guerra del corso por los océanos Atlántico e Índico y el golfo de Bengala y que resultaría hundido por el crucero británico *Sydney* cerca de las costas de Australia, tras un encarnizado combate en el que el alemán logró llevarse a su misma y húmeda tumba al enemigo.[1]

A bordo del *Hipper*, durante aquellos quince días, los marinos germanos se vieron constantemente asaltados por una sucesión de fuertes borrascas sazonadas con multitud de averías surgidas en las máquinas y con entradas de agua, que conseguía llegar hasta las sentinas y provocar numerosos daños. Aunque el buque pudo tomar varias veces y a duras penas combustible del *Friedrich Breme*, no consiguió hacer nunca el relleno, pues la mar en aumento obligaba invariablemente a suspender la faena. De modo que al terminar la difícil maniobra, el crucero quedaba con un radio de acción máximo de unas seiscientas millas desde el punto del petróleo, lo que drásticamente limitaba sus posibilidades. Éstas tampoco se veían favorecidas por las órdenes que habían recibido de no atacar a barcos aislados, sino únicamente a los convoyes enemigos.

Por si fuera poco, dos de los tres aviones de exploración que llevaba a bordo quedaron inutilizados, y Meisel se vio obligado a abandonar aquella imposible zona a caballo sobre la derrota Halifax-Irlanda del Norte y trasladarse más hacia el Sur. El 22 de diciembre pareció levantarse por fin el bajo techo de nubes prevaleciente hasta entonces y mejorar lo suficiente la mar para poner en el aire el único hidroavión que quedaba disponible. Se catapultó el aparato, y éste se alejó hacia el Sudeste, pero luego desapareció sin dejar rastro alguno. La búsqueda del *Hipper* resultó infructuosa: la mar se había tragado de alguna forma al hidro y a sus dos infortunados tripulantes. Lo que resultaba grave para el *Hipper*, pues desde Alemania acababan de comunicar a Meisel que la «Fuerza H» bri-

1. Véase *Corsarios alemanes en la segunda guerra mundial*. Editorial Juventud, Barcelona.

tánica había salido de Gibraltar rumbo al Oeste. La mala suerte parecía perseguir al crucero.

Sin embargo, unos días después supo el alemán que la fuerza inglesa había entrado en Gibraltar el día 19. Efectivamente, aunque el Almirantazgo británico quiso establecer permanentemente una fuerza naval de superficie en las proximidades de las Azores, temiendo que los alemanes intentaran desembarcar en estas islas portuguesas de tanta importancia estratégica para la batalla del Atlántico (que declararía poco después Winston Churchill), la gran mar de leva que suele recalar en invierno por aquellas aguas hacía muy difícil la faena de petróleo en la mar, y el día 17 se ordenó a la «Fuerza H» regresar a puerto. Aquella noticia fue un alivio para Meisel, que ya se movía muy cerca de las volcánicas islas.

Por fin, el día 23 pudo hacerse el relleno completo de combustible, y en la anochecida del siguiente, es decir, el 24 de diciembre, el radiotelémetro detectó por levante a un convoy enemigo: era el «WS.5A», del que el lector ya tiene noticias.

Expectación en el *Hipper*. ¿Va a cambiar por fin la suerte del corsario? Sucesivas marcaciones y distancias tomadas con el aparato electrónico dicen a los marinos alemanes que aquel convoy navega al rumbo 154° y a 11 nudos. Ello significa que procede de Gran Bretaña y que marcha de prisa, y Meisel deduce que debe de ir cargado, pues, si se tratara de alguno en lastre por aquellas latitudes ya se habría dispersado para que los barcos más rápidos pudieran ganar tiempo. Cargado, y procedente de Gran Bretaña, sólo podía llevar tropas, armamento o ambas cosas, lo que significaba que debía ir bien escoltado por buques de guerra, posiblemente cruceros y destructores.

El buque alemán cierra distancias con precaución y trata de situarse por la amura de estribor del convoy, para caer luego hacia él y torpedearlo de vuelta encontrada, es decir, navegando con un rumbo prácticamente opuesto al de los ingleses. El temor a un contraataque torpedero a cargo de los supuestos destructores hace desistir a Meisel de la idea de atacar al cañón, pues sabe muy bien que, en la oscuridad, cualquier buque de guerra grande y sin escolta resulta muy vulnerable para los veloces y maniobreros destructores, difíciles de ver y bien provistos de mortíferos torpedos.

La noche ya es cerrada; el cielo se presenta cubierto y amenazador; sopla un viento fresco de 135°, de fuerza 6; hay marejada, y la visibilidad varía entre 2 y 6 millas. En el *Hipper* se alistan dos montajes triples de tubos lanzatorpedos de estribor y se toca zafarrancho. Los torpedistas observan que la mar resbala rápidamente por los costados del crucero, produciendo un fuerte rumor.

A las 0153 horas del día 25, entre 44° 27' Norte y 20' Oeste, el *Hipper* invierte el rumbo y, a unos cinco mil metros del convoy, deja caer en el agua tres torpedos que pronto navegan a 40 nudos. Pero los germanos han cometido un error: el oficial torpedista dirige el visor de la dirección de tiro sobre uno de los grandes barcos, mientras que el apuntador del montaje toma por blanco a otro. El resultado es la pérdida inútil de los tres artefactos, que no alcanzan a ninguno de los veintitrés navíos enemigos.[1]

Meisel ordena caer inmediatamente al Oeste con poca caña, sin aumentar velocidad para no levantar una estela que pueda delatarles, y decide repetir el ataque con torpedos y al cañón, al llegar la amanecida. Ahora sabe que el convoy está fuertemente escoltado, incluso le ha parecido ver destructores. Y mientras el crucero alemán se aleja para buscar una nueva posición de ataque y se recargan sus tubos lanzatorpedos, volvamos por un momento al convoy.

De la presencia del *Hipper* a tan sólo cinco mil metros, y de los tres torpedos lanzados por él, nadie se había enterado a bordo de los barcos británicos. Los mercantes navegaban en dos pares de columnas paralelas, de a cuatro unidades, algo separadas entre sí dos a dos. Por la proa y a unos seis mil metros marchaban: a estribor, el crucero pesado *Berwick* (10.000 toneladas, ocho piezas de 203 mm), y a babor, el ligero *Dunedin* (4.900 toneladas, seis piezas de 152 mm); por la banda de babor del convoy navegaban el portaaviones *Furious*, de 22.500 toneladas, y el de igual clase *Argus*, de 14.500, y por la otra banda, el crucero *Bonaventure* (5.500 toneladas, diez piezas de 133 mm) y las corbetas *Cyclamen* y *Clematis*.

Lo único que pretendía, y realmente podía intentar, el comandante del *Hipper* era dar una veloz pasada en caliente al convoy disparando con todas sus armas. El plan, aprovechando la probable sorpresa, a incierta luz de la amanecida y frente a una respetable masa de grandes barcos que navegaban bien apiñados, sin duda presentaba buenas posibilidades de causar graves daños al enemigo y salir indemne, y resultaba ciertamente audaz, aunque es indudable que en esta decisión «heroica» del capitán de navío Meisel debió de influir la falta de éxito sufrida hasta entonces y el

1. Resulta más seguro trincar los tubos en una posición determinada y lanzar, en el momento preciso, con el buque cayendo. No hay posibilidad de error, pero se tiene que cambiar de rumbo.

afán de desquitarse. Pero la suerte seguirá mostrándose más bien esquiva con los alemanes.

El *Hipper* caía hacia el Norte a las 0630, y ocho minutos después descubría un crucero pesado de tres chimeneas navegando en cabeza del convoy. Pero Meisel no varió sus planes: el objetivo eran los transportes, y decidió abrir el fuego sobre un gran barco que iba bastante caído a estribor de las columnas del convoy y que resultó ser el *Empire Trooper* (trasatlántico ex alemán *Capa Norte*), de 13.615 toneladas y dieciocho nudos de andar. Éste fue inmediatamente centrado, un bosque de altos piques surgieron alrededor de él y, poco después, resultó alcanzado por dos proyectiles de 203 mm, uno de los cuales hizo impacto a la altura de la línea de flotación, provocando la inundación de la bodega número 1.

Pese a tan desagradable y aterrador despertar, los artilleros de este barco replicaron al fuego alemán con el único cañón de 120 mm de que disponían, y una de las corbetas comenzó también a disparar rápidamente. Pero la confusión en el convoy fue grande, y el comodoro ordenó su dispersión, lo que sin duda fue una decisión precipitada y errónea. Los torpedistas alemanes tampoco tuvieron suerte esta vez, pues en el momento en que se disponían a lanzar en abanico seis artefactos contra el grueso del convoy, se descubrió por la amura de estribor del *Hipper* al crucero enemigo *Bonaventure*, en excelente posición para torpedearle, por lo que retrasaron el fuego. Se perdió luego la salva del montaje de popa, y la del de proa no se pudo disparar, pues el rebufo de las piezas inutilizó los visores de puntería de los tubos.

Por su parte, el *Berwick* avistó al crucero alemán a menos de cuatro mil metros, cayó a estribor, aumentó a 25 nudos y abrió el fuego en cuanto pudo. Otro transporte británico resultó también alcanzado por la artillería del *Hipper*, pero éste se vio pronto obligado a orientar sus torres hacia el crucero pesado británico, que ya le hostilizaba peligrosamente, y virar hacia el Oeste, pues el *Bonaventure* también disparaba contra él. Siguió un violento y espectacular combate de persecución, a toda máquina, en el que el *Hipper* se vio seguido por el *Berwick* por su aleta de estribor, y por el crucero antiaéreo *Bonaventure* por la de babor. Pero la luz era todavía incierta, los buques desaparecían de vez en cuando entre chubascos de agua y la trepidación que producía el elevado andar dificultaba el tiro de todos.

Sin embargo, el *Berwick* se vio pronto rodeado por los altos surtidores que levantaban las granadas alemanas, y entre las 0705 y las 0711 sufrió cuatro impactos directos de 203 mm; uno en la torre popera «X», que quedó inutilizada; otro en un montaje doble de 103 mm, puesto igualmente fuera de servicio, y dos más en el casco, en la línea de flotación, que produjeron las correspondientes inundaciones y destrozos. El crucero pesado británico tuvo cuatro muertos y dos heridos, y los ingleses hubieron de arrojar al mar su avión *Walrus*, reventado por el rebufo de las piezas. El *Hipper* recibió también un proyectil enemigo a las 0707, detrás de la chimenea, que le produjo averías menores. Por su parte, el *Bonaventure* no consiguió blanco alguno, pese a disparar 438 proyectiles de 133 mm, pero tampoco resultó alcanzado.

Al hallarse el *Hipper* a unos 16.000 metros de los cruceros ingleses, el *Berwick,* que no podía ya mantener su velocidad debido a los agujeros en la flotación, dejó de disparar y renunció a la persecución, que terminó así a las 0725, sin más incidentes, cuando el *Hipper* se perdió entre la bruma después de haber disparado 174 proyectiles de 203 mm y 113 de 105 mm. El *Berwick*, por su parte, le había lanzado 44 salvas, la mayoría de ellas con sus torres proeles.

En general, y pese al incomprensible fallo de los torpedistas alemanes, fallo decisivo, pues doce torpedos disparados a cinco mil metros podían haber generado una catástrofe en los abarrotados barcos de transporte, este audaz ataque del *Hipper* resultó favorable a las armas alemanas, ya que el *Berwick* quedó seriamente averiado y tuvo que retirarse del combate, y dos transportes resultaron también alcanzados, uno de los cuales, el *Empire Trooper*, hubo de dirigirse urgentemente a Punta Delgada, mientras que el crucero alemán no sufrió daños apreciables.

Conviene recordar aquellos verdaderos ejercicios de tiro al blanco practicados por los buques ingleses durante la gran guerra sobre los cruceros ligeros alemanes, mucho más pequeños y peor artillados, lanzados a la lucha del corso por los siete mares o sorprendidos por la rotura de las hostilidades muy lejos de la patria, como el famoso *Emden*, destrozado por el crucero *Sydney* en el océano Índico, junto a las islas Cocos; el *Dresden*, hundido por el *Kent* en la isla de Juan Fernández, donde el capitán del navío británico *Ports Galley* había dejado en tierra, como castigo, al marinero escocés Alexander Selkirk, el famoso y verdadero Robinsón Crusoe de Defoe, con un fusil y pocos objetos más que le permitieron vivir allí cuatro años y cuatro meses de soledad; el *Königsberg*, echado a pique por el *Severn* en el delta del río Rufiji, en Zanzíbar; por no mencionar a los buques de Von Spee, aniquilados por los cruceros de batalla ingleses enviados a las Malvinas por lord Fisher. Aquellos ejercicios británicos de tiro al blanco, como decíamos, no se repitieron en la segunda guerra mundial. El almirante Raeder no quiso facilitar a sus enemigos victorias tan fáciles como resonantes. Cruceros auxiliares aparte, cuya pérdida tenía poca importancia y exactamente la mitad de los cuales lograría regresar impunemente a Alemania por lo menos una vez, el almirante germano sacó al Atlántico solamente a buques poderosos: los tres acorazados de bolsillo que ya conocemos, los acorazados rápidos *Scharnhorst, Gneisenau* y *Bismarck* y los cruceros pesados *Admiral Hipper* y *Prinz Eugen.* Con órdenes de evitar la lucha con los buques de guerra británicos, sí, pero que cuando se vieron obligados a combatir, invariablemente causaron al enemigo muchos más daños que los que recibieron. Como el combate del estuario del Plata, en que el *Graf Spee* puso en fuga a tres molidos adversarios, aunque luego se autohundiera innecesariamente en Montevideo. El del *Hipper*, que pronto detuvo al crucero pesado *Berwick* y al que el *Bonaventure* y el *Dunedin* no se atrevieron a perseguir. Y el del *Bismarck*... Pero ésta es otra historia.

Volviendo a la del momento, Meisel decidió poner punto final a su crucero, pues las averías en las máquinas eran continuas, no les quedaba un solo avión disponible y andaba escaso de combustible. Recaló hábilmente en Brest el 27 de diciembre, procedente del Sur, por lo que no fue advertido por los aviones ingleses hasta varios días más tarde. Cierto que no había tenido mucha suerte durante su mes de operaciones, pero sólo el hecho de haber podido salir al Atlántico era ya un éxito, y pronto volveremos a verle actuar con mejores resultados, pues la suerte suele favorecer más al perseverante que al audaz. Por lo demás, los 85.000 kilos de bombas que generosamente le arrojaron los aviones de la RAF en 175 salidas, durante su estancia en el puerto francés, no le causaron el menor daño.

* * *

En Europa, el invierno de 1940-1941 resultó verdaderamente glacial, y desde luego el peor de toda la guerra. El 23 de enero de 1941, en Kiel, todo parecía sumido bajo un blanco sudario de nieve y hielo, pero en aquella base naval alemana del Báltico reinaba intensa actividad, pues dos grandes buques de guerra, los *schlachtkreuzern Scharnhorst* y *Gneisenau*, aparejaban para un largo crucero por el Atlántico. La temperatura era tan baja y el gélido viento cortaba la piel del rostro de tal manera, que a los pocos y ateridos marinos que estaban en el secreto de aquella salida se les hacía difícil creer que tan sólo algunas semanas más tarde sus compañeros estarían navegando por el trópico.

Pero sabían muy bien que antes de llegar a tan seductores parajes se tendría que recorrer un largo, accidentado y muy peligroso derrotero de muchos miles de millas marinas. Y el reducido grupo de personas que habían acudido a despedir a los que se iban no estaba muy seguro de volver a ver a sus queridos compañeros de los acorazados.

Aquella salida ya había sido intentada a fines de diciembre, pero un fuerte temporal en el mar del Norte produjo tales averías estructurales en el *Gneisenau*, que hubo que regresar para repararlas en el astillero.

Ya sabemos que, desde hacía algunas semanas, varios barcos alemanes de aprovisionamiento, que ahora eran ya cinco, aguardaban pacientemente, dando tumbos y aguantando frío, en diferentes puntos del Atlántico Norte, a fin de poder proporcionar combustible, víveres y pertrechos a estos dos cruceros de batalla y al *Hipper*. La agrupación que nos ocupa, al mando del almirante Gunther Lütjens, que izaría su insignia en el *Gneisenau*, remontó los estrechos daneses (plagados de espías) y el Skagerrak, contorneó la costa meridional de Noruega y arrumbó velozmente hacia el Norte, cruzando frente a Scapa Flow sin ser descubierta. Ahora se le presentaba al almirante alemán un dilema: ¿debía intentar la salida al Atlántico por el sur de Islandia o a través del estrecho de Dinamarca? Ambos pasos presentaban sus ventajas e inconvenientes, pero Lütjens, tratando de ganar tiempo y ahorrar combustible, pretendió romper el bloqueo británico por la derrota más corta, es decir, cruzando el sur de la estratégica isla danesa.

El día 27, ya a la altura de las islas Lofoden, como el tiempo se presentaba borrascoso, la visibilidad era mala y las continuas ventiscas de nieve la reducían aún más, los dos acorazados cambiaron de rumbo, aproando al Sudoeste. Había inquietud a bordo de los buques alemanes al aproximarse a un paso que sabían muy vigilado, y sus recelos estaban plenamente justificados. En Londres se habían recibido informes de confianza señalando que el día 23 acababan de cruzar el Gran Belt dos acorazados germanos. Consecuentemente, en la medianoche del 25 al 26 salieron de Scapa Flow los acorazados *Nelson* y *Rodney*, con el crucero de batalla *Repulse*, ocho cruceros y once destructores, al mando del almirante John Tovey, alcanzando una posición ciento veinte millas al sur de Islandia, desde donde se podía acudir rápidamente a cualquiera de las dos salidas al Atlántico, siempre que los cruceros de patrulla en la línea de barrera y los aviones que ya exploraban entre las Faeroe y aquella isla advirtieran la presencia de los navíos alemanes a su debido tiempo. Y no es necesario señalar que la fuerza naval británica que aguardaba al enemigo era más que suficiente para aniquilar a los dos buques alemanes que se aproximaban.

En la fría y desapacible amanecida del 28 de enero, todavía sin luz, los radiotelémetros alemanes detectaron dos buques enemigos, y poco después, con las primeras luces del crepúsculo, se divisaron los mástiles de un crucero británico. Era el *Naiad* (de la serie «Dido»), que hacía de cancerbero y que a su vez avistó vagamente dos sombras sospechosas por Levante. Lütjens ordenó invertir el rumbo y se alejó hacia el Nordeste a gran velocidad. El crucero británico, por su parte, comunica el avistamiento al almirante de la *Home Fleet*, aumenta también su andar y arrumba hacia los entrevistos buques alemanes, que ya se han desvanecido entre la bruma y los chubascos de nieve.

El almirante Tovey ordena inmediatamente a sus cruceros que se destaquen y efectúen una exploración de interceptación a gran velocidad, al mismo tiempo que él se dirige hacia el lugar del avistamiento con los tres acorazados. Pero como los radares de los cruceros nada logran detectar y el supuesto enemigo ha desaparecido sin dejar huella, el almirante piensa que se trata de alguna falsa alarma y decide regresar a Scapa Flow el día 30.

Mientras tanto, los buques alemanes habían continuado navegando hacia el Nordeste, y avistaron algunos aviones británicos de exploración al este de Islandia. Pero, mimetizadas las grisáceas siluetas de los dos buques de guerra y sus estelas, sobre la inmensidad de la agitada y brumosa mar, con los blancos penachos de unas olas plomizas, los grandes buques pasan inadvertidos a los aviadores. La agrupación alemana tira después hacia el Norte, y, tras cortar el paralelo de los 72º, el 30 de enero avista al petrolero *Adria*, del que sucesivamente y entre fuertes tormentas de nieve, ambos acorazados, cubiertos por una espesa costra de hielo, toman petróleo hasta hacer el relleno, metiendo en sus tanques unas tres mil quinientas toneladas de combustible.

Pese a que en aquella época del año los hielos flotantes angostaban considerablemente su anchura, Lütjens decide ahora tratar de salir al Atlántico por el estrecho de Dinamarca, pues el tiempo es de perros; la visibilidad muy reducida, y sus posibilidades de pasar inadvertidos, bastante buenas, por tanto. Mas los naturales temores y ansiedades de los marinos alemanes disminuyen considerablemente el día 2 de febrero, cuando se recibe un radio desde Alemania señalando que el reconocimiento aéreo informa del regreso a Scapa Flow de todos los acorazados de la *Home Fleet*.

El *Scharnhorst* y el *Gneisenau* se deslizan próximos a los movedizos, desolados e interminables campos de hielo flotante que se extienden hacia Levante desde las abruptas costas groenlandesas, y sufren el primer sobresalto el día 4, ya rebasada la parte más angosta del estrecho, cuando, a las 0335 de la madrugada, los radiotelémetros advierten un blanco que devuelve un eco muy fuerte, es decir, que es producido por un gran buque, aproximándose de vuelta encontrada y a gran velocidad. Se da inmediatamente una cuchillada hacia Poniente y se le esquiva, pero la detección y el cálculo evasivo se han hecho dentro de los bien iluminados, trepidantes y caldeados buques, porque, en la fría noche de afuera, los semihelados serviolas no consiguen perforar las impenetrables nieblas con sus prismáticos y potentes telescopios, y aquel desconocido que saben ya se está deslizando por el través de los acorazados, pues en aquella dirección apuntan en este momento las torres proeles desde allá abajo, que cuidadosamente le van siguiendo, pudiera ser muy bien algún inaudible e incorpóreo fantasma. Sólo el aullar del viento, el ruido de las olas que se rompen y desploman entre las tinieblas, enviándoles hasta lo alto algún fustazo de salitre, y la borrosa silueta más oscura del matalote, es todo lo que pueden percibir aquellos hombres encaramados sobre las cofas de las bamboleantes moles de acero que velozmente surcan la mar hacia el cabo Farewell. Porque ni siquiera las estrellas, que deben de tiritar por encima del espeso telón de unas nubes rastreras, cargadas de nieve y que vuelan veloces, se dejan ver en la lóbrega noche. Y navegar así por aquel hiperbóreo y tenebroso piélago es como hacerlo por el fin del mundo, capaz de ser entrevisto únicamente por el ojo ciclópeo y magnético del radiotelémetro clavado a la torre directora, en lo más alto del buque, girando infatigable en la noche, como un espantajo.

Pero no hay más sobresaltos, y al mediodía del 5, próximos a la extremidad meridional de Groenlandia, los alemanes consideran que ha pasado el peligro y el almirante decide romper el radiosilencio para enviar un exultante mensaje a la patria:

«Por primera vez en la historia militar del Reich, buques de batalla alemanes han conseguido salir con éxito al Atlántico. Y ahora, ¡adelante!»

Hay ambiente de euforia a bordo de los acorazados alemanes, y pronto se recibe una felicitación del gran almirante Raeder. Pero ¿qué deparará la fortuna a estos buques? Antes de lanzarse a la caza de los convoyes enemigos hay que tomar petróleo, pues la travesía se ha hecho a mucho andar, y ya se sabe que el consumo aumenta proporcionalmente al cuadrado de la velocidad, por lo que los dos cruceros de batalla germanos flotan altos, enseñando una pequeña faja de su obra viva.

Pero al sur del cabo Farewell les aguarda fielmente un petrolero, el *Schlettstadt*, que inmediatamente aproa a la mar a reducida velocidad. Por su popa se aproximan uno detrás del otro los acorazados; se lanzan las guías, el cabo de distancias y el hilo telefónico; luego se pasan las gruesas mangueras, éstas se conectan a sus tomas y el oro negro comienza a ser bombeado al buque de guerra, con cierta lentitud, pues la baja temperatura resta fluidez y hace más denso el aceite.

Tras recibir entre ambos unas tres mil toneladas de combustible y citar al petrolero bastante más al Oeste, los cruceros de batalla se distancian varias millas entre sí, a fin de poder explorar una zona mayor, y arrumban al Sudeste para cortar las derrotas que van del Canadá al Reino Unido.

Dos días después, es decir, el 8 de febrero, vuelven a reunirse arrumbando al Este, y poco más tarde, con la amanecida, desde el *Gneisenau* se avista un verdadero bosque de mástiles que comienzan a emerger sobre el sucio horizonte, pues aunque desfogan frecuentes chubascos, la visibilidad es intermitentemente buena. Se trataba del convoy inglés «HX-106», despachado para Gran Bretaña. Pero todavía no hay suerte para los cazadores alemanes, pues cuando Lütjens ya había ordenado que ambos buques se separasen para caer sobre el convoy desde el Norte y el Sur, los serviolas del *Scharnhorst* descubren la mole inconfundible de un acorazado enemigo y los germanos saben muy bien que todos los buques ingleses de esta clase montan una respetable artillería de 381 mm. No obstante, el comandante de dicho crucero de batalla, capitán de navío Hoffman, fiándose de la superior velocidad y capacidad de maniobra de su buque, trata de aproximarse hasta unos 24.000 metros, para atraer al británico hacia él y dar su oportunidad al *Gneisenau*. Pero el almirante Lütjens no lo duda: él tiene instrucciones precisas de evitar cualquier encuentro «incluso con un solo acorazado o crucero de batalla enemigo», e inmediatamente da la orden: «Romper el contacto. Rumbo Sur».

Desde el lento acorazado británico que escoltaba al importante convoy, el *Ramillies* (30.000 toneladas), se divisa también la oscura silueta de un buque alemán, que es identificado y señalado como posible crucero pesado del tipo *Hipper*. El almirante de la *Home Fleet* recibe este mensaje en Scapa Flow y deduce que probablemente se trata de dicho crucero o del acorazado *Scheer*, que intenta regresar a Alemania rompiendo nuevamente el bloqueo, por lo que se hace a la mar con sus buques y dirige a los demás de combate que se hallan en el Atlántico hacia los estrechos de acceso al mar de Noruega, formando tres poderosas agrupaciones capaces de sellar a aquéllos y destruir al que intenta regresar. Pero son tiempo y petróleo perdidos, pues los cruceros de batalla que nos ocupan ya habían arrumbado al Oeste en busca del siguiente convoy que les señalaban desde Alemania: el «SC-22». Después de aquel encuentro con el acorazado británico, Lütjens da por hecho que sus buques han sido identificados y envía un mensaje en tal sentido al jefe del «Grupo Oeste» (en Francia), con la esperanza de que se le incorpore el *Admiral Hipper*, que el 1.° de febrero había vuelto a hacerse a la mar desde Brest.

Este crucero pesado alemán cruzó medio Atlántico Norte, hasta alcanzar una posición aproximadamente mil millas a poniente de cabo Finisterre. Allí tomó combustible quedando a la expectativa hasta el día 9, en espera de recibir órdenes del «Grupo Oeste», pues al Alto Mando de la *Kriegsmarine* le preocupaba el elevado consumo de este buque de guerra y también la presencia de la «Fuerza H» británica en Gibraltar.

Pero, una vez sabido que los buques ingleses se habían hecho a la mar rumbo al Mediterráneo el día 8, para bombardear el puerto de Génova, se dejó libertad de acción al capitán de navío Meisel para que atacase a los convoyes procedentes de Sierra Leona. Consecuentemente, el *Hipper* arrumbó al Sudeste, y el día 11 detenía al barco británico *Iceland*, de 1.240 toneladas de registro. Era un rezagado del convoy «HG-53», despachado desde Gibraltar para Gran Bretaña y que ya había sido atacado por el submarino *U-37* y cinco cuatrimotores *F-W 200 (Focke-Wulff)*, dirigidos hacia él por el sumergible, sufriendo numerosos hundimientos. Tras recoger a los tripulantes del *Iceland*, se le echó a pique en 37° 03' Norte y 19° 50' Oeste.

Pocas horas más tarde, aquella misma noche, en el crucero alemán se recibió un mensaje del *U-37*, retransmitido desde Alemania, dando la situación, rumbo y velocidad de otro convoy británico, que resultó ser el «SLS-64», salido de Freetown el 30 de enero y al que el sumergible no podía atacar por la sencilla razón de que ya no le quedaban torpedos. El *U-37* comunicaba también que el convoy se componía de diecinueve barcos, ninguno de los cuales parecía ser de guerra.

La información era de mayor importancia para Meisel. En la caseta de derrota del *Hipper* se situó inmediatamente la posición del convoy enemigo sobre la carta náutica. Se hallaba a unas cien millas al Oeste y algo más al Norte que el crucero, y un sencillo problema cinemático reveló que para llegar a sus inmediaciones antes de la próxima amanecida habría que ponerse inmediatamente a navegar a gran velocidad y a rumbo de «mínimo tiempo».[1] Ello supondría un elevado gasto del precioso combustible, pero si el *Hipper* surgía a plena luz del día sobre el horizonte del convoy, éste se dispersaría en todas direcciones tan pronto lo descubriera, y resultaría tarea lenta y difícil poder hundirle siquiera algunas unidades.

1. Hay que hacer rumbo de colisión respecto de un punto situado por la popa del convoy, a una distancia de éste igual a la que deseamos aproximarnos multiplicada por la relación de velocidades entre el convoy y el buque propio.

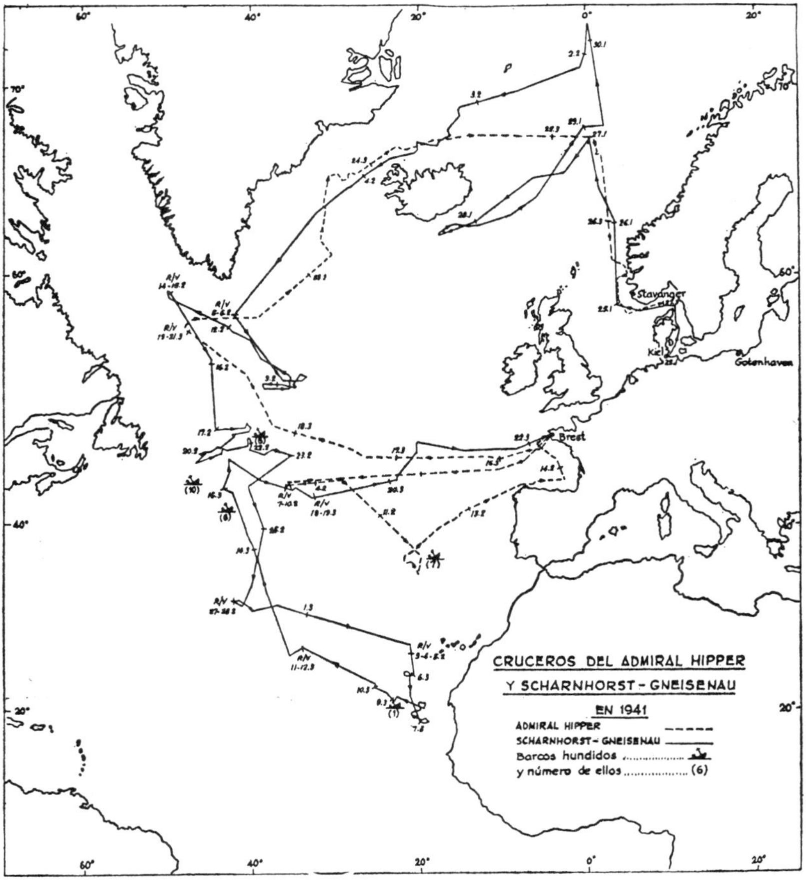

Durante dos meses consecutivos, los acorazados alemanes *Scharnhorst* y *Gneisenau* y el crucero pesado *Admiral Hipper*, éste actuando con independencia, hundieron 150.000 toneladas de barcos mercantes aliados en el Atlántico, en 1941, regresando impunemente a Brest.

Así que Meisel no dudo en lanzar su buque a 32 nudos a través de las tinieblas.

Pocas horas después, el convoy era localizado por el radiotelémetro, y, antes de que despuntara la fría y neblinosa amanecida, el corsario, con la bandera británica desplegada en pico del palo de mesana, moderaba su andar y se situaba a corta distancia de las filas del «SLS-64», pues atacarle en la oscuridad habría provocado su inmediata estampida, lo que entre las sombras haría mucho más difícil la cacería. ¿Iba algún crucero auxiliar enemigo entre los diecinueve barcos que apenas borrosamente se percibían? Ésta era la pregunta que a bordo del *Hipper* se hacían los marinos alemanes, pero pronto iban a saber que aquel convoy marchaba sin escolta de ninguna clase.

Con las primeras e indecisas luces, desde los barcos ingleses se pudo entrever la silueta de un gran navío de guerra situado en las proximidades. Era un buque extraño, misterioso, que navegaba de conserva a una media milla de distancia. Con prismáticos, a duras penas podía distinguirse que arbolaba la bandera con la cruz de San Jorge, pero sus elevadas superestructuras y la única gran chimenea con visera dejó perplejo a más de un viejo capitán, que quizá llevaba cuarenta años de vagabundeo por todos los mares del globo y jamás había visto un buque semejante. Y precavidamente, alguno mandó que se despertase a la dotación del cañón popero.

Poco después, al aumentar la claridad, se vio cómo el silencioso y enigmático buque de guerra sustituía la bandera, orientaba los cañones sobre los ingleses y se movía más de prisa hacia la cabeza del convoy. Y, de pronto, una tremenda llamarada surgió de la siniestra mole, un trueno terrible rodó por la mar e inmediatamente se abatió sobre los barcos ingleses un verdadero infierno de acero y explosivos. El *Hipper* había abierto el fuego con todas sus piezas sobre los inermes y desamparados mercantes británicos, y la media hora que siguió fue media hora de espanto. Los proyectiles alemanes de alto explosivo caían como un azote sobre el «SLS-64», algunos de cuyos barcos muy pronto ardían, estallaban o se iban al abismo, mientras los demás trataban de huir despavoridos. Tan pronto un carguero parecía estar ya condenado a muerte, el *Hipper* orientaba sus piezas sobre otro nuevo blanco o sobre varios a la vez, pues sus doce cañones de 105 mm también disparaban, y los impactos de todas clases se sucedían con espantosa rapidez. Hubo algún pequeño vapor como el *Clunepark*, que se desintegró al recibir una andanada completa de 203 mm, y aun antes de que los últimos restos lanzados por los aires se desplomaran sobre la mar, el barco a que pertenecían ya estaba bajo las olas.

A los treinta minutos de fuego incesante y atronador, con los cañones recalentados y más de una docena de barcos enemigos ardiendo como teas o hundiéndose, el *Hipper*, tras una última galopada en pos del griego *Anna Mazaraki*, al que también echó a pique, decidió abandonar la persecución de los que quedaban, pues la visibilidad era mala; aquéllos huían en todas direcciones como alma que lleva el diablo, lanzando al éter desesperadas llamadas de socorro, y el atraparlos hubiera supuesto demasiado tiempo y gasto de combustible.

Lamentando sólo por sus tripulantes aquella verdadera hecatombe causada entre unos navíos prácticamente indefensos, que la guerra inexorablemente le imponía; señalada su presencia y con los tanques ya medio vacíos, Meisel decidió regresar a Brest, donde entró, sin ser detectado por los ingleses, dos días después.

Los alemanes dieron por hundidos a trece barcos del convoy, pero los ingleses oficialmente sólo reconocen la pérdida de siete, los dos ya citados y los siguientes: *Blair, Atholl, Margot, Volturno* y *Polyktor*, con 32.806 toneladas de registro bruto en total, y, por supuesto, muchas más mercancías estibadas en sus abarrotadas bodegas. Es probable que algunos cargueros ya abandonados por sus tripulantes pudieran ser nuevamente abordados y salvados. Otros serían tomados a remolque, o quizá se consiguiera dominar por fin sus incendios y taponar las vías de agua. Pero aun así, las graves averías producidas tenían mucha importancia, pues a fines de ese mismo mes de febrero de 1941 había acumuladas en el Reino Unido 2.600.000 toneladas de barcos averiados, de las que se reparaban 930.000, mientras que las 1.700.000 toneladas restantes permanecían inmovilizadas en espera de su turno de reparación. Y es que los cargueros averiados por los buques, minas y aviones alemanes excedían ampliamente a la capacidad inglesa de reparación, igual que el tonelaje de los barcos hundidos rebasaba con mucho el de los que podían ser construidos en Gran Bretaña. De modo que, por todos conceptos, el ataque del *Hipper* al convoy «SLS-64», resultó un duro golpe para la asediada Inglaterra, que en 1941 iba a atravesar por uno de los peores momentos de toda su historia.

* * *

Volvamos ahora con los cruceros de batalla alemanes, que mientras tanto habían hecho combustible, el 14 de febrero, del *Esso Hamburg* y del

Schlettstadt y buscaban presas al oeste del meridiano de los 50°. Pero por allí sólo se avistaron solitarios barcos que navegaban con independencia, a los que no se quiso detener, pues recoger a sus tripulantes y enviarlos al fondo hubiera significado perder un tiempo precioso para tratar de atrapar algún convoy.

Por fin, el 22 de febrero, se avistaron varias humaredas sobre el tomado horizonte; comenzó la caza de los barcos que las producían, pertenecientes a un convoy que acababa de dispersarse; los cañones alemanes aclararon por fin sus aceradas gargantas, y al abismo fueron enviados uno tras otro los cargueros británicos *Kantara* (3.240 toneladas), *Trelawney* (4.690 toneladas), *Huff* (6.200 toneladas) y el petrolero *Lustrous* (6.156 toneladas). Pero antes de desaparecer bajo las olas, alguno de ellos había conseguido delatar a los buques alemanes, pese a sus interferencias radiotelegráficas. Como simultáneamente se captaron otras señales inalámbricas muy fuertes, que por su potencia tenían que proceder de algún barco próximo, se catapultó uno de los aviones del *Gneisenau*, que pronto descubrió, a ciento cincuenta millas, al vapor *Harlesden*, de 5.500 toneladas. El hidro le arrancó la antena de la radio con un anclote suspendido del fuselaje, pero el británico ya había podido enviar al éter su mensaje de socorro, por lo que, tras recoger a sus tripulantes y echarlo a pique, Lütjens rompió el radiosilencio para comunicar a Alemania que llevaba hundidas 25.000 toneladas.

Los acorazados tiraron después hacia el Sur, a fin de cambiar saludablemente de aires, y el día 27 rellenaban del *Ermland* y el *Friedrich Breme*, pues la «SKL» ya tenía repartidos a ocho petroleros en cuatro grupos, tres de los cuales permanecían en puntos fijos del Atlántico, y el cuarto, más rápido, se movía a las órdenes de Lütjens. Éste hizo entrega de ciento ochenta prisioneros a los capitanes de los petroleros y arrumbó hacia las islas Canarias.

Continuaba así aquella peligrosa cacería que tenía por escenario todo el Atlántico Norte. El almirante alemán era hombre audaz y con gran amor a la responsabilidad, conocía perfectamente las posibilidades y limitaciones de su agrupación y no tenía prisa en volver a Brest. También sabía que los ingleses le buscaban desesperadamente. Pero se hallaba en su verdadero elemento y aceptaba el grave riesgo casi nos atrevemos a decir que con secreta satisfacción. Porque traer de cabeza a toda la flota británica durante dos meses consecutivos, en el Atlántico Norte, a las puertas de sus bases metropolitanas como quien dice, ciertamente merecía la pena. Y este almirante, cuya tumba yace en el fondo profundo del océano Atlántico, a bordo del acorazado *Bismarck*, es sin duda una de las figuras más interesantes y mejor logradas de la segunda guerra mundial.

De Alemania le informaron entonces que por nuestro archipiélago anclado frente al Sahara pasarían los convoyes «SLS-68» y «SL-68», pero lo único que por aquellas aguas detectaron los radiotelémetros de los acorazados, a casi trescientas millas de distancia, fueron los picos más elevados de las fascinantes islas españolas. En vista de lo cual, los germanos arrumbaron al Sur hacia las de Cabo Verde. ¡Qué cambio tan estupendo dejar atrás el ceñudo y frío Atlántico Norte, para navegar por la templada y agradable zona situada por debajo del Trópico de Cáncer!

El tiempo fue excelente, y la visibilidad enorme. Pero los aviones que se pusieron en el aire nada señalaron. Únicamente el 6 de marzo, de modo inesperado, salió a superficie, a prudencial distancia del *Gneisenau*, el submarino alemán *U-124*, cuyo comandante, el alférez de navío Jochen Mohr, comunicó a Lütjens que el grupo de sumergibles que operaban en la derrota británica de Freetown había tenido ya conocimiento de la presencia de los dos cruceros de batalla germanos ocho días antes.

Después de transbordar al submarino algunos víveres, los cruceros de batalla continuaron hacia el Sur, y el día 7, en las proximidades de esas islas donde los portugueses aseguran que se da el mejor café del mundo, léase Cabo Verde, avistaron un acorazado británico que supusieron daría escolta a algún convoy. Efectivamente, se trataba del *Malaya*, que con varios cruceros y destructores protegía a un importante convoy de cincuenta y ocho barcos, el «SL-67», y cuyos aviones de reconocimiento ya habían señalado a los buques de Lütjens. Éste, sabiéndose localizado, decidió seguir al convoy desde lejos e ir radiando su posición con la finalidad de atraer sobre él a los submarinos alemanes. Tenía que hacerlo a través de Francfort, pues los sumergibles utilizaban ondas de muy baja frecuencia para sus comunicaciones, de menos de 30 kilociclos, lo que les permitía recibir mensajes estando debajo del agua, sin necesidad de salir a superficie y exponerse a ser atacados.[1]

Pero lo que Lütjens en realidad perseguía era que algún sumergible pudiese torpedear al acorazado inglés, para intervenir él después con sus buques y despachar al convoy y al resto de la escolta. El *Malaya* resulta-

1. Este sistema, denominado «Goliath» por los alemanes, era similar al que actualmente emplean los norteamericanos para enviar mensajes a sus submarinos nucleares provistos de misiles *Polaris* o *Poseidon* y constantemente de patrulla por debajo de las olas, ya que las ondas electromagnéticas de muy baja frecuencia y alta potencia penetran unos quince metros de profundidad en el mar.

ría efectivamente torpedeado, pero demasiado tarde para el almirante alemán.

Las señales del *Scharnhorst*, transmitidas cada dos horas hasta el anochecer, atrajeron inmediatamente a los submarinos *U-124* y *U-105*, que lograron torpedear a varios barcos del convoy y hundir a los siguientes: *Hindpool, Lahore, Harmodius y Nardana,* con 28.500 toneladas de registro.

Con la amanecida del día 8, los acorazados alemanes trataron de atacar al convoy desde el Nordeste, pero la constante vigilancia de los cruceros ingleses, que alternativamente se destacaban hasta el alcance eficaz de los cañones germanos, y también de los hidroaviones, unido a la amenazante presencia del *Malaya*, les hicieron desistir tras varios intentos y alejarse hacia el Noroeste.

El «SL-67» sería perseguido durante ocho días consecutivos por los submarinos alemanes *U-105* y *U-106*, que por la noche se lanzaban al ataque navegando en superficie, logrando hundirle otros siete barcos y terminando por torpedear al acorazado *Malaya*, que ordenó entonces la dispersión del convoy y tuvo que dirigirse a Nueva York, vía Trinidad, para entrar en reparación en el arsenal que la Armada norteamericana tenía en Brooklyn.[1]

El *Scharnhorst* y el *Gneisenau* se movieron después hacia el Noroeste, como hemos dicho, separados entre sí unas cuarenta millas, y el primero de dichos buques detuvo, el día 9, al vapor griego *Marathon*, cargado con carbón inglés tomado en Swansea y consignado a Alejandría. Después de recoger a bordo a sus tripulantes se le echó a pique.

Se continuó hacia el Noroeste, y durante los días 11 y 12 se tomó combustible del *Ermland* y del *Uckermark*. Mientras se realizaba esta faena, el almirante convocó en su cámara a bordo del buque insignia a los comandantes de los aprovisionadores, a fin de cambiar impresiones y exponerles sus intenciones. Los botes de motor pronto se movieron sobre los lomos de las azules olas, y uno tras otro fueron atracando al portalón dado por estribor en el *Gneisenau*, pues el tiempo era bueno. Guardia militar y pitada de honor, saludo del oficial de servicio y breve caminata

1. También se trasladaría a Estados Unidos por esas mismas fechas, para reparar, el acorazado británico *Resolution,* anteriormente torpedeado y gravemente averiado por otro submarino, esta vez francés. Y es que en Washington se veía claramente que sin el apoyo cada vez más decidido de Estados Unidos, Gran Bretaña sería rápidamente derrotada.

sobre la impecable cubierta de teca hasta la cámara del almirante; todo como en tiempos de paz.

Lütjens recibe cordialmente a sus subordinados y huéspedes y les invita a tomar asiento junto a una gran mesa de caoba donde ya se han depositado algunas cartas náuticas y meteorológicas. Antes de nada quiere conocer detalladamente el estado de las máquinas de los buques y de la moral de sus dotaciones, especialmente a bordo del *Scharnhorst*, y el capitán de navío Hoffman le informa que sus hombres se encuentran perfectamente; que aquellos grandes acorazados resultan sumamente confortables para todos; que él considera perfectamente factible la permanencia en la mar hasta de cuatro meses consecutivos, sin cansancio para las dotaciones, y que respecto a las máquinas tampoco existen problemas que no puedan ser resueltos por el voluntarioso y competente personal. El comandante del *Gneisenau*, capitán de navío Fein, asiente en silencio, y luego hablan los capitanes de los dos petroleros. Pero las tripulaciones de estos barcos no están constituidas por los mil ochocientos y pico de hombres que lleva a bordo cada acorazado, y el problema de la permanencia en el mar es proporcionalmente menor y también diferente.

Después, el almirante toma la palabra. Ha recibido noticias desde Alemania de que la «Fuerza H», con el *Repulse*, el portaaviones *Furious*, y varios destructores, ha penetrado en el Atlántico, y que los acorazados *Rodney, Nelson y King George V* han sido enviados en apoyo de los amenazados convoyes ingleses del Atlántico Norte. El crucero *Admiral Hipper* se halla en Brest dispuesto a hacerse a la mar para regresar a Alemania por la derrota Ártica, pues se le quiere someter a una revisión completa de las máquinas, y el acorazado de bolsillo *Admiral Scheer* volverá también a la patria por el mismo derrotero, procedente del océano Índico. Por tanto, se pretende que su agrupación no actúe en el Atlántico Norte a partir del 17 de marzo y que, en cambio, regrese y se haga notar en la zona Azores-Cabo Verde, para tratar de arrastrar allí a los grandes buques de guerra enemigos y descongestionar los pasos del Norte que van a surcar en breve aquellos dos navíos alemanes. Además, el mes siguiente se quiere sacar al Atlántico, con la luna nueva, al acorazado *Bismarck*, que acaba de terminar su período de adiestramiento, y al crucero pesado *Prinz Eugen*, para que actúen con los cruceros de batalla, todos bajo su propio mando, contra el tráfico enemigo del Atlántico Norte.

Sus cuatro interlocutores interrumpen brevemente al almirante para felicitarle. Éste se lo agradece, queda un momento pensativo y después continúa hablando. Les restan, por tanto, muy pocos días de operaciones por las latitudes altas, que él considera las más prometedoras, y, antes de pasar al Mediodía o entrar en Brest, se propone sembrar el pánico en las derrotas Halifax-Irlanda. Casi todos los aviones de los acorazados se encuentran ya inservibles, de modo que se necesita la cooperación de los petroleros.

Tras ultimar los detalles y señalar la zona donde quiere actuar, entre los meridianos 39 y los 46° Oeste, la reunión termina con una copa de frío champán francés y un brindis por Alemania. Lütjens acompaña después hasta la cubierta a los cuatro marinos. «*Auf wiedersehen!*» La noche cae rápidamente afuera, sopla el eterno alisio del Nordeste y hay una ligera mar tendida que hace balancearse con un lento período al gran acorazado. El *Scharnhorst* ya ha terminado de hacer el relleno de combustible y arranchado la maniobra.

Poco después, los cuatro buques se mueven hacia el Noroeste entre las sombras, navegando en línea de frente, con los petroleros en las alas y un intervalo entre unidades de unas treinta millas, dispositivo de exploración con el que se barre un faja de unas ciento veinte millas, puesto que el *Uckermarck* y el *Ermland* no montan radiotelémetro.

Durante varios días se continúa navegando de esta guisa, cortando sucesivamente la corriente ecuatorial del Norte y la zona de los alisios del Nordeste, las «latitudes de los caballos» de los tiempos épicos de la vela, y la extremidad oriental del mar de los Sargazos, y se penetra por fin en la corriente del golfo, sin avistar mástil, humareda o luz de ninguna clase. El gran océano, constantemente cambiante en sus cielos, aguas, vientos, corrientes, temperaturas, profundidades, luces y sombras, no mostraba otros síntomas de vida que el incesante ir y venir de los peces y las aves marinas.

Pero el 16 de marzo suenan los timbres de alarma. ¡Mástiles por Levante! Pertenecían a los petroleros más rápidos de un convoy británico salido de Liverpool ocho días antes y al que los submarinos alemanes habían obligado a dispersarse. Uno tras otro, seis de estos barcos, que regresaban a América en lastres, caen en poder de los germanos. Son los siguientes: *Bianca* (noruego, de 5.700 toneladas), *San Casimiro* (británico, de 8.050 toneladas), *Polykarb* (noruego, de 6.400 toneladas), *Simnia* (británico, de 6.200 toneladas), *British Strength* (británico, de 7.140 toneladas) y *Athelfoam* (británico, de 6.550 toneladas), tres de los cuales han podido lanzar al éter la señal de alarma. Se marina a cuatro con una dotación de presa y se los envía a Burdeos. A los otros se les toman los tripulantes y se les echa a pique con unos cuantos cañonazos en la línea de flotación.

El interrogatorio de los prisioneros revela que los barcos más lentos vienen detrás; así que el día 16 se reanuda la exploración y, poco después de la medianoche, en los acorazados se reciben señales de los dos aprovisionadores situados en las alas: «¡Barcos a la vista!»

Las veinte horas que siguen resultan de gran actividad para los alemanes, pues durante ellas son detenidos, registrados, recogidas sus tripulaciones (con dificultades pues hay fuerte mar de fondo) y hundidos otros diez barcos que totalizan 42.370 toneladas de registro bruto. Varios han podido lanzar la señal de alarma, y uno de ellos, el *Chilean Reefer*, se ha defendido valerosamente con sus cañones, y hubo que silenciarlo con proyectiles de alto explosivo. Incendiado y a medio hundir, se procedía a rescatar a sus hombres, cuando hace su aparición el acorazado inglés de 34.500 toneladas *Rodney*, detectado a veinte mil metros y que inmediatamente parpadea por semáforo: «What Ship?» (¿Qué Buque?) El *Gneisenau* responde: «H. M. S. *Emerald*», y, siempre interponiendo entre él y el *Rodney* aquellas hoguera que es ya el *Reefer*, se aleja velozmente de un buque de guerra enemigo más lento, pero que monta nueve formidables cañones de 406 mm. ¡Quién iba a decir entonces al almirante Lütjens que precisamente el fuego de aquellos cañones del *Rodney* pondría fin a su vida dos meses después!

Por su parte, el acorazado *King George V* saldría de Halifax a toda velocidad, mas no encontraría nada. Ahora el almirante alemán no quiere regresar a la zona Canarias-Cabo Verde, pues anda escaso de municiones, tiene casi todos sus aviones averiados y a bordo se han recogido múltiples señales radiotelegráficas enemigas, que constituyen un claro indicio de que por allí se mueven varios buques pesados británicos. Sabe que su agrupación podría librarse fácilmente de los lentos acorazados enemigos, pero que en aquellos tranquilos parajes, donde la visibilidad suele ser excelente, los portaaviones ingleses pueden operar continuamente, y, para sus buques, defenderse del ataque coordinado de varios aviones torpederos es mucho más difícil y problemático. Tal vez viene ya la premonición de que aparatos de aquel tipo pondrán algún día no lejano punto final a su brillante carrera de corsario. ¡Quién sabe! Y decide arrumbar hacia Levante, hacia Brest, pero no directamente, pues eso resultaría tan ingenuo como peligroso. Hay que ocultar al enemigo las verdaderas intenciones y tratar de llevarlo al engaño.

Inicialmente se gobierna al Estesudeste, para darse cita por última vez con los aprovisionadores, de los que los dos acorazados toman petróleo los días 18 y 19 y a cuyos capitanes hacen entrega de cuatrocientos prisioneros. Luego se arrumba directamente a Brest hasta las primeras horas de la tarde del 20. Entre los alemanes hay, naturalmente, gran inquietud. ¿No les estarán aguardando en las proximidades de la costa bretona los acorazados de la *Home Fleet*, los bombarderos de la RAF, los aviones torpederos de los portaaviones o quizá los submarinos enemigos? ¡Cuántos recelos y temores iban a experimentar los marinos germanos en las largas horas de tensión que se avecinaban!

Después se pone la proa al Nordeste, como si la agrupación tratara de dirigirse hacia el norte de Escocia, y muy oportunamente, pues, a las cinco y media de aquella misma tarde, los dos acorazados son descubiertos, a unas seiscientas millas al Oestenoroeste de Finisterre, por un avión de reconocimiento del *Ark Royal*. Este portaaviones inglés, con los demás buques de la «Fuerza H», al mando del almirante Somerville, se hallaba entonces a unas ciento sesenta millas al sudeste de los cruceros de batalla alemanes, es decir, demasiado lejos para poderles lanzar un ataque con sus aparatos. La única oportunidad de Somerville es forzar máquinas hacia el Noroeste, con la esperanza de mantener contacto con el enemigo durante la noche y atacarle de madrugada.

Al avistarse el avión inglés, Lütjens había aproado inmediatamente al Norte, y aunque los marinos británicos a bordo del avión de reconocimiento se percataron del cambio de proa de los alemanes, tenían su transmisor de radio averiado y no pudieron informar. Solamente al pasar cerca del *Renown*, donde el almirante iza su insignia, le comunican por lámpara de señales la posición de los buques enemigos, añadiendo que van arrumbados hacia el Norte. Nada más. Sólo después, al anavear en el *Ark Royal*, dan cuenta de que el primitivo rumbo que llevaban el *Scharnhorst* y el *Gneisenau* era el Nordeste. Pero esta importante aclaración no se pasa al almirante, que continúa durante muchas horas navegando hacia el Noroeste y pierde así un tiempo tan precioso como irrecuperable.

De haber sido bien informado desde un principio, es bastante probable que Somerville se hubiera percatado de las verdaderas intenciones de los alemanes. Entonces, y dadas las posiciones de ambas agrupaciones con respecto a Brest, es indudable que, dirigiéndose la «Fuerza H» también hacia allí, para atajar al enemigo, hubiera podido atacarle con sus aviones el día 21, tal vez restándole velocidad, y llegar al contacto balístico el 22.

Por otra parte, la *Home Fleet* se había hecho también a la mar, con el *Hood*, el *Nelson* y el *Queen Elizabeth*, y tomado posiciones para impedir el regreso de los buques alemanes... al mar de Noruega, pues el almirante

Tovey no recibió aviso alguno del Almirantazgo, después de que éste hubiera sospechado las verdaderas intenciones del enemigo, hasta el día 21. Así que su navegación hacia el Sur a toda máquina, a partir de esa fecha, resultó inútil, pues Lütjens, tan pronto vio desaparecer el avión británico a que nos hemos referido, arrumbó directamente hacia Brest y, dada la distancia, era ya imposible que la *Home Fleet* le pudiera alcanzar.

Ya vimos, al comienzo de este capítulo, cómo el error cometido por los ingleses al considerar una falsa alarma el avistamiento de los dos acorazados alemanes por el crucero *Naiad* permitió a dichos buques salir al Atlántico sin dificultades. Ahora vemos también cómo un nuevo error inglés, el de no comunicar a tiempo una información preciosa a quien verdaderamente debía haberla recibido antes que nadie, va a permitirles entrar en Brest, haciendo inútiles las tardías estrepadas de las importantes fuerzas navales británicas salidas, muy oportuna y previsoramente, hay que reconocerlo, para atrapar a los buques germanos. Y es que, frecuentemente, cuando se habla de que la buena o mala suerte han influido en unos resultados, ya se trate de operaciones navales o de cualquier índole, la supuesta fortuna sólo parece decisiva si se examinan aquéllos de manera superficial, sin tratar de ahondar en las verdaderas causas. Pero si analizamos a fondo las posibles razones del éxito o del fracaso, muchas veces descubriremos que sólo fuimos nosotros mismos quienes en exclusiva labramos el producto final con nuestros aciertos o torpezas a la hora de decidir, previsión o descuido en las disposiciones a adoptar y esfuerzo o pereza, valor o cobardía de nuestros actos. Y los que, en última instancia, somos generalmente responsables de los favores o desplantes de la señora suerte, bastante más retraída e inoperante de lo que solemos suponer, pero siempre buena y cómoda excusa para consolarnos.

Mas el Almirantazgo británico intentará jugar todavía una última y desesperada carta. Hace salir inmediatamente del Reino Unido a veintiún submarinos, para que a toda velocidad se sitúen sobre un arco de círculo con centro en Brest y formen una barrera infranqueable para unos buques que ya parecen imparables. Pero la red presentó un agujero. Todos los submarinos británicos ocuparon a tiempo los puestos previstos, menos uno, más lento, que sólo pudo hacerlo cuando ya habían pasado, precisamente por el sector a él encomendado, los dos acorazados alemanes.

Éstos entraron en Brest en la madrugada del día 22, sin otra novedad que la de haber sido nuevamente descubiertos, en la anochecida del 21 y a doscientas millas de aquella base naval, por un avión inglés del mando costero. Los bombarderos de la RAF enviados en su búsqueda no habían logrado hallarles debido a la mala visibilidad reinante, y los cruceros británicos igualmente despachados llegaron tarde.

Terminaba así un brillante crucero de 17.800 millas y dos meses de duración, en que directamente se habían hundido o capturado veintidós barcos enemigos, con 116.000 toneladas de registro, y dislocado completamente el ciclo de los convoyes británicos, con su grave repercusión en las vitales importaciones de Gran Bretaña. A los anteriores podemos añadir ocho barcos más hundidos por el *Admiral Hipper*, con 34.000 toneladas, y otros siete y uno de guerra también averiados por este crucero. En total, y según cifras oficiales británicas, 150.000 toneladas desaparecidas.

El éxito había sido tanto táctico como logístico, pues los dos cruceros de batalla tuvieron que hacer combustible prácticamente cada ocho días, tomando un total de treinta mil y pico toneladas de petróleo, y los movimientos se coordinaron de tal manera, que el 23 de marzo cruzaba el *Hipper* el estrecho de Dinamarca, y dos días después recalaba el *Admiral Scheer* en el cabo Farewell, pudiendo llegar ambos buques de guerra a los puertos alemanes del Báltico, vía Noruega, sin nuevas dificultades. Por otra parte, la presencia de los dos acorazados germanos dejados en Brest constituía una grave y permanente amenaza para el tráfico británico por el Atlántico Norte.

Pero cabe preguntarse lo que habría podido lograr la agrupación del almirante Lütjens si hubiera ido acompañada por un portaaviones, cuyos aparatos de observación le hubieran señalado continuamente la presencia y composición de los convoyes enemigos, permitiéndole incluso montar ataques aéreos contra los barcos mercantes y buques de la escolta.

CAPÍTULO XI
LA BATALLA DE DAKAR

¡Oro! ¡Se necesitaba mucho oro! Oro amarillo, pesado, suave, reluciente, en barras o en monedas, daba lo mismo. Oro, metal noble, vil metal, capaz de desatar los más bajos e innobles instintos de los seres humanos, pero sin el cual no pueden hacerse las guerras, porque éstas cuestan mucho dinero, y en Europa, los cuatro jinetes del Apocalipsis se movían a todo galope sobre sus siniestros corceles.

Las arcas acorazadas del Banco de Inglaterra, donde se guardaba el tesoro británico, presentaban un lamentable aspecto, pues gran parte del reluciente metal había tenido que cruzar el Atlántico hasta la otra orilla para poder pagar el armamento adquirido en Estados Unidos mediante la fórmula rooseveltiana de *«Cash and Carry»* («Paga y lleva»), abierta hasta entonces a todo el mundo, pero de la que, naturalmente, sólo Gran Bretaña era beneficiaria, pues ¿cómo podrían los alemanes llevarse cosa alguna de aquel país, si sus barcos eran inmediatamente echados a pique en cuanto abandonaban un puerto norteamericano?

El general De Gaulle y su precario Gobierno en el exilio de franceses libres malvivían en Londres de la caridad de sus empobrecidos anfitriones. Y otro tanto les sucedía a los de Bélgica y Polonia, asimismo instalados en la capital británica. Dinero, es decir, oro, necesitaba también perentoriamente el Gobierno belga de Bruselas, y no digamos los ministros alemanes del Tercer Reich. Sí, en el verano del año 1940, todos necesitaban oro, mucho oro. Pero ¿dónde encontrarlo? ¿En qué lugar del mundo existía otro dorado Klondike?

—¡Aquí! —dijo el general Charles De Gaulle señalando bruscamente con el índice de su mano derecha sobre un punto preciso del mapa desplegado encima de la mesa del primer ministro de Gran Bretaña, Winston Churchill.

Se produjo un profundo silencio. El inglés estudió un momento y con gran atención el lugar que el joven y resuelto general le indicaba, y luego meditó durante unos instantes. Por fin levantó la mirada hasta clavar sus ojos en los del militar francés, que no parpadeó, y esbozó una leve sonrisa. En sus iris azules había brillado un fugaz destello de codicia.

* * *

Era un día de finales de junio en la pequeña ciudad africana de Kayes, situada en la región de Bambuck, sobre la margen izquierda del río Senegal, a unos setecientos kilómetros de distancia de la costa atlántica a vuelo de pájaro. Hacía un calor sofocante, y, entre las fangosas aguas del río, los cocodrilos dormitaban perezosamente. Apenas algún transeúnte se decidía a cruzar por el recinto amurallado que contenía la casa del gobernador, el hospital, los cuarteles y las dependencias civiles del Gobierno. Bajo aquel sol tropical y abrasador, a aquella hora tampoco circulaba nadie por la población comercial situada fuera de las murallas, ni entre los miles de redondas chozas de los indígenas, hechas con barro y techadas de paja, que se alzaban a continuación.

Pero si las plazas y calles parecían desiertas, en cambio, la estación de ferrocarril semejaba un hormiguero, atestada por fuerzas francesas de senegaleses, policía territorial indígena, funcionarios de Gobierno, robustos cargadores negros y camioneros de los vehículos estacionados afuera. Todos aguardaban, impacientes y sudorosos, la llegada del tren.

Por fin se escuchó un agudo y largo pitido; luego, el inconfundible traqueteo, y después, encabezado por una máquina asmática y que parecía al límite de sus fuerzas, surgió tras una revuelta el largo y esperado convoy de mercancías, donde cada vagón parecía un pequeño fortín erizado de fusiles y armas automáticas. El ferrocarril hizo una estrepitosa entrada en la estación y se detuvo con un postrer chirriar de frenos y entrochar de vagones. Se produjo el silencio, y una solitaria figura se movió en la cegadora luz. Era un comandante del Ejército francés que descendió ágilmente del furgón y se dirigió con un paso resuelto hacia la marquesina de plancha ondulada y ardiente, bajo la cual aguardaba un coronel.

El recién llegado saludó y dijo:

—Sin novedad, mi coronel. Le traigo cuatrocientas toneladas más de oro, esta vez en lingotes.

—Muy bien, comandante —respondió el militar devolviéndole el saludo—. Con éstas son ya casi dos mil las toneladas de oro que nos ha traído usted desde Dakar.

Sí, lector, aquella pequeña población perdida en el África occidental francesa, sobre el paralelo de los 14,5° de latitud Norte, iba a ser durante varios años depositaria de un fabuloso tesoro perteneciente a los gobiernos de Francia, de Bélgica y de Polonia. Había sido traído desde Brest y Lorient a bordo de varios cruceros auxiliares franceses,[1] descargado en Dakar y, para mayor seguridad, llevado hasta aquella lejana población del interior de África. El Gobierno de Vichy, todavía receloso de que los ingleses intentaran un golpe de fuerza para apoderarse de él, pensó en trasladarlo por ferrocarril aún más lejos, a Bamako, y desde allí enviarlo aguas abajo del río Níger hasta Tumbuctú, la ignota y misteriosa ciudad tomada en 1591 por un cuerpo expedicionario formado por renegados españoles enviados por el sultán de Marruecos, Ahmed el-Mansur, bajo el mando del granadino que había tomado el nombre de Djuder, primeros hombres blancos que jamás pusieron allí sus plantas.[2]

Después se renunció al plan, pues, siendo imposible remontar en Níger contra corriente, el tesoro quedaría bloqueado en Tumbuctú. De estos traslados y proyectos se enteraron inmediatamente los franceses libres del general De Gaulle, y, pese a la peligrosa situación por que atravesaba Inglaterra, a punto de ser invadida por las tropas alemanas, Winston Churchill no dudó en utilizar parte de su escuadra, 2.500 soldados franceses gaullistas y 4.270 soldados ingleses para apoderarse cuanto antes de Dakar y... por supuesto, de las dos mil toneladas de oro depositadas en Kayes.

Porque el presidente Roosvelt no había podido conseguir todavía que el Congreso se decidiera a establecer el sistema del «*Lend and Lease*» («Préstamo y arriendo»), y en Estados Unidos, el gran proveedor de las democracias, todo tenía que pagarse en oro contante y sonante. ¡Y se necesitaban tantos aviones, barcos, carros de combate, equipos militares de todas clases, petróleo, víveres, etc., para poder proseguir aquella guerra!

Cierto que, de paso, podría ocuparse un puerto algo mayor y mejor equipado que Freetown, situado cuatrocientas millas más al Sur, lo que tenía relativa importancia, y quizá hasta apoderarse del formidable acorazado *Richelieu*, con tal de que no quedara destrozado durante la acción. Pero es indudable que aquella prisa febril y la dispersión de fuerzas navales y terrestres británicas precisamente en unos momentos dramáticos para Gran Bretaña no tienen otra explicación que el afán de apoderarse cuanto antes y a todo riesgo del codiciado botín puesto a buen recaudo

1. *Viller d'Alger, Ville d'Oran, Victor Schoelcher* y bous armados *Barbue* y *Pen Men*.

2. Djuder perdió, en el largo y terrible viaje de cuatro meses a través del desierto, dos mil hombres, es decir, la mitad de su fuerza, y mil caballos, pero prosiguió impertérrito con los que le quedaban y los ocho mil camellos que llevaba.

por el Gobierno de Vichy. Porque, aún en el caso de ser invadidos, con aquel metal y la flota podría continuarse la guerra desde el Canadá...

Veamos en qué paró aquella expedición al nuevo Eldorado.

* * *

En Londres, el Gabinete de Guerra dio su aprobación a la «Operación Amenaza», el 27 de agosto, fijándose la fecha del desembarco para el 19 de septiembre, fecha que después tendría que retrasarse. Pero no pudo evitarse que ciertos inquietantes rumores transcendieran a Vichy, y el Gobierno francés, preocupado por su oro, decidió enviar a Dakar, desde Tolón, a los cruceros ligeros *Georges Leygues, Montcalm* y *Gloire* (7.600 toneladas, nueve cañones de 152 mm, 34 nudos), a las órdenes del contraalmirante Bourragué.

Fue el propio Gobierno de Vichy, a través de su agregado naval en Madrid, el que hizo saber a los ingleses anticipadamente este movimientos de sus buques de guerra, y la agrupación de Bourragué fue avistada por los destructores británicos de vigilancia en las inmediaciones orientales del estrecho de Gibraltar, en la mañana del 11 de septiembre. Pero, por una concatenación de pequeños errores, la noticia no llegó a tiempo a quien tenía que haberla recibido en Londres, de modo que los seis buques de guerra franceses cruzaron a pleno día entre los dos continentes, bien pegados a la costa del Marruecos español y a 25 nudos de andar, sin ser molestados por sus ex aliados.

El Almirantazgo ordenó entonces al crucero de batalla *Renown* que se hiciera inmediatamente a la mar, tratara de dar alcance a los buques franceses y les advirtiera que no deberían rebasar hacia el sur el paralelo de Casablanca. Pero cuando el poderoso buque llegó a las proximidades de este puerto y puso un avión en el aire para que averiguara lo que había dentro, los tres cruceros navegaban ya hacia Dakar.

Todo ello causó la natural contrariedad en Londres, pues las fuerzas de desembarco salidas de Scapa Flow, el *Clyde* y el *Liverpool* el 31 de agosto, navegaban en aquellos momentos al sur de Dakar, rumbo a Freetown, y estaba bien claro que si los buques de guerra franceses entraban en aquella base naval, las cosas iban a ponerse más difíciles allí de lo que se había previsto. Esta fuerza anglofrancesa se componía de seis transportes británicos y tres cañoneros franceses, e iba escoltada por dos acorazados, un portaaviones, tres cruceros pesados[1] y diez destructores de

1. El crucero *Fiji* resultó torpedeado por el submarino alemán *U-261* el día 1.° de septiembre y tuvo que sustituirse por el *Australia*.

la *Royal Navy*, al mando del almirante J.H.D. Cunningham. Inmediatamente se telegrafió a éste desde Londres para que, empleando los buques más rápidos de que disponía, se dirigiera a toda máquina hacia Dakar, con el fin de impedir por todos los medios la entrada allí de los cruceros ligeros franceses. Pero la estrepada resultó inútil, pues cuando, el día 14, llegaron a Dakar, jadeantes, los tres cruceros pesados británicos y el portaaviones *Ark Royal*, los buques franceses ya estaban dentro. Y en Londres, Winston Churchill tuvo la impresión de que el anhelado oro de Kayes empezaba a mostrársele esquivo.

Hay que tener en cuenta que el desembarco anglo-francés en Dakar era una operación de tipo politicomilitar y presentaba, por tanto, la incertidumbre e imponderables de una acción semejante. El general De Gaulle estaba convencido de que, en el peor de los casos, Dakar sólo le ofrecería una resistencia simbólica, pero tanto él como el Gabinete de Guerra británico subestimaban el tremendo efecto y la irritación que había provocado en la mayoría de los marinos galos y gran parte de la población francesa en general la desgraciada y reciente operación británica contra la Escuadra francesa en Mers-el-Kebir. Ahora, la llegada a Dakar de los cruceros del contraalmirante Bourragué, con hélices nuevas para el acorazado *Richelieu*, personal totalmente afecto al Gobierno legalmente constituido de Vichy y consignas de defender la plaza a ultranza, ciertamente variaba las perspectivas de éxito del ya problemático desembarco anglogaullista.

Esto lo comprendieron perfectamente en Londres, e incluso se dispusieron a cancelar la «Operación Amenaza». Pero el general De Gaulle y los marinos británicos consideraron que, dadas las muy superiores fuerzas navales de que disponían, era todavía factible neutralizar al inmovilizado *Richelieu* y a los cruceros franceses, desembarcar sus tropas y apoderarse de Dakar. En vista de lo cual, el Gabinete de Guerra, más animado ya y no deseando, por su parte, ser más papista que el papa, concedió plena libertad de acción a los comandantes en jefe de las fuerzas afectas al desembarco, que fue definitivamente fijado para el 23 de septiembre.

Pero antes sucedió algo que desequilibraría aún más, en contra de los franceses de Vichy, la diferencia de fuerzas en presencia.

Pointe Noire, en el Congo francés, se había declarado por el general De Gaulle, por lo que, el día 18, se ordenó al contraalmirante Bourragué que se trasladara con su división de cruceros a Libreville, en Gabón. Como allí no podrían hacer combustible, cuatro días antes se había despachado con el mismo destino al petrolero *Tarn*, escoltado por el crucero ligero *Primauguet* (7.250 toneladas, ocho cañones de 155 mm), que ya estaba en Dakar.

El 19 por la mañana, los tres cruceros de Bourragué fueron avistados y seguidos por los cruceros pesados británicos *Cumberland* y *Australia*, y el almirante francés decidió no darse por enterado. Pero hacia el mediodía recibió un telegrama del comandante del *Primauguet*, el capitán de navío Goybet, informándole de que los cruceros ingleses *Cornwall* y *Delhi* trataban de impedirle el paso. Aunque Goybet estaba decidido a batirse, el contraalmirante Bourragué apreció que había que evitar un encuentro abierto con los ingleses; así que el *Tarn* y el *Primauguet* accedieron a dirigirse a Casablanca escoltados por los citados buques británicos.

No disponiendo ya de petróleo en Gabón, los tres cruceros de Bourragué no tenían más opción que regresar a Dakar. Al llegar la noche invirtieron el rumbo y aumentaron su andar a 30 nudos, para despegarse de los ingleses. Pero una avería en las máquinas del *Gloire* hizo restrasarse a este buque, y al día siguiente, estando solo, fue obligado por los dos cruceros pesados británicos a dirigirse también a Casablanca. Ello costó a Bourragué el fulminante relevo, haciéndose cargo del mando de la «Fuerza Y» el vicealmirante Lacroix, que llegó en avión desde Tolón.

Echemos ahora un rápido vistazo a las defensas de que disponían los franceses en la base aeronaval de Dakar el 23 de septiembre de 1940.

Prescindiendo de las numerosas baterías antiaéreas, que sólo iban a jugar un papel muy secundario en la batalla de Dakar, las de la costa que orlaban la península del Cabo Verde eran: en la isla Gorée, dos piezas de 240 mm, cuatro de 138 mm y cinco de 90 mm; en el cabo Manuel, dos de 240 mm, dotadas por la Armada; sobre la isla Madeleine, cuatro de 138 mm; en Rufisque, dos de 95 mm, y tres de 240 mm en Les Mamelles. Esta última batería, y la de Yof, al norte de la península y fuerte en cuatro cañones de 155 mm, prácticamente no intervendrían en la defensa debido a su situación respecto al que iba a ser teatro de la lucha. Dentro de la rada, en la punta de Bel-Air, situada al norte del puerto, existían otras dos piezas de 240 mm.

En Ouakam y Thiés se encontraban quince aviones de caza y treinta bombarderos del Ejército. Y tanto éste como la Marina disponían de varios aparatos de observación. Respecto a tropas en Dakar y Thiés había cinco regimientos de senegaleses.

En en interior del puerto, contiguo al espigón de más afuera del muelle Norte, se hallaba amarrado el *Richelieu*, rodeado por una red antitorpedo y con la proa hacia el Septentrión, es decir, en muy mala posición para poder tirar sobre un enemigo que iba a aproximarse siempre por el

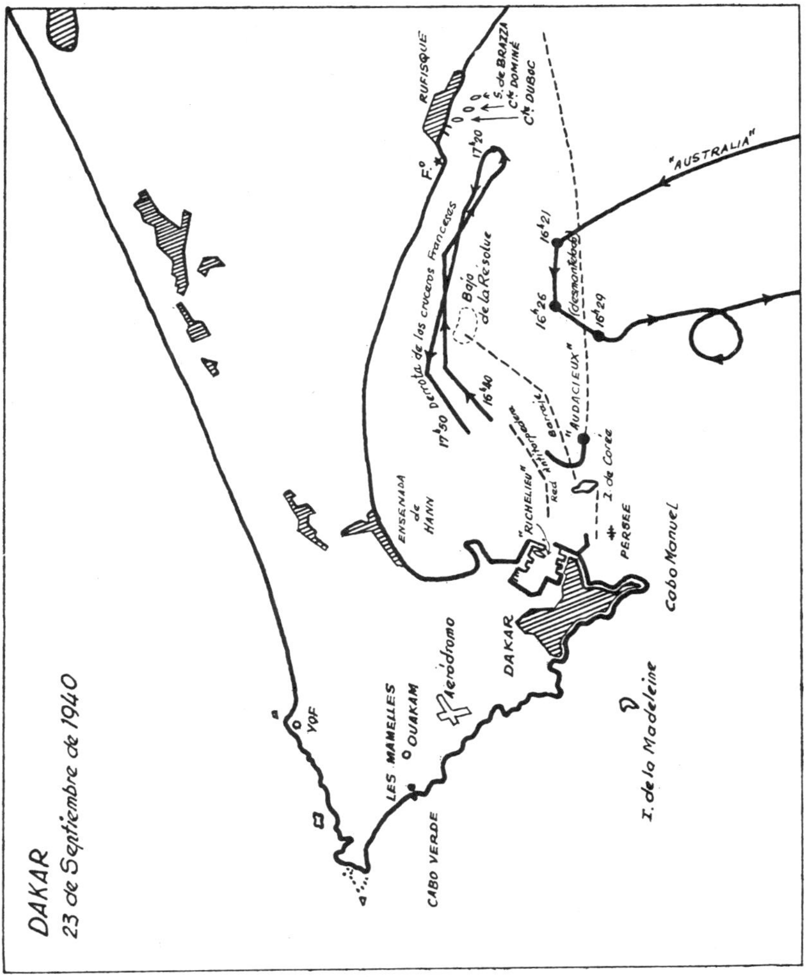

En Dakar, en septiembre de 1940, la escuadra francesa del almirante Lacroix y las baterías de costa libraron una victoriosa batalla de tres días de duración contra una superior escuadra inglesa al mando del almirante Cunningham.

Sur y el Sudeste. Pero después de haber sido torpedeado en la rada el 8 de julio, y pese a vaciársele varios tanques de combustible, su calado a popa aumentó con las inundaciones sufridas, y no había en el puerto fondos suficientes, ni con la pleamar, para poder situarle de otra manera. Sin embargo, el remolcador *Buflle*, uno de esos valerosos barquitos que, como tantos patrulleros, dragaminas y pequeños buques de escolta, actúan en todas las guerras como verdaderos héroes anónimos, pero cuyos tripulantes merecen toda nuestra admiración por su callada entereza, perseverancia y arrojo, se mantuvo tirando de popa del formidable acorazado durante los combates, con objeto de abrirla del muelle y aumentar el sector de tiro de los cañones proeles de 381 mm que montaba el buque, pero, por supuesto, teniendo que aguantar impávido un verdadero diluvio de proyectiles ingleses de máximo calibre que, milagrosamente, no le alcanzarían.

Sin embargo, aquellas dos enormes torres del *Richelieu* no iban a constituir un obstáculo demasiado serio para los buques ingleses. En primer lugar, porque el personal de una torre completa, debido a la escasez de municiones de su calibre a bordo y de artilleros en las baterías de la costa, había sido desembarcado para poder dotar la de cabo Manuel. Y porque la otra torre cuádruple de cañones de 381 mm sólo podía tirar con parsimonia, pues las cargas de pólvora escaseaban todavía más que las municiones, ya que no existían en Francia cuando el buque tuvo que salir precipitadamente de Brest a raíz de la invasión alemana. Se trajeron, en cambio, algunos saquetes correspondientes a los cañones de las torres de los cruceros de batalla, de menor calibre, y de la oportuna confección de los nuevos saquetes se encargarían en Dakar las niñas de varios colegios de monjas, indirectos pero eficaces protagonistas en la defensa de la plaza.[1]

Aparte del citado acorazado y los dos cruceros ligeros llegados desde Tolón, habían podido seguir a éstos desde Casablanca, a menor andar por la razón del elevado consumo de combustible y muy inferior capacidad de tanques, los destructores *Fantasque, Audacieux* y *Malin*, salidos con aquéllos de la base metropolitana. También se hallaban en Dakar los submarinos *Beveziers, Persee* y *Ajax*, de 1.380 toneladas y once tubos lanzatorpedos, siete de los cuales eran exteriores; el destructor *Hardi* (1.770 toneladas, seis piezas de 130 mm, 37 nudos), seis pequeños cañoneros de

1. Esta anécdota no la mencionaban los documentos oficiales del «État-Major Général, Service Historique, de la Marine National», que tenemos a la vista, ni, por supuesto, los ingleses, pero nos la relata un testigo de la batalla de Dakar, entonces director de tiro de uno de los buques participantes y hoy capitán de navío y agregado naval en Madrid, señor Jacques Riboulot.

unas 700 toneladas, tres patrulleros y varios cruceros auxiliares ya desarmados.

Y volvamos a la mar, sobre la que avanzaban un petrolero y once transportes de tropas y material franco-británicos, tres cañoneros y un bou armado gaullista, y los siguientes buques de guerra ingleses: acorazados *Barham y Resolution* (31.000 toneladas, ocho cañones de 381 mm), cruceros pesados *Australia, Devonshire y Cumberland* (10.000 toneladas, ocho cañones de 203 mm), crucero ligero *Delhi* (4.900 toneladas, seis cañones de 152 mm), portaaviones *Ark Royal* (22.000 toneladas, treinta y dos aviones), diez destructores y dos patrulleros.

El almirante Horacio Nelson dijo que «un fuerte es algo que un navío de guerra debe siempre evitar». Esta afirmación, que pudiera tener validez en los tiempos de la vela, con sus limitaciones en la complicada maniobra del aparejo, siempre condicionada por el viento, indudablemente no la tuvo durante la segunda guerra mundial, salvo en rarísimas ocasiones, pues se vio claramente que varios buques de guerra modernos provistos de gran movilidad podían concentrarse para batir a distancia cualesquiera baterías de costa, una por una, mientras que éstas habían de permanecer en un patético aislamiento, firmemente ancladas al terreno.

Aquellos dieciséis cañones de 381 mm y los veinticuatro más de 203 mm, para no hablar de los de menor calibre, cuyo fuego podía dirigir el almirante Cunningham contra las muy inferiores baterías de costa francesas de Dakar, parecían absolutamente decisivos sobre el papel; pero en esta batalla de tres días de duración iban a intervenir también otros factores.

Las primeras horas de la mañana del 23 de septiembre, con la mar en calma y una bruma bastante espesa que no permitía ver desde tierra a ninguno de los buques ingleses, iban a transcurrir incruentas, en un infructuoso tanteo por parte de los partidarios del general De Gaulle, no exento de cierta nota humorística, para tratar de que sus compatriotas, atemorizados por las «tremendas fuerzas» británicas que decían apoyarlos y otras promesas de tipo gastronómico, pues Dakar estaba bloqueada por los ingleses y allí no sobraban los víveres, rindieran la plaza sin ofrecer resistencia.

Efectivamente, dos avionetas despegadas del *Ark Royal* tomaban tierra poco antes de las seis de la mañana en Ouakam, y, aunque sus tripulantes franceses pudieron apoderarse del jefe del aeródromo, poco después eran desarmados y hechos prisioneros. Pero ello sólo iba a tener, por el momento, un efecto meramente negativo en la defensa de Dakar, pues los aviadores franceses no querrían intervenir en los combates que tendrían lugar aquel primer día.

Simultáneamente habían despegado del citado portaaviones varios *Swordfish*, que ya lanzaban octavillas sobre la ciudad, al mismo tiempo que tomaban fotografías. Pero a las 0610 abrió el fuego contra ellos el *Richelieu*, derribando a uno y poniendo en conmoción a toda la plaza. Las octavillas lanzadas decían, sencillamente, que Dakar estaba amenazada por el enemigo y el hambre, y que, por tanto, el general De Gaulle pedía a todos los militares que se pusieran en contacto con las tropas francesas que venían a reforzarles y les traían bastimentos. Pero ni aquellas octavillas ni las repetidas alocuciones por radio del general tuvieron el menor éxito. Mers-el-Kebir estaba demasiado reciente en la memoria de los franceses, y los argumentos del general no eran verdaderamente convincentes.

También se aproximaba al barraje de la rada, hacia las seis de la mañana, el cañonero francés gaullista *Savorgnan de Brazza* (1.970 toneladas, tres cañones de 138 mm, etc., 15,5 nudos), que se detuvo a unas tres millas y puso dos embarcaciones en el agua, una de ellas con parlamentarios llevando bandera blanca y la otra con un destacamento de protección. Estos hombres entraron en el puerto sin dificultades, pero al saltar a tierra se les quiso detener y tuvieron que retirarse, siendo perseguidos por algunas ráfagas de ametralladora. Poco más tarde, y como estaba previsto, penetraban en la rada los cañoneros también franceses libres *Commandant Duboc* y *Commandant Domine* (630 toneladas, dos piezas de 100 mm), que transportaban los destacamentos de fusileros de Marina que se pretendía poner en el muelle para apoderarse del *Richelieu*. El último de los citados iba al mando del teniente de navío Porte des Vaux, bien conocido en la Marina por su originalidad, y que logró aproximarse a unos trescientos metros del *Richelieu* antes de recibir la orden de detenerse. Entonces el teniente de navío ordenó izar la numeral de su buque y formar la guardia a babor, para rendir los honores de ordenanza al gigantesco compañero de flota. Pero el capitán de navío Marzin, comandante del acorazado, al parecer no estaba de buen humor aquella mañana; así que un cañonazo de aviso, caído tan cerca del *Domine* que algún trozo de metralla le alcanzó en el casco, y otros dos más disparados con la misma intención sobre el *Duboc*, hicieron salir del puerto a los dos pequeños cañoneros a mucha mayor velocidad de la que habían traído.

Con este episodio terminaba el pacífico prolegómeno de aquella batalla politicomilitar por las dos mil toneladas de oro. A las 0815, el alto comisario, general M. Boisson, reunía al general Barrau, comandante general de las fuerzas del AOF; al comandante de Marina, contraalmirante Landriau, y al inspector general Boulmer, y declaraba el estado de sitio. Seguidamente la policía recibía órdenes de detener a catorce destacados elementos gaullistas de la ciudad. Luego las voces humanas enmudecerían; iba a comenzar el diálogo de los cañones: *ultima ratio*.

* * *

Pese a que la bruma se había tragado a los tres cañoneros franceses libres, en Dakar se supo de la invisible presencia de los buques británicos a través del cañonero *Calais*. Éste vigilaba momentáneamente aquella madrugada a unas veinte millas al sur del cabo Manuel, cuando de pronto, en un levantamiento parcial y caprichoso de la niebla que le envolvía en su húmedo algodón gris, avistó hacia las 0700 un verdadero enjambre de navíos ingleses que se aproximaban por Poniente. Eran transportes, destructores, cruceros y acorazados, y, ante tal espectáculo, el *Calais* se dirigió inmediatamente hacia Dakar a todo el andar de sus viejas máquinas, sin ser molestado por los recién llegados.

En la plaza, el vicealmirante Lacroix había ordenado a todos sus buques encender, y, temiéndose otro Mers-el-Kebir, hizo salir a la rada a los cruceros *Georges Leygues* y *Montcalm* y a los destructores *Audacieux* y *Malin*. Ya veremos lo acertado de esta medida. Los otros dos buques de este tipo tenían averías en las máquinas y no podrían aparejar hasta el día siguiente.

Por su parte, el comandante de Marina, contraalmirante Landriau, había ordenado al submarino *Persee* que se dirigiera al norte de la península para tratar de impedir cualquier desembarco por aquella zona, únicamente defendida por la batería Yof, y al *Ajax* que se situara a unas doce millas al Sudeste de la isla de Gorée. Previamente había hecho dragar el canal de salida de la rada, por si hubiera sido minada por los cañoneros gaullistas durante su retirada, y, a petición del vicealmirante Lacroix, abrir una segunda puerta en el barraje situado a levante de aquella isla.

A las 1000, el *Georges Leygues* salió de la rada y se perdió de vista entre la bruma. Poco antes de las once de la mañana, las baterías francesas de Gorée y de cabo Manuel abrieron el fuego sobre los buques ingleses que se habían aproximado, siendo contestadas por el crucero pesado *Australia*. El submarino *Persee* salía del puerto en aquellos momentos, navegando obligadamente en superficie debido al escaso fondo. Acababa de rebasar el barraje establecido entre Gorée y la tierra firme, cuando avistó dos destructores y un crucero ingleses, a unos dos mil metros, sobre los que disparó un par de torpedos, con mala fortuna, pues uno de ellos no salió del tubo y el otro se negó a tomar profundidad de regulación, pese a lo cual el destructor *Foresight* tuvo que maniobrar para esquivarlo. El submarino invirtió seguidamente el rumbo, siempre moviéndose en superficie, y se disponía a lanzar con sus tubos poperos cuando fue certeramente alcanzado por tres proyectiles de artillería británicos que le produjeron diversas vías de agua, incendiaron la cámara de motores, mataron a un suboficial e hirieron gravemente a un marinero. Como el *Persee* escoraba peligrosamente y el hundimiento parecía inevitable, se ordenó el abandono del buque, cosa que pudo efectuarse antes de que se fuera a pique, siendo recogida su dotación por varios cañoneros franceses que se le aproximaron inmediatamente.

El *Ajax*, que seguía a su compañero y tampoco podía sumergirse, prefirió ampararse en la rada hasta que los buques ingleses fueran obligados a alejarse y le permitieran ganar después mayores fondos donde hacer inmersión.

Mientras tanto, los aviones ingleses observaban, a buena altura y sin oposición, todo lo que sucedía en Dakar. Habían advertido la salida de los dos submarinos, y ahora señalaban que el segundo crucero comenzaba a desamarrar. Entonces varios buques británicos abrieron fuego sobre el puerto y la batería del cabo Manuel. El *Richelieu* tiró a su vez sobre los cruceros ingleses, cuyas siluetas difícilmente se percibían entre la bruma, con una torre triple de 152 mm, y su artillería de 100 mm.

El crucero *Montcalm* fue centrado por una salva estando todavía dentro del puerto, y un cascote de metralla le inutilizó un ventilador de calderas. El paquebote *Porthos* resultó directamente alcanzado, sufriendo siete muertos y diez heridos. La batería de cabo Manuel no tuvo daños de importancia, pero dos tractores cargados con municiones fueron alcanzados y su voladura produjo un muerto y varios heridos.

El crucero pesado *Cumberland* resultó tocado debajo de la cubierta blindada por una granada de 240 mm disparada desde cabo Manuel, y el impacto le produjo tales averías en la instalación eléctrica y las máquinas, que el buque tuvo que retirarse inmediatamente a Freetown. Ya habían sido también alcanzados los destructores *Inglefield* y *Foresight*. El primero por una granada de 240 mm que le atravesó de banda a banda por debajo de la línea de flotación, inundándole algunos compartimientos. Y el segundo por un proyectil que le incendió una de las cajas de urgencia de municiones de proa. Aunque el fuego pudo ser rápidamente extinguido, varios sirvientes de las piezas del castillo resultaron con graves quemaduras. También recibió una granada de 240 mm el crucero *Delhi*, que sufrió una vía de agua a proa y resultó ametrallado en el puente y la chimenea, y nuevamente fue alcanzado el *Foresight*, con lo que sus bajas se elevaron a tres muertos y trece heridos. Pero a partir de las 1115 el tiro había ido decreciendo en intensidad, y cesó por completo cuarenta minutos más tarde. Varios proyectiles ingleses habían caído en la ciudad, produciendo veintisiete muertos y cuarenta y cinco heridos entre la aterrorizada población civil.

Poco después del mediodía, el submarino *Ajax* se deslizaba por la puerta recientemente abierta en el barraje situado a levante de la isla Gorée, y hacía inmersión diez minutos después. A las 1228 fue atacado por un avión *Swordfish*, que le lanzó dos bombas de cincuenta kilos. Aunque no le acertaron directamente, el buque acusó los impactos como si le hubiesen golpeado con una gigantesca mandarria; saltaron los disyuntores eléctricos y se pararon los motores. Su comandante, el capitán de corbeta Guimot, decidió posarse en el fondo para estimar los daños. La única avería importante estaba en uno de los timones de profundidad de proa, pero al cabo de una hora el *Ajax* pudo continuar navegando en inmersión hacia su puesto de patrulla.

Nuevo sobresalto a las 1600, en que se percibió sobre el casco el batido de varios equipos detectores acústicos enemigos *(asdic)*. Se hizo rumbo evasivo, pero uno de los destructores ingleses le lanzó tres cargas de profundidad que estallaron, con un estampido ensordecedor para los que se movían por debajo de la superficie, por la popa del submarino, produciéndole averías menores. Dejemos ahora este buque apostado entre dos aguas y regresemos con las fuerzas britanicogaullistas de desembarco.

Habiendo fallado todos los planes para hacerse con Dakar por medios pacíficos, vista la enérgica defensa por baterías y buques franceses y recibido un mensaje del alto comisario señalando que se opondría a todo intento de desembarco, el almirante Cunningham, de acuerdo con los generales Irwin y De Gaulle, decidió aplazar un nuevo empleo de la fuerza hasta ver el resultado de otro intento para poner las tropas gaullistas en Rufisque, población situada a unas diez millas al Este de Dakar. Tal desembarco constituía un alternativa ya prevista, pero antes iba a tener lugar un dramático episodio.

Poco después del mediodía, el vicealmirante Lacroix había situado en las proximidades de la isla Gorée a los dos destructores disponibles, a fin de que señalaran los movimientos del enemigo, pues, desde la rada y por mor de la bruma, no se veía absolutamente nada, y la isla sólo tenía enlace telefónico por tierra. A las 1620 destacó al *Audacieux* para reconocer la ensenada de Rufisque, ya que un avión francés acababa de señalar la presencia de varios cruceros y transportes enemigos a unas trece millas de aquella plaza. Tan sólo diez minutos antes, el almirante Cunningham había enviado al crucero pesado *Australia* y a los destructores *Fury* y *Greyhound*, para que, manteniéndose fuera de la vista de las baterías francesas, atacasen al destructor señalado por sus aviones dos millas al este de Gorée. Tras una estrepada a 26 nudos, la formación británica cayó al 274° y moderó a 20 nudos, pero con todas las piezas listas para abrir el fuego, pues otro avión del *Ark Royal* acababa de señalar la salida del *Audacieux*: «Una milla al este de Gorée, arrumbado al Sur».

Desde el *Australia* se vio borrosamente la silueta de un buque de guerra ligeramente abierto por la amura de estribor, por lo que este crucero, que iba en cabeza de la formación, cayó al 250°. Momentos después se identificaba al *Audacieux* cuando atravesaba el barraje. Sea porque los franceses se hallaban distraídos con la maniobra, o bien porque la niebla ocultaba mejor a los buques ingleses que al destructor galo, el caso es que éste fue avistado antes, lo cual resultó decisivo, pues, estando ambos contendientes a poco más de tres mil metros de distancia, el mero retraso de algunos segundos en dar la orden de enmendar el rumbo y lanzar por cualquier banda los seis torpedos disponibles en el *Audacieux* iba a perder a este buque y hacer imposible su reacción.[1]

El *Australia*, que tenía una de las cuatro torres averiada, hizo fuego con tres cañones de 203 mm (la mitad de los disponibles), cuyos proyectiles lanzaron sendos surtidores entre él y el enemigo, es decir, que cayeron cortos, aunque bien centrados en deriva. Pero el director de tiro ordenó inmediatamente:

—¡Más trescientos!... ¡Fuego!

Y otros tres proyectiles de 203 mm abandonan los largos y estriados tubos de acero a más de tres mil kilómetros por hora.

En aquel mismo instante se ordenaba en el *Audacieux* poner avante toda las dos máquinas y meter toda la caña a estribor. Pero demasiado tarde. Antes de que el buque pudiera empezar a reaccionar, las granadas inglesas le alcanzaban. Una en el puente alto, deshaciendo el mástil y las direcciones de tiro de artillería y torpedos y matando a todo su personal. Otra sobre el montaje de tubos lanzatorpedos de babor, cuyos tres artefactos hicieron explosión con un estampido de catástrofe, abriendo una gran brecha en el casco del buque. La tercera penetró en un tanque de petróleo contiguo a la cámara de calderas de proa, causando importantes destrozos

1. Los buques de esta velocísima serie de destructores de 132,5 metros de eslora, a que pertenecía el *Audacieux*, disponían de tres montajes triples de tubos lanzatorpedos: uno a crujía y dos sobre las bandas.

e incendiando todo el combustible, cuyas llamaradas se remontaron inmediatamente a gran altura.

Los buques británicos han aumentado a 25 nudos y siguen disparando. La tercera salva del *Australia* alcanza el puente de navegación del *Audacieux*, matando o hiriendo a casi todo el personal del mismo, y deshace todos los teléfonos, los guardines del timón y las varillas de los telégrafos de órdenes de máquinas. La cuarta y quinta salva del crucero pesado también alcanzan al infortunado buque francés, y un proyectil penetra en uno de los pañoles de municiones proeles, instantes después de que lo haya hecho una cascada de agua producida por la explosión de otra granada. Ello impide su voladura. Desde el torrotito a la chimenea de proa, el *Audacieux* es ya una imponente hoguera por dentro y por fuera, y las municiones de la caja de urgencia del montaje proel estallan como en una mortífera traca. Únicamente el montaje número 2 puede hacer un fuego ineficaz y a ojo sobre el enemigo hasta que se terminan los proyectiles disponibles en su correspondiente caja de urgencia, pues ya no hay un solo ascensor que funcione bajo el castillo.

En los tres minutos exactos que ha durado el fuego británico, el *Australia* ha disparado veinticuatro proyectiles de 203 mm, y los destructores, otros veinticinco de 120 mm, que han producido ochenta y un muertos y un centenar de heridos en el *Audacieux*.

Viendo que éste es ya tan sólo un brulote al garete, los ingleses hacen alto al fuego, y el destructor *Greyhound* se le aproxima para ver si se rinde. Pero, observando que él queda al descubierto para las baterías de la costa de Gorée, este buque se retira y toda la formación inglesa se incorpora al grueso.

Un verdadero infierno de llamas y vapor brota como un volcán de la cámara de calderas de proa del *Audacieux*, a pesar de lo cual el jefe de la flotilla y el segundo comandante consiguen llegar al alcázar, aunque no sin sufrir serias quemaduras. El último ordena parar las máquinas y seguidamente dar atrás, para detener la arrancada y facilitar el salvamento del ardiente despojo. También da la orden de lanzar los seis torpedos que quedan a bordo, y la media docena de delfines metálicos surcan inútilmente las aguas en pos de unos buques ingleses que ya casi han desaparecido en la bruma. ¡Era demasiado tarde! Por debajo del castillo, las llamas se enseñorean también de todo, y el formidable incendio impide inundar los pañoles de municiones de proa, pues los mandos a distancia han quedado destruidos. Sin poder saber que uno de aquellos pañoles estaba ya anegado y temiendo una voladura que sería el fin del buque, se ordenó su abandono. Todo el personal que se hallaba vivo a proa de la cámara de calderas número 1 tuvo que arrojarse al agua, pues el tránsito hacia popa era ya imposible.

Como en el salvamento del *Persee*, son los cañoneros franceses los que se encargan de recoger a los náufragos y supervivientes que quedan a bordo. Uno de aquéllos ha podido llegar a nado hasta la isla de Gorée, pero debido a las grandes quemaduras que sufre morirá después. El destrozado destructor, acribillado, envuelto en llamas y dejando un oscuro rastro de petróleo que es como el desangrarse de algún cetáceo mortalmente herido, queda a solas con sus muertos y se aleja lentamente, arrastrado por la marea.

Al día siguiente, el *Audacieux* termina por embarrancar a levante de Rufisque, pero continuará ardiendo durante treinta y seis horas.[1]

* * *

La tranquila superficie de la mar ha llevado el eco ronco del cañón hasta los cruceros franceses que se mueven, a la expectativa, al amparo de las obstrucciones, y la brusca interrupción de todas la comunicaciones radiotelegráficas y radiofónicas con el *Audacieux* hace temer al vicealmirante Lacroix que este destructor no pueda llegar a Rufisque. Por tanto, decide ir él mismo con la división de cruceros y el *Malin*, pero no a través de una salida que parece tan bien guardada por el enemigo, que se arropa ventajosamente en la bruma, sino por un derrotero difícil y poco frecuentado que discurre entre el bajo «de la Résolue» y las piedras de la orilla.

Y a las 1640, con las dotaciones en zafarrancho de combate, pues se ignora lo que puede estar aproximándose ya a Rufisque por el otro lado del bajo, ambos cruceros y el destructor se dirigen ya hacia el estrecho y peligroso paso, a diez cautelosos nudos de andar. Los oficiales de derrota efectúan un buen trabajo, pero, paradójicamente, pues tiene mucho menor calado que los cruceros, es el veloz destructor el que toca en el fondo. Cuando todo el buque se estremece y se dejan oír unos metálicos golpes de raras resonancias que llegan de las sentinas, hay unos instantes de alarma en el *Malin*. «¡Para las dos!», ordena inmediatamente el comandante, por si las grandes hélices, que es lo que más cala y sobresale también lateralmente en un buque de esta clase, pudieran sufrir daños. Pero aquel inquietante rascar de la quilla y tracas de aparadura cesa pronto, y los hombres del *Malin* vuelven a respirar. Porque quedar allí atrapados hasta

1. Vuelto a poner a flote y parcialmente reparado, en la primavera de 1941 se trasladaría por sus propios medios al arsenal de Bizerta.

la pleamar, ¡en el mejor de los casos!, puede resultar muy peligroso dadas las circunstancias.

Los tres buques continúan su descubierta hasta rebasar el faro de Rufisque, sin avistar nada sospechoso y regresan por el mismo derrotero. La mala visibilidad les había impedido distinguir a los tres cañoneros gaullistas que ya se dirigían a los muelles de la pequeña población.

Pero los aviones británicos sí habían seguido paso a paso la exploración de la fuerza de Lacroix, al mismo tiempo que señalaban por radio todas sus observaciones. Ello causó la consiguiente alarma en los marinos gaullistas, pues estaba claro que si aquellos cruceros habían conseguido llegar una vez por semejante derrotero, cabía la posibilidad de que volverían a hacerlo en cualquier momento, y, entonces, despachar para el fondo del mar a sus tres pequeños y lentos buques sería sólo cuestión de minutos.

El *Brazza* se detiene a una milla de Rufisque para poner en el agua las embarcaciones que llevarían a tierra a los fusileros. El *Duboc* se aproxima hasta tocar el muelle, y el *Domine* aguarda su turno un poco más alejado. Entonces abren el fuego los dos cañones de 95 mm asentados al pie del faro, y se entabla un duelo entre esta batería y las piezas proeles de 138 mm del *Brazza*, que, a la quinta salva, reduce aquélla al silencio. Pero el *Duboc* ha resultado alcanzado y tiene a bordo tres muertos y varios heridos graves.

En vista de lo cual, y por si la batería volviese a disparar, se decide desembarcar en la playa situada al sur de Rufisque. Pero una sección de ametralladoras de senegaleses apostada en las cercanías abre el fuego, y, aunque es abrumadoramente correspondida, los gaullistas, temiendo siempre la aparición de los cruceros de Lacroix, exponen la situación y piden nuevas instrucciones al general De Gaulle. Éste no quiere de ninguna manera que los franceses combatan entre sí, por lo que da la orden de retirada, y, por su parte, renuncia definitivamente a la operación de Dakar. Consecuentemente, los tres cañoneros y los transportes que aguardan algunas millas más afuera se alejan hacia alta mar.

Poco después, la noche cae bruscamente sobre el escenario de estos combates. Los buques de guerra británicos también se adentran en el océano. Cañones a posición de trinca y reparto normal de guardias nocturnas. Los grandes navíos surcan las tranquilas aguas navegando despacio, oscurecidos y silenciosos. Sólo las antenas radiotelegráficas del buque insignia tartamudean sus inaudibles mensajes al lejano Londres.

En aquellos momentos tronaba la artillería antiaérea en esta ciudad, diluviaban las bombas alemanas, se derrumbaban los edificios, crepitaban incontables incendios y corrían las ambulancias. Para la población civil era una noche de terror. Pero en un subterráneo mal alumbrado y cuyas vigas de acero y cemento retemblaban continuamente, velaba un hombre de raza, uno de esos espíritus fuertes que, si la suerte permite que en momentos de graves crisis se hallen al frente de los destinos de un país, hacen historia. Aquel individuo, al leer el largo despacho que el almirante Cunningham le enviaba desde el trópico, garabateó rápidamente unas palabras sobre un pedazo de papel y se lo tendió a uno de sus ayudantes:

—Que cifren y transmitan inmediatamente esta orden —dijo.

Y he aquí el texto del mensaje que enviaba aquella noche el jefe del Gobierno británico al almirante Cunningham: «Puesto que hemos comenzado hay que seguir hasta el fin. No se detenga por nada».

Pero en Dakar, a más de dos mil quinientas millas marinas de distancia, otro individuo no menos coriáceo y de una pieza, el alto comisario de Francia, replicaba con sencillez heroica al ultimátum del almirante de la escuadra británica, que navegaba próxima: «Francia me ha confiado Dakar. Yo defenderé Dakar hasta el fin».

* * *

Con la amanecida del día 24, los destructores *Fantasque* (sólo con una máquina debido a averías) y *Hardi* salieron al «ratódromo». Así había sido bautizado en el puente de uno de los buques franceses, con un oficial tan perspicaz como humorista, aquel espacio de agua de unas tres o cuatro millas de longitud, situado al amparo de los barrajes: la bahía de Tiaroye, por donde la víspera se habían movido a su antojo, y sin más impedimentos que los naturales y las redes, los cruceros franceses y el *Malin*, pero que, con una visibilidad mejor, podía fácilmente convertirse en un peligroso lugar.

También zarpó el submarino *Beveziers*, sólo con un diesel, apostándose después unas diez millas al sur de Gorée. Por su parte, el *Ajax* no se había movido en toda la noche de su sector. Y los cañoneros, puestos por el comandante de Marina a las órdenes del vicealmirante Lacroix, habían permanecido vigilando los accesos al puerto.

El día se presentó más despejado que el anterior, y, tras el ultimátum británico, prometía ser movido. Pero comenzó de mala manera para los franceses. Hacia las 0800 horas, el *Ajax* avistó y trató de atacar a los dos acorazados británicos, pero, descubierto un momento su periscopio al dejar un leve penacho de espuma sobre una traidora superficie casi llana, el destructor inglés *Fortune* se le echó encima a toda velocidad y dejó caer varias cargas de profundidad, que encuadraron al *Ajax* y le hicieron irse al fondo como una piedra, en cincuenta y dos metros de agua. Gravemente averiado, con la mitad de sus baterías destrozadas, los periscopios inservibles, inutilizada la aguja giroscópica y con varias vías de agua, la situación se hizo insostenible en el submarino, y el capitán de corbeta Guimont comprendió que no quedaba otra alternativa que salir a la superficie.

Y cuando el submarino emergió, el *Fortune*, que escuchaba atentamente sus movimientos con los hidrófonos, se hallaba parado a quinientos metros y le apuntaba con todas las piezas. ¡No había nada que hacer! Guimont ordenó abrir los grifos de fondo y abandonar el buque. El destructor inglés envió hasta el *Ajax* una de sus balleneras, que en dos viajes salvó a toda la dotación. Tras de lo cual, el submarino se hundió para siempre.

Mientras tanto, los aviones del *Ark Royal* desplegaban gran actividad sobre Dakar. Seis aparatos dejaron caer varias bombas dirigidas contra el *Richelieu*, pero sin lograr alcanzarle. Uno de los hidroaviones de observación de los cruceros franceses, que exploraban sobre la mar desde la amanecida, descubría poco después a dos acorazados y a un crucero británico que navegaban unas diez millas al sur de Gorée, arrumbados al Este. Dicho avión pudo pasar su información, pero fue perseguido casi hasta el puerto y ametrallado por un *Swordfish*, que hirió a sus tres tripulantes y les obligó a un amerizaje *in extremis*.

A las 0817, seis aparatos británicos lanzaron una veintena de bombas sobre la batería de cabo Manuel, sin consecuencias, pese a que uno de los artefactos cayó tan sólo a medio metro de la blindada torre doble con cañones de 240 mm.

Una hora después, nuevo bombardeo del *Richelieu* a cargo de seis aviones británicos, que tampoco le alcanzan, tal vez porque este buque disparaba con sus doce piezas antiaéreas de 100 mm, y también lo hacían con las suyas los cruceros, destructores, cañoneros y patrulleros franceses, organizando entre unos y otros una algarabía digna del Monte Pelado, de Kiev. También actuaban ya, ¡por fin!, tres cazas franceses *Curtis*, salidos de Ouakam.

Entre todos lograron derribar a tres aviones británicos, de uno de los cuales pudieron extraer los franceses sus documentos secretos, que permitieron después al *Georges Leygues* interferir la onda de intercomunicación de los aparatos ingleses y descifrar sus mensajes.

Tras estas ruidosas escaramuzas se aproximaron los acorazados y los cruceros pesados británicos. Unos estampidos formidables rodaron poco después sobre la mar. Eran los cañonazos del *Resolution* y del *Barham*, que desde unos dieciséis mil metros escupían sus proyectiles de 381 mm contra el *Richelieu*, al mismo tiempo que los de 203 mm del *Australia* y del *Devonshire*, éstos situados al nordeste de sus compañeros mayores de flota, disparaban sobre los cruceros ligeros franceses que ya se movían dentro de la rada.

Dichos cruceros, con el *Fantasque* y el *Malin*, replicaron inmediatamente, y poco después abría fuego el *Richelieu* con su torre cuádruple número 2 de 381 mm. Pero este buque no había podido probar su artillería pesada, y sus municiones eran las primeras de tal calibre que se fabricaban en Francia. Con la salva inicial, uno de los proyectiles estalló inmediatamente dentro del ánima del cañón número 7, rompiendo la caña de la pieza, y otro hizo lo propio en el cañón número 8, produciendo un abarrilamiento del zuncho de refuerzo de contera y la destrucción del rayado del ánima en una longitud de ocho metros. Pero no hubo bajas entre el personal, y la otra mitad de la torre, interiormente doble, pudo seguir tirando poco después con los cañones 5 y 6.

Una de las torres triples de 152 mm de este buque disparaba también sobre los acorazados británicos, y simultáneamente lo hacían, con efectividad, las baterías de 240 mm de Gorée y de cabo Manuel, de modo que el *Resolution* tuvo que cambiar de blanco y dirigir su fuego contra la última.

Ya sabemos que un sufrido remolcador tiraba de la popa del acorazado francés. Al mismo tiempo, el cañonero *Iberville* se movía por entre los cargueros fondeados en la rada, emitiendo una cortina de humo para enmascarar al *Richelieu*, y el hidroavión *4 E 6* (teniente de navío Boislisle) se mantenía en el aire para observar la caída de las salvas de dicho buque.

Mientras los cruceros *Georges Leygues y Montcalm* disparaban sus dieciocho piezas de 152 mm sobre los buques de línea británicos, y también lo hacían con las suyas de 138 mm el *Fantasque* y el *Malin*, el destructor *Hardi* y el cañonero *C. Rivieres* tendían cortinas de humo, a fin de enmascararlos a todos para el *Australia* y el *Devonshire*, por lo que éstos cambiaron frecuentemente de blanco, tratando de desembarazarse de los humeantes buques franceses, que, al mismo tiempo que lanzaban espesos borbotones de mal quemado petróleo por sus chimeneas y de ácido clorosulfónico por los fumígenos de la toldilla, todavía se permitían disparar la artillería sobre los atacantes.

En el «ratódromo» se movían siete buques de guerra franceses cambiando constantemente de rumbo y andar cuando alguna salva enemiga mejor dirigida se desplomaba estruendosa y fantasmagórica en las proximidades, tratando al mismo tiempo de disparar con efectividad, no abordarse, no varar en los bajos de la orilla, ni estrellarse contra la costa, los barrajes o las docenas de barcos mercantes fondeados en la rada. Pero la habilidad maniobrera y velocidad de reacción de los comandantes y oficiales de derrota de los buques de guerra galos era extraordinaria, y sorteaban con tanta limpieza las bien agrupadas salvas y obstáculos, que ni una sola vez resultarían alcanzados. Y a medida que transcurría el tiempo, una sensación de confianza, y asimismo de euforia, se fue adueñando de sus dotaciones, aunque alguno, naturalmente, se preguntaba cuánto iba a durar aquello.

Tampoco sería alcanzado el *Richelieu*, pese a que las enormes granadas enemigas frecuentemente se desplomaban, de a cuatro, alrededor de él, estruendosas y silbantes, contando los franceses más de un centenar de piques y explosiones. En cambio, cuatro proyectiles de diversos calibres hicieron blanco en el *Resolution*, aunque sin producirle graves averías, ya que este buque, como todos sus congéneres, estaba precisamente proyectado para «encajar» impactos de artillería. Algunas de las granadas dirigidas contra la batería de cabo Manuel, pero que resultaron largas, cayeron sobre la ciudad y en el puerto resultó directamente tocado el carguero *Tamara*.

Tras unos cuarenta minutos de nutrido cañoneo por ambas partes, los buques británicos hicieron alto el fuego y se retiraron hacia el Sur, pues en el puerto y la rada de Dakar estaban envueltos en una espesa humareda y no se distinguían bien los objetivos ni la caída de las salvas. Un intento efectuado durante el combate por tres destructores británicos para aproximarse a la rada pegados a la costa fue advertido y rechazado por el *Malin*. Terminaba así el primer *round* del día, casi en tablas, pero el tiro británico, pese a la superioridad numérica y de calibre de sus piezas, no había causado el menor efecto sobre buques y baterías francesas, mientras que el francés, según reconocen sus adversarios, había sido siempre muy preciso. Y el almirante Cunningham comprendió que aquella para él ingrata tarea no iba a resultar fácil.

Por el contrario, la moral de los marinos galos, que siempre había sido bastante alta pese a gravitar sobre ellos el complejo de Mers-el-Kebir, subió considerablemente, y, lo que es más, pareció contagiarse a los aviadores del Ejército, que entre las 1037 y las 1222 efectuarían cuatro diferentes bombardeos sobre los buques británicos aunque sin consecuencias para éstos, y cuyos cazas también comenzaron a perseguir y abatir aviones pertenecientes al *Ark Royal.*

El piloto de uno de éstos, que había conseguido salir del aparato y encaramarse en su chinchorro salvavidas inflable, precipitaría el segundo duelo a cañonazos anglo-francés.

El destructor *Hardi* salió hasta unas cuatro millas de distancia al sur de Gorée, y acababa de recoger al marino británico, cuando a las 1247 abrieron fuego sobre él los dos acorazados ingleses. El *Leygues* y el *Montcalm* replicaron inmediatamente con alzas de 20.000 metros, y, momentos después, la torre número 2 del *Richelieu* y las baterías de Gorée y de cabo Manuel se unían a la desagradable e impresionante barahúnda.

Y la suerte volvió a repetirse. Las cortinas de humo hábilmente tendidas por los franceses, y un tiro muy preciso por su parte, impidieron a sus adversarios poder alcanzarlos, aunque la zona del puerto resultó muy castigada. Ocho granadas cayeron sobre la villa de Gorée, donde la vieja mezquita se estremeció, y otras varias alcanzaron la medina de Dakar, destrozando edificios y matando e hiriendo a numerosos nativos. Una granada convirtió en escombros el edificio de la policía de navegación. Otra alcanzó al carguero *Porthos*, sin estallar, provocando un pequeño incendio. Alguna más cayó en el *Tacoma*, abarrotado con barriles de aceite, que salió ardiendo como un antorcha y tuvo que ser remolcado fuera del puerto.

Pero los buques de guerra franceses y las baterías de costa seguían intactos, y a las 0200 de la tarde vuelve a retirarse la escuadra británica del almirante Cunningham, quien decide lanzar un ataque de aviones torpederos contra los aparentemente invulnerables cruceros y destructores galos.

Media hora después despegaban del *Ark Royal* ocho aviones *Swordfish* armados con torpedos, que, dando un gran rodeo para evitar las baterías antiaéreas, se aproximaron a Rufisque y volaron luego paralelamente a la costa, dirigidos hacia la rada, cruzando sobre el barraje antisubmarino a pequeña distancia del bajo «de la Résolue» y lanzándose al ataque.

Pero ya habían sido advertidos desde el *Malin*, y todos los buques franceses abrieron inmediatamente un nutrido fuego antiaéreo que consiguió dislocar a la formación británica. No obstante, a su debido tiempo y desde dentro de las redes antitorpedos, los ocho aparatos británicos dejaron caer al agua otros tantos mortíferos artefactos, que inmediatamente tomaron profundidad y se dirigieron, invisibles, hacia los cruceros galos.

Éstos se hallaban parados, a la expectativa, y tan prontos sus hombres divisaron los penachos de espuma que habían levantado los torpedos enemigos al desplomarse sobre la mar, reaccionaron con gran rapidez. El *Leygues* dio avante toda y cayó a babor, mientras el *Montcalm* ciaba a toda fuerza y metía el timón a estribor, y los destructores y cañoneros se quitaban de en medio con la mayor premura.

Para los marinos francos se desgranan unos instantes de angustiosa incertidumbre. En menos de dos minutos las cuatro hélices del *Leygues* giraban ya a 280 revoluciones, y las del *Montcalm*, a 300. Los buques trepidaban fuertemente, y su artillería seguía disparando. Un torpedo pasa entre ambos cruceros a una setenta metros de la roda del *Montcalm*. Los demás navegan lejos o se clavan en la arena del fondo, y dos aviones ingleses resultan abatidos. Los marinos franceses respiran, y el almirante Lacroix vaticina, satisfecho:

—¡La jornada ha terminado!

Así sería. El almirante Cunningham conferencia a bordo del *Barham* con el general De Gaulle, el cual le propone dar por terminada la operación. El marino acepta, pero después Winston Churchill insiste, y se decide reanudar el bombardeo al día siguiente, a fin de tratar de aniquilar de una vez buques y baterías y desembarcar seguidamente los cuatro mil y pico soldados británicos.

Aquella noche hubo tranquilidad en Dakar. Despejó por completo el cielo y brillaron con fuerza los siempre inquietantes astros. A lo lejos se divisaba el resplandor silencioso del *Audacieux*, que seguía ardiendo. Y junto a los bajos próximos a la isla de Gorée, donde por fin ha varado, el *Tacoma* es una inmensa hoguera que tiñe las revueltas aguas de rojo y del que de vez en cuando vuela por los aires un barril que estalla.

Pero si en alta mar y Dakar todo parecía dormir, a bordo del *Barham* y del *Richelieu* se adoptaban disposiciones para la lucha del siguiente día. En el centro de operaciones del buque francés se ha dibujado con toda precisión las derrotas surcadas por los dos acorazados británicos durante sus tres horas de bombardeo, y el contraalmirante Landriau, el capitán de navío Marzin y el de corbeta Lancelot, que ha traído a puerto al submarino *Beveziers* para recargar baterías, las estudian cuidadosamente y se preguntan por qué los buques británicos buscan invariablemente la misma posición frente a Dakar. ¡Ah! ¡El astuto Cunningham! Allí sus acorazados quedan desenfilados de las baterías de 240 mm de Mamelles y Bel-Air.

Con las primeras luces apareja el submarino de Lancelot y, tan pronto los fondos se lo permiten, hace inmersión y desaparece.

La amanecida del día 25 es espléndida, y, al salir el sol, la visibilidad hacia el horizonte alcanza ya los cuarenta kilómetros. Es uno de esos días en que la mar y la tierra parecen esponjarse, como los pájaros después de la lluvia. Un madrugador avión británico de observación resulta abatido por la caza francesa. Después se avista nuevamente desde Dakar la formación naval británica, que a las 0905 reanuda el fuego. Como en días anteriores los acorazados de la *Royal Navy* tiran sobre el *Richelieu*; los cruceros pesados intercambian cañonazos con sus contrapartes menores franceses, y las baterías de la costa hacen fuego sobre buques de línea y cruceros británicos.

El destructor *Hardi*, bien provisto de bidones de ácido clorosulfónico, oculta al *Richelieu*, que ahora tira con su torre número 1 y cuyo enmascaramiento completa un bote a motor que con regularidad e impertérrito va dejando caer al agua boyas de humo por el lado de afuera del muelle Norte.

Un fuego muy intenso y bien centrado se abate casi continuamente sobre los cruceros franceses ya en movimiento, cuyos tripulantes hacen recuento de unas doscientas salvas enemigas que les caen próximas y bien agrupadas. Pero mientras truenan los cañones propios y silban y estallan por doquier las granadas inglesas, dichos buques zigzaguean como condenados y burlan una y otra vez a los rugientes aparatos que llegan girando sobre sí mismos como peonzas, y consiguen incluso colocar dos impactos de 152 mm en el *Australia*.

A las 0920 era abatido por la caza otro avión inglés. Cinco minutos después cae muy próximo al *Barham* una granada del *Richelieu*, y varios cascotes ametrallan al acorazado británico. Un proyectil de 381 mm alcanza directamente a su antagonista francés, cuya enorme mole se estremece. Pero el acorazado no sufre bajas ni averías de importancia. Poco después, inesperadamente, se retiran todos los buques británicos. ¿Qué ha sucedido?

El submarino *Beveziers*, que acechaba sumergido a unas nueve millas al sur de Gorée, había avistado a los acorazados británicos y hecho rumbo de ataque, consiguiendo sortear a un destructor enemigo y lanzar cuatro torpedos sobre el *Resolution*. Ciento veinte segundos más tarde, los franceses escucharon una fuerte explosión submarina de tono grave, y el capitán de corbeta Lancelot dio un salto de alegría en el puesto de mando. ¡Acababa de ganarse el ascenso a capitán de fragata!

El acorazado británico había sido, efectivamente, torpedeado, y aunque a bordo no se produjeron bajas, los daños resultaron graves. Uno de los torpedos franceses había hecho impacto en la banda de babor, a la altura de la cámara de calderas de proa. Diecisiete metros de bulge quedaron destrozados, e igualmente lo fueron diez metros de forro interior y exterior del casco. Una serie de compartimientos quedaron inmediatamente anegados, y la citada cámara de calderas y varios pañoles contiguos fueron inundándose lentamente. El buque quedó con una escora de 12°, y toda su artillería secundaria de babor, inutilizada. Trasvasando combustible e inundando otros compartimientos se enmendó algo la escora, pero ésta no permitía orientar las torres de 381 mm, de modo que el *Resolution* tuvo que retirarse del combate. Por si fuera poco, cuatro horas y media después del torpedeamiento, las máquinas principales quedaron inmovilizadas debido al fallo del sistema de lubricación forzada, y el acorazado hubo de ser tomado a remolque. Unos seis meses durarían sus reparaciones en el arsenal de Nueva York.

Con el *Resolution* y el *Cumberland* fuera de combate, el crucero *Delhi* y dos destructores bastante averiados desde el primer día, doce aviones del *Ark Royal* destruidos y varios más dañados, los buques y baterías franceses al parecer intactos y tirando bien, y el peligro de los submarinos, el almirante Cunningham propone la retirada. Esta vez aunque a regañadientes, el primer ministro británico acepta. «No podíamos tener la certeza —dice— de que las fieras pasiones que despierta una lucha prolongada no acabaran decidiendo a la Francia de Vichy a declararnos la guerra».

Pero en el Parlamento de Londres, en Estados Unidos y en Australia, el fracaso de la «Operación Amenaza» levantó muy acerbas críticas acerca de la dirección imprimida a la guerra, y en otras circunstancias menos dramáticas es probable que el Gobierno de Winston Churchill hubiera caído.

Y es que, tras el desastre sufrido por la flota francesa sorprendida en Mers-el-Kebir, los ingleses no sólo subestimaron la voluntad de lucha de los marinos galos, sino incluso su capacidad profesional.

Pero en Dakar, la unánime decisión de batirse a toda costa y un empleo tan inteligente como valeroso y oportuno de todos los medios disponibles permitió a la Armada francesa rechazar el ataque y lograr la victoria sobre fuerzas británicas muy superiores. Y es indudable que en aquella determinación francesa de vencer o sucumbir influyeron decisivamente los muertos de Mers-el-Kebir y la humillación allí sufrida.

La actuación del almirante Lacroix fue acertada. Hubiera sido un error, disponiendo de espacio relativamente amplio para maniobrar con sus buques al amparo de barrajes y baterías de costa, haber intentado una salida para medirse en igualdad de condiciones con un adversario inmensamente superior. O haber dejado sus buques amarrados dentro del puerto para que hicieran de baterías flotantes, pues hubieran dejado de flotar muy pronto.

La victoria de Dakar levantó la moral de la flota gala y despertó hacia ella un sentimiento de respeto por parte de los ingleses. Referente a los últimos, consideramos esta batalla tras un oro cuya posesión podía resultar vital para la prosecución de la guerra, si se perdía la difícil batalla en que aquellos mismos días se libraba sobre Inglaterra, mucho más justificada que el innecesario ataque a la escuadra de Gensoul surta en Mers-el-Kebir. Aparte de que aquí habían franceses que luchaban en el bando británico, lo que introducía un nuevo factor y daba un carácter bien distinto a toda la empresa.

Independientemente de limitadas y en aquellos momentos poco necesarias ventajas estratégicas, el verdadero móvil de la «Operación Amenaza» fue sin duda el oro. Pero a nadie le gusta reconocer que pueda ser necesario tener que enviar hombres a la muerte para lograr el amarillo vellocino. Por ello, las razones de esta batalla, que en el bando francés, e incluyendo a la población civil, costó más de quinientos muertos y heridos, por treinta y seis en el de sus adversarios, han sido disfrazadas.

CAPÍTULO XII

LUCHA DE TITANES

Llegamos a uno de los episodios de mayor dramatismo e importancia en la lucha naval del océano Atlántico, por los casi cuatro mil muertos que se produjeron, por la categoría de los buques que resultaron hundidos, por el número de unidades que intervinieron, por la amplitud de la zona de operaciones y por la resonancia mundial de los hechos. Nos referimos a la primera y única salida del acorazado alemán *Bismarck* al Atlántico y sus consecuencias.

Es también uno de los episodios sobre el que más se ha escrito, tanto por profesionales de la guerra en el mar como de la pluma. Y, al igual que lo fueron, con más o menos fortuna, la aventura de Prien en Scapa Flow, el combate del estuario del Plata, las andanzas de los cruceros auxiliares alemanes, la lucha antisubmarina de los ingleses, etc., también ha sido llevada al celuloide.

Pero queremos llamar la atención del lector sobre el hecho de que, habiendo desaparecido un almirante inglés y otro alemán en los combates librados durante esta batalla, con los comandantes de sus respectivos buques insignia y la totalidad de los estados mayores de ambos, ningún testigo de las conversaciones mantenidas por aquéllos ha sobrevivido, por lo que, respecto a sus intenciones, errores y aciertos, sólo cabe en realidad juzgar por los mensajes radiotelegráficos que transmitieron y la elocuencia de los hechos que se observaron y quedaron registrados. Si el lector ha leído o escuchado otra cosa, fueron meras suposiciones, o quizá fantasías.

* * *

Tras los dos meses de correrías y hundimientos en el Atlántico Norte a cargo de los cruceros de batalla *Scharnhorst y Gneisenau*, que no sólo constituyeron un grave golpe a las importaciones de Gran Bretaña, sino también al prestigio de la Armada británica, en Inglaterra se trató de aprovechar la proximidad geográfica de Brest, donde aquellos buques activamente aprestaban sus máquinas al objeto de emprender un nuevo y mucho más ambicioso crucero atlántico en compañía de *Bismarck* y del crucero pesado *Prinz Eugen*, para tratar de inutilizarlos mediante constantes ataques aéreos, pues aunque en dicha base los alemanes habían montado numerosas baterías antiaéreas, la *Kriegsmarine* no contaba con su propia aviación naval, es decir, no disponía de aviones caza a pie de obra. El resultado fue que, el día 6 de abril, un avión del 22.º Escuadrón del Mando Costero de la RAF consiguió llegar a aquel puerto, sin caza alguna que se lo impidiera y pese al terrible fuego antiaéreo, en el preciso momento en que el *Gneisenau* acababa de salir del dique y se hallaba todavía sin redes antitorpedo que le protegieran. El piloto inglés (K. Campell), con una presencia de ánimo y habilidad extraordinarias, le lanzó un torpedo y, pese a que este avión resultó casi inmediatamente abatido y muerto su piloto, el artefacto submarino dejado caer alcanzó al acorazado y le produjo graves averías.

El almirantazgo británico no se enteró entonces del resultado de aquel audaz ataque, pero al día siguiente sus aparatos de observación descubrieron al gran buque alemán en dique seco, y en la noche del 10 al 11 del mismo mes, la RAF sometió al arsenal de aquella base a un terrible bombardeo, en el que cuatro bombas cayeron a bordo del *Gneisenau*. Entre unas y otras cosas, este buque de guerra quedó de tal modo averiado, que sus reparaciones no se terminarían hasta el año siguiente.

El *Scharnhorst* no fue alcanzado, pero las reparaciones normales de sus máquinas tuvieron que ser mucho más extensas de lo previsto y no quedarían finalizadas hasta el mes de junio. Por tanto, el plan de enviar nuevamente a la mar a estos buques en abril para que actuaran con el *Bismarck* y el *Prinz Eugen* cayó por su base.

Mientras tanto, el almirante Lütjens se había trasladado a Alemania. Era el héroe del día, e incluso Hitler quiso ir a saludarlo a Gotenhafen y tuvo con él una gran entrevista. Pero antes, el 25 de abril, conferenciaría en Berlín con el gran almirante Raeder. Lütjens expuso al jefe de la Armada que, en su criterio, existían muchas y buenas razones para aplazar la salida del *Bismarck* y del *Prinz Eugen* hasta que el *Scharnhorst* estuviera listo para hacerse a la mar, o incluso hasta que el acorazado gemelo del *Bismarck*, el *Tirpitz*, hubiera entrado en servicio.

Pero el gran almirante no pensaba lo mismo. No sólo recordaba, por haberlas vivido dolorosamente, las graves críticas y duros reproches formados dentro y fuera de su país contra la escuadra alemana de la gran guerra por su inactividad, sino que veía un horizonte cada vez más sombrío para Alemania y especialmente para la *Kriegsmarine*. Incluso temía que, de no actuar precisamente entonces en el Atlántico con los grandes

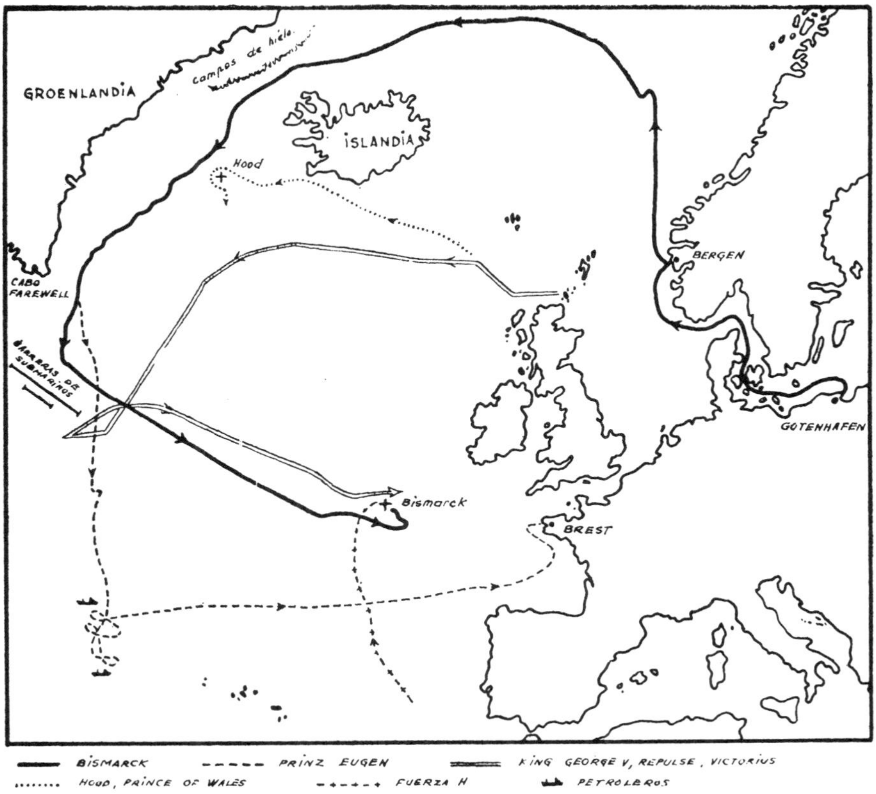

Esquema, muy simplificado, de las derrotas seguidas por el *Bismarck* y el *Prinz Eugen* en su salida al Atlántico, en mayo de 1941, y las de algunas de las fuerzas británicas que intervinieron en la larga batalla.

buques de superficie disponibles, tal vez el verano siguiente resultaría ya imposible sacarlos del mar de Noruega.

Efectivamente, la sombra del gigante del otro lado del Atlántico se cernía cada vez más amenazadora sobre Alemania. El 2 de septiembre del año anterior, Estados Unidos había cedido cincuenta destructores a Gran Bretaña a cambio del arriendo de bases, por un período de noventa y nueve años, en las Bahamas, Jamaica, Antigua, Santa Lucía, Trinidad y la Guayana Británica. Arriendo que se hizo después gratuitamente extensivo a otras bases en Terranova y las Bermudas.

En julio de 1940, tras la caída de Francia, el Congreso norteamericano aprobó un programa naval para construir 1.350.000 toneladas de buques de guerra, lo que prácticamente doblaba una Armada ya potentísima. El 11 de marzo de 1941, el «Acta de préstamo y arriendo» *(Lend and Lease)* se convirtió en ley, lo que no sólo permitió a los ingleses surtirse a crédito de todo lo necesario para proseguir la guerra contra Alemania, e incluso encargar a los astilleros americanos la construcción de nuevas unidades para la *Royal Navy*, sino recibir inmediatamente diez grandes guardacostas que hasta entonces habían arbolado la bandera de las rayas y estrellas. Un mes después se ampliaba la «Zona Americana de Defensa» hasta los 26° de longitud Oeste, en vez de tan sólo hasta los 60°, como anteriormente.

El 27 de marzo ya se había firmado en Washington un acuerdo entre los Estados Mayores británico y norteamericano, en el que se preveía la entrada en guerra de Estados Unidos. Y poco más tarde se llegaba a un entendimiento para que los buques de guerra británicos pudieran ser reparados y reequipados en los astilleros del Tío Sam. Finalmente, el 10 de abril, un destructor norteamericano atacó a un submarino alemán en aguas de Islandia. Todo ello para no hablar de la constitución de la flota americana del Atlántico, la escolta dada por los buques de dicha flota a los convoyes, etc. Era una escalada del intervencionismo que culminaría, el 27 de abril, con la proclamación, por el presidente Roosevelt, del estado de emergencia nacional, y que muy probablemente hubiera conducido a Estados Unidos a la guerra contra Alemania aunque no hubiese existido Pearl Harbour.

Sí, el almirante Erich Raeder creía que el tiempo apremiaba y que había que sacar al *Bismarck* antes de que fuese demasiado tarde. Se desprende de sus propios escritos y de lo que entonces trascendió del SKL, que Lütjens no estuvo completamente de acuerdo con él, pero su posición, como almirante precisamente de la agrupación naval cuya arriesgada salida se debatía, era, naturalmente, muy delicada y le impidió formular demasiados reparos. Es indudable que una de las cosas que más preocuparon a Lütjens fue la carencia de un portaaviones que pudiera dar protección a su fuerza contra los ataques de la aviación enemiga e impidiese a los aviones de observación británicos seguir sus movimientos y señalarlos a la *Home Fleet*. Pero, como sabemos, esto no tenía ya solución.

En resumen, la misión del grupo *Bismarck-Prinz Eugen* sería atacar las vías marítimas de aprovisionamiento británicas en el Atlántico Norte (hasta los 10° Norte) durante tanto tiempo como las circunstancias lo permitieran y regresar después a Alemania. Sólo se preveía la entrada a algún puerto francés en caso de averías graves, pues, no existiendo aviación de caza que diera protección a los buques de guerra alemanes surtos en los puertos franceses, su estancia allí resultaría demasiado arriesgada. Se preveía que, a mediados de mayo, un grupo de seis submarinos ocupasen ciertas posiciones en el Atlántico para poder operar de acuerdo con Lütjens. Éste debería tratar de evitar el combate con fuerzas superiores, e incluso iguales, y se despacharon por delante dos barcos de aprovisionamiento y cinco petroleros destinados a abastecer la fuerza que consideramos.

Pero todavía hubo un contratiempo que retrasó la salida de aquellos dos buques de guerra alemanes y posiblemente trajo para ellos fatales consecuencias.

El 23 de abril resultó alcanzado por la explosión de una mina magnética de fondo el crucero *Prinz Eugen*, y sus reparaciones no le permitieron zarpar hasta el 18 de mayo. Los quince días de diferencia respecto a la fecha de salida prevista suponían, en aquella época del año y latitudes de Islandia, el que la corta noche ártica fuese sustituida por un breve crepúsculo, es decir, que la luz no desapareciese en las veinticuatro horas del día. Adelantamos aquí que los buques de Lütjens serían descubiertos por el crucero pesado *Suffolk* en el estrecho de Dinamarca visualmente y no mediante radar, lo que tal vez no hubiera sucedido quince días antes.

Por fin, el 18 de mayo, después de haber dragado los pasos situados entre los campos de minas alemanes y obtenido información aérea de que todos los grandes buques de la *Home Fleet* se hallaban fondeados en Scapa Flow, aparejaron de Gotenhafen (Gdynia) el *Bismarck* y el *Prinz Eugen*, escoltados por tres destructores. Ello se llevó a cabo en el mayor secreto. Al día siguiente el *Tirpitz* ocupaba el amarradero de su gemelo recién salido, y se detuvo todo el tráfico mercante por el Gran Belt y Kattegat durante el 19 y 20 de mayo.

En la noche comprendida entre dichas fechas, los buques alemanes cruzaban el Gran Belt, y en las últimas horas de la tarde del 20 ya navegaban a la altura de Kristiansand, en el Skagerrak. En la mañana del 21 entraban en Hellwerden, localidad situada en el fiordo noruego de Kors, cerca de Bergen. Allí el *Prinz Eugen* tomó combustible por última vez antes de romper el bloqueo, pero Lütjens no quiso hacerse inmediatamente a la mar, suponiendo que sus buques serían más difíciles de descubrir durante el día en aquel fiordo perdido que en alta mar. Por ello, el capitán de navío Lindemann lleva su buque hasta el fondo del fiordo, detrás de una punta rocosa donde quedaría bien al resguardo de indiscretas miradas lanzadas desde lo alto, tanto con fines fotográficos como torpederos, ya que hacía un magnífico día de primavera y el cielo estaba totalmente despejado.

Una vez que el gran acorazado echa nuevamente el ancla a unos quinientos metros de las rocas de la orilla, tres barcos mercantes se le abarloan. A falta de redes, sus obras vivas servirán para recibir los posibles torpedos dirigidos contra el *Bismarck*. Pero no se produjo ataque alguno.

Las horas de la tarde se desgranaron con lentitud. Todo el personal que no estaba de servicio bajo cubierta salió a tomar el sol. Tras un largo crepúsculo, las sombras envolvieron las aguas del fiordo, y luego fueron ascendiendo por los picos más altos de las montañas próximas, hasta que el suave resplandor de la última cima terminó por extinguirse. Se recoge el correo: son cartas que más de dos millares de hombres dirigen a los seres queridos que quedaron en Alemania, a quienes jamás volverán a ver, y se le entrega a los capitanes de los tres mercantes, que seguidamente desatracan del gran buque de guerra.

Lütjens abandona su cámara y se dirige al puente del almirante. Le recibe su jefe de Estado Mayor, quien le informa de la salida de los tres destructores, que ahora escudriñan cuidadosamente las aguas de afuera, por si algún submarino enemigo se hallara allí agazapado. Pero los auriculares de los sonaristas no devuelven ecos. Después sale el *Prinz Eugen*, y, a las 2300 horas, el *Bismarck* comienza a levar el ancla. Desde las alturas del oscurecido puente, al almirante se le antoja que el acompasado y sordo golpeteo de los eslabones de la gruesa cadena al deslizarse por el escobén resuena como el oscilar de algún enorme péndulo que ya se hubiera puesto en marcha para cronometrar lo que a él mismo y a sus dos mil cuatrocientos hombres a bordo de aquella maravillosa y potente máquina de guerra les queda de vida.

Después, el viento más fuerte que produce el rápido deslizar del buque le vuelve al presente. Mira hacia el cielo. Las estrellas centellean en lo alto sus incomprensibles mensajes. Tal vez le anuncian que al día siguiente empeoraría el tiempo, pues él deseaba pasar cuanto antes el mal trago del estrecho de Dinamarca.

Los prácticos noruegos saltan a sus embarcaciones, hacen un gesto de adiós y se dirigen al puerto. Cuando, unos momentos más tarde, vuelven la vista hacia el mar, los cinco buques alemanes han desaparecido ya entre las tinieblas. Ni una sola luz escapaba de aquellas moles aceradas que navegaban velozmente arrumbadas al Norte.

* * *

Los ingleses tenían espías apostados en la costa sueca del Kattegat, pero parece que fue el hidroavión del crucero sueco *Gotland*, que casualmente navegaba por dicho estrecho, el que avistó desde el aire a la agrupación alemana. El comandante del crucero avisó del avistamiento a Estocolmo, donde el jefe del Servicio de Inteligencia sueco se lo comunicó al agregado naval noruego (del Gobierno en el exilio); éste, al británico, capitán de navío Denham, que, desde su Embajada, radió inmediatamente la noticia al Almirantazgo, en Londres.

De todos modos, también en la costa noruega cercana a Kristiansand, un miembro de la Resistencia noruega (Viggo Axelssen) descubrió el paso de los buques alemanes, informando de ello, por radio, a Londres, que vio confirmado el informe de Denham.

Aquellos mensajes galvanizaron al Almirantazgo británico, que inmediatamente envió al mar de Noruega varios aviones de reconocimiento, uno de los cuales pudo fotografiar al *Bismarck* y al *Prinz Eugen*, el día 21, fondeados en el fiordo de Kors.

¿Cuál podría ser la misión de los dos grandes buques enemigos? ¿Proteger quizás un desembarco alemán en Islandia? ¿Reforzar la escolta de los convoyes despachados para Noruega? ¿Romper el bloqueo para salir al Atlántico? Y, en este caso, ¿por cuál de los tres pasos disponibles? El Almirantazgo decidió, razonablemente, suponer lo peor para él, es decir, dar por sentado que los buques alemanes tratarían de repetir en el Atlántico los desaguisados realizados por el *Scharnhorst* y el *Gneisenau*, y, por su parte, obrar en consecuencia. Con ello se protegería al mismo tiempo a Islandia.

Canceló, pues, la salida para el Mediterráneo del crucero de batalla *Repulse* y del nuevo portaaviones *Victorious*, que quedaron en Scapa Flow a las órdenes del almirante Tovey, con los acorazados *King George V* y *Rodney*, seis cruceros y diez destructores, pues, el mismo día 21, el almirante de la *Home Fleet* había enviado al acorazado *Prince of Wales*, con seis destructores, al fiordo de Hval, al sudoeste de Islandia, posición estratégica donde ya se encontraba el crucero de batalla *Hood.* También ordenó a los cruceros pesados *Birmingham* y *Manchester*, de patrulla entre Islandia y las Faeroe, que hicieran inmediatamente el relleno de petróleo en Islandia y regresaran a sus puestos sobre aquella salida al Atlántico. En el estrecho de Dinamarca vigilaba el crucero pesado *Norfolk*, y hacia allí se envió al de igual serie *Suffolk.* El almirante Tovey quedaba en Scapa Flow listo para acudir con sus buques donde hiciese falta. La trampa estaba, pues, preparada. ¿Caerían en ella las «ratas» enemigas?

El día 22, el tiempo se presentó cerrado en chubascos de lluvia y con un techo de nubes muy bajo. Pese a que los alemanes habían podido sorprender y descriptar un mensaje inglés y se sabían descubiertos por el enemigo, Lütjens no dudó en tratar de aprovechar inmediatamente las favorables condiciones meteorológicas. A la altura de Trondheim ordenó a los tres destructores dar media vuelta, y él arrumbó velozmente hacia el estrecho de Dinamarca con el *Bismarck* y el *Prinz Eugen.*

La RAF no permitió que aquel día despegara ninguno de sus aviones de exploración, lo que causó gran contrariedad en el Almirantazgo, pues la prematura salida de los buques de la *Home Fleet* significaría, entre otras cosas, la pérdida inútil de muchas toneladas de combustible, mientras que un retardo de veinticuatro horas en hacerse a la mar podría suponer, sencillamente, que los navíos alemanes pasaran al Atlántico para lanzarse a depredar convoyes.

Mas la estación naval de Hatston, en las islas Orcadas, estaba mandada por un individuo no sólo consciente de los decisivos momentos que se vivían, sino también dotado de gran amor a la responsabilidad. Por propia iniciativa ordenó despegar a un avión *Maryland*, desarmado y normalmente utilizado como remolque de blancos para el tiro antiaéreo. A su bordo iban marinos que se habían ofrecido voluntarios para aquella peligrosa misión y entre los que se encontraba un aviador naval de gran experiencia: el capitán de fragata G. A. Rottherham.

Pese a las deplorables condiciones atmosféricas, este aparato pudo reconocer el fiordo de Kors: ¡Estaba vacío! Tras examinar el puerto de Bergen entre los disparos de la artillería antiaérea alemana, y los fiordos contiguos, los marinos regresaron a su base. A las ocho de la noche, el almirante Tovey recibía la noticia de la salida del *Bismarck* y el *Prinz Eugen.* No dudando de que tratarían de ganar el océano Atlántico, la *Home Fleet* zarpaba de Scapa Flow a las 2245 y ponía seguidamente rumbo al Noroeste, a fin de situarse al sur de Islandia, en una posición equidistante de los tres pasos a través de alguno de los cuales podrían intentar los alemanes romper el bloqueo. Y en el puente del buque insignia, el acorazado *King George V*, el almirante de la flota estudia cuidadosamente la carta náutica, calcula los posibles rumbos y velocidades del enemigo y se pregunta con inquietud si, como cuatro meses antes, será posible que otra agrupación alemana se le vuelva a escapar.

El cariz del día 23 fue similar al de la víspera, y los aviones de reconocimiento británicos y germanos no pudieron actuar. Por ello, el almirante Lütjens no conoció la salida a la mar de la *Home Fleet*, y ningún avión inglés pudo avistar a los buques alemanes. Pero ya sabemos que en el estrecho de Dinamarca vigilaban dos cruceros pesados británicos a las órdenes del contraalmirante Wake-Walker.

En aquella época del año, entre Islandia y los movedizos campos de hielo contiguos a la costa de Groenlandia se extendía una faja de agua de unas ochocientas millas, a veces surcadas por algún témpano de espíritu más aventurero, que, cual pálido fantasma, iniciaba un largo y calmoso viaje hacia el Sur. Pero gracias a los tres campos de minas fondeados por el Almirantazgo al noroeste de Islandia, las ochenta millas habían quedado reducidas a menos de la mitad para los cruceros ingleses. La mar estaba en calma por aquellas latitudes, y mientras la parte del estrecho contigua a la *banquise* se hallaba despejada, espesos bancos de niebla lo velaban hacia las costas de Islandia resultado del encuentro de la corriente descendente y fría del Ártico (Oriental Groenlandesa) y la cálida de Irminger que sube desde el trópico. El crucero *Suffolk* navegaba hacia el Sudoeste a las 0722 de la tarde del día 23. Su radar era de antena fija, sólo capaz de detectar objetos por la proa y un pequeño sector de las amuras. pero un vigilante serviola que miraba hacia popa distinguió a través de sus prismáticos a dos grandes y extraños buques de guerra de un tipo que jamás había visto navegando al mismo rumbo que su crucero, pero a mucho más andar a juzgar por la grande y blanquecina onda de cabeza que ambos levantaban con sus rodas. Avisado el puente, se reconoció a dos buques alemanes a unas siete millas de distancia, se comunicó el avistamiento por radio, e inmediatamente el crucero cayó a babor, para desaparecer pronto entre la niebla.

Efectivamente, el *Bismarck* y el *Prinz Eugen* navegaban por este orden y en línea de fila, a 28 nudos, a través del estrecho de Dinamarca, y sus radiotelémetros ya habían señalado al *Suffolk*. Los alemanes no captaron, con sus equipos «Fumb», impulso alguno de los radares enemigos, y como el crucero desapareció visualmente, supusieron que ellos no habían sido detectados. De todos modos, Lütjens creyó que el mejor medio de pasar al Atlántico era hacerlo rápidamente y a viva fuerza, antes de que los buques pesados de la *Home Fleet* pudieran tratar de impedírselo. Por ello, cuando, aproximadamente una hora más tarde, el *Norfolk* salió de entre la niebla a unas seis millas de distancia para reconocer visualmente a los intrusos, el *Bismarck*, por todo saludo, le lanzó inmediatamente varias salvas con sus pieza de 380 mm, que cayeron peligrosamente próximas al crucero pesado y le obligaron a alejarse a toda máquina, con algunos cascotes de metralla alemana a bordo y al amparo de su propia cortina de humo.

No obstante, aquellos dos buques del contraalmirante Wake-Walker cumplieron su misión, que ante un acorazado no podía ser otra que la de seguirle y transmitir continuamente su posición, rumbo y velocidad al almirante de la flota, hasta que pudieran intervenir otros buques capaces de medirse con él. Se situaron uno por cada aleta de la formación alemana, a más de diez millas, y, con tenacidad típicamente sajona, se dispusieron a no perder el contacto radar.

Una vez descubiertos y señalados los buques de guerra alemanes, el almirante de la *Home Fleet* arrumbó inmediatamente al Oeste cuarta al Noroeste,[1] con el *King George V*, el *Repulse*, el portaaviones *Victorious*, cuatro cruceros y siete destructores, a fin de interceptarlos. Desde mucho más al Oeste, el vicealmirante Lancelot Holland, con el *Hood*, el *Prince of Wales* y seis destructores, ponía la proa al Oestenoroeste a 28 nudos. Y, por su parte, el Almirantazgo hacía salir de Gibraltar a la «Fuerza H», al mando del almirante Somerville, con el *Renown*, el *Ark Royal*, el crucero pesado *Sheffield* y seis destructores.

La agrupación alemana, que navegaba a elevada velocidad por el estrecho de Dinamarca rumbo al Sudoeste, trató en vano, metiéndose por entre los bancos de niebla, de zafarse de los dos cruceros que insistentemente le seguían a distancia. Pero el *Norfolk* montaba la última palabra en radar de antena giratoria, y, pese a la espesa bruma, chubascos de agua y nieve y cambios de rumbo de los alemanes, ambos cruceros se mantuvieron en sus posiciones relativas, al mismo tiempo que seguían enviando sus cifrados informes al éter. Por si los pegajosos buques enemigos se aproximaban, Lütjens decidió invertir el orden de los suyos, situando al *Bismarck* en la cola de la formación y al *Prinz Eugen* en cabeza.

Y en aquella noche, sólo crepuscular en las proximidades de Islandia, aunque más oscura de lo previsto, cuatro poderosas agrupaciones navales navegaban velozmente por el Atlántico Norte a rumbos convergentes.

1. Una cuarta = 1,25° de arco, o 1/32 de la rosa de los vientos.

Cuatro almirantes estudiaban con sus estados mayores todas las posibilidades propias y enemigas. Pero con una importante diferencia: los tres almirantes británicos conocían exactamente cuál era la composición y movimientos de la fuerza enemiga, mientras que Ghunter Lütjens sólo sabía que se le perseguía desde hacía unas horas. ¿Previó este almirante alemán el encuentro que tendría lugar a la mañana siguiente con los buques de batalla británicos? Probablemente no. Conociendo que los ingleses habían descubierto su entrada en el fiordo noruego, y seguramente también su salida, se pondría en el lugar del almirante de la *Home Fleet*. ¿Qué hubiera hecho? Destacar desde Scapa Flow a los cruceros de batalla y acorazados más veloces, hasta una posición que le permitiera poder intervenir con rapidez si los cruceros de vigilancia le descubrían. ¿Por qué no virar entonces de bordo y regresar a Noruega? Porque, desconociendo la posición avanzada del *Hood* y del *Prince of Wales*, estaría casi absolutamente seguro de que los buques pesados enemigos no podrían llegar a tiempo al estrecho de Dinamarca para impedirle la salida al Atlántico, y, una vez allí, tendría sobrado espacio de maniobra para desembarazarse de los cruceros enemigos por un medio u otro. Cualquier fuerte tormenta podía crear interferencias en sus radares y permitirle a él desaparecer en la inmensidad azul. También podría obligarles a alejarse antes de que cayera la noche, pues sus cañones tenían un alcance de 36.200 metros, es decir, superior, según parecía, al de los aparatos electrónicos enemigos, y luego cambiar de rumbo entre las tinieblas y esfumarse.

Sí: si se recuerda su conducta anterior cada vez que, habiendo sido descubierto, temió un encuentro inminente con los buques de la *Home Fleet*, se puede dar por seguro que la aparición a la mañana siguiente de los buques del vicealmirante Holland constituyó sin duda una desagradable sorpresa para el almirante alemán.

Pero tan inescrutables son también, en realidad, para nosotros los pensamientos del vicealmirante británico que surcaba las aguas a elevada velocidad con sus ocho buques para interceptar a la agrupación alemana a la salida del estrecho de Dinamarca, es decir, precisamente a las puertas del Atlántico. Sentiría vibrar bajo sus plantas aquella formidable mole de 42.000 toneladas, el buque de guerra supuestamente mayor del mundo, en el que izaba su insignia. Este marino británico, que poseía la impetuosidad de un David Beaty, el vicealmirante de cuarenta y dos años cuya audacia fuera tan discutida durante la gran guerra, supondría que un acorazado alemán de 35.000 toneladas, sin más acompañamiento que un crucero, podría ser fácilmente batido por sus dos buques de batalla de

42.000 y 38.000 toneladas, respectivamente, ya que él dispondría de dieciocho piezas de 381 y de 356 mm, frente a tan sólo ocho alemanas de calibre similar, y puesto que los dieciséis cañones de 203 mm de Wake-Walker podrían dar buena cuenta de los ocho del mismo diámetro de ánima del crucero enemigo. Su confianza en el triunfo debió de ser casi absoluta, y su único temor, que el adversario pudiera descubrir su presencia, invertir el rumbo antes de llegar al contacto balístico y escapar a roda máquina. ¡Sueños de gloria! Pero aunque este vicealmirante ordenó a su agrupación observar un silencio radiotelegráfico absoluto y ni siquiera permitió emplear los equipos de radar hasta que se avistara al enemigo, con el fin de no delatarse e impedir que aquél tratara de huir, en cambio no pareció prestar la adecuada atención a las características de los buques propios que iban a enfrentarse inmediatamente con los alemanes.

Unas cuatrocientas ochenta millas por detrás del grupo de Holland navegaba el almirante de la *Home Fleet*, y los pensamientos de este hombre sí los conocemos. Dibujadas sobre la carta en la sala de operaciones de su buque insignia, observaba que la formación alemana procedente del Norte y la del vicealmirante Holland convergían a gran velocidad hacia un punto situado a poniente de Islandia, en el que se darían cita, a menos que un empeoramiento del tiempo atmosférico lo impidiese, en la mañana siguiente. Pero aquel encuentro le tenía preocupado, pues sabía que Holland navegaba con su buque insignia en cabeza, sobre el que tirarían los alemanes, cuando, en realidad, el *Hood* estaba peor blindado que el flamante acorazado que seguía sus aguas. Varias veces estuvo tentado de poner un radio en ese sentido a su subordinado. Pero luego desistió. Sería una interferencia directa que molestaría al vicealmirante, y, al fin y al cabo, quedaban todavía bastantes horas por delante. Posiblemente, Holland cambiaría el orden de sus unidades antes de entrar en combate.

Efectivamente, el crucero de batalla *Hood*, de 42.000 toneladas y 31 nudos de andar, tenía un buen blindaje vertical, de hasta 30,5 cm, de acero especial, en el costado, barbetas y puesto de mando, y de 38 cm en las cuatro torres dobles de cañones de 381 mm, pero sus dos cubiertas protectrices horizontales sólo tenían 3,6 y 7,6 cm, respectivamente. En un combate a distancias inferiores a los dieciocho mil metros, en que los proyectiles vuelan más bien rasos, el buque aguantaría bien los impactos enemigos, pero en otro de larga distancia, del orden de los veintitrés mil o más metros, la cosa variaba, pues la granadas describirían una trayectoria (parabólica sólo en el vacío) muy alta y llegarían desde arriba, es decir, con un ángulo de incidencia mayor y que, con toda probabilidad, afectaría gravemente a la cubierta horizontal. Los expertos navales británicos hacía tiempo que se habían dado cuenta de que un proyectil que hiciera impacto con determinado ángulo de caída podría incluso alcanzar los pañoles de pólvoras y municiones de éste, por lo demás, formidable crucero de batalla, no completamente protegidos por las torres de artillería y sus barbetas, pero la obra necesaria para poner remedio a aquella debilidad potencial era de cierta importancia y nunca llegó a efectuarse.

El acorazado *Prince of Wales* estaba mejor blindado sobre los pañoles de municiones, pues llevaba una cubierta protectriz de 15,2 cm.[1] En resumidas cuentas, a los buques ingleses les convenía acortar rápidamente distancias una vez llegados al contacto balístico, para estar sometidos el menor tiempo posible al fuego enemigo con gran ángulo de caída de proyectiles. Pero, como veremos, una táctica tal presenta, según qué circunstancias, muy graves inconvenientes.

Poco después de la medianoche ártica, una tormenta de nieve hizo que los dos cruceros ingleses que seguían a los buques alemanes perdieran en sus pantallas de radar el rastro del enemigo. Entonces el vicealmirante Holland cometió su primer error. Suponiendo que los germanos habían cambiado de rumbo, aproó hacia el Norte y moderó el andar a 25 nudos. Pero, en realidad, Lütjens seguía navegando al Sudoeste a 28 millas por hora.

Hemos dicho que Holland cometió un error, lo que exige una breve explicación. Desde que Vittorio Cuniberti preconizara el primer *dreadnought* a comienzos del siglo actual, casi todos los buques de guerra repartían su armamento principal, monocalibre, a proa y a popa, para tener iguales posibilidades de combatir en caza o en retirada. Fueron una excepción los cruceros de batalla franceses, diseñados con la única finalidad de atrapar a otros buques alemanes muy inferiores (acorazados de bolsillo primero, y cruceros del tipo *Gneisenau*, supuestamente de 26.000 toneladas, después), frente a los que no parecía existir la menor posibilidad de tener que retirarse.[2]

1. El blindaje horizontal de los acorazados alemanes era el siguiente: los de la serie *Scharnhorst* contaban con dos cubiertas protectoras, de acero Krupp, que entre ambas sumaban 13,3 centímetros de grosor. Los de la serie *Bismarck* tenían una cubierta alta de 5 centímetros y otra baja de 8 centímetros, que sobre los pañoles de municiones llebaga a los 12 centímetros; es decir, un blindaje máximo horizontal de 17 centímetros. La diferencia entre la coraza vertical y la horizontal de un buque de guerra era debida a que el poder de perforación del proyectil blindado disminuye notablemente con el ángulo de caída.

2. Los acorazados ingleses de la serie *Nelson*, que originalmente se proyectaron para un desplazamiento de 45.000 toneladas y con una de las tres torres triples a popa, tuvieron que modificarse para que, según el Acuerdo de Washington, no rebasaran las 35.000 toneladas. Ello sólo fue posible variando el diseño y concentrando a proa sus tres torres principales, ahorrándose así el blindaje del gran pañol de municiones de popa.

Ahora bien, teniendo repartida la artillería principal de forma equilibrada, la aproximación al enemigo hay que efectuarla de tal manera que, al quedar éste en el límite eficaz de la propia artillería, se pueda disparar sobre él con todas las piezas. En igualdad de condiciones, y una vez llegados al alcance balístico, basta con caer a una banda, presentar el costado y hacer un rumbo paralelo o ligeramente convergente con el del enemigo, según nos interese mantener o cerrar distancias. En otro caso, si, por un imperativo de construcción, interesa cortar rápidamente el alcance para batirse en las mejores condiciones posibles, hay que llegar a un compromiso entre el tiempo en ello empleado y el rumbo de aproximación, de modo que éste nos permita salvar la zona peligrosa con relativa rapidez pero sin impedirnos disparar con todas las piezas principales. De otra manera, si para acercarnos más de prisa ponemos sensiblemente la proa al enemigo, sólo seremos capaces de tirar con las torres del castillo, mientras que aquél lo hará con todos sus cañones. Si además se tiene en cuenta que resulta más fácil centrar el tiro en deriva que en alcance, y que la eslora de un buque de línea suele ser unas siete veces mayor que la manga, se desprende que el peligro de acercarse al enemigo con un ángulo muy cerrado resulta más que doblemente peligroso, pues no sólo será doble el número de proyectiles que lluevan sobre el buque que se acerca, sino que las probabilidades de ser alcanzado serán también mucho mayores. Éste sería precisamente el caso de la aproximación del *Hood* y de su tragedia, pues lo dicho respecto a los dos buques enemigos es válido para otras tantas escuadras.

Al variar hacia el Norte el rumbo de su agrupación, el vicealmirante Holland «perdía demora», es decir, ya no podría efectuar después su aproximación acortando distancias rápidamente y disparando al mismo tiempo con todas sus piezas principales, pues el enemigo, que había continuado al mismo rumbo, se le había «adelantado». Pero él prefería cerrar distancias por la vía rápida, navegando sensiblemente proa a los buques alemanes, para estar expuesto el mínimo tiempo al tiro por elevación, ya que la cubierta blindada del *Hood* era de cristal.

Como veremos, el resultado de aquel precipitado cambio de rumbo iba a ser catastrófico para los buques ingleses.

A las 0117, el almirante británico señaló sus intenciones tácticas. Ambos buques de batalla deberían tirar sobre el *Bismarck*, mientras los dos cruceros de Wake-Walker lo harían sobre el *Prinz Eugen*. Pero, debido al radiosilencio impuesto por el mismo Holland, el contraalmirante Wake-Walker no se enteraría de semejante orden.

Debido a la mala visibilidad reinante, poco después de las dos de la madrugada el *Hood* y el *Prince of Wales* cayeron a babor por contramarcha y arrumbaron al Sudoeste, pero los destructores recibieron orden de seguir explorando hacia el Norte. Con lo cual, estos buques tampoco podrían intervenir en el combate que se avecinaba. Al mismo tiempo, el almirante pidió al *Prince of Wales* que barriera el horizonte con su radar de tiro, para tratar de descubrir a los buques alemanes, que sabía próximos. El barrido no dio resultado, pero como este radar tenía un considerable sector muerto hacia popa debido a las superestructuras del acorazado, el capitán de navío Leach solicitó permiso para emplear el radar de exploración. Permiso que le fue denegado, seguramente por suponer el vicealmirante Holland que las señales de dicho equipo serían inmediatamente detectadas por el enemigo.

En aquellos tiempos, en que todavía no se analizaban las características de pulsación de los radares enemigos, para tratar de descubrir qué tipo específico de buque podía estar utilizándolos, esta política de restricción en el uso del radar era correcta sólo hasta cierto punto, porque si los alemanes hubieran descubierto una emisión electromagnética procedente del Sur, probablemente habrían supuesto que la generaban otros cruceros ingleses y continuado navegando tal y como iban.

A las 0247, el *Suffolk* volvió a detectar con su radar a los buques alemanes. A partir de entonces y hasta que diese comienzo el combate, los cruceros ingleses señalarían constantemente la posición relativa de la agrupación alemana, mientras que el *Prince of Wales* fijaría con sus radiogoniómetros la de los cruceros propios. Holland, al constatar que los buques germanos habían mantenido inalterable su rumbo y velocidad, comprendería demasiado tarde su error.

A las 0340 de la madrugada, los buques de línea británicos aumentan a 28 nudos y caen al Oeste para cerrar distancias. La visibilidad ha mejorado notablemente con la amanecida, pero no se puede catapultar el avión de reconocimiento del acorazado inglés debido a la contaminación de su gasolina. Dos horas después, los enemigos se avistan mutuamente. Para ellos es un momento cargado de emoción y de presagios.

No hay extrañeza a bordo de los buques británicos, que conocían con exactitud la composición y los movimientos de sus contrapartes alemanes, pero la sorpresa debió de ser considerable para Lütjens, quien había supuesto que aquellos dos buques ya detectados por los hidrófonos y qu rápidamente se le aproximaban eran otros tantos cruceros pesados ingleses de vigilancia.

En el puente del *Bismarck* hacía frío y el viento era cortante. El gran buque de guerra se mecía majestuosamente al avanzar raudo sobre los lomos grises de una mar de fondo que entraba de Poniente. El almirante observaba a través de uno de los periscopios del blindado puesto de mando. ¡De modo que no eran cruceros! ¡Aquellos dos grandes buques de batalla podían ser identificados, sin lugar a dudas, como el *Hood* y un acorazado de la serie *King George V*, probablemente con el almirante de la *Home Fleet* a bordo! ¡Inteligente y sagaz el almirante inglés!, reconoció a pesar suyo Lütjens. ¿Cómo había podido adivinar, con tanta anticipación para aguardarle precisamente allí con sus acorazados, que él intentaría salir al Atlántico por el estrecho de Dinamarca? La respuesta carecía ahora de importancia. Luego meditaría sobre ella. Aquellos buques eran tan veloces como el *Bismarck* y, según parecía, montaban tan buenos o mejores radiotelémetros que los alemanes. El tiempo estaba despejado, la visibilidad era buena, por la popa les seguían dos cruceros pesados ingleses a unas quince millas, lo que significaba dieciséis cañones enemigos de 203 mm. Por tanto, ni pensar en dar la vuelta. Además, tácticamente, él se hallaba en posición muy ventajosa respecto a los buques británicos. Primero había que poner fuera de combate al crucero de batalla y luego despegarse a cañonazos del acorazado. ¿Era aquello factible? Probablemente sí. Lütjens ordenó al jefe del Estado Mayor que señalase a los comandantes de sus dos buques que el blanco inicial sería precisamente el crucero de batalla *Hood*. Después comunicó al Alto Mando de la *Kriegsmarine* que el combate era inevitable. Nada más. Cambiar el orden de sus unidades resultaría inútil. Los largos tubos de 203 mm de calibre del *Prinz Eugen* ya dirigían sus amenazadoras bocas sobre el enemigo. Alterar los puestos sólo serviría para causar dificultades al director de tiro del crucero pesado, pues era de suponer que los dos navíos ingleses dispararían en cualquier caso sobre el *Bismarck*.

Saltemos ahora mentalmente hasta el puente del buque insignia británico. Desde allí, las oscuras siluetas de los navíos alemanes eran bastante similares y los ingleses creyeron que el *Bismarck* iba en cabeza de la formación. En este nuevo error tal vez influyó lo señalado anteriormente por los cruceros británicos que habían avistado a la agrupación alemana. Además, a aquella velocidad y proa a la marejada, las dos grandes moles británicas partían las olas, y los rociones de agua salada llegaban intermitentemente hasta las cofas, empapando oculares de prismáticos, telescopios, visores, telémetros y alzas de puntería. Holland, que navegaba al Sudoeste, cayó al Noroeste y, a las 0553, ordenó romper el fuego sobre los buques alemanes.

Los enormes cañones escupen grandes llamaradas, seguidas por borbotones de humo grisáceo que velozmente arrastra el viento. Ambos buques británicos se estremecen de quilla a perilla. Las piezas retroceden con brusquedad, hasta que los frenos logran detener aquel desplazamiento a contera y absorber la energía cinética que ha hecho volar a los proyectiles. Inmediatamente actúan los recuperadores, y las piezas vuelven a sobresalir de las blindadas torres igual que antes del disparo.

Mientras tanto, las pesadas granadas perforantes van rasgando el aire con un aullido bien diferente, en timbre sonoro, para quienes esperanzados las escuchan alejarse, y aquellos otros que, no sin aprensión, las oyen llegar. Pero la distancia que media entre ambos combatientes es superior a los veinticuatro kilómetros (24.320 metros), y en las direcciones de tiro de los buques británicos, antes de que suenen los timbres avisadores de la caída de las salvas propias, todos los que concentran su atención en el blanco observan que un rojizo y breve relampagueo brota de los distantes buques alemanes. ¡El enemigo aceptaba el combate sin intentar escapar! Ante aquella inesperada actitud, el almirante Holland debió de experimentar un cambio emocional: sus temores de que el enemigo se le escabullera debieron de trocarse en alarma por la desventajosa situación en que el mismo se había colocado. Tenía fundados motivos para ello.

En primer lugar, porque sólo en el último instante anterior al fuego se reconoció la verdadera posición del *Bismarck* y se cambió de blanco. Lo que ya no surtió efectos. Pues el *Prince of Wales*, que desde el principio reconoció correctamente al acorazado alemán, había decidido tirar sobre él desoyendo la orden del almirante. Pero en el *Hood* la orden llegó demasiado tarde, y este buque dispararía hasta el final sobre el *Prinz Eugen*.

En segundo, porque, con aquel rumbo, el crucero de batalla sólo podía hacer fuego con cuatro piezas de 381 mm, y el *Prince of Wales*, con seis de 356 mm, una de las cuales quedó fuera de servicio desde la primera salva. Así que la manifiesta superioridad artillera británica se convertía en franca inferioridad, pues los ingleses tiraban con nueve cañones de grueso calibre, mientras que los alemanes lo hacían con dieciséis. No deseamos insistir en la diferente colocación de los buques respecto a la línea de tiro. Ni en la ausencia de los veloces cruceros ingleses y de los seis destructores. Por si fuera poco, las salvas alemanas quedaron inmediatamente centradas, y un proyectil del *Prinz Eugen* alcanzó al *Hood* en el combés y le produjo un formidable incendio.

Desde los cruceros pesados británicos que observaban el combate por el Norte, a demasiada distancia para intervenir ya en él, se vio cómo una gran bola de fuego semejante a la semiesfera de un sol poniente surgía entre el puente de proa y el palo de mesana del crucero de batalla. ¿Qué sucedía a bordo del mayor buque de guerra británico?

Sucedía que 9,4 toneladas de cohetes antiaéreos de nuevo diseño, mal estibados en cubierta dentro de cajas de urgencia sin blindaje, habían salido ardiendo y estallando con los primeros impactos alemanes caídos a bordo.

Por lo demás, la tercera salva del *Bismarck*, ¡igual que en un ejercicio de tiro!, ahorquillaba al *Hood*. Era el momento de cambiar inmediatamente de rumbo para descentrarse. Pero el almirante británico, que observaba a través de las mirillas de su acorazado y cilíndrico puesto de mando, no se inmutó. Encuadrado por los géiseres que levantaban los proyectiles enemigos junto al costado, sintiendo cómo el gran crucero de batalla se estremecía violentamente al disparar y recibir impactos, en medio de un ruido atronador, parcialmente cegado por el humo de los cañones y con un formidable incendio a bordo de su buque insignia, hay una trágica grandeza en este almirante que, con indudable arrojo y acometividad, no importan ya en este momento sus fallos, de ningún modo quiere alterar sus planes y se aferra desesperadamente al enemigo para que no se le escape, confiando, pese a todo, en que la suerte termine por sonreírle.

¿Cuántos impactos recibió el *Hood*? Nadie lo sabrá nunca, pero es probable que bastantes, ya que el tenaz almirante decidió por fin caer 20º de rumbo hacia fuera para tratar de evadirse de la mortífera e implacable lluvia de granadas alemanas y permitir que sus unidades pudieran tirar con todas las piezas. Pero su buque insignia ya estaba sentenciado. Acaba el crucero de batalla británico de caer a babor, cuando es nuevamente alcanzado por una salva alemana de 380 mm, uno o varios de cuyos proyectiles atraviesan sus dos blindadas cubiertas y penetran en los pañoles de municiones situados bajo el alcázar. Segundos después actúan las espoletas de retardo y se produce el desastre.

Una llamarada sobrecogedora se remonta súbitamente entre la chimenea de popa y el palo de mesana, inmediatamente seguida por un estremecimiento de muerte y violentos torbellinos de humo que surgen por todas partes como de un furioso volcán y envuelven completamente al gigantesco navío, que se desintegra en un estallido terrorífico. Enormes masas de acero vuelan por los aires, casi mimetizadas con las espesas y abrasadoras nubes de gas, y al desplomarse sobre las olas parece como si la mar entrara en ebullición.

El formidable buque de guerra se ha partido por la mitad.

Los horrorizados testigos oculares a bordo del *Prince of Wales* observan cómo la proa y popa del *Hood* apuntan durante algunos instantes hacia el cielo. El largo castillo de proa se alza durante más de un minuto, sobre las olas, para hundirse después verticalmente. La popa sigue flotando otros dos minutos más, casi enteramente oculta por una enorme columna de humo. Luego también desaparece.

A fin de librar las 46.000 toneladas de acero que acaban de sumergirse en las glaciales aguas del Atlántico Norte, el matalote ha tenido que meter todo el timón a estribor. Y allí donde acababa de flotar uno de los mayores buques de guerra de todos los tiempos, sólo quedan algunos remolinos, cadáveres y restos. Una negruzca y maloliente humareda, que en la base parece agarrarse a las olas y por su cimera se remonta a centenares de metros de altura, cual amenazante tromba marina, señala durante algún tiempo la tumba de 1.416 ingleses trágicamente muertos por su patria. Sólo tres hombres se han salvado de la catástrofe: un guardia marina y dos marineros, que luego serán recogidos por aquellos destructores que, a más de treinta millas de distancia, no han podido, lanzándose al combate para atacar de cerca con torpedos, impedir el terrible desastre.

Se repetía así, casi exactamente veinticinco años después, la suerte sufrida por los cruceros de batalla británicos *Indefatigable, Queen Mary* e *Invincible*, el 31 de mayo de 1916, durante la batalla de Jutlandia. También aquellos tres veloces pero mal calculados buques literalmente habían volado, llevándose al abismo más de tres mil trescientos marinos.

La apocalíptica escena del hundimiento del *Hood* había durado poco más de dos minutos y dejó anonadados a los hombres del *Prince of Wales*. Pero el combate proseguía, y Lütjens, exultante pero con la cabeza fría, ordenó cambiar inmediatamente de blanco. Así que los siniestros proyectiles perforantes alemanes comenzaron a caer como en catarata junto al acorazado británico. Puesto que la distancia había ido disminuyendo rápidamente, hasta llegar a los trece mil metros, también disparaban las tres torres dobles de 150 mm, montadas sobre la banda de babor del *Bismarck*, de modo que un verdadero bosque de palmeras de agua hechas surgir por los disparos de veintidós cañones alemanes casi impedían a los marinos del buque inglés observar la caída y efectos de su propio tiro. El ruido era espantoso, y, en pocos minutos, el *Prince of Wales* recibió siete impactos directos: cuatro de 380 mm y tres de 203. Dos de los últimos penetraron a bordo por debajo de la flotación y obligaron al acorazado a embarcar inmediatamente seiscientas toneladas de agua. Uno de 380 mm deshizo el puente de navegación, matando a veinte hombres y produciendo averías en la dirección de tiro principal. Por uno de los tubos acústicos la sangre de los muertos empezó a chorrear sobre la mesa de la caseta de derrota situada en la cubierta inmediatamente inferior. Otros dos proyectiles perforaron la cubierta blindada: uno, disparado por el *Bismarck*, quedó empotrado junto a un generador eléctrico, y otro, del *Prinz Eugen*, penetró ¡en un pañol de municiones! Ninguno de ellos hizo explosión, lo que posiblemente salvó a los ingleses de otra catástrofe.

El comandante del buque, que fue uno de los dos únicos supervivientes del impacto recibido en el puente de navegación, tan pronto recobró el conocimiento ordenó poner la popa al enemigo y retirarse inmediatamente al amparo de una columna de humo.

A las 0609, los germanos cesaron de disparar. ¿por qué no persiguieron al solitario acorazado que se retiraba con graves averías y dos de sus diez cañones fuera de servicio? De haberlo hecho, todas las probabilidades son de que el *Prince of Wales* habría descendido también al oscuro fondo del océano. ¿Entonces?

No se puede saber con certeza. Una versión alemana aduce que, probablemente, el vicealmirante Lütjens creyó habérselas con el buque insignia de la *Home Fleet*, puesto que desconocía la reciente incorporación a la flota del *Prince of Wales*, y creería que los restantes acorazados ingleses, más lentos, seguirían de cerca a su almirante. Dirigirse hacia el Este podría hacerle caer en una trampa.

Pero el *Prince of Wales* llevaba dos semanas fondeado en Scapa Flow antes de la salida que le llevaría a enfrentarse con el *Bismarck*.

Precisamente durante aquellos días la aviación alemana de reconocimiento había desplegado gran actividad sobre aquella base naval británica y el Ártico, desde Juan Mayen hasta Groenlandia, a fin de cerciorarse de que los buques de la *Home Fleet* se encontraban en puerto y no existía peligro inmediato para la agrupación alemana que salía del Báltico. En las fotografías tomadas sobre Scapa tuvieron que figurar dos acorazados de la serie *King George V*, y tales fotografías las habría estudiado cuidadosamente Lütjens. Por tanto, dicha explicación no resulta muy convincente.

La aparentemente incomprensible actitud del vicealmirante alemán tiene otras explicaciones más verosímiles. En primer lugar, el *Bismarck* había recibido dos impactos directos durante el combate: uno en la amura, sobre la flotación, y otro bajo ella, que interesó un tanque de combustible proel y afectó indirectamente a una cámara de calderas, reduciendo en dos nudos la velocidad máxima del buque. Hasta que se pudo bombear el contenido a otros tanques, este impacto obligó al acorazado a ir dejando un delator rastro de petróleo sobre el mar. Dicha reducción en su velocidad máxima de 30 nudos quedaría probablemente compensada por los agujeros en la obra viva e inundaciones sufridas a bordo del *Prince of Wales*, pero esto no lo sabía Lütjens. No obstante, pudo haber intentado la persecución, cosa que no hizo. Luego el interrogante persiste.

La principal consideración que debió de pesar sobre el almirante alemán fue la naturaleza de su misión. Hundir otro acorazado británico no tenía verdadera trascendencia para Alemania, dada su gran inferioridad naval. Dislocar o paralizar parcialmente el tráfico de los convoyes británicos por el Atlántico durante tres meses sí la tenía, ya que Gran Bretaña estaba al borde del colapso. En aquellos primeros años de la guerra, el número y tonelaje de los barcos mercantes que echaban a pique por todos los medios los alemanes era muy superior al de las nuevas construcciones. Imagine sencillamente el lector que un enfermo pierde más sangre de la que se le puede inyectar mediante transfusiones. El paciente en cuestión vivirá poco tiempo. Éste fue exactamente el caso de Gran Bretaña hasta 1943.

A Lütjens, hombre más inteligente y patriota que vanidoso, no le interesó cosechar nuevos laureles, sino dar un golpe verdaderamente grave a las importaciones del enemigo. Es muy natural que le preocupara la pérdida de petróleo del *Bismarck* y que pretendiese solventarla cuanto antes. Nada se interponía ya entre sus poderosos buques y el océano Atlántico. Allí yacía su verdadera meta. Si aceptó el combate anterior fue por pura necesidad, y en el mensaje al Alto Mando momentos antes de la acción que hemos relatado, casi pareció disculparse por tener que batirse, explicando que resultaba inevitable, pues el enemigo disponía de tan buenos o mejores equipos radiotelemétricos que los suyos.

Sí, su visión estratégica y la conciencia de su verdadero objetivo fueron sin duda los que, a nuestro entender, tuvieron que decidir al almirante a proseguir su navegación al Sudoeste sin cuidarse más de un enemigo que se retiraba vencido y le cedía el paso. Y aunque Hitler no comprendería este proceder, cualquier individuo con mentalidad marítima lo entenderá perfectamente.

* * *

A partir de este combate entre titanes, iban a sucederse noches y días verdaderamente dramáticos, que tendrían a todo el orbe pendiente del destino de aquellos buques alemanes que tan audazmente se aventuraban, desafiantes, por un océano secularmente dominado por la poderosa flota británica.

Lütjens comunicó inmediatamente a Alemania el resultado del combate, y la radiodifusión, controlada por Joseph Goebbels, se encargó de hacérselo saber al mundo. A la *BBC* de Londres no le quedó, pues, otro remedio que interrumpir sus programas para, en un lacónico comunicado, dar cuenta de la pérdida del mayor buque de la Marina de Guerra británica, con toda su gente. La noticia causó enorme sensación, porque el *Hood* había sido exhibido durante casi un cuarto de siglo por los principales puertos del globo, y era, por decirlo así, el exponente de la formidable potencia naval del Imperio británico.

A los que tantas veces le habíamos contemplado años atrás, durante nuestra guerra civil, con admiración no exenta de secreta envidia, nos costaba creer que aquel buque fenomenal había sido pulverizado tras un breve intercambio de salvas. Cierto es que un navío de este porte aloja en sus entrañas varios millares de toneladas de pólvoras y municiones rellenas de explosivos, pero también habíamos visto el tremendo cinturón acorazado que envolvía ampliamente la línea de flotación del coloso, calculado para recibir impactos del máximo calibre. Desconocíamos entonces que aquella poderosísima máquina de guerra tenía, como Aquiles, sus puntos vulnerables.

En Gran Bretaña, el hundimiento del crucero de batalla produjo enorme consternación. El peso de un grave y tremendo infortunio, casi tan grande como el que originó la caída de Francia, pareció abatirse en un pueblo que ha vivido siempre de cara al mar y en el que hasta el más humilde campesino concede a los océanos su trascendental y verdadera importancia. Una vez más, el Almirantazgo se dispuso a efectuar un desesperado esfuerzo para tratar de aniquilar aquellos buques enemigos que no sólo constituían ya un grave e inmediato peligro para sus vitales convoyes oceánicos, sino que esta vez habían comenzado por infligir a la *Royal Navy* una derrota tan humillante como sangrienta.

El castigado *Prince of Wales* se incorporó a la división de cruceros del contraalmirante Wake-Walker, y con estos buques siguió desde lejos a la agrupación alemana, sin intentar un nuevo combate.

El almirante Tovey arrumbó al Sudoeste con el *King George V*, el *Repulse* y demás buques de la *Home Fleet*, para tratar de interceptar al día siguiente a los buques de guerra germanos, pero confiando más en los aviones del *Victorious* que en sus buques de línea, pues el *Repulse* estaba peor artillado y blindado que el *Hood*, y ya sabemos cuál había sido la suerte de la superior agrupación de Holland. El acorazado *Rodney*, mucho más lento, que, con cuatro destructores, daba escolta al convoy que tenía que haber protegido el *Repulse* y el *Victorious*, y que se encontraba a unas quinientas cincuenta millas al sudoeste de los buques alemanes, recibió órdenes de cerrar distancias hacia ellos con tres destructores. El acorazado *Ramillies* abandonó también el convoy que escoltaba y arrumbó hacia la agrupación alemana, que le quedaba precisamente al Norte. Lo mismo hacía el acorazado *Revenge*, que salió del puerto de Halifax a toda máquina. Y la «Fuerza H», aparejada desde Gibraltar. Y el crucero pesado *Edinburgh*...

En resumen: siete acorazados y cruceros de batalla, dos portaaviones, once cruceros pesados y ligeros, veintiún destructores y numerosos aviones convergían desde todos los puntos de la rosa de los vientos hacia el *Bismarck* y el *Prinz Eugen*. Hundirlos era ya cuestión de honor para el Almirantazgo británico.

A bordo del acorazado alemán se redujo la velocidad a 25 nudos, los buzos reconocieron interiormente el dañado tanque de combustible y se dieron los palletes de colisión. Lütjens comprendió que no le convenía emprender un largo crucero por el Atlántico con la velocidad del *Bismarck* mermada y su capacidad de combustible disminuida, pues, además del dañado, habían quedado contaminados por el agua salada otros tanques y circuitos de petróleo. Pocas horas después del combate ya había decidido entrar en Saint-Nazaire, único puerto francés del Atlántico donde existía algún dique seco capaz de albergar a un acorazado de aquel tamaño.[1] Pero los buques de guerra británicos le seguían otra vez a distancia, como jauría de atemorizados pero tenaces podencos que aguardasen la intervención del cazador capaz de rematar a la fiera herida. Había que espantarlos, para que el *Prinz Eugen*, que había salido indemne del combate, pudiera librarse de aquellos impulsos electromagnéticos que no cesaban nunca y lanzarse por su cuenta a hacer la guerra de corso. Lütjens continuaría después hacia el Sudoeste, para cortar la barrera que ya formaban los submarinos alemanes al estesudeste de Groenlandia y arrastrar hacia aquella trampa a sus perseguidores. Era probable que, durante la noche y aprovechando la confusión producida por los ataques de los *Unterseeboote*, el *Bismarck* lograra zafarse de la vigilancia enemiga y arrumbar ligeramente a Saint-Nazaire.

La visibilidad era mala el día 24, la mar y el viento habían aumentado y desfogaban frecuentes chubascos de lluvia. A las seis de la tarde, inesperadamente para los ingleses, el acorazado alemán cambió de rumbo y

1. Sobre este dique, de gran importancia estratégica para los alemanes, y su inutilización por los «comandos» ingleses y un destructor abarrotado de explosivos, véase *Titanes azules*, del mismo autor y editorial.

abrió fuego sobre el *Suffolk*, que era el buque británico más próximo. En el intercambio de disparos que tuvo lugar con el *Prince of Wales* y el *Norfolk*, ningún buque resultó alcanzado, pero los ingleses prefirieron alejarse a prudencial distancia de aquel formidable adversario que disparaba con mortal precisión. Mientras tanto y aprovechando la confusión producida entre los británicos, el *Prinz Eugen* forzó máquinas y desapareció hacia el Sur a 33 nudos. Los ingleses no volverían a saber de él hasta que entrase en Brest diez días después. Lütjens lograba por fin, aunque sólo parcialmente, su objetivo: ¡la guerra al tráfico!

Poco más tarde, a las nueve de la noche, el vicealmirante alemán enviaba a Berlín el siguiente mensaje:

«Imposible romper contacto debido al "Dete". Arrumbo directamente a Saint-Nazaire para petrolear.»

Este despacho hace pensar que, a causa de una mayor pérdida o contaminación en el combustible que la inicialmente estimada, Lütjens no se consideraba seguro con las reservas de petróleo disponibles y renunciaba a tratar de arrastrar a sus seguidores hacia la barrera formada por los submarinos alemanes. Pero a pesar de lo manifestado, el *Bismarck* continúa todavía hacia el Sur, confiando en que la noche le permita librarse de los buques que tan tenazmente siguen todos sus movimientos.

* * *

A bordo del *King George V*, el almirante Tovey se sentía inquieto. En la mañana del día siguiente esperaba entrar en contacto con el enemigo. ¿Debería lanzarse al ataque? El *Prince of Wales* tenía la dirección de tiro averiada y, por lo demás, no se encontraba en eficientes condiciones de combate. Sería lamentable que se repitiera con el *Repulse* la suerte del malhadado crucero de batalla *Hood*. Por todos los medios había que procurar, antes de llegar al contacto balístico con el potente acorazado alemán, mermar su capacidad combativa. De otra forma, los buques ingleses correrían grave peligro. Pese a la oscuridad, un ataque torpedero a cargo de los aviones del *Victorious* podía dejar gravemente averiado a aquel buque de pesadilla. ¿Acaso, en noviembre del año anterior, los aviones torpederos del *Illustrious* no habían dejado fuera de combate tres acorazados italianos surtos en Taranto?[1] Aquella misma tarde, Tovey había destacado al flamante portaaviones *Victorious*, con los cruceros *Galatea,*

1. Este ataque se describe en el capítulo V de *Titales azules*, «La noche de Taranto».

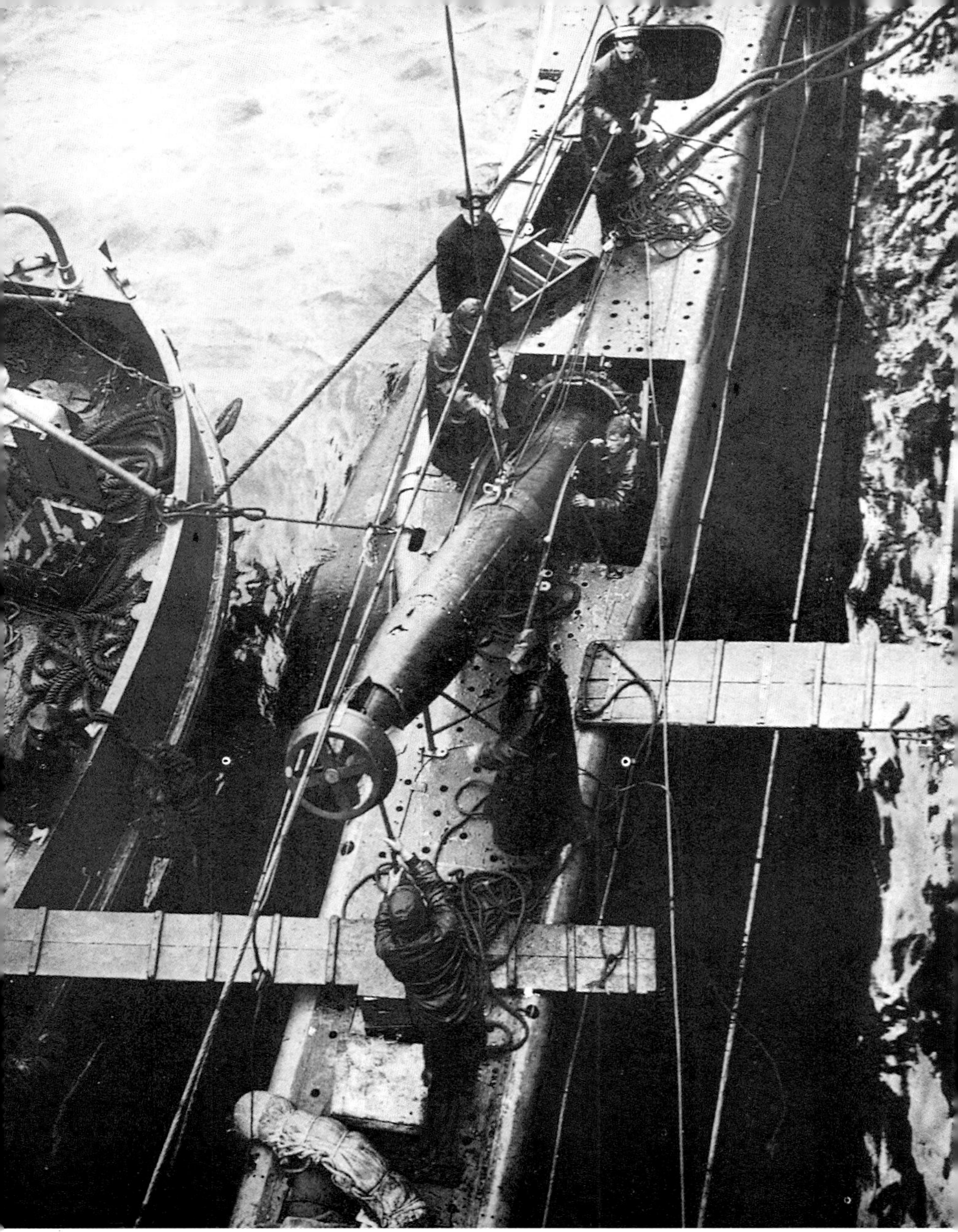

Embarcando torpedos de 533 mm. a bordo de un submarino británico.

Mers-el-Kebir durante el ataque británico. En primer término el *Provence*. A continuación, el *Strasbourg* tratando de salir del puerto. Detrás, el *Bretagne*, alcanzado en un pañol de municiones.

Mers-el-Kebir. El acorazado francés *Bretagne* momentos antes de dar la voltereta y hundirse con casi un millar de hombres a bordo.

Batalla de Dakar. Los cruceros franceses *Georges Leygues* y *Montcalm* en pleno combate, dentro de la bahía de Tiaroye, el 24 de septiembre de 1940.

Batalla de Dakar. El destructor francés *Audacieux,* embarrancado después de su combate contra el crucero pesado *Australia* y los destructores *Fury* y *Greyhound.*

El acorazado francés de 35.000 toneladas *Richelieu*, que jugó un importante papel durante la batalla de Dakar. Fotografía tomada después de los desembarcos aliados en el norte de África, en noviembre de 1942.

Última singladura de una de las dieciséis víctimas del crucero-acorazado alemán *Admiral Scheer*, durante su crucero de cinco meses por el Atlántico y el océano Índico, en 1940-1941.

Blanca estela dejada por los acorazados alemanes *Scharnhorst* y *Gneisenau*, en 1941, de 17.800 millas a través del Atlántico, jalonadas por veintidós barcos enemigos enviados al abismo.

El *Bismarck* en el fiordo noruego de Kors, visto desde el *Prinz Eugen*, el 21 de mayo de 1941, dos días antes de salir al Atlántico.

El portaaviones británico *Victorious*, de 23.000 toneladas, cuyos aviones torpederos atacaron al *Bismarck* sin resultado.

El acorazado británico *Rodney*, de 34.000 toneladas, que con el de 38.000 toneladas *King George V* y los cruceros pesados *Norfolk* y *Dorsetshire* libraron el último combate con el *Bismarck*.

El crucero de batalla británico *Renown* y el acorazado *Duke of York* navegando por el mar de Noruega con otros buques pesados de la «Home Fleet», en marzo de 1942, para escoltar al convoy «PQ-12», que no obstante estuvo a punto de ser aniquilado por el *Tirpitz*.

A bordo del *Prinz Eugen*. Cruzando el canal de la Mancha a 30 nudos, en febrero de 1942.

El crucero pesado alemán *Prinz Eugen* durante la travesía del canal de la Mancha, el 12 de febrero de 1942.

El jefe de la Armada alemana hasta el año 1943, gran almirante Erich Raeder, acudió a Kiel para recibir al *Admiral Scheer* tras su largo crucero de 46.000 millas marinas por aguas enemigas.

Submarino alemán dirigiéndose a su zona de operaciones en el Atlántico Norte.

El acorazado alemán *Tirpitz* serpentea a toda máquina para eludir los doce torpedos lanzados contra él por los aviones del portaaviones británico *Victorious*, el 9 de marzo de 1942, ninguno de los cuales lograría alcanzarle. En ambas fotografías pueden apreciarse estelas de torpedos.

El acorazado alemán «de bolsillo» *Admiral Scheer*, durante su crucero de cinco meses de duración por los océanos Atlántico e Índico, en el que hundió 137.000 toneladas de barcos mercantes ingleses.

Los acorazados *Scharnhorts* y *Gneisenau* durante la travesía del canal de la Mancha, navegando a toda máquina.

Submarino de bolsillo británico tripulado por cuatro hombres, del mismo tipo de los que atacaron al acorazado alemán *Tirpitz* en el fiordo de Kaaf, el 21 de septiembre de 1943.

El crucero británico *Sheffield*, de 9.100 toneladas, enfrentándose con olas de veinte metros en el océano Glacial Ártico.

El acorazado británico *Duke of York*, la precisión de cuyo tiro nocturno dirigido por radar contra el *Scharnhorst* sería causa del posterior hundimiento del crucero de batalla alemán.

El acorazado alemán *Tirpitz* fondeado en un fiordo noruego tras redes antitorpederas.

La presencia del acorazado alemán *Tirpitz* en Noruega supuso una grave amenaza para los convoyes aliados despachados para la URSS. En la fotografía, el poderoso buque disparando con sus piezas de 381 milímetros.

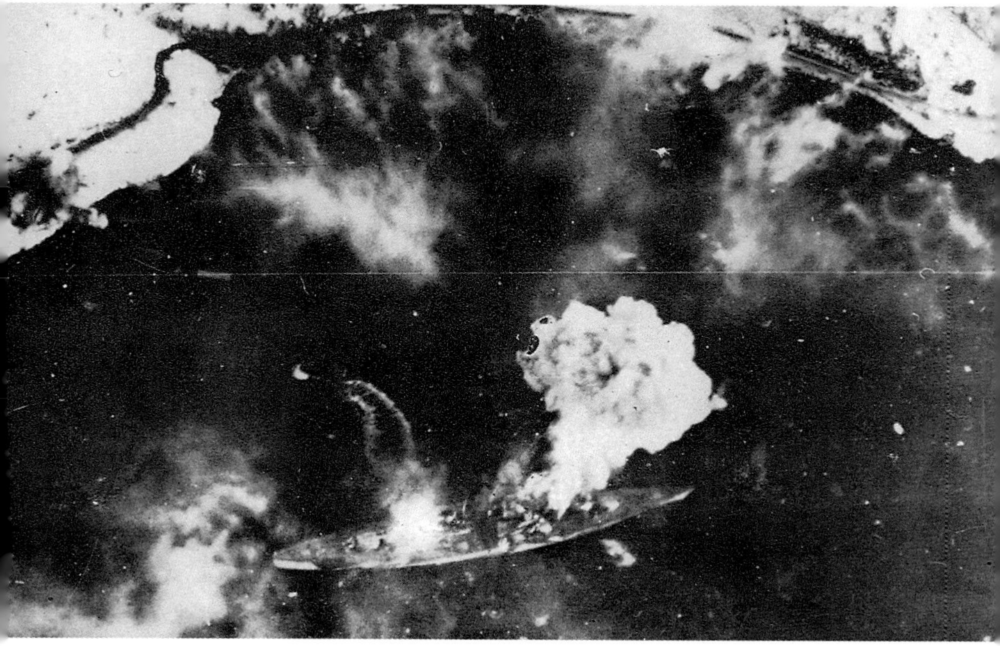

El acorazado alemán *Tirpitz* es atacado por sorpresa en el fiordo de Kaaf, el 3 de abril de 1944, por los portaaviones británicos *Victorious, Furious, Emperor, Searcher, Fencer* y *Pursuer*, que consiguieron alcanzarle con quince bombas de media tonelada cada una.

Aurora y *Hermione* a las órdenes del contraalmirante Curteis, hacia el Sudoeste, para aproximarse a gran velocidad al *Bismarck* hasta unas cien millas y atacarle con aviones torpederos.

A las diez de la noche, estos buques ingleses se hallaban a ciento veinte millas del acorazado alemán, y, pese a las malas condiciones de mar, los chubascos, el fuerte viento y la oscuridad, el contraalmirante decidió atacar inmediatamente, no fuera que los buques de Wake-Walker perdieran después el contacto. El *Victorious* aproa a las olas a gran velocidad, y desde su cubierta de vuelo van despegando uno tras otro los nueve aparatos *Swordfish* armados con torpedos, al mando del capitán de corbeta Esmonde, y seis *Fulmar*, cuya misión sería distraer a los artilleros alemanes y comprobar los daños que pueda sufrir el acorazado. Cuando las ruedas del último aparato rebasan la blindada y bamboleante cubierta de vuelo, el contraalmirante respira con alivio.

A las 1127 de la noche, los aviones británicos obtienen un contacto radar. Se aproximan por encima de las nubes al buque que lo produce y, aprovechando una rasgadura en el telón de oscuros nimbos, pican veloces hacia su objetivo, que, reconocido más de cerca, resulta ser ¡un guardacostas norteamericano! El capitán de corbeta murmura algunas maldiciones entre dientes. Pero el *Bismarck* está a sólo seis millas de allí, y los cruceros británicos que le siguen se encargan de dirigir hacia él a los aviones de Esmonde.

Conscientes de la necesidad de lisiar al *Bismarck* antes de que pueda volver a entrar en combate con los buques de la *Home Fleet*, los marinos ingleses atacan con gran decisión. Mas los alemanes han detectado hace algún tiempo a los aparatos enemigos y los reciben con un fuego infernal. Dos *Fulmar* caen envueltos en llamas. Pero lanzados en dos ataques sucesivos, nueve torpedos buscan ya bajo las olas la obra viva del *Bismarck*. El acorazado trata de esquivar los peces metálicos moviéndose a toda máquina y efectuando bruscas caídas de rumbo a una y otra banda. No obstante, un artefacto le alcanza en pleno costado de estribor, debajo de la catapulta. La mole de acero se estremece, y los pilotos ingleses observan con gran alegría el fogonazo y la catarata de agua que brotan junto al costado de su enemigo. Pero la coraza del *Bismarck*, que se extiende varios metros arriba y abajo de la línea de flotación, aguanta perfectamente el impacto, que no tiene otras consecuencias que algunos arañazos en la pintura antiincrustante y la muerte del marinero Kirchberg, que es violentamente lanzado por la onda explosiva contra el hangar de los cinco aviones de a bordo: este hombre sería la primera baja del acorazado alemán.

Los aviones británicos consiguen localizar a su buque de procedencia, que, arrostrando el riesgo de un ataque submarino, ha tenido que encender todas sus luces y proyectores, y, pese a la desapacible noche, anavean con precisión. Ahora hay que arriarlos al hangar, rellenarlos de gasolina, colocarles nuevos torpedos bajo el fuselaje y volverlos a izar. Es una operación lenta e inútil, pues los buques de guerra ingleses que tan eficazmente han seguido al *Bismarck* durante las últimas treinta y seis horas, pierden inesperadamente su rastro. ¿Qué ha sucedido?

Hacia la una de la madrugada del día 25, es decir, una hora después del ataque de los aviones torpederos del *Victorious*, el *Bismarck* se revuelve nuevamente contra su molesto séquito. Los marinos ingleses escuchan otra vez el escalofriante aullido de los proyectiles enemigos, que se aproximan y momentos después estallan como un trueno alrededor de ellos. Y se ven obligados a alejarse a toda máquina. El cañoneo cesa pronto, pero esta nueva arremetida de los germanos vuelve más cautelosos a los ingleses, que ahora se mueven en el límite del alcance de sus radares. A las 0306, el *Suffolk*, que navega haciendo un zigzag antisubmarino por la aleta de babor del *Bismarck* y es el único de los tres buques que lo tiene en su pantalla de radar, al cambiar una vez más de rumbo pierde su eco. En el «PPI» no se perciben otros puntos luminosos que los correspondientes a los buques propios. ¡Del maldito acorazado enemigo no hay el menor rastro! Los radaristas ingleses quedan desolados.

* * *

A bordo del *Bismarck* y de los buques ingleses de la *Home Fleet* que se hallan en la mar, y así mismo en el Centro de Operaciones Navales del Almirantazgo, en Londres, se han vivido tal vez demasiadas horas de tensión, incertidumbre y sobresaltos. Todo ello, y la falta de sueño, hace que los cerebros empiecen a dar señales de fatiga. Entonces comienzan los fallos humanos. El primero lo cometerán los alemanes, pero los ingleses se encargan inmediatamente de superarlo incurriendo en otro error todavía más grave.

En Berlín, las grandes antenas orientables de los equipos receptores y transmisores radiotelegráficos de la Marina han ido captando todos los mensajes constantemente enviados al éter por los buques ingleses que siguen al *Bismarck*, para señalar a sir John Tovey y al Almirantazgo la posición y movimientos del acorazado germano. Pero a partir de las 0306 de la madrugada del día 25 cesan bruscamente. Esta observación se comunica poco después al almirante Raeder. ¡Parece que el enemigo ha perdido nuevamente el contacto con el *Bismarck*! El gran almirante decide comunicarle a Lütjens la importante noticia.

Las ondas electromagnéticas generadas en Berlín saltan con la velocidad de la luz sobre el mar del Norte, Inglaterra, la mutilada y martirizada Irlanda y el revuelto Atlántico, y llegan a las antenas del buque alemán. Un tubo neumático conduce el mensaje, recién recibido en la estación de radio, a la oficina de cifra. Puesto en claro, el aire comprimido lo impulsa por otro conducto hasta el puente del almirante. Lütjens queda pensativo. Aquello resulta extraño. Antes de arrumbar directamente a Saint-Nazaire, hacia donde ya se dirige desde poco después de la una de la madrugada, trató de desembarazarse de sus perseguidores. Pero sin éxito al parecer, porque el detector «Fumb» continuaba acusando los impulsos de los radares ingleses. Aquel silencio radiotelegráfico es, con toda seguridad, una añagaza del enemigo para evitar ser nuevamente cañoneado por el *Bismarck*. Erraba el almirante germano. No se percató, tal vez por el cansancio, de que los radares ingleses tanteaban el océano a ciegas y, aunque sus ondas llegaban efectivamente hasta el acorazado alemán, carecían de energía suficiente para rebotar y ser acusadas por los equipos que las habían generado. En realidad, los buques de Wake-Walker se alejaban ya rumbo Sudoeste, creyendo que hacia allí se movía, como hasta entonces, el acorazado enemigo.

En el Almirantazgo y en los buques de la flota británica se volvieron a vivir horas de gran inquietud y desconcierto. Los ingleses creyeron que el *Bismarck*, al que razonablemente suponían escaso de combustible, trataba de acudir al punto de cita con algún petrolero que le estaría aguardando en el sur de Groenlandia o en el estrecho de Davis, entre dicha isla y la Tierra de Bafin. Por ello, los cruceros de Wake-Walker y el *Prince of Wales* le buscaron hacia el Oeste. Lo mismo harían desde la amanecida siguiente los aviones de reconocimiento del *Victorious* y los cuatro cruceros que le daban escolta, que, por cierto, aquella misma tarde cortarían la estela del *Bismarck*. A poco más de setenta millas de distancia le pasarían también, por la proa, los buques del almirante Tovey, que continuaban navegando al Sudoeste. Pero la curvatura de la superficie de nuestro globo reduce drásticamente el radio visual o electromagnético de cualquier buque aun en las mejores condiciones atmosféricas.

Tampoco avistaría aquella tarde al *Bismarck* el acorazado *Prince of Wales*, que, muy escaso de combustible, tuvo que arrumbar a Islandia para petrolear. Ni el *Rodney*, que también cortaría su derrota en dirección contraria.

Con gran consternación del Estado Mayor de la *Kriegsmarine*, a las 0700 de la mañana del día 25, Lütjens lanza inesperadamente al éter un mensaje: «Dos acorazados y un crucero pesado mantienen el contacto». Seguía después un largo informe sobre su situación geográfica, daños recibidos y necesidad de entrar en dique. El almirante del «Grupo Oeste» envía a Lütjens un radio urgente desde París rogándole que guarde absoluto silencio radiotelegráfico, pues el enemigo ha perdido ciertamente su rastro. Lütjens debió comprender entonces su error, pero el daño ya estaba hecho.

Los radiogoniómetros ingleses, situados en puntos bien seleccionados del Reino Unido y permanentemente a la escucha, habían localizado inmediatamente la dirección en que llegaban aquellas indiscretas emisiones radiotelegráficas. Varias marcaciones tomadas simultáneamente por estaciones bien distanciadas entre sí fueron recibidas en el centro de operaciones del Almirantazgo británico en Londres. Aquellas señales sólo podían proceder de un buque de superficie alemán, indudablemente el *Bismarck*, y sin pérdida de tiempo fueron transmitidas al almirante Tovey. Pero la excitación y ansiedad producidas por el sensacional descubrimiento jugarán una mala pasada a los ingleses. Las demoras radiogoniométricas no han sido convertidas en mercatorianas, y, al cortarse sobre la carta, tanto en Whitehall como en el buque insignia de la *Home Fleet*, falsean la verdadera posición del *Bismarck*, al que erróneamente se supone unas sesenta y cinco millas más al norte de donde se halla.

Los marinos británicos quedan perplejos. Aquel diabólico buque alemán les ha engañado. Hay que aceptar que el *Bismarck* ha invertido evidentemente el rumbo y trata de escapar hacia el mar de Noruega a través del paso existente entre Islandia y las islas Faeroe. Y todos los buques y aviones ingleses buscándole por el Sudoeste, ¡en dirección contraria!

Poco antes de las once de la mañana, la *Home Fleet* invierte el rumbo y pone proa al Nordeste. Pero, al mismo tiempo, el almirante Tovey se ve obligado a despachar al *Repulse* para Terranova, pues este buque necesita tomar petróleo. El *Rodney* y sus destructores arrumban también al Nordeste desde más al Sur. El *Victorious* y los cruceros que con él surcan el océano en pos del acorazado alemán hacen lo propio muy por el Norte, y así continúan todos alejándose a gran velocidad del *Bismarck* ¡durante más de siete horas!

¿Hemos dicho «todos»? Ciertamente, pero nos referimos sólo a los citados, pues a la «Fuerza H», que se aproximaba desde Gibraltar e iba a sei decisiva en aquella formidable cacería, los supuestos cambios de rumbo del enemigo apenas si la han afectado.

En Londres, el Almirantazgo debió de percatarse pronto de su error y sospechar que el *Bismarck* se movía en realidad hacia Brest, ya que, al mediodía del 25 de mayo, ordenó al almirante Somerville que arrumbase al Estesudeste, con objeto de interponerse entre aquella base naval y el acorazado germano. Pero, como sabemos, hasta después de las seis de la tarde no daría orden alguna al almirante de la *Home Fleet*.

A bordo del *Bismarck*, todo el domingo día 25 y la noche del 25 al 26 transcurrieron sin novedad, y, muy probablemente, los marinos germanos creyeron que su entrada en Saint-Nazaire era casi segura. Se aprovechó la tranquilidad para construir una segunda chimenea, postiza, que tal vez podría desorientar a los aviones y submarinos enemigos. El buen humor reinaba a bordo, y se corrió la voz de que todo el personal franco de servicio tendría que ir a fumar en el interior de la nueva chimenea, que, sin embargo, no llegó a arbolarse. Ignoraban los marinos del acorazado alemán que la suerte jugaba, malévola, con sus esperanzas, y terminaría por quitarse la risueña careta algunas horas más tarde.

Todos los aviones de exploración del Mando Costero de la RAF patrullaban incesantemente sobre el océano buscando al *Bismarck*, y un hidroavión *Catalina*, salido de Irlanda y que exploraba precisamente la zona más meridional de las asignadas por el Almirantazgo, le descubrió a las 1030 de la mañana del día 26, cuando el acorazado se hallaba a seiscientas sesenta y cinco millas al oeste de Brest. Aunque este aparato quedó acribillado por la artillería antiaérea del buque germano, pudo radiar su posición y aguantarse hasta que llegaron los aviones del *Ark Royal*, portaaviones que, con los restantes buques de la «Fuerza H», se hallaba entonces a tan sólo ciento diez millas por la proa del *Bismarck*. Pero el crucero de batalla *Renown* no era enemigo para el acorazado alemán, y el Almirantazgo prohibió tajantemente a Somerville que tratara de enfrentarse a él y le ordenó que aguardase la llegada de los acorazados de la *Home Fleet*. Pero ¿podrían llegar a tiempo aquellos buques?

Ésta fue la pregunta que debió de hacerse Somerville. También el almirante Tovey. Hasta el Almirantazgo. Y, sin duda, Winston Churchill. Pues el *King George V*, tan sólo con algunos cruceros, puesto que los destructores habían tenido que dirigirse a puerto para hacer combustible, navegaba por la popa del *Bismarck* a unas ciento treinta millas de distancia, y todavía más lejos se hallaba el lento acorazado *Rodney*, cuyo máximo andar era entonces de 21 nudos. Por tanto, los ingleses comprendieron claramente que si el buque alemán mantenía su velocidad, lograría entrar al día siguiente en Brest sin que la *Home Fleet* pudiera tratar siquiera de impedírselo, y puesto que enfrentar al *Renown* con aquella potente máquina de destrucción sería lo mismo que provocar otra catástrofe: ¡eran ya bastantes los cuatro cruceros de la *Royal Navy* pulverizados por buques alemanes en las dos últimas guerras!

Por otra parte, la escasez de combustible a bordo de los acorazados británicos era tal, que el almirante Tovey decidió que si antes de que cayera la noche no se había logrado reducir eficazmente la velocidad del *Bismarck*, abandonaría la persecución para dirigirse a Inglaterra.[1] Por tanto, el ataque que se preparaba a bordo del *Ark Royal* era la postrera oportunidad que les restaba a los británicos, su última carta. Si fracasaba, como había fracasado el del *Victorious*, todos los buques y aviones movilizados para vengar al *Hood*, todos los riesgos y esfuerzos sufridos por más de veinticinco mil hombres en ellos embarcados, todo el prestigio empeñado en aquella gigantesca operación de búsqueda y aniquilamiento, habrían sido tan inútiles como contraproducentes. El descrédito internacional para la *Royal Navy* sería absoluto. La humillación para Gran Bretaña, precisamente allí donde se sentía más fuerte e invulnerable, resultaría difícil de reparar. Aquella tarde, los datos del destino se hallaban todavía en el cuenco de la mano de la tornadiza diosa Fortuna. Pero ya tenían plomo.

* * *

Los aviones del *Ark Royal* se revelaban y seguían al *Bismarck* a distancia, pero como el techo de nubes era bajo, soplaba un viento fuerte y racheado del Noroeste y la visibilidad no pasaba de mediocre, el almirante Somerville destacó al crucero pesado *Sheffield* para que se aproximase al acorazado germano y mantuviera el contacto durante la noche.

Poco antes de las tres de la tarde despegaron del *Ark Royal* catorce aviones *Swordfish* armados con torpedos provistos de espoletas de doble efecto: magnéticas y de percusión. Estos aparatos se aproximan volando entre las nubes, y a las 0350 se lanzan al ataque como una tromba, siguiendo las indicaciones de sus equipos de radar. Hay marejada y la visibilidad es deficiente. Doce torpedos han sido ya dejados caer a las olas, cuando los aviadores ingleses se percatan, demasiado tarde y con

1. Winston Churchill, a través del primer lord del Mar, le prohibió hacer semejante cosa, «aunque el acorazado se quedase sin gota de petróleo y tuviera que ser tomado a remolque».

horror, de que el buque de guerra que han tomado por blanco es... ¡el *Sheffield*!

El capitán de navío Larcom tiene la suficiente sangre fría para no disparar contra sus atacantes, y hace lo imposible para librar al buque de los múltiples artefactos que desde casi todos los puntos del horizonte se le aproximan como mortíferas centellas. Pero tuvo suerte. Las espoletas magnéticas de varios torpedos, que sin duda hubieran alcanzado al *Sheffield*, actuaron prematuramente, haciendo estallar las cabezas de combate antes de pasarle por debajo de la quilla, sin efecto alguno. De haber funcionado correctamente, es casi seguro que el crucero pesado se hubiera ido a pique. ¿Qué diablos había sucedido?

Sencillamente que la orden dada al *Sheffield* para que se destacara hacia el *Bismarck* todavía no se había terminado de descifrar en el *Ark Royal*, cuando despegaron los aviones, de modo que sus pilotos no tenían ni la menor idea de que tan sólo a veinte millas al norte del *Bismarck* navegaba uno de sus propios buques. Parece que no funcionó muy bien el servicio de cifra del portaaviones inglés.

Pero el peligroso contratiempo resultó sumamente beneficioso para los británicos, ya que, de haber atacado al acorazado alemán, no habrían logrado el menor resultado, pero con toda probabilidad hubieran perdido inútilmente varios aviones. A toda prisa se cambian en el *Ark Royal* las espoletas de los torpedos ya preparados para un segundo ataque por otras sólo de percusión y se varía la profundidad de regulación de los artefactos submarinos. El buque aproa nuevamente al Noroeste y aumenta su velocidad. Al partir las grandes y empenachadas olas, los pulverizados rociones de agua salada barren de vez en cuando la trepidante cubierta de vuelo, situada, sin embargo, a más de veinte metros de altura sobre la superficie del mar. Pero, uno tras otro, quince aviones, mandados por el capitán de corbeta Coode, se remontan pesadamente, orbitan alrededor del buque hasta que el último aparato está en el aire y desaparecen entre las nubes. Con semejante tiempo los *Fulmar*, no pueden despegar. Son las ocho de la tarde. Quedan, pues, muy pocas horas de luz. Si el *Bismarck* logra seguir navegando durante toda la noche hacia la costa francesa a 25 nudos, por la mañana es segura la intervención de la caza y los bombarderos de la *Luftwaffe* y, con toda probabilidad, conseguirá entrar en puerto antes de que anochezca.

Se viven, pues, tanto en Alemania como en Inglaterra, a bordo del poderoso y escurridizo acorazado alemán y en los buques británicos que desde hace cuatro días con sus noches le persiguen implacablemente, horas de gran ansiedad. Aquellos millares de marinos, protagonistas directos de la larga e inmensa tragedia, y millones de hombres y mujeres que la siguen angustiados a través de la radio y la prensa de sus respectivos países, han sufrido alternativamente horas de euforia y de dolor, de grandes esperanzas y de profundo desaliento. Pero si sus emociones y estados de ánimo fueron tan cambiantes, a lo largo de las horas, como el aspecto y colorido de las olas que rompen estruendosas contra los acantilados de la costa y las arenas de cualquier playa olvidada o que se deslizan silenciosamente bajo las quillas de los navíos, aquellos marinos alemanes y británicos, desde el modesto fogonero que atentamente vigila los niveles de las calderas de su buque, pasando por una amplia tecnológica, diversificada y necesaria escala jerárquica hasta llegar al almirante, sobre cuyos hombros pesa la grave responsabilidad de las decisiones trascendentales, aquellos marinos alemanes y británicos, repetimos, no han perdido ni por un instante el valor o dado muestra de desfallecimiento.

Esta vez, los aviones ingleses se aproximan primero al *Sheffield* que luego los dirige hacia el *Bismarck.* Las condiciones atmosféricas son malas para los atacantes, pero todavía peores para los marinos alemanes. A las 2047, en que se inicia el ataque, empieza también el crepúsculo vespertino. Hay marejada gruesa, el viento sopla con gran fuerza y la incierta luz hace difícil distinguir a los aviones enemigos, que, por si fuera poco, se esconden entre las oscuras nubes cuando les conviene. El acorazado se revuelve velozmente y hace un fuego muy intenso, incluso con las grandes torres de 380 mm, pero el capitán de corbeta Coode, que debido al mal tiempo no puede lanzar ataques coordinados, es hombre perseverante y de cabeza fría. Por todo ello, el ataque se prolonga durante cuarenta minutos, que para los alemanes resultan eternos.

Desde el *Bismarck* es cada vez más difícil distinguir a los aviones enemigos, y las municiones empiezan a escasear en cañones y ametralladoras antiaéreas. Algunos pañoles y cajas de urgencia han quedado vacíos. No obstante, cinco aviones resultan averiados y uno cae al mar. Entre las espumantes olas es también difícil descubrir las estelas dejadas por los torpedos ingleses. Casi no se aprecia el desplome hasta el agua de los artefactos. De pronto, el gran acorazado se estremece. ¡Un torpedo ha dado en el blanco! Pero el puesto de control de averías del combés señala que no se han producido daños. El cinturón blindado ha vuelto a hacer de invulnerable escudo.

A veintiocho nudos, el navío alemán acaba de meter 12º de caña a babor para tratar de evadirse una vez más, cuando es nuevamente alcanzado, ahora a popa: ¡precisamente en el timón!

Los marinos alemanes se han quedado helados. Ha sido un impacto de enorme suerte para los ingleses, pues los daños son irreparables. Con los dos timones agarrotados a una banda y el aparato de gobierno deshecho, es imposible manejar el buque con las hélices. Antes de retirarse los pilotos ingleses observan con extrañeza que el acorazado gira dos veces seguidas sobre sí mismo.

Los esfuerzos efectuados aquella noche por la dotación del *Bismarck* para tratar de volar los timones desde el inundado compartimiento del tornillo y escapar gobernando sólo con las hélices resultan infructuosos. Después de lo cual, todos a bordo de este buque de 45.950 toneladas estándar (50.956 a plena carga) comprenden que ha llegado el final. Pero a bordo del acorazado alemán no se produce un solo acto de indisciplina o de cobardía. Aquellos dos mil cuatrocientos hombres aceptan su terrible y aciago destino con frío y sereno valor y van a enfrentarse a la muerte, combatiendo por el honor de su bandera, hasta que las piezas queden literalmente destrozadas o se agoten las municiones. El almirante Lütjens envía el siguiente mensaje a Alemania: «El buque ha quedado ingobernable. Lucharemos hasta la última granada. ¡Viva Alemania!»

Sí, aquel impacto de torpedo resultó decisivo. No sólo por destrozar precisamente el sistema de gobierno, sino por haberse producido en el momento en que el timón había girado a una banda. De haber estado a la vía, el buque probablemente hubiera podido entrar en Saint-Nazaire gobernando con las máquinas. Por lo menos, esto es lo que afirman los alemanes, y no hay motivos para ponerlo en duda.

* * *

Entre las olas y las sombras de la noche se aproxima al *Bismarck* la Cuarta Flotilla británica de destructores, al mando del capitán de navío Philip Vian, quien, la madrugada anterior, había recibido órdenes de abandonar el convoy al que daba escolta e incorporarse a la *Home Fleet*, pero que, al enterarse del avistamiento del *Bismarck*, hizo por él sin aguardar nuevas instrucciones.

Y a las 0120 de la madrugada del día 27, los destructores británicos *Zulu, Shikh, Cossack, Maori* y el polaco *Piorum* se lanzaron al ataque. Pero lisiado, obligado a efectuar una derrota errática y con la suerte sellada, el *Bismarck* tiraría todavía con gran efectividad, y los alemanes, que llevaban ya dos días completos durmiendo y efectuando todas sus comidas sin abandonar los puestos en zafarrancho de combate, rechazan magníficamente unos ataques que duran toda la noche.

De pronto, un proyectil iluminante estalla en las alturas. Instantes después, la negrura de la lóbrega y ventosa noche es rasgada por una vivísima y fantasmagórica luz que desciende lentamente, colgada de un pequeño paracaídas arrastrado por el viento, y pone delatoras claridades en la acerada y grisácea mole del acorazado alemán, que avanza pesadamente sobre unas olas cuyas espumantes crestas destacan lívidas a la luz de aquel breve día artificial, entre el revuelto caos líquido. Los cañones alemanes escupen llamaradas que mueren enseguida. El aire entra en conmoción, y los proyectiles trazadores van dejando un rastro luminoso entre las tinieblas en busca del invisible y audaz enemigo que se aproxima para lanzar sus letales torpedos submarinos. Pero el intrépido destructor británico queda invariablemente preso en alguno de los radiotelémetros alemanes, y sus tripulantes ven, en las pantallas de radar, la veloz aproximación de las granadas enemigas, como pequeños y veloces trasgos. Luego escuchan su siniestro ulular. Finalmente, aquéllas estallan estruendosamente en las proximidades, igual que rojos y blancuzcos fantasmas, y los fustazos de metralla alcanzan al buque, que, con bajas y averías, tiene que cambiar inmediatamente de rumbo y alejarse a toda máquina, so pena de resultar aniquilado.

Así una y otra vez hasta el amanecer. Noche fantástica en el buque alemán, donde sólo se escucha el intermitente y esporádico tronar de la artillería propia y enemiga, y en los momentos de pausa y oscuridad, el rugir de las olas, que antes de su hora parecían querer trepar a bordo para deshacerse luego como en un largo sollozo de rabia. O el silbido del fuerte viento entre los altos mástiles y las antenas, único nexo con la patria.

Pero la defensa resulta tan eficaz, que ni un solo torpedo logra hacer impacto en aquel gran buque de guerra de más de 246 metros de eslora, que ya prácticamente no se gobierna, que agoniza, pero cuyos tripulantes tienen el rojo corazón bien templado. Todos los destructores ingleses resultan alcanzados por la metralla, que además se lleva las antenas del *Cossack* y deshace el radar del *Sheffield.*

Y al llegar el amanecer, con una luz trágica para los alemanes, porque saben muy bien que aquel será el último orto del astro rey que entreverán sus ojos.

El mal tiempo impide al *Ark Royal* lanzar un nuevo ataque aquella mañana, pero a las 0815 se divisan por la proa, pues desde su torpedeamiento el *Bismarck* presenta una casi invencible tendencia a dirigirse al viento, como si todavía quisiera plantar cara a sus enemigos, los acorazados británicos *Rodney* y *King George V*, acompañados por el crucero pesado *Norfolk*: ¡eran los vengadores del *Hood*!

* * *

El almirante Tovey, que se aproxima a favor de la mar y del viento con dos poderosos acorazados de diferente andar y calibre artillero, deja en libertad de acción al capitán de navío Hamilton, comandante del *Rodney*, para que maniobre con independencia durante el combate. No quiere incurrir en el error de Holland, que mantuvo al *Prince of Wales* en formación cerrada hasta que su crucero de batalla voló.

El *Rodney* rompe el fuego a las 0847, con seis piezas de 406 mm, y un minuto después lo hace el *King George V*. La distancia de tiro es inicialmente de 24.500 metros, pero caerá rápidamente. A las 0849 dispara el *Bismarck*. Lindemann no ha podido conseguir que su buque caiga a una banda para que entren en fuego las torres de grueso calibre de popa, así que sólo disparan las cuatro piezas proeles de 380 mm. De todos modos, a las 0858, el *Rodney* está centrado. Hamilton, que sabe además que la coraza vertical de su buque de línea es muy corta, cae inmediatamente a babor para descentrarse, con lo que hace entrar también en fuego a su tercera torre triple de 406 mm. Mientras tanto, el *King George V* dispara a placer y el *Norfolk* abre el fuego a las 0854, con sus ocho piezas de 203 mm, desde el Norte. A las 0904, el crucero pesado *Dorsetshire* se unirá a los otros tres buques británicos que disparan constantemente sobre el *Bismarck*.

El acorazado alemán es incapaz de moverse a más de ocho nudos y no puede cambiar de rumbo para descentrarse o mejorar su posición táctica, de manera que ofrece un blanco perfecto a los radares y telémetros, etc., británicos. Cuando aún sigue prácticamente aproado al enemigo, es alcanzado, a las 0902, por las primeras granadas enemigas. Y muy pronto un verdadero alud de proyectiles se desploma sobre la mitad proel del blindado germano y, de alguna manera, le inutiliza los puestos directores «A» y «B» de la dirección de tiro, así como las dos torres proeles de grueso calibre: las «Anton» y «Bruno».

De manera que, prescindiendo de las primeras salvas alemanas, que resultaron una especie de ronco canto del moribundo cisne de acero, el fuego del *Bismarck* se hizo pronto espasmódico e ineficaz, circunstancia que, naturalmente, los buques británicos aprovecharon para cerrar distancias sobre aquel poderoso pero ya medio cegado Polifemo, que los aviones del *Ark Royal* les han servido en bandeja, y asegurar la mayor eficacia y poder de perforación del tiro propio.

Hacia las 0910, el control de tiro del *Bismarck* es transferido al puesto director «C», de popa. Pero ya sólo pueden disparar las dos torres de 380 mm que el buque monta sobre la toldilla, aunque la artillería secundaria de 150 mm ya ha entrado en fuego, lo mismo que la de 152 mm a bordo de los acorazados británicos. El *Bismarck;* que no cesa de recibir impactos de todas clases, consigue centrar el tiro sobre el *King George V*, que ahora le queda por el través de babor, a unos 11.000 metros, y navega de vuelta encontrada. Pero cuando el teniente de navío Von Mullenheim ya cree poder alcanzar a su enemigo con las salvas siguientes de grueso calibre, un proyectil de 725 kilos, procedente del *King George V*, se lleva por la borda el telémetro, el radiotelémetro y las lentes de los telescopios de observación instalados precisamente encima del puesto blindado donde se encuentra el oficial. De modo que las torres «Cesar» y «Dora» han de pasar a puntería y fuegos locales. Pero, tirando con independencia y limitados medios, su fuego resultará ineficaz, y la torre cuatro recibe una serie de impactos directos que deshacen la caña de uno de los cañones y provocan un peligroso incendio de pólvoras, que más tarde terminarían por hacerla saltar por los aires.

Para entonces, el buque alemán había sufrido grandes destrozos por encima de la cubierta blindada superior y presentaba fuertes incendios en el combés. Medio centenar de cañones de 152, 203, 356 y 406 mm de calibre disparaban incesantemente sobre el *Bismarck*, y el fuerte viento no conseguía llevarse la irrespirable y espesa humareda producida por los grandes incendios, las explosiones de las granadas, los disparos propios y los gases que escapan por los desgarros de la chimenea. En total, en esta acción de noventa minutos fueron disparados contra el acorazado alemán ¡2.876! proyectiles de los citados calibres.

A bordo del buque de la *Kriegsmarine*, montajes de artillería, ametralladoras, proyectores luminosos, torres de las direcciones de tiro, botes, balsas salvavidas, etc., fueron literalmente pulverizados por el terrorífico huracán de fuego. La cubierta de teca presentaba grandes agujeros y el casco estaba hecho una criba, por cuyos huecos escapaban las llamas. Los hombres morían a racimos. Doscientos de ellos, atrapados en el compartimiento XV, cerca del sollado de proa de la cubierta de batería, cuyas puertas estancas y escotillas han quedado dobladas e inutilizadas, son exterminados en su totalidad. El estruendo era continuo y formidable, y los destrozos pronto dejaron al buque germano irreconocible incluso para su propia gente. Uno tras otro, los cañones del *Bismarck* van quedando mudos, apuntando patéticamente a cualquier parte, en posiciones absurdas.

El *Bismarck* lanza su última granada a las 0931. Los equipos propulsor y eléctrico estaban intactos y el acorazado tenía gran reserva de flotabilidad. Pero había quedado a merced del enemigo. De manera que el capitán de navío Lindemann, que sin duda había permanecido durante el combate, como debía, en el puesto blindado de mando, dio la orden de abandonar y hundir a su buque. Nunca se sabrá si lo hizo tras consultar al almirante Lütjens, pues ninguno de los supervivientes vio o pudo escuchar siquiera al almirante en ningún momento a lo largo de todo el combate. Pero aquella orden, inevitable dado el caso de indefensión en que había quedado el *Bismarck,* resultó funesta para centenares de hombres que, al tratar de cumplimentarla, abandonaron sus puestos en zafarrancho de combate para salir a la cubierta exterior, donde los proyectiles enemigos seguirían causando estragos durante ¡tres cuartos de hora más!

Y es que los cuatro buques de la *Royal Navy* siguieron disparando contra el *Bismarck* durante el largo período de tiempo señalado. Los historiadores británicos alegan que lo hicieron porque el acorazado alemán no arriaba bandera. Es cierto. Pero no lo es menos que se excedieron. El *Bismarck* había quedado totalmente fuera de combate, y, dado el vendaval de explosivos y metralla que incesantemente se desplomaba en las superestructuras, en aquel que ya no era nada más que un trágico ejercicio de tiro al blanco, no había posibilidad material de arriar bandera. Así que el impune y terrible cañoneo a que le someterían durante cuarenta y cinco minutos más los buques británicos no está justificado. Después de la guerra, en el proceso de Nuremberg, se condenó a diez años de trabajos forzados al capitán de navío Von Ruckteschell por haber disparado, según el tribunal lo juzgó, hasta ocho minutos más de lo necesario sobre tres barcos mercantes británicos, artillados, que se habían defendido del crucero auxiliar *Widder*, de la *Kriegsmarine*.

Desde las 0936 hasta las 1016, el *Rodney* navegó de una y otra vuelta por el través del *Bismarck,* a distancias comprendidas entre los 2.500 y 4.100 metros, disparando incesantemente salva tras salva, andanada tras andanada —las andanadas de 406 mm llevaban tres toneladas de acero y explosivos—. Pero, a pesar de que sus hombres ya le habían volado las tapas de los condensadores de las salas de máquinas y abierto los grifos de fondo de sentinas y pañoles de municiones, el *Bismarck* no se hundía. ¿Qué clase de buque era aquél? Los británicos no salían de su asombro.[1]

1. El *Bismarck* llevaba una coraza vertical de 32 centímetros de espesor. Pero la segunda cubierta protectora se inclinaba en las bandas hasta debajo de la flotación, lo que

Torpedeado por fin desde corta distancia por el *Rodney* y el *Norfolk*, todavía sigue flotando el destrozado derrelicto en que ha sido convertido el otrora formidable y veloz acorazado alemán. El almirante Tovey decide retirarse. Sus buques casi no tienen petróleo para llegar a puerto y teme la intervención de los submarinos y aviones alemanes. El *Dorsetshire* se encargará de dar el golpe de gracia al *Bismarck*, pues los destructores ya no tienen torpedo alguno a bordo. El crucero pesado lanza dos peces metálicos por la banda de estribor del acorazado alemán y después uno por la de babor. Los tres hacen blanco y estallan. El último hacía el número ¡setenta y uno! de los torpedos británicos disparados contra el *Bismarck* a lo largo de toda la batalla, y era, por lo menos, el octavo que con toda seguridad había recibido a bordo. Sin duda, aquellos nuevos impactos aceleraron el ya inevitable hundimiento del resistente buque germano.

A bordo del *Bismarck* nunca desapareció la disciplina ni cundió el pánico. Unos ochocientos hombres se congregaron sobre la destrozada cubierta exterior. El buque escoraba a babor y se hundía de popa. No quedaban balsas ni botes disponibles; de modo que los marinos alemanes, provistos de salvavidas inflables, fueron lanzándose a las encrespadas olas. Algunos de los supervivientes que poco después se encontraron sobre el océano a unos cien metros de la proa del *Bismarck* fueron estremecidos testigos de una patética escena. Vieron al comandante del buque, capitán de navío Ernest Lindemann, moviéndose por el castillo de proa. Hacía gestos al ordenanza que le seguía para que éste se arrojara por la borda. Pero aquel fiel y abnegado marino no quiso abandonar a su comandante. Lindemann trepó por el largo castillo del acorazado, que se alzaba cada vez a mayor altura, al mismo tiempo que la popa se hundía y todo el buque escoraba pronunciadamente a babor hasta alcanzar su extremidad. Con el costado de estribor ya casi en posición horizontal, Lindemann pasó por fuera de la borda, y allí, de pie sobre el caperol del formidable buque, dio frente a popa y se llevó la mano derecha a la gorra. Saludaba a la bandera, que aún flameaba en el palo mayor, a punto de besar las olas; al almirante y demás camaradas valerosamente caídos a bordo; al roto pedazo de la querida patria que ya se hundía, lenta, inexorablemente, y que poco después le arrastraría para siempre al abismo. Allí le vieron permanecer hasta el final, siempre saludando, hasta desaparecer, con la últi-

suponía hasta 12 centímetros más de acero. No es de extrañar que las máquinas de este magnífico buque de guerra quedaran intactas.

ma parte visible del buque de guerra, a 4.000 metros de profundidad, en el océano Atlántico. Eran las 1039 de la terrible mañana...

La larga y porfiada batalla iniciada cuatro días antes, a 1.750 millas de distancia, en la parte septentrional del neblinoso y gélido estrecho de Dinamarca, terminaba a tan sólo cuatrocientas de Brest y en medio de una tempestad. Eran los 48° 10' de latitud Norte y los 16° 12' de longitud Oeste. Más de tres mil seiscientos hombres habían muerto. Dos gigantescos buques de combate resultaron hundidos. Otros tantos almirantes con sus estados mayores, etc., habían desaparecido. Un acorazado británico resultó gravemente averiado, teniendo que marchar a Estados Unidos para reparar.

Pero si la *Royal Navy* consiguió movilizar un impresionante número de buques y aviones para hundir al *Bismarck,* la *Kriegsmarine* fue incapaz de prestarle la menor ayuda. Los aviones *Fockewulf («Kondor»)* que se podían haber enviado desde Francia no llegaron jamás, pese a todas las promesas hechas a Lütjens. Y de los submarinos alemanes que habían recibido órdenes de dirigirse a toda velocidad hacia el acorazado, sólo uno de ellos, el *U-556*, pudo intervenir de alguna manera. En la tarde del día 26, el *Renown* y el *Ark Royal,* sin escolta alguna de destructores (por mor de la mala mar), le pasaron a gran velocidad, sin descubrirle, a unos cuatrocientos metros de distancia. Pero al *U-556* no le quedaba torpedo alguno, y cuando los dos colosos se perdieron sobre las grises y empenachadas olas, todo lo que su comandante pudo hacer fue salir a superficie y radiar el avistamiento. Lo que, como ya sabemos, de nada le serviría al *Bismarck.* Pero si el teniente de navío Wohlfarth hubiera dispuesto de algún torpedo, habría inutilizado al *Ark Royal* y esta historia hubiera sido diferente.

Indudablemente, los alemanes perdieron la batalla, pero también es cierto que estuvieron a punto de ganarla, y que, de no haber sido por aquel extraordinario e inesperado impacto de torpedo en el timón, lo habrían hecho. Ya hemos señalado que la suerte es siempre en cualquier guerra un importantísimo condicionante de la historia. Ahora bien, conviene no perder de vista que dicho afortunado impacto, y el consiguiente hundimiento, jamás se habría producido si los ingleses no hubieran movilizado todos los buques de guerra disponibles y actuado, después del primer desastre, con gran tenacidad, inteligencia y valor.

Los alemanes combatieron desde el primer momento con innegable acierto, gran habilidad profesional, audacia y coraje. Y si la agrupación de Lütjens hubiese dispuesto de un portaaviones equipado con aparatos de caza y reconocimiento, es indudable no sólo que el *Bismarck* habría sobrevivido, sino que hubiera podido mantenerse en el Atlántico, actuando contra el tráfico enemigo, durante el mismo o más tiempo que lo habían hecho el *Scharnhorst* y el *Gneisenau*. Lo que hubiera supuesto una verdadera catástrofe para el Reino Unido.

De cualquier modo, la salida del *Bismarck* y del *Prinz Eugen* no fue ningún disparate. Era arriesgada y audaz, pero mereció la pena y tenía más posibilidades de haber resultado viable para los alemanes que de lo contrario. Una vez averiado el acorazado, el almirante Raeder dejó en completa libertad de acción a Lütjens para que hiciera lo que creyese más conveniente. No se le puede censurar por ello. Nadie mejor que el desaparecido almirante en condiciones de poder juzgar los daños y posibilidades de su buque insignia. La decisión de entrar en un puerto francés, en lugar de retroceder y volverse a Alemania vía Noruega, puede ser discutida, pero indudablemente fue correcta desde el punto de vista de la misión. Porque aquella avería se podía haber reparado en el dique de Saint-Nazaire en muy pocos días, después de lo cual nada hubiera impedido a Lütjens lanzarse al Atlántico con el *Bismarck* y el *Prinz Eugen* y reanudar la guerra al tráfico enemigo. Ése era su objetivo real. Y estuvo a punto de lograrlo. La suerte le volvió decididamente la espalda al final y el almirante cayó en el campo del honor, combatiendo valerosamente y hasta el último instante contra fuerzas aplastantemente superiores. No es de extrañar que uno de los mejores buques de guerra de la República Federal Alemana lleve hoy el nombre de este audaz e inteligente marino germano.

Tanto en la batalla del *Bismarck*, en el Atlántico Norte, como en la de Matapán, habida en el mar Mediterráneo sólo dos meses antes, el portaaviones se reveló, por primera vez en el combate naval en mar abierto, como un buque decisivo, y fue el que en ambos casos absolutamente inclinó el fiel de la balanza del lado del vencedor. En las dos batallas señaladas se limitó a reducir e imposibilitar el movimiento de los acorazados y cruceros enemigos, que luego, y sólo gracias a ello, pudieron ser rematados por los buques de línea. Pero, al correr de la guerra, el portaaviones iría arrinconando inexorablemente al acorazado y terminaría por suplantarlo. Las escuadras enemigas ni siquiera se avistarían ya. Lanzarían sus aviones navales unas contra otras desde cientos de millas de distancia. El portaaviones destronaría así a un poderosísimo tipo de buque de guerra que había sido el rey de los mares durante tres cuartos de siglo y originaría una revolución en la táctica naval que señaló el final de toda una era.

Mas volvamos al agitado Atlántico, donde se debatían entre las olas unos ochocientos marinos alemanes del *Bismarck*. El crucero *Dorsetshire* ya había recogido a setenta y cinco náufragos, y el destructor *Maori*, a otros veinticuatro, cuando los ingleses creyeron avistar un periscopio y se alejaron velozmente de unos hombres que quedaban así condenados a morir. Más tarde, los submarinos alemanes conseguirían rescatar a otros once supervivientes, de modo que tan sólo ciento diez hombres fueron salvados, de un total de dos mil cuatrocientos tres marinos y aviadores, teniendo en cuenta el personal de la *Luftwaffe* que se hallaba a bordo para el manejo y entretenimiento de los cinco aviones *Arado*, y el del Estado Mayor del almirante.

Tan pronto se conoció el hundimiento del *Bismarck*, el crucero español *Canarias* salió a toda máquina de El Ferrol, pero cuando llegó donde el acorazado alemán había librado su último combate, sólo encontró ya cadáveres flotando.

* * *

Aquella larga, porfiada y épica batalla, quizás única en su clase, tuvo un epílogo intrascendente. El crucero *Prinz Eugen*, al mando del capitán de navío Brinckmann, pudo escapar hacia el Sur, como sabemos, y tomar combustible en el punto de *rendez vous* con un petrolero alemán. Tras varios días de navegación sin incidencias, se le presentaron importantes averías en las máquinas que le obligaron a dirigirse a Brest, donde entró el 1.º de junio.

Allí quedaría durante varios meses, con el *Scharnhorst* y el *Gneisenau*, sometido a constantes bombardeos de los aviones británicos, pues la *Kriegsmarine* no disponía de aviación de caza alguna que oponer al enemigo. La salida al Atlántico del *Bismarck* y del *Prinz Eugen*, y la pérdida del primero, habían resultado, pues, prácticamente inútiles.[1]

1. Los marinos alemanes aducen que la salida del *Bismarck*, al arrastrar al Atlántico a la «Fuerza H» basada en Gibraltar, impidió a ésta poder actuar aquellos días en el Mediterráneo oriental, y les permitió a ellos apoderarse de la isla de Creta. Éste sería un ejemplo clásico de diversión de fuerzas enemigas y de las repercusiones de una acción naval sobre un teatro de operaciones lejano y de gran importancia. Aunque semejante tesis es impugnable, no cabe duda de que la salida al Atlántico de aquella fuerza naval inglesa basada en España, por lo menos permitió al Eje continuar el difícil y precario aprovisionamiento de las tropas del general Rommel que combatían en el norte de África, lo que, en el cuadro estratégico general, tuvo gran importancia.

Pero, como veremos, ello no traería en consecuencia el encierro de los buques de superficie de la escuadra alemana en sus bases metropolitanas, igual que había sucedido durante la gran guerra, después de la batalla de Jutlandia. Los navíos de la *Kriegsmarine* seguirían actuando activamente contra el enemigo hasta el final, si bien su teatro de operaciones cambiaría: el Ártico primero, y el Báltico más tarde.

CAPÍTULO XIII

ODISEA DE LA ESCUADRA ALEMANA A TRAVÉS DEL CANAL DE LA MANCHA

Después de haber logrado conjurar la amenaza que para sus vitales comunicaciones marítimas suponía la presencia en el océano Atlántico del acorazado alemán *Bismarck* y del crucero *Prinz Eugen*, los británicos hicieron grandes esfuerzos para neutralizar en Brest al *Scharnhorst* y al *Gneisenau*.

Aparte de por un torpedo, ya sabemos que el segundo de dichos cruceros de batalla había sido alcanzado, la noche del 10 al 11 de abril de 1941, por cuatro bombas arrojadas por la RAF, que le produjeron grandes averías. Los bombardeos ingleses continuaron, y entre finales de marzo y el 31 de julio, la *Royal Air Force* descargó sobre los buques de guerra que consideramos, en 1.875 salidas, casi dos mil toneladas de bombas. Una de ellas alcanzó al *Prinz Eugen* la noche del 1 al 2 de julio, deshaciéndole la central de tiro y causándole cincuenta y dos muertos, y otros cinco al *Scharnhorst* la tarde del 24 del mismo mes, cuando este buque se había trasladado a La Pallice para probar sus máquinas, recientemente puestas a punto. Tres de los artefactos atravesaron el buque de parte a parte, sin estallar, pero los otros dos le causaron considerables averías en la instalación eléctrica, y el crucero de batalla, con tres mil toneladas de agua salada a bordo, aunque sin bajas, tuvo que regresar a Brest para entrar en dique.

Aquellos tres buques de guerra alemanes quedaron así inmovilizados en el puerto francés, delante del cual avían fondeado los aviones británicos, como medida de precaución, doscientas setenta y cinco minas de fondo.

Toda contienda tiene sus quiebras, y, pese al hundimiento del *Bismarck*, la *Kriegsmarine* no había renunciado al empleo de sus grandes unidades de superficie en la guerra de corso por el océano Atlántico. Ya sabemos que el acorazado de bolsillo *Lützow* fue torpedeado en junio de 1941, cuando remontaba el mar de Noruega en demanda precisamente del estrecho de Dinamarca. Por otra parte, se trabajaba activamente en la reparación de las unidades surtas en Brest, a fin de emplearlas, tan pronto quedaran listas, contra los convoyes ingleses procedentes del Atlántico Sur.

Pero la campaña de Rusia, la tan discutida decisión continental de Hitler, iniciada con quince días de retraso debido a las operaciones que tuvieron que efectuarse a última hora en los Balcanes, arrastró, el 22 de junio, hacia el inmenso y mal comunicado país a la mayor parte de las fuerzas aéreas alemanas, y la aviación británica pudo actuar desde entonces sobre Francia con gran impunidad. Sólo mencionaremos el ataque efectuado por aparatos de caza *Spitfire* contra la Tercera Flotilla de Dragaminas alemana que operaba en octubre frente a Dieppe. En un minuto, la flotilla perdió, entre muertos y heridos, el cuarenta por ciento de todos sus efectivos, entre los que figuraban el jefe de la misma y los comandantes de varias unidades.

Ciento veinte bombarderos pesados atacaron simultáneamente Brest la noche del 3 al 4 de septiembre, y, para resumir, señalaremos que entre el 1.º de agosto de 1941 y el último día de ese mismo año, 851 bombarderos británicos arrojaron 1.185 toneladas más de bombas sobre los tres buques de guerra alemanes forzosamente inmovilizados en aquella base bretona. Aunque la ciudad quedó arrasada e incluso resultaron dañadas las puertas del dique en que se hallaba varado el acorazado *Scharnhorst*, ninguno de los tres buques germanos recibió nuevos impactos ni apenas averías y, por su parte, los ingleses reconocen la pérdida en Brest de un total de cuarenta y cinco aviones.

A fines de 1941, las reparaciones a que hemos aludido se encontraban prácticamente terminadas y el almirante Raeder consideró que, tras algunas salidas cortas para adiestrar a sus desentrenadas dotaciones, se podrían sacar nuevamente al Atlántico aquellos buques a fin de que reanudaran la guerra al tráfico enemigo.

El momento era especialmente favorable a los germanos, porque Japón acababa de entrar en la guerra, dejando fuera de combate en Pearl Harbour a cinco acorazados y otros buques de la escuadra norteamericana del Pacífico, y porque la flota británica también acababa de sufrir muy graves pérdidas.

Efectivamente, el acorazado *Prince of Wales*, un buque sin suerte, y el crucero de batalla *Repulse*, a los que no había podido acompañar hasta Singapur, como se había planeado, el portaaviones *Indomitable*, por haber embarrancado poco antes en Kingston, Jamaica, y sufrido graves averías, fueron echados a pique, el 10 de diciembre, por aviones torpederos de la Armada japonesa salidos de Saigón. El acorazado *Nelson* había sido torpedeado en el Mediterráneo y se hallaba reparando. También fueron averiados en combate y seguían sometidos a reparaciones los portaaviones *Formidable* e *Illustrious*. El acorazado *Malaya* había sido torpedeado por el submarino *U-205* y se encontraba igualmente en astillero. El portaaviones *Ark Royal* había resultado hundido por el *U-81* el 13 de noviembre. El 25 del mismo mes, el *U-331* echó a pique al acorazado *Barham*. En diciembre de este año, tan nefasto para la flota británica, el *U-557* hundía al crucero *Galatea, el* U-751 hacía bajar al abismo al portaaviones *Audacity* y los torpedos tripulados italianos del teniente de navío Luigi Durano de la Penne hundían en el puerto de Alejandría, el 19 de diciembre, a los acorazados *Valiant* y *Queen Elizabeth*.

El momento, repetimos, era especialmente favorable, si no para sacar al Atlántico al acorazado *Tirpitz*, recientemente entrado en servicio, dada la intensa vigilancia británica en los accesos a dicho océano, sí para que los buques que se hallaban en él se hicieran a la mar a fin de reanudar la guerra de corso. Pero entonces intervino Adolfo Hitler.

Este hombre, de gran inteligencia natural, aunque totalmente lego en cuanto se refería a cuestiones marítimas y relacionadas con la guerra en el mar, y por otra parte de mentalidad continental, es decir, muy limitada en cuanto a visión de conjunto se refiere, pero que tenía en sus manos todos los resortes del poder civil y militar en Alemania, había quedado muy impresionado por los intrascendentes golpes de mano dados por los británicos en Noruega[1] y llegado a la precipitada y errónea conclusión de que los ingleses y norteamericanos intentarían desembarcar muy pronto en la península escandinava.

Consecuentemente, ordenó el traslado de todas las unidades pesadas alemanas a los puertos noruegos, incluyendo los acorazados de la serie *Gneisenau* y el crucero *Prinz Eugen*, y llegó a amenazar al almirante Raeder con hacer desarmar dichos buques en Brest, y desmontarles la artillería, si el gran almirante se negaba a retirarlos de Bretaña.

Aquella medida no obedecía a un estudio objetivo de la situación y era un error que sólo podía beneficiar al enemigo, pero suponemos que Erich Raeder se consolaría con la idea, luego puesta en práctica, de que, habiendo comenzado a fines del verano anterior los convoyes aliados des-

1. El 30 de julio de 1941, los portaaviones británicos *Victorious* y *Furious* habían atacado los puertos Kirkenes y Petsamo, en el nordeste de Noruega. El 7 de septiembre, los cruceros *Nigeria* y *Aurora* penetraron en el fiordo próximo al cabo Norte y echaron a pique al buque-escuela de artillería *Bremse*. «Comandos» ingleses desembarcaron en Vaagsô, al norte de Bergen, y en las islas Lofoden, en diciembre, destruyendo diversas instalaciones, hundiendo algunos barcos, haciendo prisioneros alemanes, etc., y retirándose seguidamente.

pachados para la Unión Soviética vía océano Glacial Ártico, sus buques podrían actuar ofensivamente contra dichos convoyes partiendo de los puertos septentrionales noruegos y no permanecer allí en actitud meramente pasiva, a la espera de un imaginario desembarco que jamás sería intentado.

Siguiendo las instrucciones, el Estado Mayor de la *Kriegsmarine* puso manos a la obra. Para evitar su detección por los espías enemigos apostados en Suecia, el acorazado *Tirpitz* atravesó el canal de Kiel, escoltado por cuatro destructores, salió de Wilhelmshaven la noche del 14 al 15 de enero de 1942, entrando en Trondheim el día 16. Pero los cuatro galgos de acero tuvieron que aparejar inmediatamente con destino a Brest.

Esta salida del buque gemelo del *Bismarck* al mar de Noruega, que no tuvo confirmación para los ingleses hasta el día 23, causó gran inquietud en el Almirantazgo británico. El almirante Tovey despachó algunos buques de la *Home Fleet* para Islandia, aplazó la salida con destino a Rusia del convoy «PQ-9» y canceló una operación de castigo contra Tromsö.

Ahora los alemanes tenían que trasladar a Noruega los buques surtos en Brest, a los que después seguirían el *Scheer* y el *Lützow*, los cruceros pesados *Prinz Eugen* e *Hipper*, los ligeros *Köln* y *Nürnberg* y casi todos los destructores disponibles. Pero ¿por dónde llevar a los acorazados y al *Prinz Eugen* al Norte? El almirante Raeder propuso a Hitler que aquéllos regresaran al mar de Noruega por el estrecho de Dinamarca y que únicamente el *Prinz Eugen* lo intentara a través del canal de la Mancha, derrota que él consideraba, con toda razón, muy peligrosa. Pero el Führer decidió que los tres buques podrían pasar, aprovechando la sorpresa y si eran debidamente escoltados, por el canal de la Mancha, es decir, bajo las mismas barbas inglesas. Y su palabra era ley.

* * *

La base naval de Brest fue bombardeada por la RAF en la noche del 11 de febrero de 1942. Doce buques de guerra alemanes se hallaban allí despojados de sus redes de enmascaramiento, encendidos y listos de máquinas, y se disponían a hacerse inmediatamente a la mar tan pronto cesase el ataque aéreo. Pero sus hombres apenas podían ver cosa alguna del exterior. No sólo por el total oscurecimiento del puerto y la falta de luna, sino porque había cierta neblina, que, unida a la formidable humareda artificial producida por los múltiples fumígenos de la defensa antiaérea, formaban sobre el puerto y toda la ciudad un impenetrable balda-

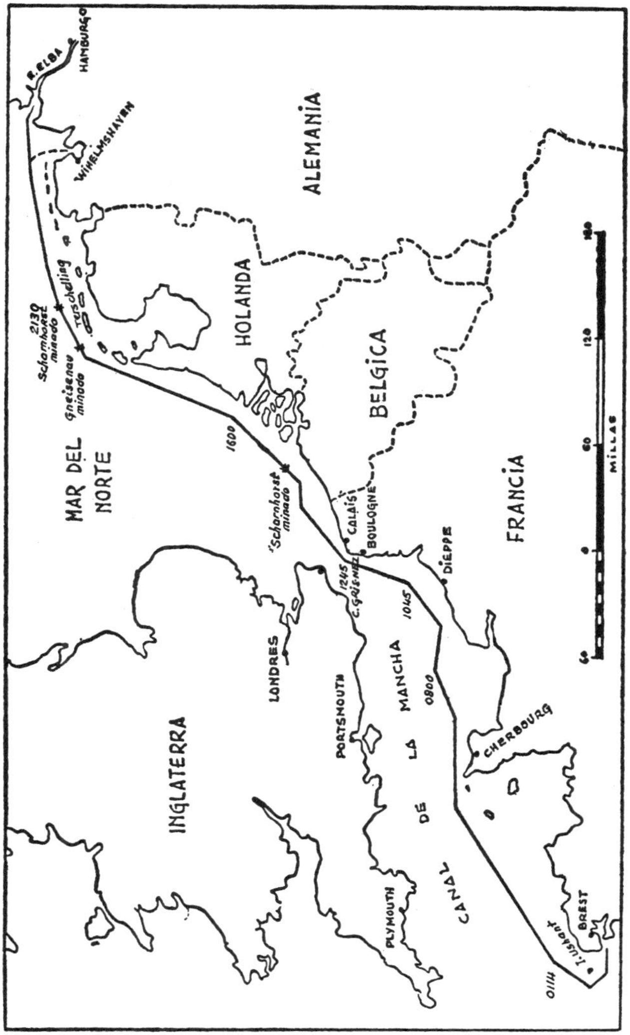

Derrota seguida por la escuadra alemana del almirante Ciliax, en febrero de 1942, a través del canal de la Mancha y el mar del Norte, señalando la posición aproximada en que fueron averiados, por minas, los acorazados *Scharnhorst* y *Gneisenau*.

quino oscuro que únicamente las bombas eran capaces de perforar. Pero el intermitente silbido y estallar de los artefactos, el incesante ladrido de la potente artillería antiaérea, los haces de los proyectores que de vez en cuando se percibían, fantasmagóricos, por alguna clara entre la humareda, y el ronquido de los invisibles aviones enemigos, resultaban casi familiares para aquellos marinos. Tanto puede la costumbre.

La orden de operaciones que habían recibido los buques de guerra y autoridades de Marina de Brest era secreta y preveía la salida a la mar de la escuadra alemana para efectuar ejercicios al día siguiente entre La Pallice y Saint-Nazaire, y su entrada en Brest durante la noche. Los remolcadores de la base naval tenían incluso órdenes de estar preparados, a su regreso, para auxiliar a los acorazados y al *Prinz Eugen* en las maniobras de atraque, y se sospechaba que tales ejercicios eran preparatorios para una salida por el Atlántico central, pues centenares de blancos cascos de corcho habían sido embarcados en las grandes unidades.

El retraso en la salida debido al bombardeo enemigo constituía tan sólo un riesgo más para la mayoría de hombres de la escuadra alemana. Pero a bordo de los buques había siete individuos que sabían que aquella orden clasificada como secreta era falsa, que la escuadra no regresaría jamás a Brest y que trataría seguidamente de alcanzar Alemania, a todo riesgo, cruzando velozmente el canal de la Mancha. Aquellos hombres eran: el vicealmirante Ciliax, que mandaba la escuadra; su jefe de estado mayor, el capitán de navío Reinicke; los comandantes de los dos acorazados y del crucero pesado, y un par de oficiales del Estado Mayor del almirante. Nadie más.

La audaz escapada había sido preparada con tanta minuciosidad y cuidado como sigilo. Para que el enemigo no pudiera sospechar cosa alguna, ni tampoco los jefes de las diversas flotillas de dragaminas que en múltiples salidas tendrían que ir limpiando de minas de todas clases la larga derrota de más de setecientas millas que seguirían luego los buques de Ciliax, se había dividido ésta en parcelas, aparentemente tan absurdas, que algún oficial germano llegó a dudar de la cordura de los individuos que componían el «Grupo Oeste» instalado en París. Se propalaron rumores sobre la supuesta llegada desde Extremo Oriente de algún forzador del bloqueo con tan precioso cargamento a bordo, que justificaba el traslado a los aeródromos contiguos al canal de doscientos aviones de la *Luftwaffe*. Y tal fue la explicación que se dio a los aviadores. Se hicieron salir de Saint-Nazaire remolcadores y blancos de tiro para los supuestos ejercicios de la escuadra. No se alteró el ritmo habitual de permisos a un reducido porcentaje de las dotaciones, y aquellos siete hombres que estaban en el secreto embarcaron en sus respectivos buques sin maleta alguna, es decir, dejaron en sus casas toda su ropa excepto la que llevaban puesta.

Se había escogido una noche muy próxima a la luna nueva y en que la marea ayudase poderosamente a los buques durante las primeras horas de travesía por el canal, a fin de que pudieran ganar rápidamente tanta distancia hacia Levante como fuera posible, y a fin también de cruzar con la pleamar sobre los parajes más susceptibles de ser minados por el enemigo. Así, cuando los ingleses les descubrieran, los buques alemanes se encontrarían ya próximos a la parte más angosta y peligrosa del estrecho de Dover, y aquéllos no dispondrían de mucho tiempo para montar ataques bien coordinados y eficaces. Además, ciertos equipos especiales de técnicos electrónicos habían efectuado cuidadosas mediciones de las frecuencias de los radares ingleses de vigilancia y dispuesto los transmisores de haz dirigido precisos para interceptar aquéllos y dejarlos «ciegos» durante la travesía.

Como el lector seguramente conoce el resultado de la misma, tal vez considere ya que Adolfo Hitler tuvo toda la razón al escoger semejante derrotero y que el almirante Raeder se equivocó. Mas el autor disiente porque una suerte tan extraordinaria como absolutamente imprevisible acompañó la salida nocturna de Brest de los dos acorazados, el crucero pesado, los seis destructores y tres torpederos alemanes mandados por el vicealmirante Ciliax, e hizo posible el buen término de aquella temeraria operación.

Efectivamente, los ingleses no se habían dormido. Si bien es cierto que sus sabuesos del *Intelligence Service* no llegaron a enterarse de lo que en realidad se preparaba, el Almirantazgo tomó sus medidas para detectar cualquier salida a la mar de los buques germanos, y contaba, en los puertos del canal o en sus proximidades, con aviones torpederos y flotillas de destructores y de lanchas, mientras que la RAF disponía de doscientos cincuenta bombarderos situados a pie de obra. Las grandes unidades seguían en Scapa Flow pendientes del *Tirpitz*, cierto, pero también podían alcanzar las islas Frisias Occidentales antes de que lo hicieran los buques alemanes procedentes del Atlántico, para aguardarlos allí, pues la distancia de dichas islas a Scapa era bastante menor que la que hay hasta Brest, y el *King George V* y el *Renown* andaban casi tanto como los acorazados germanos, pero disponían de una artillería muy superior. Podrá agüirse que un campo de minas alemán daba protección a aquella parte del mar del Norte. Pero dragaminas ingleses salidos al mismo tiempo del Támesis podían haber abierto un paso razonablemente seguro para los buques de línea británicos procedentes de Scapa antes de que éstos llegaran a tan peligrosas aguas.

Por si todo aquello no fuera bastante, en los últimos días de enero y primera decena de febrero, los británicos, previendo acertadamente la posible salida de los buques alemanes, redoblaron sus esfuerzos de minado precisamente en las aguas por donde tales buques se verían obligados a navegar si se decidían a regresar a Alemania por la derrota más corta.

Los grandes minadores *Manxman* y *Welshman*, de 2.650 toneladas y 39,5 nudos de andar, «corriendo como gatos escaldados», según frase del contraalmirante británico Power, fondearon, en doce noches consecutivas y frente a la costa francesa del canal, catorce campos minados, con un total de mil minas de orinque, mezclando las de contacto y las magnéticas y variando su regulación de activado de forma que dichos campos se autoalimentasen. Con ello, si los dragaminas alemanes cortaban cualquier día todos los orinques de las minas que ya habían destrincado de su ancla de fondo (sumergidor), al siguiente se encontrarían con que otras habían ascendido y ocupaban aproximadamente el mismo lugar bajo la traidora superficie de la mar, y así sucesivamente.

Otro minador, el costero *Plower*, fondeó en los primeros días de febrero otro campo minado entre Dover y el cabo Gris Nez. Finalmente, aviones bombarderos de la RAF arrojaron un centenar de minas magnéticas de fondo a la altura de las islas Frisias, en cinco diferentes zonas cuidadosamente seleccionadas.[1] Dichas minas iban provistas de retardadores de activado y demás mecanismos para efectuar su rastreo, e incluso se arrojaron algunas destinadas exclusivamente a hundir a los dragaminas alemanes. El fondeo se hizo durante las horas de luz, sacrificando el secreto a la exactitud, y ya veremos cómo los buques germanos padecerían sus efectos.

Pero la primera víctima del plan de minado británico fue precisamente uno de los destructores de la *Kriegsmarine* que navegaban hacia Brest para reforzar la escolta de las grandes unidades que se disponían a salir de aquella base naval: el *Bruno Heinemann*, de la serie «Z» y 1.650 toneladas que tropezó con uno de los artefactos fondeados por el *Plower*. Y la segunda, un sufrido rastreador de la 16.ª flotilla...

En resumen, si la atrevida operación alemana pudo ser llevada a buen término pese a todo, ello se debió, muy principalmente y como veremos, a que la vigilancia aérea británica, por un imprevisible y nada menos que

1. Los ingleses contaban ya con una mina acústica, pero ésta todavía no se fabricaba en serie.

triple y casi simultáneo fallo, no pudo detectar la salida de la escuadra alemana hasta ¡doce horas! después de que hubiera zarpado de Brest.

* * *

Por fin, hacia las 0830 de la noche reventó la última bomba inglesa, y poco después la defensa antiaérea de Brest dio el «Todo claro». Pero las sirenas no funcionaron, pues se decidió que la alarma y la producción de humo artificial continuasen hasta la amanecida, con el fin de no dar la menor facilidad a espías y aviones de reconocimiento enemigos para que pudieran advertir la ausencia de los buques de guerra alemanes.

Éstos, totalmente oscurecidos, largaron amarras y fueron saliendo del arsenal, aventurándose luego por la angosta y difícil canal salpicada de bajos y peligros. Sólo quedó allí dentro un silencioso y vacío crucero pesado..., que no era lo que parecía, sino el hábil e ingenioso resultado de modificar y ensamblar tres barcos mercantes y montarles unas superestructuras y cañones postizos, cuya única misión era engañar a los observadores aéreos y atraer sobre sí las bombas.

El almirante Ciliax izaba su insignia en el *Scharnhorst*. Fuera del rompeolas se disipó un tanto la humareda, y las estrellas centellearon en la insondable bóveda del firmamento, aunque la nieve artificial todavía se agarraba a la superficie de la mar. La noche era muy oscura; por la proa del buque insignia todo estaba tan negro como boca de lobo, y la visibilidad no excedía de los trescientos metros. La escuadra había perdido dos horas de navegación bajo el manto protector de la noche, y, por si fuera poco, la obstrucción de salida no tenía encendidas las luces, como había sido convenido. ¿Qué hacer? ¿Perder todavía más tiempo hasta que lucieran? Por fin se divisó, más próxima, una sola de las dos grandes boyas que señalaban la abierta salida, y como Ciliax estaba impaciente, el comandante del acorazado decidió dejarla por una banda, confiando, al azar, en que las redes estuvieran del otro lado. Pero la boya comenzó de pronto a moverse rápidamente sobre las negras aguas y vino a golpear sordamente contra el costado del buque, a la altura del puente. ¡Maldita sea!

—¡Para las máquinas! —ordenó Hoffmann.

Repiquetearon los telégrafos, y el acorazado siguió deslizándose por inercia sobre las gruesas redes de la obstrucción. En el puente del buque, nadie se atrevía ni a respirar. ¿Engancharían las hélices aquellas aceradas cortinas? Ello supondría tener que perder todavía más tiempo de oscuridad mientras actuasen los buzos. Pero el buque no es aprisionado, e inmediatamente se advierte del peligro al matalote.

Los acantilados y los negros peñascos desfilan velozmente; las ondas de cabeza y las estelas fosforecen cada vez más al irse aumentando las revoluciones de las hélices, y muy pronto todos los buques navegan a 30 nudos. No hay mar y sopla un viento moderado del Sudoeste. Los destructores, moviéndose a toda máquina, ocupan rápidamente sus puestos en formación por las dos bandas de los buques mayores, que navegan en línea de fila, y toda la maniobra se efectúa con tal rapidez y precisión, que se gana una hora sobre el horario previsto.

Defendido por el quitavientos del puente, el almirante espía la noche con los prismáticos y se siente preocupado, pues aunque los radiotelémetros de sus buques nada señalan sobre la mar ni en el aire, le parece poco probable que los aviones y submarinos ingleses de vigilancia se hayan marchado. Y Ciliax echa una desconfiada mirada hacia el oscuro cielo, donde parpadean los astros y bogan algunas nubes solitarias.

* * *

Muy poco antes de aquella salida, tres aviones ingleses del Mando Costero de la RAF patrullaban monótonamente a fin de poder tratar de descubrir cualquier movimiento de los buques alemanes surtos en Brest. Eran aparatos *Hudson*, equipados con radares capaces de detectar cualquier buque del tamaño de un destructor en un radio de treinta millas. Uno de ellos cruzaba frente a la entrada de Brest; otro entre la isla de Ouessant y la de Bréhat, y el tercero lo hacía desde El Havre a Boulogne.

El Almirantazgo británico confiaba en que estos aviones y los dos submarinos que patrullaban frente a Brest detectarían inmediatamente cualquier salida de los buques alemanes, lo que era bastante razonable. Sin embargo, a última hora de la tarde del día 11 de febrero, el radar del primer avión sufrió una avería y dejó de funcionar. Habiendo fallado el ojo fosforescente capaz de ver en la oscuridad, y siendo imposible distinguir algo a simple vista sobre la mar, el comandante del avión decidió regresar a su base. Una vez allí, la misma dotación embarcó en otro avión igual, y dos horas después regresó a Brest. A medianoche, este aparato fue relevado por otro de las mismas características.

Después de la guerra se comprobó que este último no fue capaz de detectar con su radar a los doce buques alemanes que ya navegaban a toda velocidad arrumbados al Nordeste tan sólo por cuestión de... ¡minutos!

Al avión que patrullaba entre Ouessant y la entrada del golfo de Saint-Malo también se le averió el radar hacia las nueve de la noche del mismo día. Una hora después regresó a su base, pero no fue relevado, y de este agujero surgido en la red de vigilancia no se advirtió al Almirantazgo.

Finalmente, el aparato que se movía entre El Havre y el estrecho de Dover no tuvo, en realidad sólo debido a la esquiva suerte, ocasión de descubrir por la mañana a la escuadra alemana, pues sus respectivas derrotas siempre se mantuvieron a más de treinta millas de distancia. Por su parte, los submarinistas no vieron nada. De manera que este quíntuple fallo de la vigilancia inglesa, especialmente el de los radares de los dos primeros aviones, fue una suerte extraordinaria para los alemanes, y, de no haberse producido, habría probablemente fracasado la temeraria operación patrocinada por aquel verdadero aficionado al arte de la guerra que fue el dictador germano y que se llevó a la práctica en contra del parecer de un excelente experto naval como era el gran almirante Erich Raeder. Pero volvamos a los buques alemanes, que todavía navegaban al Oeste a treinta millas por hora.

Ya sabemos que sólo siete hombres conocían su verdadero destino a bordo de la escuadra alemana, pero, una vez librada la isla de Ouessant, el capitán de navío Reinicke ordena al oficial de guardia en el puente del *Scharnhorst*:

—Caiga a estribor y quede gobernando al trescientos cuarenta verdadero.

El teniente de navío le mira un momento con extrañeza y después pregunta:

—¿Quiere repetir el rumbo? ¿Hacia el Norte?

El jefe de Estado Mayor asiente, y el oficial da inmediatamente instrucciones al timonel. Pero la noticia de aquel inesperado cambio de rumbo, no previsto, corre cual reguero de pólvora por todos los buques de la escuadra, desde las cofas a las chazas, sollados y cámaras, y llena de contento a millares de hombres que hace ya más de un año sufren la invencible nostalgia de la patria lejana.

Sin embargo, el secreto no había sido todavía revelado, pues estaba previsto, en caso de que la salida de la escuadra fuese detectada por algún aparato enemigo de reconocimiento o cualquiera de los submarinos británicos que solían aproximarse a la costa francesa al caer la noche, el regreso inmediato a Brest. Pero la mar y el cielo aparecían desiertos. El intenso brillar de las estrellas presagiaba un cambio de tiempo, y la ligera mar de fondo hacía que las fosforescentes y espumosas ondas de cabeza que levantaban las rodas de aquellos doce buques aumentasen y disminuyesen rítmicamente. Por los demás, la tranquilidad era absoluta, y sólo se escuchaba el fuerte rumor de las aguas al ser rasgadas y el de los turboventiladores de las calderas, que a aquella elevada velocidad tenían que trabajar a todo vapor para inyectar suficiente aire en las cámaras.

Poco después de la medianoche, una vez rebasado el paralelo de Ouessant, se cayó al Nordeste y, a través del sistema de altavoces de los buques, se comunicó a las dotaciones que la escuadra llegaría a Alemania al día siguiente. El júbilo fue indescriptible.

Los radiotelegrafistas alemanes escuchaban cuidadosamente en todas las frecuencias empleadas por los ingleses, pero éstos no mostraban actividades inalámbricas anormales. Algunas flotillas de dragaminas que habían continuado sus rastreos de exploración, por si en el último momento aparecían nuevos campos minados enemigos, se alejaron hacia sus bases en la costa francesa haciendo señales con los semáforos de luz amortiguada. A bordo de cada acorazado y del crucero pesado iba un oficial de la *Kriegsmarine* que conocía al dedillo el canal de la Mancha, con sus movedizos bancos de arena, campos de minas, islotes, pecios peligrosos, balizas señaladoras de canales dragados, mareas y corrientes. Estos oficiales, que habían permanecido poco menos que «secuestrados» antes de la salida, para que no pudieran cometer indiscreción alguna que comprometiera el secreto, actuarían de «prácticos».

A las tres de la madrugada se recibió un radio urgentísimo del capitán de corbeta Bergelt, jefe de una flotilla de dragaminas, que comunicaba haber descubierto un nuevo campo minado enemigo a la altura de Etaples, ¡en la canal ya dragada para el paso de la escuadra!

El almirante y su jefe de Estado Mayor se abalanzan sobre la carta de navegación. Luego consultan al «práctico». Fuera de la angosta canal rastreada por los dragaminas a lo largo de toda aquella derrota tan minuciosamente escogida para el paso de la escuadra resultaba suicida aventurarse, pues allí existían antiguos campos de minas franceses, ingleses y alemanes que jamás habían sido dragados. No se dispone de margen alguno de maniobra para derrotas evasivas, y, por tanto, hay que decidir regresar a Brest, cancelando aquella «Operación Cerberus» que ha exigido tan largos y laboriosos preparativos, o seguir adelante y confiar en que los cuatro únicos dragaminas de que dispone Bergelt tengan tiempo suficiente para conjurar el peligro antes de que los buques alemanes lleguen a aquellas aguas, sólo seis horas más tarde. El almirante opta por continuar.

Con la amanecida del día 12 llegan dieciséis aviones de caza de la *Luftwaffe*, que se relevarán durante toda la jornada para proteger a la escuadra de los ataques aéreos. Hay más de doscientos cincuenta aparatos repartidos por los aeródromos contiguos al canal, al mando del entonces coronel Adolfo Galland, que, cumpliendo órdenes del mismo Hitler, se ha comprometido a colaborar con la Armada, y cumplirá su palabra al pie de la letra. A bordo del *Scharnhorst* va embarcado un oficial de enlace de la *Luftwaffe*, y el entendimiento de marinos y aviadores será perfecto.

La amanecida se presenta algo neblinosa por Levante, y muy altos en el cielo bogan velozmente hacia Nordeste blanquecinos cirros. Aquellos finísimos cristales de hielo son heraldos de tempestad. La marea ayuda ahora considerablemente, y, al rebasar la isla Alderney, la escuadra, que ya arrumbaba al 100° verdadero, lleva cierto adelanto respecto al horario previsto.

Hacia las ocho y media de la mañana se divisan por la proa los dragaminas del capitán de corbeta Bergelt, que, trabajando como demonios, han conseguido abrir y balizar un estrecho canal en el peligroso campo minado descubierto sólo unas horas antes. Cuando el *Scharnhorst* llega a la primera boya que señala las aguas libres, los abnegados y activos dragaminas viran hacia la costa, y como la canal es allí más angosta, los destructores tienen que comprimirse sobre los buques mayores, como si buscaran amparo contra el artero e invisible enemigo que acecha bajo las inquietas aguas.

Pero Bergelt y sus hombres han hecho un concienzudo trabajo, inutilizando todas la minas enemigas que habían sido fondeadas según el inteligente plan del capitán de navío John S. Cowie, del Almirantazgo, a quien el primer lord del Mar había dado vara alta en aquella operación, con tal de que «siguiera adelante sin fastidiar a sus superiores con los detalles».[1]

A las 0920, los transmisores dirigidos alemanes se pusieron en funcionamiento para interferir los radares ingleses de exploración, pero como ello venía sucediendo intermitentemente y por breves períodos de tiempo desde hacía algunas semanas, inicialmente los ingleses no concedieron significación especial al hecho. Sólo cuando, una hora después, seguían ciegas todas sus estaciones de radar a lo largo de la costa, cundió la alarma. De hecho, los alemanes interfirieron eficazmente todos los radares de exploración británicos y los de tiro de sus baterías de costa, excepto uno, experimental, montado sobre una torre cerca de Londres. Este aparato

1. En total, los ochenta dragaminas alemanes empleados inutilizaron, sobre la derrota que seguirían después los buques de Ciliax, 98 minas de orinque y 21 de fondo, es decir, 119 minas. Pero, como veremos, todavía quedaron otras sin rastrear.

detectó perfectamente el movimiento de la escuadra alemana por el canal de la Mancha, pero sus indicaciones, como había sucedido ya en el ataque japonés a Pearl Harbour el 7 de diciembre del año anterior, no fueron tomadas en consideración, precisamente por estar aquel radar en fase de pruebas.[1]

Mas sigamos en los buques de Ciliax, verdaderos protagonistas de esta emocionante aventura. Una vez rebasados los campos de minas, se unieron a la escuadra otros seis destructores salidos de El Havre, pues aquélla se aproximaba velozmente a la parte más angosta y peligrosa del canal, el estrecho de Dover, y era de temer que los ingleses, que hasta el momento no habían dado señales de vida, descargarían toda su furia, con buques, aviones y baterías de costa, cuando cruzara próxima a los puertos de Folkestone y Dover.

De pronto, en el mástil de uno de los destructores alemanes que navegaban en vanguardia se divisó una bandera azul y amarilla. Esta señal galvanizó a los hombres de Ciliax, pues su significado era: «¡Avión enemigo a la vista!», lo que quería decir que por fin habían sido descubiertos.

Todos los prismáticos asaetean cuidadosamente el horizonte en el buque insignia, y se observa un avión enemigo que vuela muy bajo y corta de lejos la derrota de los buques alemanes, siguiendo el procedimiento habitual en los ingleses. Era un *Spitfire* del «Grupo XI», salido para investigar ciertos contactos radar de aviones alemanes detectados, a pesar de todo, entre Boulogne y Fécamp. Sin embargo, su piloto creyó que se trataba de un convoy alemán de unos veinte o treinta barcos, y sólo cuando regresó a la base comunicó que un buque de línea enemigo figuraba también en dicho convoy. Pero allí se pensó que había visto visiones. Casi en aquel momento, otros dos *Spitfire* que combatían con los cazas alemanes se encontraron, por casualidad y con la sorpresa consiguiente, muy cerca de los acorazados *Scharnhorst* y *Gneisenau*. Pero como volaban a ras de las olas, tampoco pudieron informar de ello hasta su regreso a la base, después de las once de la mañana, es decir, cuando la escuadra alemana llevaba ya doce horas de navegación por unas aguas casi consideradas por los ingleses como territoriales. Ello, aparte del fallo británico, técnico y fortuito, que ya conocemos, ponía de manifiesto el éxito del impenetrable secreto con que los alemanes habían sabido rodear los labo-

1. El radar es muy vulnerable a la interferencia, precisamente porque los ecos que normalmente recibe del blanco son muy débiles. Al estar su receptor tan sensibilizado para captar dichos ecos, puede ser fácilmente anulado por un transmisor de contramedidas apuntado directamente a él, siempre que se conozca con exactitud su frecuencia. Entonces, en la pantalla del PPI surgen una serie de destellos radiales muy brillantes, que oscurecen los ecos del verdadero blanco.

riosos prolegómenos de la «Operación Cerberus», así como el de la técnica de sus contramedidas electrónicas.

En el Almirantazgo se produce tanta sorpresa como desconcierto. Una escuadra alemana de dieciocho buques de guerra, entre los que figuraban dos grandes acorazados y un crucero pesado, se colaba ya a toda velocidad por el estrecho de Dover, procedente del Atlántico, como si hubiese surgido de la nada. Aquello era inconcebible, y los flemáticos británicos se pusieron nerviosos. Era natural. No se podía pensar ya en hacer intervenir a la *Home Fleet*..., a menos que se lograra reducir con torpedos la velocidad de los grandes buques germanos. Pero inmediatamente, pues aquellos navíos se movían a toda velocidad y hasta la marea y el fuerte viento en aumento les ayudaban en su rápido avance.

Efectivamente, al cruzar la escuadra germana frente a Boulogne ya soplaba un sudoeste de 31 nudos, y, por si fuera poco, iban entrando bajos cúmulos, que impedirían luego a los bombarderos pesados de la RAF atacar desde gran altura, para que sus bombas perforantes pudieran lograr suficiente velocidad de caída y atravesar el blindaje horizontal de los buques. Todos los bombardeos tendrían que hacerse a cota muy baja y con bombas de empleo normal, muy poco efectivas para un buque bien blindado. Así podemos decir que los elementos se aliaron también con los marinos germanos.

Hacia las 1230 surgió por la amura de babor de la escuadra alemana una flotilla de cinco lanchas torpederas salidas de Dover. A una de ellas se le averió el motor antes de iniciar el ataque, y las restantes, sin protección de otros buques ni de aviones, fueron recibidas con un vendaval de proyectiles y tuvieron que lanzar, sin efectividad, desde gran distancia, y retirarse como alma que lleva el diablo. Algo más tarde saldrían de Ramsgate otras tres lanchas, pero la fuerte marejada de proa y algunas averías no les permitieron siquiera atacar.

Casi simultáneamente con la acción de las lanchas de Dover se lanzaba valerosamente al ataque el Escuadrón 825.° de aviones torpederos *Swordfish*, mandados por el capitán de corbeta E. Esmonde, al que ya vimos actuar contra el *Bismarck*. Se intentó que los vulnerables aparatos fueran escoltados por cinco escuadrones de cazas, pero, por diversas causas y la premura del tiempo, sólo pudieron ser acompañados por diez *Spitfire*. Los cazas de uno y otro bando pronto se enredaron, y la aproximación de Esmonde se efectuó, entre un diluvio de proyectiles antiaéreos y volando a muy baja altura sobre las olas, por la amura de babor de los acorazados.

Para los marinos ingleses debió de ser un espectáculo impresionante el de aquellos poderosos buques alemanes surcando las revueltas aguas del canal a treinta nudos, sus siluetas agrandándose por momentos, mientras no dejaban de escupir fuego con sus innumerables cañones antiaéreos. Pero desde la escuadra alemana también resultaba escalofriante observar cómo los aparatos ingleses se aproximaban «sin un titubeo», según reconocen los propios germanos, entre un infierno de explosiones que iban dejando fúnebres crespones a su alrededor. Cuatro aviones, entre ellos el del capitán de corbeta Esmonde, fueron abatidos por el fuego concentrado de los grandes buques antes de que hubieran podido siquiera lanzar sus torpedos, muriendo la totalidad de sus dotaciones. Otros dos aparatos fueron abatidos después de lanzar, pero sus artefactos submarinos pudieron ser esquivados con un rápido cambio de rumbo por parte de los buques, que hubo que enmendar muy pronto, para no salirse de la estrecha canal libre de asechanzas submarinas: léase minas y traidores bajos de arena y pecios.

La escuadra seguía avanzando a toda máquina, y de los aviones ingleses que con tanto arrojo se habían lanzado al ataque sólo quedaban unos destrozados y humeantes fuselajes que se hundían y grandes manchas de gasolina sobre las olas.

Pero los germanos tendrían muy poco tiempo para regocijarse por aquel rápido triunfo, pues las seis horas que quedaban hasta la puesta de sol iban a ser para ellos dramáticas, en que al omnipresente peligro de las minas se uniría el de los incesantes ataques de los bombarderos de la RAF, que se sucederían sin interrupción cada diez minutos, dejando agotados a los artilleros, abrasada la pintura de las recalentadas cañas de las piezas antieaéreas y doloridos los tímpanos de todo el personal que tenía sus puestos de zafarrancho al aire libre.

Porque si bien es cierto que los alemanes habían movilizado unos 250 aviones de caza para proteger a los buques de Ciliax mediante pequeños grupos situados a pie de obra en el largo recorrido de más de setecientas millas marinas, durante las horas de luz del día 12, también es verdad que sus enemigos hicieron despegar contra ellos nada menos que a 680 aparatos, entre los 242 bombarderos del Mando de Bombardeo *(Bomber Command)*, 398 cazas del Mando de Caza *(Fighter Command)* y varias docenas de bombarderos y aviones torpederos del Mando Costero *(Coastal Command)* y de la Armada *(Fleet Air Arm)*.

No obstante, la sorpresa, malas condiciones meteorológicas e inutilización temporal de los radares de vigilancia, unido a la oposición de la caza alemana y la artillería de los buques, falta de adiestramiento de los pilotos de la RAF en el bombardeo contra blancos móviles y mala coordinación de los servicios, hicieron absolutamente estériles todos los esfuerzos, riesgos y derroche de material por parte británica. Exceptuando 17 cazas de la *Luftwaffe* abatidos, lo único que lograron aquellos 680 aviones ingleses fue echar a pique a uno solo de los dieciséis pequeños patrulleros alemanes fondeados, en medio del estrecho de Dover y del mar del Norte, para señalar a la escuadra los puntos de inflexión en la derrota a seguir. Y, por si fuera poco, los británicos perdieron 41 aviones.[1]

Traslademonos ahora al buque insignia del almirante Ciliax, para revivir aquellas horas verdaderamente emocionantes para los marinos alemanes. Desde el puente del *Scharnhorst* se divisaban por el través de babor los albos acantilados de Dover, mientras que el cabo Gris Nez se alejaba rápidamente por la aleta de estribor. ¿Por qué no disparaban ya las baterías de costa británicas? Cinco patrulleros alemanes que permanecían a la gira fueron sorteados, y por fin se vio un rojizo relampagueo hacia la costa inglesa. Unos aullidos terroríficos precedieron a la caída de los proyectiles, que estallaron entre los destructores y los buques de batalla. ¡Un tiro magnífico a aquella distancia! La salva siguiente cayó larga, como se esperaba, pero por la popa de la formación alemana, lo que muy bien podía significar que los artilleros ingleses habían apreciado la velocidad de sus enemigos con bastante error por defecto. Pero uno de los destructores situados por la amura de babor de la escuadra ya tendía una espesa cortina de humo, así que los disparos ingleses que siguieron cayeron lejos, y poco después las baterías de costa enmudecieron.

Se había salvado el paraje quizá más peligroso de toda la larga y azarosa travesía, y la carrera de los buques alemanes continuó a toda máquina, ahora navegando por el mar del Norte, que les recibía ceñudo y encrespado, con una visibilidad de unas dos millas, viento fuerte y cielo cubierto. Ello hacía difícil distinguir a los pequeños bous alemanes fondeados para jalonar la canal rastreada, pero los hombres de Ciliax dieron

1. Quince bombarderos, diecisiete cazas y nueve torpederos *Swordfish* y *Beaufort*.

gracias a su buena estrella por el recibimiento de aquel mar tan familiar para ellos.

Nueva alarma: ¡aviones torpederos! Eran nueve *Beaufort* salidos de Manston, en Kent, acompañados de cinco *Hudson* de bombardeo. Entre los disparos de la artillería y el zigzaguear de los buques, aquellos aparatos pudieron lanzar siete torpedos y varias bombas, pero ninguno de los artefactos hizo blanco. Sin embargo, al volver a la derrota señalada, después de dar una guiñada evasiva y cuando uno de los patrulleros fondeados quedaba exactamente por la proa del *Scharnhorst*, este buque experimentó una formidable conmoción que despidió con fuerza hacia lo alto a sus tripulantes, muchos de los cuales sufrieron contusiones en la cabeza o rodaron por la cubierta. ¡Había estallado una mina!

Las luces de todo el buque se fueron apagando lentamente, igual que se extingue la vida de un moribundo. Al mismo tiempo, el potente batir de sus tres hélices de bronce fue reduciéndose paulatinamente hasta que quedaron inmóviles. Unos minutos después el acorazado se balanceaba lentamente, aboyado y silencioso. Tras el ininterrumpido trepidar del buque con la elevada velocidad, y el incesante rugir de los ventiladores de calderas durante las últimas diecinueve horas, aquel silencio resultaba extraño. El *Gneisenau* y el *Prinz Eugen* pasaron, lanzados como sendos bólidos, a poco más de un centenar de metros del *Scharnhorst*, que había sido víctima de una mina de fondo antigua, no perteneciente a ninguno de los campos recientemente fondeados por los ingleses, Mas, para el caso, daba lo mismo.

No obstante, la suerte seguía sonriendo todavía a los alemanes, pues los daños sufridos por el buque habían sido mínimos. En los espacios de aire de popa había entrado cierta cantidad de agua, pero las máquinas dejaron de funcionar debido a haber saltado, con la fuerte conmoción sufrida por el buque, las válvulas automáticas de paso de combustible a los mecheros de las calderas. El jefe de máquinas suponía que podrían reanudar pronto la navegación, pero mientras tanto el acorazado constituiría un blanco ideal para las bombas, proyectiles y torpedos enemigos, es decir, correría grave peligro, y Ciliax se veía imposibilitado de dirigir desde él a su escuadra.

Para cualquier almirante es siempre penoso tener que abandonar su buque insignia en plena batalla, sobre todo si éste ha sido alcanzado por el enemigo y es probable que resulte hundido. Pero aquella contingencia había sido prevista, de modo que Ciliax, su jefe de Estado Mayor y el oficial de la *Luftwaffe* que controlaba la sombrilla aérea, estos últimos provistos de sendos maletines con las claves y libros de señales, descendieron rápidamente por las escalas del puente hasta la cubierta del combés. Desde que se produjo la explosión, uno de los destructores se mantenía a la expectativa por la popa del *Scharnhorst*, y se le ordenó abarloarse.

Hay marejada gruesa, y el Z-38 se mueve con bastante violencia sobre las olas. En ambos buques se han preparado las defensas, y el almirante y sus camaradas aguardan, hieráticos, sobre la borda, por fuera de los candeleros. Un momento antes de que el castillo de proa del destructor golpee sin demasiada brusquedad contra la formidable pared de acero que es el costado del *Scharnhorst*, los tres hombres saltan como impulsados por algún secreto resorte, siendo recogidos a bordo del Z-38 por los fuertes brazos de los artilleros, que se protegen de los golpes de la mar con trajes de agua y suestes.

Inmediatamente repiquetean en el puente los telégrafos de máquinas: «¡Atrás toda!», y luego el Z-38 se lanza a 36 nudos hacia el Nordeste, por donde han desaparecido entre la bruma y la fina llovizna los demás buques de la escuadra. Una vez arriba, Ciliax echa una mirada de ansiedad hacia popa, por donde rápidamente se empequeñece la formidable y oscura silueta de su buque insignia. Y el almirante siente un peso en su corazón.

El Z-38, aquel gran destructor de 2.603 toneladas estándar (3.597 a plena carga), que iba artillado con piezas de 150 mm, proseguía a toda máquina en pos de la escuadra. Llovía. De vez en cuando, la afilada proa del buque rompía las olas, que bañaban luego las superestructuras. También caían intermitentemente las bombas enemigas, en ataques aislados, ruidosos y poco eficaces, pues los artefactos nunca estallaban a menos de doscientos metros del veloz y serpenteante destructor.

Una hora más tarde se avistaron los buques de la escuadra, que en aquel momento hacían fuego con su artillería antiaérea sobre unos aviones invisibles desde el Z-38. La distancia disminuyó rápidamente, y se observó que el *Prinz Eugen*, que marchaba detrás del *Gneisenau*, hacía girar sus dos torres poperas hacia babor al mismo tiempo que las piezas tomaban un pronunciado ángulo de elevación. Un instante después surgieron grandes llamaradas, y más tarde llegó sobre las olas el ronco estampido de unos cañonazos que por un momento dominaron el incesante y desagradable concierto de la artillería antiaérea. Desde el Z-38 se distinguían a través de los prismáticos cinco afiladas y pequeñas siluetas grises que trataban de aproximarse a toda máquina hacia los buques alemanes.

Eran los destructores ingleses *Campbell, Vivacious, Worcester, Maackay* y *Whitshed.* Al mando del capitán de navío Pizey, habían salido de Harwich y cruzado a todo riesgo sobre los imprecisos y peligrosos campos de minas alemanes, para atacar a cuerpo limpio a la escuadra de Ciliax frente a la desembocadura del río Escalda, pues el Almirantazgo había comunicado a Pizey que el enemigo se movía a mucha mayor velocidad de la que se había supuesto y que no había otro derrotero por donde darle alcance. Pero el capitán de navío no dudó en aceptar valerosamente el grave riesgo que suponía cruzar sobre un campo de minas que, como todos los de su clase, fácilmente podría convertirse en «campo santo».

El ataque se llevó a cabo con igual audacia, disparando con la artillería hasta llegar a posición de lanzamiento y dejando caer al agua un total de treinta torpedos, ninguno de los cuales haría impacto. El *Worcester* resultó repetidamente alcanzado por el fuego alemán, sufriendo graves averías y quedando al garete, con dos fuertes incendios en la toldilla y el combés, aunque más tarde conseguiría dominarlos y renquear por sus propios medios hasta llegar a puerto.

Pero los buques ingleses habían tenido bastante suerte a pesar de todo, pues, casualmente, su audaz ataque, efectuado a pleno día y contra una fuerza muy superior, se vio favorecido por otro llevado a cabo al mismo tiempo y desde la otra banda de los buques alemanes por varios aviones torpederos británicos, cuyos artefactos obligaron a aquéllos a efectuar bruscas maniobras evasivas, siempre tan perjudiciales para el tiro de la artillería. En otro caso, y si efectivamente los destructores de Pizey llegaron a aproximarse hasta menos de cuatro mil metros de distancia, como afirman los ingleses, sus daños hubieran sido probablemente mucho mayores.

Aquellos torpedos lanzados por los buques y aviones enemigos pudieron ser hábilmente esquivados por los alemanes, y parecía que por fin el almirante iba a tomar nuevamente el mando de su escuadra, cuando inesperadamente el Z-38 empezó a perder la frenética arrancada que llevaba y terminó por quedar al garete. ¿Qué demonios sucedía ahora? *«Was ist das?»*

—Mein Gott im Himmel!

Un proyectil había estallado dentro del ánima de su cañón, y un pedazo de la reventada caña de la pieza atravesó la cubierta y seccionó la tubería principal de lubricación forzada a los cojinetes de las turbinas. La reparación llevaría veinte minutos, y el almirante se rezagaría de nuevo. *«Donnerwetter!»*

Se ordenó a otro destructor que se aproximara para tomar al almirante, pero como la fuerte marejada en aumento hacía peligrosa la atracada de aquellos dos grandes buques de 2.600 toneladas, Ciliax mandó arriar la ballenera de diez remos y embarcó en ella con su jefe de Estado Mayor y el oficial de la *Luftwaffe*.

Poco después, la ballenera subía y bajaba como un corcho sobre las grandes olas grises y espumosas que separaban a ambos destructores. De pronto, alguien extendió el brazo hacia el Sudoeste en un gesto de alarma. Sin que nadie lo ordenase cesó la boga, y por unos instantes los alemanes se quedaron petrificados. Distraídos con la rauda galopada, último combate y peligroso transbordo, ninguno de ellos había advertido la veloz aproximación de un gigantesco buque de guerra que se les echaba encima a toda máquina levantando una impresionante onda de cabeza con la poderosa roda. Nadie profirió palabra, el bote se atravesó a la mar y la cresta de una ola saltó por encima de la regala. Pero aquellos hombres no lo advirtieron, pues miraban con fijeza hipnótica al formidable navío que se les acercaba. ¿Qué buque era aquél? ¿Se trataba de un crucero de batalla británico? Así lo temieron, y aquéllos resultaron unos segundos eternos para los alemanes. Luego todos comprendieron. *«Ach Gott!»* ¡Si era el *Scharnhorst*!

«Cuando les vi salir de entre la bruma con su blanqueada roda, creí que mi corazón estallaba de gozo», confesaría el almirante más tarde. Sí, era el buque insignia de Ciliax, que, tras permanecer más de media hora al garete y embarcar doscientas toneladas de agua salada, pudo reanudar la marcha y navegaba otra vez hacia Alemania a todo andar, pero que al aproximarse de proa hacia unos hombres situados a ras de las olas y a quienes la excitación de las últimas horas tan intensamente vividas había hecho olvidar al rezagado, no fue inicialmente reconocido.

El acorazado moderó su andar y dio una guiñada para esquivar el bote del almirante. Éste agitó su gorra con entusiasmo, pero sus hurras se los llevó el viento y quedaron ahogados por la voz del mar y el fuerte ruido, como de rompientes, que producía el gran buque al hender las aguas.

—¡Engancha a proa! ¡Engancha a popa! ¡Iza!

Y la ballenera queda otra vez trincada a bordo del destructor, que ya se mueve en pos de la escurridiza escuadra a todo lo que dan sus potentes turbinas «Brown-Boveri» de setenta mil caballos.

Los ataques de la RAF continuaron casi ininterrumpidamente hasta el anochecer. El personal de la artillería antiaérea de los buques estaba agotado, sobre todo los cargadores, a pesar de que los cañones alemanes de 105 mm disponían de rodillos de goma movidos por motores eléctricos que, prácticamente, succionaban el proyectil y lo atacaban en la recámara de la pieza. Los buques mayores llevaban a bordo cierto personal de la defensa antiaérea de Brest, a quien se había invitado y hecho creer que su embarco duraría las veinticuatro horas previstas para los «divertidos» ejercicios que haría la escuadra entre aquella base naval y Saint-Nazaire.

Con la llegada de la noche aumentó el frío y comenzaron a desfogar algunos chubascos de nieve. Por la popa de la escuadra navegaba ahora una cortina de torpederos y lanchas alemanas salidos de los puertos holandeses en previsión de que el enemigo intentase algún ataque, a favor de las sombras, con destructores y lanchas torpederas.

Pero los ingleses tenían otros planes. En la tarde de aquel mismo día decidieron lanzar minas magnéticas de fondo por la proa de la escuadra alemana, en la boca del Elba. En unas condiciones de tiempo extraordinariamente desfavorables y que imposibilitaban cualquier fondeo de precisión, los bombarderos de la RAF lanzaron trece minas sobre aquel río, cuyas aguas tendrían que cruzar los buques alemanes a la mañana siguiente. Este pequeño campo minado, la «última esperanza» de los ingleses, no daría el menor resultado. Pero en la noche del día 12, el peligro de las minas enemigas no había desaparecido para los buques germanos.

Navegaba ya la escuadra de Ciliax a la altura de la isla holandesa de Terschelling, entre los bancos de arena próximos a la costa y los campos minados propios situados por el Norte. Aquel corredor estaba teóricamente libre de minas enemigas, pero ya sabemos que éstas disponían de varios ingeniosos sistemas para impedir que fueran fácilmente rastreadas.

Poco antes de las ocho de la noche, dominando el rugir de las olas, una mina magnética de fondo estalló en las proximidades del *Gneisenau*. Tras los primeros momentos de ansiedad e incertidumbre, se comprobó que las averías sufridas por el acorazado no eran graves, y el buque pudo reanudar la navegación a 25 nudos.

La oscuridad es ya total y no hay rastro de aviones ni de buques enemigos. La peligrosa costa inglesa queda muy lejos, y la escuadra se aproxima rápidamente a la bahía alemana. La navegación se presenta fácil. No parecen probables nuevos contratiempos. La tensión se relaja, y el almirante, que lleva prácticamente veinticuatro horas sin tomarse un minuto de descanso, se retira al camarote de mar del comandante del destructor en que iza su insignia. A bordo de los buques, por todas partes se forman corrillos de gentes que, pese al cansancio, se sienten alegres. Y en cualquier sitio, al socaire de un montaje artillero o junto al guardacalor de la chimenea, pipas y cigarrillos salen de bolsillos y gorros y la conversación se generaliza. Se pasa revista a las incidencias de la intensa jornada, surgen anécdotas y comentarios y se hacen planes para disfrutar el bien ganado permiso de los siguientes días, que ya transcurrirán en la patria. Los riesgos y peligros compartidos desde hace tanto tiempo han hecho surgir el respeto y mutuo aprecio entre aquellos camaradas hermanados frente al enemigo y orgullosos de su buque. Algunos se limitan a escuchar ahora con cierto aire ausente, tal vez porque ya saborean el encuentro con los seres queridos, a quienes casi les parece imposible poder abrazar dentro de algunas horas. ¡Qué bueno es el regreso tras la larga ausencia! Dejar de ser nube errante por algún tiempo, para echar raíces!

Bruscamente, la negra masa líquida trae bajo las olas como un seco martillazo, que Neptuno parece haber descargado con rabia sobre la obra viva y que se oye en todo el buque. Los destructores sufren un desplazamiento lateral, y poco después el frío aire, que preludia más nieve, trae un bramido salvaje, poderoso, que se prolonga y rueda amedrentador sobre las encrespadas olas.

Otra mina de fondo había volado bajo el acorazado *Scharnhorst.* El almirante salió inmediatamente de su camarote de mar y ordenó interrogarle mediante semáforo dirigido, de luz azul y poca potencia. Pero transcurrieron cinco eternos minutos antes de que se recibiera contestación alguna del aboyado crucero de batalla. Esta vez, sus averías eran graves. El buque había embarcado mil toneladas de agua y sufrido daños en las máquinas, sistema de gobierno y dirección de tiro principal. Tras casi una hora de grandes esfuerzos por parte de sus hombres, se consigue ponerlo otra vez en movimiento, a velocidad reducida, pues además del agua embarcada habían quedado inutilizadas sus máquinas de babor.

No hubo otras novedades de mención en esta verdadera odisea corrida por la escuadra del almirante Ciliax entre Brest y los puertos metropolitanos alemanes. Al llegar la amanecida, cuando lentamente se van materializando las casi invisibles sombras que han sido hasta entonces los demás buques de la formación, se divisa la nevada, baja y familiar costa alemana, y poco después llegan los aviones de la *Luftwaffe* que han despegado del aeródromo de Wangerooge.

El vicealmirante Ciliax hizo un nuevo transbordo, que esta vez sería definitivo, al *Scharnhorst*, y la escuadra se dividió. El *Gneisenau* y el *Prinz Eugen* arrumbaron al Elba para atravesar después el canal de Kiel, mientras el buque insignia se dirigía al Jade para entrar en Wilhelmshaven. ¡La operación teóricamente imposible se había llevado a la práctica! El 13 de febrero de 1942 fue un día de fiesta en Alemania. Por el contrario, en Gran Bretaña, la indignación se apoderó de todos los estamentos del país, y el *The Times* de Londres publicó el siguiente editorial:

«El vicealmirante Ciliax ha logrado el éxito allí donde fracasó el duque de Medina Sidonia... Nada tan mortificante para el orgullo de nuestro poderío naval se ha producido en aguas inglesas desde el siglo XVII.»

Pero la indignación de los flemáticos británicos era excesiva. En primer lugar, porque ellos ignoraban las graves averías sufridas por el *Scharnhorst*, y, en segundo, porque estaba claro que si los alemanes habían logrado una victoria táctica, la retirada de su escuadra del Atlántico significaba una derrota estratégica. Pero faltaban algunos meses para los reveses de Stalingrado y El Alamein y los desembarcos aliados en el norte de África; los submarinos alemanes obtenían todavía grandes victorias y conservaban la iniciativa, y en Alemania muy pocos se dieron cuenta de lo que aquella retirada realmente significaba.

Volviendo a los ingleses, ya vemos cómo la suerte se puso del lado de sus enemigos al iniciarse la «Operación Cerberus», pero ellos habían previsto acertadamente no ya la posibilidad, sino la probabilidad de que la escuadra alemana regresara a sus bases metropolitanas a través del canal de la Mancha. A la vista tenemos una «estimación» del Almirantazgo británico, del 2 de febrero de 1942, sobre la situación de los buques alemanes en Brest y las posibles líneas de acción a adoptar por la *Kriegsmarine*. Después de un estudio exhaustivo de todos los aspectos de la cuestión y de un razonamiento indudablemente acertado, la «estimación» termina con estas previsoras palabras: «... el paso por el canal de la Mancha parece la dirección más probable cuando salgan de Brest, si es que lo hacen».

En lo único que tal vez erraron los ingleses fue en la apreciación del momento exacto en que dicha salida tendría lugar; pero sólo exacto, pues ya vimos cómo a partir de los últimos días de enero, emprendieron un efectivo e inmediato plan de minado y sometieron a estrecha vigilancia Brest y la parte occidental del canal. También sabemos del fortuito fallo de aquella vigilancia, lo que impidió la actuación de los cruceros, destructores, lanchas y aviones de la *Royal Navy*, que aguardaban precisamente aquella salida en Plymouth, Weymouth y otras bases navales del sur de Inglaterra. Porque cuando se descubrió la salida de los alemanes, ¡cualquiera alcanzaba desde allí a unos buques que ya navegaban por el estrecho de Dover a 30 nudos!

Los germanos coordinaron todos sus movimientos con precisión matemática, y el mundo quedó realmente asombrado ante el éxito de una operación naval tan audaz, que había sido llevada a cabo al alcance inmediato y continuado de la flota y la aviación británicas. Por el contrario, el crédito inglés salió bastante mal parado.

Pero los ingleses sacaron inmediatas conclusiones prácticas. Si la operación alemana había demostrado hasta la saciedad que los aviadores de la RAF desconocían la técnica del bombardeo diurno sobre blancos móviles, no era menos cierto que estaban especializados en alcanzar objetivos fijos durante la noche. Aquellos buques alemanes que habían resultado prácticamente invulnerables en la mar estarían ahora bien amarrados en puerto. Era la ocasión.

La RAF descargó varios potentes ataques aéreos sobre las bases navales alemanas, y, en la noche del 26 al 27 de febrero de 1942, el acorazado *Gneisenau*, que se hallaba en un dique seco de Kiel, resultó alcanzado por dos grandes bombas, una de las cuales le produjo la voladura del pañol de pólvora de la torre «Anton», la destrucción parcial de ésta y otras graves averías. Las reparaciones se llevaron después a ritmo lento, con frecuentes interrupciones, pues casi todo el esfuerzo de los astilleros iba entonces dirigido a la construcción de submarinos. El acorazado fue llevado más tarde a Gotenhafen, y en enero de 1943 se decidió abandonar definitivamente sus obras, ya veremos por qué. A este magnífico buque, de brillante historial, se le desmontaron las torres principales y demás artillería. Los tres cañones de 280 mm de la torre «A» se asentaron, junto a los de una batería de costa, en Holanda. Las torres «B» y «C» se montaron, completas, en Noruega, empotradas en la roca. Desde los altos acantilados batidos por el viento, escuchando el fuerte rumor del oleaje, las bocas de aquellas grandes piezas prisioneras bostezarían de aburrimiento, añorando los buenos y viejos tiempos idos ya para siempre.

Conocemos marinos que han experimentado la misma nostalgia.

CAPÍTULO XIV

LA LUCHA EN EL OCÉANO GLACIAL ÁRTICO

La resonante batalla de Matapán y el no menos espectacular hundimiento del *Bismarck* causaron gran impresión en los círculos políticos y gubernamentales mundiales, incluyendo en ellos a las mentalidades continentales, generalmente tan confusas y desorientadas en cuanto a cuestiones de índole marítima se refiere. Estos círculos empezaron a comprender que, pese a las múltiples derrotas sufridas por el Reino Unido en todos los frentes de tierra, la flota británica seguiría dominando eficazmente sobre los mares, lo que, a la larga y teniendo en cuenta la flexibilidad que para el ataque proporciona el dominio del mar, así como la posibilidad que ofrece para el transporte de hombres y armas a todos los teatros de guerra y la de negar al enemigo las materias primas, iba a tener una importancia cada vez mayor en el curso de la contienda, a medida que ésta se generalizase y extendiera.

Adolfo Hitler no fue una excepción en aquel cambio experimentado por tantos políticos y gobernantes, y las palabras del almirante Raeder tras el hundimiento del formidable acorazado alemán: «Si el grupo de batalla del *Bismarck* hubiese contado con su propio portaaviones, toda la historia podía haber sido distinta», seguían resonando insistentemente en sus oídos como tambores en selva cerrada.

Tras meditar sobre la cuestión y llegar a la consecuencia de que una fuerza de aviones embarcados resulta indispensable para el éxito de las operaciones de los buques de superficie, decidió que el *Graf Zeppelin* fuese terminado con la mayor rapidez posible, y días después, el 13 de mayo de 1942, en una conferencia con el ministro de Armamentos, Albert Speer; con el vicealmirante Kranks y con el contraalmirante Kleikam, el Führer decidió que fueran convertidos en portaaviones el crucero pesado *Seydlitz* y los transatlánticos *Europa, Postdam* y el *Gneisenau*. Los proyectos deberían estar terminados en un plazo de tres meses, y la transformación de los buques daría fin un año más tarde.

El almirante Raeder objetó después que al *Seydlitz*, terminado en su noventa por ciento, habría que desmontarle todas las superestructuras situadas por encima de la cubierta blindada, lo que resultaría antieconómico y no merecía la pena. Su objeción fue aceptada, pero la realidad es que ni este buque ni ninguno de los citados sería jamás terminado, y ello principalmente debido a que en Alemania no existían aviones de las características especiales y necesarias para poder ser empleados desde los portaaviones, y tales aparatos no se improvisan. Si mencionamos aquí semejantes planes es sólo porque la preocupación del dictador alemán, por los portaaviones propios y enemigos, le había llevado ya, al saber que el acorazado *Tirpitz* estuvo apunto de correr la misma suerte que su gemelo y predecesor, a ordenar tajantemente que los grandes buques alemanes de superficie no fueran empeñados en combate alguno con fuerzas navales enemigas, a menos que, previamente, la *Luftwaffe* hubiera inutilizado los portaaviones adversarios, presentes en el aérea de operaciones. Esta orden, como veremos, tendría luego desfavorables consecuencias para la *Kriegsmarine.*

Y no estará de más que aclaremos aquí un punto de controversia para ciertos individuos «más papistas que el papa», como suele decirse, que consideran entonces en Alemania, y siguen considerando todavía en España, con tenacidad digna de mejor causa, que todo lo que vuela debe pertenecer al Ejército del Aire, es decir, que la aviación naval no tiene por qué existir. Pero dejemos que sea el «papa» de la guerra en el aire, el general italiano Giulio Douhet, quien dilucide la cuestión por nosotros:

«Por Aviación Auxiliar del Ejército y de la Armada quiero significar todo medio aéreo utilizado por el Ejército y la Armada para facilitar o integrar operaciones en sus respectivos campos de acción. Si estos medios aéreos auxiliares forman parte integral del Ejército o de la Marina, deben ser: *a)* incluidos en los presupuestos de cada uno de los citados Ejércitos, y *b)* situados absolutamente bajo el mando directo del Ejército o de la Armada, empezando por su organización y terminando por su empleo.

»Los únicos organismos competentes para decidir con respecto a la adecuada organización de este sistema auxiliar aéreo son el Ejército o la Armada, según el caso. Porque ellos poseen los datos necesarios para determinar cuáles son las armas aéreas más adecuadas para apoyar sus respectivas acciones...»[1]

En el año 1938, el mariscal alemán Herman Goering interpretaba textualmente aquella doctrina de la siguiente manera: «Todo lo que vuela me pertenece». Y en España, treinta y cuatro años más tarde, es decir, en 1972, las modestas avionetas adquiridas hace ya bastantes años por la

1. Giulio Douhet, *Il Dominio dell'Aria,* Roma 1921.

Marina para la formación y adiestramiento de sus pilotos navales no han podido elevarse ni una sola vez de las pistas de la base naval de Rota, por la única y sencilla razón de que el Ejército del Aire español no lo tolera.

Alemania, escarmentada por la experiencia de la segunda guerra mundial, posee en la actualidad su correspondiente aviación naval. España, que contaba con un magnífica aviación naval en 1936, es decir, que fue un país de vanguardia en esta importante rama de la lucha en el mar, la hizo desaparecer en 1939. Hoy, nuestra patria, pese a la experiencia de la segunda guerra mundial y al ejemplo seguido por Estados Unidos, Francia, Alemania, Inglaterra, Australia, Unión Soviética, Japón, etcétera, cuyas marinas cuentan todas con su correspondiente aviación naval, sigue anclada, respecto a este trascendental concepto, donde equivocadamente fue a parar hace más de treinta y tres años. Y cabe preguntarse ¿hasta cuándo? ¿Cuándo se darán cuenta los españoles de que la Armada no podrá cumplir sus misiones en tiempo de guerra sin aviación naval y que si la Marina no cumple sus misiones, es decir, si entre otras cosas no garantiza el tráfico marítimo, el país entrará en mortal colapso en muy pocas semanas, pues el noventa y cinco por ciento de todo nuestro comercio exterior se hace precisamente por la mar, y por la mar llega el noventa y ocho por ciento del petróleo y la gasolina para mover prácticamente todos los transportes terrestres, aéreos y marítimos de la nación, y dar impulso a las «alas» del Ejército del Aire y a los «pies de hierro» del Ejército de Tierra? ¿Cuándo?

El 21 de febrero, los aviones ingleses de reconocimiento avistaron, no lejos de la costa holandesa, al *Admiral Scheer*, al *Prinz Eugen* y a tres destructores, arrumbados a gran velocidad hacia el mar de Noruega. El Almirantazgo movilizó todos los aviones torpederos de que pudo echar mano y preparó un ataque para el momento en que aquellos buques llegaran al estrecho Shetland-Noruega. El almirante Tovey hizo salir de Scapa Flow al portaaviones *Victorious*, al crucero pesado *Berwick* y a cuatro destructores, para que se situaran cien millas al oeste del cabo Stadlandet y les atacasen también con los aviones el día 23, mientras él mismo apoyaba dicha agrupación con el *King George V* y demás buques de la *Home Fleet*.

Pero el mal tiempo reinante, con intensas nevadas y pésima visibilidad, y la oportuna inversión de rumbo efectuada por los buques alemanes para desorientar a sus enemigos hicieron infructuosos todos los esfuerzos británicos. No obstante, cuando el *Scheer* y el *Prinz Eugen* estaban a punto de rendir viaje en Trondheim la madrugada del día 23, el submarino inglés *Trident*, al mando del capitán de fragata Sladen, que acechaba entre las sombras, en superficie y con fuerte marejada, lanzó contra ellos una salva de torpedos, uno de los cuales alcanzó al crucero y le voló la popa. La toldilla del *Prinz Eugen* quedó sencillamente convertida en rampa para izar ballenas, y el buque perdió el timón, teniendo que permanecer más de dos meses en el fiordo noruego. Allí se le cortó la popa con soplete y se le instalaron provisionalmente dos timones de destructor, que, manejados con un cabrestante de fortuna, todavía permitieron al crucero regresar a Alemania a 28 nudos de andar.

* * *

Echemos ahora un rápido vistazo a la situación general. La guerra con Rusia pudo haber significado un grave problema para la *Kriegsmarine*, ya que el Báltico era precisamente el único mar de que disponía hasta entonces la Armada alemana para adiestrar a sus submarinos y buques de superficie, y efectuar maniobras, experiencias y ejercicios, sin exponerse a sufrir ataques por parte de los submarinos o unidades de superficie enemigas, detenidas ante los campos defensivos de las minas alemanas situados a poniente del Skagerrak y la infranqueable barrera que suponían los vigilados estrechos daneses. Pero en las bases navales rusas de Finlandia y el golfo de este nombre existía una importante escuadra soviética integrada por dos acorazados, tres cruceros pesados, cuarenta y siete destructores y torpederos y noventa y seis submarinos, que, de no ser ahora rápidamente neutralizada, supondría una grave amenaza para aquel verdadero lago alemán que había sido hasta entonces el mar Báltico.

Sin embargo, al iniciarse el asalto de la *Wehrmacht*, los rusos evacuaron la base naval de Hankö, en Finlandia, y la de Reval, y alemanes y finlandeses fondearon rápidamente varios campos de minas en el golfo de Finlandia, consiguiendo embotellar en Kronstadt y Leningrado a la escuadra soviética, que no lograría dar señales de vida en dicho mar hasta octubre de 1944. Tal inactividad no se debió sólo a las pérdidas sufridas por los rusos en los campos de minas germanos y finlandeses y a las que les infligieron las lanchas y los torpederos alemanes, sino también a los mortíferos ataques descargados sobre los buques rusos por la *Luftwaffe*, que dejó gravemente averiados a los inmóviles y mal defendidos acorazados y cruceros soviéticos.

Por otra parte, como el «Plan Barbarroja» para la invasión de Rusia no concedió el menor papel a la *Kriegsmarine*, lo que fue un grave error, pues la Armada alemana podía haber efectuado importantes desembarcos a retaguardia de las líneas soviéticas y posiblemente hecho factible la caída de Leningrado, con las repercusiones que pueden suponerse en esta campaña de vida o muerte para Alemania una vez iniciada, y las minas y fuerzas sutiles germanas resultaron suficientes para movilizar aquella escuadra mediocre, mal mandada y poco agresiva, las grandes unidades de superficie germanas pudieron seguir basadas en Noruega. Únicamente los cruceros *Leipzig, Emden* y *Köln* intervinieron en la ocupación de las islas Osel, Moon y Dagö, en apoyo de las unidades menores.

Ahora bien, comprendiendo el presidente Roosevelt que, si el coloso soviético mordía el polvo de la derrota, sería casi imposible vencer después a Alemania aún cuando Estados Unidos interviniera en la contienda, decidió comenzar inmediatamente el envío de una importante ayuda militar a la URSS a través de los tres únicos derroteros disponibles: el del océano Pacífico, con recalada en Vladivostok y posterior utilización del ferrocarril transiberiano; el del golfo Pérsico, vía cabo de Buena Esperanza y el Irán (ocupado militarmente por rusos y británicos), y el del océano Glacial Ártico.

El primero quedó impracticable tan pronto entró en guerra Japón a fines de 1941. El del golfo Pérsico era muy largo: unas quince mil millas por el cabo de Buena Esperanza, y bastante más vía canal de Panamá-océano Pacífico, y suponía unos siete meses de viaje total. El del Ártico era la mitad de largo, pero también el más peligroso debido a la presencia en Noruega de aviones, submarinos y buques de superficie alemanes. Pero los descalabros soviéticos en los frentes de tierra eran de inmensas dimensiones y se sucedían con tal rapidez, que el menor tiempo en la travesía ártica compensaba el riesgo que tendrían que correr por sus gélidas aguas los convoyes aliados despachados para Murmansk y Arkángel.[1]

El establecimiento de estos convoyes regulares para ayudar a Rusia por el derrotero más breve, teóricamente ponía al alcance de los cañones de las unidades de la *Kriegsmarine* los tan codiciados cargueros enemigos, sin necesidad de que las unidades germanas tuvieran que aventurarse por el tan peligroso Atlántico. Lo que de otra manera, y debido precisamente a la orden de Hitler de mantener en Noruega todas las unidades pesadas, como medida defensiva, hubiera resultado impracticable. Pero no nos engañemos: una vez trasladados a aguas metropolitanas los acorazados *Sharnhorst* y *Gneisenau*, y si a la Armada alemana se le hubiese dado la opción para decidir libremente, no hubiera tenido otra línea de

1. Para finales de diciembre de 1941, y según cálculos aliados, los rusos habían sufrido las siguientes pérdidas: entre cinco y siete millones de soldados, de tres a cinco millones de prisioneros de guerra, 21.391 carros de combate y 32.541 cañones.

acción que llevar al Norte de Noruega a sus buques, pues para Alemania el enemigo número uno no era ya Gran Bretaña, sino la Unión Soviética, y los convoyes de material de guerra que enviaba Estados Unidos a este país tenían una importancia que la *Kriegsmarine* de ningún modo habría podido ignorar. Por otra parte, era para ella mucho más ventajoso combatir a los convoyes enemigos desde Noruega que en el Atlántico, pues la parte septentrional de la península escandinava se interponía materialmente en la derrota que obligadamente tenían que seguir los convoyes aliados desde Islandia, donde se concentraban los barcos procedentes de Norteamérica, hasta los puertos rusos del mar de Barents, y viceversa.[1] Es decir, las bases alemanas en Noruega tenían la ventaja de resultar centrales respecto al nuevo teatro de operaciones, mientras que las británicas y rusas eran sólo periféricas. Desde Scapa Flow al cabo Norte, por ejemplo, hay más de ochocientas millas. Por otra parte, y con el fin de evitar los ataques de las unidades navales y aviones alemanes basados como queda dicho, los convoyes tratarían de remontarse lo más posible hacia el Polo, pero el impenetrable casquete de hielos contornea ya el archipiélago Spizberg durante el verano, y desciende por debajo de la isla de los Osos en el invierno, reduciendo a menos de doscientas treinta millas el espacio de mar libre disponible por el norte de Noruega.

Durante la estación invernal, la oscuridad es permanente en aquellas regiones, excepto durante un par de horas de mortecino crepúsculo. Resultaba, por tanto, la época más favorable para el tránsito de convoyes que iban y venían de Rusia, pues los aviones alemanes carecían de equipos de radar y no podían operar de noche. Pero, independientemente de los submarinos y unidades germanas de superficie actuantes en todo tiempo contra los convoyes, aliados y alemanes tendrían que luchar también con un enemigo implacable y frecuentemente mucho más peligroso que el adversario: el medioambiente.

Las tempestades son durísimas en aquel desolado océano, con vientos que frecuentemente soplan a más de cien nudos y mares arboladas y montañosas. La temperatura del aire puede llegar a los 50º bajo cero. Los rociones producidos por los golpes de mar se hielan parcialmente antes de caer a bordo impulsados por el fortísimo viento, lacerando la piel igual que latigazos. El agua del océano se mantiene casi constantemente en los

1. Mil cuatrocientas millas por la derrota de invierno y dos mil por la de verano.

cero grados centígrados,[1] y quien tiene la desgracia de caer por la borda o de naufragar, no es capaz de sobrevivir a una inmersión de ocho a diez minutos.

Las frecuentes nevadas y los constantes asaltos de la mar pronto cubren el buque bajo el blanco sudario de hielo. De cañones y superestructuras cuelgan carámbanos, y toda aquella dura y cristalina costra tiene que ser frecuentemente picada para evitar que el enorme peso adicional, alto y no previsto, reduzca la estabilidad de la nave hasta el punto de hacerla zozobrar. Este mar cruel, aquel fantástico escenario dominado por la «voz del hielo», ese espantoso rugido que surge del fondo de los bancos a consecuencia de las grandes y contrapuestas presiones, donde «el sol de medianoche» se mantiene sobre el horizonte durante meses, girando constantemente en círculos, como si se hubiese vuelto loco, y haciendo perder la noción del tiempo, para desaparecer después por un período similar; de auroras boreales dignas de la paleta de un impresionista, nieblas impenetrables, violentas tormentas, centelleantes témpanos de hielo de inmaculada blancura, veteados de índigo y verde esmeralda; con osos polares, focas, ballenas y delfines; este rincón perdido del mundo sería testigo de encarnizados combates entre las fuerzas de escolta de los convoyes aliados y los aviones, submarinos y buques de superficie alemanes basados en una de las regiones más inhóspitas de la tierra.

* * *

A mediodía del 5 de marzo de 1942, el avión *Focke-Wulf-200* señaló al convoy aliado «PQ-12», compuesto por dieciséis barcos, a unas setenta millas al sudeste de la isla de Juan Mayen, arrumbado al Nordeste y protegido por una escolta muy débil. Consecuentemente el acorazado *Tirpitz* y tres destructores alemanes se hicieron a la mar desde Trondheim a la mañana del día 6, a las órdenes del almirante Ciliax, aproando al Norte una vez en franquía, para tratar de caer sobre aquél al día siguiente.

Los ingleses habían sincronizado la salida de Islandia del convoy «PQ-12», despachado para Murmansk, con la del «QP-8», formado por quince barcos en lastre que harían el recorrido inverso, ya que así la importante fuerza de cobertura del primero podría dar también protección al último cuando ambos se cruzaran frente a las costas noruegas. Dicha fuerza de cobertura estaba compuesta por los acorazados de 38.000 toneladas *King George V* y *Duke of York*, el crucero de batalla de 32.000 to-

1. El agua del mar se solidifica a unos –2º centígrados, según su mayor o menor proporción de sales.

neladas *Renown*, el portaaviones *Victorious*, el crucero pesado *Berwick* y doce destructores, a las órdenes del vicealmirante Tovey.

El submarino británico *Sea Woolf* (teniente de navío Raikes), que acechaba también fuera de Trondheim, avistó al *Tirpitz* y sus destructores de acompañamiento en la tarde del día 6, e inmediatamente los señaló por radio al Almirantazgo, que a su vez advertiría de tal salida al almirante de la *Home Fleet* en la noche de ese mismo día. Así que, a partir de dicho momento, los ingleses estarían prevenidos de la presencia en la mar de la agrupación alemana, mientras que ésta navegaría, casi hasta el final, totalmente ignorante del grave peligro que le acechaba más allá del tomado y sucio horizonte gris. El resultado fue que, a las ocho de la mañana del día 7, cuando Ciliax destacaba a sus tres destructores para que efectuasen un barrido de exploración hacia el Noroeste en busca de los cargueros enemigos, el almirante Tovey, que se encontraba a unas ciento treinta millas al oestenoroeste de la agrupación alemana, ordenaba a todos sus buques levantar presión en calderas y, al *Victorious*, poner sus aviones en el aire para que efectuasen una búsqueda en abanico, por Levante, y trataran de localizar al acorazado alemán. El mal tiempo no permitiría a los aparatos ingleses despegar, lo que indudablemente salvó por el momento a la agrupación de Ciliax de ser localizada, pero, después, Tovey no cayó con sus buques hacia donde suponía se hallaba el enemigo, sino que continuó arrumbando al Norte y poco más tarde puso la proa al Sudoeste.

De todos modos, al mediodía del día 7, cuando los dos convoyes aliados se cruzaron a unas doscientas millas al sudoeste de la isla de los Osos, la fuerza de Ciliax y la *Home Fleet* se encontraban tan sólo a unas ochenta millas de distancia. Como los alemanes tampoco pudieron poner en el aire sus aparatos de observación, ambos almirantes adversarios jugarían a la gallina ciega durante todo el día, aunque Ciliax con la grave desventaja de ignorar la presencia de la poderosa flota enemiga en sus proximidades.

Durante aquella singladura de mala visibilidad, el *Tirpitz* pasaría a muy pocas millas por la popa del «PQ-12» y casi a igual distancia por la proa del «QP-8». Los destructores germanos tampoco descubrirían, por muy escaso margen, al último de los citados convoyes, pero sí al carguero soviético *Ijora* (2.800 toneladas), un rezagado del «QP-8», que sería echado a pique por el *Friedrich Ihn*, pero que antes de bajar al abismo pudo lanzar al éter la señal de alarma.

Por si la desproporción de fuerzas en presencia no fuera ya bastante, Ciliax se quedaría pronto solo con el *Tirpitz*, pues al *Friedrich Ihn* se le presentaron aquella noche averías en las bombas de combustible y tuvo que dirigirse a Harstadt, mientras que la fuerte marejada en aumento impidió al *Z-25* y al *Hermann Schoemann* tomar petróleo del acorazado en la mañana del día 8, pese al lanzamiento de aceite a la mar para tratar de aplacar a las olas, por lo que estos buques hubieron de arrumbar a Tromso.

El almirante alemán, que suponía haber cortado ya la derrota del convoy al que trataba de dar caza, continuó gobernando hacia el este por encima del paralelo del cabo Norte. La *Home Fleet* había seguido alejándose, y la exploración hacia el Norte ordenada por Tovey a seis de sus destructores en la madrugada del día 8 no dio resultado alguno, pues el *Tirpitz* se encontraba ya a doscientas millas. En cambio, Ciliax estuvo acertado, ya que a las siete de la mañana del día 8 arrumbó hacia el Norte verdadero, con lo que volvía a aproximarse al «PQ-12», que, en sus naturales deseos de escapar a la poderosa máquina de guerra enemiga que sabía merodeaba entre las olas, y siguiendo instrucciones recién llegadas del Almirantazgo, continuó ganando latitud hasta donde los hielos se lo permitieron, a la altura de la isla de los Osos.

El *Tirpitz* aproó al Oestesudoeste poco antes de las once de la mañana, pasando a unas ochenta millas por el sur del convoy, que escapaba así, por segunda vez y muy escaso margen, al desastre, pues para entonces la *Home Fleet* había seguido inexplicablemente navegando al Sudoeste y se hallaba a unas cuatrocientas ochenta millas del *Tirpitz* y a más de quinientas (¡mil kilómetros!) del «PQ-12», que a fin de capear el grave peligro que sobre él se cernía continuó barajando la pálida *banquise* durante casi veinte horas.

Pero si el almirante de la *Home Fleet* seguía totalmente desorientado, el Almirantazgo supuso acertadamente que el *Tirpitz* andaría ya próximo a la isla de los Osos, como así era, e incluso trató de que el «PQ-12» la remontara por el Norte, cosa que los hielos no le consintieron. Pero de no haber sido por dicho intento, y a pesar de que Ciliax no contaba ya con destructores que le permitieran explorar adecuadamente y de que tampoco pudo poner sus aviones en el aire, era casi seguro que el «PQ-12» hubiera sido descubierto y atacado por el *Tirpitz*.

Al amanecer del día 8, el almirante alemán, que por dos veces había estado a punto de cazar al convoy, consideró que éste debería de haber dado la vuelta, y decidió regresar a Trondheim. Tal vez le faltó perseverancia, pero la *Luftwaffe* había conseguido localizar por fin a la *Home*

Fleet,[1] y hubiera resultado aventurado por su parte continuar una cacería en la que él mismo podría, en resumidas cuentas, resultar la pieza cobrada.

Mientras tanto, el comandante en jefe de la *Home Fleet*, al recibir el mensaje del Almirantazgo que señalaba la probable presencia de los buques alemanes en las proximidades de la isla de los Osos, invirtió el rumbo y puso la proa al Nordeste, y más tarde, cuando desde Whitehall se le advierte que seguramente la agrupación alemana se mueve ya hacia el Sur, arrumba a las islas Lofoden en la madrugada del día 9 y aumenta la velocidad de su escuadra para cortar la retirada al enemigo.

En las oscuras y frías horas de aquella mañana, el *Tirpitz* y la escuadra inglesa navegaban velozmente a rumbos convergentes, de modo que, a las 0640, cuando varios aviones de reconocimiento despegaron del *Victorious*, el acorazado alemán se movía, a 27 nudos, por la proa de la escuadra inglesa y a unas ciento veinte millas de distancia. A las 0730 despegaron del portaaviones doce torpederos *Albacore*, y el almirante británico, convencido ahora de que estos aviones podrían dejar lisiado al *Tirpitz* y servírselo a él en bandeja para que lo rematara con sus acorazados, animó así a los pilotos: «¡Es una maravillosa oportunidad! ¡Que Dios os acompañe!»

Media hora después era descubierto el *Tirpitz* por un avión del *Victorious* y señalada su posición a los *Albacore*, que, cuarenta minutos más tarde, avistaron al acorazado y se lanzaron al ataque. ¿Iba a repetirse con este buque la suerte del *Bismarck* y también en su primera salida contra el enemigo? John Tovey lo creyó así y forzó todavía más las máquinas de sus unidades.

El almirante Ciliax, sabiéndose descubierto por los aviones embarcados enemigos y comprendiendo el grave peligro que corría su buque insignia, sin destructores ni aviones propios que le protegieran, decidió dirigirse inmediatamente al cercano Narvik, que le quedaba exactamente al Este. Eran las 0830 de la mañana. De todos modos, aquélla sería una ocasión magnífica *(wonderful)* para los ingleses. Otro torpedo de suerte en las hélices o el timón , y los veintiséis gigantescos cañones de 356 y 381 mm de que disponía el almirante Tovey podrían cebarse poco después en el mal herido *Tirpitz*.

1. Debido a la falta de agilidad propia de una complicada cadena de mando entre dos ejércitos diferentes, el almirante alemán no conoció el avistamiento del *Victorious* hasta siete horas después de haberse producido.

Pero esta vez los hados no iban a proporcionar a los británicos semejante oportunidad. A toda máquina, el comandante del acorazado germano, el capitán de navío Farl Trop, maniobrando con tanta sangre fría como habilidad, lograría esquivar todos los artefactos submarinos lanzados por los aviones británicos contra su espléndido buque. Dos aviones ingleses resultaron abatidos por la artillería antiaérea y varios más sufrieron averías, y el *Tirpitz* pudo fondear aquella noche en Narvik. Pero la contrariedad que tal desenlace supuso para los ingleses no les impidió tomar ciertas medidas para tratar de inutilizar al acorazado alemán cuando abandonase el nevado fiordo de Vest. Sabían que tendrían que regresar pronto a su base de Trondheim, y el día 13 apostaron en su derrota hasta dicho puerto a cinco submarinos y una fuerza de ocho destructores. Calcularon bien, porque el *Tirpitz* aparejó de Narvik en la medianoche del 12, con su escolta de destructores, pero la pésima visibilidad, mal estado de la mar y constantes nevadas le llevaron sin contratiempos desagradables hasta Trondheim, donde entró en la noche del día 13. Sin embargo, los hidrófonos del submarino inglés *Trident* habían captado, al mediodía anterior, los ruidos de hélices de buques alemanes, en plena tempestad de nieve, pero los sonaristas no fueron capaces de discriminar cuál de aquéllos pertenecía al acorazado.

Esta primera salida del *Tirpitz*, efectuada sin una buena exploración aérea, fue bastante arriesgada, hay que reconocerlo. Y ya sabemos cuál sería la reacción de Hitler al enterarse del peligro corrido por dicho buque. A la *Home Fleet* jamás se le volvería a presentar una oportunidad tan favorable para haber intentado huir en la mar al mejor acorazado que les quedaba a los alemanes. Respecto a la actuación de la escuadra inglesa, los historiadores británicos se extienden en largas consideraciones acerca de las interferencias del Almirantazgo, protestas de Tovey por una misión que estimaba no debería corresponder a la *Home Fleet*, etcétera, pero que más parecen cortinas de humo tendidas para tratar de enmascarar la floja actuación del comandante en jefe. Ya conocemos todos sus esfuerzos, después del combate entre el *Bismarck* y la agrupación formada por el *Hood* y el *Prince of Wales*, para lograr que sus aviones embarcados trataran de reducir la capacidad combativa de aquel acorazado alemán antes de llegar él al alcance balístico con sus buques. Algunos impactos de torpedo podrían hacerle embarcar varios miles de toneladas de agua que afectasen a su andar y flotabilidad, es decir, mermaran apreciablemente su eficacia combativa antes de la lucha final.

Con el *Tirpitz*, Tovey sigue la misma prudente táctica. Primero trata de localizarle con aviones, a fin de que el *Victorious* le ataque luego a distancia. Pero al no poder lograrlo debido al mal estado de la mar y a la reducida visibilidad, se retira y aleja cada vez más de un valioso convoy cargado con material de guerra y que podía haber sido el perfecto cebo para los alemanes, hasta el punto de que sólo la suerte impide que el *Tirpitz* le descubra en las proximidades de la isla de los Osos, y probablemente aniquile, debido a la debilidad de su escolta directa y la ineficacia de los submarinos empleados por los británicos en tales misiones, y teniendo también en cuenta que la *Home Fleet* se encontraba entonces a más de quinientas millas marinas de distancia.

Esta táctica de no empeñarse a fondo contra un buque tan peligroso sin procurar disminuir antes su capacidad combativa, e incluso tener la serenidad de aguardar a que las condiciones atmosféricas y de mar permitan lograrlo, es tan ortodoxa como irreprochable... en circunstancias normales. Pero cuando con ello se arriesga la destrucción de un importante convoy, la cosa cambia. Tovey no sabía exactamente por dónde andaba el *Tirpitz*, pero conocía muy bien por dónde se movían los buques que él tenía que proteger, y mal podía hacerlo abandonándolos prematuramente y arrumbando después a Scapa Flow «para recoger algunos destructores» (*«to collet some destroyers»*). Sólo cuando el Almirantazgo le sugiere que está perdiendo el tiempo y que el convoy corre grandísismo peligro, decide virar de bordo y arrumbar hacia el enemigo.

¿Temió sir John Tovey que si se enfrentaba con el *Tirpitz* sin haber reducido previamente su eficiencia combativa, podría sufrir un desastre parecido al del vicealmirante Holland? Es muy posible. Tal vez imaginó que los alemanes tirarían inmediatamente sobre el *Renown* (cubierta protectriz de 76 mm) y que este buque mal protegido volaría a las primeras de cambio, como habían volado sus cuatro magníficos predecesores. Ello dejaría a sus dos acorazados peor blindados que el *Tirpitz* y con artillería de menor calibre, prácticamente mano a mano con el potente buque de guerra alemán, lo que podría resultar bastante desagradable y tener imprevisibles consecuencias. No sabemos si fue ésta, o el temor a la *Luftwaffe*, la consideración que más pesó en sus decisiones. Tal vez lo fueran ambas. Pero su falta de acometividad y sus gratuitas suposiciones de que el enemigo «ya se había retirado» tal vez obedecieran a lo que podemos denominar el «complejo británico del *Hood*». Este complejo existió, y en este mismo capítulo veremos a qué desastre arrastraría a los ingleses.[1]

* * *

La presencia del *Tirpitz* en Noruega planteó un grave problema a los aliados. El latente peligro que suponía para sus importantes convoyes árticos y la posibilidad de que pudiera pasar al Atlántico por el estrecho de Dinamarca, pues las órdenes de Hitler que ya conocemos no habían trascendido y tampoco sabían de la angustiosa escasez de combustible que padecía la *Kriegsmarine*, les obligaron a basar permanentemente en Scapa Flow e Islandia a tres de los mejores acorazados de que disponían los ingleses y a otros dos norteamericanos: los flamantes *North Carolina* y *George Washington*, de 38.000 toneladas y nueve cañones de 406 mm; impidieron reforzar las escuadras británica y norteamericana del Índico y del océano Pacífico, respectivamente, pese a la grave situación en aquellos lejanos teatros de operaciones, y obligaron a los ingleses a reforzar considerablemente la escolta de los convoyes árticos y restablecer el servicio de vigilancia de sus cruceros auxiliares entre Islandia y Groenlandia. Todo ello por no hablar de los aviones destinados a la vigilancia y bombardeo del poderoso acorazado germano, que los del Reino Unido tratarían de inutilizar por todos los medios disponibles.

Efectivamente, el 31 de marzo, treinta y tres cuatrimotores *Halifax* del Grupo Cuarto de la RAF atacaron al *Tirpitz*, que permanecía prácticamente atracado a los acantilados, sin otras consecuencias que la pérdida de cinco aparatos derribados por la artillería antiaérea.

El 29 y 30 de abril se repitieron los ataques aéreos a cargo de la RAF, con treinta y cuarenta y cinco bombarderos pesados respectivamente, que lanzaron bombas y cargas de profundidad, estas últimas echas rodar monte abajo, pero que resultaron igualmente infructuosos, pues las bombas no hicieron blanco y las cargas quedaron detenidas por árboles y rocas, y estos ataques costaron a los ingleses la pérdida de otros siete aparatos. Y es que el acorazado alemán fijaba tantas unidades navales y aéreas británicas, que mientras tanto no podían ser empleadas en otros lugares donde su necesidad se hacía sentir de forma acuciante, que para

1. El historiador británico David Woodward, en su obra *The Tirpitz*, Kimber, Londres, 1953, p. 97, refiriéndose a este acorazado alemán, escribe lo siguiente: «Visto que, cuando efectuó su salida más larga, los buques pesados aliados no trataron de interceptarlo debido a los riesgos que ello suponía, cabe preguntarse si mereció la pena mantener dichos buques pesados en aguas del Ártico y del Atlántico Norte».

ellos el hundimiento de aquel buque llegaría a ser un objetivo de la máxima importancia. «La destrucción o siquiera mutilación de este buque constituye el máximo acontecimiento naval de la actualidad —escribiría Winston Churchill—. Toda la situación naval quedaría alterada, y volveríamos a obtener la supremacía naval en el Pacífico». A su debido tiempo nos ocuparemos de los insistentes y finalmente efectivos ataques ingleses contra el *Tirpitz*.

El 19 de marzo salió el *Admiral Hipper* de Brunsbuttel y fondeó en Trondheim dos días después, sin haber sido descubierto por los aviones torpederos ingleses enviados en su búsqueda.

Veinte submarinos alemanes quedaron basados en Kirkenes, Narvik y Trondheim el 16 del mismo mes, a las órdenes del almirante Nord, pues importantes convoyes aliados continuaban surcando el Ártico en uno y otro sentido.

El «PQ-13» fue escoltado por el crucero *Trinidad* (8.000 toneladas y doce piezas de 152 mm) y los destructores *Fury* y *Eclipse*. Este convoy se topó el 24 de marzo con una terrible tempestad que duró tres días y dispersó a los diecinueve cargueros que lo componían, pues, en tales circunstancias, lo primero es tratar de sobrevivir. En la amanecida del día 27 no quedaba un solo barco del «PQ-13» a la vista de la escolta. Pero aquellos molidos marinos pronto tuvieron que acudir a las piezas antiaéreas, pues en cuanto moderó el viento y se abrieron las nubes comenzaron los ataques de la *Luftwaffe*, que consiguieron echar a pique a dos solitarios cargueros y averiar a otros varios.

También salieron en pos del «PQ-13» tres destructores alemanes basados en Kirkenes, en el fiordo de Varanger, a Levante del cabo Norte. En la madrugada del día 29 avistaron a un barco panameño, y, una vez recogidos sus tripulantes, lo enviaron a reunirse con el frío bentos. Poco después se encontrarían con los buques de guerra ingleses, en unas condiciones atroces para combatir. La visibilidad era pésima, y el frío terrible. Nevaba copiosamente, y los rociones de agua salada se solidificaban en el aire antes de desplomarse a bordo como un trallazo. Con los hombres situados en el exterior tiritando de frío y los buques dando fuertes tumbos mientras se movían a toda máquina sobre unas olas plomizas y malignas, las piezas de artillería iniciaron su diálogo letal. En los breves e intensos combates que siguieron, el destructor *Z-26* terminó por abordar al *Trinidad* y resultó hundido, pero no sin haber podido torpedear a su contrincante,[1] que recibió un artefacto submarino en una cámara de calderas y quedó gravemente averiado. También el *Eclipse* fue repetidamente alcanzado por la artillería de los buques alemanes y sufrió graves daños.

El «PQ-13» perdería todavía otros dos barcos, hundidos por submarinos alemanes, y el *U-585* sería echado a pique por el *Fury*. El *Trinidad* renquearía hasta el puerto de Murmansk, que había sido destrozado por la *Luftwaffe*. Allí se le parcheó como se pudo, y el 13 de mayo volvió a hacerse a la mar, fuertemente escoltado, con destino a Inglaterra. Al día siguiente fue alcanzado por una bomba aérea. Perdió los parches, sufrió nuevas inundaciones, se le produjo un fiero incendio y tuvo que ser echado a pique por su propia escolta. En total había tenido ochenta muertos.

El «QP-11» aparejó de Murmansk, en lastre, a fines de abril. Lo componían trece barcos mercantes y llevaba una escolta directa mucho más fuerte que la de sus predecesores. En cabeza marchaba el crucero ligero de 11.550 toneladas estándar *Edinburgh*, y rodeaban a los cargueros seis destructores, cuatro corbetas y un bou armado. En la primera parte de la travesía ártica le dieron también escolta dos destructores soviéticos y varios dragaminas británicos.

El 30 de abril, el submarino alemán *U-456* (capitán de corbeta Teichert) alcanzaba con dos torpedos al *Edinburgh*. El crucero pesado sufrió graves averías y perdió la popa. A reducida velocidad y gobernando con las máquinas pudo invertir el rumbo para dirigirse a Murmansk escoltado por los destructores *Forester* y *Forsight*.

El 1.º de mayo, tres destructores alemanes salidos de Kirkenes al mando del capitán de navío Schulze-Hinrichs atacaron al «QP-11». Los ingleses se defendieron con efectividad y lograron rechazar los sucesivos ataques, pero el destructor británico *Amazon* resultó gravemente averiado y un carguero soviético fue hundido al torpedo. En vista de lo cual, el jefe de la flotilla alemana decidió ir a buscar al lisiado *Edinburgh*, al que para entonces también daban escolta cuatro dragaminas británicos salidos en su auxilio desde Murmansk.

En la mañana del 2 de mayo, los alemanes avistan al crucero ligero y se lanzan al ataque. En una serie de violentos combates, los destructores germanos alcanzaron repetidas veces a sus dos contrapartes británicos, que quedaron inmovilizados y con la mayor parte de su artillería inutilizada, y torpedearon al lisiado crucero que, como sabemos, ya había recibido la atención de dos torpedos alemanes más y que casi quedó partido por la mitad. Pero este buque se defendió eficazmente con sus doce piezas de

1. Algunos ingleses afirman que el *Trinidad* se autotorpedeó durante el combate.

152 mm y alcanzó a su vez al *Hermann Schoemann*, que quedó también al garete.

Cuatro buques de guerra derivaban, pues, a merced de las olas y el viento sobre el piélago glacial, con las cubiertas ensangrentadas y rotas y muchas bajas a bordo. El capitán de navío Hinrichs comprendió que, pese a la presencia de los cuatro dragaminas enemigos, le sería relativamente fácil rematar a sus destrozados contrincantes. Pero el hacerlo llevaría tiempo, y el *Schoemann* se hundía a ojos vistas. El crucero enemigo estaba ya sentenciado, y no recoger inmediatamente a sus compañeros equivaldría a condenarlos a una muerte tan rápida como segura. Hinrichs decidió rescatar a la dotación del buque alemán. Lo mismo hacían los dragaminas británicos con la gente del *Edinburgh*, que fue echado a pique por los ingleses, con sus cincuenta y ocho muertos, al comprender que sería imposible llevarlo a puerto. Los destrozados *Forester* y *Forsight* lograron ponerse de nuevo en movimiento y, a velocidad reducida, renquear hasta un puerto ruso.

Mal empezaban las cosas aquel mes de mayo para los ingleses. El día anterior, debido a la falta de visibilidad, el acorazado *King George V* había pasado por ojo y hundido al gran destructor británico *Punjabi*, de 1.870 toneladas, en el que pereció la mayor parte de su dotación de ciento noventa hombres, pues las cargas de profundidad estallaron al alcanzar su cota de regulación, averiando gravemente al mismo acorazado, que tuvo que retirarse inmediatamente a puerto a reparar.[1] Este mismo aciago día, los ingleses echarían a pique por error al submarino polaco *P-551*, que había sido avistado en las proximidades del convoy «PQ-15», fuera de su zona de operaciones, por lo que fue tomado por alemán.

Los buques de la *Kriegsmarine* seguían llegando a Noruega según lo previsto. El día 15 de mayo aparejó de Alemania el *Lützow*, escoltado por cinco destructores. Después de efectuar escala en Trondheim fondeó, el 25, en las proximidades de Narvik, a donde ya se había trasladado su gemelo, el *Admiral Scheer*.

El convoy «PQ-16», que cruzó el Ártico a fines de mayo, estaba compuesto por treinta y cinco barcos y llevaba a bordo 125.000 toneladas de material de guerra despachadas para la URSS. Su escolta directa fue

1. No fue éste el peor accidente que sufriría aquel año la Armada británica. En la noche del 3 de octubre de 1942, el transatlántico *Queen Mary*, de 81.237 toneladas, que llevaba a bordo a 15.000 soldados norteamericanos y navegaba en zigzag a 28,5 nudos, ya en las proximidades del Reino Unido, partió en dos al crucero inglés de 4.290 toneladas *Curacoa*, que le daba escolta desde hacía pocas horas y en que perecieron 329 hombres. No obstante, la roda del gigantesco transatlántico apenas sufrió daños, y este grave desastre se mantuvo en absoluto secreto hasta después de la guerra.

reforzada con cuatro cruceros pesados y tres destructores, y la *Home Fleet* le dio cobertura lejana por si intervenía el *Tirpitz*. También llevaba un buque «CAM» *(Catapult Aircraft Merchantman)*, es decir, provisto de catapulta y de un avión de caza, que era puesto en el aire, a fondo perdido, cuando aparecían los bombarderos o torpederos enemigos, recogiéndose después al piloto, que se lanzaba en paracaídas. Este gran convoy, constantemente perseguido por los submarinos y aviones alemanes, perdería siete unidades a pesar de su fuerte escolta, que se llevaron consigo al fondo del mar 32.400 toneladas de material de guerra.

* * *

En febrero de 1970 se celebró en Londres un juicio por difamación, que duró diecisiete días y conmovió profundamente a la opinión pública en Gran Bretaña. Tras una deliberación de cinco horas, el jurado condenó a David Irving, autor del libro *La destrucción del convoy «PQ-17»*, a pagar cuarenta mil libras esterlinas (más de siete millones de pesetas) de indemnización, cantidad jamás alcanzada hasta entonces en Inglaterra en un juicio de esta clase, al capitán de navío retirado John Broome, por ciertas frases contenidas en aquél y consideradas difamatorias para el viejo marino británico de sesenta y ocho años de edad. En su libro, Irving acusaba poco menos que de cobardía al entonces capitán de fragata Broome y le culpaba de la destrucción del convoy aliado «PQ-17», despachado para el puerto ruso de Arkángel en el mes de julio de 1942.

Irving, que según sus propias declaraciones había trabajado en el citado libro durante siete años, consideró que el veredicto era sumamente injusto. ¿Lo era? Permítanos el lector que echemos un vistazo a las vicisitudes y avatares del «PQ-17».

Siguiendo el procedimiento establecido, muy pocas horas antes de que el convoy «PQ-17» se hiciera a la mar, en 1942, para el puerto ruso de Arkángel, se celebró en Reykjavik la conferencia final, presidida por el comandante de la Marina. Asistieron a ella todos los capitanes de los treinta y tres cargueros que componían dicho convoy: veintidós norteamericanos, nueve ingleses y dos rusos, así como el comodoro y vicecomodoro del «PQ-17», el jefe de las unidades de la escolta, los comandantes de éstas y sus oficiales de comunicaciones y el comandante del petrolero de la Armada británica *Aldersdale*, que proporcionaría combustible a los buques de guerra.

Todos aquellos hombres estaban bien curtidos por la mar y la lucha, y la autoridad de la Armada británica en dicho puerto islandés hizo entrega a cada uno de ellos de una carpeta bastante voluminosa con las «Órdenes de Navegación». Estas carpetas, que suponían un ímprobo y minucioso trabajo de organización, contenían una serie de instrucciones de cuyo cumplimiento y observancia dependería, hasta lo previsible, la llegada del «PQ-17» a buen puerto. Allí figuraban los puestos a adoptar en la formación del convoy, procedimientos de salida y entrada en puerto y de identificación de unidades, información sobre los canales libres de minas y redes, plan de comunicaciones radiotelegráficas y de escuchas, derrota a seguir, puntos de *rendez vous*, señales visuales, normas para el caso de quedar accidentalmente separados del convoy, relación de claves y cifras a emplear, derrotas alternativas, etc. Tras las oportunas declaraciones y consultas, aquellos marinos se desearon mutuamente *bon voyage* como la cosa más natural del mundo, y sólo en la intensidad de sus recios apretones de manos se podía sospechar alguna oscura inquietud. Este gran convoy aliado, que transportaba 156.492 toneladas de material de guerra con destino a la Unión Soviética, zarpó de Islandia el 27 de junio, aproximadamente en el momento en que, muy lejos, en Ucrania, las tropas alemanas del mariscal Von Bock comenzaban su gran ofensiva de verano, y el general Manstein intensificaba el asalto a Sebastopol. La víspera había aparejado de Arkángel otro convoy aliado en lastre, el «QP-13», compuesto de treinta y cinco cargueros escoltados por nueve destructores y nueve corbetas inglesas.

La escolta inicial del «QP-17» la formaron tres dragaminas y cuatro bous armados, pero el día 30 se unieron a los anteriores seis destructores, cuatro corbetas, dos submarinos, otros tantos buques antiaéreos y tres de salvamento, a las órdenes del capitán de fragata John Broome. También llevaba dos fuerzas de cobertura, una próxima y otra lejana. Formaban la primera los cruceros pesados ingleses *London* y *Norfolk*, los también pesados, pero norteamericanos, *Tuscaloosa* y *Wichita*, y tres destructores, dos de éstos también norteamericanos. La segunda la constituía la *Home Fleet*, con los acorazados rápidos *Duke of York* y *Washington* (norteamericano), el portaaviones *Victorious*, los dos cruceros pesados *Nigeria* y *Cumberland* y catorce destructores (cuatro de ellos norteamericanos), a las órdenes del vicealmirante Tovey.

Para tratar de confundir a los alemanes, el día 30 aparejó de Scapa Flow una fuerza de diversión constituida por la primera flotilla de dragaminas y cuatro barcos carboneros, escoltados por los cruceros ligeros *Sirius* (5.500 toneladas) y *Curacoa* (4.300 toneladas), cinco destructores y varios patrulleros, que, tras navegar hasta las Shetland, arrumbaron al

Este fingiendo intentar algún ataque de castigo contra la costa meridional de Noruega. Pero la aviación alemana ni siquiera los descubriría.

Se daba así el caso de que, para proteger a los treinta y tres cargueros del «PQ-17», y sin tener en cuenta los barcos de salvamento, el petrolero de la flota y la fuerza de diversión, se habían movilizado más de sesenta buques de guerra, que, sumados a los nueve submarinos británicos, dos soviéticos y uno francés, apostados al acecho al norte de Noruega, hacían un total de ¡setenta y tres unidades militares de todas clases!

Dejemos de momento aquellos ciento sesenta y seis barcos mercantes y de guerra aliados que ya se movían sobre la mar entre Islandia, las islas Shetland y nueva Zembla, para examinar brevemente qué disposiciones habían adoptado mientras tanto las alemanes.

El almirante Carls, que mandaba en Kiel el «Grupo Norte», recibió informes de que el convoy «PQ-17» saldría de Islandia a fines de julio, y preparó una operación combinada, que recibió el nombre clave de «Rösselsprung», para tratar de aniquilarlo con el concurso de la *Luftwaffe* y de los submarinos. Ya no existía prácticamente la noche en el Ártico y el mar de Barents, y los aviones de la quinta flota aérea podrían actuar casi sin interrupción desde sus bases en Barduffos, Tromso, Banak, Kirkenes y Petsamo. Se utilizarían diez submarinos, los acorazados de bolsillo *Scheer* y *Lützow*, el *Tirpitz* y el *Prinz Eugen*, diez destructores y dos torpederos. Previamente el almirante Raeder tuvo que convencer a Hitler para que autorizara la salida del *Tirpitz* a la mar, con la promesa de que no correría riesgos, puesto que la *Luftwaffe* facilitaría la adecuada exploración aérea y atacaría a los portaaviones enemigos antes de dicha salida. También se dispuso el traslado de los buques de guerra de superficie a los fiordos más septentrionales de Noruega tan pronto se detectase la salida a la mar del «PQ-17», a fin de disponer de una posición de partida mucho más favorable.

Finalmente, las directivas generales para el ataque al «PQ-17» fueron llevadas desde Kiel a Trondheim por un oficial del Estado Mayor del almirante Carls y entregadas en mano al vicealmirante Otto Schniewind, que, habiendo relevado por enfermedad al de su mismo empleo Ciliax, mandaba el «Grupo *Tirpitz*» y todas las fuerzas navales alemanas destacadas en Noruega. Y al contraalmirante Kummetz, de quien ya sabemos noticias, que ahora mandaba la «Agrupación *Scheer-Lützow*», basada en Narvik. Dichas directivas preveían un contacto lo más breve posible con el convoy enemigo; la destrucción de su escolta de cruceros por el *Tirpitz* y el *Prinz Eugen*; el ataque de los dos acorazados de bolsillo contra los cargueros, y una retirada rápida a las bases de partida.

El almirante Schniewind difundió su orden de operaciones el 14 de junio. En ella se consideraba que la zona más favorable para el ataque era la comprendida entre los meridianos de los 20° y los 30° de longitud Este, es decir a levante de la isla de los Osos, pues la experiencia de los convoyes precedentes mostraba que la *Home Fleet* no se aventuraba por semejantes parajes, tan expuestos a los ataques de la *Luftwaffe*. Bastaría con inmovilizar a los cargueros enemigos, que después podían ser fácilmente hundidos por los aviones y submarinos; los destructores evitarían, sobre todo, que sus contrapartes británicos pudieran llegar a posición de lanzamientos de torpedos sobre las unidades pesadas alemanas, etcétera.

A las 1740 horas del 30 de junio, un avión alemán señaló al «QP-13» a unas ciento ochenta millas al nordeste del cabo Norte. La escuadra alemana prefirió reservarse para el «PQ-17», mucho más importante por su precioso cargamento, y dejó aquél al cuidado de la *Luftwaffe*. Pero ésta pronto perdió el contacto visual debido a la niebla, y el vacío convoy lograría navegar sin contratiempo alguno hasta las proximidades de Islandia.

El peligro parecía haber quedado atrás, pero... Cuando el convoy se aproximaba a las proximidades del estrecho de Dinamarca, cerrado en niebla, se avistó de pronto un enorme témpano por babor de la formación, fantasmal, cuyo frío aliento llegó hasta los ingleses cual nefasto presagio, para desaparecer enseguida tras la húmeda e impenetrable cortina gris que todo lo velaba. La montaña flotante fue equivocadamente tomada por el cabo Norte de Islandia y... el convoy «PQ-13» se metió en un campo de minas británico. El dragaminas *Niger* y cuatro cargueros se hundieron tras sufrir terribles explosiones y destrozos. Otros dos barcos resultaron con graves averías, aunque pudieron seguir a flote y regresar a puerto. Y es que los traidores y mortíferos artefactos no discriminan.

El 2 de julio, a las 0344 horas, el capitán de corbeta alemán Teichert descubrió al «PQ-17» desde la torreta de su submarino, el *U-456*, e inmediatamente radió el avistamiento. Pero el mar de Noruega se mantuvo aquella mañana arropado bajo un manto de niebla, y los aviones germanos no lograron detectar el convoy hasta después del mediodía. Aunque la *Home Fleet* no pudo ser localizada, el almirante Carls decidió poner en marcha la «Operación Rösselsprung».

A las 1800 aparejó de Trondheim la agrupación mandada por el vicealmirante Schniewind, que izaba su insignia en el *Tirpitz*. La componían ese buque, el crucero *Admiral Hipper*, los destructores *Friedrich Ihn,*

Karl Galster, Theodor Riedel y *Hans Lody* y los torpederos *T-7* y *T-15*. Para tratar de no ser descubierto por los aviones y submarinos enemigos, el almirante decidió seguir el difícil paso que discurre entre la costa y el interminable rosario de islas, islotes y arrecifes que festonean en casi toda su longitud, prácticamente hasta el cabo Norte.[1] Dicho paso se hace a veces sumamente angosto, y existen canales donde los bajos y las fuertes corrientes exigen el empleo de remolcadores.

La escuadra salió a la mar libre únicamente en el trayecto comprendido entre Kaura y Grinn, cubriendo la distancia, a 25 nudos, en tres cuartos de hora. Pero inmediatamente volvió al «Indrelet».

El estrecho de Näroy, tortuoso y sumamente reducido, se atravesó sin ayuda de remolcadores. Se cruzó después por dentro de la isla de Vega, y, poco antes de las seis de la mañana del día 3 de julio, los buques pasaron junto al iluminado poblado de Sandnessjöen. La amanecida desveló para los alemanes las pintorescas pesquerías de arenques, los maravillosos fiordos de aguas cristalinas y escarpadas orillas tapizadas de abetos y todos esos paisajes de ensueño, verdaderamente incomparables, con que la naturaleza parece haber querido compensar al hombre tras aquella noche larga y glacial del Cuaternario.

Esta travesía nocturna de la escuadra alemana fue realmente un alarde de navegación y superó en dificultades y riesgo a la efectuada por el almirante japonés Kurita, en 1944, por el estrecho de San Bernaldino, en las islas Filipinas, durante la batalla de Leite. Pero ¡ay!, la audaz empresa no había terminado. A las 1136 se dejó ver por babor la isla de Landegode, y a continuación la escuadra cruzó a buena velocidad el gran fiordo de Vest, arrumbada al paso llamado Gimsoystraumen, entre las islas Lofoden. Y allí, en menos de quince minutos, se clavaron sucesivamente en bajos rocosos, que no figuraban en la carta, los destructores *Galster, Lody* y *Riedel*, sufrían desperfectos y vías de agua que les impedirían tomar parte en la proyectada operación. La escuadra fondeó después al sur de la isla Gimsoy, donde la aguardaban los petroleros *Dittmarschen* y *Tiger* y el destructor *Richard Beitzen*, que se incorporó a la fuerza de Schniewind. Dejemos allí a esta agrupación, mientras los tres agujereados destructores achican compartimientos y dan sus palletes de colisión y todos los buques hacen el relleno de combustible, para seguir los movimientos de la fuerza del almirante Kummetz, compuesta por los acorazados de bolsillo *Lützow* y *Admiral Scheer* y los destructores *Z-24, Z-27, Z-28, Z-29* y *Z-30*; estos últimos, de 2.603 toneladas, iban artillados con cinco piezas de 150 mm,

1. Unas ciento cincuenta mil islas e islotes forman este corredor navegable noruego.

seis de 37 mm y ocho de 20 mm; montaban ocho tubos lanzatorpedos de 533 mm y tenían una velocidad máxima de 38,5 nudos.

La escuadra había zarpado a medianoche del fiordo de Ofot, próximo a Narvik, con la niebla bastante espesa, y al cruzar hacia el Norte por el Santorgstraumen, el buque insignia sufrió de pronto un violento estremecimiento. Tal vez el almirante Kummetz recordó en aquel momento los temblores que precedieron al hundimiento del *Blucher* en el fiordo de Oslo.

—¡Para las dos! ¡Atrás toda! —ordena inmediatamente el capitán de navío Ernst Stange.

Pero demasiado tarde, pues el bajo traidor se ha abierto paso a través de las planchas de la obra viva del *Lützow*. Es un desafortunado contratiempo para los alemanes, ya que los daños son importantes. El acorazado embarca bastante agua, y Kummetz decide trasladar su insignia al *Admiral Scheer*. El *Lützow* regresa a Narvik. En agosto marcharía a Alemania para entrar en el dique de Kiel, donde tendrá que permanecer hasta el 5 de noviembre.

Pero, el 4 de julio, ya están los doce buques de guerra alemanes que no han sido víctimas de aquellas rocas sumergidas e ignoradas fondeados en el profundo fiordo de Alten, en los 70º de latitud Norte, tras los barrajes recientemente instalados en aquella base avanzada y provisional tan próxima a cabo Norte, al acecho, listos para hacerse a la mar al primer aviso.

* * *

Desde los barcos mas retrasados del convoy «PQ-17», el día 1.º de julio se avistaron submarinos alemanes, que después fueron ahuyentados por la escolta, y también algunos aviones de observación de la *Luftwaffe*, a los que la artillería antiaérea mantuvo a distancia. Pero tales avistamientos no presagiaban nada bueno y causaron a los ingleses la natural inquietud. Sin embargo, en la tarde del día 2 entró una niebla bastante espesa, y el convoy se sintió arropado por este fenómeno que el marino normalmente teme, pero que aquellos hombres agradecieron. El contraalmirante Hamilton había alcanzado al convoy con sus cruceros pesados, y se situó a alguna distancia por el Norte para prestarle apoyo directo, mientras la *Home Fleet* se mantenía en las proximidades de la isla de Juan Mayen, siempre desconfiando si el *Tirpitz* no trataría de aprovechar la ocasión para deslizarse solapadamente hasta el Atlántico por el estrecho de Dinamarca.

No obstante, el bajo techo de nubes impidió a los aviones ingleses descubrir, hasta el día 3, que los buque de guerra alemanes habían salido de Trondheim, y, por la misma causa, dichos aparatos no pudieron reconocer Narvik. Lo que resultaría de suma importancia en los sucesos que se avecinaban.

La *Home Fleet* arrumbó ese día hacia el Norte, y el «PQ-17», al Nornordeste, a fin de aumentar su distancia a la isla de los Osos, pues el Almirantazgo había hecho saber a Hamilton que el casquete de hielos había retrocedido, y el contraalmirante, que observaba un silencio radiotelegráfico absoluto, mandó un avión al jefe de la escolta para que le señalara por semáforo el oportuno cambio de rumbo. Aquella noche el «PQ-17» rebasó por el Norte la isla de Osos, pasando a unas setenta millas de sus desoladas costas. Las condiciones meteorológicas eran buenas para los barcos aliados: cielo cubierto, techo bajo de nubes, calma y mar llana. No obstante, a las cinco de la mañana, un avión alemán se coló de pronto por un agujero entre las nubes y lanzó un torpedo que hizo impacto en el carguero norteamericano *Christopher Newport*, echándolo a pique. Así comenzaba el largo calvarios del «PQ-17».

A las 1665 se arrumbó de nuevo al Nordeste, para alejarse de las bases aéreas alemanas del norte de Noruega todo lo que permitiera la *banquise*, pero, entre las 1930 y las 2030, el convoy fue localizado y atacado por veinticinco aviones torpederos *HE-111*.

Tres aparatos resultaron abatidos, pero otros tantos cargueros fueron torpedeados, quedando dos de ellos, el norteamericano *Hooper* y el inglés *Navarino*, tan gravemente averiados que tuvieron que ser hundidos por la escolta. El tercero, un petrolero soviético (el *Azerbaïdjan*), que llevaba a bordo algunas mujeres y que fue inicialmente abandonado, pudo más tarde seguir navegando a nueve nudos pese al gran agujero en la obra viva, y a su debido tiempo alcanzar Arkángel. Después de este ataque, los cruceros de Hamilton cerraron distancias sobre el convoy.

Mas para entonces, en el Almirantazgo británico había cundido el mayor de los desconciertos. Sin haber podido localizar por algún medio a los buques de guerra alemanes, que en cambio se sabían fuera de sus bases noruegas, el primer lord del Mar reunió a su Estado Mayor para tratar de clarificar rápidamente la peligrosa situación y tomar las medidas oportunas. Los ingleses supusieron que el *Tirpitz*, los dos acorazados de bolsillo y el crucero pesado *Hipper* habían arrumbado hacia el Norte con sus destructores y podrían caer sobre el «PQ-17» en cualquier momento, pues los ataques de la *Luftwaffe* permitían razonablemente suponer que la escuadra alemana conocía con toda exactitud la posición de dicho convoy.

Al anochecer del día 4, la *Home Fleet* se movía, en su posición de cobertura, unas cien millas al sudoeste de Spizberg y quedaba, por tanto, a unas trescientas noventa del «PQ-17», lo que significaba que no podría intervenir hasta doce horas más tarde. En cambio, los cruceros pesados de Hamilton navegaban ya junto al convoy, muy cerca del límite de los hielos, lo que les dejaba poco espacio de mar libre para poder escapar en caso de ser atacados. ¿Dónde estaban los buques alemanes? Para el *Tirpitz* y los acorazados germanos sería cuestión de minutos poder aniquilar a los cuatro cruceros de Hamilton. Aquélla era la primera vez que los buques de guerra norteamericanos operaban a las órdenes de almirantes ingleses. El hundimiento del *Tuscaloosa* y el *Wichita* no sólo causaría un pésimo efecto a Estados Unidos, sino que podría poner término a la recién iniciada cooperación entre las dos armadas, tan necesaria e importante para Gran Bretaña, y repercutir desfavorablemente en las operaciones futuras. ¿Qué hacer?

El almirante sir Dudley Pound tal vez se sentía demasiado oprimido por la grave responsabilidad para poder enjuiciar la situación con suficiente objetivismo, y entre los que componían su Estado Mayor ninguno tenía aquella noche ideas lo bastante claras para razonarle como las circunstancias exigían. Al parecer, la única contribución de sus subordinados la aportó el segundo lord del Mar, al sugerir la conveniencia de que, si había que dar la orden de dispersar al convoy, ello debería hacerse cuanto antes, ya que después quedaría poco espacio de mar libre para que tal medida tuviera efectividad. Correcto. Pero aquella sugerencia entrañaba meramente un factor de urgencia, eludiendo, en cambio, el verdadero quid de la cuestión, que era el siguiente: ¿contaba el Almirantazgo con suficientes elementos de juicio para poder tomar una decisión tan grave y trascendental como dispersar el convoy, cuando todavía le quedaban ochocientas millas marinas de viaje y la experiencia atlántica demostraba claramente que los aviones y los submarinos alemanes se cebaban siempre en los convoyes que habían sido precisamente obligados a dispersarse? ¿Era lo que se debatía la alternativa más conveniente? ¿No existían otras, tales como hacer invertir el rumbo al convoy u ordenar la inmediata aproximación de la *Home Fleet*, para que los alemanes, ante el temor de ver amenazada su retirada, se abstuvieran de intentar atacar al «PQ-17»?

Con indudable precipitación, el primer lord del Mar ordenó enviar los tres mensajes siguientes:

A las 2100: «INMEDIATO MÁXIMO. La fuerza de cruceros se retirará hacia el Oeste a gran velocidad».

A las 2123: «INMEDIATO. Debido a amenaza buques superficie, convoy se dispersará y dirigirá a los puertos rusos».

A las 2136: «INMEDIATO MÁXIMO. Mi 2123 horas día 4. Desperdigar el convoy».

Al recibir aquellos imperativos y apremiantes mensajes, no por su calificación, que ésta no cuenta,[1] sino por su contenido, el contraalmirante Hamilton y el capitán de fragata Broome se asomaron inmediatamente a los alerones de sus respectivos buques y echaron una temerosa mirada al tomado horizonte, esperando descubrir los mástiles de la escuadra alemana de un momento a otro. Nada lograron ver. Sin embargo, aquellos hombres quedaron plenamente convencidos de que el *Tirpitz*, con sus temibles cañones de mortal precisión, se les aproximaba a toda velocidad por debajo de la no muy lejana línea que separaba la mar del cielo, cortándoles la retirada. ¡Su aparición tenía que ser inminente! ¡No había tiempo que perder!

Se ordenó al comodoro Dowding desperdigar el convoy. Ello significaba no sólo romper la formación de marcha para dirigirse a los puertos rusos con independencia, tal y como preveía la «Dispersión», sino adoptar, por grupos, derrotas muy diferentes, previstas en las carpetas de «Órdenes de navegación» a que ya nos hemos referido anteriormente. Dowding quedó tan sorprendido que pidió confirmación a la orden. La tuvo, y, unos minutos después, los cuatro cruceros pesados aproaron al Oeste y comenzaron a navegar a elevada velocidad. ¡Se iban! ¡Abandonaban el convoy!

En aquel «instante estelar», John Broome, que no tenía por qué haberse marchado, pues la orden del Almirantazgo se refería únicamente a los cruceros de Hamilton, suponiendo que dichos buques se verían obligados a combatir de un momento a otro con los acorazados alemanes y que sin ayuda de destructores no podrían evitar ser aniquilados, decidió seguirles...

El capitán de fragata ordenó a los dos submarinos permanecer con el convoy, y al resto de su escolta que se dirigiese con independencia a Arkángel. E inmediatamente repasó a toda máquina las columnas del convoy, cuyos tripulantes no salían de su pasmo ante aquella incomprensible

1. Sólo para la mecánica de su transmisión y recepción.

estampida de la *Royal Navy*, y se alejó en pos de los cruceros como alma que lleva el diablo.

¿Qué significaba todo aquello? ¿Qué ataque de pánico colectivo se había apoderado de la Armada Real? Entre el enjambre de cargueros, dragaminas, corbetas y bous armados se produjo una ola de indignación mezclada con asombro y no exenta de miedo, porque los aeródromos alemanes de Noruega quedaban tan sólo a doscientas cincuenta millas del «PQ-17», y hasta el puerto de Arkángel había más de ochocientas millas. En tales circunstancias, ¿qué suerte cabía esperar que correría el convoy?

No contribuyó a mejorar la desagradable impresión el breve diálogo luminoso sostenido entre el comandante de uno de los submarinos británicos y el jefe de la escolta:

Submarino *P-614*: «Pienso seguir en superficie tanto tiempo como me sea posible».

Destructor *Keppel*: «También yo».

El drama parecía convertirse en un sainete. ¿Era John Broome un humorista... o un cínico?

Ni él ni el contraalmirante Hamilton tenían madera de Horacio Nelson, desde luego, pero está demostrado que ambos actuaron de buena fe. Broome, prefiriendo combatir en defensa de aquellos cruceros, para él en inminente peligro de aniquilamiento, que de los cargueros del convoy. Y Hamilton cumplimentando al pie de la letra las órdenes recibidas. Porque el caso es que dichas órdenes no llevaban el más leve indicio que permitiera conocer si obedecían a una Inteligencia positiva y sólidamente fundamentada, o meramente estimada,[1] y, como es natural, aquellos dos hombres, que no eran adivinos, dedujeron, con absoluta sensatez y sin la más mínima duda, que toda la escuadra alemana se les echaba encima desde poco más allá del horizonte.

Pero ¿dónde estaba en realidad la escuadra alemana? La escuadra alemana estaba ¡tranquilamente fondeada en lo más profundo del fiordo de Alten! El Almirantazgo británico, al ignorar por dónde se movía, supuso que debería hallarse a punto de caer sobre el «PQ-17» y su escolta, y dio las órdenes que ya conocemos y que a tan trágicos resultados conducirían. Pero, en realidad, lo único que sabía el Almirantazgo era que los buques alemanes habían abandonado sus habituales fondeaderos. Nada más.

1. El término «Inteligencia» se utiliza aquí como la siguiente acepción: «Producto resultante de la colección, análisis, integración e interpretación de toda la información disponible mediante observación, informes, rumores, fotografías y otras fuentes que, una vez analizadas, producen Inteligencia. La información puede ser verdadera o falsa, positiva o negativa, exacta o inexacta, confirmada o sin confirmar, pertinente o no pertinente, etc.; es, pues, la materia prima de donde se genera la Inteligencia».

Y cabe preguntarse: ¿qué indujo a unos profesionales de indudable valía y experiencia a tomar una decisión tan precipitada y errónea? Aparte de sus temores por los dos cruceros norteamericanos no vemos otra explicación que el ya mencionado «complejo del *Hood*»: el espectro del crucero de batalla hundido, su trágico fantasma, que en muchas noches de pesadilla se había aparecido en sueños a tantos almirantes británicos, con la proa y la popa rotas, señalando al cielo, como queriendo ponerle por testigo de aquel hecho inaudito, mientras se sumergían para siempre, engullidas por el voraz océano, entre oscuros remolinos donde sólo giraban ya cadáveres...

Los cuatro cruceros pesados de Hamilton y los seis destructores de Broome se movían velozmente hacia el Oeste, tan velozmente que un hidroavión *Walrus* puesto en el aire media hora antes por uno de aquéllos no pudo encontrarlos y tuvo que amerizar en pleno Ártico, siendo recogidos sus asombrados tripulantes por el *Palomares*. Todos los barcos del «PQ-17» y el resto de la escolta se habían perdido de vista hacía tiempo, pero nada acontecía, ningún formidable acorazado alemán se remontaba por encima del horizonte cual enfurecido Júpiter, para lanzar sus mortíferos rayos de fuego contra los buques aliados que se replegaban sobre la *Home Fleet*. Los minutos se convirtieron en horas, la situación no experimentaba variación alguna, comenzaron a verse las cosas con más serenidad, y Broome temió haberse equivocado al juzgar la situación a través de aquellos apremiantes mensajes del Almirantazgo. Una desagradable sensación de duda e inseguridad se fue apoderando de su ánimo. Porque aquel «PQ-17» que había quedado prácticamente abandonado a su suerte era precisamente el que él tenía que proteger. No pudiendo resistir más aquella situación en que tan irreflexivamente se había colocado, envió a Hamilton un mensaje por semáforo:

«Estoy siempre dispuesto a volver», decía.

Y este comunicado, verdaderamente patético, que revelaba una conciencia culpable, constituía una invitación a su superior para que le permitiera regresar allí donde ahora le llamaba el deber.

Pero la respuesta fue negativa. Porque Hamilton creía estar arrastrando a la escuadra alemana hacia la *Home Fleet*, y consideró que, llegado el combate, los seis destructores de Broome, bien pertrechados con torpedos, podrían jugar un importante papel en la batalla. Por tanto, todos los buques continuaron navegando velozmente hacia el Oeste, y sólo después de que hubieran transcurrido ¡veintiuna horas! desde que se ordenó al convoy desperdigarse, supo el almirante Tovey que Hamilton llevaba consigo los seis destructores de la escolta del «PQ-17». El comandante en jefe se echó las manos a la cabeza, pero los buques de Broome andaban muy escasos de petróleo tras la larga estrepada hacia Poniente y ya no había nada que hacer.

Volvamos al desamparado convoy. Pasados los primeros momentos de desconcierto y desmoralización, los pequeños buques ingleses y franceses que quedaban en la escolta organizaron lo mejor que pudieron la defensa del«PQ-17», que se dividió en varios grupos. Éstos arrumbaron dentro de un sector comprendido entre Levante y Nornoroeste, el último hasta toparse con el casquete polar, que contornearía luego hacia el Este.

Día dramático el 5 de julio. Los ataques de la *Luftwaffe*, efectuados por pequeños grupos de aviones, fueron incesantes. También intervinieron los submarinos y el balance resultó terrible para los aliados. Los cargueros *Washington* (que llevaba entre otras cosas, trescientas toneladas de trilita a bordo), *Bolton Castle* y *Pan Kraft* fueron hundidos por aviones. El *Paulus Potter*, alcanzado por un torpedo lanzado desde el aire, sería rematado por el *U-255*, que antes de hundirle le cogió ciertos documentos de su abierta caja fuerte. Los cargueros *Empire Byron, Earlston, River Afton*, este último llevando al comodoro del convoy y blanco de dos torpedos, y *Carlton* fueron echados a pique por los *Unterseeboote*. El buque de salvamento *Zaafara* no pudo resistir las bombas recibidas a bordo y también bajó al abismo. El comodoro pudo ser salvado después de permanecer tres horas en un bote salvavidas.

Por la tarde prosiguió la lucha desesperada, la angustia, los estertores de otros barcos que, destrozados, se fueron a pique tras impresionantes contorsiones. El carguero *Fairfield* fue hundido por tres *JU-88*. El *Morgan* se defendió valerosamente y, antes de que las glaciales aguas se cerraran sobre él para siempre, consiguió derribar a dos aparatos alemanes. Los barcos que quedaban, casi todos más o menos gravemente averiados por bombas y torpedos se dispersaron y alejaron entre sí cada vez más, en un desesperado sálvese quien pueda. Los pequeños buques de guerra hicieron lo que pudieron para darles protección, pero el *Peter* y el petrolero de la flota *Ardesdale* pronto sucumbieron víctimas de la *Luftwaffe*. El *Daniel Morgan* fue torpedeado y hundido por un submarino. Todo el mar de Barents estaba lleno de humo, botes salvavidas y restos de catorce barcos aliados que habían desaparecido con sus preciosos cargamentos. Las dotaciones de las ametralladoras y piezas antiaéreas habían permanecido en sus puestos de combate durante veinte horas seguidas, y algunos individuos presentaban síntomas de congelación en las extremidades. Aquel mar cruel se había convertido en un verdadero círculo del infierno.

No hay solución luminosa de continuidad entre el día y la noche, ni tampoco en los ataques efectuados por los alemanes durante el 5 y el 6 de julio. En esta última fecha sucumbió el *Pan Atlantic* bajo las bombas, y los *Hartlebury, Olopana, John Witherspoon* y *Alcoa Ranger* fueron víctimas mortales de los submarinos. Otros tuvieron más suerte. Los cargueros *Silver Sword, Ironclad* y *Troubadour* fueron conducidos por el bou armado *Ayrshire*, que les hizo navegar veinte millas por el estrecho de Matochkin, entre las dos islas de Nueva Zelanda, hasta que los témpanos cada vez más numerosos les impidieron proseguir. Allí permanecieron agazapados junto a los hielos durante varios días, después de que las dotaciones pintaran de blanco todas las superestructuras de sus barcos, que quedaron tan mimetizados como los osos polares. El buque «Cam» *Empire Tide* se escondió en la bahía de Moller. Las tripulaciones de dos barcos norteamericanos acamparon sobre el hielo de Nueva Zembla, por considerarse más seguros que a bordo, y allí permanecieron hasta que los buques de guerra fueron a recogerlos.

Todavía otros dos cargueros: el *Hoosier* y el *Capitán*, serían echados a pique por la *Luftwaffe* el día 10, cerca del mar Blanco, cuando sus esperanzados tripulantes confiaban ya en poder salvarse. En total, veinticuatro cargueros y petroleros del «PQ-17» y su escolta fueron hundidos, con 99.316 toneladas de material de guerra a bordo.[1] Aquella hecatombe sólo había costado a los alemanes la pérdida de cinco aviones.

¿Qué hacía mientras tanto la escuadra del vicealmirante Schniewind, aquella escuadra que, como el Cid Campeador, por el mero hecho de estar y haberse movido ya había ganado una importante batalla?

Poco antes de las 1100 de la mañana del domingo día 5 zarpó la pesada ancla de estribor del acorazado *Tirpitz*, que se puso en movimiento y fue inmediatamente seguido por toda la escuadra. A las 1120 se franquearon las redes del fiordo de Kaaf y se comenzó a navegar por el de Alta, a 24 nudos. A las 1445, los buques germanos cruzaron la puerta del último barraje, cerca de Gaasviksj, y salieron de los arrecifes, adoptando la formación de línea de frente, con un intervalo entre unidades de dos mil metros. El *Tirpitz* navega en el centro, con el *Scheer* por babor y el *Hipper* por estribor, sin zigzaguear, a fin de ahorrar combustible, llevando en las alas a los dos torpederos. Por delante marchan, también en línea de

1. Entre dicho material figuraban 2'0 aviones, 430 carros de combate y 3.350 camiones.

frente, los siete destructores, que tampoco hacen zigzag pero se les permite serpentear.

El almirante Carls había querido que la escuadra saliera por el Breisund, pero Schniewind, escarmentado tras su última navegación entre islas y arrecifes, decidió salir directamente a la mar libre por el oeste de la isla de Rolvsoy, eludiendo así los posibles bajos no cartografiados, pero entrando en la zona de acecho del submarino soviético *K-21*, al mando del capitán de corbeta Nicolaï Lunin, que por su actuación en este día sería después condecorado con el título de «Héroe de la Unión Soviética».

A las 1545 se pone en el aire uno de los aviones del *Tirpitz*, que no logra descubrir al *K-21*, tal vez porque éste acechaba sumergido. A las 1654, el futuro héroe de la Unión Soviética avista al *Tirpitz* y al *Hipper* a través del periscopio y, con un estremecimiento heroico, se dispone al ataque. A las 1702, Nicolaï Lunin lanza una salva de torpedos y se sumerge después a gran profundidad. En el submarino, todos escuchan en silencio y con gran atención, y por fin el oficial ruso cree escuchar, exactamente a los dos minutos y quince segundos del lanzamiento, un par de lejanas explosiones. ¡Sin duda el acorazado alemán ha sido torpedeado!

Pero Lunin es un hombre prudente y no vuelve a la superficie hasta las 1809 horas. No hay buque alguno a la vista, pero el ruso está seguro de haber obtenido un gran triunfo e inmediatamente señala por radio el avistamiento de la escuadra alemana y el éxito de su propio ataque.

A las 1925, los radiotelegrafistas del *Tirpitz* captan un mensaje repetido por la estación inglesa de Cleethorpes, que se retransmite inmediatamente a Kiel. Allí es rápidamente descriptado. Dice así: «Dos acorazados y ocho destructores en 71° 25' Norte y 23° 40' Este, arrumbados al 45°, etc.». Los alemanes comprenden que han sido descubiertos, tal vez por algún avión o submarino enemigo, porque del supuesto torpedeamiento del imaginativo «héroe» de la Unión Soviética ni siquiera se ha enterado.

A las 2010 se intercepta y descripta otro mensaje, esta vez de un avión inglés *Catalina* salido de Vaenga, que señala: «A las 1806, once unidades en 71° 31' Norte y 27° 10' Este, rumbo al 65°, a 10 nudos». Los alemanes saben que la *Home Fleet* se encuentra a cuatrocientas millas al Oeste del cabo Norte, pero el almirante Raeder, que ha autorizado aquella salida sin atenerse estrictamente a las órdenes de Hitler y que también conoce la dispersión y suerte corrida hasta entonces por el «PQ-17», estima que no merece la pena arriesgar a la escuadra, ya que la *Home Fleet* puede arrumbar hacia el Este para cortar después la retirada de los buques de Schniewind, y, por otra parte, lo más probable es que los submarinos y aviones alemanes puedan acabar con el convoy enemigo. Así que, a las 2100, ordena al vicealmirante que regrese al fiordo de Alten.

A las 2151, la escuadra alemana navegaba a.24 nudos rumbo al 80° verdadero, con la mar en calma. El cabo Norte había desaparecido ya por la popa, y el sol de medianoche se mantenía bastante bajo sobre el horizonte, pálido y brumoso, como si no quisiera perderse nada.

Inesperadamente, una bandera roja flameó en el mástil de señales del buque insignia, y los marinos alemanes se frotaron los ojos con estupor, pues sabían muy bien que aquella señal significaba: «Invertir el rumbo por giros simultáneos sobre babor». Varios buques piden confirmación, pero por fin, a las 2201, al arriarse la bandera, la escuadra cae a babor a regañadientes y los destructores aumentan velozmente su andar para ocupar cuanto antes sus puestos en la cortina. La decepción es general.

A las 0625 del día 6 se atraviesa el Breisund en pos de los dos torpederos, que llevan largados sus paravanes por si hubiera minas. A media mañana fondea la escuadra en el fiordo de Kaaf, y cinco horas más tarde, después de haber hecho el relleno del *Dittmarschen*, leva anclas para dirigirse a Narvik, donde entra en la madrugada del día 8, sin otra novedad que haber tenido que permanecer algunas horas fondeada al sur de la isla Arnöy, debido a la niebla.

En la mañana del día 7 se había considerado en Kiel la conveniencia de enviar al mar Blanco al *Scheer*, solo, para que rematase a los barcos supervivientes del «PQ-17» que se habían reagrupado. Pero se desistió de ello. Había numerosos submarinos enemigos en el Ártico, y navegar por aquellas aguas sin una cortina antisubmarina de destructores hubiera sido bastante expuesto. No se puede censurar al Almirantazgo alemán. Aquella escuadra germana basada en el norte de Noruega rendía grandes dividendos casi sin necesidad de actuar, y fijaba una considerable cantidad de buques ingleses y norteamericanos, que no podían acudir a otros teatros de operaciones. Arriesgarla innecesariamente sería hacerle el juego al enemigo.

El desastre del «PQ-17» causó muy mala impresión en Estados Unidos, ya que la mayoría de los mercantes hundidos fueron norteamericanos y el abandono de convoy carecía, en realidad, de justificación. Cuando el acorazado *Washington* regresó a Islandia, su dotación, avergonzada, se negó a saltar a tierra para evitar enfrentarse con sus compatriotas.

Hacía tiempo que el Almirantazgo británico había querido suprimir aquellos convoyes a través del Ártico. Suponían una pesada servidumbre para la *Home Fleet*, que había de navegar más de mil millas antes de situarse en posición de cobertura, y el precio que los aliados tenían que pagar en barcos hundidos y averiados y vidas humanas era muy alto. En el balance final terminarían por perderse el veintiuno por ciento de todos los cargamentos despachados para la URSS por aquel peligroso derrotero, cifra muy elevada por todos conceptos.

A pesar de las graves pérdidas experimentadas hasta entonces, y ante el temor de que los rusos pudieran firmar una paz por separado con Alemania, como en 1917, había continuado aquel calvario de hombres y barcos por uno de los derroteros más hostiles y duros que se conocen, sin que los rusos aportaran prácticamente ayuda alguna en sus escoltas.

No obstante, después de la suerte corrida por el «PQ-17», y a despecho de las fuertes presiones políticas, se interrumpieron los convoyes árticos hasta el mes de septiembre.

Capítulo XV

LA AGONÍA DE UN ACORAZADO

El día 16 de agosto de 1942 salía el *Admiral Scheer* de Narvik, a las órdenes del capitán de navío Mendses-Bohlken, para un crucero ártico contra el tráfico marítimo soviético. Remontó por el Norte las islas de Nueva Zembla, y navegó después por el mar de Kara hasta el meridiano 100° de longitud Este, es decir, las proximidades del estrecho de Villkiski. No encontró tráfico alguno por aquella extremidad perdida del mundo. Su objetivo era un convoy ruso procedente del estrecho de Behring, pero la niebla e indisponibilidad de sus aviones de exploración le impidieron avistarlo. Hundió, en cambio, a un gran rompehielos soviético, que se defendió valerosa y hábilmente con su artillería, y bombardeó la estación naval de Dickson, en la desembocadura del río Yenisei, echando a pique y averiando allí varios barcos rusos y causando destrozos en las instalaciones radiotelegráficas. El 30 de agosto volvía a echar el ancla en Narvik.

En septiembre, el *Hipper* y cuatro destructores fondearon varios campos de minas entre Nueva Zembla y Spitzberg.

En el frente ruso, la situación de las tropas soviéticas era todavía muy difícil. Sebastopol había tenido que rendirse el 3 de julio, y el avance alemán prosiguió velozmente hasta el Caúcaso y los pozos de petróleo de Maikop, mientras el ejército de Von Paulus remontaba el Volga y, en septiembre, ponía sitio a Stalingrado.

Para los aliados era imperativo reanudar los convoyes árticos, es decir, seguir inyectando oxígeno al agonizante *tovarich* soviético.

El «PQ-18» se componía de treinta y nueve cargueros e iba poderosamente defendido. Además de dos destructores, otros tantos buques antiaéreos, cuatro corbetas, tres dragaminas, cuatro bous armados y dos submarinos, le acompañarían durante todo el viaje el portaaviones de escolta *Avenger*, tres cruceros pesados, uno ligero y veintidós destructores. La fuerza de cobertura estaría formada por los acorazados *Duke of York* y el flamante *Anson*, de la misma serie, un crucero y cinco destructores. Poco antes de su salida se apostaron siete submarinos ingleses frente a Narvik y las costas norte de Noruega.

Los aviones de la *Luftwaffe* descubrieron el «PQ-18» el 8 de septiembre, cuando navegaba por el norte de Islandia. Doce submarinos alemanes se hicieron inmediatamente a la mar para estacionarse, por grupos, sobre su probable derrota. De Narvik aparejaron el *Admiral Scheer*, los cruceros *Hipper* y *Köln*, y varios destructores, apostándose en el fiordo de Alten. El «Grupo Norte» quiso que estos buques se hicieran a la mar el día 13, para atacar al «PQ-18», pero Hitler puso tales inconvenientes, que el almirante Raeder tuvo que suspender la operación. La falta de combustible, que ya era acuciante para la *Kriegsmarine*, había impedido el traslado del *Tirpitz*.

Sin embargo, entre los submarinos y la *Luftwaffe* hundieron a trece cargueros del «PQ-18» y averiaron a otros varios. Pero ello costó a los alemanes la pérdida de tres submarinos y de cuarenta y un aviones. El portaaviones de escolta *Avenger*, que llevaba a bordo a doce *Hurricanes* de caza y tres *Swordfish* antisubmarinos, resultó decisivo en dichos resultados, aunque él mismo perdiera tres cazas. La *Luftwaffe* intentó echarlo a pique, sin éxito, pero lo que lograron entonces los aviones germanos lo conseguiría, el 15 de noviembre del mismo año, el *U-155* (teniente de navío Piening), que lo mandaría al abismo en el Atlántico.

El convoy de vuelta era el «QP-14», y no se hizo a la mar hasta que el «PQ-18» hubo llegado prácticamente a Arkángel. Perdió dos cargueros y un petrolero, echados a pique por el *U-435*, y los restantes submarinos alemanes hundieron a otro carguero, al destructor *Somali* (1.850 toneladas, ocho cañones de 120 mm) y al dragaminas *Leda* (875 toneladas).

El «QP-14», que salió el 17 de noviembre de Arkángel, fue asaltado por tal sucesión de violentas tempestades, que no logró ser hallado por los cinco destructores que tenían que reforzar su escolta. Y los buques de guerra alemanes no pudieron aparejar para atacarle. Sin embargo, los submarinos le hundieron dos barcos.

Los citados fueron los últimos convoyes de las series «PQ» y «QP». Pese a las fuertes presiones de Stalin, las próximas operaciones aliadas de desembarco, que, entre otras cosas, exigirían el empleo de más de un centenar de buques de guerra británicos, impidieron a los ingleses disponer de una escolta adecuada para tales convoyes árticos, y hasta finales de diciembre no sería enviado a Rusia ningún otro. Sin embargo, se despacharon en solitario trece cargueros, de los que tres tuvieron que regresar averiados, cuatro fueron hundidos y uno naufragó.

* * *

La necesidad de abrir un segundo frente para aliviar la fuerte presión alemana sobre la Unión Soviética condujo al desembarco aliado en Marruecos y Argelia. Inicialmente se consideró la posibilidad de hacerlo en la península de Cotentin, para ocupar el puerto de Cherburgo y establecer en Francia el segundo frente. Pero los medios disponibles eran todavía insuficientes, se temió una reacción alemana demasiado potente, y los ingleses y norteamericanos prefirieron ocupar militarmente el norte de África, neutral y en manos de los franceses de Vichy. Ello podría proporcionarles excelentes bases para la todavía difícil lucha antisubmarina en el Atlántico central, resolvería la situación de estancamiento que atravesaba el Mediterráneo, haría insostenible la posición del *Africa Korps* del general Rommel en Egipto y serviría también de trampolín para atacar posteriormente el «bajo vientre» de Europa.

El papel que en esta importante operación desempeñó el Peñón de Gibraltar queda suficientemente señalado por el general norteamericano Dwight Eisenhower en su obra *Crusade in Europe* y por el historiador británico S. W. Roskill en *The War at Sea,* volumen II, para no fatigar al lector con otras citas.

Dice el primero: «El Gibraltar británico hizo posible la invasión de África del Norte. Sin Gibraltar no hubiéramos tenido la indispensable protección aérea para actuar en África del Norte».

Y Roskill: «No es exageración decir que la fortaleza misma, su aeródromo, muelles, almacenes y medios de comunicación, y el fondeadero disponibles para la gran asamblea de barcos en la adyacente bahía de Algeciras, constituyó el eje alrededor del cual giró la rueda de toda la empresa».

Cabe destacar que, pese al enorme número de buques de guerra, transportes y hombres puestos en la «Operación Torch», el secreto fue tan perfectamente guardado que, para alemanes e italianos, los desembarcos constituyeron una sorpresa absoluta. Cuando quisieron reaccionar ya era demasiado tarde. Marruecos y Argelia habían quedado firmemente en manos de los aliados, y el desembarco alemán en Túnez, así como la ocupación militar del resto de Francia, sólo sirvió para retrasar durante seis meses lo inevitable: la expulsión del Eje de la ribera meridional del Mediterráneo, con todas sus consecuencias.

Las fuerzas anglo-norteamericanas desembarcadas en Argelia fueron llevadas desde Inglaterra en doce convoyes diferentes, avanzados y de asalto, compuestos en total por doscientos cuarenta barcos de todas clases, escoltados por ciento diez buques de guerra de la Armada Real, entre los que figuraron cuatro acorazados y cruceros de batalla, siete portaaviones, ocho cruceros, quince dragaminas, trece corbetas, cinco submarinos, cuarenta y tres destructores, etc. El primer convoy salió de la bahía de Clyde el 2 de octubre de 1942, y el último aparejó del mismo lugar en el mar de Irlanda el 1.º de noviembre, haciendo todos los avanzados escala en Gibraltar.

El gran convoy norteamericano llevaba 35.000 soldados, y zarpó de Estados Unidos el 24 de octubre. Estaba formado por ciento siete barcos, escoltados en total por tres acorazados, cinco portaaviones, siete cruceros pesados, treinta y ocho destructores, cuatro submarinos, ocho dragaminas, etc. Navegó hacia el Sudeste hasta alcanzar el paralelo de los 27° Norte, es decir, rebasar por el Sur la latitud de las Canarias, y después tiró al Nordeste, pasando al norte de la isla de Madeira. Tras esta travesía sin incidencias, el 7 de noviembre se dividió en tres grupos, que arrumbaron respectivamente a Safi, Fedala y Port Lyautey.

Todo aquel enorme conjunto de buques de la «Operación Torch» no sufrió ataque alguno por parte de los aviones o submarinos alemanes, a lo que posiblemente contribuyó la concentración de diez sumergibles germanos sobre el convoy «SL-125», procedente de Sierra Leona, que en una batalla de siete días de duración perdería trece barcos en la zona aproximadamente comprendida entre las islas Canarias y los accesos occidentales del estrecho de Gibraltar. Pero aquellos submarinos eran sólo una pequeña parte de los *Unterseeboote* que operaban en el Atlántico por aquellas fechas. Alemania disponía entonces de doscientos submarinos operativos y de otros ciento setenta en pruebas o adiestramiento, y precisamente en noviembre de 1942 el tonelaje de hundimientos logrado por dichos buques sería el más alto de la guerra: ciento diecisiete unidades aliadas, con 712.000 toneladas de registro bruto, de un total de ciento treinta y cuatro barcos aliados echados a pique por todos los medios en dicho mes, con 807.754 toneladas según fuentes oficiales aliadas.

No cabe duda de que la suerte favoreció extraordinariamente a los convoyes de la «Operación Torch» durante sus travesías, pero no hay que olvidar que los submarinos alemanes operaron durante toda la guerra prácticamente a ciegas en lo que a exploraciones aéreas se refiere. «En la era del avión —se lamentaría después el almirante Doenitz—, la *Kriegsmarine* tuvo que hacer toda la guerra sin aviación alguna».[1]

1. Por el contrario, la *Fleet Air Arm* de la Armada británica pasaría, de 180 aviones de primera línea al comenzar la guerra, a 1.300 de primera línea y unos 10.000 de reserva inmediata al terminar. Y el personal sufriría una expansión todavía mayor, pasando de 2.000 a 70.000 hombres.

Puesto que en este libro tratamos de circunscribirnos a la guerra del Atlántico, aunque, naturalmente, sin perder de vista que la marcha de las operaciones en cualquier océano repercutía inmediatamente en los demás, nos referiremos sólo a los desembarcos de la «Operación Torch» que tuvieron lugar en Marruecos, sin olvidar que tanto éstos como los efectuados en Argelia fueron simultáneos y se produjeron en la madrugada del 8 de noviembre de 1942.

El almirante Hewitt, que mandaba las fuerzas, exclusivamente norteamericanas, destinadas a Marruecos, izaba su insignia en el crucero pesado *Augusta*, y, pese a la considerable mar tendida que en la noche del 7 al 8 batía las bravías y magníficas playas atlánticas del Magreb, decidió efectuar todos los desembarcos en la fecha prevista.

Dos destructores tratarían de entrar por sorpresa en el puerto de Safi, para desembarcar en los muelles a cuatrocientos soldados, que deberían apoderarse de la zona portuaria, donde inmediatamente atracaría el transporte *Lakehurt* para poner en tierra todos los carros de combate pesados con destino a Marruecos. Simultáneamente se efectuarían desembarcos de tropas en las playas situadas al norte y sur de la ciudad.

Pese a que el *Bernadou* y el *Cole* encontraron alguna resistencia cuando penetraron en el puerto a las cuatro y media de la madrugada, la sorpresa de la guarnición fue casi total, y el fuego del acorazado *New York* (diez piezas de 356 mm) y del crucero *Philadelphia* (quince cañones de 152 mm) sobre las baterías de costa, hizo posible que aquéllos pudieran poner sus soldados en los muelles como había sido previsto. Aunque con algún retraso, también se llevaron a cabo los desembarcos en las playas; intervinieron los aparatos del portaaviones *Santee* tan pronto se hizo de día, y, para las 1430 de la tarde, Safi había quedado en manos norteamericanas, al precio de diez soldados muertos y setenta y cinco heridos. Poco después el carguero *Lakehurt* ponía en el muelle los doscientos cincuenta carros *Sherman* que traía a bordo para el general Patton. La tardía intervención de los aviones franceses salidos de Marrakesh no sirvió de nada a la defensa.

El puerto más importante de Marruecos era, y todavía es hoy, Casablanca, antiguo Casa Branca de los portugueses que castellanizaron luego los españoles, pero como allí se encontraban el acorazado *Jean Bart*, un crucero ligero y varios destructores y submarinos franceses, se renunció a tratar de apoderarse de él por las bravas, para desembarcar en

Fedala, estación balnearia situada sólo algunos kilómetros al norte de dicha gran ciudad.

Pese a que las fuertes rompientes hicieron zozobrar a más de la mitad de las pequeñas barcazas de desembarco, en la primera hora fueron puestos en tierra tres mil quinientos soldados de Estados Unidos. Al hacerse de día, las baterías de costa de Casablanca y los buques de guerra y aviones franceses que la guarnecían atacaron a los transportes, infantes y barcos de guerra norteamericanos.

Tan pronto pudieron levantar presión en calderas, los marinos franceses efectuaron varias audaces salidas con el crucero ligero *Primauguet* (7.250 toneladas, ocho cañones de 155 mm), siete destructores y ocho submarinos, mientras el *Jean Bart* disparaba con sus torres cuádruples de 381 mm. Pero su arrojo y determinación no les sirvió de mucho. Enfrente tenían al moderno acorazado *Massachusetts*, armado con nueve piezas de 406 mm, los cruceros pesados *Wichita, Tuscaloosa, Augusta, Brooklyn* y *Cleveland*, con un total de treinta y seis piezas de 203 mm y quince de 152 mm, amén de diecinueve destructores y dos portaaviones: el *Ranger* y el *Suwanee*. Un vendaval de fuego se abatió sobre los buques de guerra franceses que valerosamente se lanzaron una y otra vez al ataque a pesar de la abrumadora diferencia de fuerzas. Pero, repetidamente alcanzados, con cuantiosas bajas y graves averías, tuvieron que embarrancar en la orilla para evitar el hundimiento. Por su parte, el *Jean Bart* recibió cinco impactos directos de 406 mm, que inutilizaron sus torres cuádruples y le causaron graves averías. Los submarinistas también atacaron con valentía y, de hecho, sus torpedos afeitaron al *Massachusetts* y al *Brooklyn*. Pero de los ocho buques de esta clase salidos de Casablanca, sólo uno resultó indemne. Tres fueron hundidos con toda su dotación, y los restantes resultaron más o menos averiados por las bombas y cargas de profundidad que les arrojaron los buques y aviones de la escuadra invasora. Uno tuvo que embarrancar, dos pudieron renquear hasta Dakar y el cuarto se refugió en Cádiz, después de quedarse sin torpedos.

Resultó una batalla honrosamente perdida por los franceses, pues la diferencia de fuerzas no fue sólo cuantitativa, sino cualitativa, ya que los buques norteamericanos disponían de radares de tiro, de los que, en cambio, carecieron sus adversarios.

A primeras horas de la tarde cayó Fedala en manos de los invasores, y al anochecer ya habían desembarcado en sus muelles otros 7.750 «G. I.»,[1] con su correspondiente material de guerra. El día 9, los aviones

1. *Governament Issue:* curiosa designación que en Estados Unidos reciben los soldados norteamericanos.

norteamericanos embarcados eliminaron totalmente a los aparatos de la aviación francesa, y el almirante Darlan, que casualmente se encontraba en Argel debido a la grave enfermedad de su hijo y que había recibido un telegrama secreto del mariscal Pétain dejándole en libertad para poder pactar con los norteamericanos, dio, el día 10, la orden de alto el fuego a todas las fuerzas francesas del norte de África y del África Occidental francesa.

En los accesos a Port Lyautey no había buques de guerra franceses, pero sí una batería de seis piezas de 138 mm, que, pese a tener enfrente al acorazado *Texas*, con sus nueve cañones de 356 mm; un crucero pesado y dos portaaviones, no pudo ser completamente eliminada hasta que hubieron transcurrido cuarenta y ocho horas desde que se inició el desembarco norteamericano. También intervinieron aviones franceses y tropa de artillería enviadas desde Port Lyautey, y hasta la mañana del día 10 no logró el destructor *Dallas* remontar el río a toda máquina para desembarcar tropas en el aeródromo de la ciudad y apoderarse de él. Por fin, el día 11, fue también capturada la tenaz batería de costa, pero ya cuando sus defensores habían recibido la orden del almirante Darlan de cesar el fuego.

El desembarco aliado en el norte de África casi coincide con la obligada retirada del *Afrika Korps* desde El Alamein y el cerco de las tropas alemanas en Stalingrado, todo lo cual fue consecuencia directa del dominio del mar ejercido por los ingleses y los norteamericanos,[1] y señaló un punto crucial de inflexión en la segunda guerra mundial, un viraje irreversible. A partir de este momento, los aliados pasarían rápidamente a la ofensiva en todos los frentes, hasta la victoria final, mientras que Alemania, cada vez más debilitada por aquel Moloc ruso donde se quemaba lo mejor de sus ejércitos y desaparecerían cantidades ingentes e irreemplazables de material de guerra y aviones, tendría que pasar a la defensiva durante los dos años y medio que todavía duraría la contienda hasta la rendición incondicional del Tercer Reich en mayo de 1945.

La única excepción fueron los submarinos, que seguirían cosechando victorias hasta el trágico mes de mayo de 1943, en que fueron echados a pique cuarenta y un *Unterseeboote*. Pero a partir de este momento y hasta el final de la guerra, serían hundidos mensualmente más sumergibles alemanes que barcos mercantes aliados, sin excepción alguna. Además, la diferencia entre el tonelaje mercante hundido y el fabricado por los alia-

1. Por aquellos días, los rusos contaban con una superioridad sobre los alemanes de unas sesenta divisiones, que de nada hubieran valido de no haber podido ser rápidamente trasladadas. Este traslado sólo fue posible mediante los camiones norteamericanos, que en número de 427.284 fueron llevados a la URSS por mar. Por no mencionar los 13.303 carros de combate, las 35.170 motocicletas, etc.

dos crecería vertiginosamente a favor del último hasta el final de la guerra.

No obstante, pese a los trágicos errores politicomilitares de Hitler y la torpeza de los teóricos y filósofos del partido nacionalsocialista, las Fuerzas Armadas alemanas seguirían luchando valerosamente hasta el para ellas día negro de la rendición.

* * *

El 30 de diciembre de 1942, a las 1745 horas, los buques de guerra germanos *Admiral Hipper* y *Lützow*, con los destructores *Eckholdt, Riedel, Beitzen, Z-29, Z-30 y Z-31*, levaron anclas en el fiordo de Kaaf para hacerse a la mar y atacar al convoy aliado «JW-51B», despachado para la Unión Soviética. Hacía mucho frío, y, pese a la oscuridad, se distinguían las altas y blancas orillas del fiordo, totalmente cubiertas de nieve y de hielo. El termómetro señalaba cinco grados centígrados bajo cero, y la temperatura del agua del mar era de cero grados. El fiordo de Alta, bajo un sudario igualmente glacial, se surcó navegando en línea de fila y a doce nudos de andar, y a las 1840 se recibió un mensaje del almirante Fricke, jefe del Estado Mayor del almirante Raeder: «Al entrar en contacto con el enemigo, reservarse frente a un adversario de fuerza igual, y evitar hacer correr grandes riesgos a los cruceros».

El vicealmirante Oskar Kummetz, que izaba su insignia en el *Hipper*, consideró este mensaje como un complemento de la «Orden de operaciones», pero en realidad se trataba sólo de un inoportuno recordatorio de las órdenes de Hitler. Este mensaje era una torpeza, y, habiendo sido ordenado por un hombre de la inteligencia del almirante Raeder, revela hasta qué punto habían deteriorado ya sus relaciones con el jefe del Estado; tendría graves e imprevisibles consecuencias y, en definitiva, iba a poner en peligro la existencia misma de la flota alemana.

Al salir los buques de Kummetz a través del Soroysund, cerró la visibilidad y se apreció una fuerte mar de leva del Noroeste, secuela de la última borrasca. Navegando proa a las olas, los destructores no podían dar más de 24 nudos sin embarcar agua, que se petrificaba ya en el aire debido al frío e iba depositando en los castillos un pesado y resbaladizo manto de hielo. Pero Kummetz continuó navegando al Noroeste para dar un buen resguardo de seguridad al cabo Norte, con lo cual sorteaba las zonas de acecho de los submarinos ingleses *Graph, Unruly, Trespasser* y

Seadog, que velaban en superficie y al amparo de las sombras, con los hidrófonos a la escucha y los torpedos listos.

Hacia las 2300, los buques alemanes cayeron al 60° verdadero y aumentaron su andar a 26 nudos. Allí les dejaremos dando fuertes bandazos sobre las largas y espaciadas olas, como ocho sombras perdidas en la oscuridad de la fría noche ártica, para ocuparnos de su objetivo, el convoy «JW-51B».

Lo componían catorce barcos mercantes escoltados por seis destructores, dos corbetas y dos dragaminas, y había aparejado del Loch Ewe, con destino a Arkángel, el 22 de diciembre, es decir, una semana después de que saliera el «JW-51A», que había cruzado el mar de Barents sin ser advertido por los alemanes. Prescindiendo del acorazado *Anson*, del crucero pesado *Cumberland* y de tres destructores, que le darían cobertura cruzando entre la isla de Juan Mayen y el cabo Norte, los cruceros *Sheffield* y *Jamaica* habían zarpado de Murmansk el 27 de diciembre, con dos destructores, a las órdenes del contraalmirante Burnett, para darle protección próxima desde el Norte.

La *Luftwaffe* había retirado todos sus bombarderos de la zona septentrional de Noruega, pues en aquella época del año el sol se aproximaba al horizonte poco antes de las nueve de la mañana, sin dejarse ver en todo el día, y los crepúsculos matutino y vespertino se confundían en una media luz que desaparecía por completo después de la una de la tarde. Sólo quedaron, pues, una treintena de aviones de exploración, sin equipos de radar, que advirtieron la concentración de cargueros aliados en el Loch Ewe y la salida de Murmansk de los cruceros de Burnett.

Ello decidió a los alemanes a montar la operación denominada «Rogenbogen» (Arco Iris), en la que inicialmente se pensó participaran el *Hipper* y el *Köln*, pero que luego quiso simultanearse con un crucero del *Lützow* contra el tráfico ruso por el mar de Barents, por los que este acorazado de bolsillo sustituyó al *Köln*, que quedó en su fondeadero, listo para tres horas. Los submarinos *U-354, U-625, U-629* y *U-657* se hicieron a la mar para tratar de localizar y seguir al convoy, cosa que lograría el primero de los citados en la mañana del día 30, cuando navegaba por el sur de la isla de los Osos arrumbado al Este, lo que hizo aparejar a la agrupación del almirante Kummetz.

A las 0240 de la madrugada del día 31 de diciembre, Kummetz hizo desplegar a sus buques, con el fin de que alcanzaran simultáneamente su posición de partida sobre una línea Norte-Sur, para efectuar una expedición de búsqueda en línea de frente hacia la popa del enemigo, llevando a los buques mayores en las alas, pero retrasados unas diez millas respecto a los destructores.

El *Hipper*, que era más rápido, arrumbó al 30º, y el *Lützow*, al 50º, mientras los destructores hacían diversas derrotas entre ambos. La última posición del convoy radiada por el *U-354* databa de seis horas antes, y, basándose en ella, Kummetz creyó poder caer aquella misma mañana sobre el «JW-51B», durante las horas de penumbra. El tiempo había mejorado, con ligera mar tendida, viento moderado del Noroeste, cielo cubierto, visibilidad mediana e intermitentes chubascos de nieve.

A las 0830, la corbeta inglesa *Hyderabad* divisó dos sombras por el Sur, pero las tomó por destructores soviéticos y nada señaló. Poco después, el destructor *Obdurate* observó a tres buques alemanes y se aproximó a gran velocidad para reconocerles, pero éstos abrieron el fuego sobre él a las 0920, a unos siete mil quinientos metros, con lo que el inglés salió de dudas y el combate dio comienzo.

En aquel momento, la situación era la siguiente: el mortecino y sombrío día había nacido; la visibilidad era muy deficiente, pues la mar y el cielo se confundían en una sinfonía plomiza sobre la que apenas se destacaban los grises buques de guerra, y, por si fuera poco, desfogaban intermitentes chubascos de nieve. El convoy navegaba al Este. El *Hipper* le había pasado a unas veinte millas por la popa sin descubrirlo, y quedaba ahora por su aleta de babor, mientras el *Lützow*, unas cincuenta millas más al Sur, se le aproximaba rápidamente por el través de estribor y los destructores alemanes se desparramaban en abanico arrumbados hacia la derrota del «JW-51B».

Con los primeros disparos cruzados entre los destructores, Kummetz puso inmediatamente en práctica el plan que tenía previsto y en el que había instruido anteriormente a los comandantes de sus unidades. Ordenó a los destructores *Eckholdt, Beitzen* y *Z-29* que se replegaran sobre el *Hipper*, para atacar al convoy desde el Norte, y a los otros tres que lo hicieran sobre el *Lützow*, que efectuaría lo propio por el Sur. Dividía con ello sus fuerzas, pero supuso que uno de los dos grupos alemanes, que por suerte iba a ser el suyo, atraería sobre sí al grueso de la escolta y que, mientras tanto, el otro podría caer sobre el casi desguarnecido convoy para aniquilarlo.

Sus previsiones fueron correctas y todo se desarrolló casi como el almirante alemán había previsto. Pero las malas condiciones de visibilidad librarían al convoy de la que parecía su segura destrucción.

No olvidemos que a unas treinta y cinco millas por el Norte se movían los dos cruceros británicos del almirante Burnett, ya sin destructores.

Kummetz ordenó al *Hipper* que se aproximara al convoy y abriese el fuego, al mismo tiempo que señalaba por radio al almirante del Ártico (Schmundt) que había establecido contacto con el convoy enemigo, noticia que causaría gran ansiedad en Berlín.

Los ingleses actuaron tal y como Kummetz había previsto. El capitán de navío Sherbrooke interpuso sus destructores entre el crucero enemigo y el convoy, y éste siguió por el momento navegando al Este, prácticamente a rumbo de colisión con el *Lützow* y sus acompañantes.

Los destructores británicos *Obdurate, Orwell, Obedient* y *Onslow* respondieron al fuego alemán, roto a las 0940, mientras el *Achates* tendía rápidamente una cortina de humo para enmascarar al convoy, que el viento del Noroeste se encargó de arrastrar en dirección favorable a los ingleses. En ella se ocultaron intermitentemente los buques de Sherbrooke, al mismo tiempo que disparaban, amagaban con torpedos y cambiaban constantemente de rumbo para sortear las granadas enemigas. El humo, sus hábiles maniobras y el temor a los torpedos, que por dos veces obligaron al *Hipper* a cambiar de rumbo, permitieron a los buques británicos mantener a su superior adversario siempre más allá de los once mil metros, sin resultado aparente ventajoso para él. Pero, en realidad, el *Hipper* no tenía prisa: había disparado sobre un petrolero rezagado, aguardaba la incorporación de los destructores del capitán de navío Schemell y fijaba a los destructores de escolta, mientras el *Lützow* se aproximaba al convoy por el Sur, a 26 nudos. Pues así como los alemanes ignoraban que los cruceros de Burnett se movían ya hacia ellos a 30 nudos, los británicos tampoco sabían que su convoy marchaba hacia los potentes cañones del acorazado de bolsillo y sus destructores.

Pero llegó lo inevitable. A las 1020, el *Onslow* fue centrado por una andanada del *Hipper*, y cuatro proyectiles de 203 mm cayeron a bordo. La mitad de su artillería quedó destrozada, la cámara de máquinas fue agujereada, se produjo un fiero incendio y el buque sufrió cuantiosas bajas, quedando gravemente herido el jefe de la flotilla británica. Pero el capitán de navío Sherbrooke continuó dirigiendo el combate hasta que nuevos impactos le obligaron a retirarse. Por su valerosa defensa del «JW-51B» sería después condecorado con la Cruz Victoria. Como Nelson en Calvi, había perdido un ojo en la lucha.

El mando de los buques ingleses recayó ahora en el comandante del *Obedient*, pero el *Hipper* desapareció en un chubasco de nieve y se interrumpió el combate. Los buques británicos se replegaron sobre el convoy, y los destructores alemanes se incorporaron por fin al crucero pesado. Por el Norte, desde los cruceros del contraalmirante Burnett se había divisado el lejano relampagueo de los cañones, pero era imposible distinguir al enemigo de las fuerzas propias, y el radar nada aclaraba,[1] por lo que el contraalmirante británico arrumbó momentáneamente al Este para puntear los contactos radar y sacar conclusiones. Con ello perdía en realidad un tiempo precioso.

A las 1036 entró con mal pie en escena el dragaminas inglés *Bramble*, que había sido destacado anteriormente para tratar de localizar a cuatro barcos del «JW-51B» dispersados por una borrasca días atrás. El *Hipper* abrió inmediatamente el fuego sobre él y lo dejó inmovilizado y ardiendo, y el almirante alemán ordenó al *Eckholdt* y al *Beitzen* que lo echaran a pique, mientras el crucero arrumbaba velozmente hacia el Sur, seguido por el *Z-29*.

El *Bramble* (875 toneladas, dos cañones de 102 mm) fue rápidamente rematado, y con él pereció en las glaciales aguas toda su dotación, igual que había sucedido casi un año antes con la del destructor británico *Matabele*, hundido en los mismos parajes.

A las 1040, las corbetas *Rhedodendron* y *Hyderabad*, que marchaban en cabeza del convoy, avistaron, con la consternación que puede suponerse, al *Lützow* y sus tres destructores, a cuatro mil metros de distancia. El convoy ya había sido señalado por el *Z-31*, y el capitán de navío Stange, comandante del acorazado, ordenó a los destructores que se replegaran para despejar el campo de tiro. Pero en aquellos momentos desfogó una intensa tormenta de nieve que resultó providencial para el «JW-51B», pues le ocultó por completo de los alemanes. Desde el *Lützow* no se distinguía nada, aunque el radiotelémetro señalaba numerosos contactos entre los 6.200 y los 1.400 metros, que resultaban imposibles de identificar. El buque alemán se movía a elevada velocidad, y los rociones que producían las olas cubrían de hielo los prismáticos y periscopios de observación. Stange decidió disminuir el andar a 12 nudos y caer hacia Levante, «en espera de que mejorase la visibilidad» para poder atacar. Pero esperó demasiado, y con ello perdería la virada, como vulgarmente

1. No existía el sistema «IFF» de reconocimiento mediante el radar, que generaba automáticamente una señal de respuesta que se reflejaba en el «PPI» propio.

suele decirse. El *Z-31* pudo disparar tres salvas sobre un grupo de cinco barcos antes de que desapareciera entre los espesos copos de nieve.

Es comprensible la actitud inicial del comandante del *Lützow*, pues entre los barcos del convoy podían hallarse otros destructores armados con torpedos. De hecho, allí se encontraba el castigado *Onslow*. Pero ¿por qué no lanzar a los destructores propios para que repartieran a bocajarro sus veinticuatro torpedos sobre los cargueros? En aquellas condiciones, estos veloces y maniobreros buques, bien artillados y capaces de dar los 38,5 nudos, hubieran resultado prácticamente invulnerables a los torpedos enemigos, aparte de que ya se sabía que la mayor parte de la escolta combatía con el *Hipper* por el Norte.

Mientras tanto, el crucero alemán se aproximaba velozmente al convoy, y, por su parte, los buques del contraalmirante Burnett, atraídos por el resplandor del destrozado *Bramble*, se movían ya hacia el Sursudeste a toda máquina. El *Hipper* arrumbó al Sursudoeste a las 1100, y quince minutos después abrió el fuego sobre el *Achates*, que en aquel momento había cesado de producir humo y trataba de dirigirse a la cabeza del convoy, en vista de la aparición del *Lützow* y sus destructores. Pero el buque inglés fue inmediatamente alcanzado, sufriendo cuantiosos destrozos y bajas y resultando muerto su comandante (capitán de corbeta Johns). Como luego veremos terminaría por irse a pique a consecuencia de los daños recibidos.

El comandante del *Hipper*, capitán de navío Hans Hartman, ordenó cambiar de blanco y tirar sobre el *Obedient*, que también fue pronto centrado y alcanzado, aunque pudo escapar sin graves averías pero sin radio. Entonces, los británicos lanzaron algunos torpedos y el *Hipper* cambió de rumbo al Noroeste. Desde el crucero alemán se acababa de avistar al *Lützow*, exactamente por el Sur, navegando todavía hacia el Este, como si todo aquello no fuera con él, y Kummetz le ordenó que atacara al convoy desde Levante. Pero el acorazado se había alejado considerablemente y desde su bordo no se veía bien al convoy, por lo que Stange decidió arrumbar al Noroeste a 18 nudos, para atacar desde el Norte y, al mismo tiempo, aproximarse al buque insignia antes de que cayera la noche, ya que la identificación resultaría después muy difícil. Volvía a perder la virada el *Lützow*, pues el convoy, que desde las 1030 se movía hacia el Sudeste, aproó al Sur y siguió alejándose.

En aquellos momentos, el almirante Kummetz creyó tener el triunfo en sus manos y se dispuso a cerrar sobre el convoy a través de la brecha abierta en su defensa. Incluso envió este mensaje al almirante del Ártico:

«Combato con las fuerzas de escolta; ningún crucero en la vecindad del convoy».

Nunca lo hubiera dicho. Todavía no se había terminado de cifrar este mensaje, cuando a bordo del *Hipper* se escucharon de pronto unos siniestros silbidos cuya intensidad crecía rápida y alarmantemente, y en los alrededores del crucero brotaron seis altos surtidores, al mismo tiempo que se producían unas explosiones huecas. Los silbidos se habían aproximado por el Norte, y en aquella dirección se volvieron casi todos los prismáticos y telescopios del buque. Pero no se veía nada. La plomiza y sombría mar se confundía con el cielo gris. Se repitieron los aulladores silbidos, y esta vez el buque, que había metido toda la caña a estribor y presentaba una gran escora a la banda contraria, pues navegaba a mucha velocidad, recibió un impacto directo por debajo del cinturón blindado y de la cubierta protectriz, que penetró en una cámara de calderas, hizo explosión y la dejó fuera de servicio. Con ello, la velocidad máxima quedaba reducida a 28 nudos. Continuó la caída del buque hacia el Norte, volvió a ser alcanzado dos veces más, se produjo un fuerte incendio en el hangar y sólo después de que los ingleses hubieron disparado tres salvas pudo devolver el fuego. Pero ¿quién tiraba sobre él?

Eran los dos cruceros del contraalmirante Burnett, que, moviéndose a 30 nudos, habían detectado por radar a los buques alemanes y abierto el fuego, en caza y a trece mil metros, sobre el blanco que devolvía un eco mayor, ya que a la vista resultaba imposible de identificar con aquella luz mortecina y crepuscular. Pero los destructores de la escolta ya habían señalado a Burnett la naturaleza y posición aproximada del enemigo, por lo que el contraalmirante no dudó en ordenar abrir el fuego. Obró perfectamente. El *Hipper* avistó por fin a sus nuevos contrincantes y disparó sobre ellos, como hemos dicho, al mismo tiempo que continuaba cayendo con poca caña, para terminar gobernando al Noroeste. Los cruceros ingleses invirtieron el rumbo y se alejaron hacia el Norte, pues, una vez desaparecida la sorpresa, Burnett no quiso medirse con el *Hipper*, cuyos disparos le perseguían peligrosamente próximos.

Casi al mismo tiempo, el *Lützow* y el *Z-30* rompían el fuego sobre el convoy, desde unos dieciséis mil metros, empleando sus radiotelémetros. El *Obdurate* tendió rápidamente una cortina de humo para ocultar a los cargueros, y aunque uno de ellos resultó alcanzado, el *Calobre*, la humareda terminó por esconder completamente al «JW-51B», y, como se hubieran observado los disparos del *Hipper* sobre los cruceros ingleses, el

Lützow aumentó a 27 nudos y arrumbó al Oestenoroeste, para incorporarse al buque insignia.[1]

Estas últimas escaramuzas se habían sucedido muy rápidamente. A las 1140, los dos cruceros ingleses terminaron su galopada evasiva hacia el Norte y arrumbaron al Sudeste, avistando entonces a los destructores alemanes que navegaban a unos cuatro mil metros hacia Poniente, sobre los que inmediatamente se abrió el fuego, pues se hallaban en muy buena posición para lanzar sus torpedos. Pero estos buques nada arrojaron, y su artillería permaneció silenciosa.

Eran el *Eckholdt* y el *Beitzen*, que habían tomado al *Sheffield* y al *Jamaica* por el *Hipper* y el *Z-29*.[2] Y el capitán de navío Schemell pregunta al *Hipper* por radioteléfono:

—¿Cuál es su rumbo? ¿En qué dirección tira?

—Rumbo al noventa. Hacia el Norte.

—Veo un crucero y un destructor al trescientos. ¿Es usted? ¿Dónde se encuentra con respecto al convoy?

—Al norte del convoy.

—¡Me está cañoneando!

—¡No, es un crucero inglés!

Aquel error iba a resultar trágico para los alemanes. El *Sheffield* (9.100 toneladas, doce cañones de 152 mm) y el *Jamaica* (8.000 toneladas, doce cañones de 152 mm) se habían aproximado velozmente, y desde el *Beitzen*, que se había quitado ya de en medio hacia el Sur a toda máquina, se vio cómo el *Eckholdt*, que había arrumbado confiadamente hacia los dos cruceros británicos por la razón que ya conocemos, era alcanzado a popa por uno o varios proyectiles y después hacía explosión entre llamaradas rojas y una densa humareda blancuzca, lo que significaba que algún pañol de municiones había volado. Este infortunado buque fue literalmente acribillado a cañonazos y barrido por el fuego de veinte ametralladoras de 40 mm que montaba el que había creído ser su compañero de flota. Y cuando el *Sheffield* le pasó a contrabordo a unos ochocientos metros de distancia, el destructor germano era ya un destrozado y ardiente derrelicto que se hundía. Ni uno solo de sus tripulantes se salvó. Los

1. Hay que tener en cuenta que los radiotelémetros alemanes no apreciaban la caída de las salvas propias, mientras que los radares ingleses sí lo hacían. Es decir, aquéllos no podían corregir el tiro sin ver el blanco.

2. No es de extrañar este error, dadas las condiciones de visibilidad. Los cruceros ingleses, por su parte, no lograrían ver el convoy propio durante todo el combate y ni siquiera saber por dónde se movía.

pocos que quedaron con vida no pudieron resistir el helado y mortal abrazo de aquel mar cruel.

Disparaba todavía el *Jamaica* sobre el escurridizo *Beitzen*, cuando rompía el fuego el *Hipper* sobre los destructores británicos que se alejaban en pos del convoy. El *Lützow* tiraba también sobre los que le flanqueaban por Levante, y a las 1155 alcanzaba al *Obdurate*, que quedó averiado y sufrió bastantes bajas. De los cinco destructores ingleses, sólo el *Orwell* quedaba, pues, intacto. Pero el humo y la oscuridad pronto se tragaron al lejano *Lützow*.

Los cruceros de Burnett volvieron a aproximarse al *Hipper* a las 1230, hasta unos once mil metros, pero el alemán abrió un tiro muy preciso sobre ellos, y como en ese momento se avistara al *Lützow*, que inmediatamente se sumó a la barahúnda con sus piezas de 280 mm, el contraalmirante británico decidió retirarse hacia el Norte a todo andar, para no ser atrapado entre dos fuegos y por temor a un ataque torpedero de los destructores germanos.

Cesó así el movido y sangriento combate. El crepúsculo ártico tocaba también a su fin. Para Kummetz, combatir en la oscuridad con dos cruceros y varios destructores a los que posiblemente quedaban torpedos y que montaban mejores detectores electrónicos que los suyos sería correr un riesgo que su orden de operaciones hacía inaceptable. Así que el almirante alemán dio la orden de retirada y canceló la «Operación Aurora» del *Lützow*. «Roto el contacto», señaló escuetamente al almirante Schmundt. Y semejante laconismo era toda una confesión de impotencia.

A las 1315, el destructor *Achates*, que hacía tiempo navegaba hocicado de proa dos metros y medio y con una escora de 20° a babor, lanzó un mensaje de socorro. Uno de los bous armados, el *Northern Gem*, se le aproximó para prestar auxilio y, antes de que el agonizante destructor diera la voltereta y se hundiese, pudo recoger a ochenta y un hombres de su dotación. Momentos después se escuchó una potente detonación de tono grave que ascendía del seno de las aguas e hizo vibrar fuertemente al pequeño buque de guerra. Eran las cargas de profundidad del *Achates*, que al llegar a su cota de regulación habían estallado. También pudieron ser las salvas de ordenanza por más de cincuenta marinos que bajaban a su tumba con honor.

Este combate naval con que se despedía un año que había resultado crucial para la marcha de la guerra terminó casi en tablas. Pero el convoy aliado había logrado escapar prácticamente indemne y ello hizo que los ingleses lo propalaran a los cuatro vientos como una gran victoria. En realidad, y pese a que la sorpresa inicial permitió a los británicos alcanzar al *Hipper* y hundir al *Eckholdt*, los dos cruceros de Burnett, muy bien artillados, se mostraron tan circunspectos como el mismo *Lützow*, y los destructores de Sherbrooke, si ciertamente salvaron solos al convoy durante cerca de dos horas, ayudados por la pésima visibilidad, lo que era su verdadero papel, no lograron un solo impacto en sus enemigos, mientras que uno de ellos fue echado a pique y los demás quedaron más o menos gravemente averiados.

El almirante Kummetz, creemos que por tratar de ceñirse al pie de la letra a su primitivo plan de destruir primero la escolta y atacar después al convoy, actuó con energía pero no supo sacar partido de sus seis potentes destructores. Tal vez le faltó flexibilidad e imaginación. Al combate no se puede ir con planes demasiado rígidos y preconcebidos: hay que saber adaptarse rápidamente a la cambiante situación y aportar ideas nuevas. Porque, pese a los avances de la técnica y la automatización cada día mayor en la resolución de todos los problemas referentes a la lucha en la mar, la personalidad del jefe sigue siendo decisiva en el combate naval. Cierto que el comandante del *Lützow* no supo secundar a su almirante, pero Kummetz tampoco debió dejarse sorprender por los cruceros británicos. El equipo especial de escuchas embarcados a bordo de su buque insignia había captado un mensaje enviado a Murmansk desde el convoy, que el almirante debió haber sospechado significaba una llamada de auxilio a los dos cruceros ingleses salidos de dicho puerto ruso. Llegada la noche, era prudente retirarse, por las razones apuntadas y porque haber perseguido al convoy para volver a atacarle al día siguiente, con el crepúsculo del Año Nuevo, hubiera expuesto a los alemanes a que el acorazado *Anson* y sus buques de acompañamiento le cortaran la retirada hacia Noruega, exactamente como veremos que le sucedería un año después al *Scharnhorst* con el acorazado *Duke of York*, en idénticas circunstancias.

* * *

La escuadra del almirante Kummetz se retiraba. Los ánimos andaban decaídos. El mal tiempo había perjudicado decididamente a los alemanes, y el hundimiento del *Eckholdt* fue una verdadera fatalidad.[1] Pero sus hombres comprendían que, pese a la mala suerte, a la falta de exploración

1. Los alemanes se desquitarían de esta pérdida el 23 de octubre del año siguiente (1943), cuando los destructores *T-23* y *T-24* hundieron al flamante crucero británico *Charybdis*, de 5.500 toneladas, cerca de las costas francesas.

aérea y a las limitaciones de la «Orden de operaciones», ellos podían haber hecho más.

A las 1730, la inundación de la cámara de calderas del *Hipper* se propagó a la adyacente, y la velocidad de crucero quedó reducida a quince nudos, aunque luego llegó a dieciocho. Ello retrasaría la llegada a puerto de la agrupación, y como a las 1250 se habían dejado de percibir impulsos de los radares ingleses, el vicealmirante Kummetz no quiso romper el silencio radiotelegráfico para dar un informe completo del combate. Lo último que se señaló fue que se había roto la comunicación con el *Eckholdt* y que la «Operación Aurora» no era posible debido a que los ingleses mantenían el contacto.

En Berlín sólo se sabía que los buques alemanes habían establecido y roto el contacto con el enemigo. El submarino *U-354*, que se había movido por aquellas aguas durante el combate y que después buscaría y no lograría hallar superviviente alguno del *Eckholdt*, había transmitido un mensaje que terminaba así: «Sólo puede verse un vivo resplandor rojo a la luz de la medianoche ártica». Hitler dio por hecho que el convoy aliado había sido aniquilado, y como una avería en el teletipo con el norte de Noruega impidió que llegara a Berlín el informe del almirante Kummetz antes de que la Agencia Reuter difundiera el suyo a través de la *BBC* de Londres, señalando el fracaso alemán, el Führer se consideró engañado por sus almirantes. Aquello fue la gota de amargura que hizo rebosar su copa de reproches y resentimientos totalmente infundados, contra la *Kriegsmarine*, que Herman Goering se había encargado de ir secretamente colmando. Los celos del mariscal del Aire alemán por la Armada y la antipatía personal que profesaba al almirante Raeder habían dado sus frutos. Hitler decidió ¡dar de baja a todas las grandes unidades de la *Kriegsmarine*!

Esto hubiera equivalido, ni más ni menos, a regalar a sus enemigos una inconcebible victoria naval en la que resultaran hundidos todos los acorazados y los cruceros pesados y ligeros alemanes sin necesidad de disparar un solo tiro. Dejaría en libertad total a la *Home Fleet* y a gran cantidad de submarinos y aviones británicos, para acudir al Mediterráneo y al océano Pacífico en refuerzo de las escuadras aliadas que allí combatían, con el consiguiente perjuicio para italianos y japoneses. Los acorazados norteamericanos que se mantenían en la costa del Maine, y que luego serían trasladados a Scapa Flow, podrían marchar al Pacífico. En resumen, aquella decisión era una colosal insensatez, y el almirante Raeder presentó formalmente su dimisión, perdida ya la fe en el dictador, y fue relevado por el almirante Karl Doenitz.

El jefe de los submarinos era más joven y poseía también mayor habilidad para tratar con dictadores, y, al fin y al cabo, Hitler podría tener arrebatos de mal humor debido al giro adverso que iba tomando la guerra, pero muy pronto comprendió que aquella orden era un error lamentable. Su «irrevocable decisión» fue pronto revocada, y el único «pagano», permítasenos la expresión, resultó el acorazado *Gneisenau*, cuyas obras ya sabemos quedarían definitivamente paralizadas.

* * *

No trataremos de aburrir ahora al lector con las teorías de Carl von Clausewitz, Helmuth von Moltke y otros filósofos de la guerra, acerca de la dirección político-militar de ésta. Estamos convencidos de que la «gran estrategia» que señalara Lidell Hart, e incluso la estrategia sin adjetivar, competen a la dirección política del país, precisamente por su hondo contenido político. Pero, una vez establecida dicha estrategia, no se puede mediatizar, interferir ni condicionar a la dirección militar encargada de llevarla a la práctica en su correspondiente faceta ni inmiscuirse en su táctica.

Y si la dirección política no respeta esta división de esferas de competencia, lo menos que puede hacer cuando las cosas no salen como fuera de desear, debido principalmente a sus ingerencias, es recogerse en un digno silencio y no poner el grito en el cielo. Si el *Tirpitz* debía o no hacerse a la mar antes de que la *Luftwaffe* hubiera podido atacar a los portaaviones enemigos; si durante el combate había que aceptar o no determinados riesgos, disparar tantos o cuantos cañonazos, etc., eran cuestiones de la exclusiva competencia de los almirantes alemanes, es decir, de los técnicos en la materia, y de nadie más. Cualquier otra cosa estaba fuera de lugar.

* * *

Las fuerzas en presencia en el mar de Noruega en los albores del año 1943 eran las siguientes: en Scapa Flow fondeaban los acorazados *King George V, Anson, Howe* y el reacondicionado *Malaya*, cuatro cruceros pesados, cinco ligeros y una veintena de destructores británicos. En la otra orilla pero más al Norte, se hallaban el *Tirpitz* y el *Lützow*, los cruceros *Admiral Hipper, Nürnberg* y *Köln*, ocho destructores y veinte submarinos alemanes.

El acorazado *Scharnhorst* y el crucero pesado *Prinz Eugen* zarparon de Alemania en enero, con destino a Noruega, sin escolta aérea de ninguna clase. Pero, habiendo sido descubiertos por aviones de exploración británicos el día 11, a la entrada del Skagerrak, se decidió hacerlos regresar por temor a los ataques aéreos ingleses. Repitieron el intento dos semanas más tarde, pero volvieron a ser detectados por los aparatos enemigos y regresaron al Báltico. En ambas ocasiones, el mal tiempo impidió que los bombarderos y aviones torpederos del Mando Costero de la RAF, salidos en su búsqueda, pudieran atacarlos en el Kattegat.

A principios de febrero, el *Hipper* y el *Köln,* ambos con averías, regresaron a Alemania. Aprovechando la oscuridad de la ininterrumpida noche ártica, los aliados hicieron pasar a Rusia cuatro convoyes y seis barcos despachados con independencia. Los alemanes les hundieron a siete cargueros, pero varios buques sufrieron apreciables daños debido a las terribles tempestades. El crucero pesado *Sheffield* y el destructor *Dasher* fueron averiados por las olas, teniendo que abandonar la escolta y regresar a puerto para reparar. Seis mercantes del convoy «JW-53» y uno del «JW-52» corrieron igual suerte, y otro del «RA-53» resultó hundido por los despiadados temporales.

A principios de marzo aparejó el *Scharnhorst* de Gotenhafen y, con muy mal tiempo, franqueó los estrechos daneses y no paró hasta el fiordo de Alten. El 12 del mismo mes salió el *Tirpitz* de Trondheim, y el *Lützow,* de Narvik, y ambos buques, con varios destructores, se unieron al crucero de batalla en el desolado fiordo ártico.

La concentración de estas potentes unidades produjo gran inquietud en el Almirantazgo británico. Las horas de luz ya iban en aumento en las latitudes árticas; los riesgos que tendrían que correr ahora los barcos mercantes y sus escoltas se consideraban demasiado elevados, y hubo que suspender hasta el mes de noviembre los convoyes despachados por este derrotero hacia la Unión Soviética. Aquellos tres poderosos buques de guerra germanos que se agazapaban al acecho en el país de los lapones, como flota en potencia, no sólo disuadieron a los aliados de intentar surcar las aguas del océano Glacial Ártico con sus convoyes, sino que siguieron fijando en sus bases a poderosos buques de guerra enemigos. La *Home Fleet* continuó velando en Scapa, y la *Task Force 22* norteamericana tuvo que permanecer de guardia en la bahía de Casco, cerca de Portland, Estados Unidos, a la disposición del almirante Tovey en caso de que los buques alemanes intentasen pasar al Atlántico. Más adelante, cuando los acorazados británicos *King George V* y *Howe* fueron llevados al Mediterráneo para participar en la invasión de Sicilia, el *Rodney* y el *Malaya* continuaron en Scapa, y a esta misma base se trasladaron los acorazados norteamericanos *South Dakota* y *Alabama,* con sus dieciocho cañones de 406 mm, y cinco destructores.

Esta situación, tan desfavorable para los aliados, quedó parcialmente mitigada cuando se pudo reanudar el paso de convoyes por el Mediterráneo a fines de mayo, pero, de todos modos, los cargueros tenían que cruzar el canal de Suez y el mar Rojo para llegar hasta el golfo Pérsico, y sus mercancías ser llevadas después, a través de Irán, hasta la frontera soviética.

Como los bombarderos pesados de la RAF no podían alcanzar aquella lejana base naval alemana contigua al cabo Norte, los ingleses tuvieron que ensayar otros medios, tan sutiles como ingeniosos, para tratar de poner fuera de combate a los buques germanos.

El *Tirpitz,* el *Scharnhorst* y diez destructores se hicieron a la mar el 6 de septiembre, a las órdenes del comandante Kummetz, para bombardear las instalaciones mineras y cargaderos de carbón que ingleses y noruegos tenían en Spitzberg, regresando el 9 al fiordo de Alten. Por su parte, los británicos atacaron con portaaviones el tráfico marítimo alemán al sur del fiordo de Vest el 4 de octubre, hundiendo nueve barcos, con 40.000 toneladas de registro bruto.

Pero antes había sido puesto fuera de combate el *Tirpitz,* en una operación tan arriesgada y llena de peligros como de peripecias.

El 12 de septiembre aparejaron de la ría de Carnbawn, en Escocia, seis submarinos convencionales británicos, que llevaban a remolque, en inmersión, a otros tantos submarinos enanos de 38 toneladas: los *X-5, X-6, X-7, X-8, X-9* y *X-10.* El *X-9* se perdió durante la travesía, con su dotación de cuatro hombres, y el *X-8* sufrió averías y tuvo que ser echado a pique. Pero por fin, y tras una agotadora travesía de casi mil millas marinas, los submarinos británicos largan sus remolques en las últimas horas de la tarde del día 20, a unas veinte millas del fiordo de Alten, y los cuatro de bolsillo quedan en libertad de movimientos.

Tres de ellos tienen por objetivo el *Tirpitz,* y el *X-10,* el *Scharnhorst.* Pero el crucero de batalla ha salido a la mar para efectuar ejercicios de tiro y no podrá ser hallado por el pequeño David.

Los buques ingleses atraviesan en superficie un campo de minas enemigo, pasan la noche en las proximidades de las islas Brattholm, descansando, y de madrugada reanudan su atrevida incursión. El *X-6* y el *X-7* llegan al fiordo de Kaaf hacia las siete de la mañana del día 21, tan sólo con una diferencia de minutos. Allí se encontraba fondeado el *Tirpitz* detrás de un barraje de redes antitorpedo.

Los pequeños submarinos británicos consiguieron franquearlas con bastantes dificultades y gran valor por parte de sus hombres, no siendo advertidos por los alemanes hasta el último momento, cuando ya habían dejado caer bajo la obra viva de su gigantesco adversario las dos cargas, con otras tantas toneladas de amatol y provistas de espoletas de relojería, que transportaba cada buquecito.

Cinco ingleses fueron capturados, y los tres submarinos resultaron destruidos de una u otra manera. Los buzos alemanes se introdujeron en las glaciales aguas para examinar el casco del *Tirpitz,* por si los británicos le hubieran adaptado alguna mina. El resultado fue negativo, pero, como medida de precaución, los germanos cobraron de la cadena del ancla y trasladaron el formidable buque a unos cincuenta metros de distancia de su fondeadero. Pero las cargas del *X-6* y del *X-7,* con sus ocho toneladas de amatol, hicieron explosión simultáneamente, y aunque la vía de agua producida en el *Tirpitz* fue poco importante, los daños sufridos en máquinas y la dirección de tiro dejaron inutilizado al acorazado durante cerca de siete meses.

Fue un resultado tan desproporcionado como importante, logrado con pobres medios y gran audacia, que privó a los alemanes, durante más de medio año, del mejor buque de guerra de que disponían. Sus protagonistas, los tenientes de navío Place y Cameron, comandantes del *X-6* y del *X-7,* fueron condecorados más adelante con la Cruz Victoria, cuando, al final de la guerra, regresaron de su campo de concentración.[1] Una vez más quedó demostrado que el ingenio y la audacia no tienen barreras.

* * *

El 23 de septiembre, el *Lützow* abandonó el fiordo de Alten para regresar a Gotenhafen y ser sometido a un extenso período de reparaciones. Como el *Tirpitz* estaba temporalmente inutilizado, en el norte de Noruega no quedaba más que un buque más importante que el *Scharnhorst,* con media docena de destructores, por lo que los ingleses decidieron reanudar sus convoyes, tan insistentemente solicitados por Stalin, a primeros de noviembre, cuando la noche y el mal tiempo eran

1. Respecto a los detalles de esta atrevida operación británica, véase *Buques suicidas,* del mismo autor y editorial.

una garantía contra los posibles depredadores alemanes que se movían sobre y bajo las olas.

Tres convoyes: el «JW-54A», el «JW-54B» y el «JW-55A», cruzaron desde el Reino Unido a Rusia sin ser molestados, pero el siguiente, el «JW-55B», daría lugar a un combate nocturno, donde se pondría de manifiesto la gran superioridad conseguida ya por los radares de tiro británicos sobre los radiotelémetros alemanes y en el que resultaría hundido el acorazado *Scharnhorst.*

* * *

El comandante Willi Gödde no sólo estaba cansado; sentía roer en su interior el aguijón del hambre. Llevaba muchas horas, de pie y sin probar bocado, sobre el alerón de babor contiguo al puesto acorazado de mando del *Scharnhorst,* espiando la lóbrega noche a través de los prismáticos de veinticinco aumentos acoplados sobre el aparato que controlaba eléctricamente y a distancia el gran proyector luminoso de proa. Desde allí se podía encender o apagar el proyector de arco situado mucho más arriba, bajo la cofa, orientarlo en cualquier dirección y abrir o cerrar su persiana. Para llevar el haz de luz hacia un blanco descubierto a través de los potentes prismáticos, el contramaestre sólo tenía que mover en la dirección conveniente aquella varilla situada a la altura de su cinturón y terminada en una bola que cabía en el puño de la mano. Pero ahora tenía el proyector desconectado y empleaba los prismáticos para tratar de descubrir lo que había más allá de la oscuridad impenetrable de la noche.

Un viento de 35 nudos gemía ininterrumpidamente en la jarcia desde hacía muchas horas, con tanta fuerza, que desde aquella posición elevada casi apagaba el estruendo de las grandes olas que rompían contra la amura de estribor del buque y obligaban a dar pronunciados balances y cabezadas a aquella acerada mole de 32.000 toneladas. El fuerte viento arrastraba velozmente los volanderos copos de nieve y también el agua del mar, heladora, procedente de las olas que se estrellaban contra el acorazado y saltaban después por encima de las estructuras del puente, inundándolo todo. El contramaestre llevaba varios años embarcado en el acorazado. Muchos más hacía que navegaba. Pero no recordaba una noche como aquélla, tal vez porque sentía la desolación de aquel hiperbóreo océano perdido en una de las extremidades del mundo y porque sospechaba que su buque era tenazmente perseguido por el invisible enemigo.

Willi Gödde pegó los ojos a los fríos oculares del aparato y echó una desconfiada y cuidadosa mirada a las tinieblas del exterior, para tratar de repasar bien el horizonte, de popa a proa, procurando deshacer los pronunciados balanceos del buque, que se movía a 28 nudos arrumbado al Sur, hacia Noruega, a través de la fuerte marejada del Sudoeste. Pero no supo si escudriñaba la mar o el cielo, pues lo único que podía difusamente percibir eran los innumerables copos de nieve que arrastraba velozmente el vendaval.

Por teléfono solicitó autorización para bajar a la cocina, pues su relevo estaba de permiso en Alemania y nadie podía sustituirle, ya que el buque navegaba en zafarrancho de combate. Obtenida la venia de la dirección de tiro, dio unas fuertes palmadas para sacudir la nieve de sus guantes de cuero, se quitó el teléfono, lo plegó en su caja y cubrió el aparato de control con una funda de lona, pasándole después una randa, por si la rifaba el viento. Luego restregó las botas contra los pernos que fijaban al alerón la basada del mando a distancia, procurando desprender la costra de hielo, y, moviéndose con las piernas bien separadas y algo en flexión, descendió a la cubierta, tenebrosa, resbaladiza y cubierta de hielo. Comprobó con alivio que el contramaestre de cargo había colocado andariveles allí donde no estorbaban al giro de la artillería. Porque sabía muy bien que un mal resbalón y la caída por la borda significaban la muerte segura y... misericordiosamente rápida.

Por fin creyó haber llegado a la puerta estanca que buscaba. Aguardó a que el buque estuviera adrizado y la abrió con presteza. Al cerrarla, actuó por sí solo el interruptor, y la cocina volvió a iluminarse. La temperatura era allí agradable. Se quitó los guantes y echó hacia atrás el capuchón del pesado capote, y después, casi como un autómata, empezó a masticar lo que le sirvieron. Estaba preocupado y quería volver en seguida a su puesto. Y de pronto, cuando apenas había tomado medio plato, le asaltó un gran temor. Algo dentro de sí, instintivo, quizá fraguado en la parte inferior y más primitiva del cerebro puramente animal que posee el hombre, tal vez en el bulbo raquídeo, le hizo sentir como la premonición de una desgracia, el presagio de una catástrofe. Según sus propias palabras, «experimenté de repente la extraña e inquietante sensación de que algo terrible iba a sucederle muy pronto al *Scharnhorst*». Y ese «algo» le impulsaba a dejar la cena a medio acabar, para regresar cuanto antes a su puesto de combate.

Aquel marino que repasaba la oscura y semoviente cubierta helada tambaleándose llevaba el frío en el alma. Porque el instinto de este hombre, uno de los contados supervivientes del acorazado alemán, por uno de esos misteriosos procesos del maravilloso y enigmático cerebro humano, le había advertido certeramente de lo que iba a suceder muy pronto: ¡uno de los mayores desastres que sufriría la flota alemana en la segunda guerra mundial!

* * *

El convoy aliado «JW-55B» se componía de diecinueve barcos de unas siete mil y pico toneladas de registro bruto, todos nuevos. Zarpó de Loch Ewe en la tarde del 20 de diciembre de 1943, escoltado por diez destructores británicos, dos corbetas y un dragaminas. Aquella misma noche franqueó en dos columnas el canal del Minch, entre el norte de Escocia y las islas Hébridas, arrumbando seguidamente al Nornordeste a 9,5 nudos, con un dispositivo de marcha en seis columnas. Llevaba comodoro, vicecomodoro, contracomodoro y dos fuerzas de cobertura.

La «Fuerza 1» la componían los cruceros *Belfast* (11.500 toneladas, doce cañones de 152 mm), en el que izaba su insignia el contraalmirante Burnett; *Norfolk* (10.000 toneladas, ocho cañones de 203 mm) y *Sheffield* (9.100 toneladas, doce cañones de 152 mm). Esta fuerza se hallaba en Murmansk, de donde aparejaría, acompañando al «RA-55A», en lastre, formado por veintidós cargueros escoltados por diez destructores, tres corbetas y un dragaminas, en el momento preciso para que ambos convoyes pudieran cruzarse en el meridiano de la isla de los Osos.

Componían la «Fuerza 2» el acorazado de 38.000 toneladas *Duke of York*, donde izaba su insignia el comandante en jefe de la *Home Fleet*, vicealmirante sir Bruce Austin Fraser; el crucero *Jamaica* (8.000 toneladas, doce cañones de 152 mm) y los destructores *Saumarez, Savage, Scorpion* y *Stord* (1.710 toneladas, cuatro cañones de 120 mm). Estos buques habían salido de Scapa Flow y entrado en Akureyri, al norte de Islandia, para hacer el relleno de petróleo, pero el día 23 de diciembre se hicieron nuevamente a la mar poco antes de la medianoche.

También darían protección al «JW-55B», durante las horas de luz y la primera parte de su travesía, hidroaviones antisubmarinos *Sunderland*.

El día 22, un aeroplano alemán en vuelo metereológico avistó casualmente a este convoy a la altura de las islas Faeroe, señalando a una fuerza de cuarenta transportes de tropas, escoltada por cruceros y posiblemente por un portaaviones. Semejante información fue recibida por el almirante Schniewind, quien supuso que Hitler podía tener razón al fin y al cabo y que tal vez se preparaba un desembarco en Noruega.[1] No olvidemos que para entonces los aliados habían conquistado Sicilia y puesto sus tropas en Salerno, en la península italiana.

Schniewind ordenó alistar los buques de guerra para tres horas, y a los submarinos del «Grupo Eisenhart», de patrulla en las proximidades de la isla de los Osos, que se concentraran en las cercanías del fiordo de Vest. Sin embargo, posteriores y más precisos informes de la *Luftwaffe* pusieron en claro que se trataba de un convoy enemigo despachado para la Unión Soviética.

En este inmenso país, cuyo terrible invierno ya se había tragado a las tropas suecas de Carlos XII y a las francesas del Gran Corso, los alemanes sufrieron también muy graves reveses. El 3 de febrero de 1943, los restos del VI Ejército de 330.000 hombres del general Von Paulus habían tenido que rendirse en Stalingrado. La ofensiva de verano lanzada por la *Wehrmacht* fracasó, y en Kursk se dejaron los alemanes cien mil hombres y dos mil ochocientos carros de combate. Después los rusos recuperaron Jarkov en agosto, atravesaron el Dniéper en octubre y tomaron Kiev en noviembre. Por fin, el ejército rojo inició su ofensiva de invierno en diciembre.

La situación era cada vez más sombría para Alemania, y no sólo en Rusia. Se había perdido el norte de África y la «Batalla del Atlántico» librada por los *Unterseeboote*. La posibilidad de que los aliados abriesen un tercer frente en Europa, independiente del italiano, era cada vez más amenazadora. Novecientos mil soldados alemanes tenían que permanecer en retaguardia para contener a las fuerzas de la resistencia. Las poderosas formaciones aéreas aliadas bombardeaban implacablemente la metrópoli y los centros industriales de toda la Europa ocupada. En julio había quedado prácticamente destruida la ciudad de Hamburgo, donde se produjeron más de cuarenta y cinco mil muertos, y después se desencadenaron los grandes ataques aéreos contra Berlín y otras ciudades del Tercer Reich.

En este ambiente de derrota y desesperación, no lo olvidemos, se decidió en la capital alemana la salida del *Scharnhorst* del fiordo de Alten para que atacase al convoy «JW-55B».

1. Las costas del norte de Noruega estaban mejor defendidas que las de Francia. En la zona Narvik-Harstad habían asentado los alemanes cerca de ochenta baterías de hasta 406 mm, y treinta y cuatro en Bergen, siete de las cuales contaban con veintiuna piezas de 210 mm.

* * *

La amanecida del día 24 sorprendió a los cargueros del convoy «JW-55B» desperdigados sobre una mar encrespada y barrida por el fuerte viento del Sudoeste. Un avión alemán observaba desde lejos y los esfuerzos de los destructores para alejarlo a cañonazos resultaron vanos. Aquel aparato siguió al convoy durante toda la mañana, lo cual, navegando a unas cuatrocientas millas del fiordo de Alten, era ciertamente inquietante.

Al mediodía se divisaron por la popa otros dos aviones enemigos, y como las fuerzas de cobertura se hallaban todavía muy lejos y no podrían intervenir a tiempo si los buques alemanes se decidían a atacar, el almirante Fraser rompió el radiosilencio para ordenar al convoy que invirtiese el rumbo durante dos horas.

Pero ya era de noche, los cargueros mantenían sus puestos con dificultades debido a la gruesa marejada y para dar la vuelta tendrían que encender sus luces de navegación, lo que permitiría a los aviadores germanos percatarse de la maniobra. El comodoro del convoy y el jefe de la escolta de destructores, capitán de navío McCoy, decidieron de común acuerdo que, dadas las circunstancias, era impracticable invertir el rumbo y que moderar a ocho nudos daría casi el mismo resultado. Por fin, a las 1626 se marchó el último avión alemán, y los marinos aliados se sintieron mucho mejor. Pero algo más tarde sufrieron un sobresalto. La corbeta *Honeysuckle*, que navegaba por la amura de estribor del convoy, disparó dos cañonazos en la noche, y sendos proyectiles iluminantes descubrieron poco después y desde las alturas al destructor británico *Wrestler*, que se movía algo más adelantado y cuyos sorprendidos tripulantes no pudieron evitar que se les escaparan algunas refinadas maldiciones. Estaban justificadas. Luego, un breve chisporroteo sobre las oscuras aguas y la noche pareció tragarse al convoy.

El día 25, el submarino *U-601* detectó al «JW-55B» y radió su situación, y lo mismo hizo un *Dornier-18* alemán que, al arreciar el viento, tuvo que retirarse antes del mediodía. En Londres se captaron estos mensajes y se dedujo que los alemanes preparaban un ataque con fuerzas de superficie. El almirante Fraser pidió entonces al jefe de la escolta del convoy «RA-55A», que no había sido descubierto por el enemigo, que destacara cuatro de sus unidades para que se incorporasen al «JW-55B», suponiendo que los catorce destructores con que contaría entonces la escolta de este convoy y los tres cruceros pesados de la «Fuerza 1» podrían causar suficientes daños al *Scharnhorst* para permitirle a él darle alcance con el *Duke of York* y demás buques de la «Fuerza 2». Con lo cual este almirante que había declinado el nombramiento del primer lord del Mar en octubre de 1943, prefiriendo, como todo buen marino, el puente de cualquier buque al confortable sillón del mejor despacho del Almirantazgo, montaba su trampa con inteligente y previsora astucia.

El tiempo empeoraba. El viento había rolado a SSE y soplaba entre 35 y 40 nudos. Comenzaron a desfogar cada vez más frecuentes chubascos de lluvia y aguanieve, mientras las olas se hinchaban y veteaban de espumas. En los barcos, las cabezadas, bandazos y crujidos eran cada vez más fuertes, y el acorazado *Duke of York* embarcaba frecuentes golpes de mar que, para desesperación de los fogoneros, se colaban por los ventiladores de las calderas.

A las 1900 horas aparejaban del fiordo de Alten el *Scharnhorst* y los destructores *Z-29, Z-30, Z-33, Z-34* y *Z-38*. El mal tiempo, con una visibilidad reducida a dos millas, y la falta de exploración aérea, pues todos los vuelos habían tenido que suspenderse, hicieron que el almirante Schniewind tratara de cancelar la operación. Pero Karl Doenitz insistió en que se llevara a cabo. Hay que tener en cuenta que, aunque los submarinos y aviones alemanes habían conseguido localizar al convoy y su escolta, nada absolutamente se sabía de la fuerza o fuerzas de cobertura que podría llevar, de manera que la salida del *Scharnhorst* en tales condiciones era sumamente arriesgada.

El vicealmirante Kummetz y su jefe de Estado Mayor estaban en Alemania; así que tomó el mando de la agrupación el contraalmirante Erich Bey, antiguo comodoro de la flotilla de destructores. En el acorazado alemán habían embarcado cuarenta guardias marinas, que iban a efectuar el primero y último crucero de sus vidas.

El almirante Schniewind ordenó a Bey atacar al convoy enemigo con las primeras luces del día 26, pero solamente si las condiciones de mar y visibilidad eran adecuadas y si disporía de suficiente información sobre las fuerzas enemigas.

La agrupación alemana de batalla navegaba ya en franquía a las 2116 horas, a 25 nudos, arrumbada al 000°. Poco después, Bey rompió el radiosilencio para exponer al «Grupo Norte» las desfavorables condiciones en que se movían sus buques, pero el almirante Doenitz, en vista de la grave situación por que atravesaban las tropas alemanas en Rusia, insistió en que la agrupación del *Scharnhorst* debería atacar. A las 2355, Bey volvió a quebrantar el radiosilencio para señalar al «Grupo Norte» que ya se encontraba probablemente en la zona de operaciones, que la capacidad de fuego de sus destructores se veía seriamente dificultada debido a las condiciones de mar y a la bajísima temperatura, y que había tenido que moderar la velocidad. A las 0300 de la madrugada se le contestó que, en el caso de que los destructores no pudieran aguantar la mar, los enviara a puerto y que atacase sólo con el *Scharnhorst*.

Es posible que las pésimas condiciones de tiempo justificasen romper el radiosilencio, aunque el almirante alemán hubiera informado al Alto Mando, primero, y sólo después preguntase al capitán de navío Johannesson cómo marchaban las cosas en su flotilla de destructores. Pero, en cualquier caso, el Almirantazgo británico detectó aquellas indiscretas emisiones electromagnéticas y, a las 0319, advirtió al almirante Fraser que el *Scharnhorst* se había hecho a la mar. Este mensaje, recibido por el almirante veinte minutos después, le dejó hondamente preocupado, pues el convoy se movía en aquellos momentos a cincuenta millas por el sur de la isla de los Osos; la «Fuerza 1» le quedaba a ciento cincuenta millas por el Este, y la «Fuerza 2», a trescientas cincuenta millas por el Sudoeste, arrumbada al 80° y dando tan sólo 24 nudos, pues a mayor velocidad y con la mar de popa, los destructores entraban en champa y corrían el peligro de atravesarse y dar la voltereta. Así que el comandante en jefe de la *Home Fleet* rompió otra vez el radiosilencio para ordenar al convoy que aproara al Norte. Volvió a hacerlo a las 0628, para que el «JW-55B» gobernase al Nordeste y la «Fuerza 1» se le aproximara para darle protección cercana. Esta orden, como veremos, tendría una importancia decisiva pues permitiría a la «Fuerza 1» descubrir y atacar por sorpresa al *Scharnhorst*, y fue consecuencia de los mensajes transmitidos por el contraalmirante Bey.

A bordo del buque insignia alemán, el almirante había recibido un radio del submarino *U-716* (teniente de navío Dukelberj) dando la cuadrícula en que se movía entonces el convoy enemigo y las condiciones de visibilidad, mar y viento. Fue un alivio para el almirante, ya que los últimos mensajes de la *Luftwaffe*, transmitidos al mediodía anterior, no señalaban la posición de los cargueros aliados.

A las 0700, el almirante germano ordenó a la cuarta flotilla de destructores que formara una barrera de búsqueda en línea de frente, con intervalo de cinco millas, rumbo al 250°, a 12 nudos, y al *Scharnhorst* que la siguiese a unas diez millas. Pero con aquel rumbo, los castillos de los destructores iban más tiempo por debajo de las olas que sobre ellas, los artilleros de las piezas de proa tenían que amarrarse para poder aguantar el intolerable movimiento, y el peso de la torre doble de cañones de 150 mm, montada en el castillo, dejaba sentir muy desfavorablemente sus efectos, ya que a los buques les costaba gran trabajo emerger de las imponentes moles de agua que se desplomaban a bordo con terrible fuerza y no menor estrépito, por lo que no quedó otro remedio que moderar a 10 nudos. A pesar de lo cual y de que el almirante les ordenó después arrumbar al 230°, es decir, más hacia el Sur, la flotilla alemana podía haber descubierto el convoy... si el almirante Fraser no le hubiera hecho cambiar de rumbo, como ya sabemos.

Y es que las oportunas disposiciones de Fraser no sólo impidieron a los destructores alemanes descubrir al «JW-55B», sino que permitieron al radar del *Norfolk* detectar al *Scharnhorst* a las 0834 horas, en demora 280° y a treinta mil metros de distancia. El *Belfast* hacía lo propio nueve minutos después, y luego el *Sheffield*, y el contraalmirante Burnett envió inmediatamente un mensaje a Fraser señalando la dirección del crucero de batalla alemán.

A bordo del zarandeado *Z-29*, el capitán de navío Johannesson envió a su vez un mensaje de avistamiento del enemigo, que fue sólo una falsa alarma, originada por el error del *Z-38* al tratar de ocupar su puesto en la barrera. Mientras tanto, el *Scharnhorst*, por razones desconocidas (posiblemente sospechar un cambio de rumbo del convoy), había arrumbado al Norte a las 0849, sin saber que los radares de exploración y de tiro de tres cruceros enemigos lo tenían ya en sus pantallas.

El convoy «JW-55B» arrumbó inmediatamente al Norte; la 36.ª flotilla de destructores del capitán de navío McCoy maniobró para interponerse entre aquél y el acorazado alemán, y el *Belfast* abrió fuego a las 0924, con proyectiles estrella, a una distancia de 11.900 metros. Pero no logró iluminar el blanco, y tampoco lo consiguieron después el *Norfolk* ni el *Sheffield*. Aquello era demasiado, y no sabemos cómo tomó este triple fallo el contraalmirante Burnett, pero ordenó al *Norfolk* que abriera inmediatamente el fuego con proyectiles de alto explosivo y todas sus piezas de 203 mm.[1] El crucero pesado disparó seis andanadas completas a partir de las 0930, cuando la distancia era de 8.960 metros. Era un tiro a ciegas, únicamente dirigido por radar.

El *Scharnhorst* navegaba al 070°, a 18 nudos, cuando bruscamente se rasgaron en las alturas las espesas tinieblas, a bastante distancia del buque, y poco después surgían altas columnas de agua a menos de quinientos metros de su costado de babor, fantasmagóricas, claramente

1. Sabía muy bien que los proyectiles perforantes de 203 mm no serían capaces de atravesar el blindaje del buque alemán en sus puntos vitales y que, por tanto, lo mejor era tratar de averiarle los radares con granadas que se fragmentaran inmediatamente al alcanzar el blanco.

perceptibles a través de los espesos copos de nieve que envolvían al acorazado.

Los relatos fragmentarios de algunos marineros supervivientes, pues ni un solo oficial se salvaría en este buque, permiten suponer que el acorazado fue totalmente sorprendido, resultando alcanzado con la segunda o la tercera salvas inglesas. Un proyectil de 203 mm deshizo el puesto director de babor de la artillería de 150 mm y la antena del radiotelémetro de proa. Otro provocó un incendio debajo del castillo, en una camareta de suboficiales, y un tercero cayó, sin hacer explosión, entre la torre 3 de 150 mm de babor y el montaje de tubos lanzatorpedos de esa banda.

El crucero de batalla respondió al tiro con retardo y sin efecto alguno, tendió una cortina de humo, arrumbó al Sursudeste y forzó su andar a 30 nudos efectivos. En aquellas condiciones de mar, los cruceros ingleses sólo podían dar 24 nudos sobre el fondo, navegando a toda máquina; de manera que muy pronto se fueron quedando atrás y dejaron de disparar. Algunos historiadores alemanes suponen que en este combate resultó también averiado de alguna forma el radiotelémetro de popa, pues a partir de entonces el acorazado actuó como si sólo dispusiera de medios ópticos para dirigir el tiro. Por las razones que expondremos más adelante, el autor piensa lo mismo. En cualquier caso, había perdido, con toda seguridad, el radiotelémetro que disponía de la antena más alta y mejor situada.

El contraalmirante Bey quedó impresionado por la eficacia del tiro enemigo en plena oscuridad, manifiestamente dirigido sólo mediante el radar, y así se lo comunicó poco después al almirante Doenitz. Pero el antiguo comodoro de los destructores era hombre de temple y, pese a la grave desventaja de haber quedado sin radiotelémetro y darse perfecta cuenta de las posibilidades del adversario para tirar sobre el *Scharnhorst* en la oscuridad, no quiso abandonar la peligrosa partida. Hacia las 0945 se había recibido a bordo del buque insignia alemán un mensaje del *U-277* (teniente de navío Lübsen) señalando el convoy enemigo en los 73° 58' Norte y 19° 30' Este; de modo que Bey, aprovechando la mayor velocidad que podía desarrollar su acorazado en aquellas condiciones de mar, pronto cayó al Levante, luego al Nordeste y finalmente al Norte, en busca del «JW-55B». Pero se olvidó momentáneamente de sus destructores, y hasta las 1027 no ordenó a la cuarta flotilla que arrumbase al 270°, a 25 nudos. Una hora después la mandó aproar al 30°, a 27 nudos, y a las 1158: «Operar contra la cuadrícula 6365».

Mientras tanto el *Scharnhorst* se movía hacia el Norte a 27 nudos, con la mar de aleta, entre los chubascos de nieve cada vez más frecuentes y una agonizante luz que apenas permitía divisar las olas gris oscuro, coronadas de espumas. A las 1100, Bey recibió un radio señalando que tres aviones alemanes de reconocimiento habían detectado por radar la presencia de cinco unidades no identificadas al noroeste del cabo Norte. El informe original de los aviadores señalaba a cinco buques «entre los que posiblemente se encontraba una unidad pesada». Pero esta aclaración, que habría sido reveladora para el almirante alemán y posiblemente le hubiera evitado caer en la trampa que le tendía Fraser, fue suprimida por el jefe de las fuerzas aéreas destacadas en Noruega. Por otra parte, la posición de la «Fuerza 2» británica dada por los aparatos germanos tenía un apreciable error y la situaba a cuarenta y nueve millas al estenordeste de donde en realidad se hallaba. De modo que Bey pudo muy bien creer que se trataba de sus cinco destructores. Algunos supervivientes del *Scharnhorst* declararon después del hundimiento que el comandante del acorazado, capitán de navío Julius Hintze, les había informado, a través de los teléfonos de la artillería, que a ciento cincuenta millas al oeste de su buque había sido descubierta una agrupación de combate británica, pero que, a semejante distancia, no podría darles alcance. ¿Por qué no empleó el sistema de altavoces, como tenía por costumbre? ¿Quizá porque el almirante estaba en desacuerdo con él sobre la identidad de aquellos buques? Nadie podrá decírnoslo, pero, si así fue, tuvo mejor olfato que Bey.

Dejemos al *Scharnhorst* ya arrumbado a Poniente, poco después del mediodía, y volvamos con los buques ingleses.

A las 1019 horas, cuando el acorazado germano se movía a 30 nudos hacia el Nordeste, a 32.900 metros de distancia, desapareció el trazo fosforescente que le representaba en el «PPI» del radar de exploración del crucero *Belfast*, último en perder su rastro. El contraalmirante Burnett decidió entonces invertir el rumbo de su división, y aproximarse rápidamente el convoy, a 28 nudos, por considerar que el peligro no había pasado para éste. Ya al comenzar el breve combate en que fuera sorprendido el *Scharnhorst*, el almirante Fraser había ordenado al capitán de navío McCoy que destacara a cuatro de sus catorce destructores para que se incorporaran a la «Fuerza 1». Así que hacia ella se movían ahora sobre las grandes olas el *Matcheles*, el *Musketeer*, el *Opportune* y el *Virago*; eran destructores nuevos y, en aquel momento, los que tenían mayores reservas de combustible. Al «JW-55B» se le señaló que arrumbara otra vez al Nordeste.

A las 1030 se incorporaron los cuatro destructores, y la «Fuerza 1» se situó poco después por la proa del convoy, a unas diez millas, haciendo zigzag. Pero a aquella velocidad y con la mar de popa, los destructores daban formidables bandazos de cerca de cincuenta grados, y el *Opportune* llegó a perder completamente el gobierno en una de sus veloces champas, resbalando como un gigantesco patín, con las vergas y la chimenea al ras de las olas, de modo que Burnett se vio obligado a arrumbar momentáneamente al Norte y moderar a 18 nudos.

Hacia el mediodía, las existencias de combustible de los cuatro destructores que acompañaban al *Duke of York* eran tan bajas, que el almirante Fraser comprendió que tendría que atrapar muy pronto al *Scharnhorst*, si es que la «Fuerza 1» volvía a tomar contacto con él, o regresar sin tardanza a Scapa Flow. Pero la suerte iba a resolver prestamente su grave dilema; pues a las 1210, cuando el convoy acababa de arrumbar al 125°, el radar del *Sheffield* obtuvo un fuerte eco en demora 079° y a 24.700 metros. Los cruceros de Burnett arrumbaron inmediatamente al Nordeste, y el almirante ordenó a los comandantes de sus tres buques abrir el fuego sobre el intruso que se aproximaba en solitario, cuando la distancia hubiera caído a 10.500 metros, y a la 36.ª flotilla de destructores que tratara de situarse en buena posición para atacarle con torpedos.

Pero esta vez el acorazado alemán se hallaba prevenido y en zafarrancho de combate, porque a las 1221 se habían divisado por la proa a la mortecina luz del mediodía ártico y entre los copos de nieve que caían silenciosamente, tres sombras imprecisas. Las torres del *Scharnhorst* se movieron hacia el enemigo, y los cañones tomaron elevación. Momentos después, mientras los apuntadores de las alzas directoras del tiro trataban de colocar los finos retículos de sus visores sobre los buques enemigos, se apreciaron los rojos fogonazos de los disparos ingleses, y luego tres bengalas de intenso color amarillento se balancearon en las alturas sobre el acorazado, envolviendo su obra muerta en una claridad espectral. Cuando los cruceros de Burnett estaban a 9.400 metros y el destructor *Musketeer* a poco más de 6.000, el *Scharnhorst* cayó a babor y comenzó también a disparar con su artillería de 280 y de 150 mm.

Este segundo combate duró veinte minutos, y en él escapó sin daños el acorazado germano, pese a los treinta y dos cañones enemigos de 152 y 203 mm que dispararon sobre él, consiguiendo mantener a raya a los destructores británicos y alcanzar al crucero pesado *Norfolk* en la barbeta de la torre «X», dejando ésta fuera de servicio y obligándole a inundar su correspondiente pañol de municiones. Otro proyectil de 280 mm cayó en el combés del citado buque, inutilizando todos los radares de a bordo y produciéndole siete muertos y cinco heridos graves. El *Sheffield* también fue centrado, quedando su casco con varios agujeros del tamaño de un balón de fútbol, aunque logró escapar sin graves averías. Ambos adversarios cambiaron frecuentemente de rumbo para descentrarse, sobre todo el *Norfolk*, constantemente perseguido por los altos surtidores que provocaban alrededor de él los proyectiles alemanes, y ello no sólo por ser el buque de artillería más potente, sino porque, al no disponer de pólvoras sin llama, era el que mejor destacaba para sus enemigos entre la nevasca y la mala luz del invierno ártico. El *Scharnhorst* cayó a babor a las 1228 y quedó gobernando al 135º, a 18 nudos, pero, al disminuir la distancia a los cruceros enemigos hasta los 8.200 metros, arrumbó al 110º verdadero y aumentó a 28 nudos, cesando el cañoneo a las 1241.

El contraalmirante Bey debió de comprender que aniquilar a sus siete enemigos primero, y a la nutrida escolta del convoy después, que, por cierto, ya había empezado a ocultar al «JW-55B» con cortinas de humo, le llevaría demasiado tiempo y tal vez municiones. La noche caía con rapidez, y, en la oscuridad que se avecinaba, su buque estaría en manifiesta desventaja debido a la superioridad de los radares ingleses. Él había hecho todo lo que podía, e incluso aceptado el combate a corta distancia con tres cruceros pesados y cuatro destructores enemigos. Se tratara o no de los mismos buques del combate anterior, era evidente que el convoy iba bien defendido. Se había quedado sin destructores a mano, y las condiciones atmosféricas y de visibilidad resultaban manifiestamente favorables al adversario. A mayor abundamiento, existía una fuerza desconocida que se aproximaba por el Oeste. El almirante decidió dar por terminada la operación.

A las 1343 ordenó a la cuarta flotilla que se retirara también a Noruega, probablemente por considerar que, en un combate nocturno, aquellos cinco buques no tendrían mayores posibilidades frente a la fuerte escolta del convoy y los superiores medios de detección y tiro del adversario. En realidad, los destructores alemanes habían pasado a tan sólo ocho millas por el sur del convoy a las 1300 horas, sin detectarlo.

Para los marinos germanos, la efectividad mostrada por los radares ingleses durante el combate nocturno constituyó una auténtica sorpresa, pues sólo contadas personas estaban en Alemania en el secreto de aquel maravilloso radar recuperado entre los restos de dos aviones enemigos abatidos en agosto de aquel mismo año, a los que ya nos referimos al comienzo de este libro. De modo que la retirada de la agrupación del contraalmirante Bey estaba justificada y, por lo demás, prevista en su «Orden de operaciones».

* * *

Nos aproximamos rápidamente al final del drama. El *Scharnhorst* se movía hacia el Sur cuarta al Sudeste, a 28 nudos. A las 1306 se había recibido en este buque un mensaje procedente del comandante aéreo de Noruega, señalando que un avión había detectado y seguido por radar, durante cuatro horas, a una formación no identificada que navegaba al noroeste del cabo Norte. Tampoco esta vez se mencionaba a ninguna unidad pesada, e ignoramos la interpretación que pudo dar a este importante informe el almirante Bey, pero lo cierto es que actuó como si nada hubiera recibido. Veinte minutos después se limitó a comunicar al «Grupo Norte» la hora en que esperaba estar de regreso a la base.

Pero su terrible e inmediato destino iba a ser el frío y oscuro fondo del mar. Porque los siete buques del contraalmirante Burnett le seguían por la popa a 7,5 millas de distancia, es decir, más allá del alcance visual, punteando sus menores movimientos y señalándolos continuamente al almirante Fraser, de modo que la «Fuerza 2» británica, situada ya muy cerca por el sudoeste del *Scharnhorst*, sólo tuvo que resolver el problema cinemático más simple para asegurarse llegar pronto al contacto balístico con el buque germano en las mejores condiciones tácticas.

A las 1600, el *Scharnhorst*, que navegaba en zigzag, arrumbó al Sur, cuando le quedaban poco más de sesenta y cinco millas para el cabo Norte. En aquel momento tuvieron que reducir velocidad el *Norfolk* y el *Sheffield*. El primero debido a un incendio surgido en uno de sus compartimientos, y el segundo para trincar el eje de una de sus cuatro hélices, cuyo cojinete había quedado arrollado. Esto dejaba momentáneamente solo al *Belfast*, con los cuatro destructores de la 36.ª flotilla, en aquella persecución por la estela del acorazado alemán.

Pero a las 1617, el radar (tipo 273) del *Duke of York* detectaba al *Scharnhorst* a 41.600 metros de distancia, y poco después entraban también en su pantalla los buques de la «Fuerza 1».

Un solitario mercante, que navegaba hacia el Este, fue entonces detectado y reconocido por el *Musketeer* Era el *Ocean Etapy*, ignorante del avispero en que se había metido, pero al que gobernaron el *Opportune* y el *Virago*.

A las 1632, el radar de tiro del acorazado británico detectó y «enganchó» al *Scharnhorst* a 25.000 metros, y un minuto después hacía lo propio el crucero *Jamaica*. Fraser ordenó a sus destructores alistarse para atacar con torpedos, y al *Belfast* que se preparara para iluminar el blanco con proyectiles estrella. El *Duke of York* arrumbó al 80º, de modo que sus diez piezas de 356 mm pudieran disparar sobre el crucero de batalla alemán. ¡Se había cerrado la trampa! De la oscura mole del acorazado inglés sobresalían los enormes cañones, cargados con proyectiles perforantes y a punto de romper el fuego en la noche sobre un buque enemigo, que avanzaba velozmente entre la tempestad, pero que ignoraba la mortal amenaza que sobre él se cernía.

Solamente durante el combate nocturno de la batalla de Matapán se habían vivido, a bordo de buques británicos, unos instantes tan cargados de emoción y de dramatismo.

* * *

El crucero *Belfast* comenzó a lanzar iluminantes a las 1647, pero, como quedasen cortos, el *Duke of York* disparó también con proyectiles del mismo tipo, que ahora delataron claramente al *Scharnhorst.* El buque insignia británico abrió inmediatamente el fuego con sus piezas de 356 mm, a las 1650, cuando la distancia al acorazado alemán era de 10.900 metros. Dos minutos después tiraba el crucero *Jamaica.*

La primera salva del *Duke of York* alcanzó al *Scharnhorst,* que recibió un impacto directo en la torre «Anton», dejándola fuera de combate y matando a todos sus sirvientes. El incendio surgido se propagó a través de la barbeta y obligó a inundar parcialmente el correspondiente pañol de pólvoras, para evitar su voladura.

El buque germano cayó rápidamente a babor y quedó gobernado al Norte, sufriendo poco después otro impacto directo de 356 mm en el alcázar, que deshizo el hangar y provocó cuantiosas bajas entre el personal de la artillería antiaérea que tuvo que guarecerse bajo cubierta. Mas para entonces había quedado extinguido el incendio de la torre «A» y achicado su pañol, y el acorazado hacía fuego con su artillería de 280 y de 150 mm.

Como el *Scharnhorst* navegaba ahora hacia la «Fuerza 1» británica, el *Belfast* y el *Norfolk* comenzaron a tirar sobre él a las 1657, y momentos después estos buques cayeron a estribor y gobernaron al 340º, es decir, pusieron la popa al acorazado alemán para evitar que éste acortara peligrosamente distancias sobre ellos. Mientras tanto, el *Duke of York* le iluminaba constantemente con bengalas, y tanto este buque como el *Jamaica* disparaban con todas sus piezas de grueso calibre. Pero aquel precario día artificial descubrió también al *Savage*, que seguía al *Scharnhorst* por su estela y que inmediatamente fue objeto de atención de los alemanes, cuyos proyectiles estallaron a menos de veinte metros del destructor, obligándole a cambiar de rumbo para descentrarse.

A las 1708, el crucero de batalla cayó a estribor y quedó gobernando al Este, y su distancia a la «Fuerza 2» aumentó rápidamente, pues los 160.000 caballos de sus turbinas daban ahora todo lo que tenían.[1] Dejémosle por un momento navegando velozmente en la oscura noche, empopado a la fuerte marejada y al viento, perseguido por las aulladoras e ininterrumpidas salvas de tres cruceros y un acorazado enemigos, y las sombras vagas de los cuatro destructores del almirante Fraser que trataban de torpedearle; alumbrado por bengalas que descendían de las alturas en un continuo relevo, y por los disparos de sus propias piezas, que tiñen un momento de rojo las superestructuras, para examinar brevemente el extraño comportamiento de este buque.

Prescindiendo de los relatos, confusos y frecuentemente contradictorios, de los pocos supervivientes del *Scharnhorst*, de escaso valor por falta de registros y ser aportados por hombres que ocuparon puestos secundarios y vivieron la vorágine de un largo y terrible combate de varias horas de duración, seguido del naufragio y de un rescate verdaderamente dramáticos, todo ello en una noche de locura, en que los recuerdos y sensaciones fueron acumulándose en un verdadero caos mental; del frío análisis de los hechos se desprende que el *Scharnhorst* no contaba con radiotelémetro alguno ya antes de comenzar su tercero y último combate en aquel fatídico 26 de diciembre. Y que no sólo no detectó a la «Fuerza 2», que le cerraba el paso por el Sur hacia el fiordo de Alten, hasta que ésta comenzó a disparar, sino que ignoraba siquiera que la «Fuerza 1» le seguía de cerca. No tiene otra explicación que, al verse bruscamente atacado por el Sur, arrumbara hacia el Norte, precisamente por donde la agrupación de Burnett se movía veloz con sus treinta y dos bocas de fuego, y que sólo cayera al Este después de que dicha fuerza comenzase también a disparar sobre él, delatándose con ello.

El que algunos telefonistas del crucero de batalla alemán escuchasen que el radiotelémetro de popa seguía funcionando es muy posible que sólo obedeciera al explicable deseo del mando del buque de hacérselo creer así. Sin embargo, hay un punto todavía más oscuro. Que el contraalmirante Bey tomara por destructores propios a los buques de la «Fuerza 2» de Fraser, señalados la primera vez por la *Luftwaffe*, es hasta cierto punto explicable. Pero que cuando nuevamente fueron avistados y seguidos por los aviones alemanes no los relacionara con una agrupación de

1. El *Duke of York* tenía una potencia de máquinas de 125.000 caballos y desplazaba 6.000 toneladas más.

combate enemiga y continuase navegando hacia el cabo Norte como si ésta no existiera, hasta que una de las torres de su buque insignia saltase destrozada con los primeros disparos del enemigo, es realmente desconcertante.

Con o sin radiotelémetro, sabiéndose o no perseguido, tenía que haber sospechado que aquella agrupación que se movía hacia el Este era enemiga y trataba de cortarle el paso hacia su base de partida. ¿Por qué no arrumbó al Oeste, contra la mar, con lo que pronto hubiera dejado atrás a todos sus enemigos, para tratar de recalar en Narvik o en Trondheim? ¿Qué le impulsó a seguir ciegamente hacia el cabo Norte, cuando todos los indicios hacían prever que el enemigo le aguardaría precisamente allí? No lo sabemos. El combatiente actúa frecuentemente sometido a intensas y desconocidas presiones y basándose casi siempre en su conocimiento muy imperfecto de la situación. Pero la actitud del contraalmirante Bey nos recuerda la de los vicealmirantes japoneses Nishimura y Shima, cuando, desmoralizados, avanzaban en tinieblas hacia el estrecho de Surigao el 24 de octubre de 1944. Puesto que había que sucumbir, tanto daba un sitio como otro...[1]

Pero si Erich A. Bey cometió algún error, cosa que sólo podemos sospechar, tenemos la certeza de que supo morir de acuerdo con las mejores tradiciones de la Armada alemana.

La primera parte de este último combate librado por el *Scharnhorst* el 26 de diciembre de 1943 duró una hora y media. Inicialmente, el crucero de batalla alemán, gracias a su mayor velocidad, consiguió distanciarse de la «Fuerza 2» hasta los 19.600 metros, pese a resultar varias veces alcanzado por los proyectiles enemigos. Y su propio tiro, tras la sorpresa inicial, mejoró considerablemente gracias a que la visibilidad, cuando no desfogaba alguna tormenta de nieve, era de unos trece mil metros, y a que los cañones de 133 mm del *Duke of York,* que lanzaban iluminantes, muy pronto agotaron los casquillos de pólvora sin llama y sus fogonazos fueron después fáciles de ver en la oscuridad.

Un proyectil perforó la tubería de aire comprimido a la torre «B» de 280 mm del *Scharnhorst*, de modo que, después de cada salva, al abrirse los cierres de las piezas, los humos de cordita penetraban en el interior, y aunque los sirvientes se colocaron las máscaras antigás para poder respirar, era difícil ver allí cosa alguna. Recibió otro impacto directo en la torre doble número 1 de estribor, de 150 mm, destrozándola y enviando enrojecidos cascotes de metralla al correspondiente pañol de municiones,

1. Allí fueron hundidos, entre otros buques japoneses, los acorazados de 30.000 toneladas *Fuso* y *Yamashiro*.

donde también perecieron todos sus sirvientes. Pero el *Scharnhorst* tiraba con efectividad, cayendo regularmente a estribor para que pudiera disparar la torre «B», y el *Duke of York* tuvo que cambiar varias veces de rumbo para descentrarse. Una granada alemana deshizo todas las antenas radiotelegráficas del buque insignia británico, y otra seccionó el cable de bajada de una de las antenas de radar. Como esta antena era fundamental para el tiro, el teniente de navío Bates tuvo que trepar al alto y resbaladizo mástil en la oscuridad de aquella noche infernal, para reparar los cables escuchando el desagradable y próximo silbar de las granadas alemanas y procurando no ser despedido por los bandazos del gran buque de guerra.

Sir Bruce Fraser, temiendo que el *Scharnhorst* pudiera ya rebasar por el Sur a la «Fuerza 2» y escapar, arrumbó al Sudeste a las 1824. Pero ahora resultaba muy difícil sostener el rumbo con la mar casi de través; el gran buque británico daba constantes guiñadas de cuatro grados a banda y banda, y a los apuntadores de las pesadas torres de la artillería les era imposible seguir agujas con la velocidad necesaria para mantener la puntería,[1] por lo que el acorazado tuvo que hacer alto el fuego cuando llevaba disparadas cincuenta y dos salvas de 356 mm, de las que treinta y una habían caído centradas. Pero cuatro minutos antes había logrado un impacto en su enemigo que sellaría definitivamente la suerte del *Scharnhorst*.

El crucero de batalla germano llevaba una hora y media navegando a toda máquina. Hacía ya tiempo que no disparaba, y parecía que, una vez más, su elevada velocidad le iba a librar de las fuerzas enemigas que trataban de aniquilarle, cuando una granada de 725 kilos de peso procedente del *Duke of York* atravesó el cinturón blindado «Krupp» un poco por encima de la flotación y penetró en la cámara de calderas número 1.[2] Todo el buque acusó el impacto, la cámara quedó destrozada y la tubería de vapor principal a las turbinas, seccionada. La presión cayó rápidamente y la velocidad se redujo a 10 nudos. ¡Era el final!

El jefe de máquinas, capitán de corbeta Otto Konig, consiguió aislar rápidamente la rota tubería, pero, con la mitad de las doce calderas inuti-

1. En las torres no se efectúa puntería local, a través de anteojos, a menos que surjan averías, limitándose los apuntadores a hacer coincidir las agujas que directamente señalan la elevación y orientación de las piezas con otras electrónicamente movidas por la central de tiro.

2. El cinturón blindado del *Scharnhorst* tenía 127 mm de espesor a proa, 330 mm en el centro y 76 mm a popa; es decir, estaba calculado para proteger sus máquinas y calderas contra los proyectiles de 330 mm de los cruceros de batalla franceses *Dunkerque* y *Strasbourg*.

lizadas, la velocidad del buque no rebasaría ya los 22 nudos. En el puesto acorazado de mando, de 355 mm de espesor, el contralmirante Bey y el capitán de navío Hintze comprendieron que no les quedaba otra triste alternativa que la de morir con honor. A las 1824 enviaron un mensaje al Alto Mando de la *Kriegsmarine*: «Combatiremos hasta la última granada». Así sería.

Aquel proyectil británico había segado las esperanzas de los mil ochocientos alemanes que siempre habían confiado en la suerte de su magnífico buque. A las 1829, el *Scharnhorst* arrumba al Sur, y el almirante Fraser, que tras los 406 mm de acero de su puesto de mando observa en el radar que la velocidad de su enemigo a caído de 32 a 22 nudos, comprende que éste tiene graves averías y aproa hacia él nueve minutos más tarde.

Mientras tanto, los destructores de la «Fuerza 2» consiguen aproximarse por fin al acorazado germano, cosa que no habían podido lograr antes debido al estado de la mar, y el intenso fuego de artillería del *Scharnhorst* se concentra sobre el *Savage* y el *Saumarez*, que disparan con proyectiles iluminantes, mientras que el *Scorpion* y el *Stord* lo hacen calladamente para pasar inadvertidos y pueden lanzar entre ambos dieciséis torpedos, a las 1850, desde la inverosímil distancia de ¡mil quinientos y mil ochocientos metros! Seis minutos después atacan también el *Savage* y el *Saumarez*. El primero deja caer al agua ocho artefactos submarinos, a unos tres mil metros, y el *Saumarez* sólo cuatro, pues ha quedado ametrallado por las granadas alemanas, que le agujerean profusamente el casco y dejan su velocidad reducida a unos diez nudos, inutilizan uno de los montajes cuádruples de tubos lanzatorpedos, matan a once hombres, hieren gravemente a otros tantos y alcanzan con impactos directos que no hacen explosión la torre directora del tiro y uno de los telémetros. El buque inglés se retira envolviéndose en una cortina de humo.

El *Scharnhorst* recibe ahora un torpedo en la banda de estribor, debajo del puente, y tres más en la de babor, a la altura de las calderas a proa y a popa. El buque queda gravemente averiado y su velocidad disminuye aún más.

El *Duke of York* y el *Jamaica* vuelven a abrir fuego a las 1901, desde 9.600 metros, y los impactos se multiplican ya a bordo del buque de guerra alemán, que, sin embargo, continúa disparando hasta agotar todas las municiones de las torres «B» y «C». Entonces se trasladan a popa las que quedan de la torre «A», para que siga tirando la «César», y el personal de máquinas consigue que el maltrecho acorazado pueda dar

20 nudos. Pero ante nuevos impactos y destrozos, su velocidad vuelve a disminuir, y la escora a estribor es cada vez más alarmante.

A las 1912, los cruceros del contraalmirante Burnett abren también el fuego sobre el *Scharnhorst*, desde 15.500 metros. A bordo del buque germano se desploma un verdadero alud de acero. El ruido es atronador. Sus cañones van quedando silenciosos a medida que los hombres mueren o las municiones se agotan. La lucha contra los innumerables incendios e inundaciones es cada vez más angustiosa. Constantemente alumbrado desde las alturas en la negra y ventosa noche de tempestad, envuelto en una espesa humareda que intermitentemente esmaltan de rojo las explosiones y los cañonazos, con la borda metida en el agua, muy hundido de proa, bamboleándose a merced de las olas y avanteando a duras penas, el destrozado crucero de batalla ofrece un espectáculo realmente dantesco. Pero todavía consigue lanzar todos sus torpedos contra el enemigo.

Ahora se le aproximan los cruceros de batalla *Jamaica* y *Belfast*, sin disparar para no ser descubiertos, y sucesivamente lanzan todos sus torpedos de ambas bandas contra el *Scharnhorst*, que es nuevamente alcanzado por varios artefactos submarinos.

A las 1930, el acorazado alemán se mueve a menos de cinco nudos y hace un rumbo errático, primero al Norte y luego al Sur. Es una agonía larga, terrible. La escora es tan pronunciada que los ascensores de municiones se atoran y los cañones quedan sin municiones. Entonces el capitán de navío Hintze da la orden de abandonar el buque, pues el hundimiento es ya irremediable. El comandante del *Scharnhorst* y el almirante Bey entregan sus salvavidas inflables a marineros que no los llevan y abandonan el puesto de mando. Grupos de hombres surgen en cubierta a través de puertas estancas y escotillas. No hay pánico. Tampoco se oyen ni voces ni gritos, sólo el aullar del viento, el fragor de las olas y el intermitente y sordo estallar de los proyectiles iluminantes que el enemigo no cesa de lanzar. Ahora también convergen desde todas partes los lívidos haces de los proyectores ingleses. Desde el puente Hintze da con un megáfono sus últimas instrucciones para el abandono del buque.

El *Scharnhorst* ya no dispara y se está hundiendo a ojos vistas. Pero el *Musketeer* primero, y luego el *Opportune* y el *Virago*, le lanzan casi a bocajarro diecinueve torpedos más, parte de los cuales alcanzan y hacen estremecer al agonizante buque alemán. El *Matchles* no pudo arrojar los suyos debido a que los fuertes golpes de mar le habían averiado los montajes.

Los marinos germanos se van lanzando a las heladas y encrespadas olas, parcialmente amansadas por el petróleo que escapa de los rotos tanques de combustible. Pero son muchos los que han quedado atrapados dentro, sin poder abrir las pesadas puertas estancas con aquella pronunciada escora que sigue aumentando inexorablemente. A las 1945 se produce a bordo del *Scharnhorst* una terrible explosión. Luego el buque continúa su rolido fatal, queda un momento con la enorme quilla al cielo, mientras sus tres hélices giran todavía con bastante rapidez, y por fin desaparece bajo las aguas. El crucero *Belfast*, que había recargado sus tubos lanzatorpedos y se aproximaba para volver a lanzar, se sintió defraudado. Su indefenso enemigo había iniciado ya la última singladura hacia el fondo del océano Glacial Ártico, con su cargamento de muertos y de vivos.

En el lugar de la tragedia quedaban ahora ocho destructores, cuatro cruceros y un acorazado británicos, que ya no tenían nada que temer. Sobre las olas se debatían centenares de alemanes. Pero sólo fueron salvados treinta y cinco marineros, cuatro de los cuales se encontraban heridos, y un suboficial. Mil ochocientos tres alemanes murieron en esta acción valerosamente librada por el *Scharnhorst* en circunstancias totalmente adversas y contra un enemigo enormemente superior numérica y cualitativamente, que sólo costó a los ingleses dieciocho vidas y dieciséis heridos.

El almirante Fraser estuvo indudablemente acertado en todas sus disposiciones, aunque es justo también reconocer que, por las diversas circunstancias que ya conocemos, su tarea resultó bastante fácil.

Con el *Tirpitz* todavía inmovilizado y el resto de los buques pesados alemanes combatiendo en el Báltico contra los rusos, el hundimiento del *Scharnhorst* a fines de 1943 fue un gran alivio para la flota británica, que ahora podría enviar los buques de la *Home Fleet* a otros teatros de guerra. Como diría el mismo Fraser a sus oficiales: «Éste es un éxito estratégico de muy valioso alcance. La "flota en potencia" de nuestros adversarios, esa amenaza permanente sobre nuestros convoyes, ha dejado de existir». También quiso rendir un justo tributo al vencido. «Si llegara el día —añadió— en que ustedes se encontraran a bordo de un gran buque combatiendo contra fuerzas de una superioridad aplastante, espero que se comporten, maniobren y combatan tan valerosamente como lo han hecho hoy el comandante y la dotación del *Scharnhorst.*»

Merecido epitafio.

CAPÍTULO XVI

LA «BATALLA DEL ATLÁNTICO»

Durante la segunda guerra mundial, la importancia de la lucha submarina librada por la *Kriegsmarine* y por la Armada Norteamericana en el Atlántico Norte y en el océano Pacífico occidental, respectivamente, para citar sólo dos teatros de operaciones más importantes, fue enorme, como lo revelan las siguiente cifras:

Las pérdidas totales de las marinas mercantes aliadas entre los años 1939 y 1945 se elevaron a 5.150 unidades de más de 500 toneladas, con 21.570.720 toneladas de registro bruto (cifras oficiales aliadas, como las que damos a continuación), de las cuales fueron hundidas por los submarinos del Pacto Tripartito 14.687.231 toneladas, lo que representa el 68,1% del total. Pero los tres cuartos de dichas pérdidas globales se produjeron en el Atlántico Norte.

Por su parte la marina mercante nipona perdió durante dicha guerra 8.618.000 toneladas, de las cuales los submarinos aliados le hundieron 4.887.000 toneladas, si bien la mayor parte de ellas corrieron a cargo de los sumergibles de la *U. S. Navy,* con 4.780.000 toneladas, lo que supone un 55% del tonelaje global.

Pero si la campaña de los submarinos norteamericanos en el Pacífico resultó excesivamente fácil, debido a la poca preparación nipona para la lucha antisubmarina —a pesar de los equipos de sonar con que ya contaban antes de la rotura de las hostilidades— y a la tardanza, lentitud e ineficacia de las medidas adoptadas después por la «Armada Imperial» para conjurar un peligro que, con el de las minas submarinas, se revelaría verdaderamente letal para el Imperio del Sol Naciente, ya que, de un total de 288 submarinos utilizados por la *U. S. Navy* en el océano Pacífico, sólo se perdieron 55 unidades, es decir el 19%, con 3.505 marinos norteamericanos, la lucha en el Atlántico fue terrible.

En efecto, los alemanes utilizaron 1.143 submarinos convencionales, de los cuales se perdieron 785, es decir, el 68%, con más de 28.000 hombres —aparte 5.000 prisioneros hechos por los aliados durante las hostilidades—, de un total de unos 40.000 submarinistas. De dichos buques,

636 unidades fueron hundidas en la mar, y el resto, en puerto o en aguas costeras alemanas. No tomamos en cuenta los 221 *Unterseeboote* autohundidos a raíz de la rendición del Tercer Reich. Pero dichos sumergibles alemanes echaron a pique a 2.603 barcos mercantes aliados, con 13.570.000 toneladas de registro bruto, el 90% de las cuales bajaron al abismo en el Atlántico, y 175 buques de guerra, entre ellos 2 acorazados, 6 portaaviones, 6 cruceros, 9 submarinos y 52 destructores.

Si, como dijimos, la lucha librada por los submarinistas aliados en el Pacífico fue relativamente fácil y esos marinos nunca se vieron derrotados, precisamente lo contrario sucedió en el Atlántico Norte. Intentar resumir brevemente esta batalla colosal, de varios años de duración y en la que intervinieron miles de aviones y buques de guerra, sería impracticable, pero queremos dar al lector una idea lo más clara y precisa posible de las causas que condujeron a los submarinistas alemanes a sus fulgurantes éxitos de los años 1940 y 1942, y a su derrota total y definitiva a partir de mayo de 1943.

* * *

En 1939, poco antes de estallar la segunda guerra mundial, en Berlín se publicó un libro, escrito por el entonces capitán de navío Karl Dönitz: *Die U-bootswaffe,* en el que, entre otras cosas, se hacía resaltar la gran ventaja sobre las unidades «a. s.» (antisubmarinas) enemigas, del sumergible, atacando de noche y en superficie como un buque torpedero. Dicha táctica ya había sido practicada por los alemanes en las postrimerías de la gran guerra, pero la adopción por parte de los aliados del sistema de convoyes protegidos había conjurado en definitiva la gravísima crisis sufrida por el tráfico marítimo aliado en el año 1917, los británicos no extrajeron, en el período comprendido entre las dos guerras mundiales, las oportunas enseñanzas, suponiendo que, en un futuro conflicto, el empleo del *asdic*, —transceptor acústico de alta frecuencia, especialmente diseñado para detectar sumergibles en inmersión— en sus unidades antisubmarinas haría imposible una repetición de dicha crisis.

Iban a pagar caro su imprevisión, impreparación y exceso de confianza. Pero, por suerte para los aliados, al estallar la guerra, los efectivos del arma submarina germana eran reducidísimos, y seguirían siéndolo durante más de dos años, pues hasta mediados de 1941 el número de *Unterseeboote* en servicio estuvo siempre por debajo de las 40 unidades, de las que, por supuesto, no todas permanecían en la zona de operaciones, ya que la mayoría de dichos buques eran utilizados en el adiestramiento de nuevas dotaciones o estaban en período de reparación, puesta a punto o en viaje a/y desde sus zonas de operaciones, que, por las causas que luego conoceremos, cada vez se hallaban más adentradas en el Atlántico, es decir, más lejos de las bases de partida.

Tras las primeras actuaciones, independientes y convencionales, de los submarinos alemanes, algunos de cuyos éxitos contra los buques de guerra aliados ya examinamos en capítulos anteriores, los ataques de dichos buques contra el tráfico marítimo aliado se efectuaron casi siempre de noche y navegando en superficie, lo que hacía *absolutamente inútil* el empleo del *asdic* británico. Eran unidades sumergibles que alcanzaban casi los 18 nudos de velocidad en superficie, muy maniobreras y de silueta reducidísima y difícil de detectar sin radar, por lo que, pese a su pequeño número, hicieron que las cifras de hundimientos por ellas logrados cobrasen realmente importancia y pronto llegasen a constituir un grave peligro para el cordón umbilical de que Gran Bretaña se valía a fin de no perecer por hambre y hacer que su industria de guerra, totalmente dependiente de la importación de materias primas de ultramar, no quedase paralizada.

En efecto, las cifras de hundimientos de buques aliados logradas por los submarinos alemanes fueron las siguientes: hasta el 31 de diciembre de 1939, 114 barcos, con 421.000 toneladas, al precio de 9 submarinos alemanes hundidos. En 1940, a pesar de que los *Unterseeboote* enviados al mar de Noruega durante la lucha por este país escandinavo nada práctico consiguieron —debido a los constantes fallos de sus espoletas magnéticas y a que el número de dichas unidades operativas era muy reducido: en el verano y el otoño de dicho año, 10 y 15 sumergibles en la mar—, la puesta en servicio de la base de submarinos de Lorient en julio de 1940 y las de Brest y La Pallice en agosto, que acortarían el viaje hasta las zonas de operaciones, entonces, de los *Unterseeboote* en 450 millas, es decir, que la proporción entre el número de sumergibles disponibles y el de los operativos pasó de 2,35/1 a 1,84/1, dio lugar a que los cuatro meses comprendidos entre julio y octubre del citado año, los submarinistas alemanes lograsen hundir 217 barcos mercantes aliados, al precio de tan sólo seis submarinos perdidos. Fueron los denominados por los submarinistas germanos «tiempos felices», que sólo se repetirían en el Atlántico occidental, en los siete primeros meses de 1942, debido a la poca preparación de la *U. S. Navy* para la lucha «a. s.» y al intensísimo tráfico costero norteamericano. Pero que nunca más volverían, por que ¡ay! La lucha de los

Unterseeboote en el Atlántico Norte fue casi siempre desesperada, por no decir trágica.

En total, en 1940, los submarinos de la *Kriegsmarine* hundieron 471 barcos mercantes aliados —entre ellos el gigantesco transatlántico *Empress of Britain*, de 42.350 toneladas—, con 2.186.200 toneladas de registro, al precio de 22 submarinos perdidos. Cifras de hundimiento de barcos aliados que prácticamente se mantendrían en 1941, con un total de 432 unidades mercantes hundidas, es decir, 2.171.750 toneladas de registro bruto, pero al precio de 34 *Unterseeboote* echados a pique, y uno, el *U-570*, capturado en alta mar, es decir, de 35 submarinos alemanes. La lucha, pues, se iba endureciendo para los submarinistas germanos.

El indudable éxito alcanzado por los sumergibles alemanes que atacaban a los convoyes aliados durante la noche y en superficie decidieron al «BdU» («Befchlshaber der U-Boote»), es decir, al comandante en jefe de los submarinos, contraalmirante Karl Dönitz, ascendido a raíz del hundimiento del acorazado *Royal Oak* en Scapa Flow, a introducir, en octubre de 1940 y marzo de 1941, la táctica de ataque en grupo, preconizada por Otto Kretschmer y otros «ases» submarinistas alemanes, que pronto sería conocida con el nombre de táctica de la «manada de lobos».

Esquemáticamente consistía en lo siguiente. Toda la «Inteligencia» referente a los movimientos de los convoyes aliados en el Atlántico Norte —deducida de los informes, radios descriptados, espionaje, señalamiento por aviones y buques de guerra, etc.— se centralizaba en el cuartel general del «BdU» en Lorient (después en París), quien, tras estudiar la situación, daba sus órdenes por radio al jefe de la flotilla de submarinos más próxima a la derrota que seguiría el convoy factible de ser atacado. Dicho jefe de grupo transmitía a su vez, por radio, sus propias órdenes a las distintas unidades, que, cuando estuvieran concentradas en las proximidades del convoy, caerían sobre éste durante la noche y en superficie. Al llegar la amanecida, los submarinos del grupo se alejaban del convoy y de los buques de la escolta, que sólo eran seguidos de cerca por el sumergible del jefe de flotilla; al caer la noche siguiente, los submarinos se concentraban de nuevo, y así sucesivamente.

A pesar de los reducidos efectivos alemanes disponibles, esta táctica tuvo inicialmente un éxito enorme —por ejemplo, en las noches comprendidas entre el 17 y 19 de octubre de 1940, los seis submarinos alemanes que atacaron al convoy británico «SC.7» le hundieron sin pérdidas propias, 17 barcos; dos noches después, el «HX.79» [1] perdería, por el mismo

1. Los convoyes aliados se designaron así: «GUS» = Norte de África - Estados Unidos; «HG» = Gibraltar - Reino Unido; «HX» = Nueva York, etc. - Reino Unido;

sistema, 14 barcos, también impunemente para los atacantes—. Hay que tener en cuenta: *a)* que los submarinos alemanes operarían casi siempre por fuera del radio de acción de los aviones de exploración y antisubmarinos aliados, pues desde un principio se comprobó que, una vez detectados los sumergibles, los convoyes cambiaban inmediatamente de rumbo y desaparecían en la inmensidad del océano, y que volver a detectar a éstos, contando los alemanes con una colaboración muy precaria por parte de los *FW-200* de la *Luftwaffe*, era dificilísimo; *b)* que los buques de escolta no pasaban de las cuatro o cinco unidades por convoy, y *c)* que estas unidades no montaban equipos de radar.

Los germanos pronto comprobarían que el avión «a. s.» era un arma mortífera; arma que, provista después de radar centimétrico, sería una de las causas principales de que aquéllos perdieran la «batalla del Atlántico». De modo que las zonas de acecho y operaciones de los *Unterseeboote* quedarían pronto limitadas al vacío que en el Atlántico Norte no podían cubrir, por carencia de suficiente autonomía, los aviones aliados, y a las zonas donde, por falta de suficiente número de buques de escolta, de autonomía de éstos o de petroleros que pudieran darles combustible en la mar, dicha escolta no acompañaba a los convoyes, pues sólo lo hacía en los tramos inicial y final de su viaje. De hecho, no podría establecerse escolta continua para los convoyes transatlánticos hasta finales de mayo de 1941, en que quedó basado en islandia un grupo «a. s.» británico. Pero aquel vacío aéreo no se rellenaría hasta que, en 1943, llegasen los *Liberator* norteamericanos, equipados para la lucha antisubmarina, y, en el mismo año, los portugueses cederían a los aliados bases aéreas en las islas Azores.

La clave del resultado de la «batalla del Atlántico» está en que, si la flota submarina alemana fue perfeccionándose muy lentamente a lo largo de la guerra, y siempre libró la lucha con los mismos tipos de sumergibles, los aliados mejoraron sus defensas, armas y tácticas «a. s.» con muchísima mayor rapidez, tanto en cantidad como en calidad. Por otra parte, aun inicialmente, la táctica alemana de la «manada de lobos» presentaba sus puntos débiles, pues su éxito dependía: *a)* del submarino que durante el día tenía que mantener el contacto visual con el convoy enemigo, buque fácil de detectar por los escoltas o aviones que luego montarían radar; *b)* de las señales radiotelegráficas que emitía para señalar los cam-

«OB» = Liverpool - Accesos Occidentales; «OG» = Reino Unido - Gibraltar; «ON» = Reino Unido - Norteamérica; «ONS» = Reino Unido - Norteamérica (lento); «OS» = Reino Unido - África Occidental; «PQ» = Reino Unido - Norte de Rusia; «QP» = Norte de Rusia - Reino Unido; «SC» = Halifax - Reino Unido; «SL» = África Occidental - Reino Unido; «UGS» = Estados Unidos - Norte de África.

bios de rumbo o de velocidad del convoy, también detectables por los gonios de alta frecuencia que, a partir de julio de 1941, comenzaron a instalarse en los buques y aviones «a. s.», y, finalmente, *c)* de que las derrotas seguidas por los convoyes no ganasen mucha latitud y quedaran fuera del radio de acción de los cuatrimotores alemanes *FW-200*, aviones, por otra parte, muy vulnerables a cualquier caza embarcado en algún barco del convoy, que, como luego veremos, también acompañaría a éste. Es decir, si el submarino del jefe del grupo era obligado a sumergirse durante cierto tiempo, mediante ataques continuos con cargas de profundidad, el convoy podía alterar el rumbo y esfumarse en la inmensidad del océano.

De todas maneras, el número de barcos hundidos en el Atlántico por los submarinos, aviones convencionales, *FW-200*, minas y buques de superficie alemanes resultaba ya tan importante para Gran Bretaña en 1941 —3.991.641 toneladas de registro bruto en el año 1940 y en 1941 ascenderían a 4.328.558 toneladas—,[1] que el 6 de marzo de ese año, el jefe del Gobierno británico, Winston Churchill, cursó una directiva de trece puntos señalando las líneas generales de acción a seguir y declarando que la «batalla del Atlántico» había dado comienzo y que, en los cuatro meses siguientes, ellos deberían pasar a la ofensiva contra los submarinos y los *FW-200* alemanes y «derrotar los intentos del enemigo para estrangular nuestro suministro de alimentos y nuestra conexión con Estados Unidos».

Y es que, si la amenaza que pesaba sobre Gran Bretaña, principalmente debida a los submarinos alemanes, era ya grave, el *premier* sabía muy bien que muy pronto podría hacerse gravísisma, pues si las entradas en servicio del los *Unterseeboote* habían sido de 18 y 50 unidades, respectivamente, en los años 1939 y 1940, en 1941 alcanzarían la cifra de 198 unidades, de 238 en 1942, 283 en 1943, 234 en 1944 y de 87 en 1945. De manera que la lucha antisubmarina cobró una importancia prioritaria para los aliados, importancia y prioridad que no cesarían hasta prácticamente la terminación de la guerra, especialmente en cuanto a la defensa de convoyes se refiere, ya que la mayor parte de los barcos hundidos por los submarinos y los *FW-200* alemanes eran precisamente los que no navegaron en convoy; entre el 1.° de abril y el 31 de diciembre de 1941, por ejemplo, de los 328 barcos aliados, con 1.576.000 toneladas

1. Eran barcos aliados desaparecidos para siempre, pero hay que tener en cuenta el gran número de los averiados o inutilizados por todas las armas, que en febrero de 1941 alcanzaban la importante cifra de 2.600.000 toneladas de registro, de las que se reparaban en el Reino Unido 900.000 toneladas, mientras que las 1.700.000 toneladas restantes seguían inmovilizadas en espera de su turno de reparación.

de registro, hundidos en el Atlántico por los submarinos alemanes e italianos, 206, con más de un millón de toneladas, no navegaron en convoy. Y esta tónica, invariable desde el comienzo de las hostilidades, apenas cambiaría después.

Echemos ahora un rápido vistazo a las medidas que irían siendo adoptadas por los aliados, en una reacción magnífica, para conjurar el peligro submarino.

* * *

En el verano de 1940, tras la puesta en servicio por los alemanes de los puertos franceses de que ya hemos hablado, el Almirantazgo británico fondeó una serie de barreras de minas entre las Orcadas e Islandia y también en el mar de Irlanda, al sur del canal de San Jorge, y prolongó los de la barrera costera oriental del Reino Unido, en el mar del Norte. Cambió también las derrotas de recalada de los convoyes transatlánticos, que ya no pasarían por el sur, sino por el norte de Irlanda, y dirigió por el norte de Escocia todo el tráfico con los puertos orientales británicos. Otra de las medidas adoptadas por el Almirantazgo fue la de proteger con redes antitorpedo, abiertas por los costados mediante los apropiados tangones, a muchos barcos de la *Merchante Navy*. Setecientas sesenta y ocho de tales unidades serían así defendidas, y aunque quince de ellas —incluido un transporte de tropas— se salvarían de ser directamente alcanzadas por los torpedos, dichas redes disminuían considerablemente la velocidad del barco y, con mala mar, eran un engorro.

De cualquier modo, los buques de la escolta de la Armada real sólo podían acompañar a los convoyes del Atlántico Norte hasta el meridiano de los 19º Oeste. Lo que suponía la existencia de un peligroso vacío, no sólo aéreo, sino también naval, en la mayor parte de la travesía. Además, en agosto de 1940 quedaron basados en Merignac, cerca de Burdeos, dos escuadrones de *FW-200* —adaptación de un cuatrimotor civil de la *Lufthansa*, armado ahora con cinco bombas de 250 kilos—. Estos aparatos, con una autonomía de 3.550 kilómetros, sobrevolaban el mar de Irlanda y el Atlántico Oriental hasta los 20º de longitud Oeste, en un reconocimiento armado, y a partir del otoño de dicho año recalarían en Stavanger, Noruega. No sólo señalaban a los *Unterseeboote* la presencia de los convoyes enemigos, sino que atacaban a los barcos rezagados o que navegasen con independencia. En total, aquellos escuadrones de *FW-200* echarían a pique unas 650.000 toneladas de barcos aliados.

Por otra parte, a fines de noviembre de 1940 quedaron basados en Burdeos 26 sumergibles italianos. Con buques, equipos y tácticas anticuados, los submarinistas de la *Regia Marina* no lograrían, en proporción al número de buques utilizados, las cifras de hundimientos conseguidas por sus camaradas alemanes, pero en resumen hundirían en el Atlántico 105 barcos aliados, con 588.550 toneladas de registro bruto, al precio de 16 submarinos perdidos.

Una de las medidas que a la larga resultó más eficaz entre todas las adoptadas por el «Comité de Defensa» británico, en diciembre de 1940, fue la de que los aviones del Mando Costero de la RAF, sin dejar de pertenecer a ésta, pasaran a depender operativamente del Almirantazgo. Cosa que, en cambio, no conseguiría, en definitiva, el almirante Dönitz respecto a los *FW-200* de la *Luftwaffe*. Y dijimos «a la larga» porque, por una serie de razones, después superadas, hasta septiembre de 1941 los aparatos del Mando Costero sólo conseguirían hundir a un submarino alemán y lograr la rendición de otro, el ya citado *U-570*. Estos aviones de la RAF habían sido equipados, desde el verano de 1940, con cargas de profundidad —mejoradas en la primavera de 1941 con un explosivo más potente: el «Torpex»—, cargas que, a lo largo de toda la guerra, demostrarían ser, «con gran diferencia, el arma antisubmarina más efectiva» que llevaron los aviones de la *Royal Navy* y de la RAF.

En cambio, los barrajes de minas citados, si bien obligaron a cambiar las derrotas seguidas por los submarinos alemanes, no consiguieron otros resultados. Y tampoco los buques «Q» británicos: autenticas trampas para cazar sumergibles, que navegaban en solitario y tenían el aspecto más inofensivo del mundo. Durante la gran guerra se hicieron famosos tras algunos épicos combates y enviaron al abismo a trece *Unterseeboote*. Pero esta vez no dieron el menor dividendo. Diez habían sido preparados en secreto en Gran Bretaña antes de 1939. Armados con tubos lanzatorpedos, cargas de profundidad y hasta nueve piezas de 105 mm —todo bien oculto desde el exterior—, dos de ellos resultaron hundidos por submarinos alemanes a las primeras de cambio, y los demás fueron retirados del servicio en diciembre de 1940.

Inefectivos resultaron también durante mucho tiempo los terribles bombardeos de la RAF y de la USAAF contra las bases de submarinos alemanes, debido a que se iniciaron con retraso, cuando los formidables refugios de cemento armado para los *Unterseeboote* ya estaban terminados. Entre enero y mayo de 1943, por ejemplo, la RAF arrojó 5.429 toneladas de bombas perforantes y 3.700 toneladas de bombas incendiarias contra dichas bases alemanas en Francia. Pero ningún submarino sería hundido por los bombarderos aliados hasta el verano de 1943.

En cambio, los aliados mejoraron notablemente las granadas iluminantes de los buques de escolta, muy necesarias hasta que hizo su aparición el radar, que fue lo decisivo para detectar a los submarinos que se lanzaban al ataque de los convoyes durante la noche y en superficie. Ya inicialmente, estos aparatos electrónicos fueron capaces de detectar sumergibles en superficie a más de cinco mil metros de distancia, en plena noche o con niebla cerrada. Dichos radares, después de ondas centimétricas y extremadamente ligeros, pudieron instalarse en los aviones y en los buques antisubmarinos a partir de enero de 1941. Y como el avión atacante perdía el contacto radar en el último momento de su aproximación al sumergible, los británicos diseñaron un potente proyector —denominado «Luz Leigh», según el nombre de su inventor—, que permitía iluminar con toda claridad el blanco en los decisivos momentos que precedían al lanzamiento —en que el ruido de los diesel impedía a los submarinistas detectar al oído la aproximación del avión— de las bombas o cargas de profundidad.

Se hicieron grandes esfuerzos para conseguir que los convoyes pudieran ir escoltados por buques de guerra durante todo su viaje transatlántico. La instalación de bases para tomar combustible, primero en norte de Irlanda y luego en Islandia y en Terranova, y el cada vez mayor número de unidades «a. s.» asignadas a la defensa de los convoyes —ya en junio de 1941 la *Royal Navy* dedicaba a esta misión 248 destructores, 99 corbetas, 300 bous y yates armados y 48 patrulleros— permitieron, en abril de 1941, darles escolta hasta el meridiano 35° Oeste, es decir, a lo largo de más de medio viaje, y, a fines de mayo de dicho año, a través de todo el Atlántico Norte. Mientras que en el Atlántico central los convoyes dispondrían de escolta continua hasta Freetown, Sierra Leona, a partir de mediados de julio de 1941.

Ahora bien, en medio del Atlántico Norte quedaba una faja, de aproximadamente 300 millas de anchura, y otra mucho mayor en el Atlántico central, que no podían alcanzar, por falta de autonomía, los aviones de reconocimiento y antisubmarinos del Mando Costero; zonas que siempre serían aprovechadas, con ventaja, por los «lobos grises» germanos. Dichos vacíos aéreos no podrían cubrirse, como hemos dicho, hasta la llegada, en 1943, de 255 *Liberator* norteamericanos equipados para la lucha antisubmarina, operando desde Terranova, Islandia, y, en agosto de este año, cuando, como ya hemos dicho, los portugueses cedieron a los aliados bases en Fayal y Terceira, en las Azores, desde estas hermosas islas atlánticas. Pero, mientras tanto, los británicos no se quedaron cruzados de brazos.

En abril de 1941 entraron en servicio en la *Royal Navy* tres barcos mercantes y un transporte de hidros, el *Pegasus*, equipados con varios cazas de la RAF y catapultas para su lanzamiento. Y, en junio, el portaaviones de escolta *Audacity*, un ex carguero alemán de 5.500 toneladas, capturado y luego transformado, que llevaba cubierta corrida de vuelo y seis cazas a bordo. Dichos barcos acompañarían a los convoyes por el Atlántico central y abatirían varios *FW-200*; pero ¡ay!, el *Audacity* fue hundido por el *U-751* (teniente de navío Bigalk) el 21 de diciembre de ese mismo año.

Por otra parte, se equiparon 50 barcos mercantes con catapultas fijas al castillo de proa, sobre las que iba trincado un *Hurricane* de la RAF. Estos barcos denominados «CAM» («Catapult Aircraft Merchantmen») por los británicos, no dejaban de transportar mercancías, pero ponían su caza en el aire tan pronto aparecía algún *FW-200* en las proximidades del convoy en que navegaban, a fin de derribar cuanto antes al peligroso depredador, armado con cuatro ametralladoras y un cañón de 20 mm. Por supuesto, dicho caza se lanzaba a fondo perdido, y en la mayoría de los casos, una vez cumplida su misión, el piloto tenía que arrojarse en paracaídas cerca de algún buque de guerra, con la esperanza de poder ser rescatado de las olas. Estos buques «CAM» —como luego los «MAC», con cubierta de vuelo— dieron buenos resultados, pero no eran suficientes. Así que en Gran Bretaña y en Estados Unidos se inició la construcción masiva de portaaviones escolta. A partir de 1942, seis de tales buques británicos y 38 norteamericanos, es decir, 44 portaaviones de escolta, irían siendo entregados a la *Royal Navy*, y, después varios más de la *U. S. Navy* actuarían también en el Atlántico en defensa de los convoyes. Provistos de cazas y de aviones antisubmarinos, no sólo harían desaparecer a los *FW-200*, sino que desempeñarían un decisivo papel contra los sumergibles.

Las complejas tácticas —diseñadas por los científicos— para cazar sumergibles en inmersión, en las que varios buques, no siempre homogéneos pero bien conjuntados, operaban en equipo, se perfeccionaron notablemente, y también se multiplicó el número y mejoró el explosivo —«Torpex»— de las cargas de profundidad, arrojadas a distintas cotas en cada salva. Esta eficaz herramienta antisubmarina databa de la gran guerra: eran barriles metálicos contenedores de 300 o 400 kilos de alto explosivo y una espoleta hidrostática, regulable, que podían dejarse caer por la popa o las bandas del buque «a. s.» en el último caso mediante morteros que los impulsaban por el aire hasta una distancia de cincuenta o sesenta metros. Para efectuar el ataque, el escolta tenía que pasar por encima del submarino en inmersión, lo que daba lugar a un sector muerto cuando éste, debido a la proximidad, quedaba fuera del haz del sonar *(asdic)*. De modo que, en el último momento, el lanzamiento de cargas tenía que efectuarse un poco a ciegas. Para evitar tal desventaja se diseñó el mortero múltiple, denominado «Erizo», que, instalado en el castillo del buque «a. s.», lanzaba, a unos 160 metros por la proa de éste, dieciséis pequeñas cargas explosivas provistas de espoleta de contacto. Con lo cual el sonar nunca perdía el eco del blanco agazapado en las profundidades, y si las bombas no hacían impacto, tampoco producían en el agua perturbaciones que rompieran la continuidad de dicho eco.

* * *

Al tratar de la «batalla del Atlántico» no pueden pasarse por alto las medidas adoptadas por los Estados Unidos de Norteamérica desde bastante antes de su entrada en guerra. Aparte de la entrega a la *Royal Navy* de los 50 veteranos destructores, y posteriormente de diez grandes guardacostas —equiparables a fragatas—, el 11 de marzo de 1941, el Congreso aprobó la «Ley de Préstamo y Arriendo»; después se formó el «Grupo de Apoyo de la Escuadra Atlántica»; se amplió hasta 26° Oeste la «Zona de Seguridad»; se autorizó la reparación y modernización de las unidades de la *Royal Navy* en astilleros norteamericanos y la construcción para Gran Bretaña de unidades navales militares. En abril de 1941, Estados Unidos abrió bases aéreas en Groenlandia y en las islas Bermudas. El 15 de mayo, la *U. S. Navy* tomó bajo su mando la base naval de Argenta, en Terranova (también de las cedidas por Gran Bretaña a cambio de los 50 destructores), y el 7 de julio, los marinos norteamericanos relevaron a los británicos en Reykjavik. Tras la conferencia celebrada a primeros de septiembre en Argenta entre el presidente Roosvelt y Winston Churchill, entró en vigor el «Plan Defensivo del Hemisferio Occidental», que permitía a la Armada norteamericana la escolta de convoyes, constituidos también por barcos *no* americanos, hasta la mitad del Atlántico, concretamente hasta rebasar el paralelo de los 58° Norte y el meridiano de los 22° Oeste, lo que daría lugar a graves incidentes con los submarinos alemanes. Según el historiador inglés S. W. Roskill: «desde el punto de vista británico, los cambios efectuados en septiembre de 1941 hicieron realidad la participación norteamericana en la "batalla del Atlántico"».

Mientras tanto, dicha larga batalla proseguía, sangrienta, dura, implacable. El traslado de submarinos alemanes a los teatros del Mediterráneo y del Ártico hizo que los hundimientos logrados en el Atlántico cayeran a unas cincuenta mil toneladas durante los meses de noviembre y diciembre de 1941. De todos modos, lo más grave para los aliados, especialmente para Gran Bretaña, era que el tonelaje que constantemente hundían los submarinos alemanes resultaba muy superior al de las nuevas construcciones en todos sus astilleros. Tan peligrosa diferencia no cambiaría, y sólo gracias al formidable programa de construcciones navales de Estados Unidos, hasta el otoño de 1943. Pero este cambio, vital y decisivo para los aliados, sería ya irreversible.

En conjunto, durante todo el año 1941, los aliados perdieron en el Atlántico Norte y central 846 unidades mercantes de todas clases, con 3.162.000 toneladas de registro. Mientras que en dicho año a los alemanes les hundían 30 submarinos en el Atlántico y 5 en el Mediterráneo. A lograr tan elevadas cifras de hundimientos aliados contribuyó sin duda el envío de algunos *Unterseeboote* al atlántico central. El «SKL» —Alto Mando de la *Kriegsmarine*— deseaba que los ataques submarinos se produjeran en el mayor número posible de puntos, a fin de fijar la máxima cantidad de fuerzas enemigas en dichos lejanos lugares e impedirles pasar a la ofensiva. Mientras que Dönitz —que nunca pudo conducir la guerra submarina como hubiera querido, pues consideraba, por ejemplo, de mucho mayor rendimiento el empleo de los submarinos alemanes en el Atlántico que en el Mediterráneo o en el Ártico— creía que tal dispersión de sus todavía reducidos efectivos se traduciría en una disminución de los hundimientos logrados, aparte de que los submarinos de crucero previstos en 1936 para operar en el Atlántico Sur y en el Mediterráneo no se habían construido. Sin embargo se enviaron a la costa de África varios sumergibles de tipo «IX» —de 1.140 toneladas en superficie—, que aunque teóricamente con un radio de acción en superficie de 9.000 millas, en la práctica rebasaban las 16.000.[1] Y tales buques consiguieron buenos rendimientos en aquellas lejanas y encalmadas zonas.

1. El personal de máquinas se valía del siguiente artificio: para las grandes travesías utilizaba un solo motor diesel; éste arrastraba una de las hélices y una dinamo, que cargaba las baterías, las que, a su vez, movían uno de los motores eléctricos, que arrastraba la otra hélice.

* * *

El 7 de diciembre de 1941 se produjo el ataque japonés a Pearl Harbour, y cuatro días después Alemania e Italia declararon la guerra a Estados Unidos. Debido a que dicho ataque nipón fue una completa sorpresa para los alemanes, los *Unterseeboote* no pudieron aparecer por aguas del Nuevo Continente hasta cinco semanas más tarde. Pero estas cinco semanas «de gracia» no sirvieron a los americanos para preparar debidamente las defensas del intensísimo tráfico marítimo a longo de sus costas atlánticas, pues casi todos sus grupos «a. s.» de escolta operaban sobre las derrotas del inmenso océano Pacífico. Y el resultado de tal estado de poca preparación sería catastrófico, entre otras cosas porque la *U. S. Navy* no estableció en el Atlántico el sistema de los convoyes hasta abril de 1942, y tampoco el oscurecimiento de farolas, enfilaciones, balizas, etc.

Dönitz quiso enviar una docena de submarinos del tipo «IX» a las aguas americanas, pero el «SKL» —mediatizado por Hitler— sólo le permitió mandar seis. Otra vez se temía en Alemania una invasión aliada de Noruega, hacia donde el 25 de enero hubo que enviar ocho *Unterseeboote*, buques que nada lograrían allí. Pero después, en vista de los éxitos logrados en aquellos cazaderos vírgenes transatlánticos, se enviaron más submarinos, aunque nunca llegarían a actuar simultáneamente en aguas americanas más de una docena y media de tales buques. Sin embargo, gracias a la entrada en servicio, precisamente entonces, de los primeros submarinos nodriza —los «U-A», denominados por los alemanes «vacas lecheras», de 1.600 toneladas en superficie, que podían suministrar hasta 600 toneladas de combustible—,[1] el rendimiento de aquel puñado de escualos de acero fue elevadísimo, y hasta el 14 de abril de 1942 no resultó hundido en aguas del Nuevo Mundo el primer submarino alemán: el infortunado *U-85*. Ya se había establecido el sistema de convoyes y, con ayuda británica, las medidas defensivas se habían vuelto más eficaces; de manera que pronto, tras fondear varios barrajes de minas, los errantes *Unterseeboote* pasarían a operar en el mar Caribe y en el golfo de México. Para los marinos alemanes fue el renacer de los «tiempos felices» de la guerra submarina, en que los nuevos «ases», como los ya desaparecidos Prien, Schepke, Kretschmer (hecho prisionero), etcétera, cobrarían pronto sus laureles, hundiendo entre enero y julio de 1942, ambos inclusive, la impresionante cantidad de 681 barcos mercantes aliados, con

1. Cincuenta toneladas a los del tipo «VII» y noventa toneladas a los del tipo «IX».

3.557.000 toneladas de registro, al reducido precio de perder el 3,9 % de los submarinos en la mar en dicho período.

Sin embargo, en los ya casi tradicionales cazaderos del Atlántico Norte, los ataques a los convoyes aliados se hacían más difíciles para los submarinos, no sólo por el cada día mayor número y efectividad de los buques de escolta, sino también porque —ya en el primer trimestre de 1942— participaban en la «batalla del Atlántico» más de seiscientos aviones británicos de todas clases. Después, a partir del mes de junio de dicho año, los buques de guerra de la *Royal Navy* que escoltaban a los convoyes tomarían combustible, en la mar, de los petroleros que a partir de entonces acompañarían siempre a dichos convoyes.

Por otra parte, en junio comenzaron los sorpresivos ataques nocturnos de los aviones del Mando Costero, provistos de radar, contra los submarinos en tránsito por el golfo de Vizcaya. En ese mismo mes empezaron a instalarse en las unidades antisubmarinas de escolta los nuevos receptores gonio de alta frecuencia, capaces de dar automáticamente la demora de cualquier submarino que transmitiera, en fonía o grafía, estando en superficie. Era una medida *importante*, porque en los ataques efectuados por las grandes «manadas de lobos grises», tales comunicaciones eran inevitables para la práctica totalidad de los *Unterseeboote*, que con gran frecuencia fueron así localizados e inmediatamente atacados.

Los alemanes reaccionaron con relativa rapidez contra los radares enemigos de 1,5 metros de longitud de onda, con un detector denominado «Metox», que alertaba acústicamente a la dotación del submarino que estaba siendo detectado por algún radar enemigo, y le permitía zambullirse a tiempo en las profundidades marinas. Pero nada conseguirían en toda la guerra para anular a los gonios aliados de alta frecuencia, y, por una serie de equívocos y errores, tardaron mucho tiempo en alistar el «Naxos», que acusaba los impulsos del radar centimétrico; radar que sería instalado en todos los aviones aliados a partir de enero de 1943. En cualquier caso, dicho detector «Naxos» era difícil de manejar y, por lo tanto, no siempre resultaba seguro.

* * *

El programa alemán de construcción intensiva de submarinos, aprobado en el verano de 1940, daba ya sus tangibles frutos, y en octubre de 1942 la *Kriegsmarine* contaba con 365 *Unterseeboote*, de los que 196 eran operativos y el resto efectuaba sus pruebas de mar o se dedicaba al adiestramiento de nuevas dotaciones en el Báltico, ya que la meta de Dönitz era disponer de 300 sumergibles operativos.

Los aliados, con objeto de poder reforzar rápidamente la escolta de cualquier convoy tan pronto éste fuese atacado por las «manadas de lobos grises», a partir de septiembre de 1942 organizaron una serie de «Grupos Antisubmarinos de Apoyo», basados en Terranova e Islandia, y, una vez finalizados los desembarcos en Marruecos y Argelia —«Operación Torch», en noviembre de 1942—, quedaron disponibles para la lucha antisubmarina en el Atlántico los primeros portaaviones de escolta que siguieron al efímero *Audacity*. Por otra parte, el Mando Costero disponía ya, en Islandia, de un escuadrón de gran autonomía formado por 18 *Liberator*. Pero el escuadrón no era, ciertamente, bastante para cubrir el gran vacío aéreo al sur de Groenlandia, ni a Levante de las Azores, ni en los alrededores de las Canarias, y, por si fuera poco, los alemanes venían descriptando continuamente los radios del Almirantazgo —y lo seguirían haciendo hasta que éste cambió sus claves, en mayo de 1943—; es decir, el «BdU» conocía las derrotas, composición, calendario, etc., de todos los convoyes enemigos que cruzarían el océano Atlántico. De ahí que los *Unterseeboote* pudieran aguardarles, formando amplias barreras de descubierta, en las zonas propicias al ataque.

El resultado de todo ello fue que, pese a los grandes avances logrados en la lucha «a. s.» por los aliados hasta fines de 1942, éste resultó un año verdaderamente catastrófico para su tráfico marítimo ultramarino. En aquellos doce meses, los submarinos del Eje —provistos de torpedos «FAT», que al fallar el blanco comenzaban a describir círculos en medio del convoy atacado, y de torpedos de espoleta magnética «Pi. 2»— hundieron en el Atlántico 1.172 barcos aliados, con 6.150.340 toneladas de registro bruto —la cifra más elevada de toda la guerra—, que, unidas a las cobradas por las demás armas germanas y por las marinas de guerra italiana y japonesa, alcanzaron la impresionante cifra de 1.664 barcos, con 7.791.000 toneladas. Las importaciones británicas cayeron por debajo de los treinta y cuatro millones de toneladas —un tercio menos que en 1939—, y el déficit respecto a las nuevas construcciones, ¡y ahí estaba *lo más grave* para los aliados!, en dicho año de 1942, pese al ya formidable impulso de la industria naval norteamericana, seguía siendo crónico: todavía de casi un millón de toneladas.

Dönitz, a pesar de haber perdido 87 submarinos en 1942 —71 de ellos en el Atlántico y en el Ártico—, terminaba el año con 212 *Unterseeboote* operativos, de un total de 393 unidades ya en servicio, y sin duda pudo felicitarse por los resultados obtenidos. Sin embargo, sólo

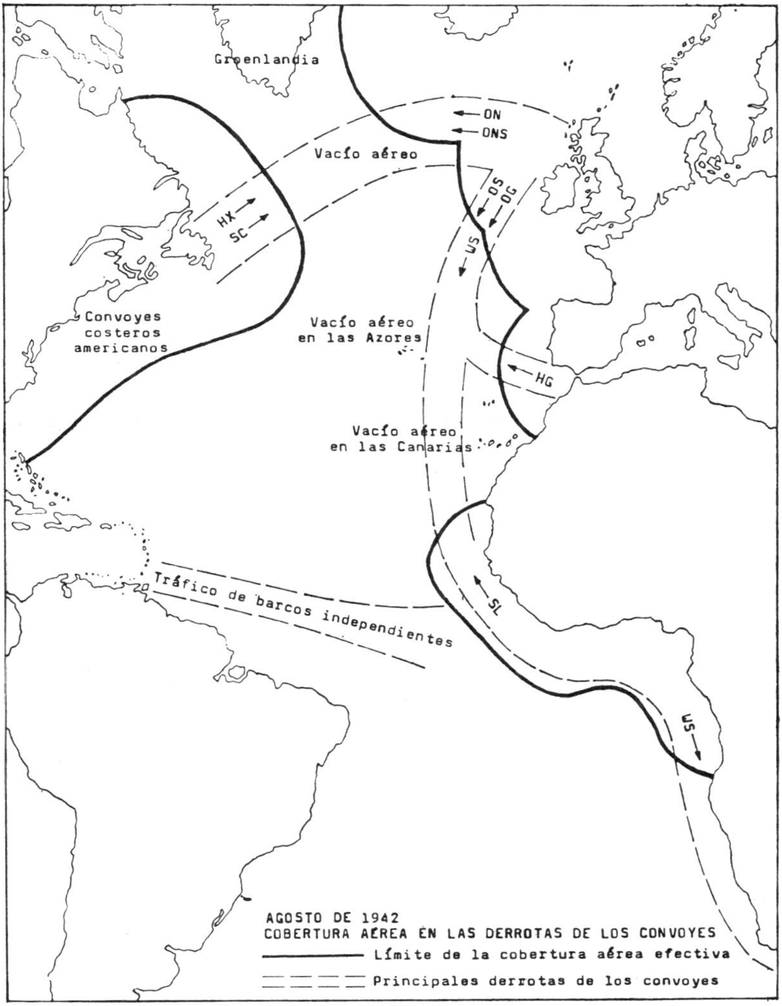
Groenlandia
ON
ONS
Vacío aéreo
OS
OG
HX
SC
WS
Convoyes
costeros
americanos
Vacío aéreo
en las Azores
HG
Vacío aéreo
en las Canarias
Tráfico de barcos independientes
SL
WS
AGOSTO DE 1942
COBERTURA AÉREA EN LAS DERROTAS DE LOS CONVOYES
Límite de la cobertura aérea efectiva
Principales derrotas de los convoyes

cinco meses después, Alemania perdería definitivamente la «batalla del Atlántico». Tanto puede, a veces tan bruscamente como en este caso, el efecto de una estrategia acumulativa superior.

* * *

El año 1943 se anunció en el Atlántico Norte con una serie de fieras tempestades, que azotaron sus grises aguas desde las costas americanas hasta Europa.

En enero, los submarinos del Eje hundieron 37 barcos aliados en el Atlántico, con 203.000 toneladas. Pero en febrero, ya con más de 70 *Unterseeboote* en las zonas de operaciones y cerca de una treintena en tránsito hacia ellas, las pérdidas aliadas fueron otra vez graves: 63 barcos, con 360.000 toneladas. En marzo se produjeron las mayores batallas de convoyes de toda la guerra. La lucha era implacable: el convoy «ON.166» fue perseguido por las «manadas de lobos» a lo largo de 1.100 millas de revuelto océano, jalonadas por 14 barcos enviados al abismo. El 5 de ese mes zarpó de Nueva York el «SC.122», con 60 cargueros, de los cuales seis tuvieron que entrar de arribada en Halifax debido al mal tiempo. Tres días después aparejó del mismo puerto norteamericano el «HX.229», con 40 unidades mercantes. Este convoy, más rápido, alcanzó al primero, y sobre aquella desperdigada masa de casi un centenar de barcos mercantes se abatió el azote de 40 submarinos alemanes. Tras una serie de ataques desencadenados en varias noches consecutivas, y al precio de perder un solo sumergible, los «lobos grises» echaron a pique 21 barcos, con 141.000 toneladas de registro bruto.

Las sucesivas tempestades, con su inevitable secuela de mala visibilidad y grandes dificultades para la navegación —el barco que llevaba al comodoro de uno de los convoyes que cruzaban el Atlántico zozobró y se hundió con toda su gente—, y la disponibilidad de cinco grupos de apoyo, con tres portaaviones de escolta: *Bitter, Bogue* y *Archer*, no impidieron a los germanos hundir, en los veinte primeros días de aquel para los aliados desastroso mes de marzo de 1943, un total de 95 barcos, con más de medio millón de toneladas. Lo alarmante fue que casi los dos tercios de las unidades hundidas lo habían sido navegando en convoy, que hasta entonces era el método ya consagrado y más seguro para mantener hasta cierto punto a raya a los escualos de acero enemigos. En todo el mes de marzo, los submarinos hundieron 108 barcos aliados, con 627.377 toneladas de registro, y el temor de poder ser derrotados se cernió sobre las altas esferas del Almirantazgo británico. Pero tales temores eran infundados.

Aunque los aliados ya contaban en ambas orillas del Atlántico con 1.120 aviones de todas clases dedicados a la lucha «a. s.», la situación se había hecho tan crítica en marzo, en parte debido a la falta de suficientes aparatos de gran radio de acción, que a fines de ese mes, Estados Unidos decidieron enviar, como ya dijimos, al Atlántico Norte *255 Liberator* equipados con radares centimétricos; mas su llegada no sería inmediata.

En abril ya operaban en el Atlántico Norte *30 Liberator* equipados con radares centimétricos, y las pérdidas aliadas cayeron a 56 barcos, con 328.000 toneladas. Por su parte, los alemanes habían perdido 12 submarinos en el Atlántico Norte, en el mes de marzo, y el 14 en abril, lo que suponía algo más del 12 % de los efectivos operativos. Pero tal porcentaje se dispararía al 30 % en mayo de 1943, un mes negro para los *Unterseeboote* y que señaló el punto de inflexión, irreversible, en la «batalla del Atlántico».

En dicho mes operaban en este océano 101 submarinos alemanes. Sin embargo, pese a la concentración de 58 de tales unidades, repartidas en cuatro grupos —«Mirlo», «Tordo», «Pinzón» y «Estornino»—, en las proximidades del vacío aéreo al sur de Groenlandia, que pudieron detectar al convoy «ON.5» a unas 500 millas del cabo Farewell, en medio de una furiosa tempestad, hasta el punto de que los barcos del convoy tuvieron que ponerse prácticamente a la capa, y a que las unidades del primer grupo antisubmarino de refuerzo que fue enviado en su ayuda no podrían tomar después combustible en la mar —no sólo debido al mal estado de ésta, sino a la presencia de grandes masas de hielo y de grandes témpanos a la deriva—, en una fiera batalla librada entre el 4 y 6 de mayo fueron hundidos doce barcos mercantes aliados, pero al inaceptable precio para los alemanes de siete submarinos perdidos.

Más al sur, el convoy «HX.237» fue también atacado, pero la acción combinada de los aviones del *Bitter*, los buques de escolta y los aparatos «a. s.» basados en tierra hizo que los submarinos sólo pudieran hundir a tres unidades mercantes enemigas, pero al precio de ¡otros tantos *Unterseeboote* echados a pique! El convoy «SC.129» no fue detectado por los germanos, y el «SC.130», compuesto por 38 barcos, salido de Halifax el 11 de mayo y atacado por los submarinos de Dönitz entre el 15 y el 20, no perdió barco alguno y su travesía acarreó el hundimiento de cinco sumergibles alemanes (dos echados a pique por los *Liberator* del Mando Costero; el *U-273*, por un *Hudson* de la RAF, y otros dos, por unidades del grupo «a. s.» de refuerzo). Los ataques contra el «HX.239», en cuya escolta figuraban los portaaviones *Bogue* y *Archer*, tampoco tuvieron el menor éxito, pero costaron a los atacantes nuevas pérdidas.

Por otra parte, los hundimientos de *Unterseeboote* logrados en abril en el golfo de Vizcaya por aviones británicos equipados con los nuevos radares centimétricos, ante los que el «Metox» y demás «Fumb» quedaban mudos, habían decidido al «BdU» a cambiar la modalidad del tránsito por dicho golfo, a fin de que los submarinos navegasen en inmersión por la noche y cargasen baterías en superficie, durante el día, defendiéndose con su armamento «a. a.», muy mejorado, de los aviones enemigos. El resultado de aquella medida fue que, en el mes de mayo de 1943, resultaron hundidos en dicho golfo seis submarinos, entre ellos el nodriza *U-463*, y otros varios tuvieron que regresar con graves averías. Ello elevó las pérdidas totales de submarinos alemanes en dicho histórico mes de mayo a 41 unidades: ¡el 30 % de los efectivos en la mar!, y obligó al almirante Dönitz a ordenar la retirada general del Atlántico Norte de sus grupos de ataque, debido «a la transitoria superioridad del enemigo como consecuencia de la entrada en servicio de nuevos dispositivos de localización».

Pero aquella superioridad aliada no sería «transitoria», sino definitiva y cada vez más aplastante para los *Unterseeboote*. Los alemanes conseguirían por fin un detector, de difícil manejo, como dijimos, el «Naxos», para señalar ondas centimétricas de radar; un excelente torpedo acústico, el «Zaunkönig», y otro anticonvoy, el «Lut»; señuelos para engañar momentáneamente al sonar enemigo, el «Bold», etc. Pero sus tipos de submarinos seguirían siendo prácticamente los *mismos* desde el comienzo de la guerra, casi cuatro años atrás, y continuaban con la inevitable y para ellos nefasta servidumbre de tener que cargar las baterías navegando en superficie, a diario y durante varias horas. Y aunque esta peligrosa operación se haría después a través de una pequeña válvula para la toma de aire y exhaustación de los motores diesel, el *schnorkel*, que era entonces lo único del buque que sobresalía de la mar, dicho artilugio presentaba graves inconvenientes y, aunque suponía una mejora, los submarinos eran todavía fáciles de detectar desde el aire a causa de los humos y obligados a suspender la operación y sumergirse. Pero una vez en las profundidades, y aparte su absoluta indefensión ante los buques antisubmarinos alertados por los aviones, el sumergible quedaba prácticamente inmovilizado y, por tanto, a efectos de su posible aproximación y ataque a los convoyes, *inutilizado*. El tipo «VII-C», por ejemplo, el más apto contra los convoyes, con un radio de acción en superficie de 8.700 millas a 10 nudos, sumergido sólo podía recorrer 80 millas a 4 nudos, después de lo cual tenía inexorablemente que emerger para recargar sus baterías. Y aunque, como ya vimos, la entrada en servicio de nuevos submarinos de tipo tradicional proseguía a todo ritmo en Alemania, en el campo de sus enemigos no cesaba tampoco de crecer el número de aviones dedicados a la lucha «a. s.», de barcos «MAC» (con amplia cubierta de vuelo y aeroplanos «a. s.»), de portaaviones escolta y de unidades antisubmarinas perfectamente adiestradas, equipadas y armadas y con todas las ventajas de su parte en aquella lucha sin cuartel, porque los *Unterseeboote* no eran verdaderos submarinos; eran sólo buques sumergibles.

Dönitz desvió sus grupos a otros teatros de operaciones: el Atlántico central, el Atlántico Sur y el océano Índico. En septiembre y octubre de 1943 incluso se reanudaron los ataques a los convoyes aliados en el Atlántico Norte, pero los resultados fueron decepcionantes para los alemanes, y ya siempre lo serían. De los 2.468 barcos aliados que en dichos dos meses cruzaron el Atlántico Norte agrupados en 64 convoyes, los *Unterseeboote* sólo pudieron echar a pique nueve unidades, pero al precio de ¡25 submarinos hundidos en pleno océano! Y es que los «lobos grises» alemanes, aunque seguirían luchando valerosamente hasta el mismo final, no volverían a levantar cabeza prácticamente en lo que quedaba de guerra, como lo demuestran las siguientes cifras: en 1943 hundieron 2.586.900 toneladas de barcos aliados, 773.300 toneladas en 1944 y 281.700 toneladas en 1945. Pero a un precio terrible para los tenaces escualos de acero de la *Kriegsmarine*, porque desde junio de 1943 hasta mayo de 1945, en que el Tercer Reich tendría que firmar la rendición incondicional, fueron echados a pique en la mar 389 submarinos —en el campo aliado ya habían aparecido las sonoboyas, que permitían a los aviones «a. s.» detectar el ruido de las hélices de submarinos en inmersión; los proyectiles-cohete para los aviones, de gran poder perforante; el detector magnético aéreo «MAD», que permitía a un avión, volando bajo, seguir a un submarino en inmersión; los torpedos acústicos antisubmarinos; el mortero «Squid», que arrojaba por la proa del buque «a. s.» grandes cargas explosivas; etcétera—, que, unidos a los 81 hundidos en aguas y puertos alemanes por las minas y los bombardeos aéreos, y a los 42 perdidos en diversos accidentes, alcanzaban en dicho período la impresionante cifra de 512 sumergibles germanos desaparecidos. ¡Son, lector, cifras astronómicas!

Aunque con retraso, los marinos alemanes ya se habían dado cuenta de la inferioridad del sumergible convencional ante las nuevas tácticas y medios «a. s.» de los aliados y comprendieron que había que cambiar por completo el concepto de la propulsión de su flota submarina. Así concibieron, entre 1942 y 1943, y luego llevaron a la práctica, el tipo «XXVI», con turbinas y un nuevo combustible que contenía un 80 % de peróxido de hidrógeno, lo que permitía al buque, que tenía la sección transversal del casco en forma de 8, para poder resistir grandes presiones, navegar en inmersión a ¡24 nudos! durante seis horas. Sus pruebas de mar se hicieron satisfactoriamente en 1944, pero ni siquiera hubo la posibilidad de iniciar la construcción en serie. En el intervalo hasta la puesta en servicio del tipo «XXVI», que ya en 1943 se preveía a muy largo plazo, construyeron los alemanes dos tipos convencionales, pero muy mejorados: el «XXI» y el «XXIII», de 1.621 y 232 toneladas en superficie respectivamente. El primero, oceánico, podía alcanzar los 17 nudos en inmersión, durante dos horas, y a 5 nudos recorrería, sumergido, 365 millas. Llevaba equipo de sonar y 20 torpedos, y el ataque y lanzamiento podía efectuarse en inmersión relativamente profunda, sin necesidad de utilizar el periscopio. Ciento veintitrés unidades del tipo «XXI» y 59 del «XXIII» (costero, que sólo llevaba dos torpedos a bordo) serían terminadas en Alemania antes del cese de las hostilidades, pero únicamente cinco del tipo «XXIII» llegaron a actuar, durante el último mes de guerra, en aguas costeras británicas.

Antes de dar fin a este capítulo convendrá señalar, por orden de importancia, las causas que originaron las enormes pérdidas de la flota submarina alemana. En resumen, los buques de guerra de superficie aliados hundieron 246 *Unterseeboote*; 245 fueron echados a pique por aviones basados en tierra; 62, por los bombardeos aéreos; 50, por la acción combinada de buques y aviones; 43, por aviones embarcados, y 25, por minas submarinas. Siete fueron hundidos por los rusos, y el resto, hasta la impresionante cifra de 785 sumergibles, desaparecieron debido a colisiones, naufragios, accidentes, desguaces y autohundimientos —sin contra los echados a pique por las propias dotaciones a raíz de la rendición del Tercer Reich.

Y la cuestión final: ¿pudieron los submarinos alemanes haber ganado la «batalla del Atlántico»? A Gran Bretaña, combatiendo sola, desde luego que sí, ya que únicamente logró construir 7.863.000 toneladas de barcos mercantes en toda la guerra. Pero desde el momento en que Estados Unidos puso en marcha su formidable programa de construcciones navales —12.384.000 toneladas de barcos mercantes entregados en 1943 y 11.639.000 toneladas en 1944—, más tarde o más temprano, los submarinistas alemanes habrían perdido la partida, incluso si hubieran podido disponer de los nuevos tipos de submarinos, pues habrían tenido que destruir más de 14,5 millones de toneladas anuales, y ni en su mejor año, 1942, pasaron de las 6.150.000 toneladas. De modo que los aliados terminaron la contienda con una «ganancia neta» a su favor de algo más de 19 millones de toneladas de barcos mercantes.

De todas maneras, ésta fue una de las batallas más *importantes*, difíciles, largas e interesantes de toda la segunda guerra mundial, y su estudio, de cara al sombrío futuro, es altamente aleccionador para las potencias marítimas occidentales del mundo libre, a las que España pertenece y debe seguir perteneciendo.

Capítulo XVII

«GOTTERDÄMERUNG»

Han transcurrido tres meses desde el hundimiento del *Scharnhorst*.

Los intensos trabajos llevados a cabo durante más de medio año a bordo del acorazado *Tirpitz*, fondeado en el fiordo de Alten, han dado sus frutos, y, el 3 de abril de 1944, el poderoso buque se halla encendido y listo para efectuar sus pruebas de mar.

Aquella mañana de primavera en el fiordo noruego de Kaaf, escondido fondeadero que no es más que un brazo del de Alten, había calma y las aguas espejeaban al sol. Las nevadas montañas parecían querer desperezarse tras la larga y fría noche polar, y para los marinos alemanes que habían tenido que invernar en aquel ignoto y desolado rincón, el leve bordoneo de los remolcadores que abrían las pesadas redes antitorpedo, y cuyos ecos devolvían las rocosas orillas, sonaba igual que la mejor música de Eduardo Grieg.

De pronto, inesperadamente, con la brutal y efectista brusquedad propia de la guerra, el hermoso panorama cambió dramáticamente en algunos instantes. Acababa de percibirse el sincopado ruido de motores de aviación, cuando docenas de aparatos enemigos surgían, como águilas de muerte, desde todos los puntos situados sobre las cimas de las altas montañas cortadas a pico sobre el fiordo y se lanzaban en rugiente picado contra el *Tirpitz*. La sorpresa fue absoluta, y la artillería del buque apenas había tenido oportunidad de tartamudear algún cañonazo, cuando un diluvio de bombas de gran potencia silbaban y estallaban por doquier, sembrando la ruina y ahogando cualquier otro sonido. Docenas de altos y espumantes surtidores se elevaron de las hasta entonces cristalinas aguas, y el gran acorazado quedó cubierto por un oscuro e irrespirable palio de humo y gases, a través del cual surgía de vez en cuando una roja llamarada.

El rugir de los aviones que se lanzaban en un picado casi vertical, confundido con el estampido de las bombas y el ladrar de la artillería, escasamente duró un minuto. Luego volvió a hacerse el silencio, pero para más de doscientos alemanes era ya un silencio eterno, y ahora parecía como si resonasen sobre las revueltas aguas del fiordo los fúnebres compases de *La muerte de Ase.*

Quince bombas de media tonelada habían alcanzado al buque germano, produciéndole más de doscientos muertos y centenares de heridos. Aunque no dañaron la artillería ni consiguieron perforar la segunda cubierta protectora, las averías producidas en el *Tirpitz* eran más que considerables y... habría que volver a empezar los trabajos para dejarlo nuevamente a punto.

Algunos minutos después volvió a repetirse el ataque, pero esta vez ya no hubo sorpresa y los daños fueron de escasa importancia. ¿De dónde procedían aquellos aviones?

En la noche del 10 al 11 de febrero último, cuatro aviones soviéticos, pues otros once del mismo escuadrón no lograron encontrar el fiordo de Kaaf pese a la luna llena, habían lanzado bombas de una tonelada de peso sobre el *Tirpitz*, pero sin efecto alguno. Esta vez se trataba de aviones navales ingleses procedentes de los portaaviones *Victorious, Furious, Emperor, Searcher, Fencer* y *Pursuer*,[1] que habían despegado poco antes de la amanecida. En cada cola del ataque se emplearon veintiún bombarderos en picado *Barracudas* escoltados por ochenta cazas *Vougth Corsairs* de fabricación norteamericana.

En Berlín, el almirante Doenitz decidió que el *Tirpitz* sería reparado tantas veces como resultara con averías, ya que su sola presencia en Noruega fijaba a grandes unidades enemigas en Scapa Flow. Así que en el fiordo de Kaaf se reanudaron los trabajos a bordo del acorazado alemán.

Pero los ingleses mostrarían una vez más su característica tenacidad. Tres meses después del último ataque, calcularon que las reparaciones del *Tirpitz* podrían estar terminadas y decidieron montar otro. Esta vez sería llevado a cabo por los portaaviones de 23.000 toneladas *Formidable* e *Indefatigable* (de la serie *Illustrious*) y el veterano *Furious*, de 22.450 toneladas, con cuarenta y cinco *Barracudas* escoltados por cincuenta cazas. Pero no hubo sorpresa, y cuando los aviones ingleses llegaron, todo el fiordo estaba cubierto de humo artificial. El ataque fracasó.

Ello no desanimó en lo más mínimo a los hijos de Albión. Tampoco a los alemanes. A finales de agosto retornaron al Ártico los portaaviones *Formidable, Indefatigable* y *Furious*, con los de escolta *Trumpeter* y *Nabob*, fuertemente escoltados por el acorazado *Duke of York*, varios cruceros, catorce destructores y algunas fragatas. Durante una semana ataca-

1. Los cuatro últimos eran portaaviones de escolta, de los treinta y cinco de esta clase cedidos por Estados Unidos a la Armada británica durante la guerra. Su importancia en la «batalla del Atlántico» fue decisiva para derrotar a los submarinos alemanes.

ron al *Tirpitz* sin interrupción, confiando agotar sus municiones y el ácido clorosulfónico de los productores de humo repartidos por todo el fiordo. Pero los británicos tuvieron poca suerte. No encontraron la menor oposición en el aire, pero los alemanes habían instalado sobre una montaña situada entre el fondeadero del *Tirpitz* y el mar un puesto de dirección de tiro desde el que dirigían el fuego de las grandes torres del acorazado, cuyos enormes proyectiles estallaban en el aire a veinte kilómetros de distancia. Cinco aviones fueron derribados, y, a pesar de que los ingleses buscaron otros derroteros de aproximación, sólo dos bombas alcanzaron al buque de guerra alemán. Una de ellas, de doscientos kilos, cayó sobre el carapacho de una torre, sin efecto alguno. La otra, de setecientos veinticinco kilos, consiguió atravesar ocho cubiertas, incluyendo las blindadas, pero, por un defecto de fabricación, no estalló. Mientras tanto, en la mar, el submarino alemán *U-354* (teniente de navío Hans-Juergen Sthamer), utilizando torpedos acústicos, torpedeaba el día 22 al portaaviones *Nabob*, abriéndole un agujero de doce por quince metros en el costado de estribor y destrozándole las máquinas. El buque pudo ser remolcado hasta Rosyth, pero sus averías habían sido de tal calibre que tuvo que ser desguazado. Poco después de este torpedeamiento, el *U-354* alcanzaba y hundía a la fragata británica *Bikerton,* y la fuerza naval inglesa decidió retirarse.[1]

Después de este último fracaso contra el *Tirpitz*, en Londres se renunció al bombardeo en picado a cargo de aparatos de la *Fleet Air Arm*, para emplear contra aquella pesadilla de acorazado otros métodos más eficaces.

Tras cinco años de experiencias y trabajos, en Gran Bretaña se había conseguido fabricar en serie bombas perforantes de... ¡seis mil kilos! Eran enormes y puntiagudos artefactos de acero y de parecidas características a un proyectil naval de la misma clase. Para lograr suficiente poder de penetración tenían que ser dejadas caer desde unos cuatro mil metros de altura, y fueron bautizadas con la denominación de «Dam Busters», porque inicialmente se emplearon para romper las presas de cemento armado de las centrales eléctricas.

A mediados de septiembre, treinta y seis aviones cuatrimotores *Lancaster* pertenecientes a los escuadrones 9.° y 617.° volaron desde Los-

1. Tres días después del valeroso torpedeamiento del *Nabob* y del *Bikerton,* el *U-354* fue hundido, con toda su dotación, por un aparato del portaaviones británico *Vindex,* a unas 130 millas al NNE del cabo Norte.

siemouth, en el norte de Escocia, hasta Yagodnik, a unas veinte millas de Arkángel.

El 15 de septiembre de 1944, con el cielo despejado sobre el fiordo de Kaaf, los aviones británicos despegaron del aeródromo ruso, tomaron altura y arrumbaron hacia Noruega. Al llegar a las proximidades de su objetivo, cuatro horas después, los aviadores ingleses se encontraron todo el fiordo noruego envuelto en un oscuro e impenetrable palio de humo artificial, por encima del cual apenas si se divisaban los puntiagudos masteleríllos del *Tirpitz*, mientras los proyectiles antiaéreos alemanes estallaban por doquier. Las monstruosas bombas se desprendieron de los fuselajes, una por aparato, descendieron como un silbido terrorífico y levantaron verdaderas montañas de agua que se alzaron muy por encima de toda la humareda.

Un solo artefacto alcanzó al *Tirpitz*, precisamente en la voladiza proa, atravesándola limpiamente y estallando al tocar el agua. Pero la formidable explosión dejó hecho una lástima el castillo de proa del acorazado y afectó a varias cuadernas. No había otra alternativa que llevar al buque a Alemania para que entrara en dique, pero como ello no era aconsejable por una serie de buenas razones, se decidió trasladarle a Tromsö y dejarlo allí como batería flotante.

Así que el gran acorazado aparejó del fiordo ártico y navegó, a seis nudos, hasta aquel puerto noruego situado al norte de las islas Lofoden, pues los alemanes se preparaban a evacuar la parte más septentrional de la península escandinava.

El *Tirpitz* quedó fondeado a unas tres millas de la ciudad, en una parte de poco fondo contiguo a la pequeña isla de Hakoya. Aquélla sería su tumba. Porque Tromsö quedaba en el límite del radio de acción de aviones *Lancaster* que despegaran del norte de Escocia. Sacos de arena se apilaron sobre el fondo, junto al pantoque del acorazado, para que en ningún caso pudiera zozobrar, y se le rodeó con redes antitorpedo de acero. Quinientos hombres de los servicios de máquinas y calderas fueron desembarcados, pues se pensó que el buque no podría volver a navegar hasta después de terminada la guerra.

Pero, averiado o no, seguía constituyendo una amenaza para los buques ingleses, por lo que fue nuevamente atacado desde el aire el 28 de octubre. En esta ocasión, el *Tirpitz* se defendió bien, incluso con sus cañones de 381 mm, y no sufrió daños. Uno de los *Lancaster* resultó alcanzado y tuvo que efectuar un aterrizaje de emergencia en Suecia.

Y así llegamos al 12 de diciembre de 1944. Un día de luto para la *Kriegsmarine*.

* * *

Era una hermosa mañana de domingo en Tromsö. Poco antes de las nueve, todo el fiordo pareció entrar en conmoción con los fuertes estampidos de los cañones de 381 mm del *Tirpitz*, que acababan de disparar. Las casas de los pescadores temblaron, y los noruegos se asomaron con alarma a las ventanas. El gigantesco acorazado volvió a escupir grandes llamaradas rojas, y entre los espaciados cañonazos pudo escucharse un potente ronquido de motores de aviación.

En el azul cielo, a 4.250 metros de altura, volaban dieciocho aviones de oscuro fuselaje que se aproximaban en la dirección del sol. El acorazado alemán hacía fuego ahora con sus dieciséis piezas de 105 mm que allá arriba empedraban de negro la elevada avenida de cristal por donde parecían avanzar los aparatos ingleses.

Varias bombas levantaron después montañas de agua en las proximidades del *Tirpitz*, y una cayó a bordo detrás de la gran chimenea, entre las dos catapultas. Cuando se hubieron desplomado los obeliscos de espuma y se disipó el humo, el formidable buque de guerra presentaba una acusada escora a babor y las piezas de esa banda ya no disparaban.

Tres minutos después llegó el segundo escuadrón de *Lancaster* y se repitió la escena, pero con algunas variantes. Una bomba perforó el carpacho de cuarenta centímetros de espesor de la torre «D» y, al estallar, el correspondiente pañol de municiones, la formidable torre saltó por los aires entre un infierno de llamas y explosiones y cayó al agua. Cojinetes de bolas de su pista de rodamiento, de más de cincuenta kilos de peso, fueron después hallados en tierra a centenares de metros de distancia. Varias bombas perforaron las dos cubiertas acorazadas, a la banda de babor, y, entre ellas y las que estallaron contra el fondo de granito en las proximidades del costado de la misma banda, desfondaron parcialmente al buque, que comenzó a escorar lenta pero ininterrumpidamente, como un rodillo colosal, hasta que, ocho minutos después de recibir la primera bomba, yacía inmóvil sobre el fondo del fiordo con la quilla al sol.

Algunos marineros de los servicios de artillería gatearon sobre el costado de estribor, deshaciendo el movimiento giratorio del *Tirpitz*, y, prácticamente sin mojarse, quedaron sobre el rojo pantoque del enorme navío ya sin vida. Pero los infortunados fueron muchos más. Centenares resultaron destrozados por las terribles explosiones o abrasados en los incendios.

Otros no pudieron salir al exterior, pereciendo asfixiados por los gases o ahogados en los inundados compartimientos. Las pesadas puertas blindadas del puesto de mando quedaron inmovilizadas por la pronunciada escora, y en su interior murieron todos los presentes, excepto uno, que logró escapar a través de un estrecho conducto para el paso de los cables eléctricos. En total, más de mil doscientos marinos alemanes perdieron la vida en este desastre, uno de los peores sufridos por la *Kriegsmarine* en toda la guerra, y sólo superado por los del *Bismarck* y el *Scharnhorst.*

Pero hubo setenta y seis hombres que auténticamente se burlaron de la muerte.

* * *

Al darse la alarma, el marinero Gerlach acudió con presteza a su puesto en la estación transmisora del acorazado, situada muy por debajo de la segunda cubierta protectora. Allí iban, en sus correspondientes armarios adosados a los mamparos, veinte mil fusibles, y en el centro del compartimiento había una serie de máquinas de calcular, eléctricas, correspondientes a la dirección de tiro del buque. Al caer las bombas inglesas comenzaron a saltar uno tras otro los fusibles, y los que eran sustituidos se fundían inmediatamente. Poco después, los teléfonos habían dejado de funcionar, y el grupo de marinos encerrados con Gerlach se mantenía a duras penas sobre uno de los mamparos tapizados de armarios metálicos. Habían cesado las terribles explosiones y los violentos estremecimientos del buque, pero se oía ya el fuerte gorgoteo del agua. Aquellos hombres comprendieron que la vida del *Tirpitz* se había paralizado y que había que salir de allí cuanto antes.

Gerlach y uno de sus compañeros abandonaron la transmisora y pasaron al compartimiento adyacente. La escala que permitía el acceso a la cubierta superior estaba ya horizontal; así que calcularon que la escora debía de ser de unos sesenta grados. Las luces brillaban con normalidad. De una cubierta fueron pasando a la siguiente, a través de un derrotero difícil, frecuentemente obstruido por escotillas o puertas estancas que resultaban imposible de abrir. Pero por fin lograron llegar a un sollado, y Gerlach supo cuál gracias a los nombres en las tarjetas colocadas sobre las puertas de las taquillas. Allí reinaba un caos de ropas, mesas y bancos, formando un confuso revoltijo sobre el techo del compartimiento.

Se abrió una puerta estanca y aparecieron tres hombres, entre ellos un suboficial. Celebraron un pequeño consejo de guerra para decidir la dirección que les llevaría a la cubierta exterior y reanudaron su incierto recorrido hacia la vida.

La obstinada y crucial escotilla situada en el compartimiento alto al que por fin habían logrado llegar no cedía. Aquella plancha de acero les bloqueaba tercamente el paso al exterior. En uno de sus desesperados esfuerzos para hacer girar el volante que controlaba las trincas, Gerlach perdió pie y cayó pesadamente sobre la tapa de la escotilla. Entonces, los cinco alemanes se miraron con asombro. Si ellos luchaban en el techo del compartimiento, Gerlach debería haber caído hasta el suelo; pero... éste quedaba sobre sus cabezas. ¡Las leyes de la naturaleza parecían haberse trastornado! Habían estado «subiendo» ¡hacia abajo! Habían descendido hacia el fondo del mar, cuando deberían haberlo hecho al revés, hacia el pantoque del buque. Mamparos, cubiertas, puertas, lámparas y puntales conservaban las invariables posiciones relativas con que tan familiarizados estaban, y les hicieron perder el sentido de la orientación y el equilibrio, como si se les hubiese estropeado el oído interno, pese a que esto pueda parecer inverosímil a quienes están acostumbrados a mirar al exterior por las ventanas y obtienen con ello una referencia continua de la vertical. A bordo de un buque de guerra, cuadros, relojes, lámparas, armarios, paneles..., todo va firmemente atornillado y trincado. Nada puede girar.

Aquel grupo de desorientados alemanes se dio cuenta de que tenían que deshacer lo andado, pues era casi seguro que, con la pequeña profundidad que en aquel lugar tenía el fiordo de Tromsö, parte del casco del acorazado emergería sobre el agua, y tal vez ellos pudieran escapar a través de algún registro. Espoleados por el ruido del agua que entraba cada vez con más fuerza, reanudaron su éxodo. Al cruzar un nuevo compartimiento se apagaron bruscamente todas las luces y se hizo una oscuridad impenetrable, absoluta, cósmica. Unas tinieblas de muerte les envolvieron igual que un sudario. Aquellos hombres sintieron entonces como si todo el peso del enorme buque gravitara sobre su pecho; se creyeron perdidos; el miedo les atenazó el alma.

De pronto, dominando el fuerte gorgotear del agua, se escuchó un fuerte chasquido metálico, seguido por un rumor de catarata. Y para aquellos cinco hombres aprisionados en las oscuras entrañas del gigantesco acorazado hundido, aquellos ruidos resonaron como las trompetas del Juicio Final. Algún mamparo había cedido. Una ola de agua heladora azotó después con fuerza sus piernas. Luego el nivel comenzó a subir rápidamente. Cubrió sus rodillas. Les alcanzó su cintura. Era como si la gélida mano de la misma muerte les sujetara. Gerlach no supo si el castañetear de dientes que claramente podía percibir a su lado se debía o no al frío. El agua ya le cubría el pecho y el alemán experimentó un profundo abatimiento. Se acababa todo. Se le iba la vida. Su existencia había transcurrido tan de prisa, que en el fondo del alma se sintió estafado.

—Me gustaría fumar un cigarrillo —dijo alguien en la oscuridad.

Gerlach tenía un paquete en el salvavidas y maquinalmente trató de extraerlo, pese a saber que estaría empapado, pues el agua ya lo cubría. Su mano tropezó entonces con algo duro. Era la linterna. ¡La linterna! Un rayo de esperanza alumbró en su cerebro. Extrajo la pequeña petaca cuidadosamente y la levantó sobre el nivel del agua sin atreverse a decir nada a los demás, por temor de que, tras la inmersión, no funcionara. Le temblaban fuertemente las manos.

De pronto surgió el haz de luz, que iluminó un gesto de asombro en los demacrados rostros de sus compañeros de infortunio. Tras un rápido examen del desquiciado compartimiento, más esperanzados, nadaron hasta la próxima puerta estanca, Gerlach manteniendo siempre la linterna sobre la cabeza. Lograron abrirla. De la misma guisa atravesaron otros tres compartimientos medio inundados y consiguieron abrir tres puertas estancas más, siempre después de una lucha desesperada con sus cierres. Luego treparon por una escala. Se hallaban en seco. Pero dos hombres habían desaparecido. Gerlach volvió a introducirse en el agua y tuvo que sumergir la cabeza para sortear ahora el dintel de la última puerta estanca. Pero la salvadora linterna siguió luciendo y consiguió hallar a sus agotados compañeros. Regresaron juntos y todos continuaron ascendiendo hacia el fondo del *Tirpitz*. Remontaron la planta frigorífica de proa. Después oyeron voces, volvieron a subir y se encontraron en el pañol de máquinas proel.

Allí lucía una lámpara eléctrica alimentada por batería y se hallaban una docena de hombres con aspecto abatido. El aire era ya pesado. En la parte superior se veían los registros de un tanque de petróleo. Pero todos sus esfuerzos para aflojar las tuercas resultaron inútiles. El desaliento volvió a hacer presa en ellos. Más tarde se oyó un ruido sobre sus cabezas. Alguien se movía por el casco del buque. Comenzaron a dar fuertes golpes contra el tanque, que resonó a hueco. Luego quedaron escuchando, angustiados. Se oyeron pasos, y otros golpes devolvieron su llamada de auxilio. La verde esperanza volvió a caldear sus corazones. Un telegrafista golpeó las planchas con precisión, utilizando el código Morse:

«Diecisiete hombres atrapados bajo tanque petróleo pañol máquinas proa.»

Al cabo de un rato llegó la respuesta:

«Cortamos el casco. Os sacaremos.»

Mientras aguardaban, se abrió una boca de lobo y entró un fogonero cubierto de petróleo de arriba abajo. Jadeaba. Había huido del incendio de una cámara de calderas a través del conducto de paso de un grueso haz de cables eléctricos. Al reptar en tinieblas por el largo y angosto cilindro, cuyo terminal ignoraba, había sentido el contacto de innumerables ratas alrededor de él, pero estaban tan aterrorizadas que no intentaron atacarle.

A las cinco de la tarde, después de cortar con soplete el casco del *Tirpitz* y el doble fondo del tanque de petróleo, pudo ser rescatado el grupo de Gerlach. Para aquellos dieciocho hombres, vueltos a nacer, habían sido ocho horas de espanto.

El rescate continuó hasta la mañana siguiente. Pero fueron muchos los supervivientes que perecieron ahogados. El agua asesina había conseguido llegar hasta ellos antes de que los hombres del exterior lograran abrir un agujero.

Así acabó el *Tirpitz*. Y así termina nuestra ya larga historia.

En el aeródromo de Bardufoss había veinticinco cazas de la *Luftwaffe* llegados unos días atrás para dar protección al *Tirpitz*. Estuvieron en el aire con tiempo suficiente como para haber podido derribar a los prácticamente indefensos *Lancaster* que se dirigían sin escolta contra el acorazado. Pero, por razones que todavía hoy permanecen oscuras, se abstuvieron de intervenir. Fue el triste epílogo de una precaria colaboración entre la *Kriegsmarine* y la *Luftwaffe* que no siempre resultó satisfactoria.

* * *

Durante los desembarcos efectuados en Normandía en junio de 1944, con una superioridad naval y aérea ya aplastantes por parte de los aliados, los alemanes se reservaron las unidades de superficie que le quedaban a la *Kriegsmarine*, pues sabían que muy pronto las iban a necesitar en el Báltico para contener a los buques soviéticos. Por otra parte, haberlas empeñado contra la poderosa flota de invasión (seis acorazados y veintidós cruceros, amén de infinidad de buques de guerra menores y once mil aviones) hubiera sido inútil.

Por parte de la *Kriegsmarine*, en Normandía sólo intervinieron algunos torpederos (que muy pronto resultaron hundidos en puerto por la aviación aliada), lanchas rápidas y explosivas y submarinos de bolsillo. También fue utilizada por primera vez la mina de presión. Aprovechando el efecto de succión que provoca el paso de un buque sobre el fondo próximo del mar, los germanos habían diseñado un ingenioso mecanismo de fuego que hacía detonar el artefacto situado a poca profundidad. Teóricamente, esta mina era imposible de rastrear, pero una vez descubierto el secreto de su funcionamiento, sólo hubo que reducir drásticamente la velocidad del barco que pasaba sobre ella para evitar que se produjera aquella peligrosa disminución de la presión. Pero, temerosos de que alguna mina de este tipo pudiera caer por error sobre fondos que descubriese la bajamar, como había sucedido al principio de la guerra con las minas magnéticas fondeadas por la *Luftwaffe* en aguas inglesas, lo que permitió a la *Royal Navy* descubrir el secreto y adoptar las necesarias contramedidas, porque toda arma tiene y ha tenido siempre su antídoto y el arma absoluta no existe, esta vez los alemanes no se atrevieron a fondear minas de presión delante de los puertos ingleses del canal de la Mancha.

En el Atlántico no volvieron a operar otros buques de la *Kriegsmarine* que los submarinos, ya sin bases en Francia, pero con un espíritu formidable hasta la misma terminación de la guerra, aunque sus resultados fueron sólo moderados. Todavía a fines de diciembre de 1944, el comandante del *U-312* intentó repetir en Scapa Flow la suerte del *U-47* de Prien. Pero la fortuna no le acompañó. Las fuertes corrientes arrojaron a su buque contra los bajos fondos de rocas y perdió el timón, teniendo que regresar a su base de Noruega gobernando con las hélices.

La actuación de la *Kriegsmarine* en el Báltico, después de que Finlandia se viera obligada a firmar la paz a raíz de la ofensiva desencadenada por el Ejército soviético, en junio de 1944, con cincuenta divisiones, constituye una página brillante, pero es otra historia.

Una vez que Finlandia firmó la paz en septiembre de 1944, fue imposible evitar que los buques rusos salieran al Báltico. Pero allí estaban el *Admiral Scheer* y el *Lützow*, el *Prinz Eugen* y el *Hipper*, los cruceros ligeros *Leipzig, Köln, Emden* y *Nürnberg* y varios destructores, y su sola presencia bastó para que los soviéticos no quisieran arriesgar ni un solo destructor. Se limitaron a utilizar profusión de aviones, una veintena de submarinos y algunas lanchas torpederas.

La suerte final de los buques de guerra germanos fue tan diversa como habían sido sus vicisitudes a lo largo de aquellos casi seis años de lucha.

A principios de abril de 1945, poco antes de abandonar Gotenhafen (Gdynia), los alemanes sacaron a remolque al acorazado *Gneisenau* y lo hundieron fuera del puerto para bloquear una de sus entradas y evitar que los rusos pudieran utilizarlo. Así terminó aquel magnífico buque que tantas veces había operado con éxito contra los ingleses, hundido al *Glorious* y llegado en sus correrías al Atlántico central.

El 5 de abril de 1945, el *Prinz Eugen* disparaba contra las tropas soviéticas las últimas cuarenta granadas de 203 mm que quedaban en Alemania. Un mes más tarde era entregado intacto a los ingleses en Copenhague, como reparación de guerra, y fue utilizado en la prueba atómica del atolón de Bikini en 1946, de la que escapó bastante bien librado. En Kwajalein quedó poco después, con la quilla al cielo, el buque que había combatido y sobrevivido al *Hood* y al *Prince of Wales*.

El *Leipzig*, que accidentalmente resultó abordado y casi partido en dos por el *Prinz Eugen,* una noche de niebla en octubre de 1944 y que fue después reparado, sería entregado también a los ingleses y más adelante hundido en el mar del Norte con un cargamento de proyectiles de gas.

El *Nürnberg* fue cedido a los rusos en 1946 y llevado a Libau.

El *Lützow* quedó parcialmente hundido por aviones británicos *Lancaster* provistos de bombas de seis mil kilos, en el puerto de Swinemunde, dos semanas antes de que terminara la guerra. Pero no zozobró y tampoco resultó alcanzado ninguno de sus pañoles de municiones, por lo que únicamente sufrió veinte muertos. Algunos días después tiraba con sus torres de 280 mm y sus cañones de 150 mm contra las tropas soviéticas. Después su dotación hizo volar los pañoles de municiones para evitar que los comunistas pudieran apoderarse del semihundido buque. Así que el ex *Deutschland*, compañero de correrías del *Graf Spee* al comenzar la guerra, terminaba de la misma manera que su gemelo, echado a pique en el Río de la Plata cinco años atrás, sólo que con una vida guerrera y marinera en su haber mucho más activa.

Unas tres semanas antes de la rendición incondicional fue también hundido por la aviación el *Admiral Scheer*. La *Luftwaffe* ya no existía, y, para los bombarderos ingleses, acertar con sus bombas a aquellos buques alemanes inmovilizados en puerto por unas u otras causas era sólo fácil ejercicio de puntería. El buque dio la voltereta y quedó con la quilla a las estrellas, arrastrando a treinta dos hombres consigo. Aquel acorazado de bolsillo que había llevado la guerra de corso al Atlántico Sur y al océano Índico forma parte hoy del relleno de un muelle de las darsenas de Kiel. ¡Inmerecida lección de humildad!

En el arsenal de Wilhelmshaven, un mes antes de finalizar la guerra, fue hundido el *Köln*, también por la aviación. Diez días después resultó averiado el *Admiral Hipper* en Kiel, y el *Emden* fue incendiado allí. Los alemanes terminarían por hundir ambos buques antes del armisticio.

Alemania había llegado al colapso hacía muchos meses, y, teniendo en cuenta el absoluto dominio del aire por parte de los rusos y de sus aliados occidentales, lo que sorprende es que todos aquellos buques de guerra de la *Kriegsmarine* sobrevivieran, y aun pudiesen dominar en el Báltico, prácticamente hasta el mismo final de la contienda.

* * *

No queremos aburrir ahora al lector que ha tenido la paciencia de seguirnos hasta aquí, con extensas consideraciones acerca de la guerra naval ni pecar de reiterativos. Sólo le rogamos que tenga la amabilidad de meditar un poco sobre los siguientes puntos:

a) EL DOMINIO DEL MAR permitió a los aliados evitar el colapso del Ejército soviético en 1942 e inyectarle después fuerzas cada vez en aumento y que terminarían por hacer posible el ciclón de su última ofensiva hasta Berlín.

b) EL DOMINIO DEL MAR hizo posible cambiar, por vez primera para los aliados, la adversa marea de la guerra, permitiéndoles desembarcar en el norte de África, después en Sicilia, abrir un segundo frente en la península italiana y poner sus tropas en las playas de Provenza en agosto de 1944.

c) La pérdida de la «Batalla del Atlántico» por los submarinos alemanes, a mediados de 1943, permitió a los aliados convertir el Reino Unido en el formidable arsenal de armas norteamericanas que, a su vez, hizo posible el gigantesco y decisivo desembarco de Normandía en junio de 1944.

d) Dicho DOMINIO DEL MAR permitió también a los aliados desencadenar desde Inglaterra la terrible y deletérea pero eficaz ofensiva aérea de los años 1943, 1944 y 1945, que redujo a escombros los centros industriales alemanes en toda Europa y desorganizó totalmente su sistema de transportes, aparte de aniquilar a la *Luftwaffe*. Pero los cientos de miles de toneladas de gasolina necesarios para poder montar aquella formidable ofensiva aérea habían tenido que ser llevados *antes* hasta Gran Bretaña desde el golfo Pérsico, el Caribe y Estados Unidos. Lo que hubiera sido imposible sin contar *a priori* con el DOMINIO DEL MAR.

Es decir, el DOMINIO DEL MAR no fue suficiente para ganar la guerra, pero si IMPRESCINDIBLE. Hoy, el avión es una herramienta de importancia capital, tanto en la guerra continental como en la naval, pero ningún ejército debe tener la exclusiva de su utilización, como nadie tiene la del cañón o la del misil. Que el aparato vaya o no tripulado es lo de menos. Lo que cuenta es la táctica de su empleo.

BIBLIOGRAFÍA

MATEO MILLE, *Historia naval de la Gran Guerra.*
CHARLES DE GAULLE, *Memorias de guerra.*
ADOLFO HITLER, *Mi lucha.*
FRIEDRICH RUGE, *Der Seekrieg 1939-1945.*
ANTHONY MARTIENSSEN, *Hitler and his Admirals.*
ERICH RAEDER, *Mi vida.*
KARL DOENITZ, *Ensayo sobre la guerra en el mar.*
S. W. ROSKILL, *The war at sea 1939-1945.*
LIDDELL HART, *History of the Second World War.*
GUNTHER PRIEN, *El camino de Scapa Flow.*
ALEXANDRE KORGANOFF, *Le mystère de Scapa Flow.*
KENNETH ADWARS, *The Royal Navy (1943-1944).*
E. KEBLE HATTERTON, *The Royal Navy (1942-1943).*
WINSTON S. CHURCHILL, *Memorias de la segunda guerra mundial.*
SIR W. M. JAMES, *The British Navies in the second World War.*
R. DE BELOT, *La guerra aeronaval en el Atlántico.*
GEORGE H. JOHNSTON, *Battle of the seaways.*
CAJUS BEKKER, *Lucha y muerte de la Marina de guerra alemana.*
WOLFGANG FRANK, *Die Wolfe und der Admiral.*
ÉTIENNE ROMAT, *Batailles partout.*
THEODOR KRANCKE Y H. J. BRENNECKE, *The battleship Scheer.*
GBORG VON HASE, *La conquista de los fiordos noruegos.*
SIR PHILIP VIAN, *Action this day.*
IAN COLVIN, *Chief of Intelligence.*
T. K. DERRY, *The campaign in Norway.*
HAMMERTON Y GWYN, *The second Great War.*
DUDLEY POPE, *Graf Spee, The life and death of a raider.*
BRITISH ADMIRALTY, *The battle of the River Plate.*
DENIS BALDENSPERGER, *Mers El Kebir.*
AUPHAN Y MORDAL, *La Marine Française dans la seconde Guerre Mondiale.*
SAMUEL ELIOT MORRISON, *The Battle of the Atlantic.*

SIR PETER GRETTON, *Convoy escort commander.*
HEINZ SCHAEFFER, *U-Boat 977.*
HILARY ST. GEORGE SAUNDERS, *The green beret.*
CUNNINGHAM OF HYNDHOPE, *A saylor's odyssey.*
PETER DE MENDELSSOHN, *The Nuremberg documents.*
NORMAN POLMAR, *Aircraft carriers.*
JACQUES MORDAL, *La bataille de Dakar.*
P. K. KEMP, *Victory at sea 1939-1945.*
GODFREY WINN, *P. Q. 17.*
ANTHONY J. WATS, *Loss of the Scharnhorst.*
FRITZ OTTO BUSCH, *La tragedia del Cabo Norte.*
JOHN M. CARROLL, *Electronic espionage.*
DAVID WOODWARD, *The Tirpitz.*
JAN MAYEN, *Alerte... vedettes rapides.*
RICHARD COLLIER, *The sands of Dunkirk.*
KARL DOENITZ, *Diez años y veinte días.*
JACQUES CHASTENET, *Le drame final.*
MULLENHEIM-RECHBERG, *Acorazado Bismarck.*

OTRAS FUENTES

H. J. REINICKE, *German surface force strategy in World War II.*
EDWARD L. BARKER, *War without aircrat carriers.*
CECIL HAMPSHIRE, *British strategy in the River Plate battle.*
WILLIAN A. WIEDERSHEIM, *Factors in the growth of the Reichsmarine.*
RICHARD DAUB, *El hundimiento del Blücher.*
DESMOND WETTERN, *Scapa Flow 1913-1957.*
THEODORE TAYLOR, *A matter of judgement.*
ROLAND E. KRAUSER, *The German Navy under joint command in World War II.*
B. J. HURREN, *War histories.*
SERGE G. REZNIKOV, *Statistique des sous-marins allemands.*
ALLISON SAVILLE, *Top submarines in two World War.*
PETER HANDEL-MAZZETTI, *The Scharnhorst-Gneisenau team at its peak.*
H. J. REINICKE, *The German side of Channel dash.*
JOHN S. COWIE, *British mines and the Channel dash.*
GERHARD F. BIDLINGMAIER, *Exploits and end of the battleship Bismarck.*

CLAUDE HUAN, *P. Q. 17.*
JACQUES MORDAL, *La Kriegsmarine dans la bataille d'Allemagne.*
CLAUDE HUAN, *La sortie des croiseurs allemands le 31 décembre 1942.*
KARL HINRICH PETER, *The sinkig of the Scharnhorst.*
NIGEL JOHN GILBERT, *British submarine operation in World War II.*
DONALD MACINTYRE, *Shipborne radar.*
DAVID D. MERCER, *Sledge hammers and Q-ships.*

Diversas consultas directas del autor a los Servicios históricos de los Almirantazgos alemán, británico y francés.

ÍNDICE

Prólogo ... 5
I. La flota alemana ... 7
II. «Guerra crepuscular» ... 33
III. La guerra de corso ... 70
IV. Carrera por Noruega ... 112
V. Tragedia en Narvik ... 140
VI. «Operación Juno» ... 171
VII. Operaciones inglesas «Dinamo» y «Catapult» ... 189
VIII. «Unternehmen Seelöwe» ... 214
IX. Burlando el bloqueo ... 226
X. «Schlachtkreuzern» ... 245
XI. La batalla de Dakar ... 271
XII. Lucha de titanes ... 297
XIII. Odisea de la escuadra alemana a través del canal de la Mancha ... 339
XIV. La lucha en el océano Glacial Ártico ... 364
XV. La agonía de un acorazado ... 396
XVI. La «batalla del Atlántico» ... 438
XVII. «Gotterdämerung» ... 460
Bibliografía ... 473